THE MASTERY OF THE FAR EAST

# 朝鮮はなぜ独立できなかったのか

## 1919年 朝鮮人を愛した米宣教師の記録

## THE MASTERY OF THE FAR EAST

アーサー・J・ブラウン
Arthur Judson Brown

桜の花出版

# 極東の支配

## 朝鮮の変容と日本の東洋制覇

アーサー・ジャドソン・ブラウン 著

1919

# THE MASTERY OF THE FAR EAST

## THE STORY OF KOREA'S TRANSFORMATION AND JAPAN'S RISE TO SUPREMACY IN THE ORIENT

BY

ARTHUR JUDSON BROWN

AUTHOR OF "NEW FORCES IN OLD CHINA," "THE CHINESE REVOLUTION," "THE NEW ERA IN THE PHILIPPINES," "RUSSIA IN TRANSFORMATION," ETC.

ILLUSTRATED

NEW YORK
CHARLES SCRIBNER'S SONS
1919

日本に極東の覇権をもたらした人物たち

# はじめに

極東を中心とする数々の問題は、１９１４年の世界大戦が勃発する以前から、既に大きくなっていた。その問題は世界に対して一層その重大性を増し、人種間での新しい関係性も生まれている。私は他の著書で、このような動きに関して中国とフィリピン諸島についてそれぞれ記したが、本書では朝鮮と日本に向き合おうと思う。私が述べたいのは、朝鮮半島は極東の支配における戦略的拠点であるということだ。

そのため、まず朝鮮という国と国民について記述してから、朝鮮を獲得しようとする中国と日本の争い、そしてそれが頂点に達した日清戦争について述べる。そして、各国が見返りとして手に入れることを望む朝鮮半島を巡ってのロシアと日本の外交的・軍事的争い、さらにその果てに起きた日露戦争。日本が、記憶に残る戦いに勝利して獲得した極東での支配権。日本が人民を支配するための政策と方法。アジアにおける帝国の権力、そして、世界における一流の大国となった日本の特徴。また、極東で最も強力な、啓発的で構造改革的な勢力の一つであり、より良い世界秩序をもたらす可能性を秘めたキリスト教宣教師の立場と影響力について記している。

本書を書くための資料は、私の極東への二度の旅、そして、何年にも亘る研究と手紙のやりとりから集められた。激しく意見が対立している問題は、必然的に議論の的となるので、異なる見解を持つ人々からの批判を免れることはできないだろう。著者は、ただ、公平で公正であろうと努めた、としか言えない。日本人を模範的人種だとみなす者と、日本人を「うわべだけ取り繕った野蛮人だ」とみなす者の間に、あるいは、朝鮮人は「苦しめられている聖徒である」と主張する者と、朝鮮人は「世界で最も軽蔑に値する人種だ」と同じくらい激しく主張する者の間に存在する道は、複雑に入り組んだものだ。その道の中央にいようとする者は、両方から攻撃されることを覚悟しなければならない。

「朝鮮」という名は、国の古い時代に使われた名称である。日本人がその名称を復活させたのは適切なことだ。また、いくつかの都市の名前や他の地名には、日本式の読み方が付されることになった。しかし私は、出版社の助言に従い、本書では西洋で長く使われてきた名称を踏襲することにした。新しい名称は、まだアメリカやイギリスでは馴染みが薄く、「京城（けいじょう）」がソウル、「平壌（へいじょう）」がピョンヤンを意味することや、時刻表に「西大門」で発車・到着すると書かれていても、それが首都の鉄道の駅を指していることなど、多くの英語の読者はわからないからである。

156 FIFTH AVENUE, NEW YORK（ニューヨーク五番街）
1919年1月1日

ARTHUR JUDSON BROWN
（アーサー・ジャドソン・ブラウン）

（註：原著ではここに著者名はないが、著者のまえがきであることを明示するため付記した）

# 訳者序文

本書は、アメリカ人のプロテスタント宣教師で神学博士のアーサー・ジャドソン・ブラウン（1856～1963）が著わしたもので、日本と朝鮮を中心とした1900年代初頭のアジア情勢分析の書である。

著者は、1901～1902年、及び1909年に、キリスト教布教を目的として他の宣教師たちと共に朝鮮や中国、日本をはじめとするアジアを訪れている。本書はその後に、その際の見聞と資料に基づく研究とを踏まえて書かれ、1919年にアメリカで出版されたものである。その初の邦訳本である。著者自身ができるだけ客観的に書こうと努めたと述べているように、全般にわたり公正な印象を受け、日本と朝鮮双方の良い面、悪い面が記されている。

とは言え、著者は宣教師という立場・見解から逃れることはできてはいない。全ての分析が飽くまでキリスト教的良心を基準として判断されていることは否めない。処女性を強調する教義に立脚するキリスト教にあっては、日本人の大らかな性意識に対する蔑視は強く、神道的価値観の否定が随所に見られる。アメリカ主導で戦後教育を受けた現代日本人には最早キリスト教の考え方の方が理解されやすいだろう。また、著者の分析が主に英語で入手できる情報に基づくと推測されることなどから、そこには自ずから限界もある。

しかし、それを差し引いても、当時の世界情勢、特に、日朝、或いは中国やロシアを含めたアジアの状況を知ることができる価値ある資料と言えるだろう。

本書の理解を深めてもらうため、まずは本書が書かれた当時の時代背景について触れておきたい。

本書ではあまり語られていないが、東アジアの近代史は、アヘン戦争（１８４０～１８４２年）をもって始まった。イギリスは麻薬であるアヘンを中国(清)に売りつけ、これに怒って規制しようとした清との間で戦争となり、大国・清はイギリスの圧倒的な軍事力に敗れる結果となった。日本と朝鮮にとって、清の大敗は大変な衝撃であった。それを契機に、西欧列強による植民地化を恐れた日本は明治維新・富国強兵へとひた走ることになるのである。中国の領土は列強により分割され、イギリス、ドイツ、フランス、ロシア、アメリカなどが次々と租借地や租界を作り、中国は事実上の植民地となった。これ以降、鎖国中であった日本の近海にも外国船がやってくるようになり、１８５３年のペリー来航へと続いていく。

さらに、北からはロシアが虎視眈々（こしたんたん）と満洲・朝鮮への南進を狙っていた。そうした状況の中で東アジア情勢は推移し、日本と中国は、朝鮮での主導権争いを巡って日清戦争（１８９４～１８９５年）を行ない、さらにわが国は死活的地政学的理由から、日露戦争（１９０４～１９０５年）に勝利して、１９０５年に、大韓帝国を事実上の保護国とし統監府を置いた。さらに初代統監であった伊藤博文が満洲・哈爾濱（ハルビン）において朝鮮人テロリストにより暗殺されたのを機に、１９１０年、遂に朝鮮併合へと踏み切ったのである。日露戦争の勝利と、それに続く第一次世界大戦での山東半島の膠州湾租借地攻略により、日本は満州において、南満州鉄道を柱とする経営権益を獲得し、西洋列強と肩を並べ、自国の権益を守ろうとしていくのである。

この流れについて、著者は、東アジアにおける日本の台頭を良いことであると評価し、次のように述べている。

「日本の勝利は、日本だけでなく、朝鮮、中国、そしておそらく世界に新しい時代をもたらし、極東政治の形勢を一変した。日本は、第一級の大国の一員として認められ、あらゆる場所で、ロシアの威光は弱まった。それは日本の指導下で、朝鮮が再建されることを意味した。そして、人類の3分の1以上を占める極東の大勢の人々が、ロシアの有害な絶対主義の影響に呑み込まれてしまうかもしれないという恐怖を、消し去ったのである。

私には、ロシアを否定することで、日本を称賛しようという意図はない。しかし、日本が極東でロシアの進出を食い止めたことは、日本が西洋と接した半世紀の間に、ロシアが5世紀かけてなした発展よりも、もっと決定的に重要な進歩を成し遂げたということである。日本は完璧からはほど遠いが、朝鮮と満洲南部がロシアではなく日本の影響下で発展することは、人類にとって良いことだった」（本文234頁参照）と述べている。

当時の欧米人の大方の眼にはそう映っていたことは、近代史を学ぶ上で極めて重要な視点である。

一方で、日本の悪い点についても言及している。例えば、朝鮮人に対する日本人の差別意識である。著者は朝鮮人に対し愛情と同情心を感じ、日本人からの不当な扱いに非常に憤ってもいる。同時に、アメリカ人の黒人に対する差別意識と比較し、自省してもいる。しかしながら、朝鮮は古来から高い文明を持つプライドのある民族であり、アフリカの黒人たちのような未開の民族とは異なると分析している。一方で、日本の政策は概して公平であり、当時の日本の指導者たちが、差別を無くし同化政策を速やかに進めるため誠実に努力している点にも言及し、次のように述べている。

「朝鮮にいる日本人は、平等と同化の政策が全面的に施行されることを嫌がっていた。どこでも同じように、『類は友を呼ぶ』ものだ。日本人はおのずと朝鮮人の町から離れた区画に住み、自分たちのクラブ、学校、教会、社会生活を持っていた。

平均的な日本人は、自分たちは朝鮮人より優れていると思っていた。それには理由があってのことだ。政治的、経済的、教育的、宗教的状況の改善の結果、朝鮮は急速に向上している過程であることを考慮しても、例外はあるが、現在は、日本人が朝鮮における高い文明と文化を体現しているのであり、日本人が『現地の人々』との関係において、そのように振る舞う傾向にあることは疑いようのない事実である。

朝鮮人はこのことを敏感に感じとり、傷ついている。従って、ほとんどの場所で、社会的亀裂があるのは驚くべきことではない。その亀裂は、フィリピンにおけるアメリカ人とフィリピン人との間で酷いことは有名だ。マニラの総督府の熱意ある努力とワシントンの連邦政府の慈悲深くありたいという願望にも拘(かか)わらずである。イギリス人、スコットランド人、ウェールズ人、アイルランド人が一つの国として共通の感情と目的をもって一体化するのにどれだけ長い時間を要したことだろうか。アイルランド人は一体化していると言えるだろうか?

そのように、朝鮮においても、日本人と朝鮮人が本当に一つの国民になるにはかなりの時間を経なければならない。朝鮮総督府は、実現可能な限り早く同化政策を進めようと誠実に努力していると私たちは思う」(同462頁)

彼のこの指摘は非常に重要である。当時も戦後に於いても日本人が朝鮮人を見下していたことは事実で、その結果が今の日韓関係へと繋がっていることの自覚が日本人にはない。また同時に朝鮮総督府が誠実に同化政策をとっていることの指摘も極めて重要な記録である。もし、35年間ではなく100年間に及び併合が続いていたならば、最早、対立は関東人と関西人の違い程度に収まっていただろうと想像されるのである。

彼はまた、朝鮮人に対して、腐敗した政府により何世紀にもわたって酷い扱いを受けてきたことに同情し、アジアで最も軽蔑をもって語られる彼らも、条件さえ整えば、他のアジア人種と同様の能力を発揮できると信じている、と述べている。

この指摘は重要である。現在も続く日韓の感情的対立の要因の一つとして、我々日本人は謙虚に受け止めなければならない。


また、キリスト教徒らしい良心と、良心に基づく偏見も随所にみられる。例えば、売春宿や一夫多妻制などといった反キリスト教的な行為は、キリスト教教義に立つ著者にとっては「悪」であり、他の価値観を一切受け入れる余地はなかったようだ。

「日本人は裁判所や鉄道の駅を建てるかのように、朝鮮に売春宿を建てた。居留地を見つけると、たいていそこに売春宿の地区を設けたのである。そこには洒落た外観の建物が建てられ、音楽が流れて明かりが灯り、町の他の場所同様に魅力的に造り上げられた。…

小規模ではあるが実質的には同じ状況が、朝鮮のすべての日本人居留地で見られる。日本人の数が非常に少ない所でも、売春婦はいる。悪は『赤線』地区に限ったものではないのだ。芸者は主要都市すべてにおり、多くの宿屋、料理屋、酒場などにいる下女も、売春婦であることはよく知られている。…当局がこの事実を知っていたというのは、私が2度目に訪朝した際に手に入れた公式文書の統計からも明らかである。そこには、ソウルと平壌の不道徳な女性を『売春婦』『芸者』『宿屋、酒場、料理屋の下女』として挙げていた」（同４７９～４８０頁）などと記している。

ヨーロッパでは、性病や性犯罪予防のために、国などがきちんと管理するシステムの中での組織的な売春が取り入れられており、日本もそれに遵（じゅん）じていたに過ぎなかった。

また、残忍な楼主による虐待や多額の借金、病気などといった売春婦の境遇も記されているが、決して日本統治下の朝鮮に特有のものではなく、本書でも、西洋の売春婦も同様であったことが記されている。

著者は麻薬についても厳しく批判し、「麻薬取引は日本の法律に反しているのだが、日本人の商売人は、ほぼ大っぴらにそれを行なっている。特に田舎の地域で取引が行なわれ、行商人が多くの朝鮮人の間でモルヒネとアヘンを普及させている」（同487頁）と、当時の状況を伝えている。因みにモルヒネは麻薬というよりは傷病兵や手術などの痛み止めに用いられるのが一般的であった。

著者は、「現在の状況は、日本とイギリスに重い責任がある」（同488頁）と記しているが、国の政策として、植民地インドで製造したアヘンを清へ密輸して国家資産を稼いだイギリスと、民間人が個人レベルで密輸したに過ぎない日本とを、同列に語っている点は彼の思慮不足ではあるが、被害を受けている側からしてみると、同質でしかなかったであろう。こういった愚かな一部の商売人のために日本人全体のイメージが悪化したことも事実である。


このように、日本人の悪い点を批判し、独立を保ちたいという朝鮮人の当然の願いに同情しながらも、著者は日本による朝鮮統治については、避けがたいことであったと述べている。例えば、次のような記述である。

「独立した国を持ちたいという朝鮮の人々の自然な願望には同情するが、極東の現在の状況においてはどうあがいても朝鮮が独立を維持することはできなかった。そして、朝鮮人は、自国の為政者やロシア人の支配下にあるよりは、日本人の支配下にある方がずっと良い。朝鮮人にとっては、旧体制における腐敗と脆弱と圧政の底なし地獄に戻されることほど酷いことはなかった。今、新しい秩序が確立しつつある。朝鮮人は、前進のための良い機会を与えられているのだ。日本人は、この発展の動きをもたらす政治的・経済的な仲介者である。日本人がいくつかの間違いを犯し、これからも犯すであろうことは疑いない。しかし全体的に見れば、朝鮮において彼らが行なったことは多くの点で良い結果をもたらしている。もちろん、今の朝鮮人や、古い時代に朝鮮にやってきた外国人の友人たちが状況の変化に適応するのは大変なことだろう。しかし、他に選択肢はなかった。避けがたい状況を心から認めるのも知恵であるのだ」（同467頁）

このように著者は述べており、日韓併合により朝鮮が大きく改善され発展していく様を語っている。

また、「確かに日本人の支配に反抗的で、陰謀を企てる者はいる。何百万もの人が一人残らず、国の独立とアイデンティティの喪失に対して同意すると思うのは、人間の性質に対する過度の期待である。しかし、もはや避けられないことに従う朝鮮人の数は増えている。さらに、日本人によって与えられた利益にも気づき始めている。道路、鉄道、公衆衛生、病院、安定した通貨、様々な公共財は日本人だけでなく、朝鮮人に恩恵をもたらしている。新しい状況を冷静に受け容れている朝鮮人は、朝鮮人が支配していた旧体制の時よりも、お金の稼げる安定した雇用を得られることに気づいている。いい服を着て、快適な家に住める。外国の主人（註：日本人）は、日本人が占領する以前の朝鮮人の官吏（かんり）よりも、概して公平である。もし同胞から不当な扱いを受けたら、官吏に賄賂など渡さなくとも、朝鮮が「独立」していた古い時代よりも公平な裁判を裁判所で受けられるだろう」（同468頁）

当時の朝鮮の人々が併合に不満というより誇りを傷つけられた思いでいること、しかし、皮肉にも日本統治の方が自分らの統治よりも遥かに善良であることが述べられている。

本書の一部には、認識不足や単純な誤りと思われる点もある。「朝鮮の言語は…（日本語より）中国語により近い」（同113頁）といった知識不足による明らかな謬（あやま）りや、単純な氏名や固有名詞の誤り、「1871年にも天皇は、『日本の女性は物わかりが悪い』と発言した」（同394頁）など、確認できない内容もあった。著者が参考とした文献の大半が英訳されたものや、外国人によって書かれたものであるため、誤解や誤訳があったと推測される。

しかしながら、それらによって本書の評価が下がることはない。

２０１６年現在、併合から１０６年目、併合が終結した第二次大戦の日本敗戦から71年目を迎えてもなお、韓国と日本との間には、この日韓併合時代が暗い影を落としている。

できることなら韓国及び日本の全国民に本書を読んで頂きたい。既刊の『THE NEW KOREA　朝鮮が劇的に豊かになった時代』（アレン・アイルランド著）と、『１９０７　IN KOREA WITH MARQUIS ITO（伊藤侯爵と共に朝鮮にて）』（ジョージ・トランブル・ラッド著）と本書を加えた日韓併合三部作及び『朝鮮總督府官吏最期の証言（西川清ロングインタビュー）』を併せてお読み頂くと、当時の様子がより多角的に理解できるだろう。

本書が、古来から現代に至るまでの複雑な日朝（韓）関係理解の助けとなり、日朝（韓）の真の友好関係構築の一助となれば、喜びこの上もない。

２０１６年1月14日

桜の花出版　会長　山口春嶽　識

# 目次



## 《第一部》　極東の戦略的拠点である朝鮮



## 《第二部》　朝鮮獲得の紛争

## 《第三部》　極東における帝国日本の力

## 《第四部》　極東の問題におけるキリスト教宣教師

# 凡例

※本書は、原著『THE MASTERY OF THE FAR EAST』の全文を、できるだけ忠実に翻訳するよう努めた。

※本書では〝KOREA〟の訳語を基本的に朝鮮としている。原著で著者自身が朝鮮を国の古来の名として正当と記したことを踏まえ、また現代の韓国との混同を避けた。ただし、条約の条文中で大韓帝国を指して韓国と表記されている場合などは条文のまま韓国と表記している。

※固有名詞は正式名称の使用を原則としたが、一部確認できなかったものについては音を表記したり英文の意味に近い一般的な単語を用いるなどした。

※原文中の明らかな固有名詞の間違いは正しい表記に訳した。

※扉のまとめと本文小見出しは読者の理解を助ける目的で付した。

※原文中の註は、原書に準じて脚注で示した。

※読者の便を図り編集部で註を付し、（註：　）と記して示した。

※原著から転載の写真については、原著のキャプションを掲載し、日本語訳を併記した。原著にない掲載写真はそれぞれ出典を示している。

# 《第一部》 極東の戦略的拠点である朝鮮

# 第一章

## 朝鮮の国土

多くの者が中国と日本を訪れるが朝鮮には行かない。美しい寺院も場所もなく、汚い町や貧しい人々は魅力的ではない。しかし、国際情勢、人々の精神的改革に興味のある者には、朝鮮は非常に興味深い。際立った島は済州島と江華島だ。済州島は朝鮮で一番大きな島で人も多いが、以前は朝鮮本土から犯罪者や政治的な冒険者が行ったので、島民の評判はあまり良くない。最も重要な川は漢江だ。朝鮮の中心部を流れ、鉄道建設前はソウルへの最も便利なルートとして使われた。潮の干満があるので、船で通るのは難しかったが、日本人は航路の重要さを素早く察知し大きな投資をした。日本が朝鮮を併合した時、国土の10パーセント以下、耕作可能な土地の半分以下しか耕作されていなかった。日本人が教える近代的農法で食糧生産量は増加。漁業だけでも年間数百万ドルの収入になる。貿易と産業開発は何十万もの人に雇用を与える。朝鮮は今よりもずっと多くの人口を支えられるのだ。

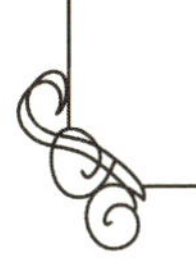

## CHAPTER I

## THE LAND OF KOREA

Increasing numbers of travellers are visiting China and Japan, but most of them pass by Korea. No famous temples, no beautiful palaces of the living or historic tombs of the dead attract the globetrotter. And yet to the thoughtful student of human life, to one who would understand the deep undercurrents of international affairs, and to one who would observe that most wonderful thing in the world, the spiritual transformation of a people, Korea is a deeply interesting land.

The most notable of the islands are Quelpart and Kang-wa. The former is the largest island of Korea. Its inhabitants have not borne a good reputation, as the island was formerly used as a sort of "Botany Bay" for criminals and political adventurers from the mainland.

The most important river is the Han. It, too, teems with historic associations since it is in the centre of the country, and, until the construction of the railway, furnished the most convenient route to Seoul, the capital. The high tides and low tides resulted in frequent changes of the channel, making navigation difficult. The Japanese, quick to see the advantages of river communication, have spent large sums in making a permanent channel.

Less than ten per cent of the area of the country, and less than half of its arable land were under cultivation when the Japanese annexed the peninsula. With the modern methods of agriculture which the Japanese are now effectively teaching, food production could increase. The fisheries alone might yield millions of dollars annually. The development of trade and manufactures would give employment to hundreds of thousands of people. Korea could easily maintain a far larger population than it has to-day.

# 朝鮮の国土

## 国土と海

世界の旅行者の波が朝鮮に影響を及ぼすことは、ほとんどなかった。中国や日本を訪れる旅行者の数は増加傾向にあったが、弱小の隣国については旅行者のほとんどが通り過ぎるだけだったのである。世界中を旅する人々を魅了する有名な寺院も、生きている人が住む美しい宮殿も、死者が埋葬された歴史的墳墓（ふんぼ）も、この国にはなかった。芸術的なものや絵画的美しさを求める人々が、荒れ果てた町や村、惨（みじ）めなほど貧しい人々に魅力を感じることは、ほとんどなかった。

しかしながら、人生について思考を巡らす学生、国際情勢の裏側を理解したいと思っている人、そして何より、この世で最も素晴らしいこと、つまり人々の宗教的精神変容を観察したいと思う人にとっては、朝鮮は非常に興味深い国である。

朝鮮は、強大な隣国である中国と比べると小さな国であるが、取るに足らないほど小さいわけではない。国土は南北６６０マイル、東西１５０マイル、面積は8万4、１７３平方マイルで、ニューイングランドの約１・5倍である。（註：1マイルは約1・6キロメートル、1平方マイルは約2・5平方キロメートル）

海岸線は不規則で、形状は非常に変化に富んでいる。東海岸は急峻（きゅうしゅん）で、潮が満ちてもたった2フィート程にしかならない（註：1フィートは約30センチ）。西海岸の勾配は緩やかで、満潮は32フィートに及ぶこともある。海岸線の全長は約1、９４０マイルである。港湾は数多くあるわけではないが、良港がいくつかある。最良の港は、北東海岸の元山、半島の南端にある釜山（プサン）と馬山浦（マサンポ）、西岸にある木浦（モッポ）、群山（クンサン）、済物浦（チェムルポ）、鎮南浦（チンナンポ）、龍岩浦（ヨンガンポ）である。

これらすべてが港として申し分ないわけではなく、風向きの影響を非常に受ける港もある。
西岸には島嶼（とうしょ）が点在している。大きさはまちまちで、単なる岩から、山々が密集したかなり広大な島まである。水際から険しい絶壁が聳（そび）え立っているところもあれば、丘の斜面を広大な森林が覆（おお）い、時折耕される畑が変化に富んだ景色に魅力を加えているところもある。晴れて気持ちの良い日に、古風で趣のある漁船が水面にぽつりぽつり航行している時の景色はとても魅力的である。透明な海の底には、様々な色と精巧な形をした大きな糸状珊瑚礁（さんごしょう）が見られる。これは海の多年生の花である。

しかし、船乗りたちは、この多島海（たとうかい）の危険性を恐れていた。ヨーロッパに最初に知られるようになったのは１８１６年、ライアラ号のバジル・ホール艦長とアルセスト号のマックスウェル艦長によってである。当時、中国の海図あるいは北京のイエズス会が作成した海図にはその状況が記されていなかった。確かに、１９０９年、私の二度目の訪問時には、この海域の水深は充分調査されておらず、海図に記されてもいなかった。海岸全体にひとつの灯台も浮標（ブイ）もなかった。

その後、日本人が海図を作成し、灯台と浮標を設置して航路を示したが、航海にはいまだに多かれ少なかれ危険がある。岩や暗礁（あんしょう）が多くあり、狭い航路に潮流が猛烈な勢いで流れ込んで来る。そこに霧が立ち込めることもしばしばあるが、そうなると、航行は非常に困難になり、多くの場合、難破という悲劇的な結末となる。この危険な海によって死という犠牲を強いられることは痛ましい。

西岸と南岸に隣接する島で最も有名なのは、済州島（チェジュ）と江華島（カンファ）である。済州島は朝鮮で最大の島である。半島の南西から約60マイルにあり、「朝鮮のシシリー島」と呼ばれている。古くから人が住んでいて、耕作可能な土地は、ほとんどすべて耕作されている。山の中腹でさえも、苦労して段々畑へと開拓されていた。

この島の住民の評判はよくなかった。なぜならば、済州島は、半島の犯罪者や政治的な冒険者にとって「ボタニー湾」（註：オーストラリアにあった流刑地）のようなものだったからだ。初めて歴史に登場するのは、耽羅（たんら）という名の独立国としてだった。西暦1世紀末、半島の小さな王国の一つに貢物（みつぎもの）を贈ったという記録がある。しかし、ずっと以前に、この島は朝鮮の一部となった。

江華島は漢江（ハンガン）の河口沖にあり、歴史的に大変興味深い場所である。そこはしばしば要塞として、朝鮮王家にとって危機に直面した時の特別な避難場所となっていた。またある時には、王家の逆鱗（げきりん）に触れた王子や貴族の追放先としても都合のいい場所だった。

## 朝鮮の河川

誰もが、朝鮮のように比較的小さな国に大河があるとは思わないだろう。しかし、朝鮮の川は大きくはないが、興味深い。山からの急流は、曲がりくねっているので、航行はしばしば困難か不可能となる。しかし通常は静かで、きらきらと輝きながら、狭い渓谷の間を音を立てて流れ落ち、カーブや小島の周辺でさざ波を立てる。下流に達すると、水が濁ってくるが、流れはなだらかとなり、静かに海に注ぐ。

鴨緑江（おうりょくこう）は朝鮮で最も長い川である。水源は長白（チャンベク）山脈にあり、その流れの大部分は朝鮮と満洲の国境となっており、国境争いの歴史を象徴している。喩（たと）えるなら、この地域のルビコン川である。軍隊がこの川を渡ると、戦争の合図だった。真夏の豪雨と春の雪解けによってしばしば洪水が起こり、急流となるため水は濁流となった。しかし、それ以外の季節では川は澄んでいて魅力的である。長い間運ばれ続けてきた沈泥と砂利によって三角州が形成されている。川は三つの水路を通って黄海へと注ぐ。川は海から約60マイルの清州（チョンジュ）という古い町まで船で溯上できる。

豆満江（とまんこう）は長白山脈にある分水地点の東側の傾斜地から発し、北東方向に１５０マイル以上流れた後、南に曲がり、ウラジオストックから80マイル内にある日本海へと注いでいる。豆満江が朝鮮と満洲の北東部の国境をなすのに対し、鴨緑江は北方および北西部の国境をなしている。鴨緑江と同様に、豆満江の流れと水深は、季節によって大きく異なる。雨の少ない季節には、水も浅く穏やかであるが、春と秋の増水時には激流となる。冬は氷が張って通行が容易になるため、何世紀もの間、朝鮮人と中国人は緊急に自国から出国しなければいけない時、その氷の上を通って逃げた。

大同江（テドンガン）は、かつて長期間にわたって国境となっていた。小艇や小型の平底汽船であれば、平壌の近くまで航行できる。そこは川幅は４００ヤードあるが、航路は曲がりくねり、急流や砂州も多くある。水位が高ければ、平壌より上流までいくらかの距離をボートで行ける。しかし、平壌より上流まで航行できるとはほとんど言えない。

大同江の河口は中国の港である芝罘（チーフー）と登州から80マイルしか離れていないため、中国の侵略軍がしばしば大同江から国に侵入してきた。両国が交戦していない時も、中国人の海賊がこの便利なルートを使っていた。朝鮮人は何世紀にも亘って海岸のこの部分に見張りを置き、中国の船が近づいてきた時には、烽火（のろし）によって、遠くの丘にいる見張りに向けて危険のメッセージを伝え、その見張りがあらたに烽火をあげた。それによって非常に短い間に、丘陵や山頂からの烽火が地域のすみずみに行きわたり注意を喚起した。

漢江はさらに重要な川である。この川も歴史的な逸話であふれている。なぜなら、国の中心に位置し、鉄道が建設されるまでは、首都ソウルまでの最も便利なルートだったからである。漢江の水源は、日本海からたった30マイルのところにある江原道の金剛山にある。ジャンク（註・帆船）または喫水（きっすい）の浅い汽船なら、河口から約56マイルにあるソウルまで航行できる。もっと小型の船であれば、さらに１１４マイル先まで遡航できるが、それより上流は、急流が多い。漢江は、人口が密集する沿岸の地域にとって、移動と輸送の主な手段であり、川面には何百もの古風で趣のあるボートが点在している。

漢江（ハンガン）は急流で、曲がりくねっており、底には泥が堆積している。西岸で満潮になると航路が波立ち、川の流れが阻止されるが、干潮になれば川は再び流れ出し、勢いよく、多くの水量が海に注ぎ込まれる。川の流れが交互に止まったり再開したりするため、航路は頻繁に変化し、砂州も出現する。そのため、水位が高くない場合の航行は困難で不安定だ。１８４５年、フランス人が航路を切り開こうとしたが失敗に終わっている。

しかし、１８６６年には彼らの軍艦のうち二隻がなんとか首都にたどり着いた。河川輸送の長所に機敏に目をつけたのは日本人で、大金を投じて、常設の航路を拓いた。そのため、漢江は以前にも増して重要なものとなるであろう。

他にも次のような川がある。臨津江（イムジンガン）は、元山から遠くない江原道の山中に水源があり、漢江に合流している。バジル湾に注ぎ込んでいる錦江（クムガン）。最南西部で黄海に注ぎ込んでいる木浦（註：栄山江）。釜山から約７マイルの地点で朝鮮海峡に注ぎ込んでいる洛東江（ナクトンガン）。洛東江では、帆船と小型の汽船は１００マイル遡航できるが、喫水が３フィート以下のボートであれば、さらに70マイル遡航可能だ。

## 朝鮮半島の動植物

朝鮮は緯度34度～43度にあるため、北温帯の気候である。半島の南端はメリーランド州と同じ緯度であり、北端はマサチューセッツ州と同じ緯度で、気候全般も、同じ緯度にあるアメリカ合衆国の地域と似ている。夏は蒸し暑いが、他の季節は、概して非常に快適である。降雨量は年に約36インチで、最も激しく雨が降るのは7月と8月である。冬は通常乾燥して、晴れて爽やかである。

朝鮮は温帯の植生が豊かである。都市近郊の丘陵の中腹は禿山となっているが、さらに奥に行くと、松、樫、カエデ、カバノキ、セイヨウトネリコ、杜松の森が見られる。草木の花は素晴らしく様々に咲き誇っている。鳴く鳥はほとんどおらず、旅行者はイギリスやアメリカの耳に心地よい小鳥のさえずりを懐かしく思うだろう。しかし、ハンターなら野鴨や鴈の様々な変種を発見する。特大の鶴が田んぼの周辺を厳かに闊歩している。そして、色鮮やかなモウコ雉が多く生息している。半島内部を旅行している間、極上の雉肉料理が食卓をにぎわすことは容易だった。

他の国と比べれば、動物の数は少なく、種類も限られている。羊や山羊をどこにも見かけたことがなかったが、それは草が酸っぱすぎるからだという話を聞いた。鹿、カモシカ、豹は山中に見られた。狩りが好きな人なら虎に照準を合わせるかもしれない。普通、朝鮮で、荒野の野生の王者を探そうなどしないだろうが、ここでは虎は丘陵の低い斜面だけでなく、北部山岳の雪と氷の中にもいる。

朝鮮人は虎を恐れている。彼らの武器は貧弱なため、虎は堂々と、小村の周辺を徘徊し、時々、小屋の茅葺屋根を突き破って忍び込んで、女性や子供を連れ去ることがある。

国境を越えた中国人の間では次のような言い習わしがある。「朝鮮人は年の半分は虎狩りをし、後の半分は虎が朝鮮人狩りをする」。この猛獣が現れる地域では、人々の恐怖は非常に強く、人夫たちは夜に移動しようとはしない。もしそうせざるを得ない場合は、松明を振り、銅鑼を叩き、声を張り上げて、勇気を奮い立たせ、徘徊する野生動物を追い払おうとする。虎は当然のことながら、大部分の庶民の迷信や民間伝承の中で描かれていて、多くの格言にも登場する。

日本人が近代的なライフル銃を導入したためと、毛皮が高額なため、野生の徘徊者の数はどんどん減少している。元山からたったの1年間に５００頭の虎の毛皮が輸出されたが、これは真の獣の王者が近いうちに絶滅することを示唆する数字である。

## 資源

朝鮮の資源の価値については意見が分かれている。ある旅行者は次のように断言している。

「朝鮮には手に入れるに値するものはまったくないが、おそらく鉱物資源は例外である。しかし、莫大な金額の資本を投じて開拓する必要がある。国土の６分の５は、ひと気のない山や禿山同然の丘陵である」

これは表面的な判断である。山というのは、どこでもたいてい「ひと気がない」ものである。世界で最も肥沃な丘陵の中にも「禿山」はある。氷で覆われたゴールドラッシュのアラスカよりも、採鉱ははるかに容易に行なうことができる。

日本人による支配以降、地質学的調査が実施され、それによって鉱物資源が明らかとなった。金、銀、銅、黒鉛、鉄、石炭、白亜が発見され、そのうちのいくつかは埋蔵量も豊富である。咸鏡道の黒鉛の純度は平均80パーセントで、イタリア黒鉛の純度75パーセントより高い。

平壌周辺の地域は、金と銀が豊富だと長い間言われていたが、外国人が鉱業権を取得するまで、鉱山が利益をもたらすことはなかった。１９０９年には、朝鮮に３６８カ所の鉱山があり、３１２カ所は日本人と朝鮮人が共同で所有し、操業していた。６カ所は日米共同、１カ所は日独共同だった。各国の鉱業権取得者が管理している鉱山の数は、アメリカ人８カ所、ドイツ人６カ所、イギリス人５カ所、フランス人２カ所、イタリア人２カ所だった。[一] 主な金山は雲山（ウンサン）、稷山（チクサン）、遂安（スアン）、亀城（クソン）である。

１８９６年に鉱業権が認められた雲山は、その後12年内に、１６３万７、５０１トンの鉱石を産出した。これは、１、０７０万１、１５７ドルに相当した。平壌近郊にある政府の石炭鉱山は、年に６万トンの無煙炭を産出した。鉄鉱石は国の多くの地域で発見され、黄海道にある載寧（チェリョン）と殷栗（ウンリュル）の鉱山は、利益をもたらす鉱脈を生みだしている。

一　The Oriental Review　イワヤ・ホソイ（Engineer of the Japanese Bureau of Mines）　１９１０年12月24日付

甲山には、有望な銅山がある。日本人は現在精力的に、朝鮮の鉱山資源を開発しており、日本人の綿密さと近代的科学的手法は成功をもたらし、将来への励みとなっている。

農業面では、朝鮮に大いなる可能性がある。山が非常に多いため、広大な耕地面積は確保できない。今後、朝鮮は現在よりも多くの人口を養うことができるかという問いについては、住民の間で見解が分かれている。この国を旅行して得られた私の観察では、それが可能であることに疑いの余地はないということだけは言える。肥沃な渓谷の底は、だいたい水田となっている。

しかし、何万エーカーもの整った土地が、まったく開墾（かいこん）されていないか、あるいはほとんど開墾されていないため、本来収穫できるよりもかなり少ない収穫にとどまっているのを目にした。そして、無数の丘陵斜面も手つかずのままとなっている。

日本やシリアで見られるように、集中的に開墾し、丘陵斜面を段々畑にすれば、朝鮮の農業生産高は大幅に増大するだろう。朝鮮人の原始的でやる気のない農法でも、米、エンドウ豆を含む豆類、大麦、キビ、綿、タバコ、朝鮮人参、トウゴマの実が豊富に収穫できる。米と豆類は人々の主食であり、主要作物である。大量のキビも栽培されている。貴重な食品となるだけでなく、背が高く、強い茎は、敷物、柵、貧困層の家の材料など様々な用途に用いられる。

朝鮮人参は世界でも最高級品である。かつてはたった一つの組合が輸出を独占していて、独占権は法律で保護されていた。その法律では、朝鮮人参の根を国外に運び出そうとしたものは誰であれ、死刑に処せられた。しかし、ある地域では密輸業者は取引で繁盛していた。朝鮮人参は非常に貴重で、中国での需要は際限がなかった。そのため、組合は王に年に50万ドルをロイヤルティとして支払っていた。日本の総統府はその独占権を引き継ぎ、産業育成のため全力を尽くしている。

日本が朝鮮半島を併合した時、耕作地となっていたのは国土の10パーセント以下、そして耕作に適した土地の半分以下だった。日本人が現在、教育している近代的農法が効を奏して、朝鮮は現在の人口の2倍分の食糧を生産できるようになった。他の資源や製造業の発展によって富が増大するのは言うまでもない。朝鮮は三方が海に囲まれ、海には食用魚が豊富なので、水産業だけで年数百万ドルの富を生む可能性があるが、日本人が来るまでは、製造業の就労者はほとんどいなかったことを心に留めておくべきである。

商業と製造業の発展によって、10万人ほどの雇用が産出されるだろう。従って、朝鮮が現在よりもはるかに多くの人口を容易に維持し得ることは疑い得ないだろう。

## 朝鮮の山と景観

朝鮮の景色の第一印象は好ましいものではない。丘陵には草木が生えておらず、特に冬のように寒い天候の時に初めてそれを見た旅行者は、樹木に覆われた日本の丘陵と比べて、憂鬱(ゆううつ)で寂しく感じがちである。

この国について知るようになると、より公正に判断できるようになるが、一部の地域を除いて景観は非常に多様である。広大で平坦な渓谷もあるが、ほとんどの渓谷は緩やかに上昇して隣接する丘陵につながっている。朝鮮半島の北から南まで、様々な高さの尾根が包囲するように、山々が不規則に続いている。山脈はそれほど高くはない。

頂上が標高５、０００フィートに達する山はほとんどなく、唯一、白頭山だけが標高８、０００フィートに達する。白頭山は死火山で、噴火口が水を湛(たた)えた湖となっている。湖底の深さはわからないが大変美しい。崇拝の対象となっている山で、朝鮮人だけでなく、中国人や日本人の文筆家もそれを賛美する歌を作っている。そこには、この山脈の守護神である女神が住まわれていると一般に信じられている。

北部地域には、地肌が露出した山々、狭い渓谷、急流が豊富にある。チャンシュンとシェクトン地区は、アルプスのように美しい村が多い。クワロンドンは、例えて言えば、山あいに抱きかかえられるように佇んでいる。もっと行きやすい場所にあれば、有名になっていただろう。一方、クウェンミェンは、世界で最も美しい渓谷に居心地よさそうに横たわっている。その他に有名なのが、イザベラ・バード・ビショップ女史が魅力的に描いた、江原道にある金剛山である。正陽寺の寺院から眺望した断崖と渓谷について、彼女は次のように語っている。「確かに、この11マイルの美しさは、世界のどこにもこれをはるかにしのぐものはない」。人が作った社会のしきたりに満ちた、混雑したリゾート地にうんざりした西洋人の旅行者なら、朝鮮の山に魅力を見いだし、地球の裏側まで旅した甲斐があったと思うだろう。

## 釜山

日本や中国とは異なって、朝鮮には世界的な大都市に並ぶ都市は存在しない。朝鮮は村がメインの国で、ところどころ大きな町があり、ほんのたまに非常に大きな町がある。朝鮮半島南端にある釜山は、だいたい旅行者が最初に見る町である。

日本に最も近い朝鮮の港であるため、おのずと、日本の影響を最初に受ける場所となった。そこは長い間、対馬島主の領地の一部と考えられていた。1443年、釜山に近い東萊（トンネ）の長官が、対馬の領主と契約を締結し、日本人は永久居留権を得た。貢物を届けに来る朝鮮の貴族も、釜山から船で日本へ向かった。

1592年と1593年には、秀吉の侵略軍が釜山に上陸している。その後、数世紀もの間、中国・日本という強国と朝鮮との不幸な関係の変遷の中でもずっと、日本はこの重要な港を保持し続け、日本人居留民は、「世界に唯一の日本人植民者」という独特の位置づけをされていた。

１８６８年に将軍家と封建制が崩壊すると、釜山の宗主権は対馬藩主から天皇へ移行した。１８７６年には条約港として市が開かれ、新しい時代の始まりと共に、貿易と人口が増加し始めた。日露戦争が終結し、ソウルまで北へ３００マイルの鉄道（註：京釜鉄道）が完成した後、発展は急速化した。

私の最初の訪問と二回目の訪問の間には8年の隔たりがあるが、その違いは驚異的である。荒れ果てた町は、にぎやかな市となった。巨大な埠頭(ふとう)が建設され、港に船舶が溢れていた。新しくできた駅には、貨物列車と客車が音を立てて到着し、また出発していた。

店とホテルは人でごったがえし、大きな倉庫と公共施設が建設中で、道路は整備され、拡張されていた。このため、また、他の改善事業のため、何千人もの人夫が工事に精を出して働いていた。

日本人の数もこの10年間で急速に増え、日本人の改善によって雇用が創出されたおかげで朝鮮人の人口も大きく増加したのである。

## 済物浦

半島西岸の済物浦(チェムルポ)は、１８８２年の条約によって外国貿易のため開港された。当時は15軒の小屋しかない、粗末な漁村の集落にすぎなかったが、26マイル離れたところにある首都ソウルへの入り口として、すぐに重要な役割を果たすようになった。

いわゆる港というのは、いくつかの小島が周りから部分的に保護されている停泊地くらいのものでしかなかった。傾斜底面上32フィートの潮位というのは、低水位の時に、干潟となることを意味している。数年前なら、もし旅行者がその時に到着したら、私の時のように、汽船がはるか彼方で投錨しなければならず、海岸にたどり着くために泥だらけになって、悪臭にまみれるという体験をすることになる。その時は、最初に、サンパンという、こぎ手一人の不格好な平底の船に乗り、その後、人夫の背中に揺られることになった。

現在では港湾施設は、かなりよくなっている。港の重要性に気づいている日本の帝国議会は、１９１１年春に済物浦の港湾改良のため６年で３５０万円の予算を承認し、同年６月11日、寺内総督は、立派な式典でもって事業を開始した。

改良事業には、長さ５００ヤードの壁、面積12万平方ヤード・深さ26フィートの固定式埠頭が含まれている。そこには４、５００トン級の船舶が壁面に沿って係留できる。つり上げ荷重１・５トンから３トンの可動式クレーン３台が、この場所を寄港地とする多くの汽船に迅速に荷物を積み込み、荷降ろしする。

様々な生活必需品を購入できる店と、長年、中国人が経営しているホテルもあった。もし選り好みをしなければ、そこで食事をし、宿泊することもできた。

経営者のイータイは、機敏で信用できる人物だ。彼は、かなり長い間近海航路船の客室係（註：スチュワード）をしていたので、お店とホテルを開業した後も、その肩書きが彼から離れず、スチュワードと呼ばれた。そして、何年もの間、「スチュワード」は有名だった。この愛嬌のある天使は、多くの旅行者にとって、困っている時に助けてくれる友人となった。彼は、批判を和らげる天性の気だてのよさで、できることはすべてやってくれた。ホテルは現在、日本人の宿屋に変わってしまったが、「スチュワード」は済物浦とソウルで繁盛店を経営している。

済物浦は、問題を抱えた朝鮮の歴史と非常に強く関わりがある。１８９４年、日本人がここで中国（註：清）の輸送船を沈めて上陸し、ソウルまで戦勝の行進をした。

そして１９０４年にはここで、日露戦争開戦時に日本海軍戦隊が、ロシア海軍巡洋艦ワリヤーグとコレーツと戦い勝利した。日本人による占領後は人口が急激に増加している。日本人街は大きく、ビジネスはかなりの割合で発展し、埠頭には内陸の町との貿易のため物品が積み上げられている。

## 平壌

鎮南浦から35マイル離れた、大同江沿いにある平壌は、朝鮮北部の主要都市である。人口調査では、住民はたったの5万1、846人となっているが、実際は約400万人を擁（よう）する主要都市である。彼らは、平安南道と平安南道の44郡に住んでいる。市は高台にあり、市の城壁からは、曲がりくねる川の流れ、肥沃な渓谷、壮大な丘の連なりが眺められる。

平壌は歴史とつながりのある場所だ。なぜならば、ここは3、000年以上前に建設されたと主張されているからである。この都市の始祖とされる伝説的な人物、箕子（きし）は、この地がボートのような形をしていると最初に気づいたと言われている。この地面に穴を掘るとボートの底に水が入り、市が沈没すると信じられていたので、井戸を掘ることは禁じられていた。箕子は、自分が使用するための井戸を造る際には、このボートに穴を開けて沈めてしまう危険を避けるため、巨大な金属のボウルを作らせて、井戸の底に設置した。それ以来ずっと、人々はこの市がボートの中に横たわっていると信じ続けている。彼らは、重い石の支柱を、渓谷の端に設置し、市が流れ去っていかないようにした。そして、井戸を掘って、伏流水が自分たちの居住地にあふれ出す危険をおかすことよりも、川から苦労して水を運ぶ方を選んだのである。

平壌は、1894年の日清戦争で清国人と日本人の決戦の場となった。ほとんどの建物が破壊され、残った建物は泥棒に略奪された。木造部分は勝った日本人が燃料に使った。恐怖におののいた住民たちは、騒ぎを最初に聞いて逃げ出し、なかなか戻ってこなかったので、市の人口は8万人から1万5、000人に減少した。その後、また人口は増加し、いまようやく、かつての繁栄を取り戻しつつある。しかし、もし世界に名高い伝道事業がなければ、平壌に長く滞在しようという訪問者はほとんどいないだろう。このことは後の章で再び触れる予定である。

## 元山

ソウルから１７０マイル北東にある元山（ウォンサン）は、東岸の主要都市である。元山はブロートン湾に面している。その名は、１７９７年に調査を行なったイギリスの探検航海家、Ｗ・Ｒ・ブロートン船長に由来している。湾の上端部あるラザレフ港は元山から16マイル離れたところにあるが、その名は、１８５４年にその海域を調査したロシア人たちによって付けられた。彼らは、シベリア横断鉄道の終着駅として充分な水深があって安全な港を長い間探し求めていた。

湾全体は島と突起部によって保護され、世界でも最高の港を形成していた。長さは約20マイル、幅は２～６マイル、水深は６～12ファゾム（註：尋（ひろ）に相当する単位、約１・８ｍ）である。

元山の町は１８８０年５月１日、条約港として開かれた。朝鮮北東部への入り口としてだけではなく、ウラジオストックにあるロシア軍基地に最も近い朝鮮の港として、政治的に非常に重要な場所である。

一方、日本海から朝鮮北部への入り口として、通商との関係によって重要な外国人居留地ともなった。日本人の数は、他の外国人の総数よりも圧倒的に多く、極めて魅力的な地区が建設されていた。興味をそそられる店、銀行、税関、校舎、その他いくつかの洗練された建物があった。

汽船が日本と中国に向けて定期的に運航されており、ソウルに向かう新鉄道によって、支線沿いにも豊かな地域が開発されて、この国の他の地域へも行きやすくなった。

## 義州

鴨緑江の河口からそれほど遠くないところにある義州（ウィジュ）は、何世紀にも亘って、朝鮮と中国を結ぶ玄関口だった。義州を通って、朝貢使節団は北京へと向かった。鴨緑江に巨大な橋が架けられ、ヨーロッパ、中国、満洲から

East Gate, Seoul　ソウルの東大門

の鉄道の旅はここを通って朝鮮に流れ込んでくるようになったので、近年、義州の重要性は増している。かつてはわびしい漁村だったのだが、いまでは活気あふれる市となった。奉天からソウル・釜山に向かう鉄道が最初に朝鮮に入る市であるということは重視されている。日本人は旧朝鮮人の町からそう遠くないところに新しい市街を開発し、近代化が急速に進んでいる。

## 首都ソウル

ソウルはこの国の最大都市であり、10万人以上人口がいると報告されている唯一の市である。都市部の人口調査によると、住民は30万2､686人とされている。そのうち、5万291人が日本人である。「ソウル」という言葉は単に「首都」を表している。従って、政府が他の場所に移ったら、そこが「ソウル」となる。現王朝の始祖が、自分の治世を明示するために新首都を創設した。彼は漢江の川岸に前からあった町を選び、1395年、その町は「ソウル」となった。その場所は並はずれて素敵だった。この国の地理的中心からそう遠くなく、南北約５マイル、東西約３マイルの盆地にあり、山々に囲まれている。空気が澄んでいれば、山が迫ってくるように見える。空に向かって鋸(のこぎり)のような輪郭を描いている山頂は、壮大な天然の城壁となっている。川岸沿いには、静寂に包まれた人目につかない魅力的な場所が多くある。

由緒ある壁は、いまでは崩れてしまっているが、王朝の始祖によって築かれたものだ。壁の高さは約22フィート、全周９マイルである。巨大な石のブロックでできた壁が建設された時には、１９万８、０００人が1カ月働き、さらに8万人が1カ月働いた。市への入り口には壮大な屋根のある八つの重い城門がある。市の中の低い瓦とわら葺の家は、「きのこが点々と広がっている」ように見える。ところどころ、大きな建物も建っている。よく目立つのは、ローマカトリック聖堂とヨーロッパやアメリカの領事館である。宮殿の敷地がかなりの面積を占めていて、緑陰樹がほとんどない市にあって、その木々は美しく映える。ほとんどの道路は単なる小路にすぎないが、城門から続いている道路は、２台の馬車同士がすれ違えるほどの広さがある。

堂々とした大通りもあり、幅１００フィート、長さ３マイルである。世界でも最も魅力あふれる通りである。輿、人力車、自転車、馬車、それからガランガランと音を立てて走るトロリー式市街電車。不格好な背負子(しょいこ)をつけた人夫、衣類の束を運ぶ女性、そして遊んだり、登下校する子供たち。荷を積まれ、薄汚い田舎者に曳(ひ)かれた小型の馬、薪をどっさり背負った若い雄牛は動く小山のように見える。制服姿の警察官、日本兵、下駄と着物を着た日本人、他の日本人は洋服を着ている。朝鮮人にも洋服の人がいた。そしてどこにでもいるのが、運転手が必死で叫んでいるのに、電車を気にも留めずに、のんびりと歩いている旧態依然とした朝鮮人の群れ。風変わりな帽子、揺れ動く白い服、長いパイプによって彼らは古風な様相に見えた。あたかも過去からやってきた人物のように。

ソウルでは特別な関心を引く物は多くない。注目に値する建物はほとんどない。日本や中国で見られる大寺院は、ないことがかえって目立っているほどだ。もちろん旅行者が訪れる場所はある。

宮殿、戴冠式の祭壇、日本人街、独立館、西大門の向こう側にあるアーチ、モンゴル皇帝が１３５４年に朝鮮王妃となった娘のために贈った大理石の仏塔、世界で三番目に大きいとされているブロンズの大鐘。この大鐘は５００年もの間、いまや行なわれない趣のある儀礼を伴う、市の城門の開閉の合図となっていた。宮殿の建物の軒には、多くの小さな真鍮（しんちゅう）の風鈴がぶらさがっている。風鈴の中には真鍮の魚が鎖で留められていて、風が吹くと、それらの魚が前後に揺れて、鐘が鳴る。日の出や日没時に、そよ風が吹くと、その音色はとても甘美である。

旧体制下では、ソウルは文字どおり、役人とその家族でごった返していた。全国に3、８００人いる官吏のうち、３、０００人は首都にいると言われているため、ソウルは一般的には、「三千人の官吏の市」と呼ばれている。彼らの地位へのプライド、政治的野心、いつもの自堕落な生活は、おのずと市全体をかなり特徴づけている。この有名な古い首都では、近年、見事な変革が見られた。かつて高慢だった貴族の多くは、戦争によって貧困に陥った。あるいは政府が外国人の手にわたった時に、地位を失った。巨大な日本の居留地が成長し、城壁外にある鉄道の駅が首都で最も活気のある中心地となり、新しい政治的、商業的時代の兆候があちこちで見られた。ここ25年のうちで、ソウルは、極東のどの市よりも変革を遂げた。しかし、「懐古的な人」にとっては魅力がなくなった。

ジャパン・メール紙の記事で、ある特派員が嘆き悲しんでいる。「呪術師、曲芸師、祈祷師、占い師がいなくなった。私たちは影の薄れた両班（ヤンバン）を失おうとしている。その代わりに、広い通り、大きな建物、清潔な下水管、きれいな水道、背の高い立派な馬、電灯のある近代的都市を得た。平均的な朝鮮人、つまり全く地味な一般人、学生、労働者にとっては、これは、今までの環境とは全く正反対ものである。彼らの環境とは、忌まわしい路地、ひどい臭いのする道のすみっこ、平屋建ての家、皮膚病で汚らしい歯をむき出している犬の群れであり、さらに、緑と青の絹のパッドのはいったキルト風のズボンをはき、大きな眼鏡と扇子のしゃれた装いの紳士に牛耳(ぎゅうじ)られていた。他にも興味深い場所がある。大きくはないので、日本から中国へ鉄道で急ぐ旅行者はめったに訪れないが、しかし、訪れるだけの価値は充分にある。

ソウルから50マイル北東にある松都(ソンド)は４００年以上（９６０～１３９２）に亘って朝鮮の首都だった。かつての栄光はなくなったが、いまでも充分注目に値する場所である。松都はソウルから元山に向かう鉄道路線上にあり、豊かで人口の多い中心都市である。釜山から約１００マイル北にある大邱(デグ)は道庁所在地で、日本人は朝鮮南部の広大な地域の行政中心地とした。朝鮮南東部にある安東(アンドン)は、地方行政府があった素晴らしい古都である。儒教学者が多くいたことで有名である。はるか北東部にあるカンガイは、アジアで最も美しい景色のうちの一つだ。海州(ヘジュ)については他の章で言及した。半島の最南西部の近くにある木浦は小さな場所だが、素晴らしい港のおかげで重要である。１８９７年10月1日、条約港として開港した。

長浦江の河口近くある魅力あふれる群山(クンサン)は、済物浦から約１５０マイル南にあり、１８９８年5月1日、条約港として指定された。全州は、かつて朝鮮を支配していた前王朝発祥の地（註：李氏朝鮮王朝を興した李成桂の故郷）で、全羅北道の道庁所在地である。そこには2万５、０００人が城壁に囲まれて住んでいる。

忠州(チュンジュ)は、忠清北道と忠清南道の軍事都市である。そこの市場は５日ごとに５、０００人もの人でごった返す。

人口５、０００～1万2、０００人の小さな市や市場町は多くあり、村は無数にある。政治的、商業的にはそれほど重要ではないいくつかの場所が、キリスト教伝道事業のかなり重要な中心地となっている。これについては後の章で再度触れたい。

# 第二章

## 古き朝鮮の消え去りし日々

朝鮮はヨーロッパとは接触がなかったが、ペルシャの使節団は朝鮮の使節団と２、０００年以上前から交流があった。朝鮮の先住民については何もわかっていない。彼らは早くに絶滅した。例外は、外国の征服者に同化している場合である。現代の朝鮮人は、満洲として知られる地域からやってきた人々の子孫だ。朝鮮の現王朝は、１３９２年の王氏高麗の崩壊によって始まった。王氏最後の王は残虐で自堕落だった。王が朝貢を拒否して中国の怒りを買った時、王の義父、李成桂が王を退位させた。旧朝鮮は封建制度を取っていた。社会には厳格な身分制度があった。王家、貴族、官僚、文人、農民、そして職人。最下層の人々は、商人・船夫・獄卒・逓夫・僧侶・屠畜業者・巫女の七つの賎しい職業に分けられていた。強欲な支配者階級と極貧の民衆。蔓延する不幸は筆舌に尽くしがたく、人間はどれくらいこんな状況に耐えられるのか。アングロサクソンなら１カ月も耐えられない。

## CHAPTER II

## THE VANISHED DAYS OF OLD KOREA

Korea is among the latest of the nations to become known to the Western world, yet the envoys of Persia met those of Korea at the capital of China more than two thousand years ago. Of the aboriginal inhabitants of Korea nothing is known. They early became extinct, except in so far as they were assimilated by alien conquerors. Modern Koreans are descendants of peoples that came from the region now known as Manchuria.

The modern Korean dynasty dates from the fall of the Wang dynasty, in 1392. The last King of that line was so cruel and dissolute that his subjects became restless and sullen. When he incurred the anger of China by refusing to give pledges of vassalage, Ni Taijo, the ambitious and talented general of the army and the father-in-law of the King, took advantage of the opportunity to depose him.

Old Korea was feudal. Society was rigidly divided into various grades: the royal family, nobles, officials and literary men, farmers, and artisans. The lowest class was subdivided into "the seven vile callings" of merchants, boatmen, jailers, postal-slaves, monks, butchers, and sorcerers. While the merchant was at the head of the latter list, he belonged to one of the "vile callings," on the lowest round of the social ladder, and the monk was even nearer the bottom, only the butcher and sorcerer being below him.

The prevailing wretchedness was so great that one wondered how long human nature could endure it. Anglo-Saxons would not have tolerated it a month. But these stolid Oriental grown-up children ate their rice and took their hard lot apathetically, while the Emperor borrowed money or sold concessions, and the officials stole to keep up appearances.

# 古き朝鮮の消え去りし日々

## 朝鮮半島の古代史

西洋諸国では最近になってようやく知られるようになったが、朝鮮は、アジアでは、多かれ少なかれ、はるか昔からなじみのある国だった。

ペルシャの使者は、２、０００年以上前に中国の首都で、朝鮮の使者と面会していた。その交流は、時々会うというよりも、もっと緊密に頻繁（ひんぱん）に行なわれていたに違いない。なぜならば、「朝鮮の芸術には、疑いの余地なくペルシャの影響が見られる」からだ。

進取の気性に富んだアラブ商人も中国に旅して、早くから、大きな半島について知っていた。アラブ商人の中には、山東省と朝鮮の間の狭い海を渡った者もいた。

９世紀にはアラブの地理学者・フルダーズベが、「Sila の国にある Kantu を超えたところから隙間なくそそり立つ」「高い山々」に言及している。そして、「訪れたイスラム教徒は、この国の利点から、そこに定住したいという思いにしばしばかられた」という。これは疑いの余地なく、朝鮮のことを指している。なぜならば、この王国の中国名は新盧（Sinlo）だったからだ。Sila（新羅）は、アラビア語の訛（なま）りである。

朝鮮の先住民については、何もわかっていない。彼らは早くに絶滅した。例外は、外国の征服者に同化している場合である。現代の朝鮮人は、満洲として知られる地域からやってきた人々の子孫である。彼らは、自分

一　ウィリアム・エリオット・グリフィス著『The Hermit Nation』は、初期の歴史資料を注意深く集めており、読者はこの章でまとめた出来事の詳細な記述を読む事ができる。

たちの先祖について多くの風変わりな伝説を持っている。そのほとんどが、神話の神や女神へと遡る。

最も興味深い伝承のほとんどは、紀元前12世紀の箕子にまつわるものである。

箕子は学識のある中国の高級官僚で、残虐で腹黒い殷王朝最後の皇帝・紂王（註：帝辛）の太師であった。箕子は、政府の非道を正すよう紂王に真剣に働きかけたが、皇帝の激しい怒りを招く結果となった。皇帝は箕子の友人を残忍な方法で殺害し、この賢者を投獄した。紂王の時代は革命によって終わり、革命に成功した武王は箕子を釈放して首相になってくれるよう申し入れた。

しかし、箕子は紂王の気まぐれにはひどく悩まされていたが、頑なに紂王を天が定めた王と確信していた。

そのため、いくら友好的でも、革命によって地位を強奪した者に仕えることを承諾しなかった。

そこで、５、０００人を率いて、紀元前１１２２年に北東に移住し、王国を建てた。当初、王国は朝鮮にではなく、満洲南部にあったと思われる。徐々に国境を広げ、南端は大同江に達した。檀君朝鮮最後の王（註：四十七代世古列加といわれている）は、強大な箕子を前にして逃亡し、ワンハイ州のクゥルクゥル山に逃れ、その地で亡命者として屈辱のうちに亡くなった。

紀元前2世紀に漢王朝の皇帝が箕子の子孫と戦い、長い間荒々しく勝敗を繰り返した後、１０７年、箕子朝鮮はついに消滅し、領土は中国に併合された。王座を奪われた箕子の血をひく子孫はどんどん減っていき、９世紀に最後の王が亡くなると、血統は途絶えた。１、０００年以上続いた王朝の国王は誰一人、名声を残さなかった。唯一の例外は傑出した始祖の箕子だ。彼のものといわれている陵墓は、鴨緑江の北にいくつかある。彼の治世のほとんどがそこで行なわれた。平壌の北の城壁外側の少し離れた丘にある墓所は、最も崇敬されているものである。しかし、そこに箕子の遺体が埋葬されているという証拠は何もない。

下の道にある石板には、聖なる場所なので、乗馬して近づく者は馬から降りるようにという趣旨の碑文が刻まれている。墓所は美しい木立に蔽われ、その場所は重々しいイメージで守られている。巨大で平らな石は、強大な死者の魂に殉じた犠牲者たちを供養するためのものである。

　しかし、箕子の物語は、歴史的考証の観点から、疑いの余地がある。箕子とその後継者たちの時代（紀元前１１２２年〜西暦９世紀）は事実と神話と伝説の寄せ集めとなっているので、判別するのはしばしば困難である。中国の偉大な高級官僚が皇帝の逆鱗に触れ、朝鮮に移住し、そこに住んでいた原始的な人々を支配し、安定した文明的な秩序をもたらしたという物語はあり得ないことではない。

　しかし、明確な日付は不明である。確かに、箕子が建てたもうひとつの王国は夫余で、現在忘れ去られた国だと推測されている。それが史実であれ、伝説であれ、あるいはその両方が混合したものであれ、古代に箕子が朝鮮に移住して王朝を築いたという物語は、想像をかき立てるものだ。ぼんやりと輪郭が見えるだけの歴史を人々ははっきりと知りたがっている。

　イスラエルの預言者・サムエルやアッシリアの王・ティグラト・ピレセルの時代、ナボポラッサルがカルデア王朝を建てる５００年前には、アテネは辺鄙な村で、ローマはまだ無名で、ヨーロッパは未開の部族だけが住む荒野だった。その時代、この文明化された中国の貴族は朝鮮北部に社会秩序の基盤を築いたと言われている。

　アブラハムがヘブライ人の古代史に影響を及ぼしているように、箕子の偉大な人物像が朝鮮の古代史に影響を及ぼしている。文字の導入、安定した政府の樹立、賢明な法律の制定、未開な定住地と比べて高度な文明の発展、それは彼の功績である。

　今日に至るまで、平壌の住民は四角い野原を指して、箕子が九つの区画のあるモデル農場を作った場所だという。８区画は民衆が自分たちのために耕し、あとの１区画は政府のために耕した。箕子が築いたと考えられている巨大な城壁の遺構も残っている。しかし、代々行なわれてきた修理と改築のため、当時の構造はほとんしている。

ど残っていない。ただ何マイルにもわたって続く川岸は、当時は現在よりもかなり大きな市があったことを示している。

## 三国時代以降の朝鮮

朝鮮人が自国の歴史について、世界でも最古の国の一つだと自慢するのは驚くべきことではない。1801年11月25日、王は清国皇帝に次のように手紙を書いた。「皇帝陛下はご存じの通り、殷王朝軍の残存者が東部に移住した時（紀元前1122年）以来、この小王国は、正確に慣例によって定められたすべて、正義と忠誠を遂行し、そして自身の義務に対して忠実にであったという点において、常に際立っていました」。

1802年1月25日、キリスト教に反対して出された布告は次のように宣言していた。

「箕子が封ぜられた王国は、2、000里以上にわたる領土すべてにおいて、（王朝創設以来）400年間もの間、大いなる平和を享受してきた」

アメリカのアジア艦隊司令官ジョン・ロジャーズが、1871年に条約を締結しようとした時、朝鮮政府は誇らしげにこう答えた。

「朝鮮は4、000年の文明に満足している。他の文明は不要である」

箕子は確かに古代朝鮮に文明をもたらし、法律を制定した人物ではあるが、現代の朝鮮人が箕子を自国の建国者とみなすべきか分からない。むしろ、高麗と呼ばれた人々に注目した方がいい。彼らはもともと、現在満洲として知られる地域にある松花江（註：スンガリ川）の北岸からやってきた。この地域から、力のある族長に率いられて様々な移住が行なわれた。

その結果、高麗（註：高句麗）、新羅、百済という小王国が発展した。数世紀の間、この国の歴史は、それぞれの宮廷事情、宮廷間の戦争と中国との戦争、勝敗によって絶え間なく変わる国境の問題にほとんど集中していた。７世紀までに、高麗は日本海から遼河（りょうが）まで、そして朝鮮半島の漢江までを支配するようになった。王国の五つの地域（註：五部）には、数百名の人々がいて、１７６以上の都市があった。高麗と新羅との戦いはずっと続いていた。もし中国（註：隋・唐）がいなければ、勇猛な高麗は屈服しなかっただろう。中国の数次にわたる侵攻は圧倒的だった。そして、７００年以上にわたる歴史の末、高麗王国は中国（註：唐）に併合された。

百済は、孟子（もうし）と孔子の書の伝来という恩恵を受けていた。彼らは早くから文学的教養を育んできたため、朝鮮半島の知の中心地となった。５世紀に王国は強大となり、中国軍を打ち負かすほどになった。しかし内輪もめと、国境を接する他の王国や強力で向かうところ敵なしの中国との絶え間ない戦争にさらされ、徐々に弱体化していった。６世紀になってとうとう打ちのめされた国土は天朝（註：中国）の一部となった。

新羅は誇り高き王国で、一時は古代朝鮮のいかなる人々よりも文明が進んでいた。彼らは芸術を育み、市の周囲を城壁で囲み、戦略的な基地を要塞化し、馬、雄牛、荷馬車を用い、絹を生産し、鉱石を製錬し、鉄を製造し、他の王国と交易した。その中には日本も含まれていた。

新羅が最も強大だった時代には、北部の長白山から半島の南端部まで、朝鮮の東部半分を占めていた。起源を中国に持ち、中華帝国と時々同盟を結んだため、新羅には、中国文明の基本的な原理と恩恵がもたらされた。一方では日本に近かったことと、一時、日本人に征服されていたため、当時の日本にあった有益なものがすべて入ってきた。そしてそれは小さいものではなかった。

新羅は三つの王国の中で最後まで残った。百済と高麗が中国に征服された後も2世紀にわたって、新羅は存続したのである。しかし、不幸なことに、内戦によってその力は衰えた。新羅王国は１、０００年近く続き、三姓（さんせい）の王系から55人もの王が立てられた。しかし、９３４年に滅亡を迎えた。

次に朝鮮に影響を及ぼした人口変動の大きな波は、北満洲とモンゴルという、謎めいた地域から起こってきた。9世紀の終わりから10世紀の初めに、契丹（きったん）という気性の荒々しい部族の大群が、この地域から勃興（ぼっこう）し、渤海国（ぼっかいこく）を崩壊させた。渤海国は、西暦７００年にできた王国で、首都は吉林にあった。ここは現在もなお重要な都市である。戦いに敗れた渤海国の大勢の人々は南方に移住し、朝鮮北部の荒廃した渓谷（けいこく）に住みついた。新しい血が注がれたおかげで、衰退していた朝鮮民族に活力がもたらされた。

野心的な兵士だった王建は、比較的容易に朝鮮すべてを統治下におき、松都（ソンド）（開城（ケソン））を首都に定めた。つまり、初めて朝鮮半島全土が一つの政府のもとに統一されたのである。王建は９４５年に没したが、彼が建国した王朝は4世紀の間存続した。

松都は富と学問の中心地となり、１３９２年に王朝が崩壊するまで、王家の居住地としての尊厳を担った。一時、王国は現在の朝鮮全土だけでなく、鴨緑江北のかなりの地域をも領土としていたが、契丹の皇帝との戦いによって、11世紀初頭に満洲地方の領土を失った。それ以降、鴨緑江は朝鮮の国境となっていた。それから、１、０００年近い時を経た今日でも、朝鮮の境界に変化はない。

## モンゴルの支配を受けた朝鮮

13世紀、朝鮮は、最強の世界征服者の血にまみれた手にかかった。チンギス・ハンとは恐ろしい名前である。この名前以上に、身ぶるいを引き起こし、悲劇的な出来事とともに想起される名前は、歴史上ほとんどいない。彼もまた、侵略者がはびこる地、モンゴルからやってきた。

日本人の著述家、末松謙澄（すえまつけんちょう）が主張するところによれば、チンギス・ハンは日本人の武士であり、英雄である源義経に他ならないという。義経は１１５９年に生まれ、平家を滅ぼした武将だが、兄の頼朝の嫉妬を招き、満洲に逃亡した。義経はそこで、その統率力によって、気性が荒い肉食系モンゴル族の長となったという。仮にそれが本当であったとしても、１２０６年にエゾカイという名のモンゴルの偉大な首長が、ばらばらだった北方の騎馬民族をひとつにまとめ、度重なる勝利へと導いたと伝えられているのは事実である。その人物は自身を王であると宣言し、チンギス・ハンと名乗り、征服を開始した。

５年後には好戦的な契丹を征服し、１２１３年までには中国の万里の長城が破られ、彼の軍隊は鴨緑江北部全域を支配していた。

完全に権勢欲に取りつかれたチンギス・ハンは、世界征服という大胆な考えを抱くようになった。無敵で恐ろしい配下の騎馬民族は中国を席巻し、アジアからヨーロッパまで駆け抜け、恐怖をもたらした。彼らが通過した場所はどこも破壊されてしまった。歴史を学ぶ学生なら誰もが知っている通りだ。

しかし、チンギス・ハンの野心を実現するため朝鮮と日本に侵攻したモンゴル軍の部隊についてはあまり記録がない。朝鮮はたやすく犠牲者となり、１２１８年、朝鮮の王は、チンギス・ハンに隷属した。

１２１３年、モンゴルからの使者が来たが、使者が自分たちのルールを厳しく押し付けたため、忍耐強い朝鮮人でさえ我慢の限界に達し、彼を暗殺した。使者が殺されたため、そのすぐ後の１２４１年、別のモンゴル軍が来襲して、悲惨な報復を行なった。そのため、朝鮮は押さえつけられ、それ以上抵抗できなかった。

チンギス・ハンと有名な孫のクビライ・ハンは、繰り返し日本を征服しようとしたが、成功しなかった。そしてモンゴルによる朝鮮支配は短期間だった。なぜならば、チンギス・ハンの帝国は、世界征服の野望をもったアレキサンダー大王の帝国と同様、後継者の死亡直後に、崩壊したからだ。

歴史的な観点からすると、チンギス・ハンによる朝鮮の征服は単なる一事件にすぎない。その当時は恐怖をもたらしたが、朝鮮の慣習や制度にそれほどの影響は与えなかった。

## 李氏朝鮮の成立と現皇帝

朝鮮の現王朝（註：李氏朝鮮）は、１３９２年の王氏高麗の崩壊によって始まった。王氏最後の王は残虐で自堕落だったため、臣民は安心して生活することができず、心もふさぎ込んだ。

王が朝貢を拒否して中国の怒りを買った時、王の義父であり、野心的で有能な武官だった李成桂がその機に乗じて、王を退位させた。すぐに中国の宗主権を認め、皇帝との友好関係と支援を確保し、その後すぐに李成桂が王位に就いた。李成桂は非常に人気があったので、朝鮮人にとって喜ばしいことだった。首都を漢陽に移し、ソウルと名付けた。李成桂は、いまもなお残っている城壁を築き、行政制度を改善し、国を八つの「道」に分けた。それは現在にも受け継がれている。

朝鮮、あるいは「朝の静けさ」という名前は、西暦紀元に入って混迷し始めた時期に失われていたが、再び取り戻し、朝鮮は平和と繁栄の時代に入った。李成桂の子孫は、１９１０年日本による朝鮮併合まで、途切れることなく王位を継承した。朝鮮の歴史で初めて皇帝を名乗った最後の朝鮮王は、その直系ではないが、家系を遡ると李成桂を祖とすることを誇りとしている。

古代の朝鮮は封建制だった。インドのようなカースト制はないが、社会には厳格な身分制度があった。つまり、王家、貴族、官僚、文人、農民、そして職人。最下層の人々は、商人・船夫・獄卒・逓夫・僧侶・屠畜業者・巫女の七つの賤しい職業（註：七賤）に分けられていた。商人は、七つの賤しい職業の最上層にあるが、社会階層の中では最下層の賤民に属していた。僧侶は最下層近くにあり、その下には屠畜業者と巫女しかいなかった。

政府は家父長制度的な専制政治だった。王は神権によって支配しているとされ、不正行為とは無関係とされていた。そのため、すべての不正行為は、王の意思を遂行できなかった大臣とその配下の官僚の責任に帰せられた。不正に対して、王家に注意を促すことを責務とする検閲官がいたが、もし検閲官が忠実に自分の責務を遂行しようとしたら、非常に多くの仕事をこなさなければならなかったはずだ。もっとも、アジア人は話を大袈裟にする傾向があるので、そのような検閲官の報告書を実際に見たとしても、神々しい存在である王はそこに書かれていることを真剣に受け止めることはなかっただろう。

朝鮮では、王の人格は神聖なものだった。遠い昔からの伝統によって、鉄が王に触れることは許されなかった。第二十二代の王である正祖は１８００年に膿瘍(のうよう)で死亡したが、その原因は、鋼鉄で王を切開することができなかったからだったと言われている。誰であっても、何かに乗って王宮の前を通り過ぎることは許されなかった。どれほどの高官であっても、輿から降りるか、馬から降りて、歩かなければならない。

皇帝が王宮敷地周辺を離れる時には、皇帝を警護するため、とてつもないほどの努力が行なわれた。年老いた皇帝は、首都の道路がどれほど不潔で悲惨かおそらく知らなかっただろう。なぜならば、皇帝の外出のために注意を払って掃除された後のほんの短い間しか眺めていないからだ。だが、それを知ったとしても、それほど気にも留めなかっただろう。なぜならば、彼自身が住む敷地も、オランダやアメリカの主婦たちを憂鬱(ゆううつ)にさせるような掃除のされ具合だったからだ。

何人であれ、皇帝を見下ろすことは「不敬罪」となった。それを防ぐために、皇帝が外出する時には道路に面した家の窓は封印され、覗(のぞ)けないようにされた。すべての扉は閉ざされ、家主は、威厳ある存在を認識し、全力で皇帝の外出のために準備をしている証拠として、箒(ほうき)とちり取りをもって、家の前でひざまつかなければならなかった。

暗殺の危険を減らすために、皇帝外出の時にはまったく同じ輿を二台使い、どちらに皇帝が乗っているかは、信頼できる従者以外誰も知らなかった。こういった王家の行進は荘厳で、東洋人の心にはとてもなじみ深い道具立てで飾られていた。ついでに言えば、西洋人の心にもなじみ深いものだった。

## 気弱な皇帝と残忍な大院君

年老いた皇帝は、１８６４年１月15日、子供がないまま亡くなった叔父、哲宗の死によって王位に就いた。12歳の少年の時であった。朝鮮王朝の実権を握ったのは、王の実父である李昰応（イハウン）、よく知られた名でいえば、大院君だった。大院君は朝鮮人にしては並はずれて気骨のある人物だった。すぐに大勢を制し、１８７３年までには実質上の統治者となったのだが、朝鮮人はいまなお、「石心鉄腸（せきしんてっちょう）」（註：強い意思のたとえ）の大院君が支配していた残忍な時代を思い出すと身ぶるいする。大院君の摂政時代は、汚職が横行していただけでなく、冷酷な大虐殺が行なわれていた。彼は自分の実子さえも処刑した。猛烈な排外主義で、１８６６年にカトリックのフランス人宣教師とキリスト教信者を処刑したのは大院君である。

１８７３年に王が成人した時に、摂政は終わった。しかし、好戦的な大院君は首都で権力を持ち続け、あらゆる種類の極悪な謀略の張本人だった。彼は幾度も実子を退位させようと企てた。１８８２年の日本公使館襲撃の黒幕でもあった。宮廷内の敵を排除するために、贈り物に見せかけた糖菓の箱に爆弾を仕掛けるという方法をとった。敵は報復のため、大院君を爆死させようとしたが、失敗に終わった。（註：王の父であった大院君と王の妃であった閔妃は互いに暗殺を狙っていた）

もし彼が有能で精力的であるのと同じくらい、公正で思いやりがあれば、善のための力となったであろう。実際のところ、年をとってそれ以上悪事を起こせなくなるほど衰えるまでは、朝鮮の発展を妨害する元凶だった。

息子である年若い王は気弱で自堕落な人物であることが、すぐに明らかになった。彼は大臣、妻、あるいは特定の時期にたまたま寵愛していた側室に、容易（たやす）く牛耳られた。王は生まれつき穏やかな心の持ち主で、朝鮮の歴史や文学によく精通し、外国人に対して親切心を抱いていた。だが、ほとんどの弱い暴君がそうであるように、脅えた時は残酷になりがちであった。

## 王宮への訪問と朝鮮王との謁見

１９０１年、私は当時の朝鮮王に謁見する機会に恵まれた。それから王の息子、つまり当時の皇太子で、後の皇帝にも会った。この機会を与えてくれたのは、王が敬意を払っていたホレイス・アレン、アメリカ公使である。

残念なことに、決められた時間は、私たちが乗る汽船が済物浦から出航する日の夕方だった。私は、それから1年以上に及ぶ旅行に出発しようとするところで、その旅程は注意深く計画され、中国（註：清）での重要な予定が含まれていたので、たとえ皇帝に謁見するためであろうと全旅程を乱すようなことはできないと考えていた。従って私は不謹慎にも、アレン公使に次のようにお伝えした。

皇帝陛下にお目にかかれる光栄には大変感謝していますが、その日のお昼前に出立する予定となっているため、大変残念ながら、お受けすることができません、と。

経験豊富な外交官は、いくらか驚いて次のように返事をした。

「いいですか。ここはアメリカではなく、アジアですよ。一国の皇帝が畏れ多くも、ある時間にある人物を接見してくださり、その人物はちょうどその時間に謁見できると言ってくださっている時、汽船に乗れず、次の汽船を待たなければならないなどという小事は、この際、考慮すべきことではありません。皇帝からの招待は法律なのです」

大急ぎで協議した結果、ある友人が済物浦に赴き、汽船をどうにかできないか探りに行った。この友人は根っから親切で、東洋人にとって時間はさほど重要ではないことを知っていたので、船長に掛け合って、私がどれほど重要な人物か、昼食時に退席することがどれほど皇帝に対して非礼なことか説明した。その結果、船長は出航を翌日まで延ばしてくれた。出航時に船長に会った時、彼は礼義正しく、文句を言わなかったが、内心快く思ってはいなかっただろうと思う。

こうして、私たちは約束の時間に王宮の門にやってきた。H・G・アンダーウッド師とその夫人、O・R・エビソン医師と夫人も一緒だった。王は彼らのことを知っていて、尊敬していた。役人が私たちに付き添い、縦列に並んだ兵士の間を抜け、迷宮のように建ち並んでいる、低くてだだっ広い建物（あるものは伝統的な様式で、あるものは洋風だった）の間を通り抜け、多くの人の足で硬く踏みつけられて、草の生えていない中庭を通り抜け、客殿に案内された。それはヨーロッパ風建築様式の、煉瓦で造られた一階の建築だった。そこで私たちは、掌理院卿からお茶とタバコを勧められた。それから、皇帝と皇太子が私たちを接見してくれる建物へと案内された。

王族と親しく接するのに慣れていなかったため、皇帝陛下に近寄る時の正しい作法について事前に助言を依頼していた。入口で止まって、低くお辞儀をし、一歩進んで、また低くお辞儀をし、さらに一歩進んで、また低くお辞儀をし、三歩目を進んでから、また低くお辞儀をし、それからじっと立って、皇帝がなされることを拝見するようにと、私たちは助言されていた。私たちは注意深く教えに従った。皇帝陛下は、私たち男性には快く軽い会釈をし、私たちの妻とは非常に大仰に握手をした。皇帝は私たち各々の家族の中でだれが主要な人物かすぐに判別することができるようだ。

謁見の間はほとんど家具が備え付けられておらず、あるのはカーペットと小さなテーブルだけだった。壁紙はごくありふれたもので、東洋の王様の謁見の間に見られる豪華さはまったくなかった。当時、皇帝は50歳で、どちらかといえば背が低く、肥満体質で、薄い髭をはやしていた。会話の間に何度か微笑んだが、そうすると生き生きとした表情となり、魅力がないわけではなかった。皇太子はほとんど話をしなかった。父親よりかなり知性が劣っているように見えた。朝鮮の宮廷の陰謀と悪行の中で過ごしていると、強靭な人柄に成長することは難しいだろう。

皇帝は私たちそれぞれに、調子はいいか、丁寧に尋ね30分ほど率直に楽しげに会話した。その後、皇帝は、ささやかな夕食を用意したので招待を受けてほしいと語った。食事には皇帝の代わりに、掌理院卿が同席することになった（皇帝は決して外国人とは食事をしなかった）。皇帝は婦人たちと再び別れの握手をした。それから私たちは、扉から出るまで、決められた作法でお辞儀をし、皇帝の前から退いた。

夕食はもうひとつの簡素な部屋で供された。天井は低く、ありふれた壁紙だったが、テーブルには純白のリネンがかけられ、精巧な磁器と高価な金と銀の食器が並べられていた。招待客のそれぞれのお皿には、漢字で書かれたカードが置かれていた。料理は非の打ちどころがなく、13品のコースが見事に給仕された。皇帝はフランス人のシェフを召抱えていると聞いたが、すぐに納得できた。4人の朝鮮人が私たちと一緒に食事をしたが、非常に礼儀正しく友好的だった。私の隣に座った人物は王族階級で、欧米訪問の経験があった。彼の英語は流暢で、話し上手で非常に好感がもてた。5種類のワインが出されたが、それを飲んだのは二人だけで、他の人たちは日本のミネラルウォーターであるタンサンを楽しんでいたのは面白かった。

夕食後、私たちは宮廷の応接間に案内され、特別なショーでもてなされた。最初に登場したのは獅子舞だった。大きな獅子のお面の下に人間が二人入っていた。頭部は大きさが不釣り合いで、目が皿のように大きく、まぶたは、中から紐で操作されていた。獅子が私たちの前に立ってお辞儀をした時、皿のような大きなまぶたが、ゆっくりとまばたきしたが、それはまったくグロテスクだった。獅子の後は、40人の宮中の舞姫が入って、遠い西洋からやってきた宣教師とその妻に、芸を披露した。それは、何もかもが上品だった。ゆっくりとした、揺れるような動きが続き、アメリカ人にとって、それはダンスと呼べるものではなく、どちらかといえば健康体操に似ていた。腕を優雅に振り、足の動きもゆっくりとして落ち着いていた。朝鮮の舞姫の評判はよくなかったが、

A Korean Official.　朝鮮の役人

彼女たちは上品な服装をして、振る舞いは非の打ちどころがなかった。顔は厚化粧をし、髪はかなり手の込んだ形に結いあげられていた。枠の中の穴にボールを投げ入れる動作では、舞姫は代わる代わる、管弦楽の音に合わせて、腕と体をゆっくり揺らし、音楽が最高潮に達すると、穴に向かってボールを投げた。成功すると、嬉しそうに退き、失敗すると、係員が素早く近づいてきて、舞姫の頬に黒い点を描いた。不名誉な印である。最後の舞踏は剣舞だった。だんだん進んでいくと、音楽が速くなり、最後に舞踏は目がくらむような回転で終わった。歓待が終わる頃には、10時になっていた。宮廷で4時間過ごした後、私たちは辞した。

### 無能な皇帝と官位を買う役人たち

暢気(のんき)な皇帝は、国家のことにはほとんど注意を払っていなかった。実際に政権を運営していたのは、内閣（註：議政府）の大臣とその部下だった。

官僚の中には、貴族に生まれて封建制度のもとでさらに権力を得た者もいたが、贈賄などの方法によって地位を得た者もいた。中国と同様、競争率の激しい科挙試験によって官僚になるのだと考えられていたが、実際には最も高額なお金を出した人に官位が売られるか、お気に入りに与えられた。任命された数日後に官僚が辞任することも時々あった。なぜならば、彼がその地位を求めた理由が、在任期間が短期間であっても残りの一生分のお金を請求できること、貧乏な親族を国庫に押し付けることができるということだったからだ。官僚と部下の数は信じられないほどだ。地方官僚には通常４００人の部下がいる。彼らがやっていることは、税を徴収するか、だらだらするか、貪るように食べるか、ずうずうしくごまかすことだけだ。あるイギリスの副領事はビショップ女史に次のように語った。44地区のうち、たった1区の1年間の食費だけで、３９万2、０００円もかかる。

おかしなことに、両班（ヤンバン）と呼ばれている貴族たちは、自尊心のあるアメリカ人ならきっと恥じるような特徴を誇りに思っている。両班の生活は勝手気ままで、健康に良い運動をしないため、彼らは体力がない。彼らは、いままでに何か労働をしたことがあると疑われないために、自分が実際よりも弱いと思われることが、自分の尊厳のために絶対に必要と考えている。

彼らは家からよろめきながら出てきて、数歩歩くために最大限自分のエネルギーを使ってしまったかのように、自分の従者の腕の中に倒れ込んだ。こびへつらう従者が、両班を慎重に馬に乗せ、道を行く間、大切な体に負荷がかからないよう、両脚を支えた。従者が大切にしている主人の頭の上に、天蓋あるいは巨大な傘が掲げられた。使用人が先に走って、不作法な群衆を叩いて道から追い払い、乗り物に乗っている人には全員に降りるよう命令し、のろのろしている人や行列の前を通ってしまった歩行者を繰り返し冷酷に叩いた。ある従者はこれ見よがしに天蓋を掲げ、別の従者はパイプやタバコなど、主人の欲しがりそうなちょっとしたものを運んでいた。

## 腐敗の極みにあった李氏朝鮮

個々の朝鮮人の生活は、常に公的に見張られていた。貴族でなければ、いつでも誰かわかるように自分の名前と住所を記載した平板を持っていなければならなかった。もし罪に問われ、ちょっとした口実で告訴されたら、たいてい怠惰で腐敗した裁判官と陪審員を兼務する郡守の前に連行された。被告人が罪を犯したと告白しなければ、拷問にかけられる。裁判所にはその目的のための大量の恐ろしい道具、こん棒、へら、足かせ、鎖、ロープ、手錠が備えられていた。不幸な囚人は、背中がぼろぼろに裂けるまで打たれるか、腕で吊り下げされるか、手を膝に縛られて転がされた。向う脛の骨をこん棒で折ることは、ありふれた拷問のやり方だった。1785年より前は、もっと恐ろしい処罰の方法が通常に行なわれていた。例えば、雄牛を使って体を引き裂くといった方法である。しかし、その年に新しい刑法が施行されたため、残虐な方法のいくつかは廃止された。現在もなお実施されている方法はかなりひどいので、白人はショックをうけるだろう。しかし、白人も、それほど遠くない祖先が、同じくらい残酷なことを行なっていたのである。

そのような政府のもとで、一般の民衆はかなり深刻に苦しんでいた。統治者たちは民衆に権利を与えるべきなどとはまったく配慮していなかった。まっとうに徴税されても充分重税だったが、不正によって徴税額はさらに倍になっていた。腐敗して無節操な役人は、無力な大衆からできるかぎり巻きあげていた。決められた給与が支払われることはほとんどなく、充分な給与が支払われることも決してなかったため、「搾取（さくしゅ）」が当然のこととなっていた。役人は、必要な金額を国に納めさえしていれば、それ以外のお金は自分のものにしても咎められることはなかった。この汚職のシステムが、様々な階級の役人を連鎖して、納税者へと達していたのだから、民衆の窮状は想像できる。家族のために充分な食い扶持（ぶち）が残っていたら幸運だった。

電信柱を立てる必要があった、ある南部の村を例とすれば、「道知事は各戸に葉銭100枚を要求した。郡守は２００枚に増額し、雑卒は２５０枚にした。それが、人々が実際に支払った金額である。手にした金額は、雑卒が50枚、郡守は１００枚、道知事が１００枚である。最後の１００枚が、本来お金を徴収した目的に用いられる」[二]。

財産を持っていると疑われた人は誰でも、罪をでっち上げられて、汚い刑務所に投獄・拘束され、郡守に自白するまで拷問される危険がある。税を取り立てる徴税吏の特権は、一番多くお金を出す人か、もうけを山分けする節操のないお気に入りに売られた。裁判所はそれを正そうとはしなかった。なぜならば、判事と陪審員自身が略奪者だったからだ。民衆は自分の努力の成果が役人によってもぎとられてしまうとわかっているので、骨を折って働く気がおこらなかった。そのため、自分の食料として必要なだけの米と豆を作ったら、残りの時間は喫煙や休息に費やしていた。

内陸部を旅行している時に、知的な顔をした朝鮮人の家に一晩泊ったことがある。彼は質素な家に住み、雄牛を一頭飼い、数エーカーの土地を耕していた。

彼のことをよく知っている宣教師仲間が彼に次のように言った。

「どうしてあなたは、もっといい家を建てて、もっと多くの雄牛を飼って、もっと広い土地を耕さないのか」

「しっ！静かに！」

朝鮮人は驚きながら答えた。

「そんなことをささやくのも、危険だ。郡守の耳に入ったら、私は責め立てられて、持っているお金は最後の1円まで巻き上げられるだろう」

私たちは行く先々で、ほとんど同じ話を耳にし、ほとんど同じ状況を目にした。つまり、強欲で自堕落な支

---

二　ビショップ『朝鮮紀行』３２９頁

配階級と、その日暮らしで自分の生き方も選べない、みすぼらしく将来の備えのない民衆である。悲惨さがあまりにも蔓延しており、人間はそもそもどれほどその状態に耐えることができるだろうと思わざるを得ない。アングロサクソンだったら1カ月も我慢できないだろう。しかし東洋の無反応な成人した子供たちは無表情にご飯を食べ、つらい運命に従っていた。一方、皇帝は借金をするか、特権を売り、役人たちは体面を保つために盗みを行なっている。上流階級のほとんどが誰も、来るべき嵐に気づこうとはしていないようだった。気づいた者も「後は野となれ山となれ」の精神で肩をすくめていた。

## 貧弱な朝鮮の武力

外国からの攻撃に対しては、朝鮮はまったくの無力だった。約1万7、000人の陸軍は、表面的にはヨーロッパの基準に則っていたが、ヨーロッパの将校なら朝鮮のような軍隊の指揮を執りたいとは思わなかっただろう。1896年、ロシアの大佐が、3人の士官と10人の下士官の力を借りて、混沌とした状況に秩序をもたらそうとした。彼は1、000人の近衛隊を組織し、ベルダン銃で武装させた。しかし彼と部下たちは、1898年4月に解雇された。その軍は、想像しうる限り最も装備が貧弱で、最も規律に欠けていた。兵隊たちは軍隊らしくなく、歩行もだらだらしていた。彼らの勇敢さは、かつての税関長でイギリス人のJ・マクレヴィ・ブラウン氏（註：高宗の要請により財務顧問になった人物）によって試されることになる。

ブラウン氏は海関長の責務に加えて、1895年に財政顧問となり、1896年7月の勅令（ちょくれい）によって、支出すべてを管理する権限が与えられた。彼の職務は骨の折れるものだった。なぜならば、彼が関わった朝鮮人の役人は、国庫から盗むために様々な陰謀をめぐらしていたからだ。しかし、ブラウン氏は清廉潔白であるだけでなく勇敢だった。氏の公正で巧みな管理のもと、政府の財政状況は急速に改善した。

ロシア人とフランス人は、ブラウン氏が自分たちの契約の障害になると気づき、皇帝を説得して彼を退任させようとした。しかし、ブラウン氏が退任を拒否したため、彼を解雇するために朝鮮軍が派遣された。しかし、この恐るべきスコットランド系アイルランド人は、軽い杖を激しく振り回し、重いブーツで朝鮮軍を威嚇した。朝鮮軍は、弾薬の込められたライフルと固定銃剣を持っていたにも拘わらず、全軍が屈辱的な格好で逃げ去っていったのだ。

日本軍によって、その朝鮮軍は制圧されたが、その時に陸軍に残っていたのは30人の将軍、10人の大佐、それから、がさつでだらしない兵士だけの得体の知れない連隊だけだった。朝鮮の海軍についても、その名に値するものではなく、28人の大将と少数の水兵だけがいるだけで、軍艦は一隻もなかった（註：1897年に朝鮮は大韓帝国を名乗り、国軍も置かれたが1907年には解散した）。

外交官については、このような状況下で想定されるものよりは全体的にましだった。おそらく、ほとんどの両班は、愚かなため他国のことを知ることができないか、怠惰なため、他国に行くこともせず、外国の首都での地位は、意欲的な人物に占められていたからだった。政府は彼らに対してほとんど関心を示しておらず、長期間、給与も手当も出さずに放置することがしばしばあった。ワシントン駐在の朝鮮公使が、食料雑貨商に支払いができなかったことも一度ならずあった。長年支払われていない手形の支払いをし、自国の政府の名誉を保つため、ヨーロッパとアメリカにいる高官たちは、悲痛なまでにお金を督促する文書を送り続けていた。行政全体が腐敗し、無能だった。しかしそのことで、朝鮮人は悩んではいなかった。ここ数世紀の間に、そのような政府しか知らなかったので、それを当然のように受け容れていたのである。皇帝にしてみれば、国と国民は、自分の意のままになるものという以外に、存在の目的があるということなど決して思いもよらず、自国民にもっと有能な政府をもたらすことができる、あるいはもたらすべきだという提案がなされようものなら、呆然としていたであろう。外国人が改善を提案すると、皇帝は温厚に承認することが時々あった。しかし、彼は意思が弱く、怠惰であったため、彼自身あるいは国民にとっての改善に気持ちを向けることができなかった。

## 外国人との接触

隠者の国（註：外交のないヨーロッパ諸国は朝鮮をこう呼んだ）の海岸を最初に見た白人が誰なのか、特定することは困難である。おそらく、最も初期の頃に到着したのは、ポルトガルのイエズス会司祭、グレゴリオ・デ・セスペデスだった。彼は、日本人のローマカトリック信者、つまり、秀吉による朝鮮出兵を指揮した小西行長の従軍司祭としてやってきた（註：１５９２年）。次にやってきた白人は、１６２７年に極東で交易のために航海していた船の船員であったオランダ人である。三人の船員のうち、一人はヤン・ウェルテフレーという名だったが、彼らは新鮮な水を求めて、朝鮮の海岸に上陸し、囚人として捕らえられた。彼らは親切に扱われたが、強制的にこの国に滞在させられた。他の二人は１６３５年の満洲侵略で殺害されたが、ウェルテフレーは独り生き延びた。１６５３年、故国の人々が思いがけず大勢やってきて彼は喜んだが、彼らも不本意ながらたどり着いたのだった。オランダ船、スペルウェールが済州島沖で難破したのである。64人の乗組員のうち、36人はなんとか陸にたどりついたが、残りは全員溺れ死んだ。助かった人のうちの一人が、ジョン・ボスケットという名で、もう一人が、有名なヘンドリック・ハメルで、その船の船荷監督人だった。彼はこの一行の体験について、風変わりな物語を残した。その地の郡守は彼らを親切に迎えた。そして、10月29日、彼らは、ウェルテフレーのところに連れてこられ、彼に通訳をしてもらった。そして彼の援助のもと、日本への脱出が計画されたが、犬が吠えたため失敗してしまう。彼らは竹の棒でひどく叩かれ、ソウルへ護送された。道中ずっと見慣れない白人を見ようと、人々が好奇心をもって集まってきた。ソウルに着くと、王・顕宗の前に引き出され、朝鮮に永久に滞在しなければならないと王から申し渡された。

捕虜たちの経験は多彩だった。親切に扱われる時もあれば、過酷に扱われる時もあった。いずれにしても、彼らはいつも厳重に監視された。しばらくして彼らは離れ離れにさせられ、最初支給されていた米の割当が打ち切られた。彼らの状態は悲惨なものとなり、飢えと病気によって人数が減っていった。捕虜となって13年後の１６６６年９月５日、数人の生存者が、朝鮮の帆船に乗って、日本への脱出に成功した。日本では、国に戻ろうとしていたバタビア（註：オランダ領だったジャカルタ）の船を見つけることができた。１６６７年11月20日、彼らはバタビアに到着し、翌年の７月20日、再びオランダの土を踏んだ。彼らの冒険についてハメルが書いた話は１６６８年にロッテルダムで発行され、オランダ語、フランス語、ドイツ語、スペイン語、英語で何度も版を重ねた。彼は、捕虜の間に見た朝鮮の様々な場所についてよく記述していた。しかし固有名詞のスペリングがおかしいので理解しづらい。

その頃には、他の情報源も入手できるようになっていた。北京のイエズス会が送ってきた半島の大雑把な地図がフランスで発行されていたのだ。１６４９年、アムステルダムの出版社が、『中国図版』という題の本を出版した。著者はイエズス会のマルティーニ神父で、そこにも朝鮮の地図が掲載されていた。１７０７年、中国の使者がソウルで地図を手に入れ、イエズス会がさらに小さな縮尺で慎重に作り直し、フランスに送って印刷した。シベリアから太平洋へ向かって止どまることなく押し進んでいたコサックは、朝鮮に関する報告をロシアに送った。その内容が充実していたため、ジョン・キャンベル卿は、『朝鮮と日本の商業史』という本を書くことができた。これは１７７１年に発行されている。時を経るにつれて、この極東の国に関する世界のささやかな知識の蓄積に、またさらに少し情報が追加されていった。あちこちを訪れていた貿易船が朝鮮の港にも寄港し、まれに外国の軍艦が都合のいい港に投錨（とうびょう）することもあった。Ｗ・Ｒ・ブロートン船長は１７９７年10月

4日、永興湾に停泊した。バジル湾という名前は、1816年にそこを訪れたバジル・ホール船長に由来する。1832年、有名な宣教師チャールズ・ギュツラフがここに上陸し、じゃがいもの育て方を人々に教えた。そこを離れる時には、種とキリスト教の本を残している。1845年6月25日、エドウィン・ベルチャー船長に率いられたイギリス船サマラン号は、済州島沖に到着し、約1カ月を費やして、危険な沿岸を調査した。

しかし朝鮮人は大昔からのやり方で、のろのろと進み、西洋の世界について無知で無関心だった。中国と日本については、戦争と朝貢というつらい経験から知っていたが、自国の海岸に時折上陸する白人については、朝鮮人にとっては、ほとんど知らない、ほとんど注意も払っていない場所からやってきた一過性の訪問者に過ぎなかった。朝鮮はいまだに隠者の国であり、朝の静けさの国であり、ある種、無風状態の国だった。中国はヨーロッパ諸国との条約を締結させられ、日本は開国していた。しかし、朝鮮は何世紀もの間眠り続けたのと同じように眠り続けていた。

## 血なまぐさい事件と武力によって結ばれた条約

朝鮮が眠りから解かれたのは、19世紀後半になってからである。1866年、三つの国の男たちが入国を強く求めた。まずロシア人が貿易権を要求した。フランスの軍艦は、変装して入国したフランス人宣教師たちの殺害に対して報復するためやってきたのだが、艦長は予想していたより困難な任務であると気づき、大きな被害を与えることなく去った。そしてアメリカ人も訪れた。

この頃アメリカと朝鮮の間に何があったかを知っている人は、それを不愉快な感情と共に思い出すだろう。だが、朝鮮人とアメリカ人の一番最初の接触が温かいものだったことも確かである。同年6月24日、アメリカのスクーナー（註：大型の帆船）、サプライズ号は朝鮮沿岸沖で難破した。無一文となった乗組員たちは、朝鮮の役人たちから最大限の思いやりをもって遇された。乗組員たちには必要な物資が与えられ、中国との国境まで旅の援助も受けた。おかげで彼らは国境を超えてアメリカ領事館のある満洲の営口まで進むことができた。だが、同年8月、アメリカのスクーナー、ジェネラルシャーマン号が大同江を遡ったことで事件は起こった。同船は平壌から1マイルほどの地点で座礁してしまったのである。大勢の朝鮮人が見慣れない船を見るため、海岸に集まってきて、そのうち何人かは船に乗り込んだ。すぐに騒ぎが起こった。乱闘の中で、スクーナーは焼き討ちにあい、士官も乗組員もほとんどが殺害され、残った生存者は町に連行されて処刑されたのである。ジェネラルシャーマン号の大砲と錨鎖は城門の上で晒しものにされた。

そして翌年の1867年、オッペルトという名のドイツ人に率いられた、有名な、というより悪名高き「国際死体横取り遠征隊」が朝鮮にやってきた（註：服部之總『黒船前後』中の「撥陵遠征隊（はつりょうえんせいたい）」参照）。その遠征隊は、フランス人の祭司が案内を務め、アメリカ人の通訳も同行していた。彼らは、朝鮮の王の墓には金などの財宝が豊富に埋葬されていて、簡単に略奪できると信じていた。また、王族の亡骸（なきがら）を手に入れれば身代金を要求できるという馬鹿げた考えにとりつかれていたのである。この海賊たちの非道な目的は達成されなかったが、いくつかの陵墓を暴き、多くの朝鮮人と戦い、彼らに大きな憤激を招いた。上海のアメリカ領事ジョージ・F・スワード氏は、その遠征隊に参加したアメリカ人を逮捕して裁判にかけた。領事は有罪判決は充分正当だと確信していたが、罪を証明する法的根拠を示すことができなかった。

この事件によって、朝鮮人は外国人を友好的に捉える気分でなくなっていた。1871年にジョン・ロジャーズ率いるアメリカ海軍の艦隊が、朝鮮を訪れた時、王は艦隊の受け入れを拒否した。アメリカ艦隊は、1866年のジェネラルシャーマン号乗組員殺害の賠償を要求するために来航したのだが、王の返信は次のようなものだった。水兵が腹を空かしているというのなら、食事を与えよう。ただし、即刻退散することが条件だ。

もし我が国民の風習を変えるために来たというのなら、4、000年続いた伝統を覆すことは困難だと思い知るだろう。自分らをフランス人と呼ぶ者たちが、かつてそれを試みたが失敗に終わった。あなた方アメリカ人は、その時起きたことを是非とも詳細に知るべきだ、と。

その結果、艦隊の司令長官は、河口にある要塞への攻撃を命令じた。激しい戦いはあったものの、要塞はあっけなく破壊された。それは6月10日のことだった。艦隊が立ち去ったのは、その2週間後のことである。

当時若き士官として、遠征に参加していたウィンフィールド・スコット・シュライ提督は、1912年に発行された自伝の中で、その様子を生き生きと描いている。彼は次のように断言した。「ジェネラルシャーマン号は気まぐれに破壊されたが、その理由はただ朝鮮海域を訪れたからというものに過ぎなかった。ジェネラルシャーマン号に対して朝鮮がとった行動は挑発されたものではなく、不当なものだった。もし、それに対して謝罪と損害賠償を要求しなかったら、その国は影響力、あるいは自尊心さえも維持することができなかったであろう。中国人の幅広い階級がすべての外国人に対して敵意を示していたのでなおさらである」。

シュライ提督によるこの事件の説明が正しかろうが間違っていようが、次のことを知れば充分である。つまり、アメリカ海軍の士官は自分たちの行動が正当であり、「ロジャーズ提督は、朝鮮人がジェネラルシャーマン号の破壊と乗組員殺害を正当化できるのか解明するために、あらゆる平和的手段を駆使して朝鮮人と交渉した」と確信していた、ということだ。いずれにしても、彼らの報復は迅速かつ悲惨だった。多くの朝鮮人を殺害し、残りの生存者を一掃し、大砲を破壊し、火薬庫を爆破した後、「船に戻った」さらに次のように続けた。

「われわれの遠征の使命は文字通り果たされ、国に対する侮辱に復讐した」

朝鮮人の側は、ジェネラルシャーマン号乗組員大虐殺を引き起こした状況について、違った説明をしている。報告、噂、告発、反論がごちゃ混ぜになっている中で、真偽を判別することは困難である。当時の話ができるアメリカ人は、ひとりも生きていない。もともと朝鮮人は率直に真実を語ることはしない。特に、殺人容疑から身を守る場合ならばなおさらである。アメリカ人も同様である。いずれにしても、外国人水兵が挑発したと朝鮮人が断言していることは、素直に記録するべきだ。

当時、北京駐在アメリカ公使館の書記官だったS・ウェルズ・ウィリアムズ博士はこの事件を注意深く調査した結果、次のような結論に達した。「乗組員たちは、朝鮮人に対して軽率に暴力をふるったために、悲しい運命をたどることになったという推測が正しかったことが、証拠によって判明した」

次のことも心に留めておくべきである。当時の朝鮮人は、フランス人による攻撃を恐れていたこと、白人をほとんど見たことがなかったため、フランス人とアメリカ人の区別がつけられなかったこと、スクーナーは重武装だったこと、朝鮮人は、数年前の悪名高き「国際死体横取り遠征隊」を覚えていたため、同型の船を見れば、おのずと同じような邪悪な動機があるのではないかと疑ったこと、である。

平壌のアメリカ長老派教会の宣教師、ウィリアム・M・ベアード博士は次のように語っている。ジェネラルシャーマン号が川を遡航してきたのを目撃した多くの人々と話をした。何人かは、平壌から少し離れた地点で汽船に乗船していた人々だった。そのうちの一人は、話を聞いた時、キリスト教に改宗し、ベアード博士が信頼できると考えていた人物だが、その人が語ったところによれば、ジェネラルシャーマン号は許可なしに川を遡(さかのぼ)って法を犯した。調査のために乗船した朝鮮人の郡守は拘束され、川岸に戻ることが許されなかった。

ロジャーズ提督は、彼の目的は平和的なもので、求めているのは正義だけだと言った。しかし、朝鮮人は、平和目的の派遣団がなぜ軍艦でやってきたのか理解できなかった。親善目的の訪問者が完全武装して近づいてくるのに慣れていなかったのである。外国船は通常、戦闘と同意義であり、それ相応にふるまうという事を学んでいたのだ。

真実がどこにあろうとも、アメリカ人は公平な目で次のように考えるべきである。われわれの観点からすると、朝鮮人の行為は非難されるべきであっても、朝鮮人が誤解する理由が明らかにあったこと、そして事件全体を通して、アメリカ人は決して潔白ではなかった。朝鮮人にしてみれば、外国人は野蛮であり、彼らとできるだけ関わらないに越したことはないと、さらに徹底して確信することとなったのである。

しかし、かつてのように孤立してはいられない時がやってきた。新しい世界の動きが極東にやってきた。日本と中国は既に古くからの隔絶状態から、強制的に開国させられていた。両国の間にある朝鮮半島が、強大国の保守主義を打ち砕いた力から距離を置くことは不可能である。知性のある少数の朝鮮人はそのことを見抜いていた。しかし、何世紀にもわたる頑固で鈍感な保守主義は一日で克服されることはない。有能で狂信的な大院君を首領とする反動者たちは、開明的な人々に対して猛烈に反対したが、外国勢力は条約締結を迫り、1882年に最初の条約がアメリカと締結された。

かつてアメリカ船数隻が朝鮮の海岸沖で難破し、命からがら海岸にたどりついた水兵たちは手と足を縛られて、市場の豚のように棒につりさげられて内陸部の市へと運ばれ、そこで処刑された。アメリカ政府は、そのような侮辱が二度と起こらないよう信頼関係を築こうと、何度か試みたがうまく行かなかった。しかしとうとう、1882年、アメリカ海軍のR・W・シューフェルト准将が条約発効にこぎつけたのだ。

条約の草案を作成したのは、当時の北京駐在米国代理公使チェスター・ホルコムだった。朝鮮は、他国ともすぐに条約を締結した。1883年ドイツ、1884年ロシアとイタリア、1886年フランス、1892年オーストリア・ハンガリー帝国である。朝鮮政府は不承不承ながら、次から次へと署名した。

こうして朝鮮は「隠者の国」であるのをやめたのである。

# 第三章

## 朝鮮の人々

朝鮮人に対する意見は分かれている。一方では、朝鮮人のように軽蔑で表現される人種はアジアで他にいない、という。怠惰、不誠実、無知。中国を過度に尊敬し、中国の良さを取り入れることなく自己満足に陥り、発展しない。しかし、これには別の面がある。何世紀もの間、強い国民性を育むような状況ではなかった。好戦的な日本と強力な中国に挟まれ、この小国は始めから属国になる運命だった。政治的無力さ、自発性の欠如により、無能であるかのような印象を世界に与えている。しかし、彼らは条件さえ整っていれば、直ちに修得し、めきめき力を伸ばしていく。１９０７年に東京で開催された世界学生会議で最高のスピーチをしたのは朝鮮人だった。また、朝鮮人の子供は宣教師が証言するように非常に頭が良い。私は、中国、日本、フィリピン、タイ、東インド等様々な所を旅したので比較できるが、条件が揃えば朝鮮は典型的なアジアの国同様に発展できるのだ。

## CHAPTER III

## THE KOREAN PEOPLE

Sharply diverse views have been expressed regarding the character of the Koreans. One says that no other people in Asia have been so contemptuously characterized. They appear more and more to be lazy, dishonest, and incredibly ignorant. A naturally capable race, holding an exaggerated reverence for their Chinese teachers, has lapsed into a condition of self-satisfaction and consequently arrested progress without, at the same time, having acquired Chinese devotion to work.

But there is another side to this picture. While it must be conceded that the Koreans lack the energy and ambition of the Japanese, and the industry and persistence of the Chinese, one should remember that for centuries their position has been unfavorable to the development of strength of character. A comparatively small nation, hemmed in between warlike Japan on one side and mighty China on the other, the Land of the Morning Calm was doomed from the outset to be a tributary state, and its people long ago helplessly acquiesced in the inevitable.

Their political helplessness and lack of initiative and ambition have given the world a wrong impression as to their real ability. They learn readily under favorable conditions and develop rapidly. Every delegate conceded that the best speech at the International Student Conference of 1907 in Tokyo was made by a Korean.

Korean children are remarkably bright scholars, as all missionary teachers testify. My long tour of Asia enabled me to compare the average village Korean with the average village types of the Chinese, Japanese, Filipinos, Siamese, East Indians, etc., and they impressed me as quite as capable of development as the typical Asiatic elsewhere, if conditions were equally favorable.

# 朝鮮の人々

## 朝鮮半島の人口

１９０２年の人口調査で、朝鮮の人口は５７８万2、８０６人だった。これは馬鹿げていて信頼できない数字である。かつて朝鮮宮廷は郡守に、自分の管轄下の人口を報告するよう命じ、その報告を基に税を決めていた。自分が納める税をできるだけ低くするため、言語道断なことに、郡守は嘘をついた。アメリカ人のように、自分の市をできるだけ大きく見せようとする野心など持っていなかったのである。

日本人による最新の調査では、人口は1、７４０万6、６４５人だった。そのうち1万8、９７２人は中国人で、５９７人がアメリカ人、２２３人がイギリス人、１０７人がフランス人、57人がドイツ人、そして３０万3、６５９人が日本人だった。

朝鮮人と日本人の調査結果には、1、２００万人の違いがあるが、その原因すべてが朝鮮人役人の嘘によるものとは限らない。なぜなら近年、人口が急激に増加しているからだ。１９１０年の日本人による人口調査では、1、２９３万4、２８２人と報告されているので、信頼できるデータで人口の増加が確認できる。

日本人の移住は、朝鮮人の満洲への移住によってほぼ相殺（そうさい）されるので、日本人による健康衛生施策の下で、朝鮮人の出生率が明らかに上昇し、死亡率が低下しているのだ。

## 朝鮮人への軽蔑

朝鮮人の特徴については、非常に多様な見解が述べられている。アジアの人々でこれほどまでに軽蔑して特徴が描かれる人々はいない。何年も前に、済物浦の港に数カ月間停泊していたアメリカ合衆国軍艦パロスのボストウィック艦長は、嫌悪感を詩に表現している。

「海の遥か彼方にある風変わりな国
朝鮮という名で知られている
その国には魅了するもの、楽しませるものは何もない
清潔などこれっぽっちもない」

それより後の旅行者たちも、好感を抱いてはいない。

ウィガム氏は、著書『満洲と朝鮮』で、次のように断じている。

「1、000年前、中国人は青白い幽霊だったが、朝鮮人はそれに似ている…中国人には、われわれの文明から自分たちの文明を防御(ぼうぎょ)できるくらいの良い点が多くあるが、朝鮮人には、自分たちを褒めたたえるものは全く一つもない。あるとすれば、気だてのよさだけだ」

カーゾン卿も、自著『極東の問題』の中で、同様に好意的でない意見を表明している。

「この国のおかしなところは、何世紀もの間、独立こそしていないが、単独国家として存続してきたことを誇りにしている反面、まったく力強さが外に見えてこないこと。住民は身体的には活力があるが、精神的には活力がないこと。資源には大変恵まれているが、資金不足に陥っていること。明暗差のあるアジア大陸においても、このようなおかしなことが起こっている国を私は知らない」

アーチボルド・リトルは、自著『極東』の中で、こう言っている。

「発展に対する野心や意欲というものは、彼らからは死に絶えている。元来は有能な人種で、師である中国に対して過剰なほどの尊崇の念を抱いていたが、自己満足に堕してしまい、その結果、発展を阻み、それと同時に、

中国人のような仕事に対する情熱を習得することもなかった」

ジョージ・ケナンはさらに悲観的である。アウトルック誌に掲載した記事で、彼はこう断言した。

「彼らは魅力がなく、彼らに精神的な関心を持たない西洋人に対して共感しないだけでなく、怠惰で、不潔で、恥知らずで、不誠実で、信じられないほど無知で、個人の能力と価値という意識に由来する自尊心に全く欠けている。彼らは未開の野蛮人ではない。衰退した東洋文明の腐敗した産物である」

ジョージ・T・ラッド教授は、1907年朝鮮訪問の後、次のように書いている。

「朝鮮人は、私がかつて出会った人々の中で、最も信頼に値しない、剛健な美徳が欠落した人々である。彼らを絶賛する人たちが言えることは、たいていが、彼らは人当たりがいいということだ。朝鮮人の群衆ほど忌わしく、常軌を逸するほど残酷なものはいない…朝鮮人の特徴は、私がかつて知り得た人々の中で、最も卑劣の部類に入るといっていい」

ラッセル氏の小説『コレクション・アンド・リコレクション』を想起してみよう。

ハンティンドンの伯爵夫人であるセリナが、バッキンガム公爵夫人を、ホワイトフィールドの説教に誘った時、公爵夫人は次のように返答した。メソジスト派の説教師の教義はひどく不快で、目上の方に対する失礼な物言いや無礼に強く影響されていると。

「あなたが、地球上に這っている不運な一般の人々と同様に無知な心であると言われるのは、醜悪です」と彼女は手紙を書いた。

「あなたの令夫人という立場は、上流階級や生まれの良さとは非常に異なる心情を享受していると思わざるを得ません」

## 怠惰と不潔

表面を見ている人たちを感動させた朝鮮人の特徴のいくつかについては、決して同意できるものではないと認めざるを得ない。最初に見た時から、朝鮮人はアジア人の中で最も魅力がないように見える。日本人のような実行力と野心に欠け、中国人のような繁栄、勤勉さ、強靭さにも欠けている。訪問者は通常、日本を経て朝鮮にやってくるが、その対比は耐えがたい。

朝鮮の村には、キノコのようなあばら家がむさ苦しく固まって建っていて、道はくねくねと湾曲した小道にすぎず、住民は無気力で将来の見込みもない。怠惰が生来の特徴である朝鮮人はできる限り安易な生活に甘んじている。彼らが最も幸福と感じるのは、裕福な親戚に支援されるか、政府の仕事を得て労働から解放される時である。依存することが卑怯だとは全く思われておらず、そのため、資産家や地位のある朝鮮人の周りには、寄生者の群れがうようよとしている。

不潔というのは、心地よい言葉ではない。しかし、朝鮮人の習慣について語る時に使わざるを得ない。上流階級や改宗者は著しく清潔だが、一般の民衆は言語に絶するほど汚い。彼らは公衆衛生について何も知らず、ほとんど気にしていない。好き勝手にやらせておくと、地面に生ごみや屑を捨て、そのまま放置して片づけないので、嫌悪すべき発酵状態になっている。

小屋の側溝には、し尿物が投げ捨てられている。溝は家から数ヤード離れたところで終わってしまうため、汚物は土壌に浸みこんでいく。しばしばその近くの井戸から飲料水が汲み上げられている。道路沿いのドブは、ごみで詰まっていて、汚物が堆積(たいせき)している。その中で、みすぼらしい犬たちが喧嘩しながら、ごみを求めてうろついている。ごみを漁る豚もころげまわっていた。

それを見ると、なぜモーゼの律法が、豚肉を食することを禁じたか理解できる。7月と8月の高温多湿の月には、朝鮮の町は、湯気を出しながら悪臭を放つヘドロの汚水だめとなる。

## 食事と衛生観念

朝鮮人は食事について、いいセンスをもっているとはいえない。外国人は、動物が屠殺される現場を自分で確認していない場合は、肉を避けた方がいい。朝鮮人は、中国人と同様に、役に立つ雌牛や若い雄牛を屠殺するほど余裕があるとは思えない（註：彼らの牛は基本的に食用ではなく運搬用）。従って、店で売られている肉は通常、病気あるいは老衰で死んだ動物の肉である。

近所の人がおしゃべりのために立ち寄った時、老女が豚肉を揚げていた話を想起してみよう。

「それ、立派な豚の燻製だね」その友人は、気さくに臭いを嗅ぎながら言った。

「立派な豚の燻製？　ええ、確かに立派な豚の燻製だね」鍋の中の薄切りの肉を返しながら、老女が言った。

「屠殺したもんじゃねえんだよ。勝手に死んじまった豚の肉さ」

朝鮮に15年間滞在した後、H・G・アンダーウッド夫人は次のように書いている。

「非衛生とか不衛生という定義のもとで考えられ得るあらゆる習慣が当たり前だった。乳飲み児でさえも、皮がついたままの未熟で生のキュウリ、つんと鼻をつくベリー、消化によくない粘り気のあるパンなどを食べていた。彼らは、溝にたまった水で洗い、塩と赤唐辛子で味付けされ、カブが添えられた固くて胃もたれするキャベツといっしょに、熱いご飯か冷たいご飯をかまずに飲み込んでいた。自然の摂理は全く気にかけず、ありとあらゆる熟していない果物を食べていた。それで何も起こらないので、西洋人は驚いていた。しかし、このような、いわば亜鉛で鍍金された鉄のような内臓でさえも、いつも安全とはいえなかった。5年あるいは6年おきに、病原菌が発生し、さらに強くなって、完全武装し、強烈な毒性をもつようになるため、さすがの朝鮮人

も敵わず、コレラが流行する」[一]

## 社会腐敗の原因と日本の改善

日本人は精力的に公衆衛生問題に取り組み、目覚ましい改善を行なった。特に首都においては際立っている。しかし、朝鮮人の小作人たちが強制されずに、きちんと清潔になるには時間がかかるだろう。

とはいえ、この描写には別の一面がある。確かに朝鮮人は中国人のような勤勉さと粘り強さに欠け、日本人のような実行力と野心に欠けているが、何世紀にもわたって、彼らの立場が、強靭な性格を発展させることができるようなものでなかったからである。

勇猛な日本と強大な中国に取り囲まれた小国である、朝の静けさの国は、最初から朝貢国として運命づけられ、国民はずっと以前から、避けがたいものに、なす術もなく黙従していた。彼らは、競いあう宗主国（註：中国と日本）によって振り回され、自国の郡守によって貧しくされ、酷使されることに慣れてしまっていたため、服従と貧困を、自分の人生の生来のものとして受け容れていたのである。

国が独立できる見込みがなかったため、支配階級は、身勝手と浪費に身を費やしていた。従って、近隣の強大国が朝鮮人に依存を教え、徴税人たちの強制取り立てが詐欺を生み、苦労の結果が報われないという確信が怠惰（たいだ）を生み、万人に認められるべき権利の否定が絶望を生んでいるというのは、驚くべきことではない。

人々の貧困は厳しいものだったが、外国製品の輸入によって、それはさらに悪化した。朝鮮人はかつて綿を栽培し、あちこちで見かける民衆のゆったりとした白い服用の布を手で織っていた。また、上流階級が着る絹も国内で生産していた。

---

一　『Fifteen Years Among the Top-Knots』　１３３～１３４頁

その後、イギリスの綿と日本の絹がこの国にどっと押し寄せてきて、怠惰な国民は自分たちで生産するより、購入する方が楽だと考えた。同様に、彼らは外国産の照明器具、煙管（キセル）、タバコ、かつて自分たちで生産していた多くの生活用品を買うようになった。輸入につり合うほどの輸出はほとんどなかった。米と豆類が日本に輸出されたが、経済状況の重要な要因になるほど充分な量ではなかった。

鉱山と森林の利権は、年老いた皇帝によって外国企業に与えられた。その利権料は腐敗した役人によって散財されたため、国民に利益はもたらされなかった。そのため、通貨は朝鮮から流出していった。支出するばかりで、収入がなかったのである。

## 奴隷

朝鮮人は、負債によって奴隷となることもしばしばあった。なぜならば、債務者は自分自身を債権者に身売りする以外に、債務を果たす方法が見つけられなかったからだ。

そのような場合は別として、この時点においては奴隷はほとんど存在しないと言えた。確かに、飢饉の時、両親が子供を売ることは時々あった。また、斬首（ざんしゅ）された犯罪人の家族が、判事の奴隷となることもあった。さらには、生まれながらに奴隷という者もごく少数いた。奴隷の数は少なかったが、農奴制は数世紀にわたって存在していた。農奴制は、かつて封建制の時代に盛んだったが、つい最近まで、農奴は大貴族の私有地にまだ存在していた。しかしながら、多くの一般民衆の状況は悲惨で、たとえ農奴であったとしても、彼らの運命はそれ以上悪くなることはほとんどなかったであろう。

## 家と建築

国全体の貧困は建築にも現れている。宮殿、知事や郡守の役所のように、大仰な建物は中国の様式に従っている。しかし、朝鮮人の目にどれほど素晴らしいと映っていようとも、外国人にとっては質素でしかない。アメリカの田舎の商人の方が、朝鮮の皇帝よりもいい家に住んでいる。合衆国に何千もある馬小屋の方が、道知事の官邸より魅力的である。建物は簡素なだけでなく、たいてい壊れかけており、朝鮮人は修繕しようなどとめったに考えない。宮殿や寺院でさえも、壁がぼろぼろになり、中庭が汚れている。

民衆の典型的な家は平屋である。曲がった柱で粗雑で頑丈な骨組が作られ、キビやアワの茎か枝で編んでまとめ、藁の紐で締め、泥で塗りあげられていた。町では屋根に重い瓦が葺かれていたが、村では屋根は藁葺きだった。屋内は暗く、健康によくなかった。窓がもしあったとしたら、小さくて、頑丈な油紙で覆われているので、薄暗い光は通すが、空気は入ってこなかった。扉は背が低く、アメリカ人は気をつけないと、入る度に頭をぶつけた。床は通常、平らな石でできていて、ザラザラしたセメントで覆われ、その上にマットが敷かれていたが、マットにはしばしば害虫がいた。土間の下には煙道が走っていて、屋外のかまどで、料理に使った火が部屋を暖めるようになっていた。夏でも、家族の食事のために、ご飯を炊き、豆を料理するので、屋内はオーブンのようになる。

宿屋は単に大きいだけの家にすぎない。朝鮮にはベッドがないので、折り畳み式ベッドを持参していない不幸な旅行者は、朝鮮人と同じ様に、床の上に寝なければならない。熱で半熟状態となり、群れをなしている害虫に襲われ、隣の中庭で吠える犬と金切り声をあげる馬に悩まされるため、自分があたかも悪い夢の中で嘲ったり、かみついたりしてくる悪霊に囲まれながら、熱いストーブの上に横たわってうなされているように感じかねない。しかし、この仕組みによって、朝鮮の家屋を湿気から守るという大事な目的が果たされているのである。

貧乏な家は二部屋しかないが、中流階級の家は三～六部屋ある。金銭的に余裕のある紳士の家にはさらに、一種の客間であるサランがある。この部屋を使うのは男たちで、そこで客をもてなす。家の中で、女性たちがいる場所はアンパンと呼ばれている。家族以外の男性は決して入ることができない。もちろん、もっと広々とした家もある。しかし、概して、富裕層の朝鮮人は高層の家を建てず、部屋を増やし、中庭を作り、おそらく瓦屋根にする。金持ちも、貧乏人も、外から家が見えないようにするため、お金があれば塀をつくり、そうでなければ、竹やキビの茎で目隠しをする。

## 飢えと貧困

飢えは、中国やインドのように、貧困と密接に関連しているわけではない。食事は粗末である。その程度のものだが、特別な時と場所を除いては、充分ある。朝鮮人の人夫は食欲旺盛でよく食べる。大量のご飯と豆を食べ、中国人や日本人よりも多く肉を食べる。日本人と同様、生の魚、内臓その他すべてを好む。犬も例外ではなく、一般の民衆は大量に食べている。

旅行者はみな、朝鮮人はたらふく食べる傾向にあると証言している。私は、自分の轎夫（きょうふ）（註：かごかき）がお昼の休憩の時、ご飯と豆と野菜を大量に食べるのを見て驚いた。フルーツや大根やきゅうりが手にはいった時、朝鮮人は一人で、外国人数人分の量を貪り食う（むさぼりくう）だろう。アメリカ人の母親なら、まだミルクしかあげない年ごろの赤ん坊にさえ、ご飯をお腹いっぱい食べさせる。子供が食べなくなった後も、母親は、これ以上詰められなくなるまで、さらにご飯を口に詰め込む。

## はびこる不道徳

朝鮮では大きな悪徳はよく起こってはいるが、他の国と比べて目立つわけではない。ギャンブルもあるが、シャム（註：現在のタイ）や中国のように、際立った悪徳ではない。

かなり多くの不道徳があるが、それは特に、両班の間でだ。彼らはたいてい、懐具合が許す限り、多くの妾（めかけ）と妓生（キーセン）を囲っている。しかし、日本の占領以前、表面的には不道徳の徴（しるし）は、他のアジアの国ほど、はっきりとは見えなかった。居酒屋は、首都や条約港を除いて、それほど多くなかった。首都や条約港でひいきにしていたのは、ほとんどが外国人だった。

私は朝鮮人が酩酊しているのをほとんど見たことがなかった。しかし、人目につくところで酔っ払いを全く見なかったからといって、禁酒していると考えるのは間違いだ。なぜならば、朝鮮人は家で飲んでいるからだ。特に夜は。家だと、酔っ払っていても、人目につかない。

朝鮮人は、穀類から、発酵酒やら蒸留酒やら、様々な種類の酒を製造している。そして、しばしば飲みすぎる。米焼酎は大量に消費されていて、祝宴や集まりには欠かせない。外部世界との接触によって、朝鮮で飲酒という悪徳が悪化していると知るのは愉快なことではない。

朝鮮人は、自分たちの酒より、外国の酒の方が美味しいと気づき始めている。ヨーロッパからのジンやウィスキーの輸入量は増加している。日本の酒とビールも、この国に大量に流れ込んできている。

## たくましい朝鮮人

朝鮮人については、うわべしか見ない訪問者には気づけないことが多くある。身体的には、朝鮮人はおおむね頑強である。ヨーロッパ人や北部の中国人ほど背は高くないが、日本人よりは大きい。

私は、朝鮮人の荷物運搬人の強靭さと持久力に感動した。彼らは「ジッキー」と呼ばれる木製の道具を持っていた。それは大雑把にいえば、椅子を逆さにしたようなもので、革ひもかロープを肩から脇の下に通して、背中に括りつけて使っていた。２００ポンドを超える手荷物をジッキーに背負って、荷物運搬人はずっと前方に体を傾けていた。彼はほとんど苦もなく立ち上がると、ソウル駅から、私たちが招待されている、１マイル以上離れた家まで、ゆっくり進んだ。私は何も持たずに足早で歩いたが、トランクは私たちが到着してから５分もせず家に入った。料金は１個15銭（約７・５セント）だった。彼らは、ご飯と豆、それから少しの野菜とたまに魚を食べているだけだったが、脚や腕の筋肉は強くたくましく、鞭のように硬く引き締まっていた。

## 失われる外見の特徴

洋服を着るようになって、朝鮮人と日本人の区別がつきにくくなったのは興味深い事実である。区別できるのは言語の違いのみである。かつて外見の違いは、髷、馬の毛の帽子、ゆったりとした白い服にあった。田舎では、伝統的な服装をしている朝鮮人がまだ多くいる。

しかし都市部では、日本人のように断髪し、自分たちの征服者と同じスタイルの服を着る人の数が増加している。このことを確認するために、私は、古くからソウルに住んでいる人に、道で出会った人が朝鮮人だと思うか日本人だと思うか何度も尋ねたのだが、声をかけない限りめったに区別がつけられなかった。

## 朝鮮人の精神力

かつての日本人との戦争で何度も示されているように、朝鮮人は、個人的には勇気がある。ただ、組織だった秩序や有能な指導者が欠如していて、武器や近代戦の戦法について無知だったため、今日では日本人に対して為すすべもない。

また、朝鮮人は精神力が欠如しているわけではない。政治的無力、自発性や野心の欠如によって、彼らは実際に無能であるかのような印象を世界中に与えているが、彼らは条件さえ整っていれば、直ちに修得し、めきめき力を伸ばして行く。

1907年に東京で開催された世界学生会議で最高のスピーチをしていたのは朝鮮人だったと、代表者たちは口々に認めていた。彼は卓越した英語で素晴らしいスピーチをして、それから今度は、聴衆の称讃の中、日本語でスピーチした。

朝鮮人のこどもたちは非常に頭脳明晰だと、ミッションスクールの教師は口を揃えて言っている。私はアジアをずっと旅行してきたので、村の平均的な朝鮮人と、中国、日本、フィリピン、シャム（註：タイ）、東インド（註：インドを指す）、シリアの平均的な村人たちとを比較することができた。

朝鮮人は、他の人々と比べて、汚れていて悲惨だが、条件さえ同じように整っていれば、典型的なアジア人とまったく同じくらい進歩することができるという印象を受けている。

アジアの多くの国々を見てきたアーチボルド・リトルは、朝鮮人の優れた体格について書いているだけでなく、「知性において、学習の機会が与えられているなら、モンゴル系の他の人種に劣ることはない」[二]と言っている。

## 歴史に残る朝鮮人の業績

朝鮮人の古代の歴史には、尊敬に値する業績がある。現在は怠惰で向上心がないように見えるが、かつては非常に独創的な才能があり、多くの実用品や装飾品を生みだす力があった。

二 『The Far East』 247頁

私は以前どこかで、９世紀のアラブの地理学者のフルダーズベの証言に言及したことがある。彼の時代の朝鮮人は、釘を作り、鞍を使って乗馬し、絹を着て、磁器を製造していた。

日本の記録では、日本人は朝鮮人から初めて、養蚕、機織り、建築、印刷、絵画、作庭、革の馬具製造法、より進んだ武器製造法を学んだと書かれている。朝鮮人はこれらの技術のいくつかを中国人から学んだ。しかし、たとえそうであったとしても、彼らの習得の速さは理解できる。

一方、彼ら自身、重要な物を多く発明している。中国人は持ち運びできる木製の活字を使った印刷を発明したが、朝鮮人は１４０３年に金属の活字を発明した。彼らは15世紀初頭に表音文字を使用していた。１５２５年、羅針盤の重要性に気づいた。１５５０年には天体観測の道具を改良した。彼らはそれを「天計量器」と呼んでいる。貨幣は、ヨーロッパ北部で用いられるずっと以前から、朝鮮では交換の手段として用いられていた。

彼らは、１５９２年に日本人の侵略者に対して、大砲と破裂弾を使って攻撃を加えた。世界で初めて鉄の装甲船を作ったのは朝鮮人で、16世紀の李舜臣だったという。彼はそれを亀甲船と呼び、日本軍に対してその船を効果的に指揮したため、秀吉軍を打ち負かすのに大いに役に立ったという。

朝鮮の紙は長い間、極東で尊重されていた。布きれ、麻、綿、稲穂、桑の木の内側の樹皮といった種々の材料から作られていた。ごま油に浸すと、強く、頑丈で、防水になる。厚さは望みどおりに作ることができ、洗っても破れることはなかった。床に敷いたり、壁や天井につるしたり、ガラスの代わりに格子窓に張ったり、種々の用途に用いられていた。紙から多くのものが作られていた。たこ、提灯、団扇、傘、帽子、靴、衣装収納庫、煙草入れ、玩具、雨合羽、食糧の防水カバーなどである。

現在の朝鮮人は、先人の発明に改良を加えることを忘れてしまった。進化しているというより、むしろ退化しているようだった。退化の主な原因となった状況は改善し得るもので、日韓併合時の日本の朝鮮総督府下において、現在、実際に改善しつつあった。かつてそのような知性を示した人々なら、おそらく、状況が好転すれば、再び同じように明敏になるだろう。

日本人は戦争で自分たちの方が強いことを示したが、宗教や安らぎの芸術に関しては朝鮮人から影響を受けていた。仏教は西暦５５２年、朝鮮から日本に伝わった。

数年前、ある日本人の編集者が、ボストン美術館の日本コーナーに展示されたばかりの古代朝鮮の美しい陶器2点について読者注意を促した。これほどのものは、おそらくアメリカでいまだかつて展示されたことがないだろうと彼は断言した。同じような作品は、同美術館のモース、マコンバー、ロスコレクションに何点か展示されたことはあったが、これほど完璧で、最上級のものが展示されたことはなかった。この陶器は日本人収集家たちに人気がある。彼らは、いまでは苦心して探し求めないと見つからないこの稀少品を熱心に買い求めていた。[三]

現在の朝鮮人も陶器作りに精通はしているが、現在、日本や中国で作られているものより、美しさでははるかに劣っている。それは、家庭用のものであり、水や穀類を貯蔵するために巨大な甕が製造され、小さいサイズのものは、実用品として様々な用途に使われたり、装飾品としても用いられる。

精巧な薩摩焼を見て、多くの人々が日本人を称讃しているが、この製造方法をずっと以前に、日本人に教えたのは朝鮮人だったことを知らない。

7世紀に中国と日本との間で戦争が起こり、いつものように朝鮮が戦場となった。勝利を収めたのは中国で、２，４００人の朝鮮人は朝鮮にとどまって中国に服従するより、負けた日本人について日本に渡ることを選んだ。彼らは日本に定住し、窯を築き、陶器の製造方法を日本人に教えた。これが日本における製陶業の始まりだった。

三　The Oriental Review　１９１１年12月

現在、日本人は製陶業で有名である。その後も、朝鮮人の集団は時々渡来し、数万人に達した。彼らは、当時の日本よりもかなり高度な文明をもたらし、日本人と結婚し、日本人の生活に重要な要素を導入した。

## 外国からの風物

朝鮮人は保守的で無関心であるにも拘わらず、外国の食べ物を貪るように受け入れた。

1614年か1615年に日本人によってもたらされた煙草は、すぐ普及して習慣となった。男性だけでなく、ほとんどの女性も子供も刻み煙草を使っていた。もっと役に立つものの価値を認識するのも早かった。

綿布（めんぷ）は何世紀か前に喜ばれたものだ。富裕層は絹と毛皮を着て、貧困層は麻、海草、あるいは編んだわらを粗雑に織った粗末な布を着ていた。長い間、朝鮮人は綿の木の種を確保することができなかった。中国人が、交易を支配するために、伝統的に、種を用心深く守っていたからだ。

しかし、朝鮮の朝貢使節の一員が、帽子の羽飾りの中に隠してなんとか数個の種を密輸した。16世紀後半に日本人が侵入した時、綿布の使用が一般的になったが、それまでは、綿栽培は普及しなかった。その後、綿の栽培と綿布の製造は増加した。

灯油もまた伝わるとすぐに歓迎され、現在では、大量に輸入されている。この照明の燃料は朝鮮人の生活を大きく変えた。煙の出る魚油の照明しかなかった時は夕方の過ごし方に限りがあったが、灯油のおかげでいろんな過ごし方ができるようになったからである。灯油とともに、日本製のマッチがやってきて、いまやどれほど辺鄙な村落でも見られるようになっている。

## 朝鮮人への賞賛

朝鮮人は、公平に給与が支払われ、待遇がよければ、知的に忠実に働くことができる。これは、公平な機会をもって評価できた人々の証言である。

ある宣教師が、この国で大企業を管理している何人かのアメリカ人紳士に手紙を書き、彼らが雇用している朝鮮人との経験を書くよう依頼した。その回答は私の手元にあるが、それらすべてが、O・C・鉱業会社の監査役であるトーマス・W・ヴァン・エス氏の意見と全く一致していた。彼は次のように書いている。

「私の下で、朝鮮人が13年間働いていた。彼らはいつも勤勉で、よく働き、呑み込みもすごくよかった。朝鮮人を全体的に見ると、私は他の東洋人とも長年経験があるが、彼らと比べても朝鮮人は教えやすいというのが私の意見だ。

この会社は利権を持ち、約5、000人の朝鮮人を雇用している。各部署の長は、鉱山労働者、製材労働者、クレーンや定置機関の運転技師、工作機械オペレーター、鍛冶工、大工、電気技師、金属分析技師、研磨工、病院助手など、各業務に熟練した朝鮮人を多く生みだすことができる。朝鮮人の素晴らしい能力を引き出すのに必要なものは、ただ実践的な教育である」

ある鉱山管理者は次のように書いている。立て坑にガスが充満する事故が起きた時、主任であるノルウェー人が3階で意識を失なった。彼を救助するため、多くのアメリカ人が倒れてしまった後、朝鮮人の鉱山労働者たちは、他の人たちに、中に入らず、救助は自分たちに任せてくれ、自分たちが彼を外に連れ出すからと言った。彼らは、ノルウェー人を外に連れ出した。しかし、手遅れで命を救うことはできなかった。

「この朝鮮の鉱山労働者たちは、ノルウェー人を救うため自分たちの命の危険を犯した。ノルウェー人は部下を救おうと、自分の命を失った。アメリカ、ノルウェー、朝鮮の三つの国の人々が、素晴らしい人間性を示した。

朝鮮人は、他国の人々に引けをとってはいなかった」

満洲に移住した朝鮮人がすぐに勤勉で有能な人間になったことは、暗示的である。移住が始まったのは何年も前のことだが、長い間、国境近くの少数の人に限られていた。そのうちの何人かは特別な理由があって、朝鮮を出国していた。

もっと多くの人が移住し始めたのは、1863年の飢饉の時である。飢饉のため、多くの餓えた朝鮮人たちが、満洲のもっと肥沃（ひよく）な土地を求めて移住した。

満洲から退去する前のロシア人のルールは決して理想的なものではなかったが、朝鮮よりもきちんと法が施行されていて、生命と財産が保障されていた。状況が改善されると、これら飢饉による難民たちは前よりも繁栄し、裕福になった。日本が支配するようになってからは、かなりの数が移住し、現在、満洲に30万人以上の朝鮮人がいると言われるまでになった。多くは裕福な農民や小売商人となり、新しい状況に適応し、精力的で自立していた。

ウラジオストックのオランダ領事、J・ブリナー氏は、数年前に次のように語った。

「ウラジオストックは、中国人と朝鮮人の産業から多くの恩恵を受けている」

「彼らの多くはいまや裕福で、大学教育を受けている。一方、ダンスホールや公衆の集まりで目にする女性たちは、最新のパリのファッションを優雅に着こなし、生まれつき着ていたかのようである」[四]

パリ風のドレスを着ていたのは中国人女性だったのではないかと私は思うが、ブリナー氏が、この町のアジア人の産業と繁栄に対して賛辞を送る中に、朝鮮人を含めているということは事実であり、彼が朝鮮人も尊敬に値すると考えていることを示している。

四　ソウルプレス紙からの引用　1912年2月11日付

多くの朝鮮人は、礼義正しさと親切という人を惹きつける性質に富んでいる。

## 残忍な刑罰

刑罰が残忍で、苦痛に対して冷淡なほど無関心であるというのも真実である。

しかし、これはアジア人全般に対して言えることである。白人も近年、ようやく他者の苦痛に対して神経をとがらせるようになったのである。イギリスとアメリカにも足枷（あしかせ）、むち打ち柱、恐ろしい地下牢、債務者の監獄、自白を強要する拷問が、19世紀に入ってからも存在した。そして、ニューヨーク、シカゴ、その他の都市の警察が、容疑者に対して現在もなお行なっている悪名高い「サード・ディグリー」（註：情報や告白を強要するための拷問を伴う厳しい詰問）は、中世のラック（註：引き伸ばし拷問台。台の上に犠牲者を仰向けに寝かせ、体の一方を台の先端に固定し、反対側を巻き上げ機に固定する）やサムスクリュー（註：ねじで親指をしめる拷問具）に匹敵するほどの激しい精神的責め苦をあたえるものである。

朝鮮人は、中国人よりはるかに思いやりがあり、お互いに助け合っている。中国では不運な人は放置され、一人で逆境に耐えなければならない。ボートが転覆して、居住者が溺れ死にそうになっているのを、中国人はそのまま放置していた。そのことに腹を立てた人が抗議したところ、「そもそも人間などほとんど価値がない。少し増えようが減ろうが重要ではない」と無関心に答えた。

しかし、朝鮮人は同情して、すぐに行って、危険にさらされている人を救助しようとし、近所の人の家が火事になったら、助ける。そして、どれほど自分が貧乏でも、通り過がりの見知らぬ人にも惜しみなくもてなしをする。

## 白人への態度

朝鮮には、中国や日本で長期間見られたような白人に対する偏見はない。ほんの一世代前（１８６６年）に、外国人排斥の激しい暴動が起こり、９人のフランス人司祭とローマカトリック信者約2万人が殺害されたと言われている。

しかし、現在では、外国人に対するあからさまな嫌悪は、少数の役人と年長の儒教者に限られている。１９００年11月20日に発令された極秘命令で、12月６日に外国人に対する暴動を起こすよう指示されていたことが発覚した時には、一時的に動揺が起こった。

たとえ文明国の最も平和な国であっても、常に暴力沙汰を起こそうとする手に負えない人物は存在する。アメリカ人は、自分たちの都市ですぐに暴動が起きることを思い出せば、朝鮮でそのような命令が発令されたら、どれほど容易に騒ぎが起こるか理解できるだろう。機敏なアメリカ公使、ホレイス・Ｎ・アレン師はすぐに断乎たる措置をとったため、その陰謀は失敗に終わったが、当面の間、緊張状態は続いている。特に、南部地方においてはである。

日本は、電信線や京釜鉄道計画など自国の利益を守るため軍の増派を狙っていたが、その口実にするため、南部地方で暴動を扇動しようとしていると疑われていた。しかし、その懸念はすぐに弱まった。

１９０９年3月、鉱山技師のＷ・Ｈ・グリフィン氏が、９人の朝鮮人にひどく殴打され、１、０００ドルと所持品のほとんどを奪われた。グリフィン氏が、朝鮮人は温和ではないと考えたとしても許されるであろう。しかし、強盗は朝鮮に限ったものではない。そのような大金を所持していることを知られていたら、ヨーロッパやアメリカの多くの場所で安全とはいえないだろう。外国人の旅行者が通常体験するのは、親切と思いやりである。朝鮮人のもつ最高の資質が、すぐに、喜んで、旅人に与えられる。

ある宣教師が次のように書いている。

外国人の女性が、夜、宿に到着すると、小さな個室に泊っていた客たちはいつもその部屋を出て、大部屋に移った。大部屋には、15人から20人ほどの馬引きや人夫が悪臭を放ちながら、ひしめいていた。彼らは外国人男性に対しても、ほとんどいつもこのようにした。外国人男性が、申し訳ないというと、朝鮮人は、「あなたはアメリカ人のお客さんですよね？」と答えた。

私たちは、人々の気質を確かめる機会が何度かあった。なぜならば、内陸部を旅行する間、私たちは、普通の旅では通らない数多くの人里離れた村を通り過ぎ、朝鮮人の小屋で食事をし、旅行かばんや身の回りのものを屋外の中庭に積んだまま、朝鮮人の宿で眠ったからだ。

人々は大変な興味を示して、通りを行く時、私たちの後を大勢がついて来て、一休みするたびに、黒山の人だかりが私たちの周りを取り囲み、ありとあらゆる扉や窓や隙間から、私たちを覗き込んだ。しかし、ほんのわずかでも無礼な態度は一度もなく、一銭も盗まれたことはなかった。どこへ行っても、私たちは敬意をもって親切にもてなされた。そのことが私たちの心をすっかり捉えた。

村が持つ最高のものが、我々のために喜んで与えられた。そして、金額は決して高いものではなかったが、お礼の受け取りを辞退する場所もあった。私たちは通常、宿を用意してもらえるように、事前に知らせていた。事前に知らせている場合はいつでも、人々が何マイルも徒歩でやってきて、私たちを出迎えてくれた。土砂降りの雨の中であっても。

挨拶の時は、いつでも微笑みながら、次のように聞いてきた。「道中、ご無事でしたか？」そして出立の時には、人々は遠くまで私たちについてきてくれて、私たちに礼儀正しく別れを告げ、「神様のご加護がありますように」と言った。これは通常、キリスト教信者であるが、キリスト教信者ではない人も大勢見た。

非キリスト教信者は、キリスト教信者よりも著しくだらしないが、彼らもいつも親切で礼儀正しかった。このような人々の間を旅して、人々の親切に魅力を感じない人は冷酷な人である。

## 朝鮮人の忍耐と激情

朝鮮人の忍耐強さは、全面的な称讃に値することではないかもしれない。なぜならば、この徳は限定的なものだからである。特に、朝鮮で見られるように、無気力を生じさせる場合にはである。

しかし、すべての朝鮮人が大人しく黙従していたわけではない。不公平感があれば、無気力な人々でさえも、時には無分別な激情へとかきたてられる。一度「自制心を失い」始めると、敵と味方の区別がつけられなかった。約20年前、済州島（チェジュとう）のローマカトリックの司教が、何人かの改宗者に献金の徴収を許可したため、逆上した全住民が、多くのキリスト教信者を殺害した。干ばつによっても様々な動揺が増すことがある。そして、内政干渉の口実を見いだそうとする外国の野望は、長い間、多くの混乱の原因となっていた。なぜならば、スパイたちは、騒乱を煽ることを躊躇（ちゅうちょ）するとは限らないからである。

## 東学党と朝鮮人気質

悪名高い朝鮮の東学党には、絶望から来る無謀さが現れている。東学党の中には、単なる強盗に過ぎない者もいた。しかし、その多くは、不正と抑圧によって自暴自棄へと追いやられ、自分自身が犠牲になってでも、状況の改善を求めて、必死で闘うことを決意した人々である。

１８９３年、その運動は問題を引き起こした。それは、中国の大平天国の乱と同様、宗教改革として始まった。創始者の崔済愚（チェジェウ）は、ローマカトリックの宣教師と時々会っていた。そして、彼らの教義のいくつかを漠然と理解した。

１８５９年、朝鮮南部・慶州の自宅で天啓を受けたと断言し、儒教、仏教、道教、ローマカトリック教の最高の要素を含むとされる新しい教義をすぐに公表し、それを東学と名づけた。信者はどんどん増えていった。

当初は、王朝に対して忠実だったが、政府に対する敵意と民衆の悲哀によって、東学は、中国の太平天国と同様、革命勢力となった。外国の影響によって、この国の古い機構が蝕まれ、神の怒りを招いているという確信から、東学は公然と排外主義になった。

彼らは古い慣習を維持することを熱心に奨励し、外国人商人の絶滅、他国との関係の断絶、外国の宗教の禁止を王に訴えた。その運動はすぐに脅威となった。そして一時は、王宮だけでなく、外国人の間でもかなり警戒された。しかし、流血の戦いがいくつか起こった後、首謀者たちが逮捕され、危険は過ぎ去った。

１８９４年、東学は新たな暴動を起こすため、日中の緊迫した関係を利用した。彼らはフランス人宣教師を殺害し、ローマカトリックの村を略奪し、家を焼き討ちし、革命のプロパガンダを開始した。それによって恐怖心がかきたてられ、日清戦争勃発が促進された。東学党は制圧されたが、鎮圧されてはいなかった。この国の各地に東学党員が潜んでいる。あらゆる機会を利用して騒乱を巻き起こし、時々扇動的な声明が発せられた。これらの声明では通常、平易な言葉で、民衆の怒りを述べ、郡守たちを残酷で腐敗していると非難し、政府の各部門での改革を求めていた。

１９００年、中国における義和団の乱によって、東学に新たな希望がもたらされた。彼らは朝鮮でも同様の暴動が起きるよう最大の努力をした。翌年、彼らは再び争いを扇動した。もし、アメリカ公使のアレン医師がその陰謀を適時に察知し、暴動阻止のために精力的な措置をとらなければ、朝鮮にいた外国人は深刻な危険にさらされたことだろう。

１９０４年は、何らかの不安が予測されていた。というのは、古代の賢者が、その年は朝鮮において危機の年になるだろうと予言していたからだ。日露戦争が、予言の実現とみられていた。東学とロシアはひそかに連携していると信じられていた。そして、大虐殺があるという異様な噂が流れていた。日本人がロシア人を迅速かつ断固として排除したおかげで、騒乱を防ぐことができた。しかし、東学には、日本人を嫌う朝鮮人が結集し、戦争によって増大する不穏な要因が集まった。そして彼らはゲリラ戦を始めたため、日本人は少なからず苛立たせられたが、それらは最終的に根絶された。

無法行為に対して同情はできないが、東学の運動には、思慮に富む人々の興味をかきたてるものが多くあった。間違いもあったが、愛国者による改善の模索を表していた。多くは狂信的で、偏見と激情によって分別を失い、単に略奪と強奪だけを求めている質(たち)の悪い人間が加わっているのは真実である。自暴自棄になった人は、賢明にも寛大にもなれない。

革命運動はいつも社会の無法者を惹きつけてきた。もし、ダビデのアドラムの洞窟が「苦悩の中にある人、負債をかかえている人、不満を抱いている人」の避難所となるならば、東学に、同じような人々が集まってきたとしても驚くには当たらない。

この朝鮮人の闘争の歴史は、陰謀と戦争の勃発(ぼっぱつ)と略奪によって汚されており、無辜(むこ)の者が罪びとにしばしば悩まされていた。しかし、いつの日か、蒙昧(もうまい)で、無知で、貧しさにあえいでいる人々の悲痛と悲劇を認識するだけの明晰な洞察力と寛大な心を持った詩人が現れることだろう。

朝鮮の人々は、世界から認められ原動力を得ることなく、勝ち目のない戦いを一人で闘い、埋葬もされずに朽ち捨てられるという非常に恐ろしい東洋的災難に甘んじていた。なぜならば、正義と愛国心は犠牲を必要とすると彼らは漠然と考えていたからだ。

人々の欠点を見つけ出し、その点に注意を集中して、否定的な印象を与えることは容易である。しかし、アメリカ人は、自分たちの社会の中の最悪な要素や、何も分かっていない愚かな人物によって判定されることは好まない。朝鮮人の歴史には、黒人の火あぶりに匹敵するほど残虐な行為はない。合衆国では、本稿執筆中の数ケ月の間に二度、黒人が火あぶりにされた。朝鮮における悲惨な状況はほとんどが、不正、抑圧、迷信によるものである。まともな政府、公平な機会、キリスト教に基づく道徳があれば、朝鮮人は優れた民衆へと変わるだろうと私は信じている。

# 第四章

## 朝鮮の風俗・教育・文学

慣習というのは、その国の歴史、人の気質などを読み解くヒントとなる。国民の礼儀作法や習慣を見るのは面白い。例えば着物。中国から入って来たものであるが、朝鮮人はそれを千年も変えずに同じように着ている。役人は青で、他は白を身に着ける。親族が死ぬと3年間は白衣に身を包み、皇帝が死ぬと国中が1年間白になる。大家族は3年ごとに誰か死ぬことは多く、また以前10年以内に3人の皇帝が亡くなり、白い服をずっと着ていた方が簡単で安上がりだという事になった。葬式のしきたりは、詳細が決められており、朝鮮政府は公式ガイドを発行していた。朝鮮女性は、中国や日本女性よりも低い地位にある。自由も影響力もない。親が夫を選び、すべては決められる。夫は妻と話すなどすると、自分の威厳を損ねるとし、妻の役割はただ息子を生み、夫から見られない場所にいることだった。特に、身分の低い女性は、荷役用の動物のように終わりのない重労働の人生だった。

## CHAPTER IV

## KOREAN CUSTOMS, EDUCATION, AND LITERATURE

The manners and customs of a people are always an interesting study. They often afford a clew to historical relationships or to characteristics of temperament or environment.

Take, for example, the dress of the Koreans. The fashion came from China many centuries ago. The Chinese long since modified their garb to suit their own tastes and those of their Manchu rulers; but the Korean dresses to-day as the Chinese did a thousand years ago. Only officials may wear blue. With the exception of officials, the entire nation wears white. Custom requires that this mourning color shall be worn for three years after the death of a relative, and that when a king dies the whole nation shall be arrayed in white for a year. As some member of a large family circle is quite apt to die in three years, and as three kings died in a single decade, the people came to the conclusion that it was easier and cheaper to wear white all the time than to buy special mourning clothes so often.

Etiquette dominates every occasion and period of life and reaches its climax in connection with death. The Korean Government issued an official Guide to Mourners, which prescribed the necessary forms and ceremonies in minute detail.

Woman has a lower place in Korea than in China or Japan. She has less freedom and less influence. Parents choose her husband, and all details are managed by "a go-between." After that he the husband deems it beneath his dignity to converse with her or to ask her opinion about anything. Her function is merely to bear him the coveted sons and otherwise to keep out of sight as much as possible. Women of the lower classes live like beasts of burden. Their lives are an unending drudgery.

# 朝鮮の風俗・教育・文学

## 朝鮮の人々の服装

人々の風俗習慣を観察するのは、興味深く飽きることがない。目新しく風変わりな風習は、外国人の眼に魅力的に映るだけでなく、歴史とどう関わっているかや、人々の気質あるいは風土の特性を知る手がかりを与えてくれることも多い。

例えば服装だが、朝鮮の衣装は独特で、どれほど多くの民族の中にいようとひとめで朝鮮人と分かる程だ。もともとは、大昔に中国から伝わったスタイルだ。中国では自らの好み、あるいは満洲から来た支配者の好みに合わせて手を加え、そのスタイルが変わってから長い時間がたっている。

朝鮮では、千年前の中国人の着こなしが今も守られているわけだ。男性の外衣は、身体を締め付けないふんわりとしたズボンに、裾(すそ)がゆったりと広がった長い上着との組み合わせだ。衣服の色と材質の差で官位がわかるようになっている。官僚のみ青の衣服を着用できるが、地位の低い役人は綿の衣服を着用しなければならず、正三位以上の役人は絹の着用が許される。

官僚の衣服は例外だが、全体としては朝鮮の衣服は白一色である。白は喪の色でもあるが、西洋の人々が着る重苦しい黒衣より、明らかに実用的であり、趣を感じさせる。習わしとして、朝鮮では親族が亡くなるとこの喪の色を3年間着用する。

王が亡くなった場合は1年の間、国全体が白の盛装で埋め尽くされる。疫病が流行った時は特にそうだが、大きな一族内では3年の間に親族の誰かが亡くなる確率は高く、また以前に10年間に3人もの国王が亡くなっ

Korean Women Washing Clothes, Seoul.
川で服を洗濯するソウルの女性たち

たこともあって、それならば日常生活も白い衣服を着て過ごす方が、わざわざ何度も喪服を買う手間が省け、経済的だと人々は考えるようになった。

白い衣をまとい、のんびり歩く人影であふれかえる街の通り、そしてシミ一つない白の盛装で埋め尽くされる日曜の礼拝の集まりは圧巻で、絵のように美しい風景だ。

## 洗濯に追われる女性

衣装の洗濯は、朝鮮の主婦の悩みの種だった。洗濯の度に衣類をほどき、川で洗い、石の上でパンパンたたいたり、打ちつけたりしてから広げて日なたで乾かす。自宅に持ち帰ると、棒でたたくようにして「アイロンがけ」をする。

この棒を打ちつけるトントンという単調な音が、昼夜を問わずに聞こえてくる。朝鮮の村を訪れる者が最初に耳にし、立ち去る時に耳にする音の一つがこれだが、朝鮮の女性はいつ眠るのだろうと不思議がられるのはこのためだ。この洗濯の仕方ではかなり生地を傷めてしまうが、持ちこたえるとそれはそれで柔らかな艶が加わり、そのお陰で尊大な夫が何とも味のある人物に見えてくる。

ただ残念なことに、白がお洒落に見えるのは清潔感があってのこと。朝鮮の庶民がアジアで最もだらしなく見えるのは、一つには、汚れの目立つ白い服を着ているからかもしれない。中国人の紺色の衣服ならばそれほど目立たない汚れだ。

## 靴や帽子

靴はこれといった特徴がない。貧しい者は藁(わら)をひねり編みした粗末な草履(ぞうり)をはいており、ゆとりのある者は中国製の履物をはいている。

帽子はもっとユニークだ。幅広のツバに、頭の大きさの割には小振りの山がちょこんとついていて、あごの下で結べるようになっている。極貧の者の中には竹の帽子をかぶっている者もあるが、朝鮮人は絹や馬の毛の帽子をやたらと好む。結婚前の少年は特殊な形をした白い帽子をかぶるが、成人男性は黒い帽子だ。

外国人の眼から見ると、こっけいなくらい不似合いな帽子をかぶっているように見えるが、朝鮮人の帽子に対する想いは強く、不釣り合いな金をかけることが多い。

この奇怪なかぶり物を笑う外国人がいるが、では、ニューヨークの女性の頭を「飾る」巨大なかぶり物を朝鮮人が目にしたら、普段は礼儀正しい彼らも笑いをこらえるのに苦労したのではないだろうかと思う。

## 人生の節目で変わる髪型

旧態依然の朝鮮人を最も如実に表しているのは、髪型だ。男子は結婚が決まるまでは、長い髪を真ん中で分け、三つ編みにしてたらしている。

結婚が決まると、よく知られている髷を与えられる。この儀式は、朝鮮人にとって人生の重大イベントだ。多くの友人知人が見守る中、複雑な儀礼が進行する。一家の財政が許す限り、儀礼を受ける若者の衣装と帽子にお金をかける。

若者は、風水師が吉方と示した方角に向いて座る。儀礼の主が、若者の少年っぽい三つ編みを厳かにほどき、頭頂を直径10センチ程の円形に剃る。下ろした髪はキュッと引き上げられ、てっぺんでまとめられる。結い上げられた髷は、高さが3インチ程、直径1・5インチの大きさになる。

被いものがかぶせられ、きつく結ばれ、その上から真新しい帽子がかぶせられる。そして若者は青年時代に別れを告げ、一人前の男性になったと見なされる。この若者がまだ年端のいかない、幼さの残る少年であったとしても、「男」として親族の前に進み出て、年長者から順に厳かに挨拶をし、祖先の位牌に供え物を捧げる。

儀礼の後に祝宴が続き、一家の友人が招待される。祝宴でのもてなし費用、礼装の費用、従者への心付けなど、儀式にかかった費用一切は一家が支払うが、費用が膨大なため何年にもわたり借金を背負うことも多い。

## 髷と髪型

この髷は、中国の弁髪と同様独特なものだが、弁髪が元々支配者への服従の烙印であるのに対し、髷は人々が大昔から大切にし、信じているものを表している。そういう意味では弁髪よりはるかに重要なものだ。

古の習慣を守り続けている朝鮮人の頑固さが、よくわかるエピソードがある。

日本の朝鮮占領は日露戦争中に始まったが、戦後日本が朝鮮の改革に着手した時のことだ。日本人も東洋人であり、アジア的習慣の影響力を少しは知っているはずである。にもかかわらず、朝鮮の改革は直ちにできると考えたのだ。衣服の広い袖を短くし幅をつめること、特定の色の上着を着用すること、帽子のつばは規定の幅に変更のこと、女性は外出時、顔の覆(おお)いものをとることなど、こうした命令に朝鮮人は不承不承(ふしょうぶしょう)従ってきた。しかし、日本に従属的な態度をとっていた内務大臣代行が断髪令を発令すると、ついにその自制心が切れたのだ。髷は旧き朝鮮の象徴であり、印であり、朝鮮人であることの証明であった。また、朝鮮の伝統と民族の誇りを体現したものであった。

断髪令は、かつてない程の激昂(げっこう)と狼狽(ろうばい)を引き起こした。アングロサクソンなら抗議していたであろう他の多くの変化に対して、それまで彼らは抗議らしい抗議をしなかった。しかし、聖なる髷に改革の手が及んだ時、争いを好まない民族の怒りに火がついてしまった。

「なりたてほやほやの成人男子と、栄(は)えある家族の伝統、精神的迷信、祖霊の怒りと嫌悪、因習のしばり、女々しく好色で、侮蔑の対象でしかない仏教僧侶への憎悪、こうした要素がすべて絡み合って、この冒涜が行なわれることを阻止しようとしたのだ。朝鮮人の誇りと自尊心、尊厳が傷つけられ、踏みにじられたのだ。巷には不機嫌で怒りをあらわにした人々が、あふれていた。家という家から、悲痛な泣き声が絶え間なく聞こえてきたが、女の方が男よりも深く傷ついていた。農夫や運搬人は、食糧や燃料などの商品を市場に運び入れることを拒んだ。髷を結っている者が市場の門を通ると、門番は持っている剣でまげを切り落としたからだ」[一]

首都では品不足に悩まされ、商取引にも支障が出るようになった。日本の体制は短期間で終わりを告げ、法令は直ちに廃止された。もっとも、朝鮮人の髷に干渉すると大変なことになると、世に知らしめた後のことではあったが。

日露戦争後、日本は再び実権を取り戻すと、髷廃止に向けて新たな取り組みにかかった。断髪令を出すよう

一　リリアス・H・アンダーウッド『Fifteen Years Among the Top-Knots』１６７～１６８頁

な無謀な真似はしなかったが、新しい皇帝と皇太子、その他皇族数人を「説得し」、皇帝の即位式の日に断髪させたのだった。1907年8月27日のことだ。宮廷が率先して範を示し、新しい為政者の意志のもと、その名が知られた古くからの習慣が、中国女性の纏足（てんそく）同様終焉（しゅうえん）を迎えたのだった。

私が朝鮮に初めて訪れたのは1901年のことだったが、その時は髷を結っていない男性を見かけることはなかった。次に訪問したのは1909年だが、多くの男性が大人も子供も短髪にし、日本人と同じようにオールバックにしていた。今では、キリスト教信者、ミッションスクールの子供たち、街で見かける大多数の男性がモダンな髪型にしており、あっという間に髷姿が消え、見かけることは稀になった。人々に尊ばれていた象徴の消滅の意味するところは大きい。なぜなら、古（いにしえ）から綿々と続いていた時代が去り、新しい時代が明けようとしていることを、おそらく何よりも雄弁に物語るだろうからだ。

## 客の出迎え方

事細かな礼儀作法に厳格に従うことや、あるいはそれが並々ならぬ意味を持つということでは、朝鮮以上の国はないのではないだろうか。外国から訪れた者が地元の行政官に表敬訪問をし、本人は特別待遇をされたとうぬぼれているのに、一方、客に付き従っている朝鮮人といえば、訪問者が実際には冷遇されているのを見て、無表情な顔の下で密かに笑っているということもある。

例えば、行政官が訪問者に対し多大な敬意を払っている場合、公邸の表門まで出てきて訪問客を出迎える。それなりの敬意を払う相手には中門の外で出迎え、ほぼ気にもかけない相手の場合は中門の中で出迎える。見下している相手は玄関先で挨拶をする、軽蔑している相手は謁見（えっけん）室で待ち構える、といった具合だ。訪問者が座る位置も大切だ。朝鮮では訪問者が自分と同等の場合、相手が東を向くように座らせる。相手の身分が下の場合は南に向かって座らせ、相手を蔑視している場合、訪問者は北向きに座らせられる。そして主人は常に西向きに座る。

行政官が相手に対し敬意を持っているかそうでないかは、会談の終わらせ方でわかる。打ち切り方によって、相手への敬意の度合いや、客の地位に対する朝鮮人の考え方を示唆しているのだ。

## 葬儀の作法

折々の行事や、人生の様々な場面で礼儀作法が重んじられているが、何よりも人の死に関わる時に最大の注意が払われる。朝鮮政府が発行する「公式・会葬者の心得」には、どのように行動すべきか、どういった儀式が必要かなど、事細かに説明されている。

遺体は丁寧に洗われた後、北斗七星が描かれた厚い板の上に寝かされる。この板は「七星板」と呼ばれ、俗に北斗七星は死のシンボルとされている。「公式・会葬者の心得」には、柩の大きさや板の厚みをどれくらいにするか、遺体を柩にどのように入れるか、柩を安置する部屋の飾り付けはどうするか、会葬者はいつ、どのように泣くか、また柩の部屋に入る時どのような服装にすべきかなど、細々と指示がされている。臨終から葬式までどのくらいの日数を空けるかは、死者の身分によってきちんと定められている。庶民は３日だ。死者が社会的に重要な人物であれば間隔は延び、王族の場合は９カ月にもなる。

墓地の場所を決めるにも細心の注意が払われ、できれば見晴らしの良い高台を選ばなくてはならない。

葬式については、あらゆる所作が事細かに定められている。欧米の貴族婦人といえども、朝鮮の貴族婦人の所作への拘り（こだわ）には遠く及ばない。死者は、赤、青、黄色の死装束をまとう。葬儀は、必ずというわけではないが、日没とともに始まることが多い。そのため葬礼に使われる提灯の色が、くっきり浮かび上がって美しい。柩（ひつぎ）を

葬式の輿（日本統治時代に発行された絵葉書　京城日之出商行発行）

担ぐ者は花の冠のついた大きな黄色の帽子をかぶるが、手に入れば青とピンクの花が冠に使われる。喪主は袋に使用する麻布をまとい、円錐形の大きな竹の笠で顔を覆う。喪主はこの笠を葬礼後もかなり長い期間かぶるのだが、死者が父親の場合は3年間ということだ。会葬者の帽子のつばは顔が完全に隠れるまで垂れさがっている。これは「天は嘆き悲しむ者を嫌悪し、その顔を見るのを厭う」からだという。

ヒラヒラした鮮やかな吹き流しのついた帽子をかぶった別の会葬者が、鉦を鳴らし、葬送歌を詠唱しながら後ろ向きに歩く。天蓋のついた四角い枠の中にある板の上に柩は安置される。この枠はカーテンで優美に飾られており、朝鮮人はこれをとても美しいと信じ、愛でている。通常、天蓋の上には彫刻の鳥が載せられ、色鮮やかな飾り布が天蓋から四方に垂れ下がっている。描かれた鳥や龍は目を引くもので、様々な楽器の奏でる音色は遠くにいても聞くことができた。

葬列はゆっくりと進み、柩を担ぐ者が単調な詠唱に加わる。時には立ち止まり、時には後ろに向きを変えて少しばかり進む。愛する者を墓地に運ばねばならない、その身を切るような想いをこのように表しているのだ。

首都の近辺には墓地用の広大な土地がある。朝鮮人は自分たちの生活の場よりも、最後の安住の地への拘りの方が大きい。住んでいるあばら屋が低い沼地にあろうと文句を言わないし、別にそうする必要があるわけでもないのに身を寄せ合うかのように、家と家をくっつけ合って住んでいる。

そんな貧しい暮らしをしている者でも、墓地については、見晴らしの良い丘の中腹にあって、手入れが行き届いていなければならないのだ。

王室や身分の高い者は、贅沢なまでの広さが墓地には必要だと考えている。何世紀にもわたり、亡くなった王や王子、貴族たちのために、首都の周辺の広大な土地が死者の住まいとなっている。貴族の墓は小山のように盛り上がり、石の欄干を周囲にめぐらしている。できれば段々になった丘の斜面の馬蹄形の敷地にあるといい。墓の前面には小さな石の祭壇と、石灯籠が一つ二つ置いてある。王室の墓陵はとにかく壮大だ。土の盛り具合、祭壇、灯籠、すべてが一回り大きい。

寺院には位牌が置いてあり、周囲には堂々たる松の木立がある。王陵に続く道のわきには戦士、僧侶、召使いや馬の形をした奇怪な石像がずらりと並んでいる。[二]

## 喪への服し方

喪に服する期間も、同様に厳しく定められている。結婚を控えた身であっても、家族に不幸があった場合、故人とどれくらい近しい間柄であるかによって相応しい期間が定められ、その間婚礼は延期される。

既に述べた通り、故人が両親もしくは祖父母の場合は3年である。これは男性にとって痛ましい受難である。年齢に拘わらず妻帯者でなければ子供扱いをされ、低い社会的地位に甘んじなければならない。

二　イザベラ・バード・ビショップ『朝鮮紀行』61～62頁

また親族に死が続くとさらに婚礼が延期されるので、彼の夢はさらに遠のき、延いては、老後を託し死後の供養を任すことのできる跡継ぎに恵まれないという深刻な結果になりかねない。

『朝鮮文法大系』では我が身の辛い運命を嘆く者として朝鮮人が描かれている。

「両親は私の結婚のことを考えてくれて、婚礼の手はずを整えてくれていました。準備が整う直前のことです。義理の祖父になる方が亡くなり3年間喪に服さねばなりませんでした。ようやく喪が明けたかと思えば、残念なことに自分の父親を見送ることになったのです。さらに3年の喪に服さねばなりませんでした。

3年の喪が明けると、なんと、今度は将来義理の母になる方がなくなり、また3年の喪が過ぎました。最後に、何より辛いことですが、実の母を亡くし、喪が明けるまでさらに3年待ちました。

3年の喪を四度終え12年の月日が流れ、その間私と将来妻になる女性は、お互いの喪が明けるのを待っていたわけです。その頃、その女性が病に倒れ、死の間際に彼女を見舞うことになったのです。義理の兄弟になるはずだった者が迎えにきて言いました。

結婚式は挙げていないが夫として遇してくれるはず、どうか見舞ってやってくださいと。申し出を受け彼女の家を訪ねましたが、言葉を交わす間もなく亡くなりました。こういう経験をすると、夢すら見る気にもならなくなりました。結婚はしていません。でも、なぜ私には妻もなく、子もなく、家もないかお分かりになったでしょう」[三]

## 噂好きとケンカ

朝鮮人は筋金入りの噂好きだ。田舎に住む人々は別べつの集落にそれぞれ固まって住み、守り合い、仲間意

---

三　ウィリアム・グリフィス『隠者の国・朝鮮』281〜282頁

Korean Pedding Fuel.　朝鮮の薪行商

識を大切にしている。点在する農場に離れればなれに人々が暮らすイギリスやアメリカとは事情が違う。家同士が板一枚で隔てられているような密集地に住む朝鮮人にはプライバシーなどあり得ないし、民衆が楽しめる芸能や娯楽の類いもほとんどなく、近所の住民との日々のおしゃべりやつきあいが唯一の楽しみである。

比較的大きな町だと週に1、2度「市（いち）」が立ち、近隣の村人が牛や子馬に農産物をのせ、群れをなして押し寄せる。商店の数は多くなく、規模も小さい。通りには、果物、穀物、野菜、日用雑貨、衣類などあらゆる類（たぐ）いの商品が敷物の上に並べられている。人々が通りにしゃがみ込み話し始めると、またたく間にニュースが広がっていく。商品の値段を交渉したり、噂話をしたりして一日が過ぎていく。田舎から来た人たちは自分たちが持ち運んだ農産物と、地方の産物や渡来物、例えば木綿の衣類、櫛、煙管（キセル）、タバコ、わらじ、魚の干物、マッチ、砂糖、ござ、といった物と物々交換をしている。

朝鮮人はお互いの家を行き来するのがとにかく好きで、集まってタバコをくゆらせながら、村の噂話をするのを何よりの楽しみにしている。でもまあ、これは世界中同じようなもので、村の生活に特有のことではないだろう。アメリカの村はどうだろう。暖炉を囲んで、楽しんで話している内容は、大方、他人があんなこと言っていた、していた、という話ではないだろうか。朝鮮人の噂話は必ずしも悪口でないので、少なくとも西洋人の噂話よりはましだろう。

しかし議論がエスカレートして、朝鮮式「ケンカ」に発展することもある。怒声が行きあい、口調が激しくなり、ののしり合い、蔑み合いが始まる。激情で顔はゆがみ、眼は血走り、興奮が抑えられず身振り手振りが荒々しい。激昂した者は飛び跳ね、髪をかきむしって口から泡をとばしている。そんな様子を見かけた西洋人は、今にも血みどろの殺人が起こるのではと思ってしまうが、大体は言葉だけの争いで終わり、行動にまで発展することはない。お互いへの中傷、ののしり合いが収まらず、激情のあまりにヒステリーを起こして失神し、床に倒れ込むまで続くのである。

ご近所同士の個人的な口論を例に出したからと言って、朝鮮人が共通の敵に対して真剣な想いで戦わないということではない。

他の章で述べてきたように、朝鮮人は血で血を洗うような戦いを数多く経験してきた。しかしこの国では、どこかの国のように言い争いの結果、頭を叩き割られたなどということはまずない。

## 地位の低い朝鮮女性

朝鮮では女性の地位は中国、日本に比べると低い。自由も限られているし周りへの影響力も少ない。配偶者は両親が決めるし、細かなことは「仲人」任せで婚礼の日まで花嫁は花婿の顔を見ることはない。結婚しても妻と打ち解けて話したり、何事であれ意見を聞いたりすることは、夫の沽券(こけん)に拘わると考えている。妻の役割は望まれる跡取りを産むことであり、それ以外はなるべく夫の眼につかないようにすることだ。

我々が考える家庭生活などというものは、この国にはない。

どのような身分であれ、ちゃんとした女性ならば家の「離れ」に住むことになる。ごく最近まで11~12才以上の女性が、父親もしくは夫以外の男性の眼に触れることは、女性の名誉を傷つけることだと考えられていた。許可なく外出してはならないし、外出するにしてもしっかりと身を覆い、ピッタリと閉ざした輿（こし）に乗り、お供のものを引き連れねばならなかった。

一方、身分の低い女性は家畜並みに扱われており、ほぼ無視されていた。彼女たちの人生は終わりのない苦役である。家の中だけでなく、外でも身を粉にして働いているし、教育など受ける必要はないと考えられている。

また、朝鮮人女性は個性など持ち合わせるべきでないと考えられている。生まれた時につけられる名前も家族の中だけでしか使われない。それ以外では、単にある男性の「娘」「姉」「妹」「母」と呼ばれるだけだ。

妻は何者でもなくなり、夫の存在の陰に隠れてしまう。両親でさえ幼少の頃の呼び名ではなく、彼女の住まいの場所を名前代わりにしている。

夫は愛人や妓生を好きなだけ持てるが、妻は貞操を守らなければならない。夫は妻たちが死亡すればその度に再婚は可能だが、未亡人は再婚すべきでないと考えられ、再婚しても彼女自身の評判を落とすだけだし、再婚後に生まれた子は嫡出子（ちゃくしゅつし）とは認められない。

宣教師が、娘を学校に入れるようにとある女性に強く勧めたところ、女性は吐き捨てるように言った。「朝鮮で女性とは何でしょう！神さまは犬と豚を創造した後、他に造るものが見当たらなかったので、女性を造られたのです。最も低き者として！」

朝鮮の女性は、理論上はある種特権を与えられている。女性に対する敬語もある。女性の輿が通ると男性は道を譲らなくてはならない。女性が住む「離れ」は女性にとって聖域であり、まともな朝鮮人なら決してその領域を侵そうとはしない。犯罪人ですら女性の部屋に隠れている場合は探さないこともあり、不祥事を起こした役人であっても女性の部屋に逃げ込んだ場合、外におびき出されるまでは逮捕しないという。女性の部屋に押し入ると厳しく罰せられる。

宣教師が最初に朝鮮に来た時、女性が後ろ指を指されることなしに外出をする風変わりな方法があることが分かった。子供にではなく、成人男性に外出禁止を命じるのである。9時までに男性は家に戻らなくてはならないというのだ。それは9時から妻や娘たちが世間のとがめを気にせずに散歩に繰り出すことができるようにという配慮だった。その時間に男性が万が一外出をして女性に出くわした場合は、扇で顔を覆い、足早に立ち去らなくてはならない。このような状況で女性に触れたり話しかけたりした場合、厳しいとがめを受けた。

朝鮮のこうした習慣も、急速に消えつつある旧き朝鮮の名残だといえる。現代女性は9時以後の外出のために通りを確保してもらうということもなければ、キリスト教の教えによって女性の地位が改善された場合を除けば、特別の敬意を払われることもない。女性はまだまだ哀れむべき、無知で、迷信深い生き物で、四十路(よそじ)ともなれば老婆扱いである。

## 哀れな妓生

女性の地位について述べるのなら妓生(キーセン)に触れないわけにはいかない。社会で占める地位としては日本の芸者のようなもので、歌舞を披露する。中には政府や宮中お抱えの妓生（註：官婢）もおり、国から給与を受けていた。ソウルの宮中に入った妓生の数は75人ほどだ。

ほとんどの官吏や金持ちも、数人の妓生を抱えており、または、特別な折に一時的に妓生を雇い入れることもあった。

幼少時より妓生として必要なことを身につけさせ、一般の女性には与えられていない教養も教えられた。他の女性のように、隔離されているわけでなく、人目につくことははるかに多いし、自由に移動することを許されているからか、立ち振る舞いにも気楽さがあった。典型的な朝鮮人女性が内気で、野暮にすら見えるのと、際立った対照を見せている。唄と踊りで遊興を盛り上げるのが仕事だが、道徳的に見れば芳しくない評価が妓生にはつきまとう。

どんなに官吏に好まれようが、宴会に欠かせない存在であろうが、また素晴らしい贈り物や衣装を受け取ろうが、朝鮮人の結婚相手として望まれることはない。日本の芸者は社会的地位の高い男性の妻になることもあるが、朝鮮の妓生の人生には起こりえないことだ。単に男性の玩具（がんぐ）でしかなく、一時の慰めとなる哀れな人形で、あげくには放り出され、のたれ死ぬのである。

## 朝鮮語と文字

朝鮮の言語は中国語や日本語とは違うものの、中国語により近い（註：実際には朝鮮語は中国語よりも日本語に近い。中国語に近いというのは漢文が使われていたことをさすと思われる）とされる。それはもともと朝鮮が中国から学んでいたことが大きい。文語は漢文が使われており、上流社会の話し言葉や文芸には漢語が用いられている。しかし発音は中国で耳にしたものと随分と違っているし、漢字もいろいろ手が加わって変形している。

庶民で読み書きのできる者はもっぱらオンモン（註：ハングルの旧称）と呼ばれる言語を用いている。25文字からなり、中国の象形文字（註：漢字）と比較すると単純な形をしている。１４４６年に仏教の僧侶であったシル・チョンによって作られたと言われている。

オンモンは当初卑しい文字とされていたが、宣教師には評判が良かった。宣教師は、漢字より使い勝手が良いし、文盲の人に読み書きを教えるにもオンモンの方が簡単だと思われ、オンモンで書かれた書籍やパンフレットを数多く出版した。

また新約聖書をオンモンで訳し、文法の本や辞書も用意した。ウィクリフ聖書が英国キリスト教の新時代につながっていったように、宣教師はオンモンを急速に社会的に復活させていた。1895年、それまで漢語のみで書かれていた官報が漢字オンモン交じりの表記になり、日本統治時代が始まるまでの間は、政令・布告は漢語に加え、オンモンでも書かれるようになった。

朝鮮語の習得は外国人にとっては並大抵ではない。一つには朝鮮化した中国語と自国語のオンモンに分かれていることが原因だろう。またどちらの言語も外国人には恐ろしく耳障りに聞こえるし、発音するにも、舌や喉に非常に負担がかかってしまう。そしてある言葉の意味が抑揚や接尾辞によって大きく変化し、しかも大小の区切りをともなうことも学習者泣かせである。

## 朝鮮の文学

朝鮮文学は思いの外、種類も豊富ではなく、価値のあるものが少ない。この国では学者は人々の尊敬の的であり、中国同様、高官に就くためには文芸に通ずる博識の高さが必要であることを考えると意外に思える。

文筆は憧れの的であるが、西洋の学問の基準から見ると噴飯（ふんぱん）もので、古典からの引用、気取った言い回し、美辞麗句（びじれいく）のオンパレード、延々と続く冗長な文で埋め尽くされている。この手の本があまりにも多い。

ソウルの宮廷にある王室文庫には、いわゆる文学書が山と保管されていることが知られており、中には手の込んだ高価な装幀（そうてい）本もある。

一般には本はオンモンで書かれており、ソウルだけでもいくつもの貸し出し場所があるが、残念なことにほとんどが文学としての価値のないものであるばかりか、下品な冗談とわいせつな描写にあふれた不道徳な内容である。

ほとんどの朝鮮人は読み書きができないが、どの集落にも一人や二人語り部がいて、熱心な聞き手を集めて本の読み聞かせをしている。

民謡や民話の中には興味深いものがあり、真に価値のあるものと出会うことも多い。ウマル・ハイヤームの四行詩集『ルバーイヤート』を彷彿（ほうふつ）とさせる人生観を歌ったものもある。エピクロス主義者のこの著者なら、次に記す民謡の作者の精神に共感と親しみを覚えただろう。

「時よ、時、どうか行かないで！
青春の　赤味を帯びた顔も　老いていく
今を楽しまずして、いつ楽しむのか
限りある身である我らは死を迎え、この身は冷たくなる
山に降りる霧のように消え去っていく
祝えよ、遊べよ
今を楽しまずして、今を祝わずして
いつ祝い　いつ楽しむのか」

次の詩は文学の水脈に続いているようで、さらに掘り下げる価値がある。
科挙（かきょ）の試験合格の大志を抱く若者が首都をめざす。途中に、山の中腹で一休みし、かつてこの道を自分と同じように栄達の夢を抱いて踏み進んで行ったに違いない先達に想いを馳（は）せている。突然詩心にかられ、頭上にそびえる山の神さまに向かって呼びかけるものだ。

「蒼（あお）き山よ
汝の智恵を明け渡したまえ
今この時に、立派なその方の名を明かしたまえ
まだ少年だろうか、青年か、はたまた賢者か
山の頂のもと　呼びかけた者は誰か
ある者は明日に向かって歓呼し
ある者は今日の闘いに明け暮れる
あるいは昨日に向かって記憶をたぐりしか
汝の智恵を明け渡したまえ」

いつのまにかその若者は眠ってしまい、山の神さまが夢に現れて、若者より前にその山を通った先達の物語を語って聞かせた。若者は目を覚ますと旅を続けて、そして山に向かって懇願した。どうか彼の名を誉れある記念碑に加えて欲しいと。

「蒼き山よ
汝こそ我が記念碑
そして長い月日が流れ　若者が来たりて
おこがましくも　汝の胸の内を推し測る
汝、唇を開きて　我が名を讃えよ
報いに答えて　その名を留めた者たちと共に
汝こそ我が記念碑とならん」

## 自然を愛する表現

素朴な人々が自然にどのような名称を付けたかを見ると、その人たちの美に対する想像力と愛が伝わってくるが、対照的に彼らの住む村が荒れ果てているので奇妙に感じる。もっとも名称は想像力だけでなく迷信から生まれていることも多い。向陽山、白雲台、千仏洞、摩天嶺、雲岳山、剣山、永平、端雲山などは山の名称だ。綿江、刀川、雪岳瀑布などは渓流の美しさを表している。見晴らしの良い旅館には月見荘、朝日を眺めることができれば朝日荘などという名前がつけられる。その他にも、強い岩、愛岩の間、洞窟の精、明けの明星、強い砦、優しい緑草の間などが目につく。公邸につけられた名もなかなか素敵だ。小花、昇雲、瑠璃門、渦巻きの側の屋敷など、役人の荒廃ぶりとは対照的な名前がついている。

これはほんの一例に過ぎないが、国中の町や河、谷、あらゆる自然物につけられた名称から朝鮮人の美などに対する素朴な考え方がわかる。[四]

四　ウィリアム・グリフィス『隠者の国・朝鮮』２３３頁

## 併合以前の教育制度

朝鮮人が受けている知的訓練に目を向けると、教育機関というものがこの国からぽっかり抜け落ちていることに気づく。以前の典型的な教師像といえば、いかめしい顔をした老人であり、大きな眼鏡をつけているが、それは視力のためというより学者らしい風貌と威厳を与えるためだった。生徒たちは床にしゃがみこんで、体を前後に揺らし、ただひたすら一本調子に、中国古典を繰り返し唱えていた。

これが1884年までの朝鮮で、教育と呼べる唯一のものだった。

しかし、この年来朝したアメリカ人宣教師、アレン氏に多大な影響を受けた国王（註：高宗）が、アメリカ政府に教育関係者を3名派遣することを依頼したことで状況が変わった。米国務長官は、当時の教育委員会委員のジョン・イートン将軍に人選を要請し、ニューヨークにあるユニオン神学校学生であったホーマー・B・ハルバート氏、ジョージ・W・ギルモア氏、ダルゼル・A・バンカー氏の3名が選ばれた。3名が朝鮮に着いたのは1886年7月4日であった。その頃朝鮮ではコレラでの死亡が、1日で1,000人を超えていたが、この若者たちは事態にうろたえることなく、早速政府の援助を受けて英語学校を開設した。

国王自身もこの学校に興味を持ったようで、数年間というもの国王自ら試験を実施し、学生たちは国王の前で床にうつぶせになって試験を受けた。

しかし、この若きアメリカの教育者たちが歩もうとしていた道は平坦ではなかった。西洋の教育方法は、この国に深く根づいた偏見、役人の嫉妬や腐敗、短気で厳しい国王の気まぐれな意図とは相容れないものだったのである。ギルモア氏は1888年、アメリカに帰国した。バンカー氏は7年間の滞在の後メソジスト伝道団に入った。ハルバート氏は5年間職務に就いた後辞職したが、1897年国王の要請で官立学校の責任者の職に就いた。この学校は、最近編成され、王妃暗殺事件までは日本人が管理担当していたが、その後有力な学校になり、多くの若者を教育した。卒業後は、首都や地方の官立学校の教師となった。

日本政府の影響もあって、１８９４年科挙制度は廃止され、翌年、教育省（註：学務衙門）が構成された。これは、西洋の学問を広めるのに新しい追い風となり、しばらくは前途有望だと思われた。

しかし、教育の行政は活力に欠け、非効率で、進展は遅く断続的だった。１８９９年に、政府はソウルに上流階級の子息のための王立英語学校を設立し、素晴らしい建物を建て、ハルバート教授に就任を依頼した。ハルバート氏のおかげで直ちに有力な学校に発展したのだが、朝鮮政府はこの学校のみならず、いずれの学校の支援をも怠（おこた）った。

日本人が来る時までは50ほどの官立学校があっただけで、生徒の数もわずかであり、教育に割かれた予算はたった１６万２,７９２ドル。その内の１３万５,０７４ドルがソウル内の学校に費やされ、地方にはわずか２万７,７１８ドルの予算が割かれただけだった。王立英語学校に続いて、フランス、ロシア、日本の学校がいくつか開設された。中には上手くいった学校もあったが、この国を覆（おお）う深刻な知的停滞をどうにかできる程には大きくならなかった。

今述べている教育事情は、朝鮮が日本の占領下に置かれる前のことであり、その後ミッションスクールが数の上でも、質の上でも顕著（けんちょ）な伸びを見せたことや、日本の統治下にあって、朝鮮総督府学務局の計画も大幅に増えたことなどは、後ほど論じたいと思う。

ここではまず、１９００年以降になってようやく（註：日本による統治や指導を受けるようになって）近代的な教育施設が普及し、相当数の朝鮮人がその恩恵を受けるようになったこと、そして20世紀初頭の10年はまだ、その数が非常に限られていたことだけを述べるに留（とど）めたい。この事実を踏まえた上で朝鮮人の知的、精神的な成長を公平に判断すべきだろう。

# 第五章

## 朝鮮人の宗教的信仰

朝鮮には、他のアジア諸国に見られるような寺が殆ど見られず、宗教がない国なのかと思う。しかし、よく観察すると、人々の生活に大きな影響を及ぼす三つの宗教がある。まず仏教が、371年に中国から入って来た。朝鮮人は有名な寺院を訪れるが、多くが娯楽だ。仏教は落ちぶれ、僧侶は最も軽蔑される人間の一人となってしまった。儒教も、中国から来て文学と文明をもたらした。朝鮮人は真の儒教から離れ、実用的でない感情的な信仰を欲した。しかし、中国人のように先祖は尊敬している。親孝行は重要視され、父親（生死は関係なく）を尊敬しない者は、最も救い難い人物とみなされる。母への服従はないが、父への服従は絶対だ。朝鮮で最も優位な宗教は、アニミズムである。恐怖、幽霊、悪魔の宗教だ。空気、土、水に悪霊が潜むとされる。朝鮮の宗教儀式は、数えきれないほどの悪魔をなだめるための哀れな努力である。ここに、キリスト教が、救いの手をさしのべることになる。

## CHAPTER V

## RELIGIOUS BELIEFS OF THE KOREANS

The traveller in Korea is impressed by the absence of those outward manifestations of religion which are so numerous in other Asiatic lands. A closer study will show that there are religious customs which have great power over the lives of the people. Indeed Korea may be said to have three religions.

Buddhism entered from China as far back as 371 A.D. Many Koreans annually visit the famous mountain monasteries. A charitable judgment may consider a few of them devout pilgrims, but a large majority of the alleged votaries are far from religious in spirit and purpose. Korean Buddhism has decayed until it now retains hardly a vestige of its former power, and the monks are among the most despised of men.

Confucianism is generally considered one of the religions of Korea, coming of course from China, from which Korea received its literature and civilization. The Koreans have departed more widely from true Confucianism than the Chinese, and they craved a faith more emotional and mystical. But they have all the Chinese reverence for ancestors, and their customs in this respect are thoroughly Confucian. Filial piety is highly rewarded. A man who does not reverence his father, living or dead, is deemed the worst of reprobates. Obedience does not always extend to the mother, but the father is regarded with a reverence bordering upon awe.

The dominant religion of Korea, or rather the dominant superstition, is Animism. Animism is the religion of fear, of ghosts and portents and witches and demons. Air, earth, and water teem with them. Korean religious rites are pathetic efforts to propitiate or outwit these innumerable demons. Here, Christian missions started their divine work of saving the people from fear.

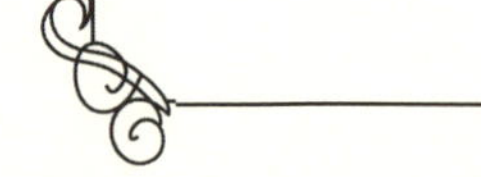

# 朝鮮人の宗教的信仰

## 衰退した朝鮮の仏教

朝鮮を旅する人は、他のアジアの国々には多く見られる宗教的な風景がここにはないという印象を受ける。みすぼらしい孔子廟を除けば、ソウル全域に寺院がない。郊外に軍神を祭る祠(ほこら)がひとつあるが、参拝する朝鮮人はほとんどいない。国内のどこにも、礼拝している気配はない。日本、中国、シャム（註：タイ）で数多くの寺院を見なれた人は、最初、朝鮮を無宗教の国と考えがちである。

綿密に調査すれば、たとえ表面的には寺院や宗教儀式が見られなくとも、宗教的習慣が人々の生活に大きな影響を与えていることがわかるだろう。確かに、朝鮮には三つの宗教があるといわれている。はるか以前の西暦371年、仏教が中国から伝来した。仏教は大きな影響を及ぼし、王国において最も有能な人物は、僧侶の中から多く輩出された。山の上にある巨大な仏教寺院は、かつて仏教が享受していた富と力をいまもなお示している。建物は壮大で、書庫には、古い稀覯本(きこうぼん)や写本が所蔵されている。寺院には豪華な装飾が施され、宝物箱は、王や王子から贈られた品でいっぱいである。仏刹の中には、はるか以前の6世紀に建造されたものもある。隠者の国で仏教が長い間、力を及ぼしていたことが、その外観に表れている。ほとんどの旅行者はそこを訪れることはない。なぜならば、それらは人里離れた場所にあり、交通の便がよくないからだ。ビショップ女史は、次のように語っている。金剛山にある、四つの巨大な仏刹を訪れた。その本堂は、約450人の尼僧と1、000人の従僕を抱えている。

多くの朝鮮人が毎年、この有名な仏教寺院を訪れている。寛大に判断しても、敬虔な巡礼者と見なしうる人はほとんどいないだろう。信者と称する人の大半が、気分においても目的においても宗教的とはほど遠い。255年前にハメルが書いたことは、それ以降ずっと真実である。「貴族たちは寺に足繁く通うが、それは、いっしょに連れてきた女性や他の人たちと気晴らしをするためである。なぜならば、そこは快適で、眺望や素敵な庭を楽しむことができるからだ。従って、それは寺院というより、歓楽街といった方がよい。普通の仏刹については、そのように理解すればよい。そこでは、僧侶たちが好んで大酒を飲んでいる」[一]

いくつかのヨーロッパ諸国のイエズス会士のように、仏教の僧侶も政治的陰謀を好んだため、衰退してしまった。彼らは前王朝に関わって嫌われ、恐れられた。そして、王朝崩壊の責任を負っていたので、実際にすべての権力を失った。500年以上もの間、仏教僧が首都に足を踏み入れることは禁止されていた。

朝鮮の仏教は衰退して、いまではかつての権力の痕跡さえもほとんどとどめておらず、僧侶は最も軽蔑される人々と同じ階級にある。彼らは軽蔑されているが、それも当然である。彼らは無知で、迷信を信じ、自分たちの宗教にさえ精通しておらず、簡単な儀式をほんの少しだけ理解しているにすぎない。彼らの品行に対する評判は非常に悪い。私は、ソウルの城壁外で何人か見かけたが、支持者は少数にすぎないように見えた。彼らは意気消沈して、汚らしく見える。剃髪、蜂の巣のような形の笠、草布の袈裟、数珠、杖で、簡単に見分けがつく。

権力と名声を保持していた全盛期に、朝鮮の仏教徒は日本に僧を派遣した。そして島国の帝国は、仏教を国教とした。しかし、現代の日本の仏教は、朝鮮仏教を恥じている。1876年、日本の仏教宗派の中でも進歩的な浄土真宗は、朝鮮に代表者を派遣し、人々に、より純粋なタイプの仏教をもたらすことができないか確認させた。彼らは苦労して、朝鮮の多くの若者を改宗させた。その中の6名は日本に留学し、京都の浄土真宗の

---

一　カーゾン卿『Problems of the Far East』105頁から引用

学校で特別教育を受けた。しかし、その努力は長くは続かなかった。朝鮮の仏教はもはや廃れてしまって、再生の可能性はなさそうだった。朝鮮が日本に併合されてから、日本の仏教徒は朝鮮の仏教再生のため、さらに断固たる努力をしている。朝鮮半島に定住した日本人の大半は、当然のことながら仏教徒である。彼らは日本から僧侶を連れて来て、寺院を建立し、仏教の日曜学校を設立し、仏教徒向けパンフレットを配布した。明確な布教活動が行なわれ、仏教は再び、朝鮮の宗教のひとつとしてその地位を取り戻した。

## 儒教について

儒教は、朝鮮の宗教のひとつと一般に考えられている。儒教は中国から伝来したもので、朝鮮は中国から文献や文明を受け取っている。孔子と釈迦が朝鮮を訪れて、自分が宗祖とされている宗教がどのようなものか見たら、孔子は、おそらく釈迦と同様に大変驚くことだろう。朝鮮人は、中国人よりも、本来の儒教からはるかに離れてしまっている。なぜならば、彼らの気質は、それほど実際的実利的でなく、彼らが信仰に求めているものは、もっと感情的で神秘的なものだからである。しかし、中国伝来の、先祖に対する尊敬は抱いている。この点において彼らの習慣は、完全に儒教的である。孝の徳が高く評価される。生前も死後も、父親を尊敬しない人は、最も救い難い人物とみなされる。母親に対しては必ずしもいつも従順である必要はないが、父親に対しては畏怖にも近い尊敬を抱いている。父親が近づいてきたら、息子は、通りでひざまづくこともある。親に対する不作法は、重大な無礼である。父親を殴ることは、極刑に値する。父親が亡くなった時は、3年間喪に服さなければ、恥である。もし息子が役人であれば、そのために職を辞さなければならない。

ある朝鮮人儒学者の論文に、次のような記述がある。舜帝(紀元前2255~2205年)は弟子たちを集めて、親に対する礼義を教えたが、次のような教えが含まれていた。

「息子は早暁に起床しなければならない…服装を整えて両親の前に現れ、部屋は暖かいか、万事快適であるか、お伺いしなければならない…息子が、両親にお仕えする作法は多くある。体が痒い時には、掻いて差し上げる。体を洗う時には、桶を捧げ持って、両親が快適に入浴できるようにする。入浴の準備ができて手拭いをお渡しする時、お食事をされるか恭しくお伺いする。それから、お食事をお出しし、食事が終わられるまで待機し、お口に合っていたか確認した後に引き下がる。

食事の後、息子と嫁は、両親の元に行き、何かなさりたいことがないか、あるいは用事はないか、お伺いする…何もなすべきことがなければ、両親のもとにとどまり、両親からの指示が受けられるようにする。話しかけられたら、謙虚に返事をして、決して口答えをしない…両親の前でやってはいけないことが多くある。あくびをすること、のぞき見をすること、鼻をかむこと。寒くても、両親の前で服を重ね着してはいけない。痒くても、掻いてはいけない。両親が笑っていなければ、笑ってもいけない…礼義作法によって、息子は両親より上座に座ったり、両親の前に座ってはいけない。また、両親のすぐ目の前に立ったり、歩いたりしてはいけない…両親への崇敬は、満杯の水が入ったお椀を運ぶのに似ている。細心の注意を払わなければ、水はこぼれてしまう。同様に、細心の注意を払って、敬意を以て正確に万事を行なわなければ、両親に対して無礼を犯してしまう…実行不可能と思われることをするように言われたとしても、それを試みなければならない」

## 先祖の位牌と死者との交信

お金に余裕のある朝鮮人は、通常、自宅の裏手に小さな建物を建てている。その建物に、先祖の位牌を祀って、定められた期間、亡くなった両親に供物を奉げる。宣教師が次のように書いている。巡回中、丘の頂上にある墓の周辺で先祖の霊を供養している、3人の身なりのよい朝鮮人の紳士と使用人を見かけた。お墓の前の地面には、食べ物がお供えされていた。墓の前で男たちは交代でひざまづき、額を地面に付けて、何度も恭しく平伏していた。お供えの食べ物は、大皿に盛られたパン生地の薄切り、砂糖菓子を詰め込んだ皿、豚の薄切り、フライドチキン、魚、柿、皮をむいた洋ナシ、野菜がたっぷり盛られた皿、かなり大きな瓶にはいった酒だった。

先祖へのお供え物にかかる金額はかなりの額になるが、墓前にお供えした後、お供え物をいただくことがよくあるので、すべてが無駄になるわけではない。

イギリスやアメリカの降霊術者は、朝鮮人に興味を引かれることだろう。ハルバート教授は、次のように語っている。親戚や友人が亡くなった後、彼らは死者の霊を頻繁に呼び出して質問する。あるいは冥界の支配者を呼び出して、死者の罪が軽くすむよう賄賂を贈る。死者の霊はその代わり、残された親戚や友人に幸運をもたらすため、冥界での権威者に対して、自分ができることをすると「約束」することがしばしばある。これらすべては、霊媒や女性呪術師を通じて行なわれる。彼らはトランス状態に入り、人々が交信したいと望む霊が、彼らに乗り移ってくるとされている。日本の仏教徒が朝鮮人の仏教徒を誇りに思えないのと同じくらい、中国の知性のある儒教徒は、朝鮮の儒教徒を誇りに思えないだろう。なぜならば、朝鮮の儒教は、彼らの信仰の嘆かわしいパロディでしかないからだ。

## アニミズム

朝鮮の主な宗教は、アニミズム（註：精霊信仰）である。いや主な迷信といった方がいいだろう。確かにアニミズムは、ほとんどすべての非キリスト教国において、信仰の強固な基盤をなしている。一神教のイスラム教が普及している国ではそうではないが、その国でも、アニミズムの痕跡が見られる。それは、聖書の教えが及んでいない地域に見られる原始的な宗教である。先住民は、たいていアニミズムの信者である。膨大な人口がいるアフリカでは、完全にアニミズムが信じられている。精密な宗教システムを持つ他のすべての国にもアニミズムがあり、アニミズムが完全になくなってしまっているところはない。中国で儒教が興った時も、アニミズムが普及していた。儒教の先祖崇拝は、アニミズムが発展したものである。現代の中国には悪霊に対する恐怖が充満している。中国の仏教と道教は、現在も半分はアニミズム的である。カースト制がインドのバラモンによって発展した主な理由のひとつは、アニミズムの普及である。バラモンは、自分たちの信者をアニミズムから守ろうとしたのである。ビルマでもおよそ西暦400年に仏教が伝来する以前、人々は精霊を崇めていた。現在もなお、多くの人がそうである。彼らは寺院の仏像の前に平伏すが、寺院の外では、悪霊について考えただけで身震いしている。仏教は、悪霊の存在を認めていないと考えられているにもかかわらずである。

アニミズムは、恐怖、幽霊、前兆、魔女、悪霊の宗教である。空気、大地、水にそれらが満ち溢れている。それらは暗い渓谷の中で待ち伏せし、木のてっぺんから囁(ささや)いて脅す。川の流れの中で嘲(あざけ)るように笑う。大嵐の中で、金切り声を上げ、雷鳴の中で、大声で叫び、稲光は怒りの目がにらみつけているのだ。それらは土の中に住んでいるので、農民や鉱山労働者が土の表面を起こす時は、最初に呪文を唱えるか、捧げ物をお供えしなければならない。それらは嘲笑いながら屋根の上に座り、悪賢く這(は)って窓に忍び込み、煙突を伝って降りてくる。極めて有害な悪霊がにやにや笑いながら、人間が歩く度に、眠る度に、出没する。人間が誕生する時に群がってくる。死は、人間に対する最終的な勝利である。それらに対する恐怖が、悪夢のように人間を苦しめ、震えるような、すすり泣くような恐怖の地獄へと人生を変えてしまう。

私たちの先祖は、この悪意に満ちた恐怖を知っていた。ドイツの森はかつて、アニミズムの呪文の場だった。イギリスの古代ドルイド教の神秘的な儀式は、大部分がアニミズムの考え方から来ている。誇り高きニューイングランドでは、前世期まで魔術が信じられていた。この20世紀においても、迷信にとりつかれている子孫がまだいる。単純で教育を受けていない朝鮮人が、アニミズムの有害な魔力の影響下にあるといって驚くべきであろうか。先祖崇拝の儀式という行事的な慣習を超えて、朝鮮人に実際に影響を与えている唯一の宗教である。

研究者たちは、朝鮮人の精霊を35もの主要な区分に分類した。次の通りである。天国、星、地球、山、丘、地区の精霊。家の敷地、家そのもの、棟木（むなぎ）、物と家具、台所の精霊。木や洞窟や小川に住む精霊は家の中を歩き回り、国中を徘徊し、行く先々で問題をひき起こす。先祖に仕える精霊、大道芸人や霊媒師を助ける精霊、少女を手に入れる精霊、出産した女性を死に至らしめる精霊、男性を勇敢にしたり、臆病にする精霊、天然痘やコレラや多くの病気をもたらす精霊、若くして死に至らしめたり、外出中に死に至らしめたり、人の代わりに死に至らしめる精霊、絞殺、溺死、自殺、落下死、殴打死をもたらす精霊。主要区分の下位区分は分割され、さらに細かく分割され、またさらに細かく分割され、あまりにも多くの精霊がいるため、数がわからなくなっている。

## 悪霊と迷信

朝鮮の宗教的儀式は、これら無数の悪霊をなだめ、おさめるための痛ましいほどの努力である。あらゆる種類の手段は、恐怖に襲われた人々によって選ばれた。村への入り口を監視するために、唇、頬、眉が描かれたグロテスクに彫刻された頭が乗っている高い柱がたてられた。家の近くには、わらが巻かれた杭が地面に打ち込まれ、その先端には、神秘的な力があるといわれている言葉が書かれた小さな白い紙が貼られた。この杭で敷地の神をなだめ、生贄やお供え物をして、機嫌をとっている。家の棟木、公共建物、城門には、奇妙でいびつな彫像が飾られている。この彫像は、居住者や町を保護すると信じられている。丘の頂上には祭壇、小さなおんぼろの建物があり、そこには、神話に出てくる存在の像あるいはそれを紙に描いた絵があった。痛みは、悪霊が体内に入り込んだことを意味し、その治療方法は悪霊退治を試みることだった。宦官が松明を揺らして、良い結果を祈る。木の実を割って口の中に入れ、その後吐き出すと、できものや痛みを予防できると考えられている。子供が誕生した時には、蝋燭に火を灯す。最後まで蝋燭が消えなければ、子供は長命となり、蝋燭が燃え尽きる前に炎が消えるか、吹き消されたら、短命となることが予想される。

旅行者は、穴の開いた丸太が道に横たわっているのを時々見かけるだろう。その丸太の穴の一つは、注意深く塞がれている。これは、女性呪術師が、病気の原因となっていた悪霊の退治に成功したことを意味している。馬引き人は、そのような丸太を注意深くまたぐだろう。

私たちは内陸部を旅した時、木の幹の周囲に、石が積み上げられ、枝から色のついたぼろ切れがはためいているのを道端で何度も見かけた。迷信的な人々は、そのような木に悪霊が住みついていると考えていた。悪霊は悪意があるだけでなく、好奇心旺盛と考えられていた。悪霊の注意をそらすために、徒歩の旅行者は、木の根元の周りに石を投げ、自分の服から細長く布を引き裂き、枝に結わえつける。好奇心旺盛な悪霊が、石や布に気をとられている間に、恐怖に怯えた朝鮮人は脇を擦り抜けるのだ。

朝鮮の正月には、迷信がはびこる。その年の間に、切った髪や櫛ですいた抜け毛を陶器の中で燃やし、翌年、悪霊が家の中に入って来るのを防ぐのだ。災厄は、わら人形に移して通りに投げる。それを拾った人は、持ち主から災厄を取り入れてしまうと信じられている。子供が何も知らずにそのわら人形を拾ってしまい、驚いた母親が子供を勢いよくぶっているのを見かけるのは珍しいことではない。色のついた紙片を棒にはさんで、家の頂上に置き、月がそれを取り除いてくれるのを祈る。あるいは、紙に不運なことを記述したり、絵を描いて、それを燃やす。大勢の老若男女が毎年一回、日没直後に橋を渡る。それによって、新年の間ずっと、足と脚の痛みを予防できると確信している。

## ムーダン

これらすべての宗教的生活（そう言えるのであればだが）において、力を持っている人物は聖職者ではなく、シャーマンあるいは呪術師である。彼らは、ムーダンとパンスという二種類がある。パンスは盲目で、一般的なイメージでは、彼らはたぐいまれな才能があると思われている。男性の呪術師もいるが、大半は女性である。彼らは、職業に対して超自然的な使命があり、悪霊に対する魔力を持っていると考えられている。彼らは、恐れの入り混じった崇敬を受けている。誰も彼らと親しい関係になろうとはしない。呪術師は悪霊を退治すると信じられているが、人々は悪霊に対して抱いているのと同じような恐怖を、呪術師に対しても抱いている。

しかし、呪術師なしではやっていけないと朝鮮人は感じている。彼らはあらゆる機会に呪術師に相談する。いかなることを始める前にも、悪霊に妨害されないことを確かめるために助言を求める。ムーダンの助言に従って、悪霊の機嫌を保つため、鬼神祭が開催された。病気の時、ムーダンが招集され、痛みや熱を引き起こしている悪霊を追い払う。

ムーダンや呪術師が用いる薬は、確実に何らかの効果があるはずだ。天然痘によく使われる治療薬は、野良犬の体から切りとられた肉、虎の眉毛、数種類の甲虫（こうちゅう）を乾燥し、こららを混ぜたものをとろ火で煮込んだものである。露に濡れた夏の朝に捕まえた甲虫であることが重要である。魔女は、蛇、トカゲ、ヒキガエル、虎の歯を粉末にしたもので作られたスープで追い払われる。この興味深い煎じ薬は、発熱の特効薬とも考えられていて、一回につき、大きなボウル一杯の量が投与される。

医療宣教師が、次のように書いている。

「血で満たされた、たった6インチほどのシカの角が、非常に尊重されている。機敏さを取り戻すため、乾燥粉末にされたものが高齢者に処方される。私は、朝鮮の薬屋で、これらの角のいくつかについて値段を聞いてみた。一対で50〜100ドルと、薬屋は答えた。瀕死の場合には、蛇、ヒキガエル、ムカデを混ぜたものを注意深くいっしょに煮て、死ななければ治ると保証した。胆も、お気に入りの治療薬である。牛の胆は消化、熊の胆は肝臓、カラスの胆は衰弱に使われる。カラスの胆については、使用にあたっていくつか条件がある。山の仏刹で勉強していた時、私の語学の先生であるキム氏が、ある朝夜明け前に、興奮しながら私を起こした。『すぐ来て、殺してください』と叫んだ。私はショットガンを手にして、慌ただしく飛び出し、彼が指差している方をよく見ると、黒いカラスが木にとまっていた。『どうしたんだ。何を殺せというんだ』『あのカラスです』と彼はいった。『急いで。太陽が昇る前に』私が驚いて何もできないでいると、カラスは飛び去った。するとすぐに、キム氏が悲しそうに説明した。カラスは夜明け前に仕留めなければいけない。そうでないと、胆は薬として価値がない」

天然痘の悪霊は、特別に扱わなければならない。天然痘の悪霊がやってきたら、家族と近所の人々は仕事を止め、祝宴を催して祝うようと、ムーダンは厳かに助言する。それから、患者にはとても恐ろしい悪霊が住み着いているので、日に何度も敬意を以て患者に拝礼するよう指示する。病気が弱まってきたら、新たに祝宴を催して、悪霊が去ったことを祝う。

その時ひときわ目立つのが、小さな木製の馬である。その馬には、去っていく悪霊の旅立ちに必要な物がぎっしりと詰められている。時々、母親が、藁(わら)の馬を作って、扉の近くに置く。そうすると、のろまの悪霊がそれを祭して、立ち去るのに役立つ手段が手に入ったと思ってくれるかもしれない。

もし患者が死んでしまったら、悪霊の群れが葬式にやってきて、遺体を連れ去る機会を伺う。そのため、もし遺族が、金銭的に余裕があれば、二つ以上の棺を手に入れて、どの棺に遺体があるか悪霊にわからないよう最大限の注意を払って、別の場所に埋葬する。

「治療薬」よりも命取りなのが、よく使用されている手術器具のチムである。小さなナイフと、大きくて粗雑な鉄の針の二種類がある。小さなナイフはめったに使用されないが、針はよく使用されている。呪術師は、痛みの原因と信じられている悪霊を追い払うか、退治するため、針を体内に突き刺す。針はたいてい錆びていて、使用後に適切に洗浄されないため、刺傷から感染して、しばしば不快な痛みを引き起こす。私は、ミッション系の病院に通院していた時、痛ましい状況を通して、悲惨な結果を多く目撃した。医療宣教師なら誰もが、大人だけでなく、小さな子供までもが、このように感染して苦しんでいるという、胸が張り裂けるような話を語ることができる。

## コレラと迷信

朝鮮人は生涯にわたって、このような迷信や、ずる賢くて、しばしばヒステリックな呪術師に影響されている。彼らは、あばら家にも宮殿のようなところにもいる。高官も、極貧の小作人も、盲目の呪術師を呼び寄せて、病気の家族に呪術を行なってもらったり、息子や娘の結婚の日取りを決めてもらう。私たちの一団が村の中に入って行った時、太鼓の音や、真鍮の銅鑼（どら）のカーンカーンという音が聞こえたことがある。家に向かう途中、見るもぶざまな年老いた呪術師が、神経の高ぶった親戚の真ん中で、交互に呪文をぼそぼそと呟いたり、金切り声で叫びながら、踊っているのを見かけた。その間、参列者は、健康な人も病気になるくらい大騒ぎしていた。治療を受けている憐れな病人が悪化するのはいうまでもない。呪術者が受け取る謝礼はたいてい大金で、合計すると、莫大なものとなる。最近になって、都市部の合理的な役人が、呪術師の中で悪質なものを阻止しようとした。警察が彼らを逮捕することもあった。しかし、迷信はなかなかなくならない。「これは恐ろしい事態だ」と、ソウルのある朝鮮人が友人に語っているのを聞いたことがある。

「私の兄弟が重い病気で、ムーダンを呼ぼうとしたが、逮捕して罰せられることを恐れて誰もやってこない。憐れなやつはただ死を待つしかないということだな」

まともな考えの人は、そのような迷信を馬鹿にしたりはしないだろう。むしろ、その情念や、しばしばその悲劇に深く心を動かされるだろう。ソウルでコレラが流行した後、アンダーウッド夫人は次のように記している。

「朝鮮人はコレラのことを『ねずみ病』と呼んでいる。けいれんは、ねずみがガリガリ齧(かじ)って、脚の中に入り込み、心臓まで上って行ったものと信じられている。そのため、彼らは猫の精霊に祈りを捧げ、紙の猫を家の扉に掛け、猫の皮で激しい痛みのあるところをこする。様々な高い場所で、天に向かって、祈りの言葉や生贄を捧げる。感染した地域の通りは、5フィートの高さのところに、約25フィート間隔でロープが張られており、ロープには祈りの言葉が書かれた紙が張られているため、ほとんど通り抜けることができない。私の人夫が、輿を担いで通り抜けようとして、紙を破ってしまったので、手助けするためにやってきた持ち主に対して、私は忠告せざるを得なかった。『もう少し高いところに掛けた方がいいわよ』。やれやれ、兄さん、もう少し高く掛けて。地面に近すぎる。この伝染病に関連して最も憐れなのは、風に引き裂かれてみすぼらしい姿となった紙の祈祷文が、あちこちに頼りなく掛けられている光景である。同情もせず聞き入れることもできない、役立たずの間抜けな神々に、盲目的な迷信を捧げていることだ[二]」

朝鮮人は、「信仰という不自由な手を差し伸ばし、模索する。そして、ちりとくずをかき集める」。

---

二 『Fifteen Years Among the Top-Knots』 139〜140頁

# 第六章

## 内陸部の散策

朝鮮は、近年の改革で迅速に変化しており、鉄道の旅はとても簡単になっている。私は1901年に、妻と友人とで旅をした。済物浦まで鉄道で行き、蒸気船で素敵な沿岸の海州へ向かった。ゆっくりと進む多くの帆船とすれ違った。帆船の上では、朝鮮人が満足そうにおしゃべりし、煙草を吸っていた。朝鮮の帆船は大きさの違う板を壊れそうな具合に組み立てていたので、まったく運を試すようであった。波が穏やかで風向きも良い時は順調だが、荒れている時は恐ろしい。しかし思ったほど事故はなかった。済物浦への旅は12時間のはずが、遅れて船で寝ることになった。キャビンは3人でいっぱいになってしまったが、もう既に日本人警察官が横で寝ていた。翌朝、目覚めると、素晴らしい朝だった。空気は素晴らしく爽やかで、水がきらきら輝いていた。共に旅をしていた友人は朝鮮でも有名な医師だったが、旅行中、彼の医師としての献身ぶりを目の当たりにした。

## CHAPTER VI

## A RAMBLE IN THE INTERIOR

Korea is changing rapidly under the new conditions of recent years, and railways now make travelling easy. I enjoyed a rambling journey through some of the provinces. It was in the beautiful spring weeks of 1901. Proceeding by rail to Chemulpo, we there took a tiny twenty-five ton steamer, which bore us over smooth waters among the many islands dotting this lovely coast to Hai Ju. We passed dozens of lazily moving junks crowded with Koreans who were contentedly chatting and smoking.

A Korean junk is not a graceful object. It is clumsily constructed of heavy, irregularly sawed planks, and is so poorly put together that it appears like tempting Providence to trust oneself to such a craft. A junk does fairly well working up a river when time is no object, and it will behave with tolerable decency on the open sea when it is running before the wind. I saw junks that appeared to be so old and rotten that they were about to fall to pieces, but which somehow managed to wabble along without sinking.

The trip from Chemulpo was supposed to occupy twelve hours, but we learned that we could not reach our destination till midnight. We decided to remain on board till morning. The cabin was only wide enough for three, and a Japanese policeman was already asleep on our side.

What a glorious morning it was! The air was deliciously cool and bracing. The water flashed in the bright sunlight and the shore view was superb. One of the friends whom we were travelling with was a well-known missionary doctor in Korea. During the trip, we had the chance to witness his remarkable devotion as a doctor to the people of Korea.

# 内陸部の散策

## 関子の特権

朝鮮は近年、新しい状況のもとで、急激に変化している。現在、鉄道によって簡単に旅行できるようになったが、情緒に欠けるようにもなった。私にとっては、かつてのような古風で趣のあるスタイルで、いくつかの地方をぶらぶらと楽しく旅行できれば、それが何よりの喜びだ。1901年の最初の訪問では、素晴らしい春の数週間を過ごした。一行は、私の妻と二人の経験豊かな宣教師、O・R・エビソン医師とC・E・シャープ師だった。彼らはガイド兼通訳として欠かせないだけでなく、気心の知れた楽しい旅の友だった。

ソウルを出発する前に、私たちは関子（クワンジャ）と呼ばれる旅行用パスポートを入手した。郡守は、このパスポートを提示されたら、食事、宿、お金、動物、運搬人など、私たちが求めるものは何でも提供しなければならない。しかし、私たちはこれを使用しなかった。郡守は、このようなパスポートを好んではいなかったのだ。

これを使って特権を乱用する旅行者もいたが、彼らの横柄な要求に応じることはできないと郡守が断ると、その旅行者は小ばかにし、脅迫的になるのだった。郡守は意気地がなく、腐敗してはいるが、権力を持った人間である。放浪している外国人の相手を、常にしているわけにはいかない。

田植えや稲刈りの時期など、体の丈夫な男性は田んぼで精を出して働いているので、白人がやってきて、政府の命令を盾に運搬人を手配しろと言われてはたまらない。関子を提示した旅行者にお金を貸しても、あとで返ってくるとは限らないということも郡守は知っていた。

ソウルに帰る時、旅行者が正直にその金額を返済しても、受け取った役人が着服することもあるだろう。そのような不幸に遭っても、郡守はあえて抗議をすることはなかった。たとえ抗議をしても、補償されないことを知っていたからである。

思いやりと分別のある旅行者ならば、無理な要求はせず、料金をきちんと支払い、正直な通訳を通じて取引をするので、人々が提供可能なものであれば、自分が本当に必要とするものを入手するのに困ることはほとんどない。

## ジャンクでの旅

私たちは、済物浦（チェムルポ）までは鉄道で行き、そこからは25トンしかない小さな汽船に乗った。汽船は穏やかな海を航行し、美しい海岸に点在する多くの島の間を抜け、私たちを海州まで運んでくれた。

満員の朝鮮人を乗せた多くのジャンクが、のろのろと動く中、私たちはその横を通り過ぎた。朝鮮人たちは楽しそうにおしゃべりしたり、煙草を吸っていた。朝鮮のジャンクは優雅な代物ではなかった。のこぎりで不規則に切られた、重い厚板を不器用に

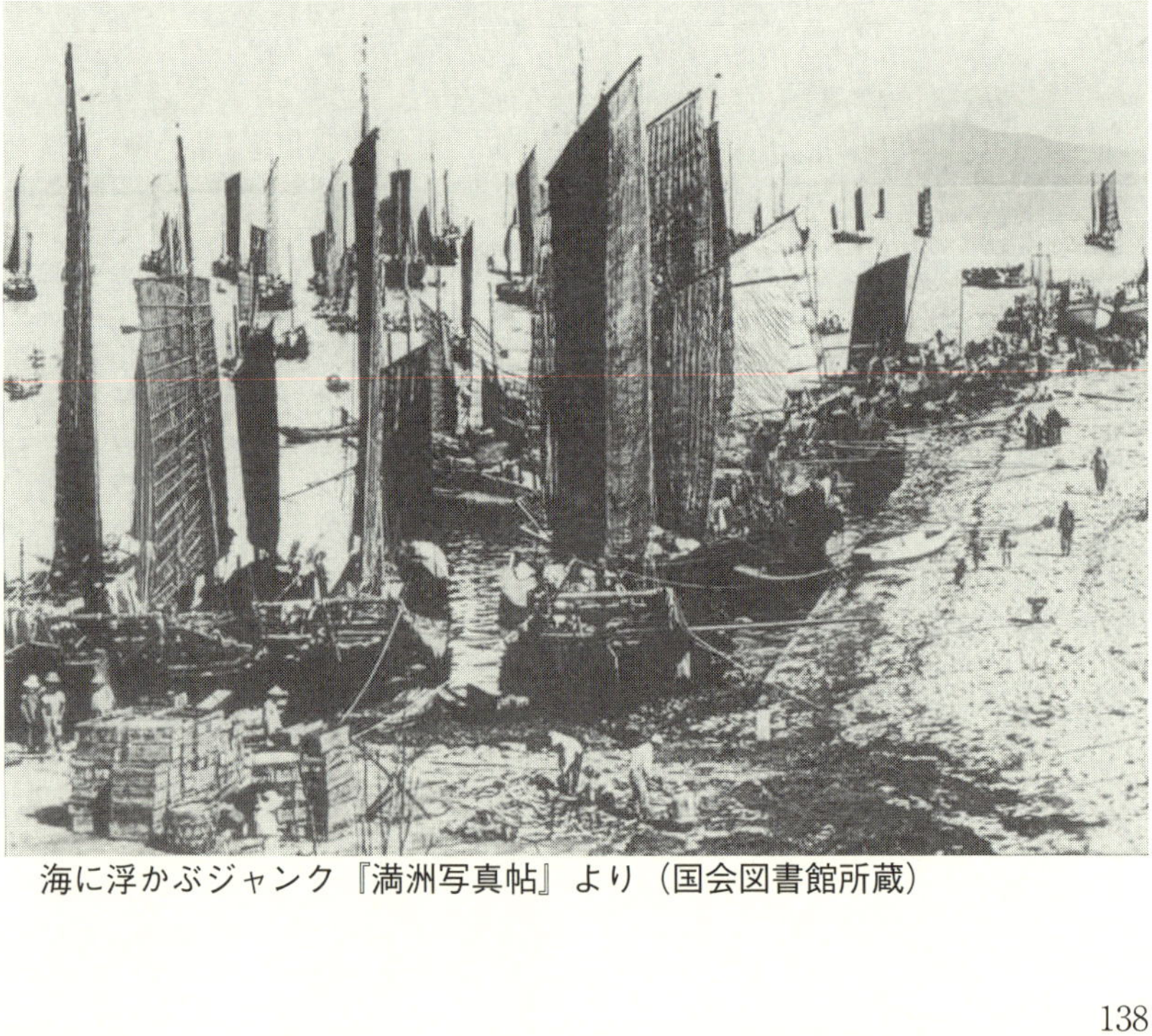

海に浮かぶジャンク『満洲写真帖』より（国会図書館所蔵）

組み立てたものだった。

組み立て方があまりにもひどいので、このような船に命を預けるなど、神意に挑戦するかのようだった。帆は、粗いむしろでできており、哀れを誘うほどだった。だが時間がかかるのを別にすれば、ジャンクはかなり順調に川を遡行(そこう)できた。朝鮮人が時間を気にすることなど滅多にはない。順風を受けて進んでいる時であれば、外洋でも、我慢できる程度には穏やかに航行できるだろう。

もし外国人が朝鮮のジャンクに乗っている時に、航路が風の吹く方向になく、海が荒れていたら、救命用具と傷害保険証券をしっかり身に付けておくべきだろう。しかし、このような見かけがおんぼろでまともでないボートでも、思うより稀にしか実際の事故は起こらなかった。私は、古くて、いまにもばらばらに壊れそうなジャンクを見たことがあるが、ぐらぐらと揺れながらも、沈むこともなく、なんとか航行していた。

済物浦からの旅行は12時間ほどの予定だった。しかし、私たちが夕方に上甲板に座り、柔らかく荘厳な夕焼けが陸や海の上に広がる光景や、やがて、一層柔らかく美しい満月の光がすべてをまばゆく照らし出すのを楽しんでいるうちに、深夜までに目的地に到着するのが無理だとわかった。

私たちが夜を過ごそうと考えていた海州(ヘジュ)は、上陸地点から3・5マイル離れたところにあったので、私たちは朝まで船に留まることにした。客室は非常に狭く、朝鮮人でいっぱいだった。彼らは食事をしたり、酒を飲んでいた。しばらくすると彼らは退室したので、私たちは、部屋の中央の向こう側に、テーブルと椅子を並べた。エビソン医師とシャープ師は、急造のコンパートメントのひとつを使い、妻と私はもうひとつのコンパートメントを使った。私はそこで頭をひどくぶつけ、天井から床まで5フィートしかないことを思い知らされた。

客室は3人分の広さしかなく、私たちの側には、既に日本人の警官が眠っていた。しかし我々は敷物にくるまって床に横になった。宿泊施設は、大西洋航路の客船よりいくらか劣ってはいたが、私たちは翌朝の5時半までぐっすり眠った。私たちが目を覚ましたのは、開いた窓の側に立っていた少年が、海岸にいる誰かに大声で叫んだためだった。服は着ていたので、私たちは、すぐに甲板に出た。

## 海州でのエビソン医師の活躍と講演の依頼

それはなんと素晴らしい朝だっただろう！　空気は涼しく快適で、身が引き締まるようだった。明るい日差しのもとに水がきらめき、海岸の景色は壮大だった。その向こうには、緑の渓谷と見事な丘陵が広がり、さらにその奥には、堂々たる山が横たわっていた。持参してきた朝食を急いでとった後、私たちはお決まりのサンパン（註：平底船）に乗って上陸した。私たちは、手荷物を運ぶ牛の手配を交渉した後、海州に向けて出発した。この3・5マイルの徒歩での移動について、私は決して忘れないだろう。その景色は、言葉では言い表せないほど美しかった。

私たちは高い丘陵を上り下りした。海と入江、丁寧に耕された畑、花ざかりの果樹が遠くまで広々と見渡せ、茅葺屋根の農家も実際よりはるかに魅力的に見えた。町に到着する直前に達した頂上からは、美しい渓谷が見下ろせた。その渓谷の中に、城壁に囲まれた海州の町があった。人口約1万人の大きな町である。家は、朝鮮風の典型的な、背の低い、茅葺屋根の掘立小屋だった。しかし城壁はどっしりしているように見えた。その上には城門が見事にそびえていた。

その当時、海州に白人は住んでいなかった。そのため、私たち一行の到着は一大事となった。大勢の人々が私たちの周りに群がってきた。彼らは、エビソン医師がソウルからやってきた外国人の素晴らしい医師だと知っていたので、彼のところに病人や負傷者を全員連れてやってきた。その多くが、極めて痛ましい状況だった。彼は思いやりと熟練した腕前で患者たちを診療した。そして、エビソン医師は一人一人に、聖書に出てくる「良い医師」について語った。彼自身が「良い医師」であったのだが。

その夕方、私は、通訳を通して人々に対して講演をするよう依頼された。

私は、故モルトビー・D・バブコック博士が以前「通訳とは妨害者だ」と語っていたことに賛同する。つまり通訳によって、自分が話そうとすることがでたらめにつぎはぎされるという苦行に遭うからである。

私はそれまで気づいていなかったが、講演というものは、淀みなく話をし、徐々に勢いを増すことで効果が得られるものだ。

朝鮮の聴衆はあまりにも素朴で、たとえ講演の内容が理解できなかったり面白くないと思っていても、無礼な態度をとったり、つまらなそうにすることができない人たちだった。彼らは静かに座って、集中して耳を傾け、非常に礼義正しかった。小さな建物のベランダから見えたその光景は印象的なものだった。人々は座るか立つかして建物周辺を囲んでおり、上を見上げているその顔が、むき出しの灯油ランプの炎の揺らめきに照らし出されていた。

## 不便だった交通事情

交通事情は深刻なものだった。なぜなら、当時はまだ日本人が道路を建設していなかったからだ。現在はおそらく建設されているだろう。私たちは、踏み固められてできたにすぎない小路を行かなければならなかった。多くの人々や馬が行きかうため、しばしば深い轍（わだち）ができていた。雨の時期には轍のすべてが粘り気のある泥となり、日照りの時期には、たいてい轍に粉塵（ふんじん）がたまって苦労させられる。

橋はほとんどなく、あったとしてもそれは泥で被われた柱というべき代物だった。私たちの馬や牛が泥に足を突っ込んで沈むか、支柱が崩れかけてしまうか、その危険性は五分五分だった。

一度、こういう危うい橋が壊れた時に、私は手足を開いた形で仰向けに倒れ込んでしまい、飛び散った土、石、折れた木、私が乗っていた馬の鉄尾（註：蹄鉄（ていてつ）の後部）が上から降りかかったこともあった。

それから私は、強度が確かでない時には橋を避けて、小川と溝の浅瀬を渡ることにしている。

輿は、朝鮮の国内旅行では最も心地よい乗り物である。私たちは2台持ってきていた。輿は2本の長い棒の間につりさげられており、その時のような長距離旅行の場合は、4人の男が担いで運んだ。都市の平坦な道を短時間乗る場合は2人で担ぐ。かごかき人夫の賃金は、10里（3マイルと3分の1）当たり、葉銭375枚（註：当時の葉銭は1枚が約0・06セントに相当したと考えられる）で、行先がどこであろうと、私たちの滞在が長引かない限り食事は持参した。

私たちには輿が2台あり、計画では、2頭の馬を借り、手荷物と生活必需品の運搬用に牛を使うつもりだった。海州に到着して交渉を始めると、持ち主は、牛1頭について、10里当たり葉銭700枚、馬1頭につき、葉銭600枚を要求した。さらに、動物とその付添人には毎日2食を与えるよう要求してきた。

朝鮮では動物1頭に必ず1人の人間が付いていた。アメリカ人にとっては、非常に安い料金に思えたが、朝鮮では法外な値段だったので、私の同行人たちは値下げするよう、最善の努力をした。

しかし、その東洋人は交渉好きだった。彼は急いでいなかったが、彼は私たちが急いでいることを知っていた。さらに、この時期は畑仕事のため、彼にとって牛が必要だった。値下げ交渉の話は深夜にやっとまとまり、2頭の馬と4頭の牛を、向こうが押し付けてきた条件で借りることになった。

問題が解決したので、私たちは眠りにつき、翌朝7時に出発するため、早起きして準備を始めた。しかし、1頭の馬と2頭の牛しかやって来なかったのである。その時、私たちはアジアにいることを再び思い出した。町には他に動物はいないと、男たちは厳かに断言した。しかし前夜は、私たちが必要なものはすべてであると請け合っていたのだ。

私たちは議論のために、もう1日費やすわけにはいかなかったので、急場を凌ぐためにもう1台輿を手配し、それを担ぐ人を雇い、必要最小限の必需品を2頭の牛に積んで出発した。そして牛を探すために、エビソン医師の手伝いの少年とシャープ師の助手をその場に残し、見つけたら、追いかけて来るようにした。彼らは牛を見つけて、その日のうちに私たちに合流した。

私たちはたった4人の外国人で、できる限り軽装で旅をしていたが、それでも私たち一行のパレードは相当なものだった。4頭の牛、1頭の馬、そして3台の輿だ。牛と馬には、それぞれに1人が付き添い、1台の輿を4人で担ぎ、朝鮮人の料理人が1人、現地のキリスト教信者のお手伝い、エビソン医師の病院のアシスタントがいたので、全部で24人の人間と5頭の動物がいた。

朝鮮馬は、大きさも気質も、魅力的な動物とはいえなかった。外国製の鞍がなかったので、この小型の動物の背中に自分の寝具を積み重ねた上に乗り、馬の首のあたりに脚をブラブラさせるのが通例だった。だが、これは心地よい姿勢ではなかった。掴(つか)まるものが何もなく、馬はほぼいつも落ち着きがなく、獰猛(どうもう)なので、散々な目に遭う可能性が高かった。この用途に用いられる馬はほとんどすべてが種馬だった。そのため、大きくはないが、丈夫で持久力に優れており、荒々しさの代名詞ともなっていた。彼らはいついかなる時、いかなる場所でも、ありとあらゆるものや人と戦おうとした。どれほど重い荷物を背負っていても、あるいは、1日の旅行を終えてどれほど疲れているだろうと思われる時でも、荒っぽさで知られるドニーブルック市場のアイルランド人のように、凄まじく勇敢に互いを攻撃し合うであろう。

最も過酷な旅行の後であっても、餌を与えている間は、いつも通り、飼い葉桶に鎖でつないでおく必要があった。夜は、宿屋の垂木(たるき)に掛けたロープを馬の下に通してつないでおき、馬が半分吊り下げられているような格好にしておいた。

　これは単なる習慣なのか、あるいは馬が戦わないようにするためか、あるいは横たわらないようにするためか、いずれか特定するのは難しいが、おそらく三つの理由すべてによるものだろう。

　朝鮮人は、馬を決して横たわらせてはいけないと考えているのだ。さらに馬にはできる限り水を飲ませてはいけないと朝鮮人は主張する。馬の餌は、雑穀（註：キビなど）の茎を細かく切ったもの、もみ殻、ぬか、豆、をすべて一緒に煮て、薄いお粥にしたものが温めて与えられる。

　朝鮮馬とは親しく付き合えないが、不確かながらも、彼らは暗に信頼されている。彼らはトロイ人のように働き、外国人を震いあがらせるような断崖の端をも歩く。これらの点については、私の馬は完全に信頼できた。もちろん、橋が崩れ落ちた時は別だ。だがその時でも、馬が逆上したことは私の気持ちを和らげた。なぜならば、馬が私たちに共通する感情を表現してくれたからだ。

## 珍しがられた白人女性

　内陸部を旅した日々は貴重な体験だった。都市部しか訪問したことのない旅行者はどれだけ多くを見逃しているこことかと私たちは思った。行く先々で、景色は美しく、雄大だった。渓谷には畑が耕されていて、農家が点在し、果樹の花が咲き誇り、周辺には丘陵が広がっていた。私たちの道の途中にある頂きからは、海と入江、緑なす島、険しい岬が見渡せた。もう一方には、丘陵、谷、牧草地、そして青空に向かって高く聳え立つ雄大な山脈が広がっていた。

　私たちは、丘陵の人目につかない場所にひっそりとある、趣のある小村を多く通り過ぎた。そこでは、中国と同様、農民は各々の集落に分かれ、毎朝、畑に出かけ、夕方になると戻って来る生活を送るのが習慣である。

中国のように厳密に分かれているわけではないので、あちこちで孤立した農家を見かけたが、そのような家がそれほどあったわけでもなかった。

私たちは昼食をとるため、ケルマジャイという村で休憩した。その村の人たちは全員、私たちが食事をしているのを好奇心旺盛に眺めていた。私の妻は、いつもながら、衆目を集めた。

人々は外国人の男性は時折見たことがあっても、白人女性は珍しく、西部のアメリカ人の町に来たサーカスのように人々を興奮させた。朝鮮人の女性たちは妻の周りに群がり、靴や服を触り、帽子を被ってみたり、髪をほどいてほしいと頼み、結婚指輪を外そうとし、頬をさすって、白い肌が剥（は）がれおちないか確認した。

その間ずっと興奮して、ペチャクチャとおしゃべりし、アメリカ人女性をまるで奇妙なもののように笑った。しかし、彼女たちは、いつも気立てはよかった。私の妻も同じように気立てよく、彼女たちの好奇心を受け止めていた。

しかし、そのような自由気ままな振る舞いには、うんざりする時もあったに違いない。プライバシーはなかった。彼女は、食事の時だけでなく、夜休む時も、朝、服を着替える時も、あらゆる隙間から、朝鮮人女性の好奇の目にさらされたのである。もし隙間がなければ、窓の油紙が破られて、その穴にはすぐに、物見高い人たちの髪の乱れた頭が突っ込まれた。これはもちろん、村落に行った女性宣教師なら全員体験することである。日中も夜もそのような体験をした後で、宣教師の家に行ったり、訪問者のプライバシーを確保できるほどキリスト教信者が多い村に行くと、ホッとする。

## 一般朝鮮人との交流

その夕方は、我々はタナイという村の典型的な宿屋にいた。茅葺屋根の、泥壁が塗られた柱の家で、四角い中庭を囲んでいた。中庭は、犬、人、既に到着していた朝鮮人旅行者の私物でいっぱいだった。一面は牛の餌場で、もう一面には大きな陶器の鍋があり、それでご飯を炊いていた。残りの二面には、窓に紙が張られた小さな部屋があった。土の床で、その下には、台所の火の熱を通す送気管がある。

椅子がなかったので、私たちも朝鮮人のように、敷物の上に座った。ゆっくりと温まってきて、まるでストーブの上に座っているかのように感じられた。

私たちは、荷物を運ぶ牛よりも速く移動したので、必要な物がまだ届いていなかった。しかし、朝鮮人から食べ物を買うことができたので、私たちの料理人が、火鉢の炭火で料理するのを見ていた。これもまたいい夕食だった。私たちは、朝鮮人が不思議そうに見ている前で食事をした。彼らは10年間、顔も服も洗っていないように見えたが、少しもきまり悪そうではなかった。

空腹な旅人の楽しみは食べることだけだったので、私たちは楽しく食事をした。それから折り畳み式の寝床の上に毛布を敷いて、ぐっすりと眠った。群れをなしている害虫は、邪魔されることなく、我々の身体から食事をとった。アジアでは、不可抗力には静かに従うのが一番いいのだ。

翌日、私たちはもうひとつの美しい地域を通って、クムドンに到着した。ここでは、この地域の名士であるキム・ユンオ氏が温かく迎え入れてくれた。その周りには、旧約聖書の族長のように、親戚や彼に頼っている人たちがいた。彼はキリスト教信者だった。大変熱心な信者で、自分の家族や近所の人たち20人ほどをキリストのもとへ導いていた。彼はすぐに、文字通り預言者の部屋へと私たちを招き入れてくれた。その部屋は、宣教師が訪れた時にくつろいでもらうために、自宅の離れに建てられたものだった。彼は近所の人や友人を大勢集めて、説教を聞いた。

ここで、私たちの馬の馬夫が、これ以上行けないと言ってきた。別の馬を見つけられなかったため、エビソン医師とシャープ師と私は交代で歩いた。私たちは四人の男たちを解雇して、牛が引く不格好だが丈夫な二輪の荷車に荷物を積むことにした。

しかし雨が降ったため、道路と思われていたところは泥の轍になってしまい、私たちが土曜の午後にスン・コカイに着いた時には、歩みの遅い牛は何マイルも遅れていた。この集落には、三家族しかいなかった。彼らは、以前、旅行者から痛い目に合ったようで私たちが尋ねたところ、お米以外、鶏も卵も何もないと重々しく答えた。料理をしてもらっている間に、私が「家の周辺」にふらりと入ると、そこには鶏が多くいた。同じ頃、エビソン医師は裏庭をうろついてアサリを見つけていた（私たちは、海から1マイルのところにいた）。他のメンバーも、卵8個とボウル一杯の天然の蜂蜜を見つけてきた。

シャープ師は、買収するための資金を用意した。葉銭何百枚といえば朝鮮人にとっては大金だが、私たちにとっては数セントにしか過ぎなかった。私たちはすぐに、土の床（註：土間）に脚を組んで座り、ご飯とアサリのスープ、ご飯と卵、ご飯と鶏、ご飯と蜂蜜の四つのコース料理をごちそうになった。

そこを出て8マイル進んだところで、私たちは丘の頂上で待っている白人の一団を見つけた。それは、私たちを村へと迎え入れるために、松川からやってきた派遣団だった。その村についての素晴らしい話は後の章で述べる。

私たちは、教会の中の二つの教室に住まわせてもらった。教会は朝鮮にしては素晴らしい建物だった。周辺の質素な家と比べて人目を引き、広々とした景色が見渡せる丘に建っていて、かつて異教徒の礼拝の中心地だった林のはずれにあった。

開設されたのは1896年6月で、朝鮮で初めての、朝鮮人だけで建設された教会である。長老の一人であるスック（またはソウ）・チュンジョは、私たちを松川まで案内するためにソウルに向かったのだが、私たちの出発時間を間違えていたため、私たちが出発した後に到着した。彼は落胆はしたが、うろたえることなく済物浦行きの次の電車に乗り、私たちが汽船で移動したルートを小さなサンパンで一昼夜の旅をし、それから休むことなく35マイルを歩き通して私たちに追いついた。彼は足を痛め、疲れていたが、私たちを見かけた時には喜んでいた。凹凸の道路を思い出し、彼が中年を過ぎていることを思うと、私はあらためて驚いた。

## 松川で思い出される伝道の悲劇

教会の裏手にある、標識のない盛り土を見ると、松川の悲劇が思い出される。

何年か前、熱心なカナダ人のキリスト教信者たちが、一人住まいの宣教師は自立した伝道活動を理想としており、「朝鮮人と同じような」生活を送るべきだと思っていた。そのため、三人の男性の宣教師が松川にある小さな朝鮮式の家に異なる時期に住んだ。

この試みは大失敗だった。このうち二人は、この方法が無益であることに気づいて別の活動へと去っていった。三人目のW・J・マッケンジー氏は悲惨な体験をした。彼は献身的で不屈の精神をもった宣教師だった。彼は、威厳があり説得力もあったので、思惑通り、泥棒の一団が松川を襲うのを防いだだけでなく、その首謀者を実際に改心させた。だが彼は病気となり高熱のため精神錯乱状態となり、１８９５年6月、銃で自殺した。人々は兄弟としてその死を悼み、自分たちの墓地に埋葬した。その墓には墓標がない。この周辺数マイルの朝鮮人は全員がそれを知っていたので、墓標は必要でなく、静かにそれを見下ろす盛り土があればよかったのだ。日曜日にその松川で3回礼拝を行なったが、どれも村人の全員が参加した。

その後、月曜日の朝、私たちは起伏のある大草原を通って、狭い渓谷にたどり着いた。そこから奥に向かうと、有名な釈迦大山があった。すぐに私たちは乗り物から降りて、「素晴らしい光景の渓谷」という意味のタイ・チュンコルを越えて、険しい登り坂を行かねばならなかった。「素晴らしい光景の渓谷」というのは、ぴったりの名前だ。これほど壮大な景色はめったに見ることができない。かつてこの地域を激しく揺さぶった自然の力は強大なものだったに違いない。

膨大な石の塊が、目もくらむような高さに持ち上げられ、垂直に立つ地層は、静かに、それをなした全能の力を目撃していた。この荘厳な風景の中に、多くの花が咲いているのを見つけ、数時間のうちに、私の妻は60種類もの花を集めた。多くの花に繊細な美しさがあったが、香りのする花は2種類しかなかった。道の頂上から眺めた風景は、ワーズワースの敬虔な詩を思い出させた。

「足下に広がる聖なる大地に
苦悩を去りて、安らぎを見いだしぬ。
孤独が人を天国へといざなう。
自然なる神が、人間に与えたもうた地。
紫色の朝の光が、薄片となりて、
かなたより広々と山腹に降り注ぐ。
轟音を立て、水は力強く震わせる。
葉に覆われし森を、あるいは静謐なる湖の眠りを」

山から出て、耕作された広い渓谷に着いた私たちは、遅い昼食をとるため、ウ・ドンで休憩した。そこにキリスト教信者がいることは、誰かに教えてもらうまでもなかった。いつもどおり、数マイル離れたところで、微笑んでいる人々と出会った。さらに近づくと、高い柱に旗がひらめいているのが見えた。朝鮮の教会の祝福すべき習慣である。それによって、誰もが、「イエスの教会」があると知ることができた。朝鮮人のように床に座り、私たちは、好意的な村人たちが提供してくれたご飯、卵、鶏を堪能した。彼らは代金などを受け取ろうとはしなかった。食後に私たちは短い礼拝を開催した。小さな教会と、教会の外の、話が聞こえる範囲内は聴衆でいっぱいだった。

### エビソン医師の奮闘

その夕方、私たちは、チャン・ユンという城壁に囲まれた町にいた。キリスト教信者の家族が、私たちを親切に迎えてくれた。そして、私たちが到着したことは、この町の2、000人の人々にすぐに知れ渡った。物見高い群衆はやがて静かに帰って行ったが、12歳ほどの少年が片足をひきずりながらやってきて、エビソン医師の足元にうずくまった。医師は一日中きつい旅をして疲れていたが、優しい心の持ち主なので、無言の訴えを拒否することはできなかった。しかし、なんと悲しいことだろうか。その少年は、長年、股関節が脱臼したままだったため、脚が不自然な位置のましっかりと成長していて、大規模な外科手術をする以外に治療法がなかった。小型のケースにはいっている器具を使って、たった数時間の滞在でその手術を行なうことはまったく論外だった。そこで医師は少年に思いやりをこめて話しかけ、もしお父さんが少年をソウルにあるミッション系の病院に連れて来てくれるなら治療すると約束した。

私は、変形した股関節にある多くの傷跡を指差して、「そこが痛むんじゃないの?」と尋ねた。

「いいや」と医師は答えた。

「そこは朝鮮人の医師が針を刺した痕だ。痛みの原因と考えられた悪霊を退治しようとしてやったんだ」

少年が足をひきずりながら帰っていく時、私の胸はどんよりと重かった。少年は平静な顔をしていたが、いまは失望と激しい苦痛を表情に表して、痛ましかった。

その少年が帰るや否や、同い年くらいの少年がやってきて、こわばった腕を見せた。袖をまくりあげると、エビソン医師は肘の脱臼に気づいた。事故が起こったのは8カ月前で、今は癒着が起きていた。難しいけれども、迅速に治療する余地はあったので、その場ですぐに少年に麻酔がかけられ、不自由な腕がひっぱられ、元の形に曲げられた。どれほど勇敢に、全面的な信頼をもって、少年は医師の顔を覗き込んでいたことだろう。少年は、医師がこれから自分を痛い目に遭わせることを知っていた。しかし、医師は本物の宣教師であり、医者だった。私は、汚れて蚤や虱だらけの、脅えている子供たちを、彼が自分の腕の中に抱きしめて落ち着かせ、大人しくなるまで撫でているのを見てきた。それから優しく診察をして、身ぶるいするほどひどい痛みを治療していたのだ。

私たちが夕食をとろうとしていた時、中年の男性がよろよろしながら入ってきた。その服はかつて白かったであろうが、朝鮮人の女性が洗濯の時に服を叩く棒で一度も叩かれたことがないのは明らかだった。ずっと不潔にしていたため、それが蓄積して、肌にこびりついていた。足に巻いていたぼろぼろの布をほどくと、ものすごくひどい潰瘍があらわれた。尋ねてみてわかったところによれば、足に水膨れができたので、朝鮮人の医師の助言に従って、水膨れに油を塗り、架空の悪霊を焼き尽くすため、火を付けたという。泥にまみれ、ハエがたかるまま何もせず放置していたため、痛みはさらに悪化し、骨は文字通り腐りかけていた。

これは病院で対処すべき症例だった。そのため、彼は、医師が戻ってから、ソウルに行くよう助言された。

「お金もなく、こんな足なのに、どうやって170マイルもあるソウルに行けるというのですか」と病人は悲しげに尋ねた。その通りだ。

しかし、朝鮮の掘立小屋の中の細菌だらけの状況で、医師が持ち歩いているほんの少しの器具で、必要な手術がどうやってできるだろうか。加えて、私たちはその日の夕方には会議に出席し、翌日、朝早く出発しなければならなかった。そして、彼は悲しげに立ち去った。しかし、彼の哀れな状況が私たちの頭からは消え去らなかった。腐るのをそのまま放置するより、手元にあるもので、ここで手術をする危険を冒すほうがいいのではないか。夜11時、決断が下された。その男を探しだし、翌朝4時に来たら、医師ができる限りの手当をすると伝えた。彼は喜んでやってきた。

朝鮮の家にはテーブルがないので、患者は床の上に横たわった。エーテルがわずかな量しかなかったので、無意識状態にできるのは数分だけだった。そのような原始的な環境で、曇った朝のぼんやりとした光が、開いた扉を通してかろうじて射し込んでくる中、医師は急いで、足を洗浄し、切除して、削り取り、消毒した。その足は私がこれまで見た中で最もひどいものだった。ソウルの病院でかつて医師の助手をしていた若者に、毎日包帯をするよう注意深く指示を残して、私たちはさらに先に進んだ。手荒な状況ではあったが、その男の命が救われることを祈念した。

こういったことは、医療宣教師の人生にはよくあることである。彼は、町の伝道所に病院を持っていたが、田舎の村落に行った時にはいつでも、昔ながらの悲惨な状況と直面しなければならなかった。

## 平壌への到着

朝鮮の村をめぐる旅行は、私たちにとって貴重な体験だった。私たちはできるかぎり多くの支所をまわるために遠回りをしたので、約300マイルを旅することになった。どこへ行っても、キリスト教信者は温かくもてなしてくれ、愛情がこもっていた。そして、いくつかの場所では、福音の変革する力を確認できて、素晴らしかった。　たとえば、ウル・ユルという住民が4、000人ほどの町では、私たちが訪問する3年前に、キリスト教信者はいかなった。その頃、町の名士がソウルに行き、公職を金で買おうとした。

彼はアンダーウッド博士と出会って改心し、公職を得るための賄賂を贈るのをやめた。彼は聖書と小冊子を購入し、町に戻って、人々に聖書と小冊子を配った。彼らはすぐに反応した。ウル・ユルでは100人以上のキリスト教信者が洗礼を受けていて、洗礼志願者も大勢いた。彼らは、どこからも援助を受けずに、小さな素敵な教会を建てていた。そして、宣教師が訪ねてくる時に泊まれる家を作るのにその半分の費用を寄付し、集会の費用もすべて自分たちで払っていたのである。

ここはソウル地区の最後の支所だったので、私たちの旅の仲間であるエビソン医師とシャープ師とはここで別れた。その後を引き継いでくれたのは、平壌のハント氏とウェルズ博士だった。彼らもまた同様に、親切に、そして巧みに、私たちを多くの村に案内してくれた。それぞれの村に、人間として興味をかきたてられる物語があった。

私たちは、さらに丘を越え、渓谷を通って、旅をした。幅広く険しいぬかるみの土手となっていた海の入江を渡る時には、人夫に背負われた。水に浸かってしまった無数の水田を渡る時には、慎重に道を探りながら進んだ。道は畦道の最上部の狭くてすべりやすいところに沿ってあり、曲がりくねっていたのだ。そして、私たちはワン・ジュウに到着した。そこで私たちは初めて、ソウルと平壌を結ぶ幹線道路にぶつかったのである。人口5、000人の城壁の町の城門近くでは、呪術師と二人の助手の側を通り過ぎた。彼らは太鼓を叩き、銅鑼を鳴らし、鈴を振って、ぞっとするような騒音を出していた。それは、病気になった幼い子供から悪霊を脅して追い払うためだった。

次の土曜日は寒くて風の強い日だった。私たちは土砂降りの雨の中、平壌までの100里を旅行した。人夫と馬は、粘ついてすべりやすい粘土に苦労していた。しかし暴風雨にも拘わらず、13マイル先にあるチュンワでは四人の宣教師の女性と面会することができた。また、多くの朝鮮人のキリスト教信者も、暴風雨にめげることなく、泥と雨の中、数マイルの距離を徒歩でやってきて、私たちを心から歓迎してくれた。宣教師も朝鮮人の人々も、軽食をたっぷりと持ってきてくれた。宿の中庭では、馬が格闘して金切り声をあげており、雨天ではあったが、戸外で最高に楽しく食事をとることができた。

このようにして12日間の旅行は終わった。1日は電車と汽船、残りの11日は輿、馬あるいは徒歩で移動し、多くの村を訪れ、毎日朝鮮人の群衆と話をした。その後、私たちは平壌という歴史のある古い町に到着した。

# 《第二部》　朝鮮獲得の紛争

# 第七章

## 対立する日中の主張と日清戦争

朝鮮は中国人箕子（きし）が移住してきたことから始まる。朝鮮は宗教、言語、文学、哲学、衣装、その他諸々の慣習などほとんどを中国から受け入れている。貿易相手も主に中国だった。１８７６年の条約で、日本は朝鮮を独立国とした。しかし１８９０年、朝鮮国王は、皇太后の死に対する中国皇帝の特別な配慮に感謝し、「我が国は小さな王国で中国の属国である。その小国に対して皇帝は、はるか昔から慈悲深さを示してこられた…なんと輝かしいことか！」と書いた。中国は、都合の良い時は宗主権を主張したが、問題が起こると責任回避した。１８６６年に朝鮮人がフランス宣教師を殺害した時、中国は怒ったフランス政府に向き合おうとも、賠償金を払おうともせず、朝鮮は独立国で中国は何の責任もないと言った。東学党の乱で日清戦争が勃発。弱く規律や志気もない中国軍は、近代的で強靭な日本軍を前に敗北した。１８９５年、日本は中国に朝鮮独立を認めさせ、国王高宗が独立を宣言した。

## CHAPTER VII

## THE RIVAL CLAIMS OF CHINA AND JAPAN AND THE CHINA-JAPAN WAR

The history of Korea begins with immigration by Kija from China, who is supposed to have been the first ruler of the country. Korea received from China two of her religions, Buddhism and Confucianism, her written language, her literature and philosophy, and many of her customs. Trade, too, was largely with China.

The Japanese treaty of 1876 stipulated that "Chosen, being an independent State, enjoys the same sovereign rights as does Japan." But as late as 1890 the King, in acknowledging the thoughtfulness of the Emperor of China shown after the death of the Queen Dowager, wrote: "Our country is a small Kingdom and a vassal State of China, to which the Emperor has shown his graciousness from time immemorial. . . . How glorious!"

China claimed suzerainty whenever she deemed it to her advantage to do so, but she was quick to disclaim responsibility when it was likely to mean trouble for herself. After the massacre of French missionaries, in 1866, China was not at all disposed to face the angry French Government or to pay a heavy indemnity, and virtuously protested that Korea was an independent state for which China had no responsibility.

The situation became more complicated among China, Japan, and Korea. The blaze was finally started by the Korean Tong-haks, whose rebellion caused landing of Chinese and Japanese troops in the peninsula. The China-Japan War broke out. Weak, undisciplined and unmotivated Chinese army was defeated by the strong, modern Japanese army. A treaty of peace was concluded in 1895. It recognized the independence of Korea, which was formally proclaimed by the Korean King.

# 対立する日中の主張と日清戦争

## 中国の支配下にあった朝鮮

中国の朝鮮における支配力は歴史の初期から始まる。既に分かっているように、朝鮮の歴史は中国からの移住により始まり、朝鮮の最初の支配者と考えられる箕子(きし)は中国人だった。朝鮮は中国から仏教と儒教という二つの宗教、書き言葉、文学と哲学、衣服、そして多くの慣習を受け取った。貿易も、ほとんどは中国とだった。やりくりが上手い中国人小売店主たちは、朝鮮のいたるところに住み着いた。彼らはソウルに大きな居留地を作り、素早く首都の商取引の主導権を握った。中国政府は政治的優位を断言し、朝鮮政府はそれを譲った。朝鮮の使節団は朝貢のため定期的に北京を訪れた。貢物の量は徐々に減っていったが、形式は固く守られた。周が中国を支配した後、代々朝鮮国王は、王位に就くと中国皇帝につつましく敬意を表し、君主から授けられる特権を受け取った。この承認、そして貢物と忠誠の誓いを携えた朝鮮人使節団の北京への毎年の訪問は慣習として定着していった。

帝国中国の使節団がソウルに到着する時には、宗主国の特使に対して当然与えられるべき栄誉のすべてを称えた。首都から離れた場所まで朝鮮国王が出迎え、長い間、荘厳な迎恩門がこの儀式が行なわれた場所を示していた。1876年に締結された日本との条約（註：日朝修好条規）には、「朝鮮は自主の国であり、日本と平等の権利を有する。」と明記されていた。しかし、1890年に、朝鮮国王は、中国皇帝が皇太后死後派遣された弔慰団の費用を軽減したことに対する心遣いに感謝の念を表し、次のように記した。「我が国は小さな王国で、中国の属国である。その小国に対して中国皇帝は、はるか昔から慈悲深さを示してこられた…使節団の費用を軽減した思慮深さが証明するように、中国皇帝の属国に対するお心遣いは計り知れない。なんと称賛に値し、何と申し分なく素晴らしいことであろうか！　なんと輝かしいことか！」

## 自国の都合で宗主権を主張する中国

中国は、自分にとって有利となる場合はいつでも宗主権を主張し、朝鮮はやむを得ず認めることになる。しかし朝鮮の宗主として何か問題が自分に降りかかって来そうな場合は、それは朝鮮の問題であって中国に宗主としての責任はないとしたため、多くの問題が起きた。

１８６６年、朝鮮でフランス宣教師が殺害された時も、中国は怒ったフランス政府に向かい合おうともせず、多額の賠償金を払おうともしなかった。フランスの代理公使が北京でこの件について抗議すると、清朝の総理衙門（註：清朝の外交を担当する機関）は、朝鮮は独立国で中国には何の責任もありません、と高潔ぶって断言した。１８７１年、アメリカ海軍のロジャーズ大将が、１８６６年に起こった「ジェネラル・シャーマン号」の乗組員殺害と略奪とに対する賠償を請求した時も、中国政府は同じ態度を取った。そして１８７６年、日本が朝鮮に強く要求するため遠征しようとしていた矢先、中国は責任放棄を繰り返し表明した。

このような態度は損であり誤りだった。なぜなら、中国が宗主権を主張したいと望む時、それに反対する国は、中国が朝鮮の独立を認めていることを容易に引用することができたからだ。１８８２年、中国は、「朝鮮は以前から中国の属国であり、これはアメリカ大統領も認めている」という文章を、韓米間の条約の最初の部分に盛り込むべきだと主張したが、アメリカ政府は条項を削除した。

中国は同じ条項を１８８３年のイギリスとの条約にも盛り込もうとしたが無駄だった。それでも、中国は簡単にはあきらめず、朝鮮の特命公使がワシントン入りした時、中国公使は、中国公使館と事前の相談なしにアメリカ政府に意見を申し立ててはいけない、と特命の朝鮮公使に告げた。しかし、米大統領は、アメリカ政府は独立国朝鮮と関わっているので、朝鮮公使もその前提のみで迎えられる、という立場を取った。

この外交的根拠がなくなったにも拘わらず、ソウルの中国理事官はしばらくの間、少なくとも外交関係に関しては、朝鮮を実質的に牛耳っていた。１８８４年から１８９３年の間の理事官は、あの有名な袁世凱(ユエンシーカイ)であった。袁世凱は後の中華民国大総統で、その後世界に知れ渡ったように、類まれなる才能と強靭な性質をもつ男だった。袁世凱が朝鮮に来たのは26歳の時であり、後に示したような人を探る術をまだ身に付けていなかったか、あるいは特に使う必要がないと考えていた。だが、決断力と無慈悲なエネルギーはしっかり兼ね揃えていた。

とにもかくにも、彼の朝鮮でのやり方は「大きな棒（で叩く）」だった。彼は中国皇帝の確固たる力を維持し、すべての外交団に前例に倣(なら)う事を要求し、朝鮮国王に謁見するときは右側に座るという権利を主張した。そして、袁世凱は無力な朝鮮政府を完璧に脅して服従させたが、朝鮮人と日本人の疑念と嫌悪を増大させたので、実質的に日清戦争の勃発を早めたのである。

## 近代以前の日本から朝鮮への干渉

中国人の立場からすれば、朝鮮に対する主張は、機会あるごとに日本から異議を唱えられていた。中国人も幾多の先例を挙げることができた。紀元２０２年まで遡るが、日本の神功皇后は朝鮮への遠征を指揮し、朝鮮宮廷を服従させていた。その後１１００年間、日本は朝鮮が忠誠を尽くすことを要求し、朝鮮はその時々で異なる不本意さの度合いを持ちながらも、その忠誠を認めていた。貢物を携えた朝鮮の使節団が、定期的に釜山から日本の幕府へと向かって航海したのである。１３９２年、李成桂が朝鮮国王の王位を得たのち、朝貢使節団は徐々に頻度が減った。また、貢物も高価なものではなくなっていき、１４６０年には完全に廃止された。

日本は朝鮮が日本よりも、増々中国に対して大君主の地位を認める傾向にあることを不快に思っていた。日本の国内問題により直接的な干渉は後回しにされていたが、野望と好戦的な精神を持つ秀吉が権力を握ると、最後の審判の日が来た。秀吉は日本の歴史における偉人のひとりであり、1585年7月31日に日本で関白になった。朝鮮が日本に朝貢せず、貿易の特権も与えなかったことに腹を立て、また朝鮮を通って中国に攻め入るため、秀吉は1592年4月、13万の兵を朝鮮半島に送りこんだ。

この軍隊は、その大きさと精巧な武具のみならず、銃を使用したという事についても印象深かった。日本はこの遠征で、外国の敵に対して初めて銃を大規模に使ったのだ。朝鮮に派遣された二人の将軍のうちの一人は、ローマカトリックのキリスト教信者であった小西行長将軍だった。小西将軍の軍隊は圧倒的な強さで次々に敵を打ち負かしながら平壌へと北上していった。もう一人は加藤清正将軍で、元山へと北東の方向へ進んだ。勝利に意気揚々として、小西は平壌から、釜山にいる日本海軍を合流させるために呼び寄せた。しかし、今では奇妙に聞こえるかもしれないが、秀吉軍の大型船が出航した時、朝鮮の船に決定的に打ち破られたのだ。

その間に、朝鮮の中国宮廷への繰り返しの懇願が聞き入れられて、中国軍が朝鮮の救済にやってきた。最初の5、000人の派遣部隊は、平壌で秀吉軍により一掃された。しかし、二番目の6万人の部隊は、より優勢だった。秀吉の部隊は補給物資の拠点から離れたところで、数カ月に及ぶ戦と病で多数の兵を失い、厳しい冬の寒さにさらされ、既に完全に目覚めた朝鮮人のしつこいゲリラ戦に苦しめられ、撤退せざるを得なかった。秀吉軍はソウルで加藤将軍の師団に援護を受けたが、李朝鮮という名の朝鮮人が発明した、たがを掛けた木の大砲から発砲される爆弾が、侵入者に破壊的打撃を与え、秀吉軍をうろたえさせた。

不幸な朝鮮人は、中国軍と秀吉軍の戦いでひどく苦しんだ。国は惨害を被り、農作物は台無しになり、多くの町が略奪された。秀吉軍は、朝鮮人の裏切りを恐れ、ソウルの大部分を燃やして住民を追い出した。数多くの無防備な人々が非情に殺され、その恐ろしい大虐殺の記憶は今も残っている。この直後にもソウルの近くで大戦闘が繰り広げられたが、中国軍と朝鮮軍は多大な損害を被って追い返され、三軍ともひどく苦しんだ後、1593年5月22日に和平が合意された。日本人がソウルを撤退するやいなや、中国人が占拠した。合意のもと、日本は南部の3道を獲得し、秀吉は朝鮮国王と認識され、貢物が日本へ送られることとなった。

## 二回目の朝鮮出兵

和平は束の間であった。合意にも拘わらず、秀吉は釜山から40マイルの重要な城を占拠した。中国は反発し再度軍隊を動員した。1596年10月、中国の使節団が日本へ来て書状を提出したが、自国の優位性を当然の事とし高圧的な態度が甚だしかったので、秀吉は怒ってそれを撥ねつけ1597年1月7日、16万3,000人の兵士を有する第二次朝鮮出兵を行なった。朝鮮は前の勝利で自信をつけ、200もの船団を編成したが、これは当時にしては、その規模、重さ、装備の面において並外れていた。

しかし、今回は日本軍の方が用意周到に準備しており、たった2時間の戦闘で、朝鮮の船174隻を沈め、あるいは拿捕した。日本軍は陸でも同様に勝利していた。中国軍は南原城を手に入れ著しく堅固に要塞化したが、秀吉軍の猛攻撃に遭った。防衛者は必死に戦ったが無駄に終わり、身の毛もよだつ3,726の切断された頭の山が、襲撃者の血に染まった勝利を飾った。

9月30日、秀吉軍は内陸部へと前進した。パニックに陥った朝鮮軍がテルシュウの城を放棄すると、侵略軍は徹底的に破壊し、ソウルへと前進を続けた。10月19日には、首都から17マイルのチンゼンにいた。ここまで秀吉軍は見事な勝利を収めていたのだが、ここにきて彼らの船は中国と朝鮮の合同船団に阻まれ、壊滅的な敗北に帰した。現在の状況から考えると、中国と朝鮮の方が日本よりも海での戦いに強かったのは興味深い。

秀吉軍は、ソウルの港で非常に頼りにしていた物資の供給も海軍の支援も得られず、中国のケイカイ将軍の軍隊が増強され10万の兵士を率いて前進しているという報告にうろたえた。そして、冬が近づいており、朝鮮は被害を被り荒廃し、全人口が秀吉軍に敵対し、蓄えは底をつきそうで、兵士は負傷や病気で弱っているという事に気づき、日本軍はやむなく撤退した。不機嫌に、可能な限りダメージを与えようと、彼らは朝鮮人の家や城を略奪し、新羅の古代首都であるキオン・チュウ、同じく有名であるケク・シュウの町に火をつけた。11月18日、釜山から35マイルの沿岸にある蔚山（ウルサン）に到着し、中国と朝鮮の軍が来る前に、日夜大慌てで要塞を作った。１５９８年1月30日、８万の兵を有する同盟軍は猛烈に2万３、０００人の秀吉軍を攻撃した。

この絶望的な戦いで秀吉軍の4分の3が死んだか負傷したと言われる。当時の中国人と朝鮮人は戦い方を知っており、秀吉軍が疲れ切ってひどくやせ細るまで、来る日も来る日も激しい戦いが続いた。ある書物には、「足は竹の棒の様に細かった」と古風な表現で書かれている。

襲撃軍は守備隊の水・食料供給を絶ったので、秀吉軍には、寒さと戦の恐怖に加え、飢えと渇きが襲ってきた。しかし、不屈の秀吉軍は断固として戦い、2月9日、釜山からの援護隊がギセンでの戦いで中国軍を決定的に打ち破った。中国と朝鮮の軍は撤退した。供給物資を積んだ船が複数到着し、大損害を受け窮地に立たされていた秀吉軍は壊滅寸前のところから救い出された。手足に怪我を負い空腹の生き残り兵士たちは、血だらけの鎧を放りなげ、がつがつと新鮮な食料を貪り食い、1万３、２３８人の中国人と朝鮮人の耳と鼻を勝利の記念品として京都に送った。同年（１５９８年）９月９日、秀吉は63歳で亡くなり、遺言書により朝鮮にいた日本軍は母国へと出帆した。

これにて第二次朝鮮出兵が終わったが、それは残酷であると同時に不必要で、５万人の日本人を犠牲にし、さらに、１８万５、７３８人の朝鮮人、２万９、０１４人の中国人、合計２１万４、７５２人が戦場に置き去りにされたと言われた。二人の朝鮮人リーダーが不朽の名声を得た。一人は李大将で、彼の手腕と武勇は海戦で日本軍を打ち破る主な要因となった。もう一人は金應端将軍で、彼は非常に優れた軍人の資質を備えていたので、敵であり有名な小西将軍は金将軍の肖像画を作らせ、それを受け取った時、「この人物こそ、まさに将軍である」と大声で叫んだ。

日本はしばらくの間、自国のことに注意を向け、打ちひしがれた朝鮮は、荒廃した町の数々と草ぼうぼうの田畑をみて悲嘆にくれた。戦いと炎、飢餓、疫病でほとんど何もなくなり、復興は遅かった。飢えた人々は根と野イチゴしか食べることができず、いつも豊富にある魚介類がなかったら、残された人々は次の収穫までほぼ生きてはいられなかっただろう。朝鮮はこの災難から完全には立ち直らなかった。秀吉の侵略で国は廃墟となった。多くの町が一部のみ再建されたが、乱雑だった。全く再建がなされない町もいくつかあった。破壊された宮殿、図書館、芸術品の数々は復元されなかった。家はあばら屋に、裕福さは絶望的な貧困にとって代わり、完全な絶望が、棺台(かんだい)を被う黒い布のように、人々を包み込んだ。朝鮮人の精神は永久的に破壊された。朝鮮は、この落ちぶれた国にしたのは日本人だと苦々しく思っていたので、長い間、日本のことを「憎むべき国」と呼んだ。

## 徳川家光からの要求

秀吉軍が戦略的拠点を獲得するのに失敗したことで、痛ましい困難に陥った朝鮮は一次的な平和を得たが、1623年に将軍となった徳川家光は、再び朝鮮に朝貢の要求を再開した。朝鮮は再度侵攻されるリスクを冒す気にはならず、翌年、贈り物を携えた使節団が日本へ向かった。この朝鮮通信使(ちょうせんつうしんし)（註：1636年以降に通信使という名称が使われた）は豪華な儀式で迎えられた。これ以降、長い間、同様の朝鮮通信使が定期的に日本を訪れたのだが、朝鮮通信使の規模は400人に達するまで増え続けた。日本は毎年のこの仰々しい敬意を享受したのだが、1667年に朝鮮が満洲族に服従した後は、貢物の価値も減少し、ついには使節団はほぼ何も持たずに来るようになった。

日本はプライドを維持するため、贈り物を交換する以上に何の意味がなくても、使節団が来ることを強く主張した。しかし、貢物を携えてやって来る大勢の人々を適切にもてなす費用が徐々に負担となり、1790年、使節団は対馬で止まるように命令された。使節団は対馬の大名に歓迎され、大名はこのために将軍から助成金を受けた。この取り決めは形式だけのものとして続いたが、1832年には廃止された。

## 満洲の中国支配と朝鮮の降伏

苦しんだ朝鮮は朝貢を再開することによって、日本から侵略されるという最悪な問題から解放されたのだが、新たな問題が北の国境で起こった。止まることを知らない強力な満洲族が中国領土に侵攻するのに、中国と日本の血みどろの戦いを利用したのだ。日本との戦争で弱っていた中国は、好戦的な満洲族を食い止める準備ができていなかった。明皇帝は満洲族のリーダーを斬首したが、満洲族を落胆させるどころか、さらなる怒りを煽り、遼東へと巨大な大軍で押し寄せた。恐れおののいた中国軍は、朝鮮に2万の兵士の援護を要求した。しかし、この増援にも拘わらず、満洲族は1619年に中国・朝鮮の同盟軍を完璧に打ち破った。満洲族の将軍は、朝鮮が日本の遠征を食い止める手助けをしたことを覚えていたので、朝鮮人に復讐する気はなかった。しかし将軍は、次に中国と満洲の間で戦いが起こった時、どちらかの肩を持つのは賢くないだろうと、朝鮮国王を意味ありげに脅した。

朝鮮国王は忠告に従わず、中国を積極的に支援したので、1627年、満洲族は怒って朝鮮を攻撃した。鴨緑江を渡り、ソウルまでのすべての町と田畑を破壊した。朝鮮王は降伏させられ、満洲の大領主に忠誠を誓う条約を結ばされた。しかし、満洲軍が中国との戦いに戻るとすぐに、朝鮮人は不誠実にも条約を破った。それは高い代償を払うことになった。満洲人は引き返してソウルを占領し、江華島へ渡り、宮廷の女性たちが避難していたが、そこも占領した。恐れおののいた朝鮮国王は、激怒した満洲人の前に9回ひれ伏し、自分の罪を告白し、条約に署名した（1637年2月）。この条約で、中国人と二度と関わりを持たないことと、満洲宮廷に朝貢することが定められた。記念碑が建てられ、勝利した満洲人は中国へ帰っていった。

明皇帝は、恐るべき反乱に脅かされ、満洲人と和解した。満洲人は反乱を鎮める手助けをすると、北京に入り明皇帝を退け、自分たちの亡き国王の息子であるチエン・チに中国の王位を継がせた。満洲の侵略者たちが朝鮮人に植え付けた恐怖は甚だしかったので、朝鮮人は鴨緑江周辺の幅60マイル、長さ300マイル（註：幅約97キロ、長さ約480キロに相当）ほどの細長い地域の耕作や居住を避けた。するとすぐに盗賊（とうぞく）たちが集まってきたので、本当の意味での障壁にはなり得なかった。

1875年には、朝鮮国王は、中間にあるこの無法地帯によって危険にさらされている事について中国（註：清）皇帝に抗議の書を送ったが、皇帝には届かなかった。その後すぐに、李鴻章は軍隊の長としてこの地にやってきた。美しい風景、肥沃な土地や、川から近く便利なことに感心して、李鴻章はこの地帯を中国の領土に加え、朝鮮を保護するため、南側に壁と堀を作ることを皇帝に勧めた。朝鮮王は軽率にこの取り決めに同意してしまったが、結果的には、期待した防衛も得られず、非常に価値ある土地への権利を手放しただけとなった。急いで作った壁と堀は、あまり防衛の価値がないと判明したのだ。双方の合意により、境界線の中国側で見つかった朝鮮人は即処刑され、朝鮮側で見つかった中国人も似たような運命をたどることとなった。この中間地域が後にもっと安定した状態になった時、居住者は急速に増え比較的裕福になったのだが、長い間、そこは平和を脅かす地であった。

朝鮮は清の新しい皇帝にも定期的に貢物を納め続けたが１６４３年には貢物の量は3分の1までに減った。１６５０年には、北京の宮廷でお気に入りとなった朝鮮女性のおかげで、さらに減らすことができたので、貢物は中国の宗主権を正式に認識するだけのものとなった。それでも、中国人は細かいことにこだわって貢物を要求した。１６９５年には、彼らの威厳に最も重要であるとみなされる事柄の一つを無視したとして、朝鮮国王に1万オンスの銀を罰として納めさせた。まだ朝鮮の支配者の即位は、中国の役人二人が厳粛に王冠を授けるまでは、完了していないとみなされていた。朝鮮はこの密接な関係から様々な形で恩恵を受けた。特に学問の分野では、満洲支配のもとで摩擦を感じた学術的、愛国的な中国人が朝鮮に逃げて来て進んだ学問と文明をもたらしたので、恩恵が大きかった。

しかし釜山は日本の所有地のままとなり、便利な商業港として、そして必要な時には、軍の基地として保持された。この南の港を外国に占領されていることは、自尊心の高い朝鮮人にとっては痛ましい怒りのもととなった。しかし日本との関係は比較的長期的に穏やかであった。１８６６年には、前述のフランス人ローマカトリック宣教師の殺害に憤慨したフランス政府に対応することに関して、脅えた朝鮮国王は日本に助けを求めた。しかし日本はフランスとのことに巻き込まれることは考えていなかったので、応えなかった。

朝鮮は２００年以上に亘り日本の支配から比較的自由になっていたので、日本の過去の要求と支配の記憶は薄れていた。しかし、また急に日本が要求し始めたのだ。日本は、１８６８年に封建制度と幕府が崩壊し、天皇の元に全国統一され、長かった国内紛争に終止符が打たれた。日本は、新しい力と野望を持ち、再び自らの境界線を越えて物事を見るようになった。すぐさま使節団が朝鮮に送られ、朝鮮が日本の宗主権を再度認めることの有用性を説いた。この時、国王は未成年で、その父親である大院君が摂政だった。大院君は常に高慢で、ちょうどその頃、フランス人に対する勝利と、彼のローマカトリック宣教師を一掃する努力が明確に上手くいった事に有頂天になっていた。大院君は日本の要求をぶっきらぼうに断ったので、日本は憤った。怒りっぽい日本の強硬派はすぐさま宣戦布告を望んだが、国内状況は、まだ外国と戦争するリスクを冒せるほど十分に安定した状態ではなかった。それ故日本政府は、怒りを飲み込み、復讐するのにもっと良い時期が来るまで待った。朝鮮に、以前のように属国としての関係を回復させる試みが１８７３年と１８７５年に行なわれたが、うまくはいかなかった。若い朝鮮国王は、前年に成人に達し、自分の名で統治するようになった。彼は残虐で反動的な大院君よりもよい統治者だったが、日本の天皇の属国になる気はなかった。

## 江華島事件と条約に明記された朝鮮独立

１８７５年9月19日、危機が起こった。日本の砲艦『雲揚（うんよう）』が、江華島の近くで、水を飲ませるために乗組員を上陸させたところ、朝鮮はこれに対して攻撃を加えた。当時問題が起こっていたフランスかアメリカだと思ったのかもしれない。ただちに日本は要塞を猛攻撃し、防衛者たちを駆逐した。日本はすぐに、宗主国である中国政府は、これに対してどのような責任を負うのか確かめるため北京へ使者を送り、１８７６年1月6日には、黒田将軍の指揮のもと、朝鮮に８００人の武装した兵士を送った。

中国政府は責任を認めず、朝鮮国王には、立腹している日本と条約を結ぶように勧めた。１８７６年2月27日に締結された条約（註：日朝修好条規）で、釜山、仁川、元山を日本の貿易のために開港し、日本公使をソウルに置き、「朝鮮は独立国であり、日本と平等の権利を有する」と明言された。この朝鮮独立を承認することは、勿論、単に「外交上」のものだったが、日本にとっては、中国の主張を無視する口実ができたので有利に働いた。

３カ月後、朝鮮の使節団が釜山から日本の皇室へ向かうため出航した時（これは12世紀以来初めてのことだっ

Fusan.　釜山

長きにわたる日本の影響力が日の出の勢いで現れていた。皇室において念入りな儀式をもって迎えられ、ここでまた、たが）この条約の意味が非常に明らかになった。使節団は

１８８２年、日本は朝鮮とのさらなる協定（註：済物浦条約）で自らの立場を固めていた。その協定の一節で、日本は、在留邦人を護衛するために朝鮮に自国の軍隊を置く権利を与えられた。それ以来、日本は朝鮮の首都で守備隊を維持した。１８８２年の反乱（註：閔妃に反発する兵士が起こした壬午軍乱）の後は、中国も首都に守備隊を置いていたので、問題が起こりそうな状況下で両者は対峙していた。無力な朝鮮国王は二人の主人の間に挟まれていたが、主人は互いに対して嫉妬しており、朝鮮の独立というのは、相手が朝鮮から手を引き、自分は最大限に主張を通す自由があることだと理解していた。

状況はさらに複雑になり、日中関係はさらに緊迫してきた。李鴻章総督と伊藤侯爵が１８８５年に天津で結んだ協定により、戦闘は一時的に回避された。協定には、両国とも朝鮮から軍隊を引き揚げること、そして、もし、「鎮圧に外からの部隊が必要になるような、中国もしくは日本にとっ

て何か非常に重大な騒乱」が起これば、部隊を派遣する国は、相手に書面でその旨を通知することが合意された。これはしばらくの間は効き目があったが、和平というよりは停戦となった。次の10年を特色づける策略、対抗策、暴力行為のいくつかを後の章で述べよう。

## 東学党の乱と日清戦争

東学党によりついに火蓋は切られた。前の章でも述べたが、東学党は愛国的であると同時に非合法な要素を含んでいる。1894年の早い段階で、東学党は、非常に厄介で恐るべき存在となっていたので、これを恐れた朝鮮国王は、素早く広がっていた反乱を鎮圧するように中国に助けを求めた。中国はすぐに応対し、6月7日、朝鮮に派兵した。中国政府は、北京の日本公使に次の言葉を含む覚書で通知した。

「軍隊を派遣して属国を守ることは、我々の慣習に一致している。我々の属国の平和を回復するため、ウェイ将軍に全羅へ向かうよう命令した…」

だがこれは、日本政府にとっては、行き過ぎた行為であった。日本は、はっきりと、朝鮮が中国の属国とは認識していないと返信し、すぐさま天津条約で確立された権利にのっとって兵を派遣した。

結果として、2,000の中国兵がアサンに上陸、7月には1万の日本兵が済物浦（チェムルポ）に上陸しソウルへ前進し、占拠した。中国は報復措置として、さらに兵士と船隊を派遣した。

交渉が始まった。日本は、両列強が朝鮮で何かしらの改革を成すために協力すべきだと提案した。中国は反対し、朝鮮は自分たちの改革を自分たちでなすべきだと主張し、日本軍が撤退するように要求した。日本はそれを拒み、7月14日、中国政府に、中国軍のさらなる増兵は非友好的な行為であると告げた。7月20日、日本は、朝鮮国王に、聞き入れなければ「断固たる手段をとる」ことを前提に中国軍の朝鮮からの撤退を命令するよう要請した。他の列強の大臣たちが仲裁し、日本軍と中国軍が同時に撤退することを提案した。中国はこれに応じる意思があると明言したが、7月23日、日本は、中国の増援部隊が陸と海の両方から向かっていることを知ると、宮廷を占拠し、国王を実質的な人質とし、政府を国王の父である大院君の指揮下に置いた。

日本政府は、天津条約で定められている、派兵前になすべき通知を中国から受けていないとした。李鴻章の勧告により軍隊が派遣されたのだが、彼は後に、北京政府は日本に通知を送ったと彼に保障したが、実は送られていなかったことに後で気づいた、と言っている。

真実がどうであれ、7月25日、日本の巡洋艦2隻は、朝鮮に向かう1、200の兵を護送する中国の軍艦3隻に出くわしたのだ。中国軍は軽率に発砲したが、それに続く戦闘で、日本は中国船の一隻目を破壊し、二隻目を航行不能にし、3隻目を拿捕（だほ）して兵士と船を沈めた。3日後の7月28日、ソウルの日本軍将軍は、アサンの中国指揮官に朝鮮から兵を撤退させるように要求したが、反抗的な返事を受けたため、中国軍を猛烈に攻撃し、中国軍は残らず一掃され、大慌てで平壌（ピョンヤン）へと逃げていった。7月30日、従順な大院君のもと、朝鮮政府は中国との条約を破棄し、1894年8月1日、戦争が公式に宣言された（註：日清戦争）。

敵対する2カ国は奇怪なほど釣り合っていないように見えた。中国軍は数では圧倒的に優っていた。西洋諸国は小さな日本が巨大な中国を攻撃すると聞いて、その大胆さに驚かされた。それは小型犬のテリヤが大型犬のマスチフを攻撃しているようで、西洋諸国は、大きな犬がその大きな顎の一噛みで小さな犬を粉砕することを予期していた。しかし、小さな戦士はそのすべてが骨と腱で、大胆さと技術を備えており、大きな戦士はクラゲのようにたるみ、縛られた豚のように無力であることが証明された。中国人は哀れなほど近代的戦争の方法に無知で、どんな種の戦闘にも効果的に進める術を持たなかった。

北京政府は、自分勝手で腐敗した役人の手中にあり、彼らは軍隊の装備や軍事作戦の適切な計画などについてほとんど知識がなく、また関心もなかった。中国人は日本を取るに足らない、劣った野蛮な国と侮蔑し、日本の力を見くびっており、私腹を肥やすことのみに集中していた。中国の軍隊は大方、貧困者、犯罪者、その他の社会の屑で構成されていた。なぜなら、中国では、軍隊は軽蔑される職業であり、まともで有能な者は兵役を避けていたからだ。将校は、役人同様、自己の利益のみ追求し、政府と部下をだまし、貪欲に日本人からの賄賂を受けて情報を漏らした。この恥ずべき状況は、一握りの陸軍・海軍の将校の献身的な働きによりやや改善したが、その中心人物となる丁大将は、黄海海戦での悲惨な戦いの後、自害した。

## 対照的な中国軍と日本軍

中国軍の武器は、使う側にとってはぞっとすることだが、笑ってしまうようなものだった。多くの兵士は槍か、剣が端に結ばれた棒しか持っていなかった。銃を持っていた者も、多くは前込め式マスケット銃か、より旧式のものだった。少数は近代的なライフル銃を持っていたが、径もバラバラで種々雑多のサイズの弾薬筒が地面に積み重なるように投げ置かれ、兵士は、それぞれの銃に合った弾を探さなければならなかった。将校は傘やうちわを持っており、時には鳴き声の美しい鳥も持っていた。ツォ大将の指揮下でなければ規律はほぼなく、兵士は絶えず酔っ払い、略奪し、喧嘩していた。政府が支給した食べ物は、大部分が不誠実な将校によって盗まれ、兵士は自分たちで食べ物を探さなければならなかった。その結果、軍隊が通り過ぎた後の町は、敵軍に攻撃されたかのように苦しめられた。戦いにおいては、中国の軍隊は、羊の群れのように恐くなく、二、三回一斉射撃をしたかと思うと、一目散に逃げ去るのだった。中国には素晴らしく強い者もいたが、興味のない戦争で殺されるために自分の店や田畑を手放す理由などなかった。中国政府の役人は戦争に乗り出してしまったが、その戦争から抜け出すには、中国の町で雇ったり入隊させることができるこのような人間の屑の助けを借りなければならなかった。

その一方、日本は巨大な敵に比べて小さく貧弱だったが、綿密に戦争に備えていた。最も有能な男たちは精神面で戦争に適しており、近代軍事学を熱心に学び、軍隊組織のベテランだった。兵士は頑丈、勇敢で、非常に規律正しかった。軍装備品も最高のものだった。最新のライフル、大砲、軍艦を持っていた。情報部は、活動範囲全域のすべての丘、谷、小川、木々を記した地図、そして、川と沿岸線のすべての小区域の調査と測量調査の結果を保有していた。日本の将官たちは、何を、どこでどのようにしたいのか正確にわかっており、軍全体がスムーズに、スピードを持って効果的に動いた。これはヨーロッパを驚かせ、中国に暗い行先を示していた。

戦争は短く、血なまぐさく、決定的だった。日本の計画を実行するのには7カ月で十分だった。迅速な成功の数々は、9月15日の平壌での戦いでクライマックスを迎えた。中国軍は前進する日本軍を前に、銅鑼(どら)を打ち鳴らし、旗を振り、ラッパ銃を発砲したが、それは爆竹の束に火をつけたほどのダメージしか与えないような有り様だった。日本は銃弾と砲弾の雨で応酬した。

結果は驚愕するべきものだった。平壌近くの平原は、すぐに修羅場となった。中国のツォ将軍が早い段階で殺されると、彼の部隊は不名誉にも逃げた。その晩、日本軍は中国の要塞を占領し、1万2、000人ほどの中国軍は、街を抜けて、北へ向かう道沿いに逃げようとした。死傷者の推測は様々だが、約5、000人が殺され、日本人の死傷者は約250人だったと言われている。それは、戦いというよりは大量殺戮だった。パニックに陥りながらも逃げることに成功した中国人は、完全に混乱状態に陥っていた。撤退は総崩れを引き起こし、戦争は事実上終わった。この戦争全体で、日本軍は3、284の兵士のみを失い、うち795人が戦死か負傷で死亡し、残りは病気で亡くなった。中国人は2万7、917人が戦いで亡くなり、それに加え、数えきれないほどの人々が病気で死亡したとされる。

## 再び宣言された朝鮮独立と朝鮮皇帝の称号

李鴻章総督が率い、そしてアメリカのジョン・W・フォスター閣下の助言を受ける中国の使節団が、下関で日本の伊藤博文伯爵と陸奥宗光子爵に会い、1895年4月17日に平和条約を締結した（註：下関条約）。それは誇り高い年老いた総督には耐え難い経験だった。彼は自分の置かれた屈辱的な立場を敏感に感じながら、不承不承に対処したので、なおさらだった。条約は、朝鮮独立を認め、日本に旅順を含む遼東半島を割譲（かつじょう）し、中国に重い賠償金を払わせ、勝者にさらに他の特権をいくつか与えた。

1895年1月8日、朝鮮の独立が、「羊の魂の祭壇」で、国王により公式に宣言された。日本の大臣の井上伯爵は盛大な式典でお祝いした。朝鮮国王は洗練されていない様子で念入りに定められた儀式を行ない、朝鮮人役人たちは不安げに黙って見つめていた。中国から独立しても以前よりも自由を得るわけではなく、単に忠誠の対象を日本へと変えただけであることを理解できない程、朝鮮人役人に知性がないわけではなかった。しかも、朝鮮人は中国の方を好んでいた。国王は、「国内の大小すべての事柄を協議するため」、21人の参事官からなる議会を設立するよう説得された。

この議会は7月30日に厳粛に招集されたが、少数しか参加せず、成果のない2～3回の会議の後、12月17日に枢密院（すうみついん）にとって代わられた。外国勢力を「排除」する嘆願書が国王に提出されたが、何も変わらなかった。2～3年の間は、一応は表面的な独立は保たれた。外の世界に対して、現実の状況をもっともらしく見せる形式は、1907年10月15日、王の称号を変えるということで最高潮に達した。これ以前は、支配者の称号は「王」（Wang）であった。この言葉は属国の君主を意味した。しかし、「皇帝」（Hwang-ti）はアジアでは独立国の主権者を意味した。

そして世界は、臆病で弱々しい国王が、厳粛に皇帝の称号を授けられるという空しく哀れな光景を目にしたのだ。皇帝の名誉がこれよりもみすぼらしい状態で現れたり、これ以下の尊厳で行使されることは滅多にない。弱々しい葦の茎のような朝鮮の主権は、20世紀の極東における国際的な嵐の中で立ち続けることはできなかった。何が起こったかは、後の章で語る。

書面が限られているので、日中間の朝鮮獲得のための長く複雑な争いに関する詳細は、概略でしか書くことができなかった。現在の状況と問題のいくらかが今世紀以前の歴史にどのように深く根付いているかを示すのには、少なくともこの章の内容くらいは書く必要があると思われる。朝鮮の歴史をもっと深く掘り下げて調べたい人は、ホーマー・B・ハルバートの『朝鮮の歴史』、ウィリアム・エリオット・グリフィスの『隠遁の国・朝鮮』を読むと、豊富な資料が得られる。私もこれらの本にある事実の多くを参考にしている。

# 第八章

## ロシアの朝鮮獲得の努力

ロシアには野望があった。北太平洋での港の獲得、アジアへの進出、シベリア横断鉄道などである。ウラジオストックは夏は素晴らしい港だが1年の半分は凍っている。ゆえにロシアは南方へと強引に進出した。満洲を通って鉄道を建設し、鉱山を開拓し、「鉄道を守るため」に満洲に軍隊を置く権利を獲得した。ロシアは旅順を力強な要塞に仕上げ、即座に周辺に大商業都市を作った。南方にはロシアの野望に適応する朝鮮の港もあった。朝鮮は約500マイルにわたって満洲と国境を接しており、ロシアの安全保障にも必要だった。また朝鮮はロシアの二つの海軍基地の間にあり邪魔だった。ロシアは海軍と商業の目的の為、そして満洲での権益を守る為に、朝鮮が必要不可欠だとみなした。朝鮮は独立を維持するには弱すぎ、列強の手に落ちる運命であることは明白だった。ロシアは朝鮮の獲得は最重要だと感じ、ライバル国が獲得する前に占有する事が望ましいと考えた。

## CHAPTER VIII

## RUSSIA'S EFFORT TO OBTAIN KOREA

Russia had ambitions: to reach an open port on the north Pacific Ocean, advance across northern Asia, and construct the Trans-Siberian Railway. Vladivostok, while a position of great natural strength, and with a fine harbor in summer, is closed by ice six months in the year. Therefore, Russia began to press her way southward through Manchuria. Russia gained the right to construct a line through Manchuria, to develop mines, to promote all other commercial enterprises, and to station troops in Manchuria "to protect the railroad." Russia made their fortress at Port Arthur robust, and built a commercial metropolis thirty-three miles northeast of Port Arthur.

To the south, there are the spacious and admirably located harbors of Korea, well adapted to Russia's ambitions. Russia felt, too, that Korea was essential to her for other reasons. It borders the Manchurian frontier for about five hundred miles. Control of the Korean side of that frontier was therefore necessary to Russia's security in Manchuria.

Moreover, the Korean peninsula lay between the two Russian fortifications of Vladivostok and Port Arthur, and dominated their connection by water. The Russians therefore deemed Korea indispensable to their naval and commercial purposes in the north Pacific and to the protection of their interests in Manchuria.

It was clear to Russia as to the rest of the world that Korea was too small and weak and too hopelessly degenerate to maintain its independence and that it was destined, sooner or later, to fall into the hands of some other Power. Russia felt that her need of it was paramount, and that it was desirable to obtain possession before some rival secured the prize.

## ロシアの朝鮮獲得の努力

### シベリア鉄道と中国

私は別の本でロシアの野望について書いた。北太平洋での港の獲得、北アジアへの進出、シベリアの資源開発、1891年に開始されて1902年に実質的に完了したシベリア横断鉄道、などである。シベリア横断鉄道は極めて大規模で巨額の事業で、砂と雪の荒野に5,426マイルもの鉄の主要路をもたらしたのだ。

鉄道を自由に広げていくためには二つの障害があった。自然環境と政治的問題である。自然環境の筆頭はシベリアの3分の2を占めるバイカル湖だ。東半球ではアフリカのビクトリア湖に次ぐ淡水湖で、海抜1,561フィートの高地にあり、幅40マイル、長さ400マイル、3,185フィートの深さがある。しかも1年のうち5カ月は9フィートほどの厚さの氷に覆われていた。氷には切れ目や重なりができて橇で渡るのは困難で危険が伴うため、ロシアは大型蒸気船で氷を割ることで一時的な航路を確保していた。この巨大な湖を迂回して鉄道を建設するためには、山岳地帯に200マイルの回り道と33ものトンネルを含む困難な工事が必要だったが、ロシア人は辛抱強く続け、1904年にようやく完成を見た。

政治的障害は東端にあった。中国・満洲が北側に突き出しているため長い迂回をせねばならず、またバイカル湖が横たわる地域とウラジオストックの鉄道終着駅との間に広範囲に及ぶ異質な領域が割り込むこととなった。この問題は、1896年9月6日、北京にある露中銀行を介する「合意」によって解決した。その合意の中で中国は、アムール川の南側で「共同管理」のもと鉄道建設を進めることを許可するよう「説得」された。

一『変化するロシア』135〜164頁

この特権は、南側へ広がる巨大な領域でロシアの影響力を最大にし、また、翌年、ロシアがスンガリ川沿いから重要都市ハルビンに向かってみすぼらしい集落を作り始めることを可能とした。この辺りは世界で最も小麦と放牧の生産性が高い地域の一つで、この集落はその真ん中にできていた。

1898年3月に得られた特権により、ロシアはハルビンから南方の旅順へ向かって鉄道の支線を建設することができた。この肥沃な土地をロシアが自国領地とみなしている事が、ロシアの北京駐在代理公使のプラソン氏が中国政府に提出した建議書に読み取れる。その一節には、「中国政府は、ロシア帝国政府に事前の相談なく、満洲の新しい条約港を海外貿易に開放することや、外国公使館を設立することに関して決定しない」とあったのである。

## アジア進出を狙うロシア

ウラジオストックは、大きな自然の強みを持ち、夏の間は素晴らしい港であるが、1年の半分は閉ざされている。さらに、太平洋でなく日本海に面しており、そこからは三つの海路しかない。すなわち、北東に約500マイルのラ・ベルーズ（宗谷）海峡、東に424マイルの津軽海峡、南に約600マイルの朝鮮海峡である。1番目は、サガレンと日本の北海道の間の極北の冬のように寒い海路である。2番目は、二つの日本最大の島、本州と北海道の間にある狭い海峡。そして最後は、120マイルの幅があるが、一方は日本に隣接し、日本の島である対馬により二つに分割されている。言い換えると、日本海は文字通り日本の海なので、日本の同意がなければ、他国の船が出入りするのは難しく、これはロシア提督を泣かせることとなった。のちの朝鮮併合で既に閉じていたドアにはさらに鍵がかけられた。

それゆえ、自然とロシアは満洲を通って南方へと強引に進出して行くことになったが、この中国の広大な州の南端には黄海が打ち寄せていた。中国の抵抗はロシアの外交にかなわず、１８９４年に日清戦争が勃発した時には、素早く進攻された。日清戦争については別の章で語る。ここでは、日本軍が中国軍をさっさと片づけ、11月には、華々しい軍事作戦の後、旅順を占領したという事で十分だ。旅順は、当時直隷の総督であった李鴻章が、その戦略的価値に気づいていたドイツ人技師たちのアドバイスに従って要塞化するまでは、荒れ果てた漁村であった。

１８９５年4月17日、下関で平和条約が締結された。この条約には、朝鮮が絶対的に独立していることが明記されていたが、遼東半島、台湾、ペスカドレス諸島も日本に割譲し、２億テール（註：両）の賠償金が支払われることも明記されていた。表面的には中国の保全のために、しかし実際は自国の野望のために、ロシアはフランスとドイツを説得して、４月23日、日本政府に対し「アジアの大陸のどの領域も永久的な所有権をもつことは許されない」と共同で通告した。

ロシアの中国保全への配慮は感動的な話だからといって、ロシアが侵略を止めたというわけではなかった。１８９６年12月26日のサンクトペテルブルグの条約により、ロシア人と中国人しか株を持てない東中国鉄道会社が、満洲を通って鉄道を建設し、鉱山を開拓し、他すべての営利事業を立ち上げ、「鉄道を守るため」に満洲に軍隊を置く権利が与えられた。これは実質上、満洲をロシアの州にするものだった。[二]

１８９８年3月8日、ロシアは本性を表し、旅順とそれに隣接する８００平方マイルの土地を含む遼東半島の租借権を有無を言わさず中国に要求した。中国は無力にも屈服し、３月27日、屈辱的な合意が結ばれた。すぐさま旅順に巨大な近代要塞を造るため２万の兵士と９万の中国人日雇い労働者が送られ、ロシアの行動に恐ろしい意味を持たせた。租借権は25年契約だったが、そのように巨大な投資をされ、大きな利益がかかってい

二　アルフレッド・ランボー『The Case of Russia』１～１３５頁参照

るものが、このような短期間で自主的に手放されるだろうと思う方が野暮である。

旅順の港は海軍が使うには小さく、商業利用にもかなり不十分だったが、ロシアは別にこの要塞を世界各国のために便利にしたいなどと思ってはいなかった。１８９８年3月27日の条約で、ロシアは旅順と大連湾の所有権を得たが、条約には、「中国がこの境界内で所有する土地とそれに隣接する水域は、租借権でロシアにより保有される…旅順はロシアと中国の軍人のみが使用できる海軍基地で、他国の海軍艦艇や商船には開放されていないとみなす」。そしてロシアは、旅順から北東33マイルの所に商業都市を作り、ダルニー（註：大連のこと）と呼んだが、それは、「遠く離れた」というに相応しい所だった。ほとんどの都市は徐々に大きくなっていくものだが、ロシア人はそんな悠長な方法では待ち切れず、１８９９年7月30日、ロシア皇帝の命令により主要都市が造られた。

ダルニー港は良い港で、干潮時でも30フィートの水深があったので、大きな船も波止場に停泊し、積み荷を直接ヨーロッパ行の列車に載せることができた。アメリカ西部の急成長都市は、極東のこの急成長都市にかなわなかった。１８９９年ダルニーには実質的に何もなく、ただ哀れな中国の村があるだけだった。しかし、１９０３年には素晴らしい埠頭、巨大なエレベーター付き倉庫などが建設された。ガス、電気、水、路面電車の工場なども設置され、下水の通った広い道ができた。とことん近代的で均整のとれた町は四つのセクションに計画され、一つ目は行政用、二つ目は商業用、三つ目は居住地、四つ目は中国人の居留地、となっていた。この野心的な都市の建設には労働も費用も出し惜しみされることはなく、4年たたないうちに人口は5万人になり、費用は1億5，０００万ドルに上った。

ロシア皇帝の命令で、ダルニーでは、ある「条件」のもと、「自由貿易港に与えられる自由貿易の権利」があることを約束されていた。しかし、ロシアの外国人とのやりとりの歴史を見ると、この港はシベリア横断鉄道に利益となる時だけ自由になり、また、自由の境界線は都市の境界線ととても近かったので、大げさに謳われている自由はロシア人以外にはあまり価値がないだろうと思うのは無理もない。ロシアのアジア政策は博愛主義ではない。

## 義和団の乱が与えた武力侵略の口実

中国はロシアの占領により恩恵を受けていると主張されていたが、1903年、ジェラーレ氏は次のように書いた。

「芝罘（チーフー）（註：中国の港）から来た何千もの日雇い労働者が、鉄道、要塞、兵舎、家などを建設するのに臨時の雇用を得たのは事実だが、彼らは居住者ではなく、満洲の人口の一部ではない。また、人々の購買力はロシアの現地への投資によって大きく増えたわけでもない。満洲は鉄道を得たが、広大な肥沃地帯が耕作不可能となった。数えきれないほどの繁栄していた町と村が完全に消えた。帆船は川から消え、貿易は行き詰まり、産業も死に、田舎には強盗団が増えてはびこったので、荒野への旅はロシア統治が押し付けられる前よりも安全というわけではない」

1900年の義和団の乱による混乱は、ロシアにさらなる武力侵略の口実を与えた。満洲での外国権益が危険に晒（さら）されているという理由でロシアは営口（インコウ）へ派兵し、満洲全土を統治下に置いた。1902年4月8日に締結された中国との条約で、ロシアは1903年10月8日までに、租借されている遼東半島以外満洲から撤退することに厳粛に同意した。合意は寛大で魅力的なものに見えた。四つの条項の第一条には次のように書かれていた。

「全ロシアの皇帝陛下は、陛下の平和への愛と中国皇帝陛下への友情の新たな証拠を示す。平穏なロシア人に対して、辺境地帯にある満洲の様々な地点から最初に攻撃がなされたにも拘わらず、前述の州に中国政権を再建することに同意し、ロシア軍の占領前に持っていた統治権と行政権を中国政府に回復させる」

他の条項にも必要な詳細は書かれており、すべてが快適で満足いくように見えた。しかし、1903年10月8日がすぎても、ロシアは居残った。忠告しても、ごまかしの返事と見掛け倒しの言い訳がかえってくるだけで、世界はすぐに、ロシアは手に入れた有利な立場を手放す気など全くないことに気づいたのだ。ロシアは広々とした太平洋に到達し、そこに居座ることをもくろんでいた。

## 港を必要としたロシアの行動

ロシアは満洲を手に入れても満足していなかったが、それにはいくつかの、自分たちではもっともだと思う理由があった。

旅順の小さな内湾とダルニーのかなり大きな港は、北太平洋で大きな野望を持つ偉大な国の需要を満たすには不十分とみなされた。風が南東から吹いている時は、ダルニーの港は安全な停泊所にならないということに、ロシア人はすぐ気づいたのだ。そこで、莫大な費用をかけて、彼らは防波堤を建設した。何度か海が氷結する心配があったものの完成し、必要な防備となった。さらには別の港が望まれ、ロシア人は強い決意でそれらを得ようと努力し始めた。

ロシアが港を見つけることができるのは、明らかに中国側ではなかった。なぜなら、その方向には営口（インコウ）の港があったが冬には凍っていた。その先は中国皇帝のおひざもとであり、直隷（ちょくれい）省があった。勿論中国がこれを手放す訳はなく、また、ふさわしい港もなく、ただの浅く危ない停泊地があるだけだった。実に、そちら側には芝罘まで良い港はなく、そこはドイツが既に押さえていた。明らかに、西側にある他の港で、国際問題を引き起こさずに得られるところはなかった。ヨーロッパはロシアの遼東半島の所有を黙認していたが、中国の首都へ近づくのは別問題で、それは他の西欧列強の相反する野望の衝突を引き起こすであろう。ロシアが行けるところはただ一つ、南方だ。そこには、ロシアの野望に見事に適応し、広々として、見事な場所に位置している朝鮮の港があった。

他の理由でも、ロシアは朝鮮が絶対必要だと考えていた。朝鮮は約500マイルにわたって満洲と国境を接している。朝鮮側からの敵が簡単に国境を越えて南北の通信網を破壊する可能性があるので、国境の朝鮮側を支配することは、満洲でのロシアの安全保障のために必要だった。さらに、朝鮮半島はウラジオストックと旅順にあるロシアの二つの要塞の間に横たわり、水上の行き来に影響を及ぼしていた。

満洲は名目上は中華帝国に属しており、ロシアは租借権のみ保有し、しかもその条項は常に論争を伴っていた。ロシアがこの二つの海軍基地の間にある邪魔な半島を獲得することを望んだのは自然である。それゆえ、ロシアは北太平洋での海軍と商業の目的のため、そして満洲での権益を守る為に、朝鮮が必要不可欠だとみなしたのである。それを実現することは簡単で魅力的に見えた。朝鮮は独立を維持するには小さく弱すぎで、どうしようもなく堕落しており、遅かれ早かれ他の列強の手に落ちる運命であることは、ロシアを含む世界各国にとって明白だった。ロシアは、自国にとって朝鮮の獲得は最重要だと感じ、ライバル国が獲得する前に占有してしまう事が望ましいと考えた。

以上の理由から、ロシアは朝鮮に「外交的」手段を使い始めた。1859年、ロシアは、朝鮮海峡を眼下に見下ろす重要地点対馬に足掛かりを得ようとした。ロシアは兵舎を建て、植林地を整えるなど、順調に進めていたが、ジェームズ・ホープ卿(きょう)率いるイギリス船隊が現れたため、計画放棄を余儀なくされた。そのため、ロシアは、大陸を支配する為の系統立った計画に着手した。

## ロシアと日本の合意

1896年5月14日、ソウルにてロシアと日本の大臣の間で結ばれた、朝鮮に駐屯する日本部隊の数と配置に関する合意に続いて、同年6月9日にサンクトペテルブルグで山縣（やまがた）・ロバノフ協定が署名された。この協定は、「必要不可欠とみなされた改革の結果、対外債務の償還が必要となったら、日露政府で合意して朝鮮を支援すること」また「日露政府は、朝鮮の財政と経済状況が許す限り、外国支援なしに国内の治安を維持するのに十分な、朝鮮人で構成した軍隊と警察の組織化と維持を朝鮮に任せるように努めるべき」と規定した。

しかし、この合意はスラブ人たちには全く抑止力とはならず、署名のインクが乾く前に、ソウルのロシア公使は、朝鮮軍をロシア人の指揮下に置いたが、またすぐ後に、イギリスのJ・マクレビー・ブラウン氏に代えてロシア人のキル・アレクセイエフ氏を朝鮮の財政顧問と税関の最高責任者に置き、国の歳入をコントロールしようとした。ロシア公使はブラウン氏の解雇命令を得ることには成功したが、勇猛なアイルランド人はそれを認めず、現職に復職した。実際のところ、彼はその職を手放していたわけではなかったのだが。[三]

1898年4月25日、日本人の傷ついた感情の慰めとして、そして、満洲で自国の権力を確固たるものにするため、ロシアは日本と合意に至った。その合意で、両国はそれぞれ、朝鮮の自主性を尊重し、800人以上の兵士は置かないことを約束した。この後、8月25日に西・ローゼン協定が結ばれた。第一条項では、「大日本帝国政府とロシア帝国政府は、朝鮮の統治権と完全な独立を確かに承認し、互いに朝鮮への直接的な内政干渉はしない」とし、第三条項では、「朝鮮での日本の商業と産業事業の大規模な開発に鑑（かんが）みて、また、大勢の日本人が朝鮮に居住していることも考慮し、ロシア帝国政府は日朝間の商業・産業関係の発展の妨げをしない」としている。

三　ハーシー『International Law and Diplomacy of the Russo-Chinese War』45頁以降参照

これらの協定により、ロシアは朝鮮であからさまな武力侵攻政策をとることができなくなった。しかし、儀式ばった約束など、ロシア政府にとって、自国の利益を追求することの妨げにはならないほど小さな事柄だった。この時点では、フランスとの友好関係が役に立った。フランスは朝鮮には興味はなかったが、ロシアとは近い同盟関係で、ヨーロッパとアジアでの多大な利益は念頭にあった。ロシアは、直接的には日本とのあからさまな亀裂なしに得ることができなかったものを、同盟国を通じて得ようとした。フランス人が朝鮮政府で可能なすべての公職に就き、朝鮮皇帝が仏露グループに支配される形で、ロシアは多くの実利を確保した。

この作戦は、朝鮮に鉄道の入り口を確保したいというロシアの欲望を強めることとなった。１８９６年７月４日、フランスの会社が鴨緑江沿いにある義州からソウルまでの鉄道を造る権利を得た。しかし、フランスの会社は期限までに建設を始めず、１８９９年６月、代わりに朝鮮政府がフランスの技師と資材のみを使って鉄道を造るという条件で、その権利を放棄した。しかし、誰もが、朝鮮皇帝は鉄道を建設する興味も資金もなく、裏にはロシアがいること、そして、結局フランス人が鉄道を造れるという事にならない限りは、ロシアの資金がそれを可能にすることを知っていた。いずれにせよ、フランス公使が調査を担当したことは重要だった。義州は満洲との境界にあり、この鉄道により、ロシアは北からソウルまで一直線に入ることができ、自分の軍隊を容易に、素早く運ぶことができるのだ。

しかし重要な箇所で一つ障害があった。それは海洋税関の監察長官のＪ・マクレビー・ブラウン氏が朝鮮の歳入の実質的な管理者だったことだ。彼が朝鮮の財政を実質的に管理していた。ブラウン氏を、ロシアの利益を促進し、５００万円のフランス融資で皇帝の財政困難を緩和することに反対しない人物と取り替えようとする試みが幾度となくなされた。ロシアに有利な税関によりこの融資が確保・返済されることが望ましかった。朝鮮人役人たちは、自分たちが着服する機会を与えてくれる税関検査官を待ち望んでいた。しかし、イギリスとアメリカの公使館は、清廉潔白なブラウン氏を解雇することは朝鮮のためにならないと朝鮮政府に直ちに強く忠告した。また、朝鮮をフランスとロシアに事実上の担保として提供することにも強く反対したので、書類は実際に署名されたものの、契約は取りやめになった。

仏露計画は、朝鮮のローマカトリック教会が物質的に支援していたと信じられていた。この教会はパリ外国宣教会下にあり、当時、主教1人、神父39人、聖職位を授けられていない作業員24人がいて、全員フランス人だった。ソウルの大聖堂は首都で最も風格のある建物の一つで、さらに国中に数多くの教会と異なる等級の学校が61校建てられていた。フランス人宣教師とフランスの政治的計画は密接につながっており、それはアジアとアフリカでは普通のことだった。公使館と宣教師は隠すこともせずに一致協力していたので、神父は通常、準政治特使とみなされていた。

## ロシアへの対抗と王妃殺害事件

さらに直接的な工作が一人の朝鮮女性を利用して為された。ロシア人は、その熟達したお世辞と抜け目なさを使って、非常に有能で宮廷内で最も攻撃的な王妃に魔法をかけた。朝鮮王妃が自らロシアの手先となることをおかしいと思う人は、王妃もロシア支配の隠された目的をすべて見抜くことはできず、またロシア人はアジア人を丸め込むのに長けているのでライバルよりも自分たちの方を気に入って貰うことに成功するのだ、ということを覚えておかなければいけない。ともかく、朝鮮で最も有能な女性は、日本に逆らい、ロシアの友人となったのだ。彼女自身外交官の性質を持ち合わせ、またロシア公使の巧妙な助言に助けられ、物事はロシアの計画通り動き始めた。

一方で日本人も受け身ではなかった。日本は朝鮮保全のため戦争を行ない、勝利の末に朝鮮独立を厳粛に宣言した。しかし日本は、朝鮮における日本の利害は他のどの国のそれよりも大きいと感じており、ロシアの陰謀に黙従する気などなかった。日露戦争で日本は優位になり、それを維持するつもりだった。朝鮮の軍隊を指揮、訓練し、公職を日本人で埋め、自分たちの計画を精力的に推し進めた。王妃が自分たちの計画を阻んでいることを知り、ライバルがそこから利益を得ていることに腹を立て、日本は、王妃の最も憎い敵であり国王の父親である大院君(テウォングン)と共謀し、1895年10月8日、王妃暗殺という大失敗と犯罪を犯した。王妃の死でも物足りず、大院君は亡き王妃をそしり、彼女の宮廷の特権を奪い、臣民の最も低い地位まで格下げするという勅令(ちょくれい)を作らせた。これは東洋では深く不名誉を負わせる罰だった。

この死者への侮辱は次のように締めくくられた。

「我々は彼女の所在を突き止めようとしたが、現れない。彼女は王妃の地位にふさわしくないだけでなく、彼女の罪は度を越すほど多大だと確信している。故に、我々は彼女に王家の先祖となる光栄を継がせない。ここに我々は彼女を王妃の座から退位させ、最下位の階級に落とすこととする」

衝撃と屈辱を受け、恐怖に襲われていた国王にとって、これは酷過ぎた。彼は勅令に署名することをきっぱりと断り、むしろ彼の手を切り落とした方が良いと叫んだ。しかし大院君は折れず、勅令は、首相と8人の閣僚の署名で発布された。

日本政府が本当に王妃の暗殺に責任があったのかについては、激しい論争がある。強く日本の擁護をするジョージ・トランブル・ラッド教授は次のように言った。

「日本の本国政府は朝鮮王妃暗殺に責任はない。三浦公使と日本の壮士が王妃暗殺に関わり協力したのは事実だが、王妃は、今まで存在した中で最も残虐で腐敗した女性の一人だった。

ある朝鮮銀行員の推測によれば、これがどれほど確かかは分からないが、王妃はその座に就いていた時期、個人的な思い付きで2,857人を殺した。もし国王が宮廷内の女性に目を向ければ、その女性の目をくり抜いた。もし国王がそれ以上のことをすれば、その女性の心臓をえぐりだした。またある時、国王の父である大院君の友人30人の首を、門の一つに飾りつけた…とは言っても、王妃暗殺は誤りで、後のニューヨークの領事、当時済物浦(チェムルポ)の領事だった内田氏は、暗殺計画があることを知り、阻止しようと東京に電報を打ったが、遅かった」

王妃が犯した残虐行為は許されるものではないが、それは暗殺の原因ではないので関係ないことだ。このような残虐行為は東洋の独裁者の間では普通で、アメリカ人が猫を溺死させるのと同じように、恐れたり忌み嫌う者を斬首する。

日本人は王妃が何人朝鮮人を殺したかは気にしていない。大院君は王妃よりも残虐でむごたらしかったが、日本人に狙われる危険はなかった。王妃暗殺は怒りの嵐を引き起こし、日本の名声をひどく汚すことがわかったので、広島で調査委員会が開かれた。「日本の本国政府は朝鮮王妃暗殺に責任はない」との記述の法的な正確さが如何ほどでも、日本の法廷が下した公式判決は、次の抜粋が示すように、重要な見解である。

「被告人の三浦梧楼(ごろう)は1895年9月1日に公務に着任した…彼の見解では、朝鮮の状況は悪い方向へ向かっており、宮廷は日々さらに独裁的になり、国政に自由気ままに干渉していた」そして、大院君と日本人役人との間で行なわれた複数回の協議に言及された。その一つは10月3日の協議だった。

「その時に下した決断は、大院君が宮殿に入るのを手助けせねばという事だった…さらに、この機会を利用して、宮廷で絶大な影響力をもつ王妃の命を奪うべきだという事になった…三浦は大院君の護衛に、過去20年に亘って王国に多大な損害を与えた悪を葬り去る事に、この企ての成功のすべてがかかっていると言った。そして、彼等が宮殿に忍び込んだら素早く王妃を殺すよう駆り立てた…明け方頃、この一行は光化門を抜けて宮殿に入り、即座に寝室へと進んだ。これらの事実にも拘わらず、どの被告も当初計画した犯罪を実際に犯したことを証明する十分な証拠はない…これらの理由で、すべての被告はこれにより赦免（しゃめん）される」

これ以上に甘い考えの結論は想像しにくいだろう。王妃を殺害する陰謀の事実は確立された。王妃は意図的に計画された陰謀の結果、殺害された。しかし、「王妃を殺害するために寝室へ向かった」共謀者たちは「赦免」されたのだ！

## ロシア公使館に逃げ込んだ朝鮮皇帝

恐怖状態は続いた。パニックに陥った国王は日本の手中で絶望的に無力となり、日本人は強引に物事を進めた。朝鮮人とロシア人の支持グループが、事実上自らの宮廷で囚人となっていた国王を助ける計画を練っていた。スパイや裏切り者は、国王を救おうとして兵士に見つかり、無慈悲に撃ち殺された。アメリカ公使の依頼で、神学博士のホレイス・G・アンダーウッド師、O・R・エビソン医師、ホーマー・B・ハルバート氏が宮廷へ向かった。彼らが現れることで、その後起こると予測された大混乱で国王個人への暴力が起きることを阻止できると期待されていた。陛下は哀れにも待ちきれない様子で彼等を歓迎した。宣教師たちは、国王が唯一信頼できる者であった。国王も、敵はアメリカ人に乱暴なことはしないだろうと思い、彼らが側にいる時は安心した。国王は、この精神的に疲れる不安な時間を彼等の側に座って過ごし、深夜過ぎ、発砲の音が収まると、国王はアンダーウッド師の肩に頭をもたれさせ、そのまま宣教師の腕の中で疲れ果てて寝てしまった。

数週間の間、臆病な国王は、宣教師たちに毎晩自分と共に過ごして欲しいと懇願したが、宣教師が来なくなると、皇帝は断続的にまどろみ嫌な夢をみた。国王は昼も夜も宮殿の女性専用の区画に注意深く引きこもった。しかしそこでも国王は偵察から自由にはならなかった。敵は、2人の目つきの鋭い女性を置き、代わる代わる国王を絶え間ない警戒心で見張らせたのだ。見張りの女性の1人は大院君の妻だった。

4カ月の屈辱的な束縛の後、不満な国王はクーデターで驚くべき結果を引き起こした。1896年2月11日、誕生日の祝宴でワインが大盤振る舞いされ守衛が酔っ払って鈍くなった直後、国王と王子の2人は夜更けにこっそり抜け出した。友人がひそかに用意していた女性用の椅子カゴに乗り込むと、ふるまわれた酒で狙い通り注意散漫になった監視たちの前を通り過ぎ、素早くロシア公使館へと向かったのだ！

ロシア公使は2人を大歓迎した。公使が彼等が来ることを知っていたことは明らかだ。済物浦の軍艦から160人の海兵隊を呼び寄せ、他にも国王たちを迎える準備をしていたからだ。

王族の脱走者は、ロシア公使館という安全な避難所から、二つの東洋的な声明を出した。

「ああ、ああ！　我々の無価値、悪政のせいで、不徳者が進出し、賢者が退いた。過去10年で、問題がなかったことはなかった。いくつかの問題は我々が我々の一部として信頼していた者から引き起こされた。また他の問題は、我々自身の骨と肉から引き起こされた。5世紀に亘る我々の王朝はその結果しばしば危険にさらされ、何百万という我々の臣民が徐々に貧困に陥っていった。これらの事実は、我々を恥で赤面させ、冷や汗をかかせる。しかし、これらの問題は、我々の不完全さと強情さからもたらされ、それは悪事と失態を生じさせ、苦難へと導いていった。始めから終わりまで、すべて我々の責任である…我々は情け深くなるように努力すべきである。しかし、1894年7月と1895年10月の事件に関わった主たる裏切り者には許しは与えられない。しかし他のすべての者には、その罪の重さに拘わらず大赦が行なわれる。心を改めよ。気持ちを静めよ。昔のように、公であろうと個であろうとやるべき事をせよ」

国王は面倒見の良いスラブ人たちと1年を過ごし、政府は実際問題として、ロシア公使館に移った。国王を所有したロシアは多くの思いやりと無欲さを装って、この状況をすぐさま利用した。実際に、ソウルの他国民は、ロシア公使は謙虚で自制心があると褒め、彼がこの機会をもっと利用しないことに対して批判さえした。

しかし、すぐに、ロシアは損をしていないことが分かった。感謝でいっぱいの朝鮮宮廷は1896年1月9日、モスクワで、朝鮮でのロシアの利益を承認、促進する協定に合意することを簡単に説き伏せられ、署名した。さらに、国王がまだロシア公使館にいる1896年4月28日、ロシアの会社に豆満江流域の茂山郡と日本海に浮かぶ鬱陵島の森林地帯を20年に亘って独占する利権が与えられた。この利権で、国王は年収の25パーセントを使用料として得る事になり、また、このロシアの会社は事業が始まってから5年以内ならいつでも鴨緑江流域で伐採してよい事になった。1901年1月1日、この期限は20年に引き伸ばされた。

皇帝が宮廷に戻った後、いや、朝鮮の君主は前任者や配偶者が亡くなった宮殿には二度と住まないので、むしろ新しい宮殿というべきだが、他にも価値ある利権がどんどんロシアに与えられた。皇帝は常に破産状態だったので、彼にとって何の意味も持たない利権の数々をロシアの資金と交換するよう誘導することは、何の難しい事もなかった。咸鏡道の鉱山の利権が与えられた後、1900年4月20日には南方沿岸での捕鯨の利権が与えられた。ロシア人はその利権を活用し、石油が出るかもしれない沿岸のある場所が必要だと説明した。何もわかっていない皇帝は同意したが、ロシア人が説明した捕鯨に関する話はでっち上げで、石油を採掘する施設が建てられることもなかった。一見無害に見える利権を装って、ロシアの熊は半島南端の戦略地点にその重くぶ厚い危険な手を置いたのだ。

## 馬山浦でのロシアと日本の対立

ロシアは特に馬山浦（マサンポ）を手に入れたかった。入り江は半島の南端に位置しており、巨済島により外部から守られていた。北太平洋沿岸では最良の港の一つで、全艦隊を収容できるほど広々としていた。このような港は一等級の要塞となり得、その所有者は南朝鮮全域を思い通りにし、朝鮮海峡を自由に行き来することができた。

1899年5月、朝鮮政府は馬山浦を条約港にするよう誘導された。外国人には条約港から半径3マイル以内の土地を買う権利があり、ロシア公使のパブロフ氏はすぐさま現地に現れ、広範囲にわたり杭を立てて仕切り、現地の行政官には、ここにロシアの蒸気船会社の波止場と給炭倉庫を造ると告げた。パブロフ氏は安心して休暇を取りに国へと出帆（しゅっぱん）した。

7月に公使館員のステイン氏が購入手続きを完結するためにやって来たが、彼は、既に日本人が朝鮮人所有者から直接その土地を買っていたことを知って仰天した。大荒れの事態が続いた。ロシアは怒って、朝鮮政府にその売買をキャンセルし、その土地をロシアのものにするように激しく迫った。

しかし、日本から「助言された」政府は、その土地は所有者から手続きにのっとり合法な形で購入された、と答えるより他になかった。その土地の全部もしくは少なくとも一部を売るよう、購入者に命令、または説得するように日本の林公使に要請したが、それも無駄だった。馬山浦の行政官に対しても賄賂や脅しがなされたが、譲渡証書を一時的に保留する以上のことはできなかった。

他の方法すべてが無駄であることを知ると、このロシア官吏は怒り、9月14日、日本の契約がキャンセルされなければ、ロシア政府は自国の利益を守るために行動を起こさざるを得ないだろうと朝鮮政府に通知した。10月4日、ステイン氏はその欲する土地を奪取すると脅したが、朝鮮政府は日本公使に支えられ断乎たる態度だった。しかし、3月16日、済物浦にロシア艦隊が現れ、休暇から戻っていたパブロフ氏から著しく仰々しい歓迎を受け、18日には、朝鮮外務大臣が貸借契約に署名し、ロシアは馬山浦で他の土地をいくつか獲得することになった。朝鮮の大臣はさらに、馬山浦近くの巨済島を他国に譲渡しないとの誓約をした。ロシアは3マイル圏内で入手できる限りのすべての土地を買い続け、一度はそれ以上の広範囲な土地までも得ようとしていた。しかし、日本がそれを許さず、ただちに激しく朝鮮政府に警告したため、ロシアは引き下がった。

１９００年5月、ロシアは馬山浦の内側の沿岸にあるジャポックを借地しようとしたが、また日本が先に獲得していたことを知り、湾の外側にあるパンクミを借地し、ロシア艦隊の基地として改良し始めた。その間、日本は１９０１年の夏に最初に得た貴重な土地を保持し、そこに他の区域をいくつか加えたが、そのうちの一つは40エーカーの土地だった。[四] このようにして、日本とロシアはこの重要港で顔を突き合わせていた。もし日本の林公使が用心深く、断固としていなかったならば、馬山浦は完全にロシアの手に落ち、朝鮮南部と朝鮮海峡のロシア支配を可能とする強固な要塞と化していただろう。

## 朝鮮での巨大利権を見逃さなかったロシア

南で挫折したロシアは、再び北へと注意を向けた。１９０１年4月3日、朝鮮皇帝は、もう外国人に追加で鉱業権を与えない事、しかし、もし朝鮮王室の鉱山を運営する権利が外国人に与えられるなら、それはロシア人に与えられる事を約束するよう説き伏せられた。また、もしソウルから義州への鉄道建設のために外国資本を借りるなら、それはロシアの資本とすることが同意された。

鴨緑江流域での伐採権は最も痛烈な論争を引き起こし、緊張を増大させたが、他の事柄も論争となり、この利権は忘れ去られそうになった。茂山では少し木が伐採されただけで、鬱陵島（ウルルン）では何も為されなかった。しかし、鴨緑江流域の森林を独占する随意的な権利を記載した一見無害にみえる条項は、ロシアが見逃すはずのない賞金であった。

１９０３年4月13日、朝鮮政府は、ロシアの会社が鴨緑江で活動する権利を行使し、グンズバーグ男爵が、ソウルでこの会社を代表することを知らされた。それが何を意味するかはすぐに明らかになった。冴えない君

四　朝河貫一『日露衝突』２７４～２７７頁

主はただ、主な流域の下流の木を切ることを許可したのだと思っていた。しかし、ロシア人は「流域」とは、鴨緑江全体とそのすべての支流が流れる広大な地域全部を意味するものとした。その一帯の巨大な森林は、ずる賢いロシア人が利権のために支払った額の1、000倍もの価値があった。さらに、言うまでもなく、それは政治的価値もあった。皇帝は頭金に加えて、収入の一部を得ることになっていたが、それは微々たるものだった。日本は、この重大な合意を知るや否や抗議したが無駄だった。ロシアは狡猾(こうかつ)にも、利権の意味に関する論争が生じた時にはロシア語の解釈が優先されるという条項を契約書に紛れ込ませていた。これには朝鮮人も日本人も全くお手上げだった。

ロシア人はその領域に軍専用の道を建設し始め、朝鮮北部の大部分を国境を越えて自らの軍事施設と直接つないだ。自らの所有物と雇った労働者を守るという口実で、ロシア兵が鴨緑江を越えて派遣された。龍巖浦(リョンアンポ)の港は鴨緑江の河口近くにあり、森林伐採が行なわれる山から遠かったが、良い港になり得た。龍巖浦は鴨緑江流域を管理しており、また、シベリア横断鉄道とソウル義州鉄道の間の接合点となる可能性があった。

1903年5月、民間人の格好をしたロシア兵が大勢の朝鮮人・中国人労働者を引き連れて龍巖浦に入り、「木材倉庫」と称するものを建て始めた。それは、倉庫ではあったが、中身は木材ではなかった。12月に龍巖浦を訪れたアメリカ人は、次のように書いている。

ロシア人はもう既に、大きな兵舎と馬屋を含む重々しいレンガ造りの建物を建てた。ひと夏の仕事にしては立派な防波堤も造った。100人のロシア人は、1人か2人を除いては皆軍人だった。次の春に検討されている、さらに大きな建物についても全く隠そうとしていなかった。これが永続する半政治的・半軍事的占領であることは明らかだった。現地の朝鮮人は、始めはロシア人が来ることを嫌ったが、高い給料で十分な仕事ができるようになったので、ほどなく彼らの心配は収まった。勿論、このような「森林」利益を無防備にしておくはずはなく、ロシア兵はすぐに２００人に増え、一方で鴨緑江の中国側にある安東(アンドン)やその他の場所には、かなりの数のロシア部隊が結集していた。

この意味ははっきりしていた。何が起こっているかを理解した日本は、龍巌浦を条約港として開放するよう朝鮮皇帝に要請し、イギリス、アメリカもこの要請に参加するよう求めた。しかし、弱く腐敗した君主に対するロシアの影響は大きく、この努力は実らなかった。

ロシアが、どんなにしつこく凍らぬ海へ侵入する政策を追求していたか、そして、なぜ、その目的を果たすのに必要な利益を犠牲にせずに折れる事ができないと感じていたのか、それは、ここに述べたことから理解できるだろう。

ロシアはまるで、巨大で冷たく、静かで、しかし永続的な氷河のように、着実に目的へと向かっていた。イギリス、ドイツ、フランス、アメリカの政策は、現れてはすぐ消える。しかし、ロシアの大海原に出ていくという決心は、テニソンの詩『小川』のように、「永遠に」続くものだった。

長い間、世界はモスクワの帝国にほとんど注意を向けなかったが、その帝国は絶えず他国に侵入し、一つまた一つと、その既に巨大な領土に新たな領域を加えていったのだ。弱い国に対する、この密かで休むことのない広範な動きにはひどく魅了さえされる程だ。そのような力に対して、貧弱な朝鮮は全くもって無力だったのである。

# 第九章

## 日露戦争

日清戦争後、遼東半島は日本に割譲されたが、ロシアは日本に遼東半島から出ていくよう要求した。軍事的にロシアに圧倒されていた日本は屈せざるを得なかった。その日から、日本は近代的な軍を作り上げることにエネルギーを集中させ、巡洋艦、軍艦、魚雷艇などに数千万を費やし、一番優秀な男たちをイギリスやドイツの軍事システムを学ばせる為に派遣した。ロシアは南方進行を続けた。ロシアの満洲占領、朝鮮への前進は、日本の安全保障と商業利益に多大な脅威と損害を与えてしまう。ロシアは日本の警告を無視した。日露戦争が勃発すると、世界は目がくらむほどの日本軍の勝利に驚嘆した。日本人の戦い方には何か尋常でないものがあった。死を厭わないだけでなく、天皇の為に死ぬという栄誉を切望していた。彼らはロシア砲火の雨にも関わらず、全身で立ち向かっていった。戦後、日本人は亡くなった15、000人のロシア兵を追悼する記念碑を建てた。

## CHAPTER IX

## THE RUSSIA-JAPAN WAR

After Japan won the China-Japan War, the Liao-tung peninsula was ceded to Japan. Yet, Russia ordered Japan to leave the peninsula. Since Japan, in those days, had been overwhelmed by the militaristic power of Russia, she had no choice but to give in. From that day Japan applied her energies to creating a modern armament, expending tens of millions on cruisers, battleships, and torpedo-boats; sending her brightest men to study the naval system of England and the military system of Germany; buying and learning to manufacture for herself the most highly improved rifles and cannon; drilling almost literally day and night.

The unconditioned and permanent occupation of Manchuria by Russia would create a state of things prejudicial to the security and interests of Japan. If Russia were established on the flank of Korea, it would be a constant menace to the separate existence of that Empire, or at least would make Russia the dominant Power in Korea. Japan's protests to Russia were completely ignored.

When the Russia-Japan War broke out, the world was startled by the dazzling succession of Japanese victories. There was something uncanny about the fighting of the Japanese. They were not only indifferent to death, but they eagerly coveted the honor and privilege of dying for their Emperor. They threw themselves against those frowning battlements with entire disregard of the hail of shot and shell which the Russian infantry and artillery poured upon them.

The Japanese however did not despise their foes, for they have built a monument in memory of the 15,000 Russian dead after the war.

# 日露戦争

## 対決に備える日本

スラブ人は、大陸の方へ日本が挑戦してくるので、進展できない運命だった。日本は、スラブ人に怒りを持っており、自国の利益を求めていた。

怒りは日清戦争後の旅順の一件で生じた。李鴻章の回顧録によれば、日清戦争を終結した下関の講和条約の直後、カッシーニ伯爵は、中国政府に「日本は、今も将来においても、満洲または中国のどの土地も奪う事は許されない」と告げたという。回顧録は、李鴻章総督が言ったかもしれない、または言ったはずだ、と回顧録の編者が思った多くのことを含んでいるが、この発言は、当時よく知られたロシア政府の態度とかなり一致している。

いずれにせよ、ロシアは、日本に遼東（リャオトン）半島から出ていくように命令し、有無を言わさず48時間以内に好意的な返事をするように要求したのだ。以前北京のアメリカ公使館の書記官だったチェスター・ホルコーム氏は、その頃東京に居り、日本の閣僚に電話する機会があった。

彼によれば、「3年前から知っている私の友人は感情を抑えることなく爆発させ、子供のように泣いていた。彼は『もし私たちの軍艦が3隻あったなら24時間以内に宣戦布告しているだろう。我々は1隻しか持っておらず、しかもそれは最近中国から得たもので半年は使用できないが、ロシア皇帝はここ我々の港（註：旅順）に6隻も持っている。この横柄な脅迫に従う他に何ができるというのか』と言った」という。[一]

一　The Outlook 収録記事「What of China?」　１９０４年2月13日

その日から、日本は近代的な軍を作り上げることにエネルギーを集中させ、巡洋艦、軍艦、魚雷艇などに多額の費用を費やし、最も優秀な男たちを、イギリスやドイツの軍事システムを学ばせるために派遣した。そして、最新鋭の銃と大砲を買って自分たちで製造する事を学び、文字通り日夜訓練を重ねて、不誠実なスラブ人に仇討ちする日を激しく待ち望んだのだ。

## 海外に活路を求めた日本の国内状況

日本の行動には、実質的な理由と感情的な理由があった。日本は朝鮮が欲しかった。既にお分かりのように、日本の国土はたったの14万8、756平方マイルだ。この限られた領土に、1平方マイルあたり317人いる。これに比べ、アメリカは1平方マイルに28人だ。さらに、日本領土の大部分が農業に適していない。耕作地1平方マイルで約2、000人を養わなければいけないという計算だ。

食料供給の観点からすれば、世界のどの国もこのような苦境にはいない。

「耕作中の土地は、1、300万エーカー以下、つまり国土の約13パーセントで、さらに、耕作可能な土地は、1、050万エーカー以上増加することは不可能だ。つまり、1人当たりの耕作地は半エーカー以下で、これはイギリスの割合より低く、中国の割合の半分以下だ[二]」

故に、日本人は植民地が必要だった。母国の目と鼻の先にある朝鮮よりも格好の場所はあるだろうか。ある日本の作家は自国の状況を簡潔にまとめて言った。日本人は「高潔な餓死で聖人のような死を遂げるか、または、近隣国の裏庭へと進出しなくてはならない」と。そして彼は付け加えた。「日本人はそこまで聖人ではない[三]」

---

二　朝河貫一『日露衝突』5～7頁

三　安達金之助『The World's Work』収録記事　1909年4月

朝鮮への移民は長い間安定的に続いたが、1902年、日本人に旅券を義務付けていた朝鮮の法律が廃止されると、移民は大きく増加した。列島の混みあった南西部に住んでいた日本人にとっては、北部や台湾に行くよりも、朝鮮海峡を渡るほうが簡単で安かった。物価は日本より安く、土地はもっと肥沃だった。それ故、戦争が勃発する前、4万人の日本人が朝鮮にいたことは驚くことではなかった。1905年までには、6万5、000人の日本人が到着し、以降は1日200人のペースで来ていた。

この移民によって、日本はロシアには譲れない、ロシアが知ったら反発するであろう、日本の権益を朝鮮に作り上げることとなった。ほとんどが日雇い労働者であった満洲やハワイ諸島への移民と違い、朝鮮への日本人移民の多くは商人と小売り店主だった。多くが永住し安定したコミュニティーを作った。すべての条約港に日本人居住地があった。内陸部の大きな町のほとんどにも日本人居住地があり、そのいくつかは非常に大きく、独自の商工会議所、公立学校、裁判所、警察などを持っていた。

1906年、ソウルのイギリス人が編集を務める反日新聞である朝鮮日報が、朝鮮への日本人移民に強く反対した時、東京の萬朝報紙の日本人編集者が痛烈に反論した。

「何百万人もの余剰人口をどのように処理するのか、我々に教えて下さるよう朝鮮日報に慎ましくお願いしたい。我々の小さな国は、この狭い境界内で、毎年増える50万の人々にほとんど場所を提供することができない。勿論彼らを大規模に殺すことはできない。日本海を埋め立てて陸地を造り、そこに住まわせることもできない。我々は、カンザスや、発展途上の国以外ならどこでも、飢えを避けられるところへ行きたい。しかし、アメリカが如何にもてなし好きでも、一度にそれほど多くの移住者を受け入れることはしない。我々は是非ともオーストラリアへ渡りたいと思う。しかし、そこは白人のオーストラリアで、その大陸は朝鮮よりもずっと大きく人口もまばらであるが、有色人種は入国を許されない。朝鮮は人口密度が高いが、害障が最も少ないのでそこへ行くのだ。ちょうどイギリス人が昔、アメリカ、オーストラリア、その他の地域へ行って、現地人に場所をあけさせたようにだ。しかし、もし朝鮮日報がその強い影響力を我々のために親切にも使い、アメリカ人とオーストラリア人に、我々を幾人でも受け入れてくれるように説得してくれるのなら、もちろん、我々は朝鮮を放っておき、広々とした土地へと喜びを胸に移住するのだ[四]」

## 日本にとっての朝鮮の重要性

日本は、商業面でも朝鮮が必要だと考えた。イギリスと同じように、増え続ける人口、農業生産は増やせないという理由で、日本は産業に目をむけた。故に、原材料と市場が最重要課題となった。朝鮮はその両方を持っていた。日本は朝鮮の門戸を解放しておきたいのだが、ロシアは閉じておきたかった。これは死活的であった。なぜなら日本は、追加で必要な食糧供給の大部分を朝鮮に頼っていたからだ。

日本は戦前、朝鮮から、追加が必要な小麦の半分以上、米の輸入の約半分、大量の豆や油糟などを確保した。代わりに、日本は朝鮮に綿糸、布、たばこ、マッチ、石炭やその他の製品を売った。

満洲と中国北部の事も考慮すると、「もし東アジアの市場が閉鎖したら、増加する人口は大いに食料と職業を奪われるので、日本の国民生活は麻痺するという予想は論証(ろんしょう)できるものだろう。それ故、日本が発展する国で居続けるためには、これらの市場は、状況が許す限り開放されていなければならない[五]」。

日露戦争が勃発した時、日本は朝鮮沿岸での船積みトン数の78パーセントを支配していた。4万人の漁師が漁業を牛耳り、商業に携わる者の多くは銀行や商社を所有し、銀行は広く使用された紙幣を発行した。

四　社説　1906年9月25日
五　朝河貫一『日露衝突』8頁以降

1888年7月、日本人は釜山からソウルへの電信線の建設を完了し、1898年9月8日には、両都市の間に鉄道を建設する利権を得た。燃える愛国心によって、彼らはすぐさま鉄道建設に必要な2、500万円以上を出資した。

最初の鉄道は、1901年8月4日の印象的な式典で建設が始まり、非常に力強く推し進められたため、1904年12月1日には開通した。これにより、東京から50時間でソウルに到着することができるようになった。ロシア公使は、この鉄道は朝鮮にとって良いものだとは思わないと短絡的に言った。

1898年12月31日、日本はもう一つの貴重な利権、すなわちソウルから済物浦の港への26マイルの鉄道の利権を得て、1900年7月8日に開通させた。同年8月23日には、日本は鉱業権を獲得し、10月3日には漁業権、12月8日には釜山での権益の正式な承認、1901年5月20日には、ロシア人を監視し、動きを阻止するため、馬山浦に居住地を造り始めた。

前述したように、フランスとロシアは、鴨緑江沿いの義州から首都ソウルまでの日本の鉄道建設計画を遅らせたが、日本はそのようなことが再度起こらないよう、厳しく監視していた。そして、ソウルから北東沿岸の優良港である元山までの鉄道と、そして別に釜山から馬山浦までの鉄道を建設する計画を立てた。

既に述べた鉄道と電信線に加え、日本は戦前、炭鉱1カ所、金鉱4カ所、捕鯨、郵便、複数の銀行と18校の学校の利権を得た。そして日本人所有者はしばしば追加して新たな足場を築いていた。

例えば1901年、ある日本人が済物浦近くの小さな島を買った。その時朝鮮皇帝は、ある長老派教会の宣教師が居住していた土地を宮殿の敷地にしたいと思い、その対価に、城壁の外側の土地で宣教師の好きな区域を与えると言った。宣教師は西門と川の間の道にある区画を選んだ。皇帝は同意したが、宣教師のためにその土地を買おうとした時、その一部を所有していた日本人に売るのを拒まれた。

全体的に、朝鮮における日本の利権は大規模になっていき、日本人は、似たような状況下でアメリカ人ビジネスマンが嫌がるのと同じように、ロシア人に利権を侵されるのをひどく嫌がった。そのため自然と、自分たちの利権を守るようになったのである。

## 日本の安全保障とロシアの軍備増強

日本がロシアに対抗するもう一つの理由は、ヨーロッパの侵略に対するアジアの反抗というもっと広範囲の問題であった。黄色人種は、白人の侵略を警戒といらだちを持って見るようになった。白人はアジアにおいて、人口の多い広範囲な地域を支配しており、さらに他の場所も明らかに狙っていた。満洲は既にロシアのものだった。中国の山東省は実質的にドイツのもので、もし朝鮮がスラブ人の手に落ちたら、その結果は日本にとって恐ろしいものだった。日本人と中国人の間に厚い壁ができ、日本は拡大することもできず自分の狭い島に閉じ込められることになるだろう。

進出の自由だけでなく、自衛も関係していると思われた。「朝鮮は日本の心臓に向けられた弓矢である」と知的な日本人が言った。日本は、朝鮮南部とたった120マイルの海峡で隔てられているだけで、また、日の出の王国の重要な内海（註：日本海）から攻撃を受けやすかった。

それ故日本は、列強のいづれかに朝鮮を取られることは、自国の安全に大きな脅威であると感じた。これが日本の朝鮮政策の要であった。

ホルコーム氏は当時ある有力な日本人との会話を、次のように述べている。

「その日本の大臣は、閣僚であったが、将来の展望を非常に憂慮していた。彼は、中国の指導下で朝鮮がとる行動では、小王国を攻撃や併合から守ることはできないと強く主張した。手を振り上げ、人差し指と中指を薬指と小指からできるだけ広く離して彼は言った。『状況はこうだ。この四つの指を、イギリス、ドイツ、フランス、ロシアの四つのヨーロッパの列強とする。この空いたスペースに日本、中国、朝鮮がいる』そして、彼は非常に力強く『巨大な万力の口のように、これらの指は徐々に閉まってきており、何か究極の努力がなされない限り、三国すべての国家の運命は噛み砕かれるのだ』と言った」

ここから、我々は、なぜ日本がロシアの侵略を非常な心配と警戒心をもって見ていたのか理解できる。

日本の大臣は、サンクトペテルブルグで繰り返しロシア政府に抗議した。そのたびにロシア政府は彼を最大限の丁重さでもてなし、聞こえよく安心させることを言うのだが、ロシアの侵略は続いた。旅順の要塞はさらに堅固なものへと化した。満洲の軍隊も絶えず増強された。ついに、日本はもっと決定的な抗議が必要だと決断した。1903年7月28日、外務大臣の小村男爵は、サンクトペテルブルグ日本公使である栗野氏に電報を打った。

「ロシアが満洲を無条件で恒久的に占領することは、日本の安全保障と利益に損害を与える…もしロシアが朝鮮の傍に定着するならば、朝鮮王国の独立に対して常に脅威となり、少なくともロシアが朝鮮で支配的な勢力となってしまう。朝鮮は日本の防衛の重要な前哨(ぜんしょう)基地だ…さらに、日本の朝鮮における政治的、商業的、産業的な利益は、他の列強のそれに優先する。これらの利益と影響力は、安全保障にも関連し、他国への引き渡しや共有は承認できない」

この警告も、ロシアからは、ごまかしの返答と守られることのない約束を引き出しただけだった。ロシア人が、日本は本当に戦うことはないだろうと思ったのか、日本と戦っても簡単に勝てるだろうと思ったのかは定かではない。スラブ人特有の横柄な性格からして、おそらく日本人の力をバカにして過小評価していたのだろう。とにかくロシア人は日本人の抗議を全く無視して、自らの道を断固として進み続けた。そしてついに、最も鈍感な者にさえ、さらなる交渉は無駄であると、分かるところまできた。

## ロシアとの激闘

1904年2月6日、日本は外交関係を断ち切り、サンクトペテルブルグから公使を引きあげた。2月7日、日本は朝鮮南部での作戦基地として馬山浦（マサンポ）を占拠し、兵の上陸を開始した。2月8日、済物浦（チェムルポ）沖に日本の艦隊が現れ、停泊しているロシア船の指揮官に対し、海上に姿を現さなければ港で攻撃すると告げた。ロシア人は、巡洋艦ヴァリャーグと砲艦コレーツという、2隻の比較的小さな船しか持っておらず、日本艦隊の規模に決定的に劣っていたが、再度、ロシア人は臆病者ではない事を証明し、翌日、大胆にも敵のもとへと向かっていった。続く戦いは激しかったが短時間で、勿論、日本側に損傷なくロシア艦の大破に終わった。

その晩、東郷司令長官率いる日本の主たる艦隊は突然旅順沖に現れ、ロシアの軍艦2隻と巡洋艦1隻に魚雷を打ち込み、翌日9日も全面的な戦闘でさらに軍艦1隻と巡洋艦4隻を機能不能にした。ロシア艦隊はひどい打撃を受けたので、日本が封鎖していた旅順（リューシュン）の港に避難しなければならなかった。日本はたった2隻の魚雷艇を失っただけだった。

この勝利で日本は完璧に海を制することができるようになり、妨害を受けることなく、済物浦やその他の朝鮮の港に軍隊を次々と送り込んだ。それまで正式な宣戦布告はなかったが、2月10日、ロシア皇帝はロシアの観点から見た事実を盛り込んだ宣戦布告を発令し、翌日日本も宣戦布告した。

戦争は痛ましいほどの速さと明白さで進んだ。ソウルは実質的に戦闘なく占領された。日本軍は北へと進み、最初の陸上戦は2月28日に平壌で行なわれた。ロシア軍は少数で簡単に追い返されたので、戦いはごく短かった。4月4日、黒木将軍は鴨緑江の朝鮮側にある義州（ウィジュ）を占領し、5月1日、鴨緑江会戦が起こった。日本は勝利すると、すぐさま満洲へと進行していった。

5月3日、東郷司令長官が旅順港を「封鎖した」と報告した後、奥大将指揮下の師団が5月5日に塩大墺に上陸し、19日には野津大将率いる師団が大狐山に現れた。14日には、日本は南満洲鉄道に飛び乗って、北のロシア基地と旅順の通信を断ち切った。5月23〜26日、凄まじい南山（ナムサン）の戦いで、旅順への道を制覇し、その狭い地峡に強固な守りを敷くことができたため、奥大将は極めて有利な体制を築くことができた。これで旅順の攻略は完了した。大胆不敵で熟練した黒木、奥、野津は、出会ったロシア軍に対して容赦のない態度で臨み、乃木大将は6月中旬、旅順を正式に包囲した。

世界は既に、陸海両方での目がくらむほどの日本の勝利の連続に驚いていたが、さらに続いた途方もなく大きな戦いの激しさに驚愕（きょうがく）した。ロシアは、要塞を難攻不落にするため、軍事科学、巨大な出費、人力を無制限に駆使してでき得るすべてのことを為した。旅順は地形的にも非常に有利で、12以上の丘は木がなく急な斜面を持ち、広い地域を眼下に見下ろせ、少なくとも52カ所の要塞と砲台を抱えていた。

多くのロシア人将校が無能だと言われても、その要塞に閉じこもったロシア兵の勇敢さは誰も疑う余地はない。無知でむしろバカな農民呼ばわりされていたが、彼らは陣地を守るために頑強な勇気をもって戦った。7カ月近くも、彼らは敵の襲撃に抵抗した。彼らの要塞は難攻不落とみなされ、守備隊の規模は大きく、食料はしっかりと蓄えられ、十分に装備されていたことは確かだ。

しかし、日本人の戦い方には何か尋常でないものがあった。死に無関心なだけでなく、天皇のために死ぬということの名誉と特権を切望さえしていた。彼らは、ロシアの歩兵隊と砲兵隊が浴びせかける弾丸と砲弾の雨を全く気にもせず、銃眼付きのいかつい要塞へと体当たりしていったのだ。彼らは繰り返し攻撃を仕掛け、全旅団が全滅しても、かわりに他の旅団がうろたえずにやってきて、戦いを再開するのだ。

可能な限りすべての近代的発見と発明の知恵が駆り出され、平和な研究と勤勉の努力の成果は、人間殺戮の恐怖を増大するために利用された。電気が初めて戦争で効果的な戦力となった。サーチライトや照明弾は道を非常に明るく照らしてくれるので、もはや暗闇は夜間攻撃の隠れ蓑とはならなかった。大砲は電動で上がり、狙いを定め、発砲し、下がる。有刺鉄線には電流が流れており、それに触れた敵は全員が死んだ。要塞内の長い弧を描く場所には電車が走り、前線のどこにでも補強を素早く送ることができる。

本部は電話交換所の主たる施設で、配線は戦場のあらゆるところに巡らされていた。指令を伝え、情報を得るのに馬で猛烈に走る参謀将校は必要なかった。一番速い馬が何時間もかけてやったことを、電話はほんの数秒でやってしまうのだ。日本軍が２０３高地を攻略した時にも、頂上からの電話で安全な場所に置かれていた大型砲での攻撃を指揮した。それにより、砲手は自分たちからは見えていない町と港を破壊できたのだ。日本艦隊は廃墟の地獄絵図にさらに手を加えた。

軍艦は陸の砲兵隊のように多くの危険を冒すことはできない。陸の砲兵隊の銃は簡単に取り換えられるが、1隻の軍艦を造るのには何百万ドルの資金がかかるだけでなく、数年の時間も要するからだ。

東郷司令長官はこの問題を次のように解決した。つまり、ロシア軍が見つけ難くほとんど迎え撃つのが不可能な小さな魚雷艇を岸から数マイルのところに並べ、ロシアの要塞の攻撃が届かない安全な場所にいる軍艦の砲手に、砲撃のたびに着弾位置を無線で報告したのである。

すさまじい攻撃は何カ月も続いた。昼夜問わず日本軍は陣地をジグザグに進んで要塞へ近づいていき、石の壁に向かって激しく大砲と機関銃を発射したのだ。1月1日付の最後の通信で、ロシアの最高司令官は12月31日の日本の攻撃を描写し、そして付け加えた。

「我々は降伏せざるを得ないが、すべては神の手にある。我々は恐ろしいほどの損害を被った。神よ、お許しください。我々は人間ができることはすべてやりました。我々に審判をお下しください。でもお情けを頂きたいのです。約11カ月の絶え間ない戦いで、我々は疲れ果てた。守備隊のたった4分の1しか生き残っておらず、しかも大半は病気で、短い休息もなく防衛をしなければならなかったために、疲れ果てて亡霊の様だ」

5月14日から全く支援を受けず孤立していた偉大な要塞は、1905年1月2日、降伏した。

それでもステッセル中将が降伏したことは、ひどく非難された。ロシアの同胞は彼をひどく責め、彼は、母国で軍法会議に立たされることになった。ロシア軍を真に鼓舞させる人で彼の部下の一人であったコンドラチェンコ将軍が、203高地の戦いで戦死した時、ステッセル中将は心を奪われただけでなく、戦い続ける能力さえも失くしてしまったと言われている。彼の返答は、彼の軍事的力量も正確さも裏付けるものではなかった。

ステッセル中将は、モスクワに戻って来た時、次のように言った。680人の将校のうち、317人が死亡し残りは負傷した。彼の守備隊は1万7、000人から4、000人まで減った（負傷を含む）。

「備えはほとんど底をついていた」

「食料がなかったのであれ以上持ちこたえることはできなかった」

「弾薬もなく、敵の銃撃に応ずることができなかった」

しかし、これは乃木大将の公式報告書で述べられていることと、一致していない。乃木大将は、病気でもなく負傷もしていない1、323人のロシア人将校と2万5、011人の健康で無傷の兵士、水兵、海兵隊員を捕え、69万袋の小麦、66万6、000個の固いパン、8万袋の二つ割の大麦、17万5、000個のコーンビーフ、1万1、200袋のコーンミール、1、125袋の米、3万3、000ポンドの砂糖、58万3、000ポンドの塩など押収したが、これらは守備隊全員を少なくともさらに2カ月は維持するのに、十分な供給だった。

そして、良い状態の大砲528門、有り余る数の小型武器、内径6インチとそれ以上の大砲用の砲弾

6万2、640発、速射砲、小型野戦砲、マキシム機関銃の銃弾13万8、821個、小型武器の銃弾543万6、240個、33トンの火薬、1、588個の地雷、手榴弾などや、「要塞をさらに強固にするための大量の物資と機材」を押収した。

ステッセル中将は、おそらく、おびえたか、腐敗した部下に欺かれて彼の手中に何があったのか知らなかったのか、降伏したことを正当化するために事実を誤って説明したのかのいずれかだと結論付けるしかない。

ロンドンタイムズの有名な特派員であるモリソン博士は、旅順が攻略された直後にそこを見学しに行ったが、「これ以上に不名誉な降伏は歴史に記録がない」と書いた。同様に注意深く賢明なジョージ・ケナン氏は、ステッセル中将の陳述と乃木大将の報告書が目立って異なることに注意を促した。

要塞は、1カ月もしくは2カ月長く持ちこたえられただろうと確信しているものの、降伏は不必要で不名誉だったとするモリソン博士には同意せず、逆に、「ステッセル中将が降伏した時の状況は絶望的だった。彼は状況が絶望的になる前に手を打つべきだった」と語った。[六]

## ロシア軍追悼の慰霊碑

事が終わってから、静かで余裕のある日々に、軍事作戦の間違いと大失敗を見つけるのは常に簡単だ。過去に起こった包囲攻撃で、両軍共に欠点がないという判断が下されたことなどない。昼夜半年間も続く戦いの、大砲の鳴り響く音、混乱や緊張は、心をゆがめ神経に障るものだ。

私は1909年に旅順を訪れ、ロシアの要塞が堂々と構えられていた丘に立ってみた。要塞が落ちてから4年経っても容易に分かるほどの破壊の度合いは、驚愕に値するものだった。

六 The Outlook 掲載記事 1905年9月30日

旅順のロシア人慰霊碑序幕式

要塞は廃墟の混沌と化していた。山頂と丘は破裂した砲弾で深い穴が数多くあいていた。これらの丘の上は噴出する死の火山だったに違いないが、ロシア兵がどうやってあれほど長く居続けられたのか理解に苦しむ。

世界で最も恐ろしく、大胆不敵で断固とし、考えられ得るすべての科学的兵器と装備を揃えた日本の兵士たちが、あの要塞を占領するのに4万5、000人もの死傷者を出して約6カ月間も戦わなければならなかったという事実は、この要塞を守った者たちの勇敢さ、不屈の精神、機知に富んでいたことを雄弁に証言している。他の白人の兵士たちなら、もっと長く持ちこたえていただろうとは思わない。

日本人は、確かに敵をさげすんではいなかった。なぜなら、彼らは亡くなった1万5、000人のロシア兵を追悼する慰霊碑を建てたからだ。そして、乃木大将は勝利から数日後、日本の陸軍大臣に次のように書いている。

「私が今感じるのは、この任務を遂行するために、このように多くの命を犠牲にし、このように多くの銃弾を使い、このように長い時間をかけてしまった事に対する苦悩と恥だけだ」

## ロシア軍の撤退と奉天会戦

日露戦争の間、もっと北の方で戦いは起こっていた。大山陸軍大将の指揮の下に、鍛えられた日本軍が、遼陽（リャオヤン）でクロパトキン陸軍大将と応戦し、8月24日から9月4日まで激戦が繰り広げられた。戦った兵士の数、前線の広大さ、両軍が現した勇気と確固たる決意、戦いの長さから見ても、遼陽会戦は歴史上の偉大な戦いのうちの一つに数えられるべきだ。しかし、ロシア人の勇気と固い決意は、ついには敵の決然とした襲撃の前に屈服しなければならなかった。敵も同様の勇気と固い決意を持ち、さらに優れた統率能力と死に対する全くの無頓着さを兼ね備えていた。

ロシア軍は陰鬱に北方へ撤退し、一歩進むごとに優勢な日本軍に圧力をかけられて攻撃されたが、クロパトキンは巧みにかわした。沙河で、彼は日本の進行を食い止めるため、死に物狂いで大胆な攻撃に転じた。10日間（10月11～21日）、戦いは一進一退し、ある時は一方が優勢で、またある時は他方が優勢となり、それは大雨が疲れ果てた兵士たちの活動を止めさせるまで続いた。ロシア軍も日本軍も決定的な勝利を断言することはできなかったが、ロシア軍は対抗する敵を撃退できていないことに気づいた。両軍ともほぼ疲れ果て、守りを固くして、粗雑な冬営地へと入って行った。川沿いに急いで作った塹壕（ざんごう）の中で過ごしたのである。数多くの小さな戦闘があったが、その一つは、日本軍の側面部隊を押し返すという、グリッペンベルグ大将による勇ましいが成果のない試みだった。それは、1月25～29日、15万の兵士を動員したものだったが、死者はロシア兵1万2,000人、日本兵5,000人だった。

その後は、比較的静かな時期が続いた。満洲の冬はひどく寒く、日本人はこのような低い温度にはロシア人程には慣れていなかったので、非常に苦しめられた。

十分に休み、旅順攻略で自由になった乃木大将の軍団により増強された日本軍は、春を待たなかった。春になるとローム質の平原が、深い泥と化すことを知っていたのだ。

2月末の寒い嵐の真っただ中、記憶に残る奉天（フォンティエン）の戦いが始まった。クロパトキン陸軍大将がロシアの最高司令官としてアレクセイエフ司令官にとって代わり、10月20日、必ず来るとわかっていたこの究極の戦いに彼の底力をすべて結集した。

彼は勇ましく威厳のある将校で、戦後彼は本を書き、ロシア人にしては珍しい率直さでロシアの敗北の理由について述べている。彼は、3月1日、まだ戦いの進行中に、より攻撃的な指揮官として知られているリネウィッチ大将にその座を奪われた。

冬の厳しさが戦闘の恐怖を増大させた。長引く戦いの合間に兵士たちが多少なり取れていた休息と睡眠は、適当な避難所が確保できない場所では奪われ、負傷者は、通常の天候では助かっていたはずが、すぐに凍死した。それまでのすべての戦い同様、日本はまた勝利した。暖炉の傍ら（かたわ）でくつろいで肘掛椅子に座っている者が、ロシアの将校たちが為さなかったことのうち、できるはずだったことを指摘するのは簡単だ。誰も完璧ではなく、戦いの混乱の中では、最も優れた将校や最も勇敢な兵士でも、判断ミスは起こしやすい。日本人の勇猛さと熟練した腕に17日間も耐えた軍隊は、他の軍隊がやったであろう、もしくはできたであろう事のすべてを十中八九行なった。それを公平な歴史は、疑いなく刻むであろう。

奉天会戦は日露戦争で最高の戦いであっただけでなく、史上最高の戦いの一つであった。

１９１４年の世界大戦以前で、どの戦闘が１００万人の兵士を巻き込み、１００マイル近い前線において、17日間継続して（2月24日～3月12日）戦われただろうか？

日本の勝利は、重要な陸上戦を飾った。両国の軍隊が、究極の努力を行なった。ロシア軍は、損失を回復し新しい基地で自らを立て直す時間なしには、あれ以上の事はできなかった。日本軍は既に朝鮮全域と満洲南部を明白に占領しており、激しい戦いに疲れ果てていたので、さらに北へと戦闘を広げるのは賢明ではないと判断した。北は供給地点から遠く、ロシア軍が優勢に戦える場所だった。それ故、両陸軍はやや鎮まっていたが、その間に、日露戦争最後の偉大なドラマが海上で展開していた。

## 日本海海戦の歴史的大勝利

ロシアは、ロジェストヴェンスキー最高司令長官の指揮下で、巻き返しを図る最後の戦いのため、母国から得られる船をすべて集め極東へと送った。艦隊は10月後半にバルト海を出航し、それまで彼らから顔をそむけていた幸運の女神を、振り向かせることができるかもしれないと期待が高まった。ロシア人将校と水兵の心理状態は、北海の安全水域から出る前夜に、無害な漁船に向かって発砲したという事実に、哀れにも良く表れている。そのような場所でそのような漁船を、日本の魚雷艇と間違えるような将校は酔っぱらっているか、もしくはキップリングが『駆逐艦』という詩の中で表すような、悲惨な恐怖に陥っていたに違いない。

「狂乱し海に浮く帆柱を砲撃す
爆音を立てるも確認者おらず
気の触れた恐怖であざ笑う星に乱射し
味方の船を掃射す」

世界の冷笑と憤りを引き起こしたこの不吉な事件の後も、ロシア艦隊は極東へと航海を続けた。北太平洋に入った時には、ロシア人だけでなく傍観していた世界の緊張も高まった。日本艦隊がどこにいるのか、一言も発せられなかった。多くの地点が噂され、ロシアは数週間にわたって夜襲の可能性に脅かされた。

この絶対的な秘密を日本人が固く守ったことは、彼らの忠誠心を的確に表している。何万人もの日本人が東郷最高司令官の艦隊は馬山浦付近、朝鮮南部の沿岸沖の島々の間にいると知っていたはずなのに、射撃訓練の銃の音は何百人もの村人に聞こえていたはずなのに、そして、ヨーロッパとアメリカの多くの従軍記者とその他の野次馬が、戦闘が期待される場所の少しでも近くにいようと、複数の条約港のあちらこちらにいたのに、日本人の誰一人として国の秘密を明かすことはなく、さらに、厳しい検閲で誰も密告の手紙や電報を国外に送ることはできなかった。

日本の戦略は、近づいてくるロシア艦隊の位置を把握する計画にもよく表れている。日本海に入りウラジオストックに接近するには、朝鮮海峡（註：対馬海峡）、津軽海峡、ラ・ペルーズ海峡（註：宗谷海峡）の三つの入口があり、ロジェストヴェンスキーは、東郷が彼の艦隊を三つの戦隊に分けるので、ロシア艦隊がどの海路を取ろうとも、その3分の1にしか遭遇しないだろうと推測した。

また、朝鮮海峡はウラジオストックから最も遠く、霧の多い5月に最も容易で安全に航海でき、日本列島を回らずに行ける最も直接的な海路であり、普通の状況であれば一番自然な選択だったので、ロジェストヴェンスキーは、これらの理由から逆に東郷はここを選ばない、ゆえに、一番安全だ、という結論に至った。

東郷はもはや尋常ではない先見の明でこの推論を見抜き、ここにまとめて艦隊を置いた。これは、すべてを理論に賭けた大胆な決断であったが、賢明であったことが証明された。

ロシア艦隊を可能な限り早く発見し報告するために、入念な予防措置が取られた。日本の沿岸には、岬にも、島にも、山頂にも信号場が並べられた。広い海は、小さな番号付けされた区画に分けられた。無線電信が装備された高速の魚雷艇と偵察船が、海の遠くまで巡行し、昼夜監視した。

5月27日土曜日の5時、偵察船の信濃丸が、「敵艦隊２０３番区で発見」（済州島付近）という無線連絡を送った時、東郷は即座に出動する準備を整えた。

ロシア軍はといえば、まだ敵の居場所を掴めず朝鮮海峡に全速力で向かっており、目的地のウラジオストックはすぐ目前で、日本の軍艦のほとんどは、何百マイルも離れた北の二つの海峡を守っているのだと思い、意気揚々としていた。

そこに突然、島の先に東郷最高司令官の軍艦が現れ、戦闘が始まった。

ヨーロッパの専門家たちは、ロシア艦隊の正確な射撃訓練と的確な射撃能力を高く評価していたが、それは身の程でない評価だったか、賄賂を受けた役人が品質の劣る銃と銃弾をロシア艦隊に送ったか、のどちらかだった。両方の推測が恐らく正しいのだろう。

とにもかくにも、日本の射撃はロシアよりもはるかに命中率が高かった。ロシアの大尉はジョージ・ケナン氏に嘆いて言った。

「4マイルの距離で、日本の射撃手は放ったすべての弾を我々に命中させていたようだった。我々の兵士は、あんな距離で正確に撃てるような十分な訓練をしていない。我々は東郷の艦を海峡の日本側陸地に追い詰める事ができるかもしれないと思い近づいていったが、彼らはずっと速かった。彼らは我々の先で周回し、あれほどの長距離で徹底的に攻撃してきたので、我々は霧の中でほとんど彼等を見ることができなかった」

この日本海軍が成し遂げた以上に圧倒的な勝利は、どこの海軍の勝利にも例がない。

発砲は午後2時08分に始まり、37分でロシア軍艦8隻のうち6隻がひどく破壊されたので、東郷は公式報告書で「午後2時45分、戦いの決着はついた」と報告した。

残りの時間で、日本の軍艦は、散り散りになって逃げ惑うロシア船を追いかけて、撃沈したり拿捕したりした。最初の発砲から30時間で、ロジェストヴェンスキーは負傷した捕虜となり、ロシア艦隊を構成する戦艦8隻、装甲巡洋艦3隻、防護巡洋艦3隻、海防戦艦3隻、二等巡洋艦、駆逐艦、輸送船、特殊業務船21隻、合計38隻のうち4隻を除いて、すべてが撃沈、中立国抑留、または拿捕された。

そして、逃れた4隻のうち、たったの1隻、二等巡洋艦アルマーズだけがウラジオストックに辿り着き、他はマニラ湾に避難した。このロシアの壊滅に対し、日本はたった3隻の魚雷艇が沈められ、3隻の巡洋艦が一時的に使用不可能となり、116人が戦死し、583人が負傷しただけだった。

# 第十章

## ロシア敗北の原因と結果

世界は、小さな日本が、巨大なロシアに勝利したことに驚いた。ロシアが負けたのには、様々な理由がある。うぬぼれ、敵の過小評価、汚職等が戦争の準備を怠らせた。ロシアは、戦場での統率力も平凡だった。逆に、日本軍の精神と能力は高く、一流の軍のスターたちがいた。ロシア将校は、自国の兵士の知的レベルが低い事を嘆いた。そして、捕虜にした日本の兵卒たちの日記を読み、彼らが戦場で何が起きているのか、解決すべき軍の問題点は何かを知的に把握している事に驚いた。日露戦争の影響は、広範囲に及んだ。ロシアの名声は消滅し、日本が新しい輝きを放って燃え上っていた。近代史で初めて、アジアの国が第一級の大国となったのだ。極東で好き勝手にしてきた西洋諸国は、その時代の終わりを知った。アジア全域に勇気が湧き上がってきた。アジア人は思った。「日本がロシアを打ち負かしたのなら、我々も、自分たちを苦しめる外国人を追い出すことが出来るのではないか？」

## CHAPTER X

## CAUSES AND EFFECTS OF RUSSIAN DEFEAT

The world was amazed by the sweeping victory of small Japanese over gigantic Russia. The causes of Russia's defeat were many: the serene self-confidence of the Russian, his contemptuous under-valuation of his enemy, and official corruption, combined to prevent a preparation which the character of the foe required.

The Russian leadership in the field was little if any above mediocrity. The Japanese, on the other hand, developed a galaxy of military stars of the first magnitude with the highest spirit and abilities. General Kuropatkin lamented: "The intellectual backwardness of our soldiers was a great disadvantage to us.... In this respect the Japanese were much superior to us. Their non-commissioned officers were far better developed intellectually than ours, and among many of the common soldiers whom we took as prisoners, we found diaries which showed not only good education, but knowledge of what was happening and intelligent comprehension of the military problems to be solved."

The effects of the war were far-reaching. Russia's prestige suffered an eclipse; Japan's blazed forth with new splendor. For the first time in modern history an Asiatic nation had become a world-power of the first magnitude. Western nations, which had been accustomed to do their pleasure in the Far East, and to count on nothing more than a futile opposition, suddenly found that the day of their unchecked aggressions had passed.

Everywhere Asia plucked up courage. People on the mainland began asking one another: "Why should we longer submit to this arrogant white man? If the Japanese can defeat the Russians, why cannot Chinese and East Indians drive out the foreigners who are troubling them?"

# ロシア敗北の原因と結果

## 世界が驚いた日本の勝利

世界は当初、日本の完全な勝利に驚かされた。5、000万の人口で、限られた財源と14万9、000平方マイルの小さな国土しかもたない日本が、1億5、000万の人口で莫大な富と865万平方マイルの国土を持つロシアと戦うことなど無謀に思えたからだ。しかし、ロシアは、戦いの相手が、そのような大きな差が示すほど不釣り合いな敵ではないことを、これで知ることになった。日本軍の効率の良さ、戦闘の準備の綿密さ、そして日本国中が熱意と決心を持ってその戦争を支持したことについては、他の章で述べた。

戦場がロシアから遠かったのは、ロシアにとって特に不利な点であった。前線は日本から非常に近かったので、日本は陸海軍のすべてを敵に集中させることができた。一方でロシアは、戦場から5、000マイルも離れており、極東のロシア海軍が、旅順に封鎖された後に頼れるのは、粗雑に建設され設備も不十分でありバイカル湖周辺の時間がかかる単線の鉄道だけだった。さらにロシアは、極東に、すべての陸海軍を送れなかった。常にロシアを妬(ねた)んでいる戦争好きな他国の攻撃に対して、自国を無防備にしておくわけにはいかなかったからである。母国近くにいた日本艦隊は、実はロシア艦隊よりも強かった。

また、利便性の高い港を利用して、軍艦に石炭を積み込み、手入れし修復することもできた。

東郷最高司令官は、朝鮮海峡の戦いを、旅順で酷使した砲で戦い抜くことはできなかった。なぜなら、破壊されなくても大砲の使用限度はたった100発程なのだ。しかし、すぐ近くの本拠地の海軍造船所で軍艦に新たに砲を積み込むのは簡単だった。

有名だがやや無教養で知られる南北戦争の南軍指揮官のフォレスト将軍は、成功する戦闘の秘訣を聞かれて、「最大勢力で最大速度で到達すること」と答えている。まさにこれが、日本ができたことで、ロシアができなかったことだ。

ロシアが負けたのは、敵の軍人精神と能力が優れていたからというだけではなく、自分たちの失態や欠陥のせいでもあった。ロシア人の疑いようのない自惚れ、敵に対する蔑みからの過小評価、「天から授かった」ロシアの神聖な使命、さらに汚職と堕落などが、敵と戦う際に必要な準備を怠らせた。

「ロシアの準備不足」は負担となり、戦後出版されたクロパトキン大将の『軍事と政治の回顧録』の中でも記されている。彼は、参謀本部は日本兵の数はたった40万強だと推測し、また、日本に滞在したことのあるロシア将校から送られた重要な情報を無視したと語っている。

戦場での統率力もほとんどなく、仮にあったとしても平均よりやや上のレベルに過ぎなかった。この戦争はロシア将校と司令官の評判にとっては墓場も同然だった。誰も一等級の指揮官として名を挙げることができず、数名については極めて無能だとわかった。

私は他の章で、ステッセル中将の旅順での一連の戦いについて述べた。

クロパトキン大将は、優勢な日本軍の圧力から敗北したロシア軍を救い出すのに、素晴らしい技量を見せた。彼が自国の軍隊と政府に苦しみながらも対応し、日本軍とも戦わなければならなかった事を考えると、恐らく彼は期待されていた事を為したのであろう。しかし、彼の技量は、南北戦争のグラント将軍やシェリダン将軍というよりは、マクレラン司令官の技量であった。統制し撤退するのには長けているが、攻撃的な作戦の才能はなかった。

リネウィッチ大将は、ロシアの運を取り戻せたかもしれないと友人から言われた人物だったが、彼が単独の指揮権を得たのは、講和交渉により戦争が終結するたった3カ月半前だった。

アレクセイエフ大将は、戦争勃発時、陸海両方の最高司令官で、非常な傲慢さと、主に自分で引き起こした危機を驚くほど理解できなかったことでその名が知られている。

このバルチック艦隊の指揮官については「哀れなロジェストヴェンスキー中将！」としか言えないが、これは歴史的戦闘を戦った司令官についての言葉としては、惨めすぎるものだ。

コンドラチェンコ少将とマカロフ中将はロシア軍指揮官の中では、恐らく最も有能で才気あふれた指揮官であった。彼らは悲劇的な死を遂げ、そのため感動的で魅惑的な名声を得たので、戦争を生き残った者たちは多分嫉妬したであろう。コンドラチェンコ少将は旅順で地雷によって死亡し、マカロフ中将は1904年4月13日、太平洋艦隊旗艦の戦艦ペトロパブロフスクと共に爆沈したが、それはマカロフ中将がこの旗艦の指揮官になって5週間しか経っていない時だった。

## 日本とロシアの指揮官たち

一方で、日本では、第一級の華やかな軍のスターたちが生まれていた。大山陸軍元帥(げんすい)は戦場での最高司令官だったが、既に持っていた素晴らしい評判をさらに高めた。

総参謀長の児玉大将はドイツで教育を受け、1900〜1902年には陸軍大臣、戦争発生時には参謀本部次長、後に満洲軍総参謀長を務めた。

児玉大将は驚くべき明晰さを持つ戦略家で、彼の天才的な作戦計画を積極果敢な大山が実行したのだ。あるイギリス人は、児玉大将を「日本のキッチナー」と呼んだが、これはむしろキッチナー元帥にとって非常な褒(ほ)め言葉だ。参謀次長の福島中将も頼もしい味方だった。

これらのベテランが練った作戦を四つの別々の師団が実行した。各師団は将軍に率いられ、ヨーロッパとアメリカの評論家は、彼らを第一級と認めるのに躊躇しなかった。すなわち、黒木、野津、奥、乃木の各将軍である。海軍では、中将の瓜生(うりゅう)、上村、出羽、片岡が世界の多大な尊敬を集め、東郷は史上最も偉大な海軍戦略家であり軍人であると、誰もが認めた。

ロシアの指揮官たちは、第一級の能力がないだけでなく継続性もなかった。最高司令官は、短い戦争の間に3回も変わった。アレクセイエフ司令長官は、開戦時から1904年10月中旬まで最高指揮権を与えられた。次にクロパトキン大将が1905年3月1日まで最高司令官となり、その後は終戦までリネウィッチ大将がその任に就いた。部隊の司令官はひっきりなしに変わった。

クロパトキン大将は、その回顧録の中で、将兵の間、将兵と最高司令官の間に起こっていた不和の不幸な物語を、世界に向けて語っている。一致団結した敵に比べて、ロシア側の戦争中の行為には、常に文官と武官の間、陸軍と海軍の間、母国での様々なグループの間の小競り合いが目立っていた。

ロシアの将校については、不誠実なだけでなく、人格にも問題があるという話は枚挙にいとまがない。噂は聞き流すべきものだが、満洲にいたアメリカ軍のルイス・L・シーマン少佐の語るような直接的な証言を無視するわけにはいかない。

「兵士と銃弾が満載されているはずの列車は、ウォッカと売春婦たちで溢れていた。食べ物や装備の代わりに、何千もの売春婦、何万ものウォッカのケースがシベリア鉄道で運ばれてきたことには、戦場のこの上ない残虐さや野蛮さを知る穏やかなヴェレシチャーギン（註：ロシアの従軍画家）でさえも、ぞっとしたに違いない。酒、女、歌は、確実にロシアの破滅の原因であった。

ソドムとゴモラ（註：旧約聖書の『創世記』に登場する都市で、みだらな行ないのために、天からの硫黄と火によって滅ぼされたとされる）は現在、東洋の旅順とウラジオストックの同義語となっているが、最近これらの不幸な都市で行なわれている酒や女遊び、勝手気ままな振る舞い、目に余る不品行、大っぴらに為される売春に比べれば、前者は美徳の神殿だ」[一]

攻略前後に旅順を訪れたことのあるF・A・マッケンジー氏も同様に次のように証言している。

「そこでは人生は終わりのないシャンペン、歌、踊り、娯楽、お祭り騒ぎの繰り返しのように見えた。権力のある男は皆金を持っていた。大きな利益をもたらす契約は必ず得られるものであり、職位は埋められるものであり、手当は要求されるものだった。遊ぶ女たちがいて、飲めるワインがあり、つきあいが大事だという時に、なぜ将校たちは訓練や規律などに煩わされる必要があるのか？　寄生虫とタカの大群が集まっていた。口が上手いご機嫌取りで、忌まわしいユダヤの請負人は莫大な富を築いていたが、それはロシア農民の血によって支払われるものだった。三つの大陸から招集された色街の女たちもいた…銃が到着するのは後回しだ ― 冗談でもこんなことに敬礼はできない！」[二]

## ロシアよりも優れていた日本の一般兵士

こんなお祭り騒ぎを、日本軍の厳しい規律と比べてみよう。日本人は道徳的堅物の人種には程遠いのだが、野営地では、ロシア軍が恥をさらしたような泥酔と色欲のどんちゃん騒ぎなどなかった。ロシア軍人より日本軍人の方がより慎み深いと言えば言い過ぎかもしれないが、戦時従軍中は確実により節度があった。ロシア軍の野営地はワインと女で悪名高く、貨車数台分もの酒と売春婦によって、緊急に必要だった兵士や軍需物資を

一　米陸海軍軍医協会での講演。１９０４年10月12日セントルイスにて。
二　『The Unveiled East』１０２～１０３頁

積むスペースが奪われていた。一方で、日本の将官たちは、スパルタ的な厳しい行為を徹底していた。

ロシア兵には、日本兵に目立って見られるような熱意は全くなかった。ロシアの農民兵は疑いなく勇敢で、それは戦場で証明された。しかし、やや頭の回転が遅く、心も体も重く、母国と宗教に対しては忠実だったが政府と役人のことは嫌っていた。戦争に個人的な興味はなく、命令されたから戦っただけで、何のために戦っているのかもあまり理解していなかった。

クロパトキン大将はこう書いている。

「同情心から、負傷した仲間を運んでもよいと前線の兵士に言ったら、多くの兵士が運び役に回って徐々に消えていった。全く健康な兵士が負傷者を運ぶという口実で後方へ下がって行ったり、1人の負傷者を6人、8人、さらには10人で運ぶことさえよくあった…我々の兵士の知的レベルが低いことは我々にとって大きな不利益だ。なぜなら現代の戦争では、個々の知性と自発性が今までよりもずっと要求されるからだ。我々の兵士はまとまった集団や密集した編隊の形では雄々しく戦えるが、個人として知的に戦える者はほぼいない。この点では、日本人は我々よりずっと優れている。日本の下士官は、我々の下士官よりもずっと知的で、捕虜にした下士官や多くの兵士たちの日記を読むと、とても良く教育されているだけでなく、何が起こっているのかを知っており、解決すべき軍の問題点を知的に理解していることがわかる」

これはロシアの司令官が言ったことであり、反ロシアの偏見とは言えない。心にうずく敗北の苦しみを考慮しても、また、特に防御の際に見られるロシア軍隊全体の強い勇気についてどう言われようとも、日本軍にあったような団結力はロシア軍には欠落していた。軍の無関心さは、母国の人々の無関心さに比例していた。

クロパトキン大将は、１９０６年の『ロシアの負傷兵』（註：新聞）掲載のＡ・ビルデルリング氏の記事を許可を得て引用している。

「二つの国民が戦うとき、最も重要なのは物資ではなく道徳的強さ、士気の高揚、そして愛国心だ…日本兵は皆、自分たちの後ろで全国民が後押ししていることを知っていた。その一方で、我々にとって戦争は最初から嫌なだけのものだった。兵士は慌てて鉄道に乗せられ、1カ月の旅を経て満洲に降ろされても、どの国にいるのか、誰と戦うのか、何のための戦いなのか何も知らなかった。高官でさえも、嫌々ながら単に仕方ないから前線へ赴いていったのだ」

クロパトキン大将は続けた。

「ロシアでは何万もの怠惰に暮らす学生のうち、たった一握りが兵役に志願したが、日本ではほとんどの一流家庭の男子たちが、競い合って軍の官職を目指して懸命に努力していたのだ…ロシアの改革派の指導者たちは、我々が敗北するチャンスを増すために、異常なまでの努力をした。母国を心から愛した人々は、戦争は不合理だと紙面で意見し、戦争を回避できなかった政府を批判することでロシアの敵を支援した。予備役の兵士たちは、現役勤務に呼ばれると、反政府グループから将校たちへの先入観を抱かせるようなことを聞かされた。似たような言葉は満洲の軍隊にも送られた。ロシア人は強固な精神の持ち主かもしれないが、無関心な国民や扇動的な国民は、多くの兵士に対して、戦争を成功させるのに良い影響を与えなかった」

このロシア人最高司令官は間違いなく優秀な証人である。

## アジアに勇気をもたらした日本の勝利

日露戦争の影響は、広範囲に及んだ。ロシアの名声は消滅し、日本が新しい輝きを放って燃え上った。近代史で初めて、アジアの国が第一級の大国となったのだ。極東で好き勝手なことをしても無力な抵抗にしか遭わなかった西洋諸国は、侵略しても何の咎めもなかった時代が、突然終わったことを知った。

アジア全域に勇気が湧き上がってきた。ロシアは最強の白人国家で、日本は特に重要でもない比較的小さな島国だと思われていたのだ。それ故、小さな日本が最も恐れられていた西洋国をいとも簡単に挫いたのを見て、大陸の人々は互いに尋ね合ったのだ。

「なぜこの横柄な白人に、これからも服従しなければいけないのか？　日本がロシアを打ち負かすことができたのならば、どうして中国人や東インド人が、自分たちを苦しめている外国人を、追い出すことができないであろうか？」

興奮したアジアは、何故できないのかは理解せず、自惚れを強めていった。突然、白禍はそれほど脅威的には見えなくなった。中国は、新しい結束感と力に目覚めた。インドの反英感情は、非常に大きくなった。トルコやペルシャでさえ、ヨーロッパに対するアジアの勝利に高揚した。

極東にいる外国人たちも、これらの態度の変化を証言している。

フランスの外交官は、ドイツ・レビュー誌の中でこう述べた。

「すべてのアジア人が、アジア世界の軸が変わったと理解している。彼らは自らの運命を諦めていた。しかし、日本人の数々の勝利は、大砲の一撃のようにこの無気力な世界に影響を与え、イギリスの考えに強く影響を受けていたシャム、イギリスの支配下にあるインド、マレー諸島、ジャワ、スマトラ、アンナン（現：中部ベトナム）、トンキン（註：現北部ベトナム）、コーチシナ（註：現南部ベトナム）は皆、耳をそばだてた。500人の東インド人がすぐさま日本の大学に講義を受けに行った。シャムは日本と友好協定を結んだが、ヨーロッパ人はその中身を知らなかった。シンガポール、バタビア、スラバヤ、サイゴン、ハノイ、ハイフォンでは、中国秘密結社が活動準備に忙しく動き回っていた。中国は日本の商人、役人、軍の教官たちに門戸を開放した。

フランス領インドシナでは、中国の新聞を禁止して、中国人と日本人のスパイを投獄しなければならなかった」。[三]

ハンガリーの旅行家アルミニウス・ヴァーンベーリもドイツ・レビュー誌の中で、ロシアの敗北がイスラム教世界にもたらした影響と、西洋に対する脅威について書いた。ヴァーンベーリは、イワン雷帝の時代から、イスラム教徒はロシアを信仰の大敵であり、逃れることのできないアッラーの懲罰であるとみなしていたことを西洋の読者に思い出すよう促した。そして、日本勝利の知らせについて次のように書いた。

「アジアのイスラム諸国にとって晴天の霹靂（へきれき）だった。イスラム諸国は、中身がなく弱いロシアに対してそれまで恐怖を感じていた事、そして、ひどく過大評価されていた大国に幾度となく負けていた事を、恥に感じた。多くの著者は、満洲の出来事から、イスラム教徒はもっと希望に満ちた将来を期待するだろうという結論を出している」

ロシアの極東での前進に対する西洋諸国の反応は、興味深い対比を示した。各国政府は中立の原則を維持したが、報道機関は人々の感じている所を明らかにした。スラブ人を代々嫌ってきた感情を通り越して、アジアの勝利がもたらす国際的な成り行きを恐れたため、欧州大陸の人々は一般的に親露だった。イギリスの国民感情はそれより日本に友好的だった。イギリスは、もしスラブ人が北太平洋でその切望するような支配力を得たなら、ヨーロッパとアジア両方の関係のバランスを崩す力と権勢を得ることになり、イギリスが支配するインドの未開拓地域と中国での領土拡大を激しく推し進めることを明確に理解していた。

主にこの考え方が、１９０２年1月30日の日英同盟に繋がることとなった。想像できるように、日英同盟はロシアにとって嬉しいものではなかった。歓喜にわいた日本人は、またすぐに起こるであろう不可避の戦争に向けて、新たな熱意で準備を始めた。

三　アメリカの月刊誌 Review of Reviews から引用、１９０５年8月

## 親日だったアメリカ世論

アメリカの国民感情は、きっぱりと親日だった。ロシアは、アメリカが日本に対して積極的に友好を示していることに驚き、傷ついていたようだった。ロシア人は、白人は一つになって、キリスト教徒は「異教徒」である黄色人種に対抗するべきだと抗議した。アメリカ南北戦争でロシアが支援していたことを思い出させ、ロシアが勝利した際に得られる大きな利益の見通しを思い起こさせ、国益と人種的偏見に訴えて、反日感情を生じさせるよう執拗(しつよう)に努力した。

在米ロシア大使であるカッシーニ伯爵は、次のように述べた。

「もし日本が満洲で統治権を得たら、日本人を支配する軍事的精神が中国軍を非常に近代的な軍隊に育て上げ、ヨーロッパとアメリカは、自分たちの平和と繁栄への脅威に愕然(がくぜん)とするだろう。

これは無分別な考えではない。中国で4億3、000万人以上の人口から軍隊が育成され、日本と協力して、自信を誇示して文明世界にたて突きかねないのだ。あなた方アメリカ人は、この二大モンゴル人種の団結の結果をゆっくりと考えてみるべきだ。一方は、進歩的、攻撃的、機敏、そして野心過剰で、極東だけでなく列強の中でも優位に立つことを夢見ている。もう一方は、他国のまねをしたがり、簡単に影響され、国家を強くするために強国にその柔弱な性質を叩き直してもらう準備をし、あるいはそれを強く望んでいる。あなた方アメリカ人と我々ヨーロッパ人は、これに立ち向かわなければならない。この危機に脅かされるのは、ロシア人だけではなく、白色人種の国々すべてなのだ」[四]。

カッシーニ伯爵は、次のように理由を述べて、ロシアへのアメリカの共感を得ようとした。

「ロシアが勝利したら、満洲はロシアが供給できない多くのものを必要としているので、商業面でアメリカを

---

四 North American Review の記事、1904年5月、686〜687頁

優遇する」

「アメリカでは、満洲の人々が買いたいと思う製品を作っているではないか」

「一方で、もし日本が勝利したら、満洲は世界に開放されることになる。日本はアメリカの競争相手となるが、日本の製造会社は満洲で必要な製品をアメリカよりも安く作ることができ、しかも低額で輸送することができる。逆に、ロシアが満洲を支配したら、アメリカに友好的に手を差し伸べ、日本に対しては何もしない。結論は明白だ」

結論は事実「明白」だったが、カッシーニ伯爵が思ったように、アメリカが戦利品の分け前を獲得するという卑しい目的のためにロシアに同調するべき、という意味で明白だったのではない。むしろ、ロシアが原則として満洲を閉鎖的にし、ロシアに有利な場合のみ他国に配慮するのでは、アメリカにとっては日本との賭けに出る方が安心だ、ということが明白だったのだ。

アメリカは、独裁的なロシアが自国の利益なしに、貿易の自由を許すはずがないことを、理解しすぎるほど良く理解していた。肌の色や名目上の信仰が同じでも、地理的に近くても、ロシアの独裁者は、一部の東アジア人よりも、西洋とアメリカの精神からかけ離れていたのだ。ロシア人が未開の人々を支配する時、時には彼らのためになることをするのは確かだ。ロシア人は非情で残忍に征服し、現地にあるものより良い体制に置き換える。しかし、この点においてロシアに与えられる称賛は、比較の基準を考慮しなければならない。ロシア人に支配されたアジア地域は、救いようがないほどの悪政が敷かれていた地域であり、どんな変化も改善であったのである。

戦争を行なう政府すべてが、自国の目的の公正さを、神に誓う慣習に照らし合わせるなら、アメリカ人は、ロシアの口実よりも、当時首相だった桂公爵からのロシアに関する返答の方が、説得力のある論拠だと考えた。

「日本側のロシアとの戦いの目的は、日本帝国の安全保障とアジアの恒久的な平和です。ロシアは現在、そして可能である限り今後も、アジアの平和を大きく乱します。ロシアを縛り付けなければ、アジアの恒久的平和はありません。日本の立場はペルシャに対立する古代ギリシャの立場と非常に良く似ています。ギリシャの安全保障とヨーロッパの恒久的平和への戦いです。日本がギリシャでロシアがペルシャです。この戦争は人種間、宗教間で優位を争うものではありません。異なる人種や宗教などは、この戦争には全く関係ありません。これは、正義、博愛、世界の経済発展と文明のためになされるのです[五]」

## 一変した極東情勢

日本の勝利は、日本だけでなく、朝鮮、中国、そしておそらく世界に新しい時代をもたらし、極東政治の形勢を一変した。日本は、第一級の大国の一員として認められ、あらゆる場所で、ロシアの威光は弱まった。それは日本の指導下で、朝鮮が再建されることを意味した。そして、人類の3分の1以上を占める極東の大勢の人々が、ロシアの有害な絶対主義の影響に呑み込まれてしまうかもしれないという恐怖を、消し去ったのである。

私には、ロシアを否定することで、日本を称賛しようという意図はない。しかし、日本が極東でロシアの進出を食い止めたことは、日本が西洋と接した半世紀の間に、ロシアが5世紀かけてなした発展よりも、もっと決定的に重要な進歩を成し遂げたということである。日本は完璧からはほど遠いが、朝鮮と満洲南部がロシアではなく日本の影響下で発展することは、人類にとって良いことだった。

後の章では、残念ながら、日本で独裁体制の傾向が強まっていったことを述べた。また、他の書籍では、ロ

五　ウィリアム・インブリー博士との東京でのインタビューより。同インタビューはアメリカでの発表を許可された。

シアの目覚ましい改革について述べている。[六]

しかし、今世紀初頭の10年間の政府のあり方、政策、理想を二国間で対比してみると、極東でのロシアの影響は、北アジアだけでなく世界にとって脅威であったことは痛ましいほど明らかで、これら新興国を支配する勢力の大きな懸念事項であった。勝ち誇ったロシアの独裁者が、中国の共和国化を許したとは、到底考えられない。

１９１７年に独裁政権が倒れた時（註：ロシア革命）、東アジアでの突然のロシアの崩壊は、中国と朝鮮を混乱に陥れていたことだろう。そうなれば日本は秩序回復を強いられていただろうが、少なくとも12年の年月を失い、その間に状況は悪化し、困難はかなり増大していただろう。ロシアが自由で秩序正しく、見識を持つことは、極東だけでなく世界にとっても恩恵であろう。

しかし、１９０５年にはそのようなロシアは存在せず、また、今日のロシアは名目上は自由だが、秩序正しくもなく、見識があるわけでもない。なぜなら、ロシアは皇帝を失脚させても、狂信的なボルシェビキ、社会主義者を権力に就かせたからだ。彼らは自国さえも導くことができず、ましてや他国など導けるはずもないのだ。

六『Russia in Transformation』

# 第十一章

## ポーツマス条約と日英同盟

ロシア艦隊の全滅で、日露戦争は最高潮に達した。ロシアは極東の軍艦をすべて失い、軍隊は壊滅状態だった。多額の借金を負い、民衆は不満で、国内は王位を脅かす状況だった。日本にも和平を望む理由があった。戦況は有利だったが、継続は大きなリスクがあった。22億円の費用がかかっており、食品価格も高騰していた。アメリカの仲介で交渉が始まった。日本は12の条件を出したが、ロシアは8しか認めず難航した。日本は三つの条件を放棄する代わりに樺太の分割を提案した。ロシアは喜んで同意した。世界はこれに驚いたが、実は、日本は思慮深かった。朝鮮と南満洲からロシアを追い出しただけでなく、大連、旅順、中国東鉄道まで手に入れた。樺太は、広大な森、石炭、鉄鉱、石油があり、川にはサケやニシンがいた。位置的にも大きな戦略的価値があった。日本が南樺太と朝鮮海峡を得ると、ロシアは、日本の同意なしにウラジオストックへの出入りが出来なくなった。

# CHAPTER XI

## THE PORTSMOUTH TREATY AND THE ANGLO-JAPANESE CONVENTION

The annihilation of the Russian fleet brought the war to its culmination. Russia had lost all the ships that she could prudently send to the Far East. Her army had been disastrously defeated. Russia was feeling the pressure of financial necessity. Moreover, the Russian government needed freedom from foreign complications in order that it might be able to turn its attention to a home situation which was menacing the stability of the throne.

Japan had even more cogent reasons for peace. The war map was altogether in her favor, but a continuance of the struggle would have involved grave risk. The war, including interest on the war debt, had cost Japan approximately 2.2 billion yen. The price of food had reached alarming proportions.

Peace negotiation started with the intervention of the United States. Japan submitted twelve articles, but Russia only accepted eight. The negotiation was in deadlock. Japan withdrew the three demands, and proposed a division of the Island of Saghalien. The overjoyed Russians instantly assented.

The world was surprised that Japan had yielded their ground. Reflection, however, showed that Japan had taken the prudent course. Japan not only eliminated Russia from Korea and southern Manchuria, but obtained for herself Dalny, Port Arthur, and the Chinese Eastern Railway. Saghalien has extensive forests, vast beds of coal and iron ore, rich deposits of oil, and its coasts and rivers teem with salmon and herring. Its location gives it large strategic value. With the southern half of the island and both sides of the Korea Strait, Russia cannot get in or out of Vladivostok without the consent of Japan.

# ポーツマス条約と日英同盟

## 日露戦争で限界に来ていた両国

ロシア艦隊の全滅で戦争は頂点に達し、両国は講和条約のことを考えていた。ロシアは極東に適切と判断して送った軍艦をすべて失った。ロシア軍は壊滅的な敗北を喫し、単線のシベリア横断鉄道は、増援のための十分な兵士と軍需物資を輸送することができなかった。ロシアは財政難の重みを感じていた。資源は多くあったが、戦いを続けるための負担を支えることはできなかった。この戦争によって外債は総計3億3、500万ドルに上り、内債は1億ドル、紙幣の貸付残高は6億ドルだった。ロシアは、この戦争に15億ドルもしくはそれに近い額を費やしていた。

また、ロシア政府は、不吉な革命の前兆を感じ、王位の安定を脅かすような国内状況に対処するため、外国との面倒な事態は避けたかった。国民も、戦争を決して好意的には見ていなかった。戦争は皇帝の壮大なパーティーと思われていたが、悲しみは国民に重くのしかかっていた。すべての村で夫、父、兄弟が亡くなり、不満は非常に高まっていった。

日本には、より平和を望むもっともな理由があった。戦争は全面的に有利に進んでいたものの、そのまま続けていれば深刻な危機となっていた。ロシアには、それほど失うものはなかった。ロシア本土には影響がなく、満洲のロシア軍は、多くのポーランド人、フィンランド人、革命家たちを含んでおり、ロシアの独裁者たちは、彼らが国に戻ってきて大衆の不満を煽(あお)らないよう戦場で死んでしまった方が良いと思っていた。

海軍は壊滅してしまったが、満洲と太平洋沿岸の州であるプリモルスクには、55万9、000人の兵士がいた。このうち6万4,000人は病院にいたが、残りは戦争に慣れた手強い軍隊であり、有能な新指揮官のリネウィッチ大将は、彼の前任者であるクロパトキン大将の敗北の仇を討つことに燃えていた。ロシアの状況は疑いなく悪かったが、もし戦争を続けなければならないのであれば、日本に勝る人的資源と財政、ハルビンの製粉所と家畜場から得られる食料、「あの戦争への強い意欲」、そしてシベリアとロシアからのシベリア横断鉄道の運営を確実にすることで、日本よりも容易に自らを期限内に立て直し、長引く戦争を戦う事ができていただろう。

日本はすべての戦闘でロシアを破ったが、恐ろしく費用がかかっていた。遼陽と奉天では激しい戦いが行なわれ、旅順はロシア防衛軍の武勇で日本軍の修羅場と化した。日本の勝利は、再度戦いを望むほど容易に得られたわけではなかった。

著名な従軍記者F・A・マッケンジー氏は、他部隊に随行した他の記者の間では、日本軍が奉天で大規模な攻撃を仕掛けたことで力を使い果たしていたと、珍しく意見が一致していたと語っている。[一]

また、ジョージ・ケナンは平和交渉が始まった時、ロシアは日本より10万も多くの兵士を満洲に保有しており、日本の将官は、日本軍が増援部隊なしにリネウィッチ大将を破って北へと進攻することができるとは考えていなかったと言った。

日本は、増援を送ることは難しく、補給のための武器も資金も持っていなかったのだ。このような状況下では、決意の固い手強い敵とさらなる戦いをするのは賢明なことではなかった。ロシア軍は経験から多くを学び、もう一度戦場で運を試したいと思っていた。

また日本には、折角得た勝利の結果を、他国との面倒な事態に陥ることで縮小し得る可能性もあった。日本は、

一『The Unveiled East』105～106頁

以前にも一度、1895年の日清戦争で旅順を攻略したが、ヨーロッパ列強のせいで手放さなければならなかったことを忘れてはいなかった。しかし、ヨーロッパが再度干渉してくることは恐らくなかっただろう。なぜなら日本の武勇に敬意を払い始め、干渉への反動を恐れたからだ。

ただし、ヨーロッパには、日本が予期できないような戦略に出てきそうな国も多かった。ゆえに日本にとっては、ロシアが譲歩しようとしていた戦争終結への多くの諸事項をそのまま受け入れた方が、ロシアに有利になる可能性がある状況下で戦争を続けることで、ロシアの譲歩を減じてしまうリスクを冒すよりも賢いと思われた。日本は、皆が終結させるべきと思っている戦争を続けて、世界の憎悪の対象になることを恐れた。

人類は、流血に敏感となっていた。やがて襲うヨーロッパ戦争というより大きな恐怖には全く気づいていないのだが、満洲での大量殺戮（さつりく）に人々は驚愕（きょうたん）した。事実上、人類は日本に向かって、こう言ったのである。

「公言した戦争目的を達成したのだから、満足すべきだ」

日本は、まだ列強の仲間入りをして日が浅かったため、他国の意見には興味を示した。そして、これは、日本が戦争で優秀であるのと同じように平和時にも賢明であることを、世界に納得してもらう良いチャンスだと考えた。

日本は、賠償金については、講和条約を拒否するまでの理由にはならないと考えていた。日本人は財政的利点には注意深いが、金銭に卑しい人種だとは到底言えない。武士階級の大部分を占める侍は、高潔な精神と個の名誉に重きを置く。天皇のためになら死ぬまで戦うが、金のために死ぬのは恥ずべき事だと思うだろう。

戦争を継続していれば、費用は膨大になっていただろう。日本は意外とよく財政負担に持ちこたえたが、それ以上は無理だった。日本人の愛国心は、他国民が要求するよりももっと厳しく要求されるもので、まだ戦い続けることを欲していた。しかし、税金は戦争が始まった当初の3倍になり、哀れな人々の耐え難い重荷となっていた。1906年に大蔵大臣から内閣に提示された経費では、この戦争の費用は戦債の利子も含め約22億400万円で、利子だけで10年前の政府歳入の約2倍だった。悪天候が米の収穫に打撃を与え、食品価格も高騰していた。戦争が続けば、国を苦しめることは確実だった。

日本の財務責任者であった高橋是清は、ロンドンで新聞記者に対し、日本はイギリス、ドイツ、アメリカに1億7、500万ドルの手つかずの資金があり、もし講和が為されなければ戦争を遂行するのに1億ドルの追加内債を発行することができた、と言ったとされている。[二]

しかし、この表明は単に「外交的」なものだったと思われた。どんなになりふり構わずやったとしても、日本の財政はほぼ底をついていた。財政面、政治面、人道面のすべてから見ても、世界は強く平和を望んでおり、それを主張できる強い立場にあった。両国とも負債を負わねばならない状態であり、継続すればどちらかまたは両方が破産するような戦争、そして既に世界の貿易や財政を乱させている戦争、それを長引かせるために銀行も追加で融資したいとは思わなかった。

## 和平交渉を巡る各国の動き

他国の政府も、平和協議に影響を及ぼそうとした。フランスとドイツはほぼ公然とスラブ人に共感したが、もう終結すべきだとロシアに忠告した。ドイツ皇帝は、自らのヨットの上でロシア皇帝と謎めいた会合を行なった。君主は新聞記者のいる前では話はしない。しかし、外交的理由で否定せざるを得ない立場の者以外は誰もが、会合の内容が戦争であること、そしてこのドイツ軍司令官が彼の弱っている友に、アドバイスをしていることを否定する者はいなかった。なぜなら、恐らくキリスト教世界の知的な者ならば皆、現状で何が起こっている

---

二　The New York Tribune のインタビュー　1905年9月1日付

かについて不満げなロシア皇帝よりも正確に把握していたからだ。皇帝は、宮廷の政治陰謀団にとって都合の良い情報しか得られなかったのだ。

一方で、イギリスは、日本に和解するよう促していた。イギリスは、戦争の真の目的が達成された後に、金銭または領土の理由だけで戦争を続けることには理解を示さず、もし戦況が悪化すれば、１９０２年の日英同盟を基とする日本との特別な関係が不都合になってしまう可能性があった。

日英同盟は、ロシアを共通の脅威とみなし、互いを強化する目的があった。日本かイギリスが各々の朝鮮権益を守るために他国と交戦に至った場合は、「同盟国は中立を守ることで、それ以上の他国の参戦を牽制すること。もし他国が参戦してきた場合は、同盟国は相手国を助けて参戦すること」が規定された。その直後には、フランスとロシアとの間で協力の合意が成立した。

もし、これらの協定が結ばれていなかったら、日露戦争は、世界の半分を巻き込むことになっていたかもしれない。参戦すれば、イギリスとフランスを混乱の舞台に呼び込むことになるという事実がなければ、ロシアの手助けをしていた国があったかもしれないのだ。

キリスト教世界の閣僚たちが、当初から神経質になって懸念していたのは、もし中国が日本のために干渉して、日中二国がロシアと交戦することになったならば、フランスはロシアと共に戦う協定を実行するのではないかということだった。そうなれば、日英同盟によってイギリスを巻き込み、アジアだけでなくヨーロッパまでもが大混乱に陥っていたであろう。

北海でロジェストヴェンスキーのロシア艦隊が、イギリスの漁船に向かって誤発砲したドッガーバンク事件は、不安があちらこちらにあることをよく示しており、英露間で戦争が差し迫っていることに、世界は非常に緊張した。すべての状況に爆弾が仕掛けられているようなもので、皆、次にその爆弾が破裂する前に戦争が終わってほしいと思っていた。

このような状況の中、講和条約を交渉する極めて重要な時期が訪れたことは、全世界に明白であった。ただ一つ問題だったのは、誰が平和協定を結ぶ主導権をとるかという事だった。両国ともプライドがあり、自ら申し出ようとはしなかった。勝利を収めた日本は、自分から言い出せば、これ以上戦えない告白であると解釈されるかもしれないと考え、敗北したロシアも、平和を求めるのは屈辱の残り滓（かす）を飲み干すようなものだと感じていた。他のヨーロッパ諸国も、主導的立場の政府が、いずれかの味方に付いていたので行動できずにいた。

このような状況で、アメリカに白羽の矢が立った。アメリカの国民感情はどちらかと言えば日本寄りであることは知られていたが、政府は注意深く中立を保っており、どのヨーロッパ諸国の政府と比べても、利害関係がないと思われていた。皆、誰かが動かなければならないと思っており、皆、他の者が動くのを待っていた。ルーズベルト大統領（註：セオドア・ルーズベルト第26代米大統領）は外交の形式を破って、１９０５年６月７日、日露両政府に全く同じ声明を発表した。

「大統領は、未だ続いている残念で恐ろしい戦争に終止符を打つことができないか、人類のために解決策を試みる時が来たと感じている…ゆえに大統領は、日露両政府に、自らのためだけでなく、全文明世界のために、互いに直接交渉することを強く求める…」

## アメリカの仲裁

日本は、即座に平和交渉に入る意志を表明した。ロシアもそれに応じたが、その言葉から、日本はロシアの誠実さに疑問を持った。しかし、困難は克服され、全権代表が任命された。

日本からは、外務大臣の小村壽太郎（こむらじゅたろう）男爵と高平小五郎（たかひらこごろう）駐米公使が全権代表に選ばれた。ロシアの動きはいつものごとく遅々としており、ようやくネリドフ氏とムラビエフ氏を任命したが、すぐに、前ロシア皇帝大臣委員会議長であり大蔵大臣のセルゲイ・ヴィッテ伯爵と駐米公使に任命されたばかりのロマノヴィッチ・ローゼン男爵に替わった。これらの全権代表の選択は、世界から好意的に見られた。

小村男爵は、アメリカのハーバード大学で教育を受けており、その長い外交官経歴の中で、朝鮮、中国、ロシアにおいて公使を務めた。ヴィッテ伯爵は、ロシア皇帝一派から心底憎まれていたが、能力だけでなく誠実さからも尊敬されていた。ローゼン男爵は、ワシントンのロシア大使館の書記官を8年務め、東京で公使館の書記官と公使を務めた。

日本とロシアの全権代表は、身体的にそれぞれの国の典型とされるような対比を示していた。ロシアのヴィッテは身長6フィート以上、体重２００ポンド以上の巨漢で、日本人の小村は身長5フィート強体重１００ポンドほどしかなかった。しかし、機敏さと知性においては、小さな日本人は、大きなロシア人に少しも引けを取ってはいなかった。数回の事前交渉の後、両者はアメリカを会合の場所とすることに合意し、全権代表は8月8日、ニューハンプシャー州のポーツマス付近の海軍造船所で交渉を始めた。

ロシアは、そして世界も、日本がどのような条件を要求するか非常に気になっていた。小村男爵は早い時点で12の条件を書面で提出した。翌日、ヴィッテ伯爵はロシアの返答を提出し、いくつかの条項に反対した。小村男爵は問題のある条項の議論は一時的に保留し、他にいくつ合意できるかの確認に努めるよう丁寧に提案した。条項はこのように議論され、ロシアは日本の条件の八つを認め、残り四つを拒否することが明らかになった。日本は強く主張したがロシアは譲らず、交渉は難航した。

しばらくは、交渉は決裂するかのように見えた。ポーツマスとそれぞれの政府の間で熱い電報が幾度となく交わされたが、どちらも折れることはなかった。

するとルーズベルト大統領が仲裁に入った。外交の観点からすると、これはかなり特異なことであった。しかし彼は慣例に縛られることはほとんどなく、独立した立場を利用して、他のヨーロッパ君主ではできないような、自らの思惑を実行することができた。彼のサンクトペテルブルグ、東京、その他の首都との電報通信は公衆に漏れないよう注意深く管理されたが、交渉後にドイツ皇帝が明かしたところによると、かなりの相談が行なわれていた。

とにもかくにも、真の交渉の場は、ポーツマスから、オイスターベイにあるルーズベルト大統領の夏の別荘に移っていったことは、確かだった。ローゼン男爵は、静かにポーツマスを抜け出して大統領と長く会談した後、また静かにポーツマスに戻って来た。

日本との連絡役は元閣僚の金子男爵で、彼は天皇と長老政治家たちから高い信任を受けており、ある程度アメリカにも滞在していた。戦争の間中、彼がアメリカにいたことに関しては、多くの推測があった。彼は誰にでも愛想がよかったが、重要なことに関しては日本人におなじみの寡黙さを通し、新聞記者は彼から何も聞き出すことはできなかった。彼は講和交渉の全権代表ではなかったが、ポーツマスの交渉が行なわれている間、6回もルーズベルト大統領を訪れていた。

彼と大統領はハーバード時代からの友人でもあるので、彼の大統領訪問は全く個人的なものであり、交渉が開始してから1度も天皇や伊藤侯爵に電報を送ったことはないと、彼は丁寧に新聞記者に伝えた。

日本全権代表の広報担当である佐藤氏は、金子男爵の否認に付け加え、もし米大統領が日本と連絡を取りたいのなら、当然公式ルートを使うだろうと言った。これはもっともらしかったが、公衆は納得していなかった。日本人は秘密を守る技においては達人で、目先が利き控えめな男爵が、情報を当事者に伝える方法はいくらでもあった。とにかく、ポーツマスの全権代表たちは単に時間稼ぎをしているだけで、本題は違うところで交渉されていたのである。

## 日本とロシアの思惑

しばらくの間は、何も達成できないように見えた。日本は自らの要求を強く主張し、一方でロシアは残りの四つを受け入れることは、ヨーロッパとアジアにおけるロシアの名誉を毀損（きそん）し、国内で深刻な問題を引き起こすこと、そして、そのような屈辱的な条件をのむよりも、断固として戦争を続けることを断言した。

8月29日、世界が驚いたことに、小村男爵は、賠償金、極東でのロシア海軍の立場、拘留（こうりゅう）していた船に関する条件三つを取り下げ、サガレン島（註・樺太（からふと））の分割を提案した。大喜びしたロシアはすぐ同意し、長い緊張状態は終わった。

ヴィッテ伯爵がホテルに戻ると、興奮した新聞記者が群がってきて彼に「ロシアは賠償金を払うのですか？」と叫んで尋ねた。すると、「一銭も払わない。サガレン島半分だ」と喜びに満ちた答えが返って来た。

条約の正式な原稿は、長年日本の法律顧問だったアメリカ人のヘンリー・ウィラード・デニソン氏と、ロシアの外交機関で同様の役割を果たすフレデリック・デ・マルテン氏によって書かれた。

9月5日、すべての使者とその一行、招待された2〜3人のアメリカ人の前で、ヴィッテ伯爵と小村男爵は署名した。この間の究極の深い沈黙は、19の礼砲、ポーツマスの教会の鐘の音、港からのけたたましい汽笛によって破られた。全権代表から相互に祝辞が交わされ、電報の便りが、世界の隅々まで急いで送られた。条約の複写は東京とサンクトペテルブルグの各政府に送られ、10月14日、正式にそれぞれの君主により署名された。

この条約の目立った特徴は、次の通りだ。

日本は、満洲からウラジオストックへの幹線鉄道について、ロシアの借用を批准（ひじゅん）した。ロシアは、日本の朝鮮半島における優越権を認め、満洲の行政体制を尊重し満洲鉄道の監視を制限することに同意し、寛城子（かんじょうし）から旅順までの東清鉄道を引き渡して、旅順、大連、樺太（からふと）の北緯50度以南の領土への権利を認めた。

両国が満洲から撤退して門戸開放主義を守ること、そして拘置されている兵士、水兵、市民の保護に掛かる費用を補償することに同意した。

初め世界は、日本が譲ったのかと思い、驚いた。しかし、よく考えてみると、日本は思慮深い行動を取っていた。日本は、戦った目的のすべてとそれ以上を得たのだ。もし、ロシアが、初めから朝鮮と満洲に関しての日本の要求に応じていたら、戦争にはならなかっただろう。

講和条約により、日本は朝鮮と南満洲からロシアを追い出しただけでなく、大連、旅順、東清鉄道まで手に入れたのだ。日本が本当にそれ以上のものを得たかったのかは、疑問だ。中立の港に避難したロシアの船を引き渡すことと、極東でのロシア海軍の影響を減らすことは、妥当な要求ではなかった。ロシアが自らの港にどれだけ船を維持するかについて、指図を受けるなど有り得ない事だった。樺太を要求する方が理に適っていたが、得られた妥協も比較的簡単だった。

日本は、１８７５年、まだ資源がよく知られておらず、将来の問題も予測できなかった時に、ロシアに樺太を譲渡している。長さ６７０マイル、面積約２万５、０００平方マイルで、アイルランドとほぼ同じだが、通常思われているよりもずっと重要な島なのだ。

大規模な森林、広範囲に広がる炭層と鉄鉱層、豊富な油層があり、川はサケ、ニシン、他の食用魚で溢れていた。大陸から25マイル、日本から30マイルに位置することは、大きな戦略的価値があった。日本は１９０５年に比べ、１８７５年にはその商業的、軍事的利点についてあまり考えていなかったが、このような戦略的な拠点はライバルの手中にあってはいけないと決めたのだ。北部は風が強く、岩だらけで、氷に覆われているので、日本はほとんど興味を持たなかった。ロシアにとっては、アムール川の河口付近で、囚人の居留地であるので、少しは有益だったが、それ以外にはほぼ価値はなかった。

日本は黒潮のおかげで気候がより健康的な南側半分を確保したが、そこには石炭、鉄、石油が埋蔵されており、日本の歳入と食糧供給に必要な漁場があり、海軍が宗谷海峡と日本海を管理することができた。日本が樺太の南半分と朝鮮海峡の両側を得れば、ロシアは、日本の同意なしにウラジオストックへの出入りができない。

賠償金については、日本は巨額の賠償金と同価値のもの、つまり、朝鮮、大連、旅順、東清鉄道、豊富な漁場、南満洲の管理、中国における高い評価を獲得した。戦争が始まる前には、日本はこれほど多くを得ようとは夢にも思っていなかった。

もちろん日本は最初、賠償金を要求したが、これは特に東洋では、得られると思うものより多く交渉するのが当たり前だ。アメリカ人もよくやるが、東洋人はいつもやる。実質的な損をせずに、明らかに大きな譲歩を引き出す余地があるので、東洋人にとってこのやり方は重要だ。上流階級の日本人は、他の多くのアジア人に比べて取引で値切ることは少ないが、最低条件から外交交渉を始めるほど馬鹿ではない。実は得られるとは思っていないものをしばらくの間は強気に主張することで、本当に欲しかった大事なものを得たのだ。

## 日英同盟の強化

日本がロシアと講和したのには、もう一つの理由があった。それは他国同様日本に大きな影響をもたらしたもので、おそらく全世界に影響をもたらしたものだ。すなわち、イギリスと秘密裏に結んだ条約である。１９０２年の日英同盟は日本の名声を高め、他の列強がロシアの支援に駆け付けた時は、強力なイギリスの支援を得ることを保証した。

しかし、この同盟の期間は5年で、あと2年しか残っていなかった。日本もイギリスも、より緊密でより効果的な同盟を結ぶ時が来たと感じていたので、一次同盟の期限満了を待たずに10年の期限で二次同盟を締結した。一次同盟と同じく、10年を期限としても、締結国のどちらかが他方に終了を希望する旨を告げてから1年間は効力があるものとした。

1905年8月12日に締結されたこの極めて重要な同盟の目的は、前文で次のように述べられている。

「(A)東アジア地域及びインド地域における全局の平和を確保すること。(B)清帝国の独立及び領土保全、並びに清国における列国の商工業に対する機会均等主義を確実にすることにより、清国における列国の共通利益を維持する事。(C)東アジア地域及びインド地域における両国の領土権を保持し、並びに地域における両国の特殊利益を防護すること」

第二条は次のように規定している。

「両締盟国の一方が挑発することなく一国もしくは複数国より攻撃又は侵略行為を受け、締盟国が本協約前文に記述されている領土権又は特殊利益を防御するために交戦に至る時は、その攻撃又は侵略行動がいずれの地に於いて発生しても、他の一方の締盟国はすぐに来てその同盟国を援助し共同戦闘を行い、講和も対戦国との相互合意の上に於いて為すこと」

第三条は、日本の「韓国(註:条文に準じて韓国と表記)における政治上、軍事上及び経済上の卓絶なる利益」を承認し、第四条は、イギリスの「インド国境の安全に繫がる一切の事項に関する特殊利益」を承認している。

第六条は「現時の日露戦争に対してイギリスは引き続き厳正中立を維持し、もし他の一国もしくは複数国が日本に対し交戦に加わる時は、イギリスは日本を援助し共同戦闘を行ない、講和も双方同意の上に於いて為すこと」と規定している。

この同盟の重要性は、広範囲に及んだ。それは、東アジアの平和、ロシアのインド国境への侵略行為に対するイギリスの不安の緩和、ロシアのさらなる満洲侵入に対する日本の不安の緩和を意味した。それは事実上、ロシア、ドイツ、フランスのさらなる侵略行為に対して中国の領土保全を保障し、人口の密集する中国と世界が貿易できるように門戸を開放した。それ以上に、これは、ヨーロッパ一の海軍とアジア一の軍隊の攻守同盟に等しく、これにより日本は、自ら勝ち得た地位を確立し、朝鮮を自由に発展させることができ、さらに、他国がイギリスか日本に戦争を仕掛けてきた時には両国で対戦するという保証を得たのだった。ドイツ皇帝は、この同盟を知るや否や、彼の望む計画への影響を察知し、すぐさま独仏露の同盟を結成することを急ぎ試みた。彼は、仏露政府共に動揺を共有したものの、ロシアは自国の事で手一杯であり、フランスは近年イギリスとより友好的な関係を築いたばかりだったので、わざわざ中国火中のドイツ栗を拾って、これほど近くにいる強烈な隣人から攻撃を受ける危険を冒すつもりはなかった。

極東における日本の主導権は、このように少なくとも10年は確立された。ロシアは朝鮮でさらに進むことはできず、中国とインドには手を付けることもできなくなった。一方で、イギリスと日本は所有財産を強化し、影響力を広げることが自由だった。日本は講和交渉が進行している間、イギリスと密かにこの新しい同盟を交渉しており、それが完結するや否や、ポーツマスの日本全権代表は、勿論それについて何も言及することなく、「寛大に」ロシアが強く反対していた要求を取り下げたのだ。

日本が主に欲しかったものは、朝鮮、南満洲で自由にできる領域、そしてロシアの侵略行為の危機から逃れる事だった。最初の二つは戦争に勝利したことで得られ、三つめは日英同盟により保証された。残りは、日本が寛容になれる単なる交渉事だった。

これを理解すると、日本が最終的に重要でない要求を放棄した時に日本使節団が感じたとされる悲しみ、そしてロシアの心からの喜びは、むしろ滑稽に見える。ロシア人は残骸から少しでも何か拾えたことにホッとして意気揚々と新聞記者に話しかけていたが、日本人は頑なに控えめな態度を保っていた。ロシアが大声で自らの主張を勝ち得たと豪語していたので、新聞記者もその見解を反映した。

しかし、時が経つにつれ、真の勝利は日本側にあったという事が、徐々に明らかになってきたのだ。日本は、世界で最も強い国の一つとみなされていた大国と壮大な戦争をして、前代未聞の勝利を収めたのだ。大して重要ではない、居住に適さずほとんど人が住まない島の北部を除いては、日本は勝利のもたらすすべての産物を確保し、ロシアのプライドを傷つけずに和解し、大きな名声を得て、敗北した敵に寛大であることを示して人類からの好意さえも勝ち得た。ロシアが大喜びしていることは、実は彼らが恐れていた悪い事態を意味しているのだ。

## 講和条件に抗議した日本国民

二国の平和の受けとめ方には、かなりの違いがあった。ロシア人は非常に喜んだ様子で、皇帝は、10月10日の詔勅(しょうちょく)で、ヴィッテ伯爵が「正当な譲歩」と「有利な平和」を引き出したことを誉(ほ)めそやした。皇帝は、満洲のリネウィッチ大将に電報を打ち、「日本は我々の条件すべてに応じたが、日本軍が占拠していた樺太の返還を求めてきた」と告げた。そして、「輝かしい我が軍隊は、今やその数や力において増強し、敵を撃退するだけでなく、致命的な敗北を負わせることができる。しかし、我が良心と神により授けられし国民への義務を果たすならば、私にとって大切なロシアの男たちの勇気を再び試すことはしない…それ故、私は予備的な講和条約を受け入れた」と伝えた。これは、中国人官僚がうらやむような「面子(めんつ)を保つ」ことの一つの例だ。

日本人は、講和条約の知らせを違う心持で受け取った。天皇は、確かに10月16日の詔勅で、「光栄なる平和」

を得て、「20カ月の戦争の後、帝国の立場は強くなり国益も増大した」と綴(つづ)っている。

しかし、日本国民はあまり満足していなかった。戦場での勝利に酔いしれ、樺太全域と、多額の戦争費用を穴埋めする賠償金が欲しかった。国民は戦争の継続がもたらす困難を、国の指導者のように理解する立場にはなかった。彼らの燃える愛国心は、リスクを考慮しなかった。日英同盟が与えた安全も、理解していなかった。

講和条約はロシアのさらなる侵略行為から免れる事を保障するものではなく、ロシアがシベリア横断鉄道を複線にし、より大きな軍隊を動員し、新しい艦隊を作り上げたら、即座に、その強化した敵と再度戦うことになることを国民は恐れていた。それ故、日本の全権代表が三つの条件を放棄し、四つ目にも妥協したという号外が知らせを待ちわびていた大衆に配られた時、抗議の嵐が起こったのだ。それは大集会、そして東京のある有力雑誌以外の主要な新聞の多くで、声高に叫ばれたのだ。

ロシア側の講和条件に対する大言壮語(たいげんそうご)が、大衆の怒りを激化した。

日刊紙は、ヴィッテ伯爵の新聞記者への発言を記載した。その引用は、次のように述べられていた。

「私は賠償金など一銭も払わない…日本は、はるか遠く北のハルビンまで東清鉄道を要求した。私は長春までしか与えなかった…日本は樺太に馬鹿げた値段を要求してきた。日本は樺太の半分を得たが、それ以上は一銭も得ていない」

さらに日本人は、興奮したヴィッテがロシア皇帝に送った偉ぶった報告も目にした。それには、「日本が陛下の平和条項の要求に同意し、陛下の賢明で確固たる決意のおかげで、そして陛下の御指示通り正確に、今後平和が築かれることをご報告することを光栄に存じます。ロシアはこれまでも、そしてこれからも永遠に、極東において強国であり続けるのであります」とあった。

これは、他国では笑いを誘うこけおどしの表れだったが、日本人の抗議の火には油を注いだ。有名人でさえも大衆の怒りを共有した。新聞は、「不名誉な降伏」、「屈辱的な平和」などの見出しを付けて書き立てた。

天皇には条約に署名せず戦争を続けるべきだとの嘆願書が多く届き、大臣は辞任すべきだと声高に要求された。もし政府が、実際の講和条約の条項だけでなく、日英同盟の条項も発表していたら、国民の憤激も、少なくともある程度は和らいだだろう。代わりに、日本政府は、国民の不満を押しつぶそうとした。日本人は世界で最も忠実な民族だが、彼らの従順さにも限度があり、数日間は、主要都市、特に東京で荒々しい日々が続いた。暴動が起こり、政府を擁護した新聞社の事務所は破壊され、他の多くの建物なども破損された。伊藤公爵は脅迫された。警察では対応できずに、軍が出動した。暴動はすぐに鎮圧されたが、多くの暴徒が死亡、または負傷した。

このような暴動から、多くを推論するのは間違っているだろう。ヨーロッパもアメリカも、劣った文明だからこのような大衆の暴力行為が発生したなどとは、確実に言うことができない。新聞は数カ月もロシアの暴徒の記事で溢れていた。イギリスでも暴動は繰り返し起こり、アメリカは恐らく世界で一番多く暴動が起こる国だろう。非常に国民感情をかき乱した大戦の和解が、日本人一人ひとりに満足のいくものでなかったのは、自然なことだ。時間が経つにつれ、世界を慎重に再考してみると、講和条約は全体的に見て日本にとって称賛に値するもので、かなり有利に働いているという事が、日本人にも分かってきた。

# 第十二章

## 日韓併合

日本は、アメリカがスペインとの戦争でフィリピンに上陸したように、軍事的な必要性により朝鮮に入った。一度入ると、軍と民間の両方での義務が発生した。朝鮮は無秩序で混乱し、人々は不機嫌だった。日本人はすぐさま改善の取り組みを始めた。伊藤博文公は「新しい関係は朝鮮王朝の威厳と繁栄を強化し、国も発展させる」と言った。数年後、ルーズベルト大統領は言った。「朝鮮は完璧に日本のものだ。条約で厳粛に朝鮮独立の維持が約束されたのは確かだが、朝鮮には自力で条約を施行する能力はない。しかも、協約は朝鮮が自国をうまく統治できるという誤った前提で結ばれている。実際には、朝鮮は、全く自国を統治することができないと既に示されている。日本は、朝鮮が他の大国の支配下に置かれることを許すわけにはいかなかった。それ故、日本は機が熟したと判断すると、礼儀正しく実務的に敏腕なやり方で、条約を静かに破り捨て、朝鮮を取ったのだ」

## CHAPTER XII

## JAPANESE ANNEXATION OF KOREA

The Japanese found themselves in Korea in the course of a war in circumstances roughly analogous to those in which the Americans found themselves in the Philippine Islands in the war with Spain. Military necessity had brought them in, and once in, civil as well as military obligation confronted them. The country was in a chaotic condition, the people were sullen or openly hostile. The Japanese lost no time in grappling with the situation.

Prince Ito said: "The new relations do but add to the welfare and dignity of the Korean dynasty and the strengthening of the country." Years afterward President Roosevelt justified his course in the following statement, which at a later date must have been read in Berlin with full approval: "Korea is absolutely Japan's. To be sure, by treaty it was solemnly covenanted that Korea should remain independent. But Korea was itself helpless to enforce the treaty, and it was out of the question to suppose that any other nation with no interest of its own at stake would attempt to do for the Koreans what they were utterly unable to do for themselves. Moreover, the treaty rested on the false assumption that Korea could govern herself well. It had already been shown that she could not in any real sense govern herself at all. Japan could not afford to see Korea in the hands of a great foreign power. She regarded her duty to her children and her children's children as overriding her treaty obligations. Therefore, when Japan thought the right time had come, it calmly tore up the treaty and took Korea, with the polite and businesslike efficiency it had already shown in dealing with Russia, and was afterward to show in dealing with Germany."

# 日韓併合

## 朝鮮に内政を任せたかった日本

アメリカがスペインとの戦争でフィリピンに上陸したように、日本も戦争の過程で朝鮮に入って行くことになった。軍事的な必要性で朝鮮に日本軍が入ると、軍と民間の両方でやるべき義務が発生した。朝鮮は無秩序状態で、人々は不愛想であるかまたは敵意を持ち、どこも支離滅裂で混乱していた。日本人は、すぐさまこの状況の改善に取り組み始めた。

日本の最初の思惑としては、外交は日本が直接管理するが、内政については朝鮮政府に任せ、日本の駐朝「顧問」が必要な助言を与えるというものだった。日本の駐朝公使は、率直に次のように語った。

「日本は、最も難しい問題に直面している。つまり、事実上の保護国を確立しながらも作り事の朝鮮独立を維持し、同時に統治の責任を負わないようにするという事だ」

「第一次日韓協約」の第一条と第二条は１９０４年８月19日に、第三条は８月22日にソウルで合意され、そこには次のように規定されていた。

「韓国政府は日本政府の推薦する日本人一名を財務顧問として韓国政府に傭聘(ようへい)する事」

「韓国政府は日本政府の推薦する外国人一名を外交顧問として韓国外務省に傭聘する事」

「韓国政府は外国との条約締結やその他重要な外国案件、即ち外国人に対する特権、譲与もしくは契約等の処理に関しては予め日本政府と協議すべし」

しかし、これはうまくいかなかった。駐朝公使が言った「問題」は「難し」すぎて、この中途半端なやり方ではとても解決できないという結論に、日本は至った。

そのため、もっと決定的に自らの手で物事を進めることにした。

## 日本の保護下に置かれた朝鮮

伊藤公爵が統監としてやってきたが、彼の権力は朝鮮政府をかなり動揺させた。伊藤公爵が朝鮮皇帝からの返礼訪問を受ける時は、宮廷の謁見室（えっけん）を使うという提案がなされた時、その動揺はさらに増した。朝鮮皇帝は、いつものやり方で病気と偽り、謁見が実現するのに5日かかった。


出来上がった条約の草案には、次の事が含まれていた。

「天皇のもと朝鮮を統治する日本人行政官を置く事」

「すべての条約港に日本人行政官を置く事」

「朝鮮の外交権を東京に移す事」

「日本の同意なしに他国と協定を結ばない事」


朝鮮皇帝はこれに反対し、朝鮮外務大臣の朴齊純（パクチェスン）も、このような宮廷の特権を譲って先祖の霊を侮辱しないよう皇帝に懇願した。しかし、他の大臣たちは、恐怖か賄賂かのどちらかに影響され、皇帝に承認するよう強く勧め、弱く脅えた国王はついに条約を結んだ。これが、正式には1905年11月17日の第二次日韓協約として知られる条約だ。実際には18日未明の1時30分に署名されたのだが、皇帝は1906年1月29日、他の国々に、自分の署名は偽造されたもので、朝鮮を隷属から解き放つために、朝鮮を共同で保護国にしてほしいと懇願した。

彼の署名は偽造されたというのは嘘だろうが、彼は、確かに自発的には署名していなかった。

条約が結ばれた事を知った国民は、大騒ぎだった。愛国心の強い役人は腹を切って自殺し、その6人には、高官で有名なミン・ユンワン将軍を含んでいた。群衆が集まり、叫び、髪の毛をむしり取る始末だった。日本人は賢く、人々をそのままにして怒りと悲しみを発散させたが、石を投げたり喧嘩が始まると介入した。秩序は徐々に回復したが、怒りと悔しさの炎は、長く密かに燻(くすぶ)っていた。

伊藤公爵は、ソウルの新聞社の取材に次のように述べた。

「新しい条約が結ばれ、朝鮮が日本に与えられたと勘違いしている人が日本人の中にも多くいるが、この軽率な考えが、二つの民族の間で悪感情と誤解を招いている。私が強調したい最も重要なことは、新しい日朝の関係は保護国協約締結により疑いなく確立されたが、朝鮮の主権は今まで通り朝鮮皇帝の手中にあり、朝鮮宮廷と政府はそのまま存在する。新しい関係は朝鮮王朝の威厳と繁栄を増大させ、朝鮮国も強化する。新しい協約は、朝鮮王国滅亡の運命を告げる弔鐘(ちょうしょう)の音だというのは、大きな間違いだ」

しかし、朝鮮皇帝は安心しようとしなかった。彼は、完璧に日本人支配のもとに置かれたと思った。皇帝は、統治者としては意志が弱くどうしようもなく無能だが、王族としてのプライドが全くないわけではなかった。また、41年間も行使していた権力を奪われることが悲しくない人間などいないだろう。皇帝は日本人を嫌ったが、それは一部には、日本人を伝統的に敵とみなしていたという事があり、また、日本人がロシア人のように彼にお世辞を言ったり、彼が望む金銭を提供しなかったからだ。自分の置かれた状況がどれだけ絶望的かを理解せずに、皇帝は宮殿を日本人への陰謀を計画する中心地とした。皇帝は日本の計画に重大な影響を与える力はなかったが、東洋人ならよく理解できるであろうが、二枚舌を使い百もの方法で日本人を苛立たせることはできた。

11月17日の協約が結ばれる前、皇帝はソウルの公立学校の責任者であるアメリカ人のホーマー・B・ハルバート氏に、絶望の中の最後の頼みの綱として、ルーズベルト大統領に個人的に懇願するよう依頼した。ハルバート氏はすぐにアメリカへ出発したが、日本人はそれを即座に察知し、スパイにずっと跡をつけさせた。日本人はアメリカ政府が干渉するとは考えていなかったが、念には念を入れ、ハルバート氏がワシントンに着く前に、事態に最終決着をつけるためできるだけ強力に圧力を掛けた。

彼は、協約の最終段階が完了する前にサンフランシスコに着いたのだが、ワシントンへの到着は遅すぎた。彼は大統領との会見を求めたが、ルーズベルト大統領は彼に会う必要はないと考えたので、結局国務長官との面会で満足するしかなかった。国務長官は、率直にアメリカ政府が干渉することは不可能だと言った。朝鮮皇帝は12月8日、ハルバート氏に電報を送り、11月17日の協約は「強制されたので無効だ」と思っており、「即座に異議を申し立てるべきだ」と伝えた。しかし、ハルバート氏は彼の行く先々で遮られ、何も成果を上げられなかった。

## アメリカの対応

アメリカ政府の対応は、ハルバート氏がワシントンに到着する前から、朝鮮にとってはひどく失望させられるものだった。アメリカ政府は、1882年に提案され、1883年5月10日に合意された朝鮮との条約のせいで、自国が厄介な立場に置かれていると考えた。

その条約の条項の一つには、もし他国がいずれかの政府に不当な、あるいは制圧的な行為を行なった時は、「もう一方の政府は、それを知ったならば、友好的な解決をもたらすよう調停に入り、親善の意を示すこと」とある。この条約を根拠に、朝鮮の中には、何か危機が起きた時には、アメリカの助けに頼ろうとする朝鮮人の親米グループが大きくなっていた。ワシントンの国務省は、この朝鮮の風潮に気づいていたが、目下展開している状況に巧妙に介入することはできないと知っていたので、かなり決まりの悪い思いをしなければならなかった。

ソウルのアメリカ公使であるホレイス・N・アレン閣下は慎重な外交官で、状況の繊細さに気づいていた。

しかし、彼は朝鮮人に、米政府は条約条項を守らないだろうとは言えず、また朝鮮人が自分を特別な友人とみなすことを止めさせることもできなかった。彼は朝鮮に何年も住んでいたので朝鮮人にとても友好的で、それは皆知っていた。いくつかの日本の新聞は彼を親露だと非難したが、全く根拠はなかった。

とにかく、日本は彼を自らの計画の邪魔になると考えた。

1905年6月10日、アレン氏の後任を命じられたエドウィン・V・モーガン閣下がソウルに現れたのだが、彼は同年3月には既にアメリカ公使に任命されたものとされていた。

東京の政府がアレン氏の更迭を要求したなどという事は真っ向から否定されたが、ソウルのアメリカ公使館での交代が為されれば日本は喜ぶだろうという事は、外交にありがちな間接的方法で、明らかにワシントンにほのめかされていた。さらに明らかなことは、アメリカもその時点では、あまり親朝として知られていない人物を駐朝公使にするほうが良いと考えていた。それ故、アメリカが極東において任命した代表の中で最も有能な者の一人で、朝鮮に21年間住み、そのうちの15年は外交の職に就いて非常に価値ある知識と経験を身に付け、ソウルの外交団の長老でもあったアレン氏は、派遣先の政府と国民に好かれて信頼されたという罪で、即座に解雇されたのだった。

モーガン氏の在職期間は短かった。西洋の諸政府は、11月17日の協約の重要性を理解しそこなう事はなかった。外交がすべて東京で処理されるので、ソウルの公使館での職はなくなり、公使も皆引き上げられた。朝鮮人は怒り、アメリカ人も残念に思ったのだが、一番最初に公使を引き上げたのもアメリカだった。

後ほど漏れ伝わったことだが、北京駐在の日本公使がアメリカ公使のウィリアム・W・ロックヒル閣下に対して、朝鮮がアメリカの干渉を期待していることを考えれば、アメリカがソウルの公使館を一番初めに閉鎖することは、日本にとって喜ばしいことだと暗に示したのだった。なぜなら、そうすることで、朝鮮人への精神的効果は大きく、親米グループもさらに抵抗することは無駄だと気づくからだった。ワシントンの日本公使も同様なことを暗に示した。アメリカ政府は、愛想よくそれに応じたのである。

11月25日、日韓協約締結後たったの1週間でモーガン氏は退去命令を受け、12月8日、荷造りが終わるとさっさと街を後にしたのだった。これにより朝鮮人の間でのアメリカの評判は崩れ落ち、日本人の間でのアメリカの評価は即座に上がった。

その3日後の、12月11日に「資格のない特使」と呼ばれた閔泳煥（ミンヨンファン）がワシントンの米国務長官を訪ね、朝鮮の外交が東京の外務省により管理指揮されることを規定した11月17日の協約は、皇帝に無理強いされたものなので無視されるべきだと言った。彼は、アメリカは１８８３年5月10日の米朝の条約（註：米朝友好条約）にのっとって対処すべきだと言った。

ルート国務長官は、12月19日、彼の言葉を考慮したものの、朝鮮代理公使のキム氏は朝鮮の外務大臣から彼の管理下にある公文書とその他の所有物を日本公使館に引き渡すよう指示を受けたと国務省に通知してきた、と返答した。さらにルート国務長官は、「この公式なやりとりから見て、あなたが個人的に得たという情報は事実と全く異なっており、それに基づきアメリカ政府が行動を起こすというのは難しい。さらに、日本政府の公式見解と朝鮮政府の公式見解は一致しており、あなたの情報とは完全に異なる」と結論付けた。

勿論これは、外交的なカモフラージュだった。ルート国務長官ほどの能力と知性を持った人物に対して、彼がその「公式見解」が朝鮮の実の声を反映していないことを知らなかったなどと推測して、彼を不当に判断してはいけない。単純な事実は、米政府は干渉が不可能とみなして、その口実に表面的な報告書を利用するのが都合が良いと考えたのだ。アメリカは、この抗議が無益で、朝鮮のためにもならず、日本を苛立たせるだけと

一『Foreign Relations of the United States』１９０５年

いう事を良く理解していた。

数年後、ルーズベルト氏は次のように自らの取った行為を正当化しているが、これは後にベルリンでも全く共感を持って読まれたに違いない。

「朝鮮は完璧に日本のものだ。条約で厳粛に朝鮮独立の維持が約束されたのは確かだが、朝鮮には自力で条約を施行する能力はない。何の利益も持たない第三国が、そこで朝鮮人自身が全くお手上げだったことを朝鮮人のためにしてあげることなど無理な話だ。しかも、協約は朝鮮が自国をうまく統治できるという誤った前提で結ばれている。実際には、朝鮮は全く自国を統治することができないと既に示されている。日本は、朝鮮が他の大国の支配下に置かれることを許すわけにはいかなかった。日本は条約義務を覆(くつがえ)すことが子孫に果たすべき責任だと思った。それ故、日本は機が熟したと判断すると、ロシアに対処した時、そして後にドイツに対処した時と同じように、礼儀正しく実務的に敏腕なやり方で条約を静かに破り捨て朝鮮を取ったのだ」[二]

## 皇帝の退位

１９０７年春に、朝鮮皇帝がハーグの国際会議に使節団を送り、西洋諸国の仲裁を要請するに至って、日本人も忍耐の限界に達した。叶うはずのない大義を必死に訴える朝鮮愛国者たちのやるせない姿には、どこか哀れなものがあったが、勿論、ハーグ委員会は受け付けなかった。日本人は憤慨した。朝鮮皇帝は自分には責任がないと主張したが、信じる者はいなかった。

７月18日、朝鮮内閣の大臣たちは皇帝を待ち受け、日本人に反抗し続ければ、朝鮮国が非常に危険な状態になるという事を慎ましく、それでいてきっぱりと伝え、退位するように勧めた。皇帝は怒りと仰天の入り混じっ

二　The Outlook 掲載記事　１９１４年9月23日付

た気持ちで聞いていたが、彼らと長老たちとの長く激しい会合を繰り返した後、屈辱に打ちひしがれた皇帝は皇太子に王位を譲る勅令に震えながら署名した。

このように不名誉な形で王位を引き継いだ不運な男は、父親より心も体も弱く、また非常に鈍く愚鈍だったので知的障害があるのかと思われた。

8月27日に王位の儀式があったが、彼の髷が切り落とされていたのを見て、朝鮮人たちは屈辱が最高潮に達したと思った。暴徒が宮廷を取り囲み、重大な混乱が起こりそうだったが、日本軍は準備を整えており、混乱も徐々に収まっていった。しかし、多くの人々は不満なままだった。

勿論、日本は外交上、朝鮮皇帝の退位には日本は何も関わっていないと説明した。そして、これは、賢く愛国心に溢れる朝鮮人たちが、国民のために皇帝の退位が必要だと固く信じて忠告したことによって起こったのであり、日本は前皇帝がそのまま王位についていることを望んでいた、などと言った。

勿論、幼稚園を卒園する程の知性を持つ者なら、日本人が厄介な年老いた皇帝を退位させ、言いなりになる息子を即位させたことを一時でも疑いはしないだろう。それを否定するのはただ「外交的」に「顔をつぶさない」ためだ。日本人は、ただ自分たちの足跡を隠すのに抜け目がなく、外部の人間が実際の出来事と自分たちを直接結びつけないようにしたのだ。

もし朝鮮の大臣たちが明らかな命令なしに行動したとしても、本質的な事実は同じだ。操り人形の東洋人たちが、日本人が何を欲しているか理解しないまま、このような王位に影響を及ぼす極端な行動に走るなど、分別ある者の誰が想像するというのか。また、もし実際にそのように行動しても、日本人は急いで止めたりはしなかっただろう。

これについては、日本が朝鮮の権利を軽視しているとしばしば言われた。だが日本は、王位のことは朝鮮王室に任せており、数年で父から息子へと王位が移ることを単に予想していただけなので、条約には何も違反していないと弁解した。とは言え、日本人は、新しい皇帝が父よりもさらに無力になるような状況を、すぐに創り出していた。

## 日韓の併合

7月24日、有能で高学歴だが政治的に腐敗しているとされる有名な李完用(イワニョン)は、皇帝と伊藤公の許可を得て、日本官邸で次の合意に署名した。

「第一条、韓国政府は施政改善に関し統監の指導を受けること。第二条、韓国政府の法令の制定及び重要な行政上の処分は予め統監の承認を経ること。第三条、韓国の司法事務は普通行政事務と区別すること。第四条、韓国高等官吏の任免は統監の同意を以て行なうこと。第五条、韓国政府は統監の推薦する日本人を韓国官吏に任命すること。第六条、韓国政府は統監の同意なくして外国人を傭聘しないこと。第七条、1904年8月22日調印の日韓協約第一項はここに廃止すること」

皇帝は国軍を解散する宣言を要請されたが、国王としての外見は保てるよう、宮廷護衛の大隊を少数維持することは許された。兵士数名が、武器を捨てろと言われたことに反抗し、2~3人の日本人を殺したが、すぐさま取り押さえられ、国軍は消滅した。

このように、名目上の独立国としての朝鮮さえも死んだ。正式な併合の告示は、1910年までなされなかったのは確かだ。しかし、その宣言は、単に長らく知られ、認められていた事実に公的な承認をしただけだった。日本人移民の朝鮮への流入、商取引と不動産の急発展を目撃し、重大な国内外の問題を知っていた者は、併合は遅かれ早かれ必ず起きることを分かっていただろう。戦争前、朝鮮には6万人の日本人がいたが、日本の占有後は飛躍的に増えた。大勢の日本人が、永続的に、不条理な朝鮮の法律下に暮し続けること、または税金を納めて腐った朝鮮政府を支援し続けるなどと推測するのは、合理的ではなかった。治外法権の原理は、このような状況に対応するには不十分だった。また、日本の政治的、軍事的地位に極めて重要な地域を、そのように不具合な状態で放置しておくことも有り得そうになかった。

日本を批判する者は、日本が１９０４年2月23日の協約で誓った次の言葉を破ったと非難する。

「大日本帝国政府は大韓帝国の独立及領土保全を確実に保証する」

また、半官半民のジャパンタイムズ紙の編集者である頭本氏は、以前伊藤公の個人秘書で後に国会議員を務めた人物だが、１９０４年9月に社説で次のように述べた。

「我々は、世界の前で朝鮮王国の独立を尊重することを厳粛に誓い、帝国政府の過去における如何なる政策も行為もその国際関係の固い信頼を疑う口実など微塵も与えない」

しかし、日本が不誠実に行動したと思う必要はない。日本人の中にも、１９０５年11月7日の条約は独立の保障を破棄して、ただ「韓国宮廷の安寧と尊厳を維持することを保証する」と置き換えたのだと言う者もいる。しかし、事実は、日本の当初の誠実な目的、つまり朝鮮を保護国とすることで満足するという事と一致していると思われる。

伊藤公は、１９０７年9月21日のアソシエート・プレス紙の記者との公式会見で次のように述べた。

「日本で朝鮮を併合しないのは間違いだと信じている人がいるが、私は断固として併合には反対してきた。併合は、全く避けられない事態にならない限り、天皇陛下の御考えにはないのだ」

我々は、伊藤公が保護国を公正に試そうとしたのは誠実な思いからだったと思う。しかし、我々が経験した事実は、計画が失敗だったことを物語った。東京の外務省は、併合条約の発布に関する公式声明で率直に次のように認めた。

「朝鮮問題を真摯に注意深く調査したところ、日本政府は、保護政権では朝鮮の現状に対応することはできず、また、朝鮮を正当に統治するという日本に託された責任は、大日本帝国が朝鮮を完璧に併合しなければ公正に為すことができない、という結論に至った…統監子爵寺内が、この解決策を遂行する任務を与えられた」

卓越した衆議院議員である望月小太郎は、次のように的を射た発言をした。

「ルーズベルト大統領は、アメリカの安全保障のために絶対不可欠な運河地帯（註：パナマ運河）を獲得した。日本も同じ理由で朝鮮を併合した。異なる点は、コロンビアはアメリカ存続に脅威ではないが、朝鮮はロシアの陰謀を通じて確実に日本存続の脅威だったことだ」

それ故、東京の外務省が１９１０年８月29日に併合「条約」を打ち出した時、誰も驚かなかったのだ。

条約は次のように宣言していた。

「日本国皇帝陛下及び韓国皇帝陛下は両国間の特殊で親密な関係を思い、相互の幸福を増進し東洋の平和を永久に確保することを欲し、この目的を達成するためには韓国を日本帝国に併合することが必要であることを確信し、ここに両国間に併合条約を締結することに決定する…韓国皇帝陛下は韓国全部に関する一切の統治権を完全且つ永久に日本国皇帝陛下に譲与する」そして、「日本国皇帝陛下は前条に掲げる譲与を受諾し且つ韓国を日本帝国に完全に併合することを承諾する」

朝鮮の独立が失われるという話は、見当違いだ。確かに、古代からの歴史ある民族が隷属状態に落ちるのを見るのは、極度に哀れだ。８月24日の、併合が合意された大臣たちと皇帝の会合も心を打つものだったという。首相の李完用は「人々の幸福と彼らの生活と財産を守ることを重んじ、独立を放棄せざるを得ないこの国の過酷な運命」を長く悲しげに語った。皇帝は静かに聞いた後、低い声ではっきりした感情で次のように言った。

「首相の言葉はよく理解した。私は貴君らにこの状況の処理を委ねる」

しかし首相の言葉を黙認することは避けられなかった。朝鮮の弱さと極東での立場からすれば、列強による支配を受けるのは必然だったのである。

そこでの質問はただ一つ「ならず者よ、どちらの王の支配だ？」（註：シェイクスピアの『ヘンリー四世』からの引用）―ロシアか？　日本か？

そして、古き朝鮮の滅亡に最終舞台の幕が下りた。

「列強はこのバドミントンの羽を弄んだが」とカーゾン卿は比喩して言った。

「各々の利害や偏見に基づき、全く異なる相容れない立場からそれぞれ朝鮮を扱い、朝鮮は、代わる代わる、いや同時にも、贔屓にされたり、甘く騙されたり、脅されたり、愛撫されたりしたのだ」[三]

長く、疲れる争いが終わり、朝鮮は名目上も事実上も、大日本帝国の切っても切り離せない一部分となった。

旧皇帝とその後継者は、朝鮮において過去に退位させられた君主の多くに比べれば幸運だった。自分の首が飛んでいないのだから。彼らは公式に「李皇太子の父」と「李皇太子」と呼ばれ、年間王室費用として１５０万円を与えられ、旧首都に引退して、何もせず呆けて暮らした。そのような環境では、愚かさと弱々しさが長生きの助けとなる。

李皇太子の父は１９１９年1月21日まで怠惰に生きた後、先祖の元へと召された。李皇太子は、最後に確認された時は、過ぎ去った日々の残滓を悲しく哀れに生きていた。

---

三『Problems of the Far East』１８８頁

# 第十三章

## 極東問題の要因としての満洲

満洲は日本の２倍以上、朝鮮の４倍の面積を持つ。世界でも有数の肥沃な土地で鉱物も豊富だ。人口は約２、０００万。満洲は理論的には中国で、役人は中国政府に選ばれる。しかし、ロシアも日本も各領域で好きなことをし、中国役人には耳を傾けなかった。１９０９年、米国務長官は満洲鉄道を６カ国で共同経営しようと提案した。ロシアが極東に通じる鉄道を手放すはずはなく、日本も満洲での存在と朝鮮の安全に必要不可欠な鉄道の排他的権利を放棄するわけはなかった。提案は全く幻想的だった。日本への批難があるが、なぜ日本が満洲から撤退しないといけないのか？もし撤退したら、ロシアが南下し、また日露戦争となる。イギリスのインド政策もロシアの南下を許さず、その理由は誰にも明確だ。アメリカはカナダとの国境を要塞化したりしないが、もし自分たちと全く違う人種がカナダを占領したら黙認するだろうか。日本がロシアを疑う理由は山ほどあるのだ。

## CHAPTER XIII

## MANCHURIA AS A FACTOR IN THE FAR EASTERN PROBLEM

Manchuria is more than double the area of Japan, and four times that of Korea. It is one of the finest agricultural regions in the world. Minerals are abundant. Its estimated population is about 20 million. Theoretically, Manchuria remains a part of China. Its officials are appointed by the government of China, and are supposed to be amenable to it. However, both Russians and Japanese do as they please in their respective territories, with little regard for the wishes of the Chinese officials.

In 1909, American Secretary of State conceived the notion of neutralizing the Manchurian railways under the joint agreement of Russia, Japan, France, Germany, and Great Britain, and he proposed this to these Powers. The idea that Russia would consent to having the railway which was their only thoroughfare of approach to Manchuria and the Far East taken out of their hands, and the idea that Japan would ever surrender exclusive control of the railways which are indispensable to their existence in Manchuria and to the safety of Korea, were utterly visionary.

Why should the Japanese withdraw? They knew perfectly well that if they did the Russians would move down and occupy their old positions, and that the conditions which preceded the Russia-Japan War would recur. It has long been a settled principle of British policy in India not to pcrmit Russia to comc down to the Indian frontier, and every intelligent person understands the reason. The United States does not fortify its Canadian line. But suppose a nation radically differing from us should seize Canada, does anyone imagine that the United States would be acquiescent? Japan had abundant reason to suspect Russian plans.

# 極東問題の要因としての満洲

## 満洲の豊かな資源

朝鮮の義州から鴨緑江を渡ると、極東の大論争の地である満洲に入る。私が知り得る地域の中では、カナダに最も似ている。36万3,610平方マイルの面積は、日本の2倍以上、朝鮮の4倍である。その広さから想像がつくように、様々な景色を見ることができる。一部は丘陵あるいは山岳地帯で、広大な土地がアメリカの大平原のように平坦だ。世界でも有数の非常に肥沃な土地であり、比較的未開発ではあるが、既に大量の穀物が生産されている。生産できる主要農作物にほとんど限りがないので、東アジアの穀物倉と言えるだろう。

鉱物も豊富だ。石炭、鉄、雲母(うんも)、鉛、銅、金、銀、アスベスト、石膏などが各地に様々な規模で埋蔵されており、建築物に適した石灰岩や他の岩石もある。中国人はこれらが地面近くに横たわっている事、あるいは丘陵や川岸で露出している事は長い間知っていたが、彼らの採掘技術は未熟で、風水（土地と空気の精霊）を迷信的に恐れていたので、ほとんど開発されることはなかった。北ではロシア、南では少数のイギリスの会社がもっと手際よく採掘していた。イギリスの会社は中国から採掘権を得ていた。

ここ10年はそのような採掘権を獲得することは簡単でなくなっており、将来も獲得できるか疑わしい。理由として、一部には、北京政府が以前よりも嫌がっていることが挙げられるが、大部分は、日本人自身が採掘権を欲しているからだ。

彼らは既に比較的大規模に多くの鉱山を開拓していた。奉天の北東に位置する撫順(フーシュン)鉱山は大量の石炭を生産していた。質は高くないものの、採掘技術は十分に近代化しており、生産量も多く、価格が安かったので、満洲と朝鮮ではほぼどこでも購入することができた。ペンチフ鉱山は埋蔵量はやや少なめだが工業用の石炭に適している。溶鍊(ようれん)に有益な無煙炭と天然コークスは、ニュウシンタイ付近で採掘されている。鉄鉱石も鉱脈付近で大量に採れるため、鋳造(ちゅうぞう)工場は非常に利益を上げている。金、銀、鉛、銅は小規模だが、多くの場所で巧みに採掘されている。イギリスの鉱山技師は、トゥンファとファイジェン付近の35平方マイルの地域が「非常に豊かな」埋蔵地帯だと述べており、日本人調査員によれば、そこで採れる金は1万分の1グレード以上の品質で、99パーセントの純度に達することもあると言う。[一]

## 満洲人と満洲王朝

満洲の人口は約2、000万人と推定される。カナダは満洲とほぼ同じ広さの可住地域があるが、人口は720万6、643人しかいない。それと比較すれば満洲の人口は大きなものに見える。しかし、日本、朝鮮、中国の18の州に比べると、満洲の人口は少なく、今の何倍もの人口を支える事が可能だ。

主な人種は勿論満洲人だが、純中国人も多くおり、その数は急激に増加している。なぜなら、満洲は、中国の人口密度の高い地域に比べて土地が安く、利益ある雇用の機会も多いからだ。中国本土と比較すると満洲では、満洲人と中国人の違いは、さほど顕著ではない。実際、私は道で出会う人が満洲人なのか中国人なのか見分けることができない。私はよく住民にも見分けられるか聞いてみるのだが、彼らでもたいていの場合は、話してみなければ見分けることができなかった。満洲の女性は髪の結い方が中国人女性とは違うので、まだ見分けやすかった。満洲の女性は纏足(てんそく)もしていなかったが、満洲では中国人女性でも中国中央部や南部の女性たちのように纏足をするのが一般的ではなかったので、見分けるヒントにはならなかった。中国人と満洲人の混血は、

一　The Oriental Review　1910年11月25日付参照

中国のどの地域よりも満洲での方が顕著で、男らしい性質を備えており、身体的に強靭で精神的にも俊敏だった。

満洲王朝は中国全域を長い間支配していたのだが、近年の満洲人は、最初にロシアの攻撃的な力、そして次には日本の力によって、気持ちで負けてしまっている。満洲は、日露戦争以前は強い軍事力をもったロシアの侵攻を前に為す術がなかった。一般の満洲人は、何にせよ自分らに心遣いが向けられることはほとんどなかったので、誰が支配者になろうともあまり気にしなかった。役人たちはその尊厳を傷つけられたものの、ロシアの金(きん)で宥(なだ)められた。ロシア人は中国人と仲良くなるのには誰よりも機転が利き、大きな問題はほとんどなかった。ロシア日本がロシアを旅順と南満洲から追い出したとき、人々はただ支配者を変えたに過ぎなかった。多くの田畑や町が破壊されたが、日本もロシアも満洲を不必要に害する方針はなかった。両国の軍隊は大規模な食糧供給と何万もの手押し車と労働者が必要だったので、やりくりの上手い住人はその機会を利用して両方から利益をあげ、中国は中立を保った。

## 満洲の重要都市

満洲には、数えきれない村々に加えて、いくつかの重要な町と都市があった。旅順と大連については既に述べた。鴨緑江ほとりの安東は、つい最近まではみすぼらしい村だったのだが、釜山から奉天への鉄道が川を渡る拠点として開発され、日本から巨大な量の貿易物資が流れこむ満洲への入り口だった。吉林は炭鉱と、その炭鉱と長春を結ぶ鉄道によって潤い、長春は他の地域の大市場と繋がっていた。

旅行者に最も興味深い場所は奉天だ。かつて満洲皇帝が住んでいた古代都市であり、後には中国総督が在住した。古い立派な壁は所々崩れているが、未だにかつての権力を顕著に示す遺跡である。我々は訪問中、その壁に沿って全外周を歩いてみた。いくつかの途切れ目でよじ登ったりしなければならなかったが、景色は感動的で、進む度に歴史を連想させるものがあった。つまり、消滅した偉大な王家の、栄華の記憶で満ち溢れていたのである。皇帝の宮殿は悪くない状態で修復されており、アメリカ公使館の付した紹介板を頼りに自由に見物することができた。町から数マイル離れた所には皇帝たちの墓がある。巨大な古墳と言うよりは、むしろ小さな丘の数々で、広々とした公園、寺院や門に面していた。これらは通常アジアの支配者の墓を示すもので、壮大な規模、そして周囲は威厳ある佇まいであるため、大きな感銘を与える。

また、ここには多くの戦の舞台となった戦場がある。はるか古代まで遡る野蛮な部族間の獰猛な戦いから、ロシアと日本の間で起こったあの壮大な戦いまで多くの戦があった。後者は、100マイルの前線において、近代化した大軍が火花を散らした世界でも決定的に重要な戦いの一つだ。近年、この古風な町は驚くほど変貌を遂げた。古代栄華の遺跡を想像をかきたてられながら眺めた後に、鉄道、電信線や電話線、砕石舗装された道、路面電車、電気のついた近代的公共建築物を見るのは何とも奇妙な感じがする。

町の東側にはスコットランド長老派教会伝道団、西側にはアイルランド長老派教会伝道団、そしてスコットランド長老派教会伝道団の敷地からさほど遠くない所に英国外国聖書協会があり、教会、学校、病院、広範囲にわたる伝道事業を管理していた。スコットランド長老派教会病院は、有名なドゥガルド・クリスティー医師が長い間、監督を務めていた、世界でも有数のミッション系病院である。

クリスティー医師は、1882年に宣教師として働き始め、以後何十年も続けたのだが、大きなビジョン、カトリックとしての思いやり、人と接する類い稀なる才能を持ち合わせていた。彼は裕福な満洲人と中国人、それに役人を非常に感動させたため、彼らの方もクリスティー医師の活動に寛大に貢献した。個人の危険は顧みず、奉天で戦いが起こった悲惨な日々にも、彼は静かに病人や怪我人への慈悲深い治療を行なった。義和団の乱で宣教師の施設が破壊され、彼の同僚であるワイリー氏が日清戦争で中国人兵士に殺害され、日露戦争では病院の敷地内と屋根の上に爆弾が落ちてきた。それでも彼は、兵士のような勇敢さで絶え間なく手術を行ない、死にかけている者に尽くしたのだった。彼が亡くなった時には、町全体が嘆き悲しんだ。

営口（インコウ）は長い間、満洲における商業の入口だった。遼河のほとり、遼東湾からほんの数マイルの場所に位置し、その低く平坦で不快な土地は、雨季には深い泥と化す。しかし郊外は驚くほど肥沃で、また、積み出し港として長い間多くの貿易が営（いとな）まれてきた。日本の管理下にある南満洲鉄道は、この貿易をダルニー（現在の大連）に移そうと精力的な努力を重ねている。そのため営口には差別運賃を課し、大きな負担を与えた。公式報告によれば、115マイル離れた奉天への積荷の関税は、246マイル離れた大連─奉天間の関税よりも高かった。

長春（チャンチュン）は昔は侘しい土地だったが、日露戦争後は、日本からロシアの勢力圏へと変わる地点として重要になった。ここは、南満洲鉄道が終わり、ロシアの国営鉄道が始まる所だったのである。それ故、ロシアと日本の両方が長春に目をつけていた。ここは鉄道によって政治的、軍事的に重要な場所になっただけでなく、広範囲にわたって豊かに実る豆の市場へのアクセス、そして四方八方に何平方マイルにも広がる水田でも重要だった。

結果として、貿易は大きく増えた。長春はおそらく世界でも突出した豆生産都市だ。出荷の時期に乾燥地に大量に積み上げられている豆の山は極東でよく見られる光景だ。豆、油や豆かすなどの加工製品は、中国、朝鮮、日本、そしてヨーロッパにまでも輸出され、1年で35万トンにもなる。

ハルビンも、外国人によって現在の風格をもたらされた町の一つだ。ハルビンを造ったのはロシアである。ウラジオストックからのシベリア横断鉄道の本線上にあり、満洲を南方に突き抜ける支線との分岐点にある。これは満洲、中国、朝鮮からの鉄道旅と運輸のすべての流れがハルビンを通って積み替え・乗り換えられることを意味している。また、ウラジオストック港が氷で閉鎖されている6カ月間は、日本による使用量が増えた。長春にとっての重要作物が豆なら、ハルビンにとってそれは小麦、馬、牛、羊だった。北満洲の無限の大平原は何百万ブッシェル（註：1ブッシェルは約27キロ、または約35リットル）、モンゴル遊牧民は、その大量の羊と牛をハルビンの市場で売る。日露戦争中、ロシア政府はハルビンに一日170万ポンドの生産能力を持つ八つの製粉所を造り、ロシア軍へのパンの供給は大部分ここに頼っていた。戦後は不景気に陥ったのだが、しかしアメリカの製粉会社が貿易で優位になるためこれらの製粉所を買い取ろうとしているという知らせを聞くと、ロシア政府はすぐに資金援助をし、製粉所をロシアの管理下に置くようにした。小麦の品質は良かったが、ロシアの製粉業者はアメリカの製粉業者ほど粉の挽き方が上手くはなかった。しかし、ロシア人の方が安く作れ、彼らの客も我々ほど口うるさくないので、ハルビンは極東の小麦粉製造の拠点として存続するだろう。製粉所以外にも、貯炭場や馬市場、テンサイ糖工場があり、ビジネスの流通拠点でもあることから、ハルビンがかなり重要な場所だということが分かる。

## 満洲の複雑な政治事情

日露戦争の後は異例の状況が続いている。理論上、満洲は中国の一部であるから、役人は中国政府に選ばれ、後者に従順であるはずだ。しかし実際には、中国人の総督も部下も非常に厄介な状況に置かれている。彼らは北京政府から満洲国を治めるように言われているが、1917年の革命に続く混乱で力が弱まるまで、長春より北は、ロシア人が鉄道とその途中のすべての主要都市を支配下に置いていた。長春より南は、日本人が鉄道、要塞都市の旅順、商業都市の大連を管理している。ロシア人も日本人もそれぞれの領域で好き勝手なことをして、中国役人の希望などには耳を傾けなかった。日露の権限は法的には鉄道両側の狭い領域に限られていたが、その鉄道はすべての貿易と交通を支え、実質的に満洲のすべての活動の中心となるものだった。そのため、日露の狭い範囲での権限も実際的というよりは名目上のものであり、そのような考え方をしない中国人行政官は、すぐに面倒な事になるのだった。

ある事件が状況の複雑さを示している。私の訪問直前に、アメリカの電気供給会社の代表が奉天の中国総督から電灯照明の契約を獲得した。その施設を建てるため、総督はアメリカ人の電気技師を雇った。電柱が建てられた後、電線が届くまでに少し遅れがあった。その間に、日本人が同じ道に電柱を建て始めてしまった。法律的には、町を囲む壁から約3マイル離れた鉄道の駅周辺に設けられた特権区画以外では、日本がこのようなことをする権利はない。しかし、彼らは、中国当局から許可を得ることなく工事を始めたのだ。

また、ある道では、アメリカ人技師が建てた電柱に、自分たちの電線を掛けていた。これを咎められると、彼らは、皇太子が奉天をご訪問されるので、殿下に敬意を表して、通りと日本公使館を照らしておきたいのだと言った。皇太子の訪問が終わった後に電柱と電線を撤去するのかと聞かれると、そうだと答えたので、彼らは引き続き工事を続けるのを容認された。しかし、皇太子訪問がおわっても電線が取り外されることはなかった。やがてアメリカの電線が届いたが、日本人は自分たちの電信柱と電線を邪魔にならないよう取り外すように言われたのを無視した。

怒ったアメリカ人技師は3日の余裕を与えた後、従業員に日本人のワイヤーを切って自分のものを取り付けるよう指示したため、恐ろしい大騒ぎが起こった。日本人は中国総督のところへすぐさま押しかけて強く抗議したので、総督は、自分で雇ったにもかかわらず、そのアメリカ技師に自分の電柱から電線を外して、日本人が電線を掛け直せるようにしろと命令した。アメリカ人技師は従うのを拒否し、脅えた総督は、日本人に自分たちで工事する許可を与えざるを得なかった。すると日本人は総督に電線を売ると言い、実際の価値の約3倍の値段をつけた。これが私が去ったときの状況である。

日露戦争中とその直後には、何百人もの日本人商人が満洲の町で店を持ち、時には中国人経営者を追い出したという不平を多く聞いた。また、日本人はそれらの店にずっと居座り、店主が支払いを強制できない場合は家賃も払わなかったという事も聞いた。日本人がこのような状況で取った手段を知りたい人は、ソウルで路面電車や電気照明とその他の利権を得ていたアメリカの会社、コルブラン&ボストウィックに問い合わせれば、率直な意見が聞けると思う。

## アメリカの非現実的な提案

１９０９年、米国務長官のフィランダー・ノックス閣下は、満洲鉄道をロシア、日本、フランス、ドイツ、イギリスと共同契約のもとに中立化しようという考えを思いつき、列強に提案した。それは、中国、日本、ロシアの関係が生み出す重なる支配権と苛立ち、そしてアメリカとヨーロッパ諸国の商業的関心など、満洲における特異な状況を理解すると簡単に提案したくなるような美しい幻想だった。それは全く実行不可能なことであり、責任ある政府の役人がこのようなことを真面目に提案したのは驚きで、彼がこれら列強の反応を内々に確認せずに公にしたことはより驚きだった。

ロシアと日本は、それぞれが満洲で管理していた鉄道の商業的利点を重要視してはいたが、真の目的は軍事的なものだった。ロシアが満洲と極東に通じる唯一の幹線道である鉄道を手放すことや、また、日本が満洲の自国の存在と朝鮮の安全にとって必要不可欠な鉄道の独占的保有権を譲ることなど、全くの夢想だった。アメリカ人の観点からは好ましく見えても、この提案は月への旅ほどの幻想だったのである。

この提案は、ベルリン、パリ、ロンドンでは、表向きは礼儀正しく、内向きには嘲り（あざけり）で受け取られた。また、東京とサンクトペテルブルグでは、ニューヨークタイムズの座右の銘、つまり「印刷するのにふさわしいすべてのニュース」という言葉には相応しくない感情をもって受け取られたが、それは驚くようなことではない。

しかし、外交上は礼儀正しくても、それは緊張と同じであることが判明した。フランス、ドイツ、イギリスは提案に応じることはできないと丁寧に断った。

ロシアは、1910年1月、アメリカ政府に対して厳かに次の事を知らせた。つまり、東清鉄道にロシアは巨額の費用を費やし、それはロシア企業の発展と密接に繋がっており、また「ロシアの主要交通手段であるので、その鉄道を緊密にロシアが管理することは最重要事項である。もし鉄道が他国連合の手に渡ればそれが不可能になることは言うまでもない」。「…中国主権の不可侵の原則、満洲における門戸開放と商業の機会均等は現在いかようにも脅かされてはいない。よって、これらの原則を守る最も効果的な方法に関するアメリカ政府の懸念は、満洲の現状には当てはまらない」。

東京では、1月27日、外務大臣の小村男爵が国会の演説で日本の提案拒否について淡々と説明した。それには次のような重要な文章が含まれていた。

「大日本帝国政府は、既に公言したように、細心の注意を払って、満洲での門戸開放と機会均等の原則を守る政策を着実に維持する決意であるが、提案された計画は、ポーツマスと北京の条約により確立された満洲の状況に極端な変化をもたらし、南満洲鉄道が通る地域で重要な結果を引き起こすという事に気づかなければならない。鉄道が我々の管理下に置かれることを前提に多くの事業が為され成長した。帝国政府は正当な責任感から、今問題になっている鉄道を手放すことに同意することはできない」

このアメリカの提案は失敗に終わっただけでなく、ロシアと日本を結びつけるという驚くべき結果をもたらした。両政府とも、各々保有するものを維持したかったのである。今回だけは、両国は世界に対して共通の関心を持ち、1910年7月4日、ある協約に合意した。それは、それぞれの管理下にある鉄道路線を認める事、満洲でそれぞれ影響を及ぼす領域の境界を定める事、それぞれの領域での利益を強化する自由を互いに与えるという実用的な合意を為す事を規定し、西洋諸国の外務大臣や国務長官に、部外者は「芝生立ち入り禁止」を守れというわかりやすいヒントを与えた。

当時首相だった桂公爵は、この協約がノックス氏の提案に影響されたものではなく、提案の前から検討していたものだと主張した。それは「日本とロシアの間に友好関係を築き、極東の平和を保障することを再確認するためのものだが、同時に鉄道間の運営状況と交通の便を改善するという実務的な目的もあった」と。この発言が単に「外交上」のものであろうがなかろうが、このアメリカ人の提案は日露間で進行していたであろう交渉の完結を早め、またそれが両国にさらなる満足を与えた。ただ一つ、この協約が世界の他の国々の慰めになるとすれば、それは、いずれにせよロシアと日本は満洲に居り、そこに居座るつもりだったので、対立して地域を混乱に陥れるよりも何らかの合意に到達したほうが良かったという事だ。

ノックス氏は、彼が当初考えていたように満洲を開放する代わりに、ただ単に、日本の権力を朝鮮と南満洲で、ロシアの権力を北満洲で強化しただけだった。中国の利益は無視された。「中国やその他の国々と結んだ協定や条約を忠実に守るというのが日本の揺るがない方針だ」と桂侯爵が表明したのは事実だ。しかし中国の領土の大部分が二つの列強の間で涼しい顔で分割されているのを見ると、これは何の意味もなかった。

当時、駐独公使のイン・チャンは、次のように正しく状況を言い表した。

「日露協約は勿論、わが国に大打撃を与えた。これは締結国の間で満洲を分配しただけに他ならない。彼らは現状維持を謳い、協約の文面に大きな美しい文字で『門戸解放』と書いたのは事実だが、門戸は実は荒々しく閉じられたという事は皆が理解している」

## ロシアと日本の緊張

ロシアは極東の大海原に到達するという目的を放棄したのだろうか？　いや、してはいない。ロシア政府の満洲政策について一部のロシア人は、それを全くの間違いであるとして満洲はロシアにとって重荷で保有しない方が良かったと考えた、しかし、そのような人は比較的少数だった。ロシアという国の性質と野望を理解する者は皆、ロシアの撤退はありえず、可能ならばすぐにでも南下するだろうと考えていた。差し当たりは、ロシアは日本と接近し、二国は友好的に共通の関心事を推し進めた。

極東での各々の特殊権益を護るため、2条からなる簡潔だが重要な協約が1916年7月6日に締結された。しかし、その数年前に満洲を占領し、朝鮮を獲得しようとした動機は、依然として存在していた。

変わらないのは天候と地形だった。シベリア横断鉄道の終着駅であるウラジオストックは、変わることなく1年のほぼ半分は氷で閉ざされており、日本海に面しているため、日本の管理下にある狭い海峡を通る以外に太平洋への出口はなかった。ロシアの帝国主義者たちは、数年後には崩壊するとも知らず、全世界を手に入れるという揺るぎない確信を持っていた。

彼らは、満洲を通って大海原への出入り口を確保することは、極東での正当な立場を維持するのに必要不可欠で、それを得ようとする決心は微塵も変わっていなかった。予定に遅れがあっても、彼らは待った。20～30年など、昔からの野心を達成するのには大した問題ではなかった。その間に、ロシアは北満洲での拠点を固め、豊富な食糧供給ができるように農業と製粉業を発展させた。さらに、シベリア横断鉄道を複線化し、より重く頑丈なレールを敷き、全車両と駅の施設を改良した。農民には鉄道に沿って定住することを奨励し、土地を得て新生活を始める手助けをした。そして、ウラジオストックの要塞が攻略されるようなことがないよう、旅順よりさらに強固にするために莫大な費用を費やしたのだ。

１９１１年の早い段階で、ロシアの意図はあからさまに現れた。モンゴル国境にある中国のイリ州を占拠すると脅したのだった。１８８１年の条約で中国により保障された特権が、ロシアとの貿易において否定されたからというのが理由だった。中国政府はロシアの要求すべてに従うと即答した。しかしロシア軍は中国の国境から１００マイルを切る所まで前進し続けると、もう一つ最後通告を出した。中国が再度従うと、スラブ人はのろのろと撤退し、中国に対してその力と、必要ならば目的を達成するために力を自由に使えるのだということをあらためて見せつけた。

日本も同様に、満洲におけるヨーロッパからの侵略に対抗し、中国で傑出した支配力を維持することに何の躊躇もなかった。自分が為した事、為している事を理解する、分別ある者ならば、この状況で永久的な占領以外のことを考えるのは難しいだろう。南満洲鉄道はアジアで一番の鉄道だ。プルマン式の寝台車、スピードの速い機関車、そして極めて質の高い路盤は、旅人が他国の宿泊施設と称するものに泊まった後には、特に喜びと感じるのだった。日本人は大連に巨額の費用を費やした。船積みのための巨大な波止場を建設し、新しい道路を造り、古い道路は再舗装し、見事な公共と民間の建築物を築き、大連全体を極東のモデル都市に作り上げていた。

日本が旅順に掛けた費用は大連よりは顕著なものではなかった。攻略時に激しい戦闘の舞台となった多くの要塞は、ロシアが降伏した時のままの状態で残っている。これは戦闘の猛烈さを明白に物語っているので、旅人には興味深い。これら数々の小山に上り、破壊された石積み、がれきの山々、丘の頂上と中腹に見られる数えきれないほどの砲弾の破裂でできた窪みを目にするのは、軽い恐怖を伴うほどだ。生身の人間がこのような砲撃に耐えられたなど理解しがたい。勇敢なロシア人が、噴出する火山のように炸裂する砲弾を前にして、要塞に留まることが不可能だと判断したのは無理もない。

日本人がほとんどの要塞を廃墟のまま放置しているからといって旅順が無防備だとは判断できない。ロシアが築き上げた非常に頑丈な防御施設のうち、海沿いにある要塞は日本軍による大打撃を免れている。激しい戦闘は陸側の要塞の外側の線沿いに行なわれ、他の守備隊は町と港が手の付けられない状態になると降伏した。その結果、日本軍は、要塞を非常に良い状態で手に入れたのだ。日本は旅順のさらなる要塞化にそれほど資金を投じる必要はなかった。なぜなら、旅順は以前同様に、海からは難攻不落で、さらに日本人は陸上戦略を完璧に制御できるので、日露戦争時のように陸側から攻められることは恐らく危惧していないのだ。

もっとも、訪問者は要塞の廃墟には自由に立ち入ることができるが、使用中の要塞には近寄れないので、確信をもってそう言う事は難しい。また、時々ではあるが、以前は見ることができた要塞の廃墟も、公の目から静かに遠ざけられることがある。公示があったり新聞に載っていたりするわけではないのだが、訪問者が入場許可証を申請すると、その場所は「今日は開いていません」と丁寧に断られるのだ。多くの要塞が十二分な蓄えと銃弾を備え、軍事的に優れた状況にあるだけでなく、時折、重要とみなされる要塞の廃墟が密かに再強化されているのは間違いない。日本の満洲での行動について、近い将来の撤退を念頭に置いているのだと思う人は、実に間抜けでおめでたい。

実際、なぜ日本が満洲から撤退する必要があるのか？　もし日本が撤退したら、ロシアが南下して再度占領し、日露戦争以前の状況、その戦争を引き起こした状況に逆戻りするという事を日本は完璧に理解している。ヨーロッパ諸国が日本と中国の間に割って入ること、そして、日本の朝鮮占領を危うくする形で朝鮮国境に居座ることを、日本は黙認などできない。それを覚えておくのは、正しい判断の基礎だ。イギリスの対インド政策の確固たる原則は、ロシアをインド国境に近づけないという事であり、知的な人にはその理由は明らかだ。日本の行為は、イギリスが自国領に対して取っている行為や、他国がメキシコを占領しようとしたならば必ずアメリカが取るであろう行為と変わらない。同じことをしているだけの日本が何故批判されなければならないのか？

アメリカはカナダとの国境を要塞化しないし、それに不安も感じない。カナダ人は言語を共有する同人種で、ほぼアメリカ人の同胞とみなされているからだ。しかし、もし自分たちと全く違う人種で、自分たちの利益に有害な計画を持つ国がカナダを占領しようとしたならば、アメリカ人は黙っているだろうか？　日本にはロシアの意図を疑う理由が山ほどある。日本とロシアが一時的に協力することは有益だった。しかし、もし政治の回転木馬が逆方向に回りだしたら、日本は昼寝などしているつもりはないのだ。

# 《第三部》

# 極東における帝国日本の力

# 第十四章

## 日本と日本人

１５４９年、フランシスコ・ザビエルは日本についてこう記した。「我々がここで相対している国は、今まで発見されたどの国よりも善良性に優れている。日本人は優しい性格で、驚くほど道義を望んでいる」。日本は鎖国時代に入ったが、この間ずっと外部の世界から隔絶されていた。アメリカ人は、この孤立した時代がペリー提督によって打破されたというのが好きだ。その後、日本の近代化は即座に始まった。１８６９年、五箇条のご誓文が出来たが、これには、イギリスにおけるマグナ・カルタ（自由の大憲章）とほぼ同様の意味があった。１８７０年、海図と灯台が出来た。１８７１年、郵便局、切手、鉄道、新聞、封建制度の崩壊、帝国大学創立。１８７２年、岩倉使節団が欧米を訪問し、西洋の制度と手法を学んだ。１８８９年、アジア初の憲法発布。１８９９年、欧米政府の承認を受け治外法権が廃止された。日本は国内の他国民を公平に扱う事が出来る文明国だとみなされたのである。

# CHAPTER XIV

## JAPAN AND THE JAPANESE

Shortly after Francis Xavier arrived in Japan in 1549, he wrote: "The nation with which we have to deal here surpasses in goodness any of the nations ever discovered. They are of a kindly disposition, wonderfully desirous of honor, which is placed above everything else."

The policy of exclusion adopted by Japan in the 17th century extended down to 1853. During all those years Japan appeared to be hermetically sealed from the outside world. Americans are fond of saying that this isolation and stagnation were broken up by Commodore Matthew C. Perry.

The reconstruction of Japan upon modern lines promptly followed. The mere enumeration of the changes that were inaugurated profoundly impresses one: 1869 saw the telegraph and the Charter Oath, which was to Japan almost what Magna Charta was to England; 1870 saw charted waters and lighthouses; and 1871, post-offices, postage-stamps, railways, newspapers, the downfall of feudalism and the founding of the Imperial University. In 1872, an imperial commission visited Europe and America to study Western institutions and methods and ascertain what they contained that would be beneficial to Japan.

In 1889, the Constitution was formally promulgated, the first constitution to be adopted by any country in Asia. By 1899 Japan had made such progress and had so gained the confidence of the world that, with the consent of the European and American governments, the extra-territorial laws were abolished and Japan was recognized as one of the enlightened nations which could be trusted to deal fairly with citizens of other nationalities within her borders.

# 日本と日本人

## 鎖国下の日本

日本の台頭は現代の驚くべき現象の一つだ。今生きている人々の記憶の中では、日本は不明瞭で重要でないアジアの国であり、日本人は西洋世界のことをほとんど知らず気にも留めないでおり、まだ古い封建制度と迷信の影響下にあった。その頃は、たった数名のヨーロッパ人しか日本に上陸しておらず、一番最初は、1530年に九州に漂流したとされるポルトガル人幾人か、そして1542年に辿り着いたポルトガル人のピントだった（註：フェルナン・メンデス・ピント、冒険家）。

フランシスコ・ザビエルが到着して間もなく、1549年に、彼は次のように記している。

「我々がここで相対している国は、今まで発見されたどの国よりも善良性に優れている。日本人は優しい性格で、驚くほど道義を望み、それは何よりも大事な事だとされている。彼らは大きな熱意をもって神と神聖なものについての話を聞く」

16世紀最後の四半期と17世紀の前半に関しては次のように言われる。

「日本人は、育ちの良い礼儀正しさ、洗練された寛大さと惜しみない手厚いもてなしを持って外国人と接する。それはすべての著述者が記した事であった。それに対して、日本人が出会った外国人商人や船乗りは、たいていが作法が悪く、道徳心は低く、行き過ぎで強欲で残酷だった。宣教師は多くの場合横柄で野心があり、現地の慣習にきちんと敬意を払わなかった。外国政府の海軍や他の役人は偉そうに構えており、攻撃の精神に燃え、国家間の礼譲（れいじょう）など気にも留めなかった。17世紀に日本が取った鎖国政策は、国の構造や人々の性質に特有なも

のではなく、西洋人との関係が好意的ではなかったためにとられた政策だったという事を歴史は示している」[一]

日本人が国内の外国人に敵対し始めたのは、白人の尊大な態度に激怒し、ローマカトリックの宣教師が西洋諸国の政治的密使であるという報告に警戒心を募らせたからだ。宣教師と商人は追い出され、日本人のキリスト教改宗者は血なまぐさい迫害に遭い、外国人の入国と日本人の出国は、死罪をもって禁止された。宗教的なものであれ商業的なものであれ、すべての外国の影響を一掃して排除する激しい取り組みがなされた。この鎖国時代は１８５３年まで続いた。この間ずっと日本は外部の世界から隔絶されていたのだ。

## 開国の急激な変化

アメリカ人は、この孤立と停滞の時代がマシュー・C・ペリー提督によって打破されたというのが好きだ。彼は、１８５４年3月31日、日本を初めて西洋諸国に束縛することになる日米間の条約（註：日米和親条約）を結んだ。多くの日本人も本気でそのように証言している。

しかし、大隈侯爵はこの一般的な考えに異議を申し立て、日本の近代文明への最初の衝動は、ペリーがやって来る半世紀前に日本に来たロシア司令長官、ニコライ・「リザノフ」（ニコライ・ペトロヴィチ・デ・レザノフ、１７６４~１８０７年）にその端を発するとした。しかし、ペリー提督の来日と１８６０年の日本人使節の訪米が、旧日本から新日本への移り変わりと、発展の道の始まりとなっているのは確かである。以来、日本は驚くべき急発展を遂げているのだ。

その時、国内では大きな興奮が続いた。新しい時代を喜ぶ者もいれば、激しく反対する者もいた。どこの国でも常にこのようなものだ。ある者は熱心に新しいものへと向かい、またある者はしつこく古いものにしがみ

一　ジョン・W・フォスター『American Diplomacy in the Orient』12頁

つく。日本では、進歩的な勢力と保守的な勢力が激突し、10年もの間、国を騒乱に陥れた。反動主義者は、封建制度下で最も強い権力者であり、軍の最高指揮官である将軍のもとに結集した。将軍は事実上、政権を奪い、天皇を象徴的な立場にしただけでなく、まぎれもなく従属的なものとした。進歩的な勢力は天皇のもとに集結した。戦いは１８６８年に頂点に達し、将軍を打倒し、天皇を主権者として君臨する正当な位に復活させたのだ。日本を近代化の道に沿って再建することは、即座に始まった。実際に行なわれた変化を列挙するだけでも非常な驚きである。１８６９年、電信と五箇条の御誓文ができたが、後者は日本にとって、イギリスにおけるマグナ・カルタ（註：イングランドの自由の大憲章）とほぼ同様の意味を持つものであった。

１８７０年、海図と灯台ができた。１８７１年、郵便局、切手、鉄道、新聞、封建制度の崩壊、帝国大学創立。１８７２年、帝国の使節団（註：岩倉使節団）がヨーロッパとアメリカを訪問し、西洋の制度と手法を学び、日本に有益と思われるものを究明した。１８７３年、キリスト教の暦が採用され、反キリスト教の法令が破棄された。１８７７年、諸外国と郵便条約が結ばれた。１８８０年、刑法が再編され、県議会が設立された。１８８１年、立憲政治への第一歩が踏み出され、１８８９年2月11日、憲法が発布された。これはアジア諸国で初めて採択されたものだった。１８９７年、金本位制通貨が採用された。

１８９９年、日本は素晴らしい進歩を成し遂げ、世界から大きな信頼を得るに至ったので、ヨーロッパとアメリカ政府の承認を受けて治外法権が廃止された。日本は、国内にいる他国民を公平に扱う事ができる文明国の一つとみなされたのである。

１８９９年7月17日に締結された条約の結果として、外国人は長年享受してきた治外法権という特権を手放し、自分たちを日本法廷の管轄下に置くことになったが、それに対する不平を持つことはなかった。新しい条約はトラブルを引き起こすことなく発効した。宣教師とビジネスマンの両方が私に次のように断言した。自分たちの権利は従来通り安全であり、法廷においては、外国人は完全な公正性をもって裁かれるべきだという配慮から、日本の裁判官は、外国人をむしろ好意的に裁く傾向にあると。実際、日本のアメリカ人は、アメリカの日本人より問題に遭うことが少なかった。外国人は自分たちの好きなように自由に旅行したり居住したりすることができたし、行儀よくしていれば全く安全だった。もし法を犯したならば、日本の警察官が礼儀正しく、しかし毅然と日本の裁判官の前に連れて行き、裁判官も同様の礼儀正しさと毅然とした態度で適切な刑罰を与えるのだった。そして違反者は必ず、その与えられた刑罰に十分に値するのだ。

今日、近代生活の波が日本中に到達している。国を興奮させていた新しい精神の印はどこにでも顕著に表れていた。国の政治的、知的中心である東京は、アジアで最も大きな都市となり、世界でも影響力のある都市の一つとなった。大阪は大きな工業都市に発展した。横浜、神戸、長崎、下関の港は多くの国々の船で溢れていた。日本の芸術、仏教の中心地である京都や、風光明媚で歴史的な日光には、あまり変化がないだろうと思うかもしれない。しかし、これら由緒ある歴史的都市でさえも、近代的なホテルや発展を象徴するものが見られるのだ。神聖な伊勢の山田にある二つの神社を結ぶ長さ3マイルほどの立派な主要路は、ヨーロッパのどの道をも上回っている。

1850年の日本とは全く異なっており、それはほとんど信じられないくらいだ。蒸気が原動力となる事を聞いたこともなかった国は、今や6,000マイルもの鉄道を格子状に張り巡らせ、船に乗った商人を遥か遠くまで送っている。電気を全く知らなかった国が、電報、電話、路面電車、あらゆる種類の電動機を使っているのだ。小さな惰行帆船から巨大な海洋蒸気船へ、手織り機から改良された機械へ、椅子かごから鉄道へ、刀から連発銃と軍艦へ、豆油を入れた器で布を燃やす明かりから煌々と照らす電灯へ、儒教の古典の暗記から現代科学の研究へ、取るに足らない国から大国へ。

そして、他の国が何世紀もかけてのろのろ歩いてきたのに対して、発展の各段階を一気に一足跳びで飛び越え、これらすべての変化を60年のうちに成し遂げたのだ。これは日本の驚くべき功績だ。このような国民について、我々は念入りに調査するべきだ。

## 日本民俗の起源

日本の初期の歴史を調査すると、すぐに事実が神話と伝説に包まれていることに気が付く。民族学者は興味深い白アイヌの起源について長らく推測を重ねてきた。いまだに1万7、600人程が蝦夷（えぞ）（註：北海道）と千島列島に住んでいる。ウィリアム・エリオット・グリフィス博士は、アイヌの祖先はアーリア人だと考えている。彼はアイヌが先史時代日本にやって来たという興味深い説明をつけ、どのようにアイヌと大和民族が2、000年間も勢力を争い続け、いかにしてその後民族が融合して今の日本国を形成したかを示している。

彼は西暦552年より前を先史時代とし、これ以降を四つの時代に分けている。西暦552～1192年の戦国・内紛時代、1192～1604年の封建制度の確立、1604～1868年の江戸幕府時代、1868～1900年の近代発展を成し遂げる天皇時代。さらに、1900年から現在までの、世界との関係を特徴とする時代。

グリフィス博士によれば、日本の科学者が約30年間科学的調査を行なってきた結論は、次の小金井博士の発言にあるようなものだ。「天皇の領土はかつてはアイヌの領土」で、「私はかつてアイヌは日本列島全域にいたと思う。日本の山や川の最も古い名前をたどると、日本語ではなくアイヌ語なのだ。アーリア人、セム人、マレー人、モンゴル系タタール人という四つの人類で最も強い人種で成り立っており、1192年までは日本国というものなどなかった。そして融合はさらに後まで為されなかった。学者、考古学者、民俗学者、そして712

年の古代記録である古事記を読み解くと、皆、今日の日本人の基礎となる祖先はアイヌであるという事実を指し示している。つまり日本人は、おそらく地球上の他の民族以上に、アーリア人―それが何を示すかは別にして―であるのだ。政治的な問題は外交に任せるとして、我々は科学的立場から考えてみよう。46年間研究した結果、日本人は非モンゴル系民族だと考えずにはいられないのだ」

日本の早稲田大学で歴史の教授を務める浮田和民教授も実質的に同じ意見を持ち、アイヌは「古代カフカス人（註：白色人種）を起源とする人種で、その子孫は本州で日本人と融合しなかった…文明では遅れているが、穏やかで誠実、親切な人種だ」とする。彼は「アイヌは極東のアメリカン・インディアンと呼ぶことができる」と言う。彼の説明するアイヌの気質は、ほとんどアメリカ先住民の気質と合致してはいないが。

東京帝国大学前教授のエドワード・S・モース教授は、アーリア人起源の理論に真っ向から反対する。彼は次のように言う。アイヌは日本に元から住んでいる人種で、何にせよ、そう知られている唯一の人種であり、アーリア人とは全く関係ない。現代日本人の祖先はモンゴル人で、アジア大陸から朝鮮経由でやって来た。故に、日本文明は本質的にはモンゴル文明だ。中には、アイヌ、そして恐らくマレー人とアラスカ付近にいた北米インディアンの混血もいるが、国民全体の種類としては目立った影響はない。[二]

盛んに議論される、この民俗学や古代研究の謎は専門家に任せるとしよう。もし深く知りたい読者がいるならば、彼らが多くの書物を書いているので、それを読むとよい。[三]

二　1911年11月24日の講演
三　フランク・ブリンクリー艦長『History of the Japanese People』、Japan and Japanese-American Relations（1910年11月クラーク大学でのカンファレンスの議事録）、マードック『History of Japan』、W・E・グリフィス『The Mikado's Empire』、ジョン・バッチェラー『The Ainu of Japan』

我々の今の関心はもっと最近の日本である。ここでは、明確に知られている日本の歴史は、インド、中国、さらにはヨーロッパの歴史と比べると極めて新しく、日本が先史時代の霧の中より現れた時には、いくつか調和しない要素が見られ、それらが圧縮されて、現在世界が知っているような日本の形になるのには時間がかかった、と言えば十分だろう。バジル・H・チェンバレン教授は、ある調査の結果、日本の真の歴史がぼんやりと現れ始めるのは西暦5世紀にさかのぼると主張する。

そして、6世紀に起こったことの説明は注意深く理解しなければならず、その時代は神話と伝説の領域で、奇跡的であり得ないことや、明らかに創られた年代記が良く見られる。[四]

次の表が表すように、現代日本は領土と人口において古代日本を遥かに上回っている。

| | 面積（平方マイル） | 人口 |
|---|---|---|
| 日本本土 | 14万8、756 | 5、686万0、735 |
| 朝鮮 | 8万4、738 | 1、691万3、224 |
| 台湾（フォルモサ） | 1万3、944 | 371万0、848 |
| 樺太（日本サガレン） | 1万3、253 | 9万5、194 |
| 合計 | 26万0、691 | 7、758万0、001 |

四　The Japan Weekly Mail 1911年12月23日付の記事。

## 日本の人口

首都東京は、203万3,320人の人口を抱える極東の大都市だ。大阪は日本で二番目に大きい都市で138万7,366人、京都が次に続き50万8,068人の人口を持つ。他六つの都市もそれなりの大きさで急成長している。最後の人口調査では1,266万9,635人が1万人以上の規模の町に住んでいる。

最近日本に住む外国人の平均的な数は1万8,000人で、およそ5分の3が中国人、残りは、順番に記すと、イギリス人、ドイツ人、アメリカ人、フランス人、ロシア人だ。ドイツ人の数は世界大戦（註：第一次世界大戦）の時にはかなり減少した。

日本本国の面積はカリフォルニアよりも小さいが、人口は21倍だ。アメリカの全人口の半分がカリフォルニアにすし詰めされたことを想像すれば、日本の人口密度がわかる。状況は、12万1,633平方マイルに、4,537万530人が住むイギリス諸島と似ている。また、日本とすべての属領を足しても面積はテキサスより狭いが、人口は16倍である。

## 美しい日本の風景

旅行者にとって、日本は世界で最も魅力的な国だ。うっとりさせるようなもてなし、家屋や村の小奇麗さ、新しく難しい問題にも対処する人々の勇気ある活力は忘れられない。

最初に見る風景は人々の記憶に長く残るものだ。空にくっきりと輪郭を描く鋸歯のような山々、村の裾に心地よく落ち着いている茅葺の家々、きちんと区分けされた低地の水田、上半身裸の船頭が漕ぐ古風な平底船が点々と浮かぶきらきら光る入り江、1853年にペリー提督が上陸したことで有名になった島、港の入口を守る厳（いか）つい要塞。そして、蒸気船でゆっくり前進すると、活動的な都市である横浜が現れ、その近代建築物と、

Mt. Fuji.　富士山

世界を股に掛ける貿易を象徴する数えきれないほどの煙突とマストが見えてくる。
　そして、頭上高くそびえ、雪に覆われ、この比類なき景観を堂々と見せつける王者であり、日本の神聖な山である威厳ある富士山がある。
　日本をもっとよく知ると、その魅力的な第一印象はさらに深まる。日本の自然は非常に美しく、山や渓谷、勢いよく流れる小川や肥沃な平野が多くある。金沢は世界でも風光明媚な都市の一つであり、また、津軽湾にそそり立つ山からの眺めは、日本横断の旅の苦労に十分に報いてくれる。「日光を見ずして結構と言うな」という日本の諺は、多くの訪問者が納得するものだ。東京から遊山行楽地の軽井沢への旅は旅行者には忘れがたく、また、京都から津への鉄道旅行では息をのむほど美しい場所を通る。
　外国人居住者は、富士山への称賛を聞くのに飽き飽きしているが、アメリカ人は永遠にナイアガラの滝を称賛し、ヨーロッパ人はモンブランの峰を称賛する、何故日本人が自分たちの最高の山を愛し崇敬してはいけないのか？　我々が、かの有名な桜の季節に日本に居られたのは本当に幸運だった。桜の木は果実のために植えられるのではない。ただその美しさのためである。人々は非常に多くの桜の木を植えたので、町や村には、文字通り淡いピンクや白の花が咲き乱れているのだ。これに加えて、深い色合いの桃や椿、すみれの紫、風格ある木蓮の白と紫、濃い黄色の菜種畑があると、旅人は広大な花園にいるような気分になるのだ。

土の手入れがこの美しさに繋がっている。雑草は一つも生えてはいけない。土地は一画も無駄にはされない。山の傾斜は山頂まで階段状になっており、それには時に非常に大きな労力が費やされるのだ。水が引ける場所であればどこでも、米が主要農産物となる。我々は、アメリカのように種がばら蒔かれるのではなく、注意深く鍬で耕した列に植えてある小麦の畑を多く見た。また、かなりの土地が菜種畑になっており、食用と明かりのための油が抽出される。野菜畑、茶畑、桑の木、ヤシのような木などもよく見られる。

肥料には臭い生ごみなどがよく使われるので、畑は遠目に見るのが最も心地よい。東京でさえも、我々が訪問した時には側溝以外に下水管はなかったが、家庭ごみはすべて几帳面に素焼きの壺の中に捨てられ、毎朝田畑や庭で使うために収集されるのだ。

## 日本人の衛生観念と礼儀正しさ

衛生に関する法律は厳しくて、様々な注意を払って施行された。疫病は念入りに予防された。我々は大阪で、市が行なう大規模な家屋清掃を目撃した。腺ペストの発生が疑われると町の商売は打撃を受ける。疑いのある地区には検査員が押し寄せ、一軒一軒家の中に入り、家具を取り除き、畳を引きはがし、屋根を解体して汚れを一掃し、浮かない住居人は為すすべもなくうろたえ、ただ見つめるしかなかった。通りはごみを燃やす煙で充満した。工場の状態はあまり監視されておらず、これは後ほど述べることにする。

日本人の心地よさの理解は、我々の理解とは異なっている。彼らの家にはほぼ家具がない。ベッドもなく、日本人はただ床をおおう畳の上に布団を敷くだけなのだ。椅子というものは少数の西洋風の家以外では知られていない。人々は正座して床に座るのだが、これには外国人はすぐに耐えられないほど痛くなるのだ。我々が旅した鉄道の車両は座席があったが、だいたい足が床についているのは我々だけだった。乗客は草履を脱ぎ座席の上で足を組んでいた。

村の日本人は礼儀正しく清潔な人々だったが、西洋人から見ると幾らか特異であった。港や内陸にある外国人用のホテルは近代の利便性を備えていたが、小さな町では宿屋は「現地スタイル」だった。浴槽は木の箱で横に小さなストーブが付いたもので、朝に水を張り、客が現れると火が焚かれた。お湯はすぐに、人間をとろ火で煮込むほど熱くなる。最初の客が入浴した後、倹約家の宿の主はその湯を捨てることなどせず、また次の客もそうして欲しいとは思っていない。だから次の客も喜んで同じ湯に入浴するのだ。後に続く客も同じようにするので、最後の客は、もし外国人ならば、風呂に入るのを翌朝まで密かに延長するのだ。浴槽の中で石鹸を使うと、お湯が変色して次の客に迷惑なので日本人は使わない。不幸にも、私は最初に泊まった宿でこのことを知らず、暑い一日の汚れで体中覆われていたので、次の客を荒っぽく罵（ののし）らせることになってしまったのではないかと思う。

## 寒さに耐える日本人

家も学校も公共の建物も十分には暖房されていなかった。暖炉はほぼ知られておらず、炭が数個燃えているだけの暖房では、薄い壁やゆるく取り付けられた扉や窓から入って来る冷たい隙間風には対処できなかった。男女とも着物は首の下の低い所まで切り目が入っているので、胸の上の部分が見えている。体にはしっかりと着物を着ても、膝から下の足は大体においてむき出しで、夏だけでなく冬でも靴下も履かずに草履や下駄を履いている。私がオーバーコートのボタンをしっかり締めて列車の中で書き物をしている横で、3歳児のくるぶしまでの素足が、明らかに高価なドレスの裾から覗いていた。

東京の通りで、私は好奇心から数分の間、素足の人を数えていたのだが、193人中130人は裸足、または小石から足の裏を守るだけの草履を履いており、59人は薄い白い綿布を足に巻いて、ふくらはぎには何もつけず、4人だけが西洋式の靴を履いていた。この足をさらすという習慣について、それが人を鍛えるので病気にはならない、と思うのは間違いだ。彼らの感覚を幾分鈍くはするかもしれないが、その因果関係がないわけではなかった。私が出会った子供のうち半分は風邪を引いていた。喉と肺の病気は驚くほど多く、結核は日本を苦しめる災難だった。

## 日本人の礼儀正しさと自制心

日本の礼儀作法では感情を見せるのは悪いことだと思われている。人は怒り狂ったり嘆き悲しんで泣いたりしてはいけない。他が興奮している時は平然と自制心を保ち、批判された時は冷静な顔つきをするのが日本人の美徳だ。気まぐれな朝鮮人と、ほとんどの白人なら感情を顔に出すが、日本人はそうしない。彼らは、概して、外向きは冷静だ。内では煮えたぎっているのかもしれないが。故に、外で見られる態度から彼らの本当の感情を推測するのは、必ずしも賢い事ではない。これは猫かぶりとは違う。自尊心を持つ者は、他人に自分の個人的感情をひけらかしたりはしないという信念の表れなのだ。

しかしながら、我々の経験から判断すると、日本人は東洋人の中でも最も魅力的だ。我々は日本で何百マイルも旅をして、町や村で大勢の人と交わり、店、事務所、工場、住居、仏教・神道・キリスト教の祈りの場、様々な学校や軍の基地までも訪れたが、どこでも一様に、最高の礼儀をもって対応された。私は日本で喧嘩を見たことがなく、酔っ払いは一回見ただけだった。無作法な人はおらず、皆微笑んで丁寧で、いつでも親切にしてくれた。

旅行者は、時々、この日本人に共通の丁寧さに迷わされる事がある。なぜなら日本人は時々愛想よく笑い、聞かれたことを理解しようがしまいが同意したようにお辞儀するからだ。郵便局は「この道にありますか」と聞き、そうです、と感じよい返事をもらったと思って満足しながら歩いていくと、郵便局はその道にはなかったという事が後でわかる。その日本人は騙そうと思ったわけではないのだが、理解していなかったのだ。彼は丁寧過ぎて、相手に意味が分かりませんとは言えなかったので、礼儀正しく同意を表したのだ。

二人のアメリカ人女性がある夜目を覚ますと、ベッドの足元に盗人が立っていたという。彼は穏やかにお金が欲しいといった。怯えた女性たちは、お金はすべて鍵をかけてしまってあり、自分たちはアメリカ人なので男性が部屋にいる中でベッドから出ることはできず、お金を取って来るから着替えている間は部屋から出てほしいと言った。盗人はこの要望に応え、部屋から出ていき、「自分がいることを主張するのでなく、誠意を見せるために」片足だけドアに挟む状態でドアを閉めた。

その間、しとやかな未婚女性たちは、この夜の侵入者のために盛装（せいそう）していた。すると彼がまた入って来た。この時はしかし、若い女性の一人が怖がって叫んだので、盗人はハンドバッグをひったくって逃げた。恐らくは、このように荒っぽく行動しなければならない、不本意な必要性に駆られたことに動揺してである。

この国民的礼儀正しさは、旅行者にとってはとても快適だが、必ずしも優れた道徳資質を示しているわけではない。日本の特徴的な悪習は、実質的にヨーロッパとアメリカのそれと同じだが、そのいくつかはかなり一般的に見られるものだ。興奮しやすいアングロサクソンが間違いを犯す時は、公共の場で迷惑行為をするのですぐに注目される。日本人はより情緒が安定しており、感情を隠すことを誇りとしているが、道徳的規範において、いくつかの悪行は、我々が思うほど悪いとは思われていない。この話題は他の章で述べる。

## 新旧混在する服装

今日の日本は古いものと新しいものが興味深く混在している。私は、ある男がダービーハット、モーニングコート、ワイシャツ、襟、カフスにネクタイを身に付け、新しい自転車に乗っているのを見た。だが、彼の緩いズボンは風になびき、彼のむき出しの脚を露出しており、不格好な下駄以外は裸足同然だった。彼は、他の町でもよく見かけるタイプだった。しかし西洋の服は首都と港町では一般的になっていた。私は、伊藤公を始め多くの高官がフロックコートに身を包んでいるのを見ており、高貴な社交の催しでは、多くのゲストがこのような正装やシルクハットを身に付けていた。

## 日本人の英語

通信の設備はよく発達していた。八つの英字日刊紙と３００以上の日本語の日刊紙が発行部数を伸ばしていた。進んでいる都市では、路面電車、電信や電話、電灯、政府や商業の近代的建築物が見られ、通りは非常に硬く、滑らかで綺麗だったため、驚きと称賛をもたらすほどだった。

英語表示は旅行者にとっては非常に便利なものだった。ロシア語、ドイツ語、フランス語の表記はほとんど見ないのだが、英語の表示は数多くあった。鉄道切符は片方は英語で、もう片方は日本語で印刷されていた。駅では、町の名前が英語と日本語で書かれてあった。車両には等級と目的地が英語と日本語の両方で記されていた。また、英語の注意書きには、窓から頭を出したりプラットフォームに降りたりしないように、とあった。

時には、「入場するには入場禁止」などと警告したおかしな表現もあったが、たいてい意味は分かった。

日本の店主が英語の客を引き寄せようとする時は、我々の言語との愉快な苦闘があった。どの旅人も、友人とクスクス笑い合えるような話を多く母国に持ち帰る。例えば、ある看板には、「いんさちできます」（註：印刷できます）や「薬薬剤師売る」（註：薬剤師がいます）とある。仕立て屋は親切にも、「尊敬すべき紳士淑女の方々、お入りになって腹を立ててください」（註：尊敬すべき紳士淑女の方々、お入りになって寸法を測ってください）。配送業者は真面目に、「荷物は四方八方に送られます」（註：荷物はどこへでも送ります）。毛皮屋は「毛皮は我々もしくはあなたの皮から作られます」（註：毛皮は我々の店にあるもの、またはあなたの毛皮に手を加えて作ります）と不安にさせるような情報を掲げている。そして骨董品屋は「アンティークの売買・作製」と、馬鹿正直にも告白している。

ロンドンの新聞社に記者として仕事に応募した日本人は、彼の資格を述べた後、次のように付け加えた。「私の英語の知識と記者としての能力は、自分自身ではあまり述べる事ができませんが、ここに書いてあることで大体推測して頂けると思います。しかし私の信頼性と誠実さについては、恥知らずなほど不誠実に保証できます」（註：おそらく「謹んで保証できます」と言いたかった）。

我々はこのような間違いに笑ってしまうのだが、アメリカ人が日本語を話す時にするような、もっと酷い大間違いを聞いたら、礼儀正しく感情を出さない日本人でさえ大笑いしてしまうだろう。

何千もの教養ある日本人は正確に英語を話すことができ、さらに何千何万という人が英語を学んでいる。すべての主要ホテルと鉄道の駅、そしてほとんどの列車で、一人は英語の話せる日本人がおり、母国語しか話せないアメリカ人やイギリス人でも国内を旅行するのに大きな問題はほとんどない。英語は現在公立学校と大学で教えられており、西洋からの講演者は、一部の聴衆には通訳なしで言いたいことを伝えることができた。

## 日本の交通

日本の鉄道サービスは非常に優れている。

非常に狭い国土に、５、４７２マイルにも及ぶ線路があるのは、優れた交通施設を提供しているという事だ。ほとんどの列車に一等車、二等車、三等車があり、車両の設備にそこまでの違いはなかったが、乗客の数は違った。三等車の運賃は１マイル１銭（2分の1セント）なので多くの低所得階級が利用する。

二等車は2銭で、長く横に伸びた布張りの座席とトイレがあり、まあまあの快適さを提供している。二等車には大体、中流階級の日本人、軍の兵科将校、宣教師が乗っており、我々もこの車両にとても満足していた。

一等車は、仕切られたスペースを主に自分たちだけで使用するのに1マイル毎に3銭払うのを厭わないごく少数派のみが利用している。アメリカの鉄道では1～2時間おきに小うるさくチケットを要求されるのが非常に不愉快なのだが、そのような事は全くない。

乗客は列車に乗る前に改札口でチケットを見せ、車両の等級を確認するために守衛にも見せ、目的地に着いて列車を降りたら改札口でチケットを渡すだけだ。喫煙用の車両はなかったが、すべての等級の車両で、男女ともひっきりなしにタバコを吸っていた。

大衆の乗り物は人力車だ。小さく軽く、2輪で1人乗り。アメリカ人のグリフィスは人力車の発明者を日本人だとしているが、日本人の新渡戸はグローブと言う名のアメリカ人だとしている。

私は人力車の車夫のことを考えると心の中で脱帽する。

私は何度も人力車に乗っているのだが、通常、彼らは寒い天候でも、ぴったりした綿の上着一枚に、ぴったりした薄くて非常に短いズボン下を身に付け、草履を履いているのだ。車夫の体重は１１５ポンド（註：約52キロ）もないと思うのだが、人力車と私は合計２００ポンドはあり、梶棒を傾かせていた。

A Road Sceene in the Hakone District.　箱根の道の風景

しかしこの小さな輩は、私を乗せて5マイル（註：約8キロ）も小走りで走り、特別急な坂を通る数分だけ歩く程度の速さに減速しただけだった。運賃が16銭（8セント）と聞いて私は唖然とした。私はこんな少額を彼に払うのは恥ずかしく思ったが、私を迎えてくれた主人が言うには、運賃は以前よりずっと高くなっており、来訪者の気遣いは却って現地の人間に問題を起こすので多く金を払わないで欲しいということだった。

金沢では冷たい大雨の中、長い山の道を登って行った。私が運賃を聞くと、車夫は微笑んでお辞儀をし、非常に申し訳なさそうに、嵐なので通常よりも多く頂かなければなりませんと言った。追加料金はいくらだったか？　何と9厘、アメリカの1セントの半分以下だった。我々は国内の色々な場所で人力車に何度も乗ったが、車夫はいつも忍耐強く、丁寧で、気立てが良く、驚くべき持久力を持っていた。

京都のデービス大佐は、私がこのことを話すと笑って、彼らはよく一日50マイルも走るんだと言った。私は扉を開けて中に入る時によく頭をぶつけるので、その痛々しい体験を通して、日本人は小さい人種だと思っていたが、彼らの身体はすべて骨と腱でできているのだとわかった。

## 先入観で語られる日本人像

日本人について偏見のない客観的な意見を得るのは、セオドア・ルーズベルト、ウィリアム・ジェニングス・ブライアン、ロイド・ジョージについての意見を得るくらい難しかった。誰もが物事を自分の勝手な想像の曇り窓から見る傾向にあり、先入観で賛美したり誹謗したりするのだ。

日本人の美点を誇張し汚点を最小化して、その完璧な聖人の国を前にヨーロッパ人もアメリカ人も恥じて顔を隠す必要がある、などと過度に日本を褒め讃える著述家も幾人かいる。私はこのような諂(へつら)いの講演を聞いたことがあるのだが、もし私が聡明な日本人だったら、このようなお世辞はおぞましいだけで、愉快でも有益でもないのでまともに取り合わないだろう。

その一方で、持てる言葉をすべて非難や毒舌に費やす者もいる。彼らの主張はこうだ。真の日本はアメリカ人が無邪気に思うようなものではなく、「畑と工場と漁師の国で、少数の野心的な政治家に牛耳られ、ドイツのような帝国主義の目的に支配されている」と。

「日本の政権は、未だ戦争と征服という野蛮な伝統に一部影響されているのに、最も文明の進んだ国の武器や武力を持っているのだ」

「日本の行為はダブルスタンダードだ。一方は強い国に対して、もう一方は弱い国に対して使う」

「日本が自慢する進歩は、西洋諸国の発明と発見のまね事だ」

「天皇により食事に招待され、お世辞を言われ、場合によっては勲章を授けられて洗脳されたアメリカ人訪問者の報告書には気をつけなければならない。彼らはアメリカに戻って日本のバラ色の印象を広めるが、その美

徳や善意など彼らの想像の内にしか存在しない」[五]

## 変わる日本人評価

日露戦争後、世界の日本に対する同情が著しく減った事は否定できない。これは、恐らく一つには、弱者に同情するのが人間の性質である事、そして、一つには、小国が巨大なロシアに挑むという光景から喚起された称賛と哀れみは、小国が誇り高い勝者になった時にはもう必要とされないという事に由来しているだろう。そして西洋諸国は、この戦争によって日本は世界的問題の一因となり、今後は極東における注意すべきライバルになったことに気づいたのだ。

また、この新しいライバルが新たな混乱を招くのではと心配になった。意気揚々とした大日本帝国は太平洋の支配国家になることを望み、それを実現させるだけの陸海軍を持っていた。それは、小さな国がその3倍も大きな国を相手に命を懸けて戦う事への同情を抱かせる対象ではなかったのである。

多くの従軍記者の報復も世論を変えるもう一つの理由だった。彼らは日露戦争が始まると、待ちきれない様子で極東へと群がって行ったのだが、丁寧であっても容赦のない日本の役人に、前線から何百マイルものところで長い間足止めされ、特ダネの希望を打ち砕かれたのだ。極めて実用的な東洋人は、ヨーロッパとアメリカの観客など相手にしていられなかった。彼らは残酷な戦争を戦っていたのであり、記者の野心など気に留めなかった。実際、日露戦争で、従軍記者の時代は終わったのではないかと危惧された。政府は、どこにでも現れる詮索好きな記者が、世界に対して、そして敵に対して、自らの計画や動きを漏らしてしまう事を許さなかった。その結果生じた記者の感情を最も端的に表すのは、ビリー・サンデーの悪魔のような非難の言葉だろう。これ

五　カール・クロウ『Japan and America』から引用

ら従軍記者の中には、大手新聞社や雑誌のコラム記事に自由に寄稿できるような大きな影響力を持つ者もいたので、その結果はすぐに表れた。

この非難を怒りのせいだけにする必要はない。このような性格の記者が簡単にいなくなることはない。日露戦争前は、アメリカ人であれイギリス人であれ、彼らの見る日本のすべてとは、桜の美しさ、七宝焼、薩摩の陶磁器、古風な寺、礼儀正しい人々、上品に微笑む娘たち、空想的な深い峡谷や富士山、などを通してのものだった。それは詩や美と芸術の国だった。

トーマス・F・ミラードによれば、ヨーロッパとアメリカでは、日本について英語で書かれた様々な印刷物が出回ったが、そのほとんどすべての出所はたった一社の新聞社だったという。そして、世界で最も技術があり組織化されたその新聞社の狙いは、日本のすべてを褒めそやし、ロシアのすべてに反する事だった、というのだ。戦争が終わった後、より正確で独立した情報のお陰で、その賛美の霧は晴れ、日本の姿が真実の光のもとに明らかにされたのだという。

日本が統治権を得た後の朝鮮を個人的に観察してまとめたミラード氏とF・A・マッケンジー氏の報告[六]は陰惨で、プライス・コリエはそれに影響され、「上辺だけ取り繕ったこれら野蛮人たちと、イギリスが偽善的、近視眼的で自分勝手な同盟を結んだ事は、ここ何世紀にも亘って取られたどの外交手段よりも、ヨーロッパとアメリカのアングロサクソン文明に害を及ぼしてはいないか、と言う議論の余地がある」[七]と言った。

私は、日本人の過失を知らないわけではないが、このような見境のない非難は遺憾に思う。日本人はラフカディオ・ハーンが描いたような愛らしい妖精でもなければ、プライス・コリエが呼ぶような「上辺だけ取り繕った

六　マッケンジー『The Unveiled East』、ミラード『The New Far East』
七『England and the English』２４３頁

野蛮人」でもないのだ。どのような先入観であれ、数多くの情報があれば、そこからその先入観を裏付けできるような情報だけを抜き出してくるのは難しいことではない。しかし、そのような形で得られた結果は一方的だ。いくつかの事実を省き、他の事実は実際よりも悪く見せるように説明することになる。もし間違いが避けられないのであれば、寛容な方に流れて、美点を極小化するよりも拡大化するほうがまだ良い。アジア人に対して、60年も経たないうちに、キリスト教の性質と行動の基準を身に付け、その手本となることを期待するのは無分別というものだ。アメリカとヨーロッパでさえ1､５００年も経ってからようやく、不十分な実践ができているだけなのだ。

日本人には多くの優れた資質があるし、深刻な欠点もある。我々もそうだ。我々を含み、天のもとに居るどんな人々も、その欠点を見つけ出すのは簡単だ。結局のところ日本人は我々と同じく人間なのであり、彼らの事を考えるにあたっては、詩人ベイリーの言葉が思い出される。

「人は、我々が良いと思えば、良くなるのかもしれない」

# 第十五章

## 基本的な国の特徴

日本の基本は結束だ。個人は重要ではなく、国が全てだ。菊池男爵は、1910年ニューヨークの講演で、日本は一つの皇室が25世紀もの間絶え間なく継承されることで国が一つに強くまとまっている、と強調した。グリフィス博士は言う。「大山と東郷の勝利は、彼らのものではなく、国家のものだった。人生は忠義と正しい行ないの外にあるものは価値がない。天皇の『光り輝く美徳』は魂を揺さぶる真実なのだ」。朝鮮の基本は主観性といえるかもしれない。国民に野望はなく、独立心も少ない。皇帝は尊敬するが、情熱的献身は全くない。日本人は天皇の為に喜んで命を捧げる。国が一体となって戦い、国の理想を体現する天皇の為に死ぬまで戦う。この感情は中国人とは全く異質なもので、朝鮮人はこの点では日本と中国の中間に位置する。皇帝が侮辱され自殺した者もいたが、愛国心のある殆どの朝鮮人の感情は、皇帝への愛着からと言うよりは、外国人に支配され傷ついた国民のプライドだった。

# CHAPTER XV

## FUNDAMENTAL NATIONAL DISTINCTIONS

The keynote of Japan is solidarity. The individual is nothing; the nation is everything. Baron Kikuchi, President of the Imperial University in Kyoto, in an address in New York in 1910, emphasized the unity of the nation through a traditional succession of twenty-five unbroken centuries of a single dynasty in relation to a people who regard it with profound veneration.

In a very real sense, therefore, says Doctor William Elliot Griffis, "the victories of Oyama and Togo were not theirs but the nation's. As life has value only in the line of duty and is worthless outside of loyalty and right doing, so also the issue of victory is that in which personality is sunk utterly. The 'brilliant virtue' of the Mikado is not a stock phrase, a figment of imagination; it is a soul-nerving reality."

The keynote of Korea is not so easily stated in one word. We might call it subjectivity. The people are less virile, less ambitious, less independent in spirit. They revered their Emperor in a general way, but with none of that passionate devotion which characterizes the Japanese. Any Japanese will gladly give his life for his Emperor, and this is one reason why Japan is such a formidable military power. The entire nation fights, and fights to the death for the Emperor who incarnates the national ideals. Such a sentiment is utterly foreign to the Chinese mind. The Korean occupies a middle position in this respect. Some devoted officials committed suicide when their Emperor was humiliated; but this spirit did not characterize the people as a whole. Even in the most patriotic Korean the normal feeling was one of wounded national pride, because a foreigner ruled, rather than of special attachment to the Emperor.

# 基本的な国の特徴

## 日本人の基本的特徴は結束

表面的に見る人は、日本人、朝鮮人、中国人の本質的な類似点について述べることが多い。似ているところがあるのは事実だ。似たような服を着ていれば、旅行者が彼らを見分けるのは難しい。礼儀作法や慣習、宗教的信仰の一部も似ているところがある。

さらに、西洋、ヨーロッパ、アメリカに対して、東洋的、アジア的と呼ばれる全体的な精神性においても似ている。それでもやはり、この三つの国民の性格と問題を正しく理解しようとするならば、基本的な違いを知っておく必要がある。ここでは身体的な違いではなく、日本人、中国人、朝鮮人が本当に異なっている所の、精神的な違いについて述べる。

日本の基本は結束だ。個人は重要ではなく、国がすべてだ。日本人は、政治でも、戦争でも、商業でも、日々の生活の中でも、団体で動く。この性質がどれくらい昔にまで遡るのかは議論があるところだ。

京都帝国大学学長の菊池男爵は、１９１０年、ニューヨークでの講演で、日本は一つの皇室が25世紀もの間絶え間なく伝統的に継承されることで国が一つに強くまとまっており、人々も深い尊敬の念をもっている、と強調した。日本人は完全にこの魅力的な観念の魔法にかかっているように見える。彼らは、現代の日本と先祖代々の日本の関係、そして国民の祖先と皇室の祖先との関係は永続的であると主張する。それは単に今日の日本と祖先の関係というだけではなく、何世紀にも亘る日本人と天皇との関係で、国の結束は時代を通して存続しているのだ。

しかし、バジル・H・チェンバレン教授は、この日本人の主張に冷笑する。彼は次のように言う。

「明らかな事実は、信憑性のある歴史が始まってから生きた人間の記憶がある現代まで、日本のように君主を傲慢に扱ってきた国は恐らく他にないという事だ。かつて天皇は退位させられ、殺害されてきた。何世紀にも亘り、後継者を決める時には陰謀と血なまぐさい事件の兆しがあった…中世の日本史を研究すると、大名は、1人の天皇、権力者、勢力に忠誠を誓うという極端な理想主義を見せるどころか、大名家内の者を様々な勢力に送り込み、何が起きてもその大名家が領土の没収を避け、勝者となるよう、非常に実用的な計画を考案していたのだ」

彼は、主張されているような日本の結束と天皇崇拝の上部構造は全くの現代の創作だと言う。抜け目ない指導者たちは、この比較的小さな国を世界の一流国にするためには、自分たちの指揮に絶対的に従順で、他国との関係において一丸となれるよう、人々を一つにまとめなければならず、そのために虚構が創作されたのだ、と。

この国家の結束がどれほど古いのかは別にしても、いまそれが存在して力を持っていることは疑う余地がない。古代であろうが近代であろうが、自然なものであろうが創作されたものであろうが、この重々しく不可解な、しかし非常に真実味があり極めて重要な事実を考慮しなければ、日本を理解することはできない。個を集団の中に埋没させ、人々を一つの公的な体系に織り込んでいくなど、古代ペルー人以外には歴史上例がない。

ラフカディオ・ハーンは古代日本を知っており愛していたが、彼はこうも言っている。

「個性は強制的に抑圧され、個人の人生はその他の者たちの意志に完全に支配され、自由な行動、自由な発言、自由な考えは全く不可能とされた…履物の質、妻の髪留めや子供の人形の値段さえも、容赦ない綿密さ、非常な詳細さですべてが定められる…結果、すべての心的、道徳的違いは抑圧され、個性は麻痺させられ、一つの均一で不変の性格を作り上げた。今日までも、すべての日本人の心には、同様に祖先の心を抑圧し制限してきた古い型の跡がみられるのだ」

## 封建制の影響

この性質が現代日本にまで影響を与えている理由の一つには、日本の封建制度が他の国よりも長く続き、たった20～30年前に廃止されたばかりだからということがあるかもしれない。しかし、封建制度が政治制度として消え去っても、その精神は、より大きくより絶対的な国家の封建制度の中に組み込まれている。巨大な一つの封建制度が、かつての数多くの小規模な封建制度に取って代わったのだ。過去にも現在にも、日本人の間に違いはある。藩や政党は時折激しく言い争う。近年では、これらのグループは新聞や議会でより遠慮のない物言いをする。だがしかし、すべての国際情勢において、日本がまとまった規律正しい一団として行動しないだろうと思う西洋諸国政府の考えは、大きく間違っているのだ。

東郷司令長官は、ロシア艦隊を破った後のかの有名な電報の中で、彼の勝利は「天皇陛下の美徳」と「ご先祖様の御守り」によるものであり、「誰か個人の行動によるものではない」と慎ましく書いている。西洋人は言った。近代教育を受け、キリスト教に共感していると言われる知的な日本人が、このような発言をすることができるのか?

しかし、東郷司令官は日本人には理解されていた。それは、勝利したヘブル人に対してモーゼが叫んだ次の言葉が理解されていたのと同じだ。

「主にむかってわたしは歌おう、彼は輝かしくも勝利を得られた」

天皇は、一時的に国の長となっている個人ではなく、生としての社会の究極の生まれ変わり、国家の精神・伝統・力、すなわち「天子」であり、憲法の第一条に謳われているように「万世一系」なのだ。

天皇を国家の中心とすることについて、徳富猪一郎（いいちろう）（註：徳富蘇峰の本名）は言った。

「天皇は、国体においては元首であり、大和民族においてはその長であり、社会においてはその枢軸である」

ウィリアム・エリオット・グリフィス博士は言う。それ故、まさしく本当の意味で、「大山と東郷の勝利は、彼らのものではなく、国家のものだったのだ。それは、文字通り全国民の過去の生活と訓練の賜物なのだ。司令長官でも陸軍元帥でも、個人個人の水兵や兵士と同じく、自分のことを、次々に結果を造り出す巨大な歯車の歯でしかないと思っているのだ。人生は職務の内においてのみ価値があり、忠義と正しい行ないの外にあるものは価値がない。それと同じく、勝利の中では個は全く埋没してしまうものなのだ。

天皇の『光り輝く美徳』はありきたりの文句や作り事の想像などではなく、魂を揺さぶる真実なのだ。それは日本の最も偉大な財産である。『先祖の精霊』なしには、天皇も臣民も今のようには存在しないのだ。

東郷の言葉は日本の全歴史と一致しており、その一語一句を決定づけているものは、内省と感情、芸術、詩、神話、伝統、武士道（西洋で言えば騎士の行動規範）、それはすなわち日本海の海戦を戦った者たちの心にあった思想世界と潜在意識下の動機を作り上げたすべてのものである。東郷は他の結論を出すことはできなかった。

真の日本国民というものは、これから何世代後になっても、東郷の考えを他の言い方では言い表せないのだろう。儒教、神道、仏教、キリスト教のいずれの信者になろうと、我々西洋人の間で流行するどの哲学を信じようと、真の日本国民は日本の栄光なる勝利を『どの人間』にも帰することなく、天皇の美徳と皇室の祖先の精霊たちに帰するのである」

古代日本の文学には、天皇への尊敬の念が溢れている。例えば、次の言葉だ。

「天皇のためでなければ死ぬべきではない」

天皇が亡くなった時には、群衆は涙を流して祈り、連日連夜、太陽の熱にも雨の粒にも微動だにせず、皇居の門の前でひれ伏すのだ。

## 中国人の基本的特徴は個人主義

中国の基本はこれとは全く逆に個人主義だ。中国人は、個人としては、勤勉で有能、多くは優れた技能を持ち、世界のどの人種とも競い合う事ができる。しかし、協力するような事業を自発的に行なうことはない。共同作業は苦手だ。中国人は個人では強いが、集団では弱い。彼らは組織においては不十分だ。中国のどこへ行っても、この兆候は見られる。商業的に見れば、中国人はアジアで一番のビジネスマンなのだが、団結して効率の良い仕事ができる大きな中国企業を創るのは難しい。政治的には、中央集権が著しく欠如している。皇帝は伝統的には天子として崇められてきたが、今の皇帝を人々は異邦の満洲人とみなし、彼の支配下で苛立っていた。多くの、王朝に準ずるような勢力が生まれ、常に皇帝とその家系の転覆を狙っていた。革命が完了すると、大総領のもとに共和国（註：中華民国）が宣言されたが、6年も経たないうちに5人も大総領が入れ替わった。個人主義が国家の特徴なのである。村では主に長老を長とする集団ができていたが、中国全体で見ると、自分の身は自分で守らなければならない状態だった。

それ故、日本で顕著に見られる国家の結束感などと言うものは全くなかった。南の人間は北の人間についてほぼ何も知らず、気にも留めなかった。四川省の住人は福建省の住人にはほとんど共感することはなく、まるで別の国民の様だ。もし二つの省の間で戦争が起こっても、中国の多くの地域は無関心だ。それは北京の役人と攻撃された省政府の問題なのだから自分たちで処理すればいい、と。恐らく、多くの中国人が１８９４年に起こった日本と中国の間の戦争の事をまったく知らない。知っている者も、それを日本とドイツの間で起こる戦争ほどに気に掛けなかったのである。もし外国が日本の港を獲得したとしても、それを要塞化するため雇われようとする日本人などいないだろう。

しかし、ドイツが１８９７年に膠州湾を占拠した時、山東省は強く警戒したにも拘わらず、ドイツの司令長官はドイツ基地を中国人に攻め落とされないように強化するために、何の問題もなく何千もの中国人を雇うことができた。同じく、ロシア人も、中国政府から脅し取った合意で旅順を獲得した時、それを要塞化するのに6万人の中国人労働者を雇うのに困難はなかった。北京の各国公使館も、宮廷を狙おうと思えば狙えるような、小銃の弾が届くような距離でも中国人労働者の力を借りて防備を固めていた。

中国は結束した国家というよりは、いくつかの組織が緩やかに寄せ集められたものなのだ。知事や総督は実質的には独立した支配者で、自分たちの貨幣鋳造所や軍隊を持ち、北京に貢物を送っていれば好き勝手なことができた。日本政府は事業において個人を誘導し支持するのだが、中国政府は人々が自活するように放っておくのだ。恐らくこれは、一つには、人口の多さに関係している。それが存続の争いを激しくし、人情味のない身勝手さと自己依存の精神をもたらすのだ。

中国の個人主義は、なぜ、現在の中国における変化が非常に重要なのかを説明する根拠の一つだ。今働いている新しい力は、中国の生活の根本的特質に影響を与え、人々の基本となる考え方と関係性に大変革をもたらしている。鉄道と電報のお陰で、国内の他の地域と交信したり、その地域についての知識を得る事ができるようになり、以前には存在しなかった一体感が生じ始めている。そして、そこには大きな希望がある。中国の改革運動は、基本的には国民の運動だ。政府はそれを指揮しなかったし、実際問題としてかなり対応が遅れていた。このような大規模な大衆運動は、おそらくヨーロッパの似たような運動と同じ位に抑え難くなるだろう。なぜなら新しい秩序というものは、一度確立すれば、国家の同意のもとに固く築かれるからだ。

逆に、日本では、政府が構造改革的な運動を指揮しており、人々はずっと後方にいる。近代の発展のすべてが、指導者たちの比較的小さなグループによって指揮されており、大衆はただ闇雲に従っているだけなのだ。これら指導者たちは優れた才能を持ち、彼らの考えは徐々に大衆にも理解されるようになっているが、日本人の大多数が本当の意味で改革の主体になるにはまだ時間がかかりそうだ。

歴史が示すところによれば、このような状況は、あまり安心できるようなものではない。前に進むために公的なリーダーの威光があることは非常に有益だが、賢い世論に基づく広い大衆の支持がなければ、人事の交代で突然政策が変わってしまうかもしれない。現代的な精神を持った上流階級の数が増え続けているのは希望の持てることで、日本の改革に反動的な動きが起こる余地はないと思わせられる。だが、もし一部に反動が起こったとしても、国家の団結がそれを乗り越えさせるだろう。後の章で述べるが、現在主導権を握っている独裁的な政党の下で、既に進歩的な政党も力を伸ばしてきており、その成長は将来に多くを約束している。

## 朝鮮人の基本的特徴は主観性

朝鮮の基本については、一つの言葉で言い表すのは難しいが、主観性と呼べるかもしれない。国民はあまり男らしくはなく、野心的でもなく、精神面で独立心も少ない。皇帝を普通に尊敬しているが、日本人に特徴的な、情熱的献身は全くない。どんな日本人も天皇のために喜んで命を捧げる。これは日本が非常に強い軍を持っている理由の一つだ。国が一体となって戦い、国の理想を体現する天皇のために死ぬまで戦う。

このような感情は中国人には全く異質なもので、朝鮮人はこの点では日本と中国の中間に位置する。皇帝が侮辱された時に自殺した朝鮮の役人も何人かいたが、この精神は全国民を特徴づけるものではない。愛国心のあるほとんどの朝鮮人の感情は、皇帝に特別な愛着があったからと言うよりは、外国人に支配されたことで傷ついた国民のプライドだった。朝鮮人は長い間抑圧され、列強に挟まれ、非常に無力だったので、ほぼ無関心な諦めに慣れていた。英雄的な戦いを為した個人もいるが、国民全体としては、避けられない事に長く黙従しすぎたので、結果として、ある心理状態が身についていた。断固たる日本人のやり方は、さすがに朝鮮人を刺激し無関心ではいられなくしたのだが、いまだに諦めの傾向は顕著である。

朝鮮人は日本人がもたらした近代的改善を、たいてい嫌々ながらも受け入れるのだが、それを自分たちのものにしたり、他の改善を為そうとしたりする事はほとんどしない。彼らは単に日本人のすることに同意し、諦めるのだ。朝鮮では、キリスト教の教会であっても国家であっても、その根底には根強い固有の問題点があり、様々な場面に影響を与えている。それは、朝鮮には中流階級、製造者階級、専門職階級がなく、どの分野にも訓練された指導者がいないということだ。朝鮮にはたった二つの階級しかない。それは「貴族」と農民だ。ただし朝鮮の貴族である両班（ヤンバン）について言えば、これ以上に低い貴族などいないのである。

朝鮮人の気質は日本人や中国人よりも感情的だ。朝鮮人の心をつかみ、共感を引き起こすのは比較的簡単だ。これは、中国や日本よりも朝鮮でキリスト教が速い進展を遂げた理由の一つである。勿論、朝鮮での福音の成功の理由は他にもあり、それは他で述べることにするが、この気性は国民性に違いをもたらす要因だ。

国が熱望するものも違う。日本人の大望（たいぼう）は、自国が世界の大国として認められることだ。中国人の大望は、個人の利益を追求することだ。朝鮮人の大望は、放っておいて欲しいという事だ。朝鮮人が救世軍の役人の周りに集まってくるのを見るのは痛ましかった。彼らは、半分子供のように、鼓笛隊や軍のイメージから、救世軍は自分たちの生活を邪魔している部外者を追い払ってくれると思っていたのだ。

私は今述べてきた三国民の違いの記述が不十分なものであることを承知している。それぞれの国について例外を挙げるのは簡単だろうが、私はここでは国民全体として考えており、既に述べたような基本的な違いは根深く、政治、商業、伝道において多くの問題に影響している。

## 日本の大望

日本人は懸命にも自分たちの大望を隠さなかった。有名な日本の著述家である川上教授は、「日本は日の当たる位置を占めるべきだ」と書いている。[一] 大隈侯爵は「世界を一つにするために東洋と西洋の文明を調和させるのが日本の使命だ」と言った。[二] そして、ある講演では次のように言った。

「40年前、日本はほんのちっぽけな国だと世界の目には映っていたが、今は、ある意味アジアの運命を手に握るような最強の国の一つだとみなされている。これにより、東洋の問題の解決に当たっては、目立った役割がない時でも、意志を全く無視されるという事はない。日本はこの高い位置に自らを引き上げ、それを維持することを決断したが、それは早すぎる事ではない。なぜなら、ヨーロッパの欲望の標的は、もはやアフリカだけではなく、日本に密接に関係しているアジアでもあるからだ。日本が強くなって、その欲望を軽減する方法について考えを述べなければ、日本の安全が脅かされる可能性があるのだ」

日本がこのような大望を抱くことについては、常に批判する者がどこにでもいるかもしれない。しかし彼らは、アメリカ、イギリス、フランス、ドイツ、ロシアの典型的な市民ではない。

チャールズ・ディケンズが、その小説『マーティン・チャズルウィット』の中で、穏やかにアメリカ人の事を皮肉っているのだが、アメリカ人はあまりにも大きな声で、自国が最も大きく、最も偉大で、最も輝かしい国になる運命なのだと断言する。数世代に渡って、7月4日のアメリカ独立記念日には、国会演説、礼拝集会の講義、数えきれないほどの新聞や雑誌の記事で、同じことが世界に発信されているが、世界は懐疑的だ。まるで太平洋の支配権を持っているかのように話すアメリカ人もいるが、もしも彼らが自国の歴史に精通してい

一　ニューヨークタイムズ1915年4月9日付の記事。
二　『Japan to America』2頁

たならば、アメリカは１８４６年までは、太平洋のどの領域に対しても明確な権利を持っていなかった。何故、我々アメリカ人の主張する太平洋の支配権が、２、０００年以上もその領域で暮らしていた国々の主張する支配権よりも上に来るなどと考えるべきだろうか?

日本人は野心が強すぎ、不快なほどに自己主張しているかもしれない。私はそうだと思うし、我々アメリカ人もまた同じ部類なのだと思う。もし我々が、人々に対してもっと謙虚でキリスト教的な態度を互いに取るべきだと説きたいのなら、その善意の努力の対象には、日本人だけでなく我々アメリカ人も含めるべきだ。

# 第十六章

## 軍事力としての日本

日本兵は背丈は低いが、頑丈でたくましい。忍耐があり、節度を持ち、困難や屋外生活に慣れている。効率性の面では最高レベルまで鍛えられ、最新鋭の武器を備え、長である軍人に絶対的に服従する。私は町で日本兵をよく見かけた。いつもベルトにピストルを身に付け、大体は手袋も付け、小ぎれいな容姿で、真っ直ぐに立ち、礼儀正しい振る舞いであった。世界大戦勃発の後、マーシャル諸島の宣教師は言った。「日本軍が上陸した。緩い戒厳令が敷かれたが、国民は最高の礼儀と思いやりで対応された。日本兵の振る舞いは、他のどの文明国の軍隊も勝るものはないと思う」。日露戦争での日本軍の勝利の理由の一つは、前線で最大兵力を維持していた事だ。クロパトキン陸軍大将は嘆いた。「満洲の駐屯軍はたったの58パーセントしか戦える兵士がいなかったが、日本軍は病気とその他の戦えない兵士を最小限に抑えていたので、90パーセント以上の兵士が前線で戦えた」。

## CHAPTER XVI

## JAPAN AS A MILITARY POWER

The individual Japanese soldier, while short of stature as all his countrymen are, is solid, sturdy, patient, temperate, inured to hardship, accustomed to an outdoor life, disciplined to the highest point of a military efficiency, armed with the most highly improved weapons, and unquestioning in obedience to his officers, who are often hereditary chiefs of his clan. He was a familiar figure on the streets of all the cities I visited. He invariably wore his belt and side-arms and often his gloves, was neat in appearance, erect in bearing and well behaved in manner.

After the outbreak of the European War in 1914, a missionary in the Marshall Islands wrote: "On the morning of September 29, several Japanese men-of-war appeared, and an armed force was landed and the Japanese flag hoisted. Although martial law necessarily prevails, it is in its mildest form, and all nationalities are treated with the utmost courtesy and consideration. From the time of the first landing until the present, the conduct of the men has been exemplary, and I do not think could be surpassed by the troops of any other civilized nation."

Maximum strength at the front was one element in Japanese success. The Russian general Kuropatkin lamented that "at the end of March, 1905, the fighting element in the Manchurian army consisted only of 58 per cent in some sections of the troops.... In April, the percentage of bayonets in the First Manchurian Army constituted 51.9 per cent." But the Japanese succeeded in keeping their sick and special-detail lists so small and the health of their troops so good that they usually had more than 90 per cent of their men in action.

## 軍事力としての日本

### 日本の地位を高めた武力

日本は、自分で得た世界情勢の中における地位を現実に維持することができるのだろうか？　現代文明で、日本人自身やその他の人々にこのような質問をするのは、妥当ではない。不幸なことに我々は、不当な扱いを受けた国が正義に訴える国際法廷がない時代、国の身勝手さ、強欲さ、傲慢さがしばしば「愛国心」などと賛美される時代から抜け出すことが中々できずにいる。自国を自分で守ることができなければ押しのけられ、貿易と領土、「日の当たる場所」の奪い合いの中で、どの国も自力でやっていかなければならず「最後尾になれば悪魔に奪われる」と感じている。「国は、その国力に見合うだけの陸海軍を維持すべきだ」とドイツ首相は国会での演説で言った。さもなければ「列強間における今の地位を、それを狙う強い国に奪われるリスクがある」のだ。

日本は戦争時にも平和時にも適切に学んで来た。日本が国際社会で何をすることが必要かを学んだのは、西側諸国の多くの行為からである。長い間、西洋は「力は正義なり」を前提に振る舞ってきた。アジアでも常に同じ前提で振る舞い、最近の経験からみても、その野蛮な必要性は弱まってはいない。ヨーロッパ人とアメリカ人が「黄禍（こうか）」を話題にしている間、アジア人は「白禍」を話題にしているのだ。

日本人の気持ちについて、家永豊吉博士は次のように鋭く指摘する。

「現代の国々はその政治的構造をローマ帝国の廃墟の上に作り上げたため、その存続の主な姿勢は未だに軍事主義なのだ。彼らの仲間入りをするのに一番よいのは武勇である。日本がついに現代の大国の仲間入りを認められたことは、この主張を非常に良く証明している。日本は半世紀もの間、熱心に平和の再構築に専念してきた。教育制度を改革し、法律を体系化し、法務を近代の基準に合わせ、西洋の科学と文学を育むことに専念し、商業や産業に携わる中流階級を創り出し、国会を開き、言論・出版・宗教の自由を宣言した。つまり、西洋のモデルに基づき、政治・社会体制を徹底的に再構築したのだ。しかし、これらの平和的な方法を用いた進歩によって、日本は西洋諸国と対等の地位を得ただろうか?

否!そうではない。あなた方には不快に聞こえるかもしれないが、日本が国際社会で待ち望んだ地位は、戦争によってその技術を期せずして証明した後で初めて獲得できたのだ。国の名誉と国益を守るために、日本は巨大な隣人を相手に平壌と鴨緑江の戦いに勝利した。すると驚いたことに、日本の名声は突如として西洋の目に高く映っていたのだ。そして、恐怖に揺れながらも国の安全のため、もう一つの悲惨な戦争を戦った後にのみ、この島国の帝国が、世界に偉大な大国であると承認されたのだ。いかにも悲しいことだが、これは西洋の軍事主義を説明するものだ…自国を守るためには優れた軍備が緊急に必要なのだという確信が日本の心の奥深くに刻みこまれたことに何の不思議なことがあろうか?」

## 欧米の武力への不安

アジアおよびアフリカにおける西洋列強の侵略という事実は、日本の抱く不安に根拠がないわけではないことを痛いほどよく証明している。イタリアによるトリポリ攻撃も記憶に新しい例だ。トリポリのイタリア人が告発した不正は、平和的な方法で解決できたはずだ。しかし、イタリアは領土が欲しかった。つまり、アメリカや南アメリカに赴いて他国を強化する代わりに、過密な人口を自国の旗の下に入植でき、形ある資産として

— The Oriental Review の記事　１９１１年６月10日付

残せる場所が欲しかったのだ。それ故、イタリアは望んでいた領土を得るために戦争へ突入したのだ。

トルコがそこを防衛する海軍を持っていなかったことをイタリアは知っていた。イタリアの統治は明らかにイスラム教の支配よりもあきらかに良い。しかし、しばしば繰り返されるこのイタリアの弁解は、道徳的には通用しない。誰かが他人の所有地を持ち主よりも上手く利用できるとしても、だからと言って、その土地を暴力と殺人で奪い取るなどという事は正当化されないのだ。

日本人はイタリアの行動からすぐに教訓を得た。彼らは軍隊の必要性、特に自分たちにとって海軍の必要性が非常に大きいことに気づいた。そして、その必要性は次のような事実によってさらに強められる。日本の領土が狭いこと、農業生産性が不十分であること、島国であること、外国貿易に頼っていること、隣接した大陸の国々が西洋列強に奪い取られているということ、などである。大陸の巨大な市場や資源が敵意のある国の手に渡ったら、日本を孤立させ、弱くて取るに足らない立場に押しやることは分かっていた。

ロシアが北太平洋の不凍港から締め出されている事にいつまでも黙っていないことなど、日本はよく理解していた。また、朝鮮人と中国人が日本を恐れ、嫌っていること、極東にいる外国人の多くは日本に対して友好的でないことも知っている。そして、世界、特に極東において獲得した地位は、軍事力によってのみ維持されることを知っている。嘆かわしいことに、日本が国際社会に入るためには、西洋のキリスト教国列強と同等に戦えることを証明しなければならないのだ！　そうしなければいけないと確信して、日本人は陸海軍を高いレベルで維持している。

大規模な軍隊と大量の軍需品の話はよく耳にする。しかし、日本の機密はアメリカよりも固く守られているので、それらがどれくらい当たっているのか知るのは難しい。報道は恐らく誇張されているが、日本が効果的に軍備を充実させていることを疑う者はいなかった。

海軍に関しては、1894年には6万1、000トン、1904年には28万3、743トン、1916年には69万9、916トンの船を抱えており、以来かなり増強されている。日本は自ら軍艦と大砲を造ることができ、呉の砲工場は世界で最も巨大で、最高に整備が整った工場の一つだ。

## 日本が大国となった理由

日本は大きな国ではないが、戦争を遂行する国としては、その数字の上での兵力や財源が示すよりも、ずっと優れた特別な利点を持っており、日本を世界の大国として考える際の重要な要素となるので、次に述べることとする。

1：政治体制が、迅速かつ決定的に行動できるようになっている。非常に中央集権型の君主制の政府は、民主政体よりも速やかで効果的に戦争に備え、戦う事ができる。この政治体制は、戦争に反対する際の深刻な批判の一つだ。なぜなら戦争は、個人に最小の自由しか与えず数名だけに最大の権限を与える形態の政府に有利に働くからだ。そのような政府では、秘密裏に戦争の方策を決定することができる。何故なら、無制限な討論を要求し、詮索的でずけずけと物を言う無数の新聞社に代表される世論に敏感な議会や国会で話し合う必要がない。それに比べて民主主義は物事が進むのが遅く、手間もかかる。

2：全国民に、勇敢な精神が行き渡っている。典型的な日本人は生まれながらの兵士で、自ら熱意を持って軍人職に就く。毎年、若者の徴兵はお祭り騒ぎの中で行なわれる。家屋には国旗が掲げられ、新兵は駐屯地まで友人や近所の人々の行列に大変敬意をもって見送られる。軍に傾倒する事と美を愛する事は普通ならほとんど繋がらないものだが、日本人の中では繋がるのだ。日本人は挑発されなければ戦わないが、挑発された時には敵が当惑するほどの迅速さで迎え撃つのだ。日本人の気質は中国人とは違う。中国人は平和的な傾向があり、軍事職を低く見て、西洋諸国の侵略で方針転換せざるを得なくなるまでは、自国の軍隊と軍艦を最も低い階級に割り当てていた。日本人は攻撃的な傾向だ。戦争の鬼才がある。日本は世界で最も長く封建主義の下にあり、現在もその精神が生き残っていることが戦争に有利に働いている。

何世紀もの間、そして今生きている人間の記憶に新しい現代に至るまで、日本人が理想とする典型は武士だ。「花は桜、人は武士」が一般大衆の感情なのである。「日本の魂である武士道」とは「武士の道」で、文字通り、「武士のように戦う事」、「武士のあり方の教え」だ。このような国民が精密な近代兵器を素早く取り入れ、驚くほど短期間でそれを使いこなす事を学んだのは意外な事ではない。

3：最高に強烈で自己犠牲を払う忠誠心から生まれる類まれなる国の結束がある。日本人の団結力については他の章で述べた。危機の時は、国全体が戦う機械となるのだ。日露戦争がこれを衝撃的に示した。行政、軍事、海軍それぞれの部署が完璧に一致して行動していた。愛国的決意の精神は、兵士や水兵一人一人のみならず、全国民を燃え上がらせていた。妻は夫が前線へ向かうのを誇りに思って見送り、母は息子が身体的に不適格とみなされると恥と悲しみで自殺した。

4：綿密な準備。この準備とは、公立学校の男子生徒の教育から始まる。

私が見た学校では、外には練兵場が連なり、悪天候時のための広い訓練用ホールもあった。真鍮ボタンが付いた紺色の制服と、軽い小銃が支給される。訓練は決して小手先のものではない。学校のカリキュラムには演

Nagoya Castle.　名古屋城

習が普通に組み込まれている。我々が訪れたいくつかの町では、我々をもてなしてくれた家が公立学校の近くにあったが、毎日私は集合ラッパの音を聞き、男子生徒の小隊が行進して、てきぱきと戦闘の手引きに沿って練習するのを見た。日本人は徴兵制度を信頼しており、17~40歳の健康な男子は誰でも兵士になる可能性があった。いくつかの例外や、大学生には他の選択肢もあったが、原則として、2年は兵士として現役勤務し、4年4カ月は予備役として、そして10年は兵站部での勤務だった。

　日本には他国のように大きな常備軍は必要なかった。なぜなら、実際、すべての男子が軍事訓練を受け、市民生活に戻った後も国の召集令があれば従うからだ。実際に武器を携えている男子の数は重要ではない。日本のすべての健康な国民が即座の呼びかけにも応えることができるのである。

　いくつかの駐屯地は、古い封建制時代の城にあった。それらは1871年に封建制度が廃止された時に政府が再利用したものだ。過去の偉大な武将たちにこのように巨大な要塞を預けておくことは適当ではないと天皇が考えたのも無理はない。

例えば名古屋城は、広大な土地にそびえ立ち、外側と内側の深い堀に守られ、その頑丈な石垣は近代的な大砲でなければ打ち破ることができないほどの高さと分厚さだ。建設には途方もない労力が掛かったに違いない。城は１６０７年、義直により築城された（註：徳川家康が九男義直のために天下普請によって築城したとされる）。義直は、世に名高い父徳川家康から尾張の藩主の地位を授かった。名古屋城は町の北側に見事に高くそびえ、その有名な金鯱（しゃち）は48フィート（註：1フィートは約30センチ。名古屋城の鯱は実際には3メートル弱）の長さだが、巨大な建物に比べると控えめに見える。金鯱は水の神として、火の神から城を守るとされていた。私が訪れた時は、1万人の兵士が城に配置されていたが、固く平らな練兵場は広大で、一度に3万7、０００人もの兵士が訓練したと聞いた。

大阪城はもう一つの有名な例だ。私が実際に見た石の塊一つは、私の推測では、長さ40フィート、高さ20フィート、厚み8フィートのものがあり、他にも同じくらいの大きさのものがいくつかあった。現代のように巻き上げ機械のない時代に、この途方もない要塞を作ることを可能にしたのは「生身の人間の力を限りなく使う事」だけだった。勿論、これは強制労働と、広範囲に及ぶ哀れな農民と一般大衆から取り立てた税で賄われた。

封建制度が崩壊した時、人々はこのような労働と米の年貢から自由になった。高飛車な大名は、天皇の目が行き届くよう強制的に東京に住まわされ、彼らの城は帝国軍が占拠した。大阪城の領域に建てられた兵舎には、７、０００もの兵士が配置されたが、城の広さに比べれば、この数は少なく見えた。

連隊は完璧な戦闘部隊になるまで訓練された。私は数多くの駐屯地を訪れた。いくつもの国の兵士を他にも見てきたが、日本のような訓練は見たことがない。アメリカの駐屯地では、観客を沸かせるような華麗なパレードや派手な演習が見られるが、これは戦争になったらダンスレッスンほどに役に立たないものだ。日本の軍人はそのようなものにほとんど時間を費やさない。兵士たちは、きつい前進命令に従い重い足取りで坂を上り下りし、溝を掘り、砲台に火薬を詰め、模擬戦闘を戦い、本当の戦争で為すべきようにすべてを行なった。金沢で滞在した家では、そこから遠くないところに駐屯地があり、毎晩毎晩、私が眠りにつく頃に訓練を行なっていた。私はその時、日本が本当に戦う時は、必ず敵に打撃を与えるだろうという印象を受けた。

海軍も同様に訓練に励んでいた。ある目撃者は言う。

「1903〜1904年の冬、事態が深刻になっていた時、日本海軍は特別な戦闘訓練を行なっていた。それは、戦中に使う重砲で遠距離めがけて絶え間なく発砲する訓練、悪天候の中、夜間に照明なしで本物の魚雷を使って操作し発射する訓練、戦争が始まったら実際に行なう軍事行動のリハーサルなどだった」

個々の日本人兵士は、彼の同胞と同じく背丈は低いが、頑丈で、たくましく、忍耐があり、節度を持ち、困難や屋外の生活に慣れている。また、軍事の効率性の面では最高レベルまで厳しく鍛えられ、最新鋭の武器を備え、たいていは代々藩の長である軍人に絶対的に服従するのだ。私が訪れたすべての町の通りで、日本兵をよく見かけた。いつもベルトにピストルを身に付け、大体は手袋も付け、小ぎれいな容姿で、真っ直ぐに立ち、礼儀正しい振る舞いであった。

1914年の世界大戦勃発の後、マーシャル諸島の宣教師は次のように書いている。

「9月29日の朝、日本兵が数人現れ、軍隊が上陸し日本の旗が揚げられた。戒厳令が必然的に敷かれたが、とても緩いもので、すべての国民が最高の礼儀と思いやりを持って遇された。先月、艦隊に所属する800人の男が海岸で一日休暇を取ったが、酔っ払いや、騒動、ふしだらな行為などは全く見られなかった。男たちは、誰でも利用できるサロンで手に入れることのできるビールや他のアルコールを自由に飲む代わりに、休暇手当をお菓子に使うことを好み、非常に楽しんでいる様子だった。初めて上陸した時から今まで、日本兵の振る舞いは他の模範となるもので、他のどの文明国の軍隊も彼らに勝るものはないと思う」

日本の兵士は、イギリスやアメリカの兵士のように綿密な補給を必要としなかった。日本兵は毎日2～3セント相当の米と、全粒小麦か大麦の配給、それに時々少しの肉か魚が追加されれば、それで満足に暮らせる。それでも日本兵の持久力は、その忠誠心や勇気と同じくらい優れている。

北中国で1900年に起きた義和団の乱の時、日本兵は西洋列強の兵士と競争することになったのだが、宣教師や新聞記者だけでなく、ヨーロッパとアメリカの軍人のほぼ全員に共通する証言は、「小さな日本人がこの中で一番の兵士だ」ということだった。規律、動きの迅速さ、整然とした行動、補給の完璧さ、難しい作戦をこなす力量のすべての面において勝っている。

ローマ法王が大きなダイアモンドをファビエル司教に送り、北京攻略の際に一番の働きを見せた兵士に授けるようにと指示を出すと、司教は日本公使館付き武官の芝大佐に授けたのである。

日本海軍も世界で最高の部類だった。海軍の船はその構造や設備において徹底的に最新鋭で、将校も兵士もその素晴らしい戦闘装置を使いこなす事ができた。日清戦争において、日本が非装甲の巡洋艦で中国の戦艦を拿捕（だほ）し沈めたことを世界は忘れていない。温度計が氷点下26度を示し、船の甲板が氷で覆われ、強風に煽られ雪が厚い渦を巻いていたならば、ほとんどの水兵は用心して作業を一時休止するだろう。しかし、威海衛（いかいえい）では正しくそのような状態であったにも拘わらず、日本軍は夏の休暇にでも来ているように陽気に中国の要塞を崩壊させたのだ。

ベルナップ海軍少将は言った。

「優劣つけ難いイギリス艦隊と日本艦隊が対戦したら、日本が勝つチャンスはイギリスと同じくらいだと私は躊躇（ちゅうちょ）なく言える。日本軍は戦いから逃げないだろう。これは間違いない事だ。日本人よりも覚悟があり、恐れを知らない人種など、太陽が照らすすべての場所を探しても見つからない」

日本の兵士はどのような命令に対しても自分の犠牲など厭わず、むしろ、彼が愛し崇敬する天皇のために死ぬ名誉を望む。日本の兵士と水兵には自己を犠牲にする突撃と決意が特徴的だが、これが彼らをほぼ無敵にするのだ。日露戦争勃発の時、一部の日本兵は前線に向かうことを切望し、妻と離婚したり親もとへ返したりした。横浜のヘンリー・ルーミス師によると、ある男は、二人の小さな子供の世話をしてもらう手配ができなかったので、自分が軍務を遂行できるように子供たちを殺したという。

他の男は二人の娘を売春宿の亭主に売った。東郷司令長官は部下に向かって、妻と子供たちには二度と会えない覚悟で海に出よ、彼らの事を考えたり手紙を書いたりなどするなと言った。彼自身も、自分が病床から立って船に向かおうとした時、妻が行かないよう懇願したので、妻を殴って黙るよう命令したと言われている。

「ロシアとの戦いで何をするつもりだ?」との問いに、連隊は口をそろえて「日本国のために死ぬことを名誉とするものであります」と答えた。

東郷司令長官が、旅順港に立ちはだかる戦艦を沈めるために決死隊(死ぬまで戦う事を決意した男たちの部隊)を呼びかけたところ、2、000人もの兵士が熱意をもってそれに応じた。請願書の中には、海軍二等兵曹からの次のようなものがあった。

今般決死募集相成候に付ては志願致候條、御選抜相成度此血書を以て奉願上候也

海軍二等兵曹　林紋平　明治三十七年二月十八日　三笠艦長伊地知彦次郎殿

日本の巡洋艦浅間の八代艦長は、決死隊に別れを告げる時、聖餐のワインを与えるかのように、冷たい水の入っ

た大きな銀の親愛の杯を彼らに渡し飲むように勧めた（日本では近い親戚がもう二度と会えなくなるだろうと思って去る時、最後の別れを告げるために冷たい水の入った椀を回し飲みするのだ）。

そして八代艦長は言った。

「私はあなた方を死地へ送る。あなた方に死ぬ覚悟ができているのは分かっている。だが、名声を得るために命を軽んじたり不必要な危険を冒すことを勧めているのではない。私があなた方に願う事は、命を顧みず軍務を全うすることだ。私が今捧げる水の杯はあなた方に勇気を授けるものではない。死の場に行くのに酒を飲んで空元気をつけるなど恥だ。これはただ、あなた方を本艦の栄誉の代表とするものだ。天の御意志に命を授け、静かに職務をこなすのだ[二]」

１９１０年4月、不運な第六潜水艇の佐久間勉艇長は、不可避の事故で第六潜水艇が沈み窒息死を免れないことを悟った。彼は静かに、遺書に次のように書いた。

「小官の不注意によって陛下の艇を沈め、部下を殺すことは誠に申し訳ない。しかし艇員一同、死に至るまで、皆よくその職を守り、沈着に対処してくれた。我々は国家のために殉職するが、世間の人々が、この事故によって潜水艇の開発に反対し、将来の発展に打撃を与えることを憂うる。…謹んで天皇陛下に申し上げる。部下の遺族が困窮することなきよう給わらんことを。それだけが気にかかるのみ」

（註：第六号潜水艇は演習中の故障で沈没。乗員全員が整然と自分の持ち場に就き殉職。後の開発に役立てるため、死の直前まで事故原因や状況についてメモが残されており、世界的にも大きな反響を呼んだ。今日でも各国の潜水艦教育の中で、尊敬に値するものとして称えられている。）

二　The Outlook の記事からジョージ・ケナンの引用　１９０４年6月18日付

『肉弾：ある兵士の旅順の物語』は桜井忠温中尉の書いた小さな本であるが、典型的な日本人が敵と激しく戦う喜びを生き生きと描写している。彼は、「逃亡する敵を追跡するのは愉快なことだ。背後から撃てば、敵は秋風に舞う落ち葉のように倒れるのだから」と書いた。このような好戦的情熱を持つ男たちの手に近代の精密な武器を持たせるのは宜しい事ではない。

国内の大衆も似たような自己犠牲が特徴的だった。幾人かの父や母が、自分が頼りにしている息子が戦争に行けるようにという理由で自殺をしたのだ。近所の人が、ある男性に、彼の息子が戦死した事に対してお悔やみを言うと、彼は答えた。

「私は同情の対象ではありません。誰でも必ず死ななければならないのです。私の息子も、近所の息子のように部屋の中で熱を出して死んでいたかもしれません。でも彼は、天皇陛下に仕え、その職務を果たして戦場で死んだのです。私は祝いの言葉を述べられるべきなのです」

日露戦争は日本の用意周到さを浮き彫りにした。情報部は戦いの舞台となる国の地形に関する全情報を詳細にわたり集めた。前線の兵士に使いやすいように、朝鮮と満洲全土のすべての道と小川、すべての丘と谷とが地図に記されていた。作戦計画は、すべての重要な戦闘がシナリオ通りに戦われるように練られたので、部隊長は「予定通りに」敵と交戦したことを後で報告することができた。この言葉は公式報告書に何回も出てきた。莫大な量の軍需品と備品が購入され、また製造された。武器、銃弾、食糧、衣類、機材、交通手段など、陸海軍が必要とするすべてのものが提供され、すぐに使える場所に保管された。

この完璧な準備で日本軍は即座に攻撃を行なうことができた。彼らは戦闘を最初から最後まで推し進めることができた。目的は明瞭だったので、止まることなく全力で為すべき事に専念していた。グラント大将の格言である「疑いのある時は進め」は、日本人の方が一枚上手だった。なぜなら、彼らは決して疑わないからだ。

結果は、作戦は日本軍のシナリオ通りに戦われ、ロシア軍は守りに精一杯だったので、自らの戦略を考えることができなかった。

このような大胆な作戦の内にある精神力は並々ならぬものだった。日本軍は常にやる気があり自信に満ちていて、一方でロシア軍は常に攻撃される不安を抱えていた。その不安がパニックに変わらなかったのはスラブ人気質の粘り強い頑固さがあったからだ。

5：日本軍の成功のもう一つの要素は、前線で最大兵力を維持していた事だ。ロシアのクロパトキン陸軍大将は次のように嘆いた。

「1905年3月末、我々がはるばるスンガリ川まで軍事行動の舞台を想定して精力的に準備をしていたのに、満洲の駐屯軍は部隊によってはたったの58パーセントしか戦える兵士がいなかった…4月には、第一満洲軍の銃剣武装兵は51・9パーセントだった」

しかし、日本軍は病気の兵士とその他の戦えない兵士を最小限に抑えていたので、部隊の健康状態は非常に良く、通常90パーセント以上の兵士が前線で戦えた。

6：衛生と病気の予防は、日本軍の成功の理由を理解するのに見過ごせないものだ。病気は、しばしば軍隊にとって敵軍よりも恐ろしいものとなる。

歴史上の過去の戦争を見てみると、平均して、戦死者1人に対して4人が病気で亡くなっているのだ。クリミアの戦いの6カ月間で、病気で死んだ連合軍の兵士は5万人、それに対して戦死者は2万人だった。1877〜1878年のロシア・トルコ戦争では、病死（8万人）は、前線または負傷からの戦死数の4倍だった。アメリカとメキシコの戦争では、病死と戦死の比率は3：1だった。アメリカの南北戦争で、北軍は11万人の兵士を大砲や銃弾で、19万9,720人を病気で失ったが、これは軍全体の8・6パーセントを示している。1894年のマダガスカルにおけるフランスの戦闘では、約1万4,000人が前線に送られた。たった29人が戦闘中に死に、7,000人が予防可能だった病気で死んだ。南アフリカのボーア戦争では、イギリス側の病死者と戦死者の比率は10：1だった。アメリカとスペインとの戦争では、第一線で、または負傷して死んだ兵士1人に対して、14人が無知や不注意で死んだ。実際の数は、293人が戦死で、3,681人が病死だった。[三] タフト大統領は12万の兵士のうち、2万人が腸チフスに罹り、志願兵の90パーセントが動員されてから8週間以内に感染したと発表した。1898年に4カ月間フロリダのジャクソンビルで野営した1万759人の兵士のうち、2,693人は熱を出し、529人は死んだ。1年で計算すると、銃撃を全く受けていない兵士、1,000人中147・5人が死んでいる割合だ。[四] セオドア・ルーズベルト大佐はサンチャゴでのアメリカ軍すべてが傷病兵だったと発表した。

シェークスピアはヘンリー5世に多くの指揮官の経験を語らせたのだが、フランスでの短い戦いの後では、王は次のように嘆いている。

「我が民は病気でひどく弱っている…我が軍は単に弱く病身の護衛だ」

最近までヨーロッパとアメリカ軍の将校の多くは、兵士たちの健康を軽視し、ほぼ無関心だった。軍医は助言することはできたが、衛生処置を実施する権限はほとんどあるいは全くなかった。彼らの仕事は兵士が病気になってから治療することで、彼らを病気から守ることではなかったのである。

---

三　L・L・シーマン博士『The Real Triumph of Japan』参照

四　ニューヨークタイムズの記事からロバート・E・ノーブル少佐の引用　1917年5月27日付

野営地、便所、往診、野戦病院などの規則はあったが、通常、指揮官は戦士の精神に病気の予防などふさわしくないと思っていた。私が１９０１年にマニラにいた時、私はある部隊が文字通り泥の池に野営していたのを目撃したが、その結果多くが病気になった。私ははっきりと説明されたのだが、もっと乾いた場所が空いていて、そこにキャンプを移す許可を得たいという願い出は、兵士はこのようなことに慣れなければならないという理由で断固として断られたそうだ！

サンチャゴ会戦で有名だったある砲手は、キューバで水を煮沸せずに飲み、「馬鹿げた衛生のアドバイス」も実行していないと自慢していたが、6カ月後にフィリピンで腸チフスで死んだ。ある歩兵隊の中尉は予防接種を受けることを拒み、フィリピンに着いて1カ月で天然痘により葬式を迎えることになった。この二人ともが、同胞から国のために命を捧げた英雄だと思われている。[五]

日本は、これらの悪習を止め、軍の保健衛生の問題に賢く対処した最初の国だ。多くの病気の真の原因や、それがどのように伝染するかについて、最近まで知られていなかったという事実を知っておくのは、フェアなことだろう。病気の細菌論、蚊とマラリアの関係、ハエや水と腸チフスとの関係、ヒトジラミと発疹チフスの関係、土と化膿の関係、そして、消毒剤、抗毒素、その他の予防手段の使用は比較的最近の発見である。

平均的な市民は、「夜の風は有害だ」というおめでたい考えから締め切った部屋で寝、健康維持の警告をすべて無視して好き勝手に飲食していた。医者でさえも、水道が故障しているのは気にせずジフテリアの薬を処方したり、熱がある患者にミルクの成分を説明せずにミルク・ダイエットを指示したりした。

ここ20年でこれらのテーマに関する知識は飛躍的に増えた。日本とロシアは、文明世界がこれらの重要性に気づいた後に大戦争を行なった最初の国だ。しかしロシアは、他の白人の国もそうしたかは疑わしいが、日本

---

五　ニューヨークタイムズ、米医療隊のチャールズ・Ｅ・ウッドラフ少佐の記事、１９０８年10月18日付

人がこの問題に対処したように賢く断固たる決意などは見せなかったのである。

保健衛生に注意を払うのは、日本が他の政府よりも、人間としての兵士個人の福利に重点を置いたからではない。戦争では他の国より多くの兵士を犠牲にしている。彼らはただ、病気の男は上手く戦えず、傷病兵は健康な兵士が付き添わなければならないので二重の損失となり、最高の健康状態にある兵士は病気で弱った兵士よりもはるかに強い軍隊を造るということに賢くも気づいただけなのだ。

日本人は、この課題に取り組むにあたり、その戦争の準備と行為のすべてに見られるように、徹底的にそして組織的な方法を取った。軍医は、慣例上の階級を与えられた単なる制服を着た文民ではなかった。彼らは傷病兵の手当てをするだけでなく、衛生面において権力と自由裁量を与えられた。軍隊全体の健康維持を考えて軍医が与えた助言を無視した指揮官は、すぐさまトラブルを抱えることになっただろう。

ナポレオンの格言である「軍隊は胃で行進する生き物」という言葉は、日本人にはすぐに理解できた。野営地での衛生には細心の注意が払われ、軍隊はどのように食べ物を準備して出すのか、何を食べてはいけないのか、どうやって噛むのか、適切な便通を維持するにはどうすればいいのか、などが教えられた。

飲み水は特に注意された。衛生隊は軍が前進する前に専門家を送って井戸や小川の水を検査していた。もし不衛生と判断されると、沸騰せずに飲むことを禁止する張り紙が貼られた。すべての隊が湯を沸かす器具を持っており、兵士は、検査により安全でないと判断された水、または煮沸しても安全でない水を飲むことは禁じられた。戦闘に赴く前に、兵士一人一人に救急処置キットが渡され、使い方を教えられた。

兵士は風呂に入り、きれいな下着を身に付け、爪を切ってきれいに保つことを要求されたが、これは、もし銃弾が体に打ち込まれた時、汚い布の断片や肌や手の汚れなども一緒に体に侵入させないためだった。このような命令をアメリカの軍隊が聞いたら一笑に付し、それを実行するのが難しいのは想像に難くない。しかし封建主義の精神、絶対服従と鉄のような規律を持つ日本人は、すべての必要性に応えたのだった。

この方針の結果は、世界を驚かせた。日本の将官は「絶好調」の兵士たちを指揮することができたのである。鋼鉄の銃弾によって体に穴が開けば、普通なら汚い体や汚れた服からの感染を引き起こすものだが、日本兵は感染を防ぐことができた。また、撃たれた兵士もすぐに傷口に消毒された救急絆を貼ったので、戦場で受けた負傷の大部分が最初の処置で素早く治癒し、多くが追加治療を必要としなかった。病気は効果的に食い止められたので、前線に送られた１２０万人の兵士のうち、戦闘中や負傷して亡くなった兵士は5万8、887人だったが、病気で亡くなったのは2万7、158人だけだった。

海軍でも同様の配慮が為されて実行された。食糧と衛生は陸よりも軍艦の上での方が簡単に監視できたので、水兵は陸軍兵士よりも病気に罹りにくかった。負傷兵も陸上よりは船上の方が素早く治療できた。陸では負傷兵は何マイルにも亘って散らばっており、仲間が助けにくるまで何時間も、時には何日も横たわっていなければならなかった。海軍の指揮官は、戦闘の前には、水兵たちに耳に綿を詰めるよう命令し、重い大砲の激しい振動で鼓膜が破れないようにした。

日本の軍医は砲手の目を丁寧に診察し、標的を見定められる視力を維持しているか確認し、煙と埃にやられてしまった時に目を洗浄できるよう、交戦中はホウ酸を薄めた溶液を砲兵隊の隊員に渡していた。

陸軍兵士、水兵ともに食べ物や衣類は気候と季節に合うように調整された。そのため日本の軍隊は、真夏に厚手のフランネルシャツで汗だくになることもなかったし、アメリカ軍がスペインとの戦争中に食べていたような、ウィスコンシン州の木こりが冬に食べるような熱い物を食べなければいけないこともなかった。

日本軍はその健康状態について称賛されすぎているとの批評もある。他のすべてのことについてもそうだが、日本軍は病気の兵士の事は秘密にしており、世界に知らせた数よりも実際は多かったのだと言われる。

アジアに蔓延する脚気は頻繁に流行していた。[六] また、戦死よりも戦病死の方が少なかった事については、日本人は戦場で命を犠牲にしたが白人はほとんどしなかったという事を覚えておく必要がある。

自分の部隊が壊滅するまで突撃命令を繰り返し出すような将校は、アメリカでは例外なく罵られている。グラント大将は、ある一度の攻撃命令で部隊の半分近くが死んでしまったので、「虐殺者」と非難された。しかし、日本の連隊が旅順で全滅した時には、新しい連隊が召集され、また全滅し、それでもさらに新しい連隊が召集され、旅順の丘が修羅場と化すまでそれは続いた。

このような戦い方は、当然、病気の兵士より戦死や負傷した兵士の割合を増大させた。しかし、これらの事を考えても、一般的な事実としては、以前の戦争に比べて日本軍は病気を減少させ傷を治療する事を、前例のない程に上手くやってのけたという事だ。

西洋諸国の政府も、比較的早く教訓を学んだ。陸軍省などは兵士の健康に対して以前よりも遥かに注意深く気を配り、軍の衛生隊は日露戦争前よりも相対的に地位が高くなった。10年後のヨーロッパの戦争（註：第一次世界大戦）で、この改善は驚くほどに証明された。発疹チフスがセルビアの軍隊に流行したり、ロシア軍が相変わらず衛生観念に無頓着だったり、イギリスとフランス軍のガリポリ遠征で約10万人もの兵士が病気で亡くなったのは事実だ。

しかし西洋の前線での健康状態は非常に良かった。戦いではどちら側の兵士も十分な食料と衣服を与えられた。伝染病は止まった。傷は非常に上手く処置されたので、負傷兵の80パーセント以上は3～4週間で前線に戻ることができた。

---

六　F・A・マッケンジー『The Unveiled East』106頁、B・L・プトナム・ウィール『The Coming Struggle in Eastern Asia』204頁参照

カナダがヨーロッパに送った最初の50万の兵士のうち、「病死は全死亡数の5・3パーセント以下で、全損耗人員の1・5パーセント以下だった…約3年に亘る野営・塹壕生活の中で、病気に罹った兵士は、411人に対してたった1人の割合だった」という。

イギリスとオーストラリアの成績も同じくらい満足度の高いものだったろう。

フランスの成績は残念なことに結核のせいで低かった。ニューヨークのヘルマン・M・ビッグス医師は、この病気だけで、15万人のフランス兵が軍隊から撤退しなければならなかったと言った。この酷い結果は、フランス軍が適切な予防措置を取らなかったからではなく、激しく長く続いた戦闘で絶望的になり、塹壕で過ごす厳しい生活に身体的に耐えられない弱った兵士を数多く前線に送らざるを得なかったためだ。

世界大戦全体で見てみると、念入りな衛生管理、予防薬、傷口の消毒治療のお陰で死亡率は減少し、負傷や病気で亡くなったり生涯に亘る身体障害を被る者の割合は、恐らく過去の戦争時ほど高くはなかっただろう。

ゲティスバーグの戦い（註：1863年、アメリカ南北戦争において事実上の決戦となった戦い）では3分の1の兵士が戦場に置き去りにされた。

グラント大将は15万の兵士を引き連れバージニアで戦いを始めたのだが、増援部隊も含めた20万の兵士が、3カ月のうちに病気と戦闘で亡くなった。米軍軍医総監のウィリアム・C・ゴーガス少将は、これらの事実を引用し、近年の大規模な戦争でこれに匹敵する損失を出したものはないと言う。勿論、実際の数は過去の戦争よりもずっと多い。しかし、これは前例のない程大勢の兵士が動員されたからであって、死亡率が高かったからではない。フランスでのアメリカ軍の病死率は、ペイトン・C・マーチ大将によると、1パーセントの4分の3以下で、他のどの軍隊が報告した率よりも低かった。

私の話は日本から逸脱してしまっているかもしれない。しかしこの章では、日本は現在一流の軍事国家である事、そしてその地位をしっかり維持できている事を恐らく十分に示したと思う。

大隈侯爵は1915年3月の演説で日本国民の統一見解を表明した。

「日本は大国になっている。我々は国を守るために適切な軍隊を持たねばならない。世界大戦で、国を守るためには規則的に訓練された軍隊が必要だという事が明らかになった。提案されているような1年間の徴兵制度は、例えばスイスのような小さな国ならば良いが、日本には適切ではない。我々は日本の世界での立場を考えるべきだ」

ジャパン・アドバタイザー紙は、この演説を聞いていた5、000人の人々の万歳は「歌舞伎座を飛び上がらせるほどだった」と書いた。

# 第十七章

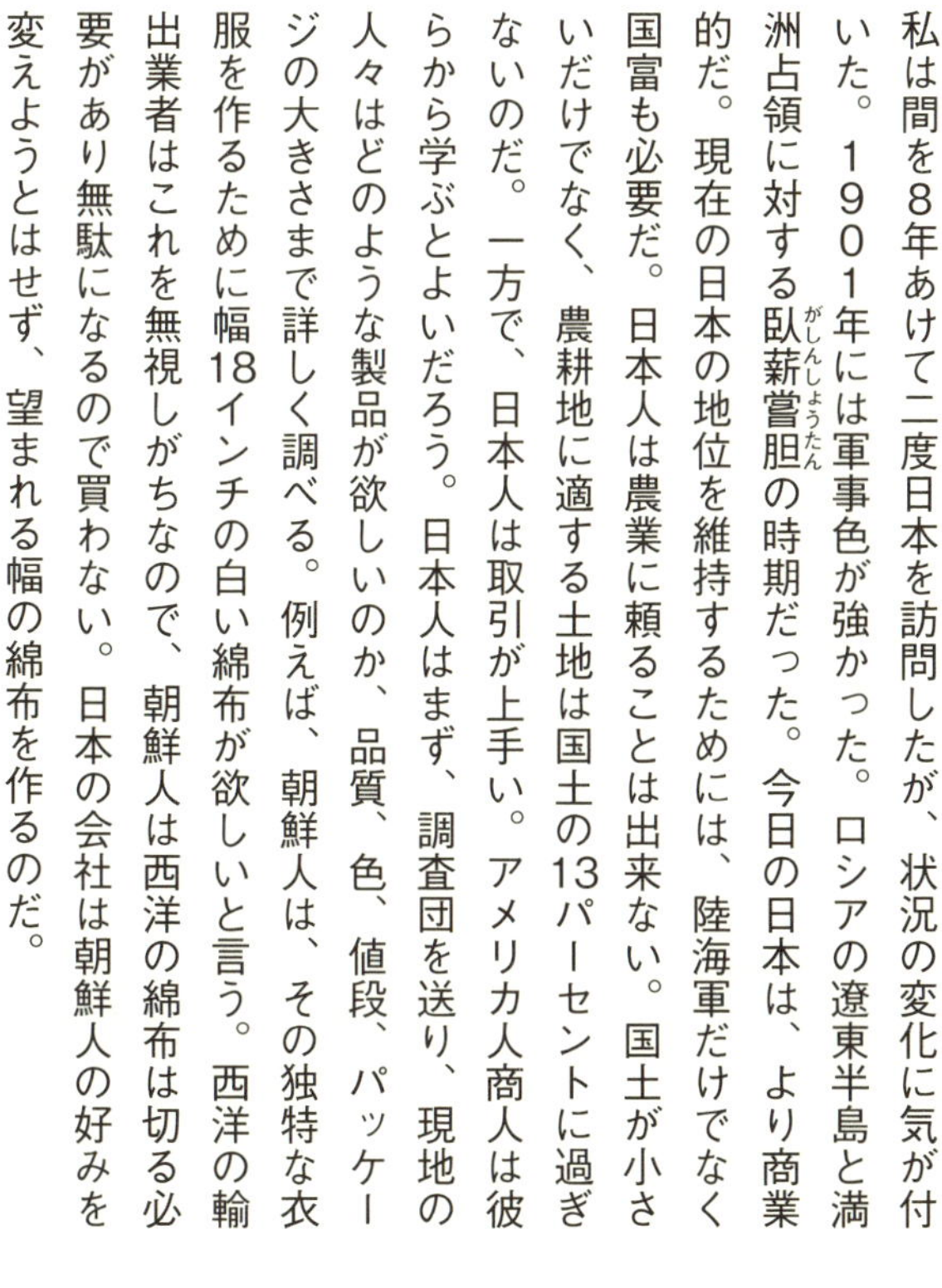

## 日本の商業発展

私は間を8年あけて二度日本を訪問したが、状況の変化に気が付いた。1901年には軍事色が強かった。ロシアの遼東半島と満洲占領に対する臥薪嘗胆（がしんしょうたん）の時期だった。今日の日本は、より商業的だ。現在の日本の地位を維持するためには、陸海軍だけでなく国富も必要だ。日本人は農業に頼ることは出来ない。国土が小さいだけでなく、農耕地に適する土地は国土の13パーセントに過ぎないのだ。一方で、日本人は取引が上手い。アメリカ人商人は彼らから学ぶとよいだろう。日本人はまず、調査団を送り、現地の人々はどのような製品が欲しいのか、品質、色、値段、パッケージの大きさまで詳しく調べる。例えば、朝鮮人は、その独特な衣服を作るために幅18インチの白い綿布が欲しいと言う。西洋の輸出業者はこれを無視しがちなので、朝鮮人は西洋の綿布は切る必要があり無駄になるので買わない。日本の会社は朝鮮人の好みを変えようとはせず、望まれる幅の綿布を作るのだ。

## CHAPTER XVII

## JAPAN'S COMMERCIAL DEVELOPMENT

My two visits to Japan, eight years apart, gave me an opportunity to note the altering conditions. In 1901 I found the militant spirit dominant. The people had not recovered from their rage and chagrin over Russia's seizure of Port Arthur and Manchuria, thus depriving them of the hard-won fruits of the China-Japan War.

Present-day Japan, while not less military, is more commercial. Japan realizes that its material resources are greatly inferior to those of other first-class Powers, and that the position and ambitions of the nation require wealth as well as an army and navy. The Japanese cannot get this wealth by agriculture; for not only is Japan a comparatively small country territorially, but only 13 per cent of its area is easily susceptible of cultivation.

The Japanese are skillful in getting trade, and American merchants might well learn a lesson from them. They send their agents to the leading towns of a country to make careful inquiry about the kind of goods that the people want, including quality, color, price, and size of package.

For example, the Korean, in order to make his peculiar garment to advantage, demands white cotton cloth eighteen inches wide. The Western exporter is apt to ignore this, and the consequence is that the Korean does not buy his cloth as there would be waste in cutting it. Japanese firms do not attempt to change the Korean sentiment but make the cloth of the desired width.

Intelligent Japanese are learning well that a reputation for trustworthiness is the most valuable asset that a commercial house can have.

# 日本の商業発展

## 短期間での日本の変化

私は間を８年あけて二度日本を訪問したのだが、その状況の変化に気が付いた。見た目は、ほとんど変化がないように見えた。日本の魅力的な風景は、粗野な物質主義が表れている数カ所を別にすれば、そのままだった。アメリカでは物質主義によって鉄道の横に大きな看板が立ち、その看板が、ご丁寧にもわざわざ次のように教えてくれるのだ。

すなわち、バイル・ビーンズ（註：緩下剤・強壮剤の商品名）を飲まなければいけないだの、鎮静シロップは赤ちゃんに良いだの、ピンクの錠剤は青白い顔を赤くするだのということである。日本の建築物は変わらなかったが、あちらこちらに新しい外国の建築物も見られた。通りでは日本の着物がまだ主流だった。各駅には人力車が旅人を待ち受け、生き生きとした看板を掲げた狭い店の長い列は以前と同じだった。訪問者は、探せば外見上の変化を直ぐに発見できたが、時にはそれは行き過ぎた変化だった。それでもなお、見た目には、日本は馴染みのある歴史的な日本だった。

しかし、人の間を進んでいくうちに、もっと微妙な変化に気が付いたのである。１９０１年には軍事的精神が強かった。ロシアが遼東半島と満洲を奪い、つまり日清戦争で苦労して手に入れた収穫を奪われ、人々は怒りと無念から立ち直っていなかった。国民は報復を考えていた。そして、ロシアの侵略は戦争になると考えられた。それ故、兵士を訓練し、軍艦を造り、軍の蓄えを増やしていったのだ。

今日の日本は軍事色が薄れたわけではないが、より商業的である。戦争にはお金がかかるという事がわかった。

日清戦争は、年間の国家予算を4、150万ドルから8、400万ドルに上昇させ、日露戦争は2億5、250万ドルに跳ね上げた。日露戦争は実際には5億8、500万ドルかかり、終結時には11億2、515万3、411ドルもの負債に国はよろめいていた。これは、その10年後のヨーロッパの戦争（註：第一次世界大戦）でヨーロッパ諸国が抱えた巨額の負債に比べるとそれほど大きくは見えないが、一人当たりの負債は23ドルで、それは1893年の10倍だった。

ほぼすべてのものに税が課された。公式報告書では、他の収入源として、土地、所得、事業、相続、旅行、採鉱、銀行券、酒、大豆、砂糖、織布、灯油、株式、輸入、船舶、切手に対する税と「その他の税」を挙げ、また、郵便、電信、電話、鉄道、森林、塩、樟脳、タバコは「公共事業と国有財産」とされ、そこからの収入は国庫に納められた。製造品に15パーセントの輸入税がかかるのに加え、日本の製造業者は重く査定され、年収150ドル以上の国民は所得税を払った。

日本人は収入の20～30パーセントを税金として支払わなければならなかった。東京の新聞（国民新聞）は「日本の重債務は国が耐えられる以上のものだ」と言い、日本で最も有能な資本家の一人である渋沢男爵は最近、「現在の日本の税金は実際、極めて高く、人々が負担できる以上のものだ」と認めている。

日本は、その物質資源が他の一流国と比べると非常に乏しく、また、日本の立場を維持し大望を叶えるためには陸海軍の他に富が必要なことは分かっていた。

日本はこの富を農業から得ることはできなかった。なぜなら、日本の国土は比較的小さいだけでなく、領土の13パーセントのみが耕作に向いた土地で、大体15パーセントが耕作可能な土地の限度だった。川の流域は肥沃（ひよく）だが広くなく、満洲やアメリカ西部のように広大で肥沃な平野が広がるような場所はなかった。

日本の人口が膨張していることは既に述べた。日本帝国には、1883年には3、701万7、362

人の居住者がおり、１８８８年には3,９６０万7,２５４人、１８９３年には4,１３８万8,３１３人、１８９８年には4,３７６万3,８５５人、１９０３年には4,６７３万2,８０７人、１９０６年には4,８６４万9,５８３人、そして現在は朝鮮、台湾、樺太を除いて5,６８６万７３５人が住んでいる。

生活費は上昇している。土壌生産性は実質的に限度に達してしまい、日本は国民に食糧を輸入しなければならない。毎年、日本は何百万ピクル（註：1ピクルは約60キロ）もの米と豆を外国から購入している。米は主に中国、シャム、ビルマから、豆は主に満洲から輸入していた。

最近の1年間で小麦粉の輸入額は、１８１万9,１６６ドルだった。既に1平方マイルに３５０人もの人が住んでおり、出生率も上がっていた。

それ故、日本人は、商業・産業発展の時代に入っていた。イギリスの例を良く学び、大規模に貿易と産業を展開していた。日本人はもともと芸術品を作るのには熟練している。日本人の漆器、七宝焼、磁器は当然ながら有名で、絹と刺繍には訪れる者皆が大喜びの叫び声をあげるのだ。

## 日本の工芸品

装飾された磁器や刺繍の一級品は、工場ではなく個人の家や目立たない小さな店で作られる。

名古屋で見た磁器制作の工程よりも地味なものはないと思う。６人の普通に見える日本人が、何人かはまだ少年少女だったが、粗末な小屋の中に座り、湿った粘土から皿や壺を形作り、非常に簡単な道具で、しかし稀有な技術で押したり切ったりして形を整えていた。装飾は何百もの低所得階級の家で為され、日雇い労働者のような男たちが粗雑な窯で焼いていた。しかし出来上がったものはとても繊細で美しく、一日中それを称賛し眺めていたい程だった。他国の人々は、この名古屋で創られる品物を非常に高く評価し、年間で百万円近くに相当する陶器、七宝焼、漆器、その他の芸術品を購入しているのだ。

すべての主要都市にある骨董店と絹の店は行く価値があるが、あまり多額の資金を持っていかない方が賢いだろう。例えば京都は絹産業の中心地なのだが、たった1階半ほどの高さで優雅さの見せかけすらもない店に連れて行かれる。アメリカの豪華なデパートとは全くかけ離れた店だ。想像し得る最も礼儀正しい男性がお辞儀をしながら入口で出迎え、外側の散らかった部屋と廊下を通り抜けて後ろの部屋へと案内してくれるのだが、そこで彼が広げて見せてくれる絹や刺繍を施した織物は息を飲むほどの美しさだ。値段も、本国に戻った時に米政府が無慈悲に取り立てる重い関税を忘れてしまえば、誘惑的に低い。

日本の芸術品が世界中の文明国に行き渡ったのは驚く事ではない。輸出の需要は高く、増加しており、日本の製品を扱う店は今ではヨーロッパとアメリカの主要都市のほとんどで見られる。残念なことに、他国の人々のやや下品なセンスは、日本人が自分たちのために創る陶磁器よりも大きく派手なものを好み、日本人もある程度その要望に応じていた。また、貿易の需要が高まり、迅速に生産しなければならず、時には装飾陶磁器を創る時間を短縮してしまう。

それ故、芸術品の中には、特に漆器は、「昔の方が良かった」ものもある。日本は年間約100万ドル相当の漆器と200万ドル相当の磁器と陶器を輸出しており、どちらも際限なく増加するように見えた。

## 日本の工業的発展

模倣（もほう）しようとする国民性は、日本人にとって主要な商品や製品の製造を始めるにあたっては価値ある利点だ。製造業を発展させなければならないと気づくや否や、彼らは賢くも西洋人が何年も研究と実験を重ねて徐々に得た発明とその製造過程を利用しようと決めたのだ。それに応じてヨーロッパとアメリカの専門家が日本に招かれ、新しく製造業を立ち上げる世話を引き受けた。必要な人材と装置を手配するために公共事業委員会が組織された。ロンドンにいる委員会の仲介役に送られた指示には、面白く特徴的なものがある。

「緊急。即東京に次を送る事
　1　電気化学の教授
　1　鉱業の教授
　2　溶鉱炉」

高い給料に惹かれて、多くの専門家が喜んで招待を引き受けた。日本人は、それがどのように為されるのか理解するために彼らのやり方を注意深く観察し、人々に新しい機械の使い方を教えるように頼んだ。そして市場が作られ、外国人たちが浅はかにも自分たちの苦労と出費の成果を手にする時が来たと思っていると、日本人は礼儀正しく彼らを解雇し、安い労働者を雇って自分たちで仕事をこなし、それら外国企業を非常に安く売却したので、彼らは倒産した。それ故、横浜、神戸、長崎の外国人商人の間には悲哀が漂っていた。

しかし、オイル業では、日本人はそう簡単に越えられない壁に直面していた。石油は早い時期から導入され、あっという間に広まった。1898年までは、関税は10ガロンケースに対してたったの5銭（2・5セント）だった。しかし、日本人は帝国の複数箇所で、特に越後に油田があることを発見した。この開発を進め、横浜に支配人、その他複数の都市に仲介業者を持っていたスタンダード・オイル社との競争から国内石油業者を守るため、政府はその年、関税をケースあたり16銭に引き上げた。

スタンダード・オイル社がそれでも大量の石油を輸入し続けたので、政府は1901年10月1日に関税を2

倍の32銭にすると発表した。勿論これは輸入貿易に深刻な影響を与えた。スタンダード・オイル社より有利な立場になった者たちも素早く業績を上げなければならなかった。彼らはうろたえることなく、日本の法律に従って、1,000万の資本で地元の会社を立ち上げた。この会社は、スタンダード・オイル社の現地法人だったが、越後で大きな持ち株を得て、井戸を掘り、精製所を建て、パイプを敷き、日本の石油生産を管理することを提案した。その結果、状況が許す限りの相互利益に妥協することになった。

しかし、このような計画を他の海外企業が採用するわけではなかった。スタンダード・オイル社には無尽蔵の資本があったので、市場を確保するために必要であれば、数百万円を費やす余裕があった。さらに、石油は自然資源で、井戸を掘る権利は、土地を買わずに買ったり借りたりすることができるもので、石油会社は通常、土地には興味がなかった。

平均的な海外投資家は失ってもよい金などは持っておらず、投資する前に、その投資を管理できるように要求した。しかし外国の管理は正に日本人が承認したくないものだった。独立というプライドは国民が熱く望むものだった。

日本人は外国人のアイディアと発明は欲しかったのだが、指図されることは許さなかった。外国人はほんの限られた場所でしか土地を所有することはできず規制も厳しかったので、購入はほぼ禁止状態だった。ほとんどすべての外国人の所有地が借地かまたは日本人の名義だった。

宣教師は日本人にキリスト教を教えるのにやむを得ず犠牲を払うのだが、企業家は現金が見返りに得られなければ自らの資金を投資する義務があるなど考えもしない。それ故、日本人は資源を開拓し企業を助成するのに必要な資金を確保することが、とても難しかった。

日本人が工場や機材に資金を費やした勇気は、称賛せずにはいられない。

彼らは、海外競争に勝つには、小規模で始めてビジネスが成長するのを待ってなどいられないと考えた。競争相手は長い実験期間を経ており、資金も蓄積していたので、日本はすべてを賭けて大胆に飛び込んでいかなければならなかった。資金も少なく資源もほとんど開発されていない中、これは勇気を必要とした。しかし、彼らはあえて挑戦したのだ。

持てるものをすべて利用し、自らに重い税を掛け、借りられるものは借り、加工工場、製造工場、鉄道、蒸気船、電信線、郵便局、波止場や埠頭に多額の投資をした。その他の分野でも同様の発展を遂げると決心し、通り、道路、衛生、陸軍、海軍、公共建築物にも多額の費用を投じた。

これは、何年間も日本に困難を強いることを意味した。すべては出費で、勿論収入はすぐには入ってこなかった。銀行に保管してある金（きん）は危険なほど低価値になった。兌換（だかん）紙幣は増加した。日本はヨーロッパとアメリカが売りたがっていた機械、器具、備品の多くを欲していたので、外国製品の需要は高まった。始めは売るものがほとんどなく、輸入は大きく輸出を上回り、偏った貿易収支の穴埋めをするため金が国から流出した。

しかし勇気ある人々は自らの方針を曲げず、徐々に流れは良い方向へと向かっていった。

今日、日本には、最新の機械を備えた素晴らしい機械工場、加工工場、鋳造工場、造船所、あらゆる製造工場がある。２００以上の造船所が毎年何百もの船舶を造り出し、そのうちの三つは、長崎の三菱造船所・エンジン工場、神戸の川崎造船所、東京湾の浦賀船渠で、これらは世界で最も大きく最高の設備を備えた造船所に数えられていた。

最近の日本の年報には、１９１４年以降、総トン数１,０００トン以上の蒸気船を建設する民間の造船所は、その生産能力を２・５倍に増やしたと書かれている。また近年、合計で総トン数２０万４５３トンの商業船舶が進水した。工場の数も１８８３年の１２５から１９１７年には２万に増えた。

日本は自分たちの需要を満たすだけでなく、イギリス、ドイツ、アメリカと世界貿易で激しい競争に突入していった。日本は我々と品質の違わない自転車を12ドルで作っている。アジア市場を西洋の工場に閉ざすような価格で、競争を進めているのだ。日本は、サッシ、ドア、ブラインドや木製器具を非常に低い価格で北南米に提供できる。あまりにも低価格なので、アメリカの製造業者は関税で守られなければ倒産に追いやられるほどだ。

綿糸と布の製造は、特別注目された。昔は家庭で糸が紡がれ、布は手織り機で作られた。しかし１８６５年、進歩的な島津公がイギリスから機械を輸入して、鹿児島で蒸気によって綿を紡いで織る日本初の工場を建てた。彼の６、０００もの紡錘は大きな注目を集め、数年のうちに他にも工場ができた。１８８０年までには、綿製造は非常に大きく成長していた。１８９７年、アメリカの製造業は議会の委員会に日本人との競争から自分たちを守るよう懇願し、その少し後、エドワード・アトキンソンは数年以内に日本の紡績業は近代世界の増え続ける要望に応えることができるだろうと予測した。１８９５年には50万人以上の織り手が雇われ、それから急速に成長したので、国内市場に提供する他に、日本は1年で約1億ドル相当の綿製品を輸出した。

## 貿易の拡大

アジアの綿布市場はほぼ無制限にあった。朝鮮、満洲の何百万もの人々は一年中綿の服を着ている。裕福な者だけが絹を身に付け、その数は比較的少ない。主要衣類は厚く安い綿布で作られており、漂白も着色もせずに売られた。その後、それは朝鮮では漂白され、満洲では現地の染色業者によって染められ、人々のまとう様々な服に変身していくのだ。公務に携わる裕福な階級を除いては、すべての男女、子供がこの綿衣類を身に付ける。朝鮮でも満洲でも、1ヤードの綿布も製造されず、1ポンドの綿も栽培されていなかった。それ故、ビジネスマンがよく言う「反物商売」の機会は非常に大きかった。

1906年、アメリカ政府は特別捜査官のW・A・グラハム・クラークを満洲に送り、貿易の可能性を調査させた。その報告書で彼は次のように書いた。

「満洲は、アメリカの小麦、油、タバコなど、特にアメリカの反物にとって非常に重要な市場である。ここは、アメリカの反物が実質的に市場を独占している中国で唯一の場所だ…満洲の貿易は、他のどの国にとってよりもアメリカにとって非常に重要だ、恐らく日本を除けば」

この貿易を維持し拡大する欲求が、ジョン・ヘイ国務長官に「門戸開放」政策を取らせた主な理由の一つだ。

勿論日本もその貿易は欲しており、またそれを手にしている。

日本は綿を大量には生産できないのだが、栽培は促進している。同時に、政府から補助を受けている蒸気船と鉄道が工場に綿を運び、製品を外国市場に送り込む。製品は朝鮮、満洲に溢れるほどいる日本商人が現地で売りさばき、彼らは白人よりも安い生活をし、少ない給料でも満足だった。こんな状況では、日本がこの大市場をコントロールするのも驚くことではなかった。

朝鮮と満洲だけが、日本の狙いではない。青い綿布の服は、ほぼ中国全土で一般的に着られるものだ。南中国は綿の栽培に適しているためかなりの量を生産しているが、北中国は重要視されるほどは生産しておらず、また、中国はまだ大規模に綿の製造ができるほどの近代的技術を持ち合わせていなかった。

このため、中国市場は反物貿易の大きな可能性があるのだ。日本はそれを狙っており、ドイツ、イギリス、アメリカも、日本は侮れる競争相手ではないと考えていた。

ほぼ同じことが、シャム、フィリピン、インド、ビルマ、オランダ領諸島にも言えるかもしれない。この国々の何億もの人々もまた綿を着る人種で、一人一着は買うのだ。この国々の土や気候の方が、寒い日本、朝鮮、満洲よりも綿栽培には適している。かなりの綿が栽培されるが、加工されるのは比較的少量だ。

日本は、彼らのために綿製造を行なうことを提案し、現在、朝鮮、満洲、中国だけでなく、シベリア、インド、フィリピン、オランダ領東インド、海峡植民地（註：英によるペナン、シンガポール、マラッカ海峡の支配地）、オーストラリア、ハワイ諸島にまで綿布と糸を出荷しているのだ。

アメリカは以前、北中国貿易で大きな市場を占めていたが、日本が非常に精力的に貿易を推し進めて成功したので、ニューヨークのナショナル・シティバンクは１９１７年２月に、日本は短い３年という間に中国の綿衣類の輸出国であったアメリカを事実上排除し、アメリカの１９１６年の輸出額は20万ドル以下に落ちてしまったと発表した。同じ年、日本の綿製品の輸出額は６、０００万ドルだった。

１８８０年から30年で、日本の海外貿易は約14倍に増加し、それ以後も安定して伸びている。日本は海外から、綿花、原毛、鉄、鋼塊、鉄棒、鉄骨、鋼板、パイプと取り付け金具、機械、ブリキ板、革、灯油、パラフィン、鉛、ゴム、紙と製紙用パルプ、様々な食品を買っている。

一方で日本は、生糸と絹糸、羊毛製品、綿製品、麦わらと麻のひも、磁器、陶器、豆油を大量に売っている。一時期深刻だった資金の確保の問題も今は解決した。

今日の日本は非常に裕福になったので、世界の金融業界での国家信用も良好だ。日本の通貨も、一世代前には中国の通貨と同じくらい大混乱していたが、今は金本位である。普通銀行は１、４４２軒、貯蓄銀行は６５４軒ある。日本銀行、横浜正金銀行、日本興業銀行、その他名の挙がるような主要銀行はアジアだけでなくヨーロッパやアメリカでも広く認められた地位を確保している。

他の多くの場所も重要になっているのだが、日本の近代工業は大阪が最も代表的だ。大阪の成長は驚異的だ。１８９８年の人口は５０万６、０００人だったが、今日では１３８万７、３６６人だ。列車が到着するずっと手前で、工場から吐き出される黒い厚い布のような煙が見え、大阪に近づくにつれ高い煙突があちらこちらに見える。幅広い品物がここで製造される。羊毛・綿工場、種油精製工場、レンガ工場、セメント工場、マッチ工場、その他諸々の工場がある。

見学したい工場を訪れるのには特別な許可が必要だったが、問題なく得ることができた。人力車に乗って（ところで大阪の人力車は日本の他のどの都市よりも高いのだが）、機械、金物類、あらゆる主要商品を豊富に取り扱う店がひしめく賑やかな通りを過ぎて、紡毛織物の大工場へ向かった。大きな広間に1、600機もの織機を備え、800人の婦人と少女が一人2機を稼働させている。無数の折り返し動作の大きな音が広間中に響き渡り、数えきれない回転ベルトが見る者を混乱させる。この他にも、何百人もの男女が糸の巻き付け、染色、模様つけ部門などで働いていた。織機はイギリスとフランス製品で、羊毛はオーストラリア産だがフランスで洗浄し梳毛されていた。この工場は1kgの羊毛に2・15円払っていた。工場全体がその設備において完全に近代的だった。広いレンガ造りの建物、改良された機械、その他すべてが科学と資金が為し得るものだった。日本人オーナーはヨーロッパとアメリカを広く旅しており、聡明、進歩的で情報通であることで有名だった。

私は、工場の中庭の一画に、狐の石像が台に乗せてある神社を見つけた。礼儀正しい工場の日本人ガイドは質問に答え、そのお狐様は工場の守り神で、それをオーナーは崇拝しており、年に一度お狐様に敬意を払って社員と家族が祭りを催すのだと説明した！

この工場が例外的なのではなかった。大阪のほとんどの大工場が狐の神社を持っているのだ。この重要な事実を、文明はキリスト教に先行しキリスト教のために地ならしするべきだと語るのが好きな、善意だけはあるアメリカ人紳士たちに謹んでお知らせしたい。近代世界において最も文明の進んだ機器の知識を持ち、それを使いこなす日本の製造業者たちは、狐の石像に合理的根拠がなくてもお辞儀をするのだ。

他の都市も、大阪ほど大規模でないが興味深さでは劣らず、日本の新しい商業時代を物語っている。例えば名古屋は、前述したような日本の古い時代の優美な芸術品を創るだけでなく、鉄道車両、織物、その他の有益な製品も造っている。名古屋の人口は１８８９年の16万人から今では50万人程に増え、野心家の住人たちは、ヤンキーズ球団のようにエネルギッシュに日々精を出しているのだった。

数十年前まで、封建主義の日本が貿易を無視していたことを思うと、新日本が世界市場の支配を得ようと奮闘するその技術と粘り強さに驚かされる。白色人種が日本人と競争するのは容易な事ではない。日本人は満洲貿易を支配しているだけでなく、中国中心部と太平洋での貿易の大部分も支配している。揚子江の遠くまで外国と中国の汽船会社と張り合い、極東のすべての港町に居留地を造り、蒸気船をヨーロッパ、アメリカ、インド、南アフリカ、オーストラリア、南アメリカまで航海させているのだ。

日本人は、取引を獲得するのが上手い。アメリカ人商人は彼らから学ぶとよいだろう。日本人はまず、その国の主要都市に調査団を送り、現地の人々はどのような製品が欲しいのか、品質、色、値段、パッケージの大きさまで詳しく調べるのだ。

例えば、朝鮮人は、その独特な衣服を作るのに都合の良いものは幅18インチの白い綿布だと言う。西洋の輸出業者はこれを無視しがちで、その結果、朝鮮人は西洋の綿布は切る必要があり無駄になるので買わない。日本の会社は朝鮮人の好みを変えようとはせず、望まれる幅の綿布を作るのだ。

そして、運び屋、小型馬や牛が運搬しやすい大きさと重さになるように製品を梱包(こんぽう)する。一方で、無知で無頓着な外国の商人は、とても大きく重い箱や梱で製品を送りつけるので、内陸に運んで持っていけるように詰め直さなければならなかった。

また、朝鮮人は、何度も叩く朝鮮式洗濯に耐えられるとても強い綿布が欲しいのだが、外国人の売る薄っぺらいものは洗うと直ぐに切れ切れになってしまう。鋭い日本人はこれらの細かい事にも細心の注意を払うので、それにふさわしい取引を得る事になるのだが、白人商人は朝鮮人を間抜けだと言い、日本人の「狡猾さ」を呪うのだった。

他国との貿易競争における日本の有利な点は、数多くある。陸と海両方の運輸を自由に操れること、政府の補助金、そして、アジアでの貿易に関しては短距離輸送ができることなどである。

日本は大陸の巨大市場からとても近くに位置していたので、朝鮮のほぼすべての主要都市、南満洲、中国東部からの注文に1週間から10日で応じることができる。日本の労働力は安いので、生産費をヨーロッパやアメリカよりも低く抑えることができ、良好な収入により価格も常に低くしておくことができる。長い労働時間の負担と低い生活の質は、アメリカ人労働者の基準からみれば好ましくないのだが、労働者は数多く、また熱心なのだ。

さらに、日本人は、商業活動を行なうのにグループで動く。近代日本の大事業のいくつかは直接的、または間接的に政府によって管理されている。時には政府があからさまに所有する事業もある。また時には政府の高官や皇室の一員が、大株主になる事もある。

１９０６年3月の鉄道国有法で、政府は比較的重要度の低い2、3の鉄道を除いて、国のすべての鉄道を買収した。対価は2億5、０００万ドルの国債証券で支払われた。東京の路面電車は東京都が所有している。政府が公共施設を所有することは、アメリカよりはるかに普通のことだ。

国全体が商業も政治も管理しているのだ。日本のビジネスマンはアメリカのビジネスマンのように外国貿易に一人で立ち向かう必要はない。彼には国の後ろ盾があるのだ。結束した工業会の支えもある。輸送会社はあらゆる限りの便宜を図る。アメリカ人の言葉を借りるなら、日本のビジネスマンは巨大な「企業合同」の一部なのだ。そしてその企業合同は会社ではなく政府だ。

例えば、日本が、メキシコのマグダレーナ湾を足掛かりに得ようとしているという噂が時々アメリカで流れ、アメリカ人はそれに激昂（げっこう）する。

ある日本の作家は、そのような試みがあるとすれば、それには政治的重要性はなく、アメリカ企業がアジア諸国でするように、単に企業が商業目的だけのために普通の借用をしようとしているに過ぎないと言う。これは理論的には素晴らしい答えなのだが、理論的でしかない。

アメリカ人には日本人のように国を挙げての団結力はなく、政府も企業の事業に対してそのような関係は持たない。アメリカの企業がアジアで借地権を得ても、それにはその時もその先も政治的な重要性はなく、アメリカ政府は国民の商業事業を通して何かを為すこともない。そして、人命や財産が脅かされた時に、及び腰で恐らく役に立たない保護を提供する以上には、米政府は海外に住む自国民とは関わらないだろう。

しかし、もし日本の大企業が外国で港と沿岸の借地権を得るならば、それは政府の権利と同等で、いつでも政府が好きな時にコントロールするだろう。それ故、日本政府がマグダレーナ湾で拠点を得ようとはしておらず、ただ企業が借地権を考慮しているだけだという説明は言葉の上では正しいかもしれないが、それについてアメリカ人が、アメリカ企業が日本の港の借地権を得ようとする時には考えもしない政治的意味があるだろうと思うのは、極めて妥当なのだ。なお、日本政府はアメリカ企業にそのような権利は絶対に与えない。

主な汽船会社は政府から気前よく助成金を交付され、船員も非常に安く雇えるので、積荷を非常に低い料金で運送することができる。その料金は、助成金も受けず、かなりの賃金を要求する多くの白人を雇う事を法律で定められているアメリカの汽船会社には、到底実現できるものではない。

その結果、太平洋の貿易運営は日本の手中にあるのだ。サンフランシスコ商船同盟は1917年3月に、ルイス・ゲッツ氏の発言を支持した。つまり、日本の汽船会社は、外国の積荷を運ぶのには好きなように料金を課す事を許されているが、日本の船荷主に対応する時は厳しく小さな利益幅に抑えられていること。そして、サンフランシスコからマニラへ豆を運ぶのは、助成を受けた日本の船だと1トンあたり20ドルだが、同じ貨物が神戸か横浜に送られると、運賃は1トンあたり10ドルなのだ。15種類の主要品目に課された料金を比べると、日本国民は戦争前と同じ運賃を必需品に対して払っているのだが、中国とフィリピン諸島の国民は１００パーセントも高い運賃を払っているのだ。

## 日本の商業への批判

私は、日本の商業方法に対する批判を多く聞いた。ヨーロッパとアメリカのビジネスマンは、彼らの不公平なやり方をひどく嫌って語っていた。彼らは、日本の会社は鉄道のリベートを受け取ると言う。また、鉄道の路線は都合よく管理されているので、日本の会社の貨物は迅速に転送されるが、外国の会社は甚大な損害を被る遅れを強いられるのだとも言う。

そして、日本が品質の悪い製品に外国のラベルと商標を貼って売るため、アジア人は本物の商品と同じ銘柄を日本から安く買えると思っており、本物を売るのが難しいと言う。

また彼らは、満洲の外国商人はすべての商品に関税を払わなければならないが、唯一の鉄道を完璧に管理下に置いている日本人は、関税を回避することができるのだと言う。

私の訪問の1年前に大連へと運ばれた1、２００万ドル相当の日本の商品は、そのうちたったの３００万ドル分の関税しか払われなかったと言われる。

長い間、日本の商品は鴨緑江の安東から満洲へ流れ込んでいた。そして外国列強は中国に対し、安東に帝国中国税関の検査官を置くよう助言した。日本はこれに反対することはできなかったが、日本の検査官が置かれるように試みた。しかしアメリカ人の税関役人が任命された。彼が日本人に対して法律を施行しようとする奮闘は、もし出版されたなら、ホレイス・グリーレイが言うところの「とてつもなく面白い読み物」になっていただろう。

ヨーロッパとアメリカのビジネスマンの怒りと悔しさは想像できる。ある外国人は嫌悪感を持って私に言った。極東には、日本人に雇われている白人以外で日本人に友好的な者はおらず、日本人の主だった性格は「うぬぼれと騙し」だと。彼は日本人の誠実さのみならず勇気さえも否定し、旅順攻略は攻撃した方が勇敢だったからでなく、防衛した方が無能だったからだと言った。

ロシア兵は他国の兵士同様に勇ましかったが、将校は飲んだくれで放蕩者だったと。そして、ロシアの陸軍省は軍隊を支持すべきであったが、腐敗しており、遼陽(リャオヤン)の戦いでは、ロシア軍と日本軍の両方が自分たちが負けていると思い、同時に撤退の命令を出したのだが、ロシア軍の方が先に命令を受け取り、日本軍はロシア軍が撤退するのを見て前進したのだと言った。

彼は、サンフランシスコの公立学校での反日の動きは、日本人が満洲でやっていることから注意を逸(そら)らせるために、日本人自身が助長し国際問題にしているのだとも言い、同じような話を続けた。

これらの話は、私が極東でよく聞いたことを表しているので引用した。これらが理に適(かな)っていないのは言うまでもない。彼らの深い敵意は偏見から生まれたもので、また偏見は話を誇張する。もし仮にこれらが本当だとしても、日本人は、アメリカの会社がよくやってきた悪名高い行ないを為したまでのことだ。リベート、粗悪品の製造、関税の回避、重量不足、競争相手を不正に潰す事、その他同類のやり口は、それをアジアで耳にしたアメリカ人が、偽善的に、何と恐ろしい、と両手を挙げるような聞き慣れない事ではないのだ。

事実は、最近まで白人商人は極東で好き放題をやってきたという事なのだ。高潔で公平な取引をする者もいたが、自分たちが満足し金を儲けるためにアジア人を甘い言葉で騙したり、無理強いしたり、脅したり、買収したりする者もいたのだ。彼らは市場を支配し、好き勝手な値段をつけ、莫大な利益を手に入れた。現地当局と問題が生じた時には、自国の政府に頼んで助け出してもらったのだ。今、白人は、同じゲームができてすべての勝ち目をその手に持つアジア人に直面している。日本人はその恵まれた市場を自分たちのものにしたいのだ。それに向かって行動を起こし、得ている。白人が、自分たちが長らくやってきた商業法に対して悲しみと怒りを爆発させるなど、今さら遅いのだ。

私は、このような方法が日本人にも他の人種にも許されるべきだとは思っていない。現在アジア貿易に関わるアメリカとイギリスの会社には、ビジネスのやり方も非常に良く、人格も優れているビジネスマンが多くいるという事も付け加えておきたい。

私はただ、日本人は強く、油断なく、積極的な人種で、白人が望むのとまったく同じような支配欲を持っているという事実に注意を促しているだけなのだ。日本の一般的な商業的道徳性が西洋諸国のそれよりも極めて悪いという事は残念ながら事実だ。これは恐らく、比較的最近まで、ビジネスは主に日本社会の低い階級が担ってきたからだという事があるだろう。

商取引は長らく紳士の品位に値しないと思われていた。古い封建時代には、武士階級は戦いに身を捧げ、古代ユダヤ人がローマの収税吏を嫌うくらい商人を嫌っていた。さらに、古い日本の宗教に携わる宗教家は、教えを行動に反映せず、キリスト教が教えるように、大衆の心に真理としてそれを教えてこなかった。

その結果、商人階級は、主に無節操な強欲さのために軽蔑されている者たちで構成されることになった。彼らは失う立場などなく、その狡猾さと不誠実さはよく聞く悪い噂になっていた。

## 同志社のスキャンダル

これに関係して、同志社で起きた悪名高いスキャンダルは外国人を困らせていた。

アメリカン・ボード海外伝道部の素晴らしい大学施設の権利は、学校を管理していたアメリカン・ボードに代わって、日本の理事たちに付与されていた。しかし、宣教師たちが仰天したことに、日本人理事たちは本当の所有者の権利を無視し、１８９８年2月、常にキリスト教が教育の基礎であるという「取り消し不可」の憲章条項を破棄し、宗教的教えを排除し、大学を完全に非宗教的にしただけでなく、礼拝で反キリスト教の説教を許したのだ。抗議は無駄だった。誠実な対処を懇願してもそれは不信の念で受け取られた。長い間、日本人は不正な裏切り行為をしたことを理解できず、何度も何度も訴えた後にやっと、大学はキリスト教ベースに戻ったのだ。

日本人は同志社事件が引き起こした不信感のつけを長く払う事になった。特に、これは多くの日本商人が無邪気にも同じ原理に基づいて行動したからだ。

私の最初の訪問時、ある商人は、自分が注文した時よりも値段が下がったという理由で大量の商品の受け渡しを断った。また、外国人は、日本人から注文した商品の値段が上がると、それを必ずしも受け取れるという保証はないという話も聞いた。

封建制度が廃止され、大名や侍が自ら生計を立てるか、さもなくば飢え死にするという社会の変化にやむを得ず適応せねばならなくなった時、彼らは商いよりも陸海軍、または政府での職の方が当然ながらしっくりくると感じた。また、戦争と幕府で効率的に動く訓練をされていたので、日本は迅速に国際情勢の中で先頭に立った。ロシアは辛い経験からその事実を学ぶことになった。

しばらくすると、優秀な者たちは、現代世界では産業をリードする者は大将や司令長官と同じくらいの地位があり、国にとって同じくらい有益な働きをする事、そして、もし日本が、強く先進的な国の仲間入りをしたいならば、トップレベルの多くの男たちが銀行家、製造業者、鉄道と汽船会社の経営者になる必要があると気づいたのだ。

今日、日本企業は紛れもなく高潔で信頼できる男たちによって管理されており、日本の銀行に中国人窓口係がいるという陳腐なからかいは、もはや当てはまらない。現代の日本はビジネスの名誉という事に敏感で、不正行為を摘発することに積極的だ。時事新報という影響力のある東京の新聞は、１９１６年７月にこれに関する強い調子の社説を書き、インドのボンベイ駐在の日本総領事は、報告書で率直に次のように述べた。

「一般的な日本人商人の評判はごく一部の外国人商人のように低くはないと確信している。だが、一部には、近視眼的で不誠実な日本人商人がいることも疑いのない事実であり、嘆かわしい事だ。彼らは、いつも目先の一時的な利益だけを得ようとし、非常に忌まわしく狡猾な手段を取るのだ。彼らは見積もりの値段よりもずっとよい品質の商品をサンプルとして送り、注文が入ると、サンプルのようなよい商品は作らず、値段に見合った粗悪品を作って送るのだ」[一]

明らかに、賢い日本人は西洋のビジネスマンが厳しい経験から得た教訓を学んでいる。つまり、信頼性の評判は商社にとって最も貴重な資産で、顧客と公平に取引する商人は長期的に最も繁栄するという事だ。日本の商社は、ヨーロッパ、アメリカの同レベルの商社と同様に誠実で上手く運営されており、他国の大都市で営業する商社代表者たちも確固たる人格と才能を持ち合わせているのである。

---

一　Japan Weekly Chronicle から引用　１９１６年７月３日付

# 第十八章

## 日本の専制政治と民主政治

民主化の波が、近代世界に押し寄せた。南米、北米、フランス、ポルトガルから王は消え去り、英国では国王と貴族政治は実権を失った。10年前の時点では、アジアで人民の権利に基づいた政権が実現するなど誰が予想できただろうか。民衆の声が波のように日本にも押し寄せてきた。日本国の近代化は、これまで遅々としていた。封建制度が崩れたのは1871年のことで、憲法の公布は1889年である。そして1890年に第一回帝国議会が開かれたが、これは日本にとって記念すべき日となった。帝国議会が直ちに存在意義を示せたわけではないが、徐々に議会としての意見を表明し、内閣の言動や政策を批判するまでになった。しかし日本が近代化したと言っても、民主的とはまだまだ言い難い。君主を神格化している。また政治の実権を合憲的な組織ではなく、「元老」という少数グループが握っている。国民のための政府という考え方はまだ優勢ではないのだ。

## CHAPTER XVIII

## THE STRUGGLE BETWEEN AUTOCRACY AND DEMOCRACY IN JAPAN

The mighty democratic movement has engulfed the world. This force has banished kings from North and South America, France, and Portugal; and wrested power from throne and aristocracy in Great Britain. A decade ago one might have supposed that Asia would be the last to reconstruct governments on the basis of the rights of the people.

It was inevitable that Japan should feel the impulse of this rising tide of popular will. When one considers the history and social and political organization of the Japanese people he is not surprised to find that the modern movement has made rather slow headway thus far. Feudalism was not abolished till 1871, and it was not till 1889 that the Constitution was formally promulgated. It was a great day for Japan when the first Imperial Diet convened, November 29, 1890.

The House did not immediately find itself. Gradually, however, its members began to give voice to their opinions and even to criticise the acts or policies of the Cabinet.

But modern Japan can hardly be called democratic. A nation which regards its sovereign as a ruler by divine right and a demigod to be worshipped, and whose real government is not in the hands of any constitutional body or person but of a small group of "Elder Statesmen" such a nation is not yet under the sway of those conceptions of popular government which are current in the most advanced Western nations.

# 日本の専制政治と民主政治

## 世界的な民主化の波

民主化の波は大きなうねりとなって近代世界に押し寄せたが、日本もその例外ではなかった。この時代、民主化の影響を免れた国はない。徐々にであったか、急速にであったか、あるいは穏やかであったか、暴力的であったかという違いはあっても、いずれにせよ民主化の波はやってきた。

ジョン・モーリー子爵が、『回想録』の中でいみじくも述べている。

「1830年にフランス王朝が崩壊して以来、何世代にもわたりヨーロッパの人々の心を占めてきた大きな力がある。それは、物事に対するある特徴的な見方、感じ方、対処の仕方、渦中の重要人物の見分け方であるが、万華鏡のように百ほどの呼び名を経た後、ついにリベラリズムと呼ばれるようになった。それを崇める者にも嫌悪する者にも、等しくその影響は及んでいた…そのルーツをたどれば個人の尊厳と存在価値の尊重に行き着く。一部の階級や王家の利益ではなく、社会的利益を代弁し、教会組織、結社、聖典など外なる権威のあらゆる主張に対する人間の判断に従うものである。立法においては、何よりもまず人間のより崇高な性質に関心が向けられるのであって、軽視されることはない」

民主化の波によって、南米、北米、フランス、ポルトガルから「王」は消え去った。またイギリスでは国王と貴族政治は実権を失った。ベルギー、オランダ、デンマーク、スウェーデン、ノルウェー、イタリア、ギリシャでは、君主は立憲制度下での君主としてふるまうようにと、釘を刺された。ロシアでは独裁政権が倒され、また、自由を掲げて戦った西洋諸国の無敵の陸海軍に影響を受け、ドイツではホーエンツォレルン家、オーストリアではハプスブルグ家が権力の座から引きずり落とされた。

人類は、過去の発展段階からきっぱり抜け出そうとしている。その段階とは、人格とは関係なく、ごく少数の者が何百万もの同胞を好き勝手に、不当に支配する力を手に入れることが許された時代だった。彼らは、その高潔な先祖の血筋により神々しく選ばれし統治者であると錯覚していたのだが、実際には箸にも棒にもかからない怠け者もいるし、自分で働けばデパートのリボン売り場の店員以上にはなれない者がほとんどだった。ベルギー王アルベール1世のように、世襲の王権など必要としない卓越した王も少数ではあるが存在する。しかし、このような者は、たとえ粗末な小屋で生まれても、頭角を現し高貴な地位に就いただろう。

10年前の時点では、アジアで人民の権利に基づいた政権が実現するなど、誰が予想できただろうか。しかし20世紀の幕開けとともにヒューマニズムの意識が高まり、古くから専制政治が続いていた国にすらその萌芽（ほうが）が見られたことは、人類にとって驚くべきことだった。

ペルシャやトルコでは、脆弱（ぜいじゃく）とはいえ立憲政治が始まり、また偽物の自由ではあったが、新時代が始まっていた。インドでは政情不安が蔓延しており、さらに大きな自治権を求めて激しい運動が起こっていた。ヨーロッパで大戦が起こるとインド王族はイギリス側に協力したが、戦後その見返りとして、イギリス側から大きな譲歩を引き出せるのではないかという期待は当然あった。

中国で清王朝が倒れ共和国が成立したことは、世界を驚かせた。信じられないほど短期間で途方もない革命を実現し、しかもヨーロッパでの一回の戦いより少ない犠牲者を出しただけだった。

実際には、袁世凱（ユエンシーカイ）は、共和国の大統領就任後に独裁者として振る舞ったが、共和制の理念が中国人民の心をつかんだことが重要なのだ。１９１５年12月12日、袁世凱は皇帝に即位することを宣言したが、直ちに反対運動が起こり、その動きは激しさを増したため、さすがの鉄血の男も民の声に屈する道を選んだ。

１９１６年1月23日、賢明にも即位を永久に見合わせることにした袁世凱は、３月23日には「差し出された」王冠を辞退すると宣言した。しかし国民の信頼を失い、国中に抗議の嵐を呼び起こした後では、もはやその地位を守ることは不可能で、その年の6月６日に袁世凱が亡くなると、人々は良い潮時だと思った。

膨大な人口を抱えた中国が、国内の不協和音を解決し、まとまった統制のとれた共和制を実現するまでには気の遠くなるような道のりが待っている。しかし、君主政治が復活する可能性はまずないだろう。

## 封建制度の終わり

民衆の声が、波のように日本に押し寄せてくることは避けられなかった。日本国民の歴史・社会・政治を考えると、日本国の近代化が、これまで遅々とした歩みを続けていたことは不思議ではない。

封建制度が崩れたのは１８７１年のことであり、憲法が公布されたのは１８８９年である。

そして１８９０年11月29日に第一回帝国議会が開かれたが、これは日本にとって記念すべき日であった。議会は、貴族院と衆議院の二院制である。貴族院の議員は３７９名で、その内12名は皇族、13名の公爵、33名の侯爵がおり、選挙によってでなく社会的地位に応じて議席を与えられている。その他に伯爵17名、子爵68名、男爵66名の議員がいるが、同爵の貴族による互選によるものだ。残りの議員のうち１２２名は功績のあった者の中から天皇の任命で選ばれ、48名は高額納税者である。衆議院は３８１名の議員からなり、25歳以上の男子で10円以上の税金を納めている有権者による選挙で選ばれた。

帝国議会が直ちに存在意義を示せたわけではないが、徐々に議会としての意見を表明し、内閣の言動や政策を批判するまでになった。しかし、何世紀にもわたり封建君主に仕えてきた精神性は、すぐには変わらない。むしろ驚くべきはこれほどの短期間で、ともかく人々が意志を表現しようとしてきたことなのだ。今では国会では活発な議論も多く、時には政府に対し鋭い批判が飛び交うこともある。新聞各紙も率直な意見を述べている。それでも、支配階級が簡単には特権を手放そうとしないのは、どこでも同じだ。

彼らは、ドイツの哲学者ヘーゲル同様「国民とは、自分の欲するものを知らない国家の部分である」と信じている。またプロイセンの大臣フォン・ロショーも「人民の知性には限界がある」と述べている。

日本では、支配者階級が実権をまだ握っている。貴族院は国民とは遠く隔たっていて、国民の手の届かないところに君臨している。行政府は内閣にあり、天皇に任命された総理大臣を含む10名の国務大臣に委ねられている。天皇の諮問機関の枢密院は、議長、副議長が各1名、顧問官24名で構成され、重要政務案件について天皇に助言した。

封建制度に取って代わったこの国家制度は、以前の制度と比べると大変な進歩を見せ、有能で効率の良い政府を実現させた。しかし日本が近代化したと言っても、民主的とはまだまだ言い難い。君主を神格化し、統治権を神聖視している。また政治の実権を合憲的な組織、もしくは人が握っているのではなく、「元老」という少数のグループが握っている。そのような国では、西洋先進諸国では受け入れられている「国民のための政府」という考え方はまだ優勢にはならない。

## 元老たち

日本の政治事情を理解したいならば「元老」というグループを視野に入れないわけにはいかない。元老は法的な地位ではない。「憲法にも、またいかなる日本の法律にも定められていない」のである。単に社会的地位の高い少数の老人たちが、天皇の信頼すべき相談役になっただけのことである。

一　東京朝日新聞

君主の大権は大きいが、実際は元老の「助言」が力を振るうのだ。理論上、王位に代わるものは内閣だが、実際は元老が実権を握っている。日本の内閣は、イギリス政府内閣のようには力を振るえない。大臣人事に変化があっても、政策に変化を来たすことはない。なぜならば天皇の交代はないし、天皇は元老の意のままだからだ。つまるところ、元老こそが政府の最高首脳であった。大臣たちには浮き沈みはあるが、元老たちは一度選ばれるとその地位にとどまり続け、内閣や議会から独立し、干渉を受けない。公的組織が元老と違う意見を持つ場合は、公的組織に不利になるだけである。

元老たちが民衆の意見を心にとめることはまずなく、傲慢（ごうまん）にも無視をすることが多いが、例外もある。アメリカでも策を弄する政策担当者がよく使う手だが、大衆感情の高まりに表向き耳を傾ける形で、大衆に人気のある人物を渋々政府中枢に据えるのだ。直接にその人物を操れなくとも、自分たちが支配できる組織に彼を迎え入れることで、間接的に押さえ込むことができるからだ。

山本権兵衛（ごんべえ）内閣の時に発覚した政府内で起こったスキャンダル（註：１９１４年のシーメンス事件）は、国にとって大きな痛手となり、国中が混乱する中、内閣は総辞職に追い込まれた。元老たちは信頼できる者を次々と総理大臣に推薦し、組閣を試みたが上手くいかなかった。

事態がさらに深刻になると、やむなく元老たちは大隈侯爵を後継者に据えた。これは大隈が大衆に人気があること、また高齢であるため、どのみち長期政権ではないことを見越してのことだった。といっても懸念がないわけではなかった。

大隈は「保守派」の人間ではなかったが、スキャンダルを追及した立憲同志会を率いていることは、周知のことだった。また、大隈は君主や帝国日本のために断固とした態度をとったが、国民の声を反映する帝国議会の意見にも耳を傾ける人物だった。

国民は大隈を日本の「大長老」と見なしており、次々と明るみになった収賄事件で第一党である「保守派」（政友会）が窮地に立たされると大隈待望の声が強まり、それはもはや無視できないものとなった。

大隈は、改革を精力的に推進したので、元老の心配を増大させたが、立憲派の期待は高まった。彼は国内の社会、経済状況の発展を推し進める穏健な計画を、積極的な外交・軍事政策より優先すべきだと考えていた。

しかし、不幸なことにヨーロッパの戦争（註：第一次世界大戦）が勃発し、その結果極東の情勢が変化したことを受けて政策の変更を余儀なくされたため、直ちに外交政策を内政に優先させた。中国山東省の租借地を本拠地とするドイツの一掃を狙う同盟国イギリスの要求の前では、内政問題は後回しにされた。

日本にとっても太平洋のドイツ領島を獲得するチャンスであり、極東での日本の権益を守る上で最大のライバルであるドイツを一掃することができるわけだ。何より魅力的だったのが、大戦でヨーロッパ列強が国内の問題で手一杯の間に、中国への日本の影響力を強めることができるわけだ。

情勢がこのようになってくると、再度、必然的に軍部が前面に出てくることになり、大隈も協力せざるを得なくなった。

世間の尊敬を集める民権の支持者と内政優先が、東アジアの覇者として日本の統治権を確立するチャンスが訪れたと考える政党と共同戦線を張っているように見えたのは、とても興味深い光景だった。

大隈にとってすべてが好ましい状況ではなかったし、年齢的な問題も加わり、対中国政策への批判や選挙中の収賄事件に内相が関わっていたことが、内閣の影響力を弱めてしまった。

その結果、大隈は首相の座を降りることを決意することになった。大隈は、元老たちに辞任の許可を仰ぎ、後継者には加藤高明子爵を推挙した。加藤は議会の推す人物であったが、元老は民意でもあった大隈の推薦を冷たく無視し、後継の総理大臣は朝鮮総督寺内正毅に決定した。大隈が辞任を表明したのは、１９１６年４月だったが、これは元老の影響力がいかに大きかったかよくわかる話だ。

今回の総理大臣の決定を通して、元老の支配的な立場が明白になっただけでなく、日本政府が民主化に逆行していることも見えてくる。この時の元老の顔ぶれは、山県（やまがた）公爵を筆頭とし、大山公爵、松方侯爵であった。いずれも能力があり、強い個性の持ち主であった。そして彼らは、内閣は議会よりも君主に対してより重い責任を負うべきとの信念を持っていたが、それは実際には元老に対して報告義務があると考えていたのだ。

それに対して政党の党首でもあった大隈侯爵は、内閣は議会に対して説明責任を負うべきであり、それは国民に対する責任でもあると考えていた。この問題は、従って、専制政治対民主政治の問題であった。そして専制政治が勝利したのだった。これは（註：寺内が後継の総理大臣に選ばれたことは）軍部にとっては満足のいく結果であったが、それ以外には大きな不満を残す結果となった。

アメリカやイギリスだけでなく、日本の一般メディアも率直に反対を表明した。反対は寺内個人に対するものではなく、彼の出身母体である専制主義的かつ軍国主義的なグループに対してだった。

東京朝日新聞は、次のように鋭い批判をしている。

「元老は首相の意見を尊重し、次の与党党首を後継の総理大臣に推挙したことを無視するべきではなかった」

東京日日新聞は大胆にも次のように明言した。

「寺内内閣が国民に支持されないことは疑うよしもない。問題は日本政府が国民の願いを押し進めるかどうか、憲法の精神を実行するかどうかだ」

英字新聞ジャパン・アドバタイザー紙はこう付け加えた。

「元老は再び日本に国民の代表機関と何のつながりも持たない内閣を与えてしまった。そしてまた証明されたのだが、有権者、名簿、選挙、国会議員、政党といった我々には馴染みのある、国民のための政府なら当然備えているものが、上辺だけの代物だった。古風な私的政府を駆け足で近代化したが、外見は西洋風で、インテリアは和風の建物のようだ」

## 日本的専制政治

日本の専制政治は、革命前のロシアの専制政治同様に独裁性が強いものだが、一方で見識のある、効率の良い専制政治でもあり、それを具現化したかのような寺内子爵のような人物を輩出（はいしゅつ）した。寺内は賢く、仕事の能力も高く、指導力もあり、アジアの傑物である。それだけでなく、正直で、愛国心も強く、善意の人である。そして、骨の髄までワンマンでもある。陸軍元帥で、訓練された職業軍人であり、また軍人らしい気性の持ち主だ。偉大な軍人にして善き独裁者だ。しかし、傑出した軍人であり独裁者であるがゆえに一般市民とは隔たりがあり、大衆の味方というイメージはない。寺内は、国にとって最善だと彼が考えることを実行する。彼が間違いを犯しても、それは意図したことではないし、堕落ゆえではない。

彼は、日本は一等国として、そして西洋列強による、これ以上の進出を食い止める東アジアのリーダー、また守護者として、その大きな運命を全うできると心から信じていた。そして、それは、議会に従う義務などなしに自由に行動できる強い中央集権政府によって実現できると、考えていた。議員は適切な知識があって行動するとは限らないし、きちんと責任を果たすとも限らないからだ。

寺内は、山縣公爵や伊藤公爵と同様に長州閥の武士であり、1852年2月5日に生まれ、若くして軍人になっている。大阪兵学寮を卒業後、1871年に陸軍少尉に任命されている。1871年西南戦争で戦火の洗礼を受けて負傷し、右腕の自由を失った。パリの日本公使館付きの武官として1882年から1885年までフランスに赴任（ふにん）し、ヨーロッパの軍事外交政治を学んでいる。帰国後は陸軍士官学校校長、日清戦争では大本営運輸通信長官を務めた。その後教育総監、参謀本部次長を歴任。１９０２年には、桂太郎内閣で陸軍大臣に就任した。寺内は日本とロシアの争いを予見していた。

日本軍が準備万端整えて戦争に臨み、朝鮮、満洲と勝ち進んで行ったのは、彼の並外れた能力と活力によるところが少なくない。これを評価した政府は、寺内に子爵の爵位を授けた。１９１１年、伊藤公爵の後継者として、強靭で朝鮮に赴くことのできる人物が求められた時、当時陸相だった寺内が選ばれた。朝鮮総督と日本国の関係は、インド総督とイギリスとの関係に似ているが、寺内の場合はその後元帥府にも列せられた。５年間に及ぶ偉大な属領での行政手腕については別の章で論じている。そして、寺内は朝鮮総督を務め上げた後、元老たちに呼び戻されて日本国首相になったのである。

新首相となった寺内は、太平洋方面に対する意図について、機会を見て他国世論に文書で確約した。

「私の施政方針に関し、アメリカ社会の一部に懸念があるようだが、私には武力で国を治める気持ちは一切ないことを明確にしたいと思う。そうしたことを期待する向きもあるが、そのような人は、私がこれまで行なってきたことも、どのような想いで行なってきたかも、全く理解していない」

寺内を批判する者も、彼の誠実さを評価するのがフェアというものだろう。彼は竹を割ったような性格で、率直に話す人物だ。偉大な軍人によく見られることだが、寺内も戦争よりも平和を好んでいる。ただ、どちらかと言えば軍部や皇室側に立ったものの見方をし、イギリスやアメリカの民主主義寄りではない。

子爵から伯爵になった寺内だが、強い首相であっても、国民の代表である議会ではなく、元老の意見に従っている。寺内の信念としては、権力とは上から来るべきであって、下からではないのであり、皇室や貴族が統治し、国民はそれに従うべきだったのだ。彼は、グラッドストーンではなく、ビスマルクだった。

この違いがあっても、彼の背後には全権を掌握する元老の存在があり、寺内も従わざるを得ないのだ。

寺内内閣の時代、日本の行政はよく機能していたが、専制主義的であり、アジア政策に関しては帝国主義的な政策を支持していた。しかし、もし今後ヨーロッパ諸国が、かつてしてきたようにアジアのことを自分たちに都合の良いように決められると思うならば、それは賢明ではない。日本は優れた手腕を発揮した山縣や、毅然(きぜん)とした寺内に率いられているのだ。

世界中に広がりを見せる民主政府確立運動を支持する聴衆を前にして、アメリカでよく知られた一人の日本人が、祖国を弁護していみじくも言った。「民主主義は共和制と同義ではない」と。

彼は次のようにコメントした。

民主主義を正しく定義するのなら、「今日の日本は民主政治を行なっており、アメリカ、イギリス、フランス、イタリア、そして民主国家として新しく生まれ変わったロシアに並ぶものである」と。しかし、日本の実情は彼の言葉とはかけ離れたものだった。

大隈侯爵自身も、政界引退後に外国の新聞記者に次のように語った。

「日本は、一握りの政治家たちや内閣が統治しているのではなく、民意が動かしているのです。昔からずっとそうでした」[二]

おそらく愛国心ゆえに外国の新聞記者にはこのように答えたのだろう。

以前に大隈は、国民に向けては次のように語っていた。

「確かに、日本の外交交渉は世論を反映したものでも、民意を代弁する帝国議会の見解を反映したものでもない。概して我が国の外交機関は、世論を見過ごすか無視してきたようだ。諸外国では世論によって支持された

二 The Christian Herald 取材記事 1916年12月3日付

外交政策が国益に最も叶うものだと考えられている。しかし日本では外交官は特権階級だ」[三]

ニューヨークの日系新聞であるザ・ジャパン・ソサイエティ・ブリティンは、1917年の春の総選挙を「軍官僚と立憲派の実権争い」[四]と評した。結果は「軍官僚」が優勢であった。

## 不敬罪とみなされた田川論文

寺内内閣が発足して数週間後に、権勢を振るうグループの考え方が、かなり明らかにされた。田川大吉郎閣下は高名なキリスト教徒で、衆議院議員経験もあり、東京市の助役を6年間務めた紳士だ。その彼が1917年1月に3本の論文を立て続けに発表して政府を批判した。アメリカでは与党に反対する者が大統領や側近に罵り（ののし）の言葉を浴びせる習わしだが、アメリカでは当たり前と考えられている言葉で、田川は政府を批判した。

彼は、首相を選ぶ方法をイギリスと日本で比較した。

ジョージ5世が国民の望む人物を首相に任命したのに対し、天皇は国民の意向は無視して元老が指名した者を任命すると主張しさらに、「寺内内閣の成立は、陛下が組織を命じ給うたというよりも、むしろ元老が組織を命じた所のものなりと天下は認めている。このような方法で、国民に皇室を尊敬させることができると思うのは無駄だ。実際、先般の事あって以来、我が皇室の神聖は、残念ながら多く傷つけられている」とした。（註：『万法を知らぬ民』より）

田川の論文は天皇に対する不敬罪と見なされた。神につながる系譜を持つ天皇を、英国国王ジョージ5世や、他国の王族と同位であると暗に伝えているというのがその理由だ。内閣の意向で、田川は逮捕され禁固5カ月、

---

三　The Japan Magazine の報告（東京）1913年6月号

四　1917年4月30日付

罰金100円の判決を言い渡された。田川だけでなく、彼の論文を掲載した雑誌『文明評論』編集長の柏井園も逮捕され、禁固2カ月、罰金60円の判決を受けた。

大日本帝国憲法29条には「日本臣民は法律の範囲内において、言論、著作、印行、集会及び結社の自由を有す」と規定されている。しかし、田川の論文は、「法律の範囲内」とは見なされなかったのだ。

厳しい断固たる姿勢は、マスコミだけでなく議会にも向けられた。1917年1月には、議会の責任を追及する声が議員から起こり、激しい論戦になった。中心にいたのが、憲政会党首の尾崎行雄と国民党党首の犬養毅(いぬかいつよし)だった。これは民主的な機関を信奉する他国の者にとっては朗報だった。日本で、国民の政党が議会で大胆な提言ができるまでに育っているということだからだ。

この論戦によって、政府に反対する動きは強まり、寺内は不信任案を突きつけられて苦境に立たされた。しかし寺内は少しもひるむことなく、それを帝国の繁栄に関わる由々しき事態だとし、また天皇の信任も厚かったことから、議会の不信任案決議を一蹴した。議員たちは猛烈に反発したが、寺内は一歩も引かず、1月25日に勅命により議会の解散を断行した。不信任案を通せなかった議員たちは、故郷に帰るより他はなかった。

今回の出来事はカール・クロウが著書『日本とアメリカの対比』で述べた見解を、実証して見せた。つまり日本では、ごく少数の毅然(きぜん)とした人物が、天皇と国民を動かしている。

天皇は彼らの操り人形であり、国民は無知で黙々と従うばかりの労働者で、重要なことに関して何一つ意見を求められないというのだ。しかしこれは極端な見方だ。

天皇は決して「単なる操り人形」などではない。と言っても、憲法の力がどれほど大きかろうが、政府組織や政治を動かしているのは元老と、事実上元老が選んだ首相であるのは、真実だ。

しかし、彼らが実権を握れるということは、故明治天皇睦仁(むつひと)陛下の意に沿っていたに違いない。彼の45年に及ぶ治世で、日本は時計の針を前に進め、先進国の仲間入りを遂げたからだ。

百二十三代天皇である現天皇嘉仁（よしひと）陛下は、１８７９年８月31日に生まれた。１９１２年７月30日に、名誉ある父である明治天皇の逝去（せいきょ）の後即位した。

彼は父親に比べ民衆の前に姿を見せる機会がはるかに多い一方で、即位してから日が浅いこと、また、その政治行動も首相や政府高官を通してしか国民に及ばないので、国務にどれほどの影響力を持っているのか、確かな評価は下せない。一般的な評価としては、人格者で、志も高く、知的で愛国心に富み、国民の尊敬に値する人物だということだ。

私はまた、日本国民を評して「無知で黙々と従う労働者」だとする見方には、同意しない。西洋では人々の間に民主的な精神が浸透するのに何百年もかかったのに、日本人には60年で広めろというのは、理不尽なことだ。少数ではあるが、過渡期の日本を導く強く有能なリーダーを育てたことは、日本人が称賛されるべきことだ。伊藤公爵、大隈侯爵、加藤子爵などは、現代の進歩的政治家の中でも優秀な人物たちだと言えよう。しかし他の権力を握る者たちが、この国に長く根付いた専制主義の化身となって、一時の権勢をほしいままにしたとしても、不思議ではない。

## 自力で変われる日本人

日本人は、かなり大変な問題でも、自分たちのやり方でなんとか解決していくだろう。民主政治と専制政治の問題は近代世界ではどこでも起きており、日本でも問題になっている。島国の帝国でも、次のような声が聞こえる。国民が国のために存在するのか、それとも国家が国民のために存在するのだろうか。内閣は君主に対し責任を負うのか、それとも議会に対してなのか。最終的に主権は天皇に与えられるべきか、それとも国民に選ばれた集団に与えられるべきか。

議会の指導的存在である尾崎行雄は、刺客に襲われそうになった直後、次のように語った。

「アメリカの皆さんに状況をできるだけはっきりご説明したいと思う。我々が目標とするのは、国政を執り行なう国務大臣の選出にあたり、衆議院の構成を多少考慮に入れる、簡単に言えばそういうことです。結局のところ、それが憲法の真髄です」

国家のこのような部分は、遅かれ早かれ変わっていくだろう。なぜなら、聖書にある「軌道の星」がそのために戦っているのだから。

1918年の夏には、寺内首相を取り巻く状況は危機的になり、9月21日寺内伯爵は辞職を決断した。後継者となったのは、立憲政友会総裁の原敬であった。立憲政友会はもともと伊藤公爵が創立したもので、寺内内閣に反対の立場を表明していた。原敬首相は64歳。法律の知識もあり、著名なジャーナリスト（大阪毎日新聞の編集主幹）でもあった。また外交官としての経歴も長く、天津領事を経て、1886年にはフランス公使館書記官、帰国後は農商務省参事官、1895年には外務次官を務め上げた。その後、朝鮮駐在公使（1896～1897年）、逓信大臣（1900～1901年）、内務大臣（1906～1907年）を歴任。1908年から1909年にかけて欧米を視察し、帰国後の1911年、そして1913年から1914年に再び内務大臣を務めた。1900年に伊藤公爵が政友会を設立した折には右腕の一人として参画しており、1914年には西園寺公望侯爵の後継者として党（立憲政友会）総裁となった。

## 日本の政党と原内閣

日本の政党の英語表記について、ここで説明を加えておきたい。

政友会（Liberal）、憲政会（Conservative　１９１６年、大隈内閣支持に回った政党が合同して結成）。国民党（Nationalist-Progressive）という表記は、文字通りには解釈しないほうが良い。実際はそれぞれにリーダーを掲げる複数の集団の寄せ集め以上のものではない。いずれの政党も、現時点では衆議院で過半数を占めるだけの勢力は持ち合わせていない。議席数は、政友会が１６２、憲政会が１２２、国民党36、無党派61で、合計３８１議席である。

重要なのは、原氏が最もリベラルな勢力のリーダーだということだ。寺内伯爵の掲げた政策から、原の政策は大きく前進した。両者とも立派な人物だが、他国の親日家たちの反応としては、前首相が際立って有能であることは認めるものの、原がリーダーシップを取ることで民主的な傾向がさらに強まることに、当然ながら期待感を持っている。もっとも政治をめぐる情勢が変化して、原を辞任に追い込むようなことがなければの話だが。

彼は気心の知れた者たちで周囲を固めている。外務大臣の内田康哉子爵は、アメリカでも評判の良い進歩的な人物だ。異例ともいえる外交経験の持ち主で、50歳にも満たないのに、外務省に入省後、北京、ロンドンで公使館付書記官、駐オーストリア大使、駐アメリカ大使を務めあげた、現代の世界を知る人物である。余談だが、彼の妻はニューヨークのヴァッサー大学を卒業している。

内務大臣の床次竹二郎は、欧米を訪れており、１９１２年、内務次官の時、国民生活における宗教の力に感銘を受け、宗教の代表者との政府懇談会を準備した。このことは本書の別の章でも述べている。

外の世界から、日本の国策の急激な変化を期待すべきではない。

政友会は歴史ある日本の伝統に全くもって忠実であり、芯まで愛国的な政党である。政友会はアメリカに協力してシベリア出兵を支持したが、寺内子爵の政党よりも実ははるかに民主的傾向の強い政党である。３人の元老のうち、２人は80歳を超えており、もう一人は70代である。遠くない将来に、彼らが人事の舞台から降りるのは自然の成り行きであるし、同じようなタイプの後継者が続くかどうかは疑わしい。去年一年で民主化を求める国民感情が驚くほど高まり、いずれ大きな広がりを見せるだろう。民主化運動に影響力を持つ海老名弾正（えびなだんじょう）博士は、次のように語っている。

「ドイツのシステムは軍国主義や帝国主義と相性が良いし、今なお一定の支持は受けている。また絶対主義の哲学を日本にもたらし、魅了された者もいた」しかし、「ヨーロッパ戦線でのドイツ軍国主義と帝国主義の敗北は、世界における帝国主義の教養そのものの敗北であった」と。

そして、海老名はこう断言する。

「日本の歴史上最大の危機が迫っており」また「日本のナショナリズムの殻が破れた時、この国の民衆は国際的になり、キリスト教の普遍思想が仏教に取って代わり、キリスト教が国際化した日本の宗教になるだろう」[五]

---

五　Milliard's Review（上海）1918年8月17日付から引用

# 第十九章

## 社会と経済の状況

日本国は繁栄しているにも関わらず、一般市民はまだ貧しい。単純労働に携わる人の割合は大きい。約３７０万世帯は農業に従事している。農民の日給は安く、アメリカ農民が機械で行なうことを男女、子供が早朝から夜遅くまで手作業で行なっている。大都市の労働階級は西洋よりもかなり劣悪だ。製造業の急速な発達により、大勢の人が工場労働者として都市にやってきた。1日に12～16時間働いている。安全も衛生も考慮されていない工場が多い。約85万人の労働者のうち、半分以上は女性で、多くは子供だ。劣悪な環境下で、結核が猛威を振るっている。次々と工場を渡り歩き、最後は売春婦におちぶれる少女も多い。最近は労働環境を改善する法律も定められているが、過密都市での生存競争、世界大戦の特需のため、なかなか法律が守られない。日本女性の地位は男性より低いが、ビジネス、ジャーナリズム、医療、慈善事業で活躍する女性は徐々に増えている。

# CHAPTER XIX

## SOCIAL AND ECONOMIC CONDITIONS

Despite the growing wealth of the nation, the poverty that still prevails among the masses of the common people. The proportion of the population that is engaged in manual labor is large, and its condition is far from satisfactory. 3.7 million families are wholly dependent upon farming for a livelihood. Men, women, and children toil early and late in doing by hand what an American farmer does by machinery. The day-laborers on the farm receive small wages.

The laboring classes are considerably worse off than in Western lands. The rapid development of manufacturing has brought many people into the cities for employment in the mills and factories. Employees in most of the factories toil twelve hours a day and sometimes sixteen. Many of the factories are poorly ventilated and without safety or sanitary conveniences. Of the 853,864 operatives, 535,297 are females. Multitudes are children. Under the unsanitary conditions, tubercular diseases are prevalent. Of the 200,000 girls who enter the factories each year, 120,000 never return to their homes, but drift from one factory to another till they are broken down or become open or clandestine prostitutes.

Strenuous efforts have been made by enlightened Japanese in recent years to bring about better industrial conditions, and with partial success. But the struggle for existence in overcrowded cities, the pressure of competition, the abnormal demands for increased production caused by the European War, have thus far prevented adequate enforcement of legal requirements.

The status of Japanese women has always been and still is below that of men. Some of them are successfully entering business, journalism, medicine, and philanthropy.

# 社会と経済の状況

## 未だに貧しい民衆

国富は増大しているにも拘わらず、一般大衆は未だに貧しいという事は、衆議院議員であった尾崎行雄閣下の言葉によく表れている。すなわち、日本本土には5、600万の人がいるのに、有権者は150万人しかおらず、選挙権は、25歳以上の男子国民で1年に10円の税金を直接払えるほどの資産を持つ者すべてに与えられている、と。税金は非常に高く、狭い土地でも10円の税金を払わなければならなかった。

単純労働に従事している人の割合は大きいが、労働状況は満足とは程遠い。

370万7、088世帯が農業で生計を立て、173万6、631世帯が、他にも収入源を持ちながら大部分を農業に頼っている。日本は大家族なので、この数字は約4、000万人の人が完全に、または主に農業で生活しているということを意味している。多くの肥料を使用して集中的に耕作するので、農民は通常十分に食べるものがある。しかし平均的な農場は約2・5エーカーで、普通は大家族なので、毎日の食べ物は多くはない。

肉はほとんど食べず、主食は米、野菜、そして時折の魚だ。農地が狭いため、ほとんど動物を飼育することはできない。たった3人に1人の農民が馬か雄牛を1頭飼っている計算で、男、女、子供は朝早くから夜遅くまで、アメリカ人なら機械でやる仕事を、手作業で骨を折って行なっている。

「日雇い労働者は農作業で9～15セントの賃金を得るのだが、たった15セントとはいえ、これでも15年前と比べれば倍増している数字なのだ。このわずかな収入で、年老いた両親、妻、子供を養わなければならない労働者もいる。借地人と地主の割合は2対1だが、借地人は文字通り、手から口への生活をしており、必要な肥料さえも常に手に入れられるわけではない。地主も、借りた元金に対して15～30パーセントの利子を払い、地方税、国税もさらに彼の収入を減らすので、収益が５パーセント以上になることは、ほとんどない」[一]

大きな都市の労働階級は、西洋諸国よりもずっと劣悪な状況に置かれている。製造業の急激な発展によって、大勢の人が加工工場や製造工場での仕事を求めて流れ込んできている。これらの労働者たちは過密地域に集まり、賃金も非常に低いので、多くがちゃんとした食物も健康的な環境も得ることができない。ほとんどの工場の労働者が１日12時間、時には16時間労働で目いっぱい働いている。

多くの工場が風通しも悪く、安全や衛生状況も悪い。８５万３、８６４人の労働者の内５３万５、２９７人は女性だ。多くが子供で、60パーセントは20歳以下、８パーセントは小さな少女だ。

## 女性の苦境

多くの工場では少女や若い女性たちがほとんど奴隷状態に置かれ、柵で囲った場所で簡単な食べ物を与え、不衛生な状態で住まわせるので、結核が流行していた。政府の報告には次のようにある。

「一般的な結核死亡率は10パーセントほどだが、印刷所と活字鋳造所では49パーセント、紡績工場と織物工場では35パーセントだ。工場の労働者を斡旋（あっせん）する仲介業者は健康にはほとんど注意を払わず、互いに競争しているので、確実に病気である者さえ雇うのに躊躇（ちゅうちょ）しない。病気の労働者が自分の村に帰ると、健康な者にまで菌をうつすのだ」。

『交差点の中の日本』の中で、その著者Ａ・Ｍ・プーリーは、毎年工場に働きに来る20万の少女のうち、12万は決して家に戻ることなく工場を転々とし、最後には倒れるか、あるいは、あからさまもしくは隠れて売春婦

一　朝河貫一『日露衝突』５～７頁

になるのだという。そして、家に帰れる8万人のうち、1万3、000人は病気だという。

近年、これに気づいた日本人たちが、労働状況を良くしようと賢明な努力をなし、一部改善が見られた。工場のいくつかは、新しい最適な方法で被雇用者の福利を管理している。

良い法令もいくつか法令集に載っている。12歳以下の子供を重労働に課す事、また、女子と15歳以下の男子を1日12時間以上働かせる事は禁止されている。

しかし、過密都市での生存競争の重圧、利益への欲望、ヨーロッパの戦争（註：第一次世界大戦）による異常な生産需要は、法律を適切に施行することを妨げている。西洋諸国もこの点ではまだ完璧からは程遠いが、日本の労働者の状況はアメリカの労働者の状況よりも明らかに低い。男も女も、特に少年少女は、1日12時間、1週間に7日間、粗末な食べ物で、密集した空間と不衛生な環境に置かれ、深刻な病気、精神的、道徳的な退廃を起こさずに働く事はできない。[二]

## 日本人の自殺

人間の命は、長い間日本人の間で軽く扱われていた。他人の命を軽く見るものは自分の命は大切にするものだ。しかし、日本人は様々な理由で自らの命を犠牲にすることは躊躇（ちゅうちょ）しない。私は別の章で、この事実が軍隊において重要であることを述べたが、ここでは国の社会現象として説明しよう。

自殺は若者の間でさえも多い。政府の統計によると、最近の1年で、16歳以下の若者241人、16～20歳で801人、20～30歳で3、086人が自殺した。

二　Social Welfare Committee of the Conference of Federated Missions の報告書「Industrial Conditions of Modern Japan」1916年、シドニー・L・グリック博士『Working Women of Japan』参照。

試験に落ちたアメリカ人学生は絶対に自殺など考えないものだが、毎年、日本人学生はこの理由で自殺するのだ。ある19歳の若者は次のような遺書を残した。

「ああ！　成功への道を逃し、私は臆病者として暗闇の中へと行く。人間の人生はたった50年の悲しいものだ。終わりは塵となる」

日光付近の美しい華厳の滝は、自殺に好まれる場所だ。シドニー・L・グリック博士は次にように書いている。「大学も出て、優秀なことで有名な男性が滝の上から川へと身を投げた。彼の傷んだ体は数日後、600フィート（註：華厳の滝の高さは実際には97メートル）下の岩の間から発見された。全国に公開された彼の遺書には、次のように記されていた。『私は存在に関して科学と哲学が教えられることすべてを勉強した。私は人間の生に関して宗教が答えるところをすべて研究した。どこにも満足できるものは見つけられなかった。いま、私自身、黄泉の国へ行ってその答えを探します』と。最近、他の若者が同じ行動を起こし、そしてもう1人、またもう1人、と続いた。この悲劇を止めるため、警察が滝の上で見張っているのだが、あまり効果がない。鉄でしっかり固定された頑丈な柱のバリケードも、何千年もの間この国の悲観的な宗教の伝統と結びついている滝の上から、次々と降ってゆく人間の大雨を止めることはできなかった。1912年には、その場所だけで少なくとも248人の男女が同じように自殺したのだ。浅間山の噴火口でどれほどの人が命を絶ったかは記録がない」

たとえ、ただの学校での賞であっても、それによって息子の名誉が傷ついたと思われる時には、母性愛でさえも、母親と息子を繋ぎとめておくことはできないのだ。

宮川益治は、その著書『Life of Japan』の中で、日本の母親が、息子が学校で賞を逃し他の子が取ったので、息子に自殺してほしいと願った事を書いている。彼は、「自分が東京の学校に通っていた6歳の頃だったが、自分の最も信頼していた同輩がメダルをもらい、自分はもらえなかったので、母親が切腹をして自殺したほうが良いと言った。その若い年でも自分は真剣に切腹を考えた」と記したのだ。

## 労働組合とストライキ

西洋諸国を混乱させている社会不安は日本にも到達している。それはまだ大規模には現れていないが、何か重要な動きが始まったことを示すのには十分だった。政府はアメリカによくみられる労働組合のようなものは許さないが、団体交渉の原理は早くも支持者を得ている。日本人労働者は彼らの父親たちのように常におとなしく従順であるとは限らない。ジャパン・アドバタイザー紙は、近年９、０００人の労働者を巻き込むストライキがあり、翌年には１８０のストライキに3万人が参加したと報告した。

仲小路（なかしょうじ）農商務大臣は言った。

「昔は、労働問題などほとんどなかった。大名と臣民という関係で、臣民は大名に従わなければならなかった。最近、新しい考えが入って来たので、あちこちで混乱が起こっている」[三]

世界大戦の時、生活費は80パーセントも上昇し、他国同様、産業と商業の巨大な利益は非常に不公平に分配された。巨大な富を手に入れた者もいるが、勤労階級にとっては、生活必需品の値段が賃金の増加以上に全く不釣り合いに跳ね上がっていた。不満は広まった。

１９１８年夏、陸軍省がシベリア遠征に必要だと考えて大量の食糧を調達したのと、強欲な投機家が残りの米を買い貯めて法外な値をつけたので、日本人にとって非常に重要な必需品である米が欠乏してしまった。犠牲になった人々は、一世代前に同じことが起こっていたら取っていただろう従順な態度をとることはなかった。国のあちこちで暴動が起き、状況は非常に深刻になったので、政府は貯蓄してあった米をすべて買い取り、人々

三　１９１７年6月12日の発言

に適切な値段で売るしかなかった。

友愛会は、労働者の友好的な協会だが、法律が許す範囲内で労働組合に近い団体であり、1912年に設立され、既に3万人の会員がいるとされる。その会長である鈴木氏は、1916年にアメリカを訪れ、カリフォルニア州労働組合連合会、アメリカ国際海員組合、アメリカ労働組合連合会などの会合に出席し、日本からの代表者として兄弟のように歓迎され、これら組合の力強い精神に触れた。日本の労働者たちが、彼らの西洋の兄弟たちが実行してきた改革のいくつかを為す日もそう遠くはないかもしれない。

## 社会主義の台頭

日本で社会主義が現れてきたのも興味深い。教育機関においては、帝国大学でさえも、社会主義の考えを持つ教師がいる。穏健な考えの者は特に何ということもないが、社会主義者を名乗ってはいるが、むしろ無政府主義者に近いグループが、1910年に反政府計画を企んでいた事が発覚すると、ある程度警戒されるようになった。

リーダーである幸徳秋水(こうとくしゅうすい)と25人の共謀者はすぐに捕えられて処刑された。図書館は捜査され、社会主義の本、パンフレットはすべて燃やされた。残念なことに、そのうちの3~4人がクリスチャンだと主張したので、しばらくは世間ではクリスチャンが社会主義の温床だと思われ、政府の敵として対策されるべきだとされた。しかし、これら犯罪者のほぼすべてがキリスト教徒ではない。幸徳秋水はキリスト教を激しく嫌っており、その著書『基督抹殺論』の中で、キリストの教えを迷信的な寓話(ぐうわ)で、自由の敵であると激しく非難していたのだ。この狂信者のグループによって引き起こされた騒動はすぐに鎮まったが、政府は社会主義の宣伝活動には目を光らせており、ヨーロッパとアメリカ同様、日本もそれが続いている。

## 日本赤十字

日本で人道的な運動が急速に発展しているのは嬉しい事だ。赤十字社は1877年に小規模に設立されたのだが、いまでは200万人以上のメンバーが登録されており、天皇、皇后、その他多くの著名な方々も含まれている。赤十字の病院、医師、看護婦、財源はほぼすべての緊急事態に対応できるようになっている。日本動物愛護協会も、少なくとも理論上は、殺生しないという仏教の国で根を張っている。

日本刑務所協会は、アメリカ人宣教師のジョン・C・ベリー博士の強い勧めで一世代前に始まった影響力のある協会だが、刑務所改革について多くの研究を為し、国際刑務所大会の会合に聡明な代表者を送り、残酷で非人間的な刑罰のいくつかを軽減している。

児童保護協会の設立は遅れたが、近年、寛大な日本人たちが、孤児と見捨てられた棄児の状況を改善するために熱心な努力を続けている。盲人への支援も必要な分野だ。日本では、10万人に対して141人が盲人であるが、これはアメリカと西ヨーロッパに比べるとほぼ2倍の割合だ。様々な分野で機会が広がっているが、人道的な動きは日本で軌道に乗っており、毎年強さと勢いを増している。

## 酔っぱらい

たまにしか日本を訪れない人は気づかないかもしれないが、酔っぱらいの姿はありふれたものだ。日本人が酒を飲むのは夜の自宅であることが多く、寝て翌日には酔いがさめているので分かりにくいだけだ。公共の居酒屋やその他家の外で酒を飲んで酔っぱらった男が道をふらついているヨーロッパ諸国よりも、日本では泥酔が目立たないのだ。仏教は理論上は禁欲の宗教だが、日本の仏教徒は滅多にそれを実行しない。ビールは人気があるが、酒（米の酒）は国を代表する飲み物だ。平均的な年では1億6、000万ガロンもの酒が造られ、そこから得られる税金は政府の財源を潤している。この悪が非難されることは少なくない。禁酒団体は1875年に最初に作られ、現在200以上の団体がある。メンバーは急速に増えており、衆議院議員の根本正閣下は、その影響力のある擁護者であった（註：未成年者喫煙禁止法・未成年者飲酒禁止法を提唱し、成立させた）。

## 女性の地位の変化

女性の地位も日本で他に起こっている事と同じように変化している。幸福な家庭、夫婦間の愛情、母親への尊敬、子供への親身な世話は長く日本に存在していたものだ。新渡戸稲造（にとべいなぞう）教授は鋭く観察している。

「嫌がる女性に結婚が強制されるだの結婚を買うだの、非常におかしな事を外国人は書いている。私も同じように、野心的なアメリカ人の両親が実際にヨーロッパの貴族に娘を売る話や、ヨーロッパの『政略結婚』の悲劇の話をして人々を楽しませ教育することができる。確かに、アメリカで少女が一番好きな男性と結婚したり、逆に、男性が一番好きな女性と結婚する機会は日本よりも多くある。しかし、幸せな結婚の割合が両国でそう違うとは思わない」[四]

しかし、一般的事実としては、日本女性の地位は今も男性より低い。男性だけでなく女性自身も、女性は男性と同等ではないと思っていた。

『女性のための大事な教訓』という広く流通した本の中には、次のようにある。

「女性の心をむしばむ五つの大きな弊害とは、従順でない事、不平、悪口、嫉妬、愚かさである。明らかに、これら五つの弊害は10人中7～8人の女性に影響を及ぼしている」

1871年にも、天皇は、「日本の女性は物わかりが悪い」と発言した。

四『The Japanese Nation』163頁

我々がよく耳にするのは儒教の格言だ。

「妻が頭の悪いのは好ましくないことではないが、賢い女性というのは家族にとって恩恵というよりは呪いだ」

特に貧しい階級では、娘は生まれるのを望まれることは滅多になく、大事にされず、たびたび売春宿に売られたり自分でそこへ行くように促(うなが)されたりする。

1917年8月の雑誌『新日本』の印象的な記事で、大隈侯爵は次のように書いた。

「昔は、男女の交わりは動物より少し上を行く程度だった…そしてキリスト教が到来し高い道を示し、一夫一妻の明確で厳しい教えを施し徐々に世界に広まっていった…封建時代には女性は男性と同じ人間だとはほとんど思われておらず、また非常に制限を受けていた。女性はよく教育されるべきだが、知りすぎるのも良くないとされ、従順であること以外はほとんど何も教えられなかった。女性は男性に満足を与え使われるだけに存在していると考えられ、男性は都合の良い規則を作った。このような古いしきたりはもはや通用しない時代が来た…女性は社会的、政治的に男性との平等を要求している。さて、この要求が自然と状況や必要性から起こったものであるならば宜しい。しかし、それが男性への嫉妬心、男性と同じようになるのだという野心、または浅はかな動機から起こったものならば、それは全く価値がない。もし女性がこれらの冷静でない考えでのみ力を得、自由に多くの活動をし始めたら、どれくらいの害があるかは言いしれない。もし女性が男性の無謀な行動を真似したら、世界は既に暗いのに、さらに暗くなってしまう…この女性問題は何のお咎めもなく無視できるものではない。今は若者がぺちゃくちゃと不注意に話しているが、遅かれ早かれ実生活に密接に関わる最重要問題となるだろう」

西洋の宣教師は男女の平等を教え、自分たちがどのように妻と娘と接しているかの実例を紹介したが、日本の女性はそれを心に留めていた。女子ミッションスクールが設立され、始めは生徒数も少なかったが、やがて良く知られるようになった。女性へのキリスト教教育のパイオニアは、米国婦人一致伝道協会のジュリア・N・クロズビー女史で、彼女はルイーズ・ピアソン夫人とメアリー・プライン夫人と共に１８７０年、横浜に全寮制の女子学校（註：横浜共立学園の前身である共立女学校）を設立した。天皇は彼女の日本に対する計り知れない貢献を評価し、１９１7年、藍綬褒章を授けた。

今日、何千人もの少女が公立と私立の学校で教育され、高度な教育を受けた女性はすべての主要都市、その他小さな町にも見られる。ヨーロッパとアメリカにおいて、日本人外交官、領事館員、著名なビジネスマンの妻はその洗練されたマナーの優雅さで有名だ。ニューヨーク日本協会の後援で開かれる社交の催しでは、どこにでも見られるような魅力的で聡明な日本人女性のグループに出会う事ができるが、彼女たちはアメリカ夫人と比べて劣ることはない。

結婚は、ヨーロッパやアメリカよりも日本の方がより頻繁に破局を迎える。アメリカでの家庭崩壊は恥ずかしい程に普通の事になっているので、これはかなりの事だ。エール大学のW・B・ベイリー教授の離婚の統計によると、11の主要国の間で、日本の離婚率は次に高いアメリカよりも3倍高く、割合としては、日本の人口10万人に対して２１５人、アメリカは73人だ。

新渡戸稲造教授は、「離婚率は驚くほど高く、我々の家族制度の汚点だ」と率直に認めているが、それに付け加え、「私は意図的に、これは家族制度の汚点と言っているのであり、結婚制度という言葉は使っていない。というのも、我が国の離婚原因の大部分は夫婦間の不和ではなく、結婚した男子が両親と同じ屋根の下で暮らすという慣習にあるからだ。つまり、万国共通で悪いと言われる嫁姑の関係なのだ！　このような厳しい状況の中で妻である事と母である事の重荷に耐えるのは、日本人女性の驚くべき強さと優しさを示している」[五]。

五『The Japanese Nation』１６４頁

日本人女性が奮起しているというのは、もっともだ。日本女性で、西洋女性のように、ビジネス、ジャーナリズム、医療、看護、慈善事業に入る人もいる。速記、タイプライティング、電話交換は主に女性たちが担う。優れた女性は社会的な改革、禁酒運動などに勤(いそ)しんでいる。

矢嶋女史はこれらの改革を推し進める有能なリーダーとして日本中で知られている。東洋でも西洋でも、啓発され解放された新しい時代の女性たちが、彼女たちの母、祖母がおとなしく従ってきたような待遇に黙従するかどうかはまだわからない。男が「万物の霊長」として君臨し支配できた時代は終わろうとしている事実を、今後認めざるを得ないだろうと私は思う。

# 第二十章

## 日本の教育

日本には古代から学校や書物があった。知的文化への最初の刺激は中国から訪れた。新時代に日本人の心が目覚めると、政治・産業的だけでなく知的な変化ももたらされ、国家全体の教育制度が要求された。１８６８年に天皇により公布された五箇条の御誓文には、「智識を世界に求め、大いに皇基を振起すべし」とある。１８７１年、岩倉使節団の木戸氏は言った。「大衆も教育せねばならない。なぜなら人々は教育を受けなければ指導者についていくことが出来ず、もしついてきたとしても、盲目的についていくのは決して宜しくないからだ」と。日本は教育面でアメリカの恩恵を受けたところが多い。アメリカ人のモルレー博士は１８７３年から文部省顧問を務め、日本の近代教育制度作りに貢献して歴史に名を残すほどの権威だった。私は日本で多くの公立学校を訪れたが、非常に感心した。高い出席率、時間厳守、立ち居振る舞いの素晴らしさは顕著だった。

# CHAPTER XX

## EDUCATION IN JAPAN

Japan has had schools and books from a remote antiquity. The first impetus to intellectual culture came from China. The awakening of the Japanese mind in the new era resulted not only in political and industrial changes but in a new intellectual life which soon demanded a national system of education. The fifth of the five articles of the oath promulgated by the Emperor, April 6, 1868, declared: "Knowledge shall be sought for throughout the world, so that the welfare of the Empire may be promulgated." The deputation which sailed from Japan in 1871 to study the institutions and methods of Western nations included two men, Mr. Kido and Mr. Okubo, who gave special attention to education. Mr. Kido said: "We must educate the masses, for unless the people are trained they cannot follow their leaders, or, if they follow, it will never do for them to follow blindly."

The Japanese cordially acknowledge their indebtedness to the United States for guidance in educational matters. The constructive genius whose name will always have an honored place in the history of Japan's educational development was the American, David Murray, Ph.D., LL.D., who was the adviser of the government Department of Education from 1873 to 1879. He was the real master builder of Japan's modern system of education.

I visited a number of the public schools and was very favorably impressed. Discipline is about perfect, as might be expected, for teachers are regarded as virtually officials of the government, and the Japanese by temperament and hereditary training are obedient to authority. This may account, in some degree at least, for the high records in attendance, punctuality, and deportment.

# 日本の教育

## 日本の文学と書物

日本には遥か古代から学校や書物があった。知的文化への最初の刺激は、日本より何世紀も先行した文学と文明を持っていた中国から訪れた。日本に一番初めに中国の書物が到達したのは、西暦２８４年だった。現存する漢字で書かれた最も古い日本の書物が現れたのは７２０年代になってからだ。それ以前の書物は消えてしまった可能性がある。この最古の古事記という書物は、「古代の出来事の記録」で、日本の「起源」からの歴史を綴っていると言われるが、事実、言い伝え、神話、伝説を混ぜこぜにしてしまっている。持ち運びできる木の活字版で印刷する技術も、８世紀に中国から日本に伝わったものだが、書物を複写することができるようになり、９～10世紀は文学が盛んになった。

それに続く時代には、対立する一族の間で互いに殺しあう争いが激しくなり、知的文化が廃れていったが、17世紀に「太平」の時代がやってくると、思慮深い者たちの心は再び学ぶことへと向かい、書物や冊子などが数多く出回った。そのほとんどは、中国古典や、考え方や表現方法の大部分を中国から受け継いだ書物で、紛れもなく中国の影響が現れているものだった。

ヨーロッパとアメリカの文学は、少数の例外を除き、１８５３年にペリー提督到着と共に開国されて近代が始まるまでは見られなかった。それ以来、知的生活は驚くほど活発に広まっている。今日、日本は最新の印刷機を持ち、図書館は、歴史と芸術、科学と政治経済、哲学と宗教について世界最高の書物を多く備えている。日本語と英語の本が出版され、また大量に輸入されている。新聞、雑誌も数多く、広く読まれ、国際的にも評価の高い学者や作家がいる。

## 日本の教育制度と教育勅語

記録にある最初の日本の学校は、西暦644年に建てられている。教育方法は、もし教育的と呼べるならば、西洋の宣教師が来る前に東アジアで流行っていたやり方だ。つまり、古典を単に暗記し修辞的な作文を作るのだ。現代的な意味での教育は、1859年にやって来た宣教師によって始められた。彼らは西洋の教育方法を導入した最初の学校を日本に建てた。今日の教育基準から見ると不完全ではあったが、日本がそれまで行なっていたものに比べると非常に大きな改善だった。

新時代に日本人の心が目覚めると、政治的、産業的な変化だけでなく、新しい知的生活ももたらされるようになり、やがて国家全体の教育制度が要求されるようになった。1868年4月6日に天皇により公布された五箇条の御誓文の5番目には、「智識を世界に求め、大いに皇基を振起すべし」とある。

1871年に、西洋諸国の制度や手法を学ぶために日本から派遣された使節団（註：岩倉使節団）は、木戸孝允（たかよし）氏と大久保利通（としみち）氏という、教育を特に重視していた二人の男を含んでいた。彼らは、アメリカ国民が一般的に知的であるのに深く感心し、すぐさま、次の大久保氏の言葉にあるような結論に達した。

「我々はまず指導者を教育せねばならない。そうすれば結果はついてくるだろう」

木戸氏は加えた。「大衆も教育せねばならない。なぜなら人々は教育を受けなければ指導者についていくことができず、もしついてきたとしても、盲目的についていくのは決して宜しくないからだ」

文部省が設立され、1872年9月に最初の教育法令が発布された。この歴史的法令の序章は次のように宣言している。

「知識を開き、才能や技芸を伸ばすことは、学問によらなければ不可能である。これが学校を設置してある理由である」

日本は、アメリカが教育分野で指導したことについての恩義を心から表している。

明治学院学長の井深博士は述べた。「日本が西洋のアイディアに手を伸ばした時、イギリスから海軍を、フランスから陸軍を、ドイツから医療科学を、そしてアメリカから教育を真似た」

日本の教育発展の歴史に常に名誉ある名を残すであろう進歩的な天才は、アメリカ人のダビッド・モルレー博士で、１８７３～１８７９年の間、文部省顧問を務めた。彼は日本の近代教育制度を作り上げた真の権威だった。小学校から東京の帝国大学に至るまで、広範囲にわたる計画が策定された。西洋諸国から経験ある教育者たちが招かれ、新しい学校が自ら高い技能を有する教師を育成できるまで、重要な教授の職を受け持った。

天皇は言った。「これからの教育は、村に無知な家族が一つもないように、あるいは家族に無知な者が一人もいないように設計される」

日本の教育は、アメリカのように地方の管理下に置かれるようなことはあまりなかった。中央政府の文部省によって運営され、文部省は一般教育、特別教育、宗教の三つの局に分かれていた。華族学校（註：学習院）、海洋学校、郵便電信学校、陸海軍大学校のように他の省に属した学校もあったが、すべて政府の監督下にあった。

道徳教育の基礎は１８９０年10月30日に発布された教育勅語である。教育勅語は、すべての学校に掲示され、読む限り、確かに称賛に値するものだ。

「私は、私たちの祖先が、遠大な理想のもとに、道義国家の実現をめざして、日本の国をお始めになったものと信じます。そして、国民は忠孝両全の道を全うして、全国民が心を合わせて努力した結果、今日に至るまで、見事な成果をあげて参りましたことは、もとより日本のすぐれた国柄の賜物といわねばなりませんが、私は教育の根本もまた、道義立国の達成にあると信じます。国民の皆さんは、子は親に孝養を尽くし、兄弟・姉妹は互いに力を合わせて助け合い、夫婦は仲睦まじく解け合い、友人は胸襟を開いて信じ合い、そして自分の言動を慎み、すべての人々に愛の手を差し伸べ、学問を怠らず、職業に専念し、知識を養い、人格を磨き、さらに進んで、社会公共のために貢献し、また、法律や、秩序を守ることは勿論のこと、非常事態の発生の場合は、真心を捧げて、国の平和と安全に奉仕しなければなりません。そして、これらのことは、善良な国民としての当然の努めであるばかりでなく、また、私たちの祖先が、今日まで身をもって示し残された伝統的美風を、さらにいっそう明らかにすることでもあります。このような国民の歩むべき道は、祖先の教訓として、私たち子孫の守らなければならないところであると共に、この教えは、昔も今も変わらぬ正しい道であり、また日本ばかりでなく、外国で行なっても、間違いのない道でありますから、私もまた国民の皆さんと共に、祖父の教えを胸に抱いて、立派な日本人となるように、心から念願するものであります」

**学校制度**

全公立学校では宗教を教えることが禁じられた。政府の教育政策は、帝国のあらゆる宗教に対して中立を保つということである。しかし、この中立性は事実よりも理論上である事が多い。なぜなら政府は、ほぼすべての人同様、神道の儀式を宗教とみなしておらず、また、仏教徒と反キリスト教の教師が優勢であるため自然にキリスト教に好意的でない環境が作り出され、多くの学部、特に道徳、化学、哲学などの学部ではその教育に影響している。さらに、政府が宗教的でなく愛国的なものとみなす必須の儀式のいくつかは、外国人だけでなく多くの日本人クリスチャンから見ても宗教的だ。
例えば、天皇の御真影を崇めたり、皇祖に対する崇敬の念を示したりする。日本のクリスチャンたちが苦い体験を通して学んだことは、教育された指導者を教会に得たいのなら、自分たちの学校と大学を設立しなければならないという事だ。

私立学校は設立可能で、宗教も教えることが許されている。しかし、教育課程は文部省に認可されねばならず、クラス、教科書、教育方法、教師は定められた基準を満たす必要があり、満たしていなければ、その卒業生は公立大学や専門学校に入学することはできない。これらの大学と技術学校の卒業証書は、官職、陸海軍の任務において昇進を得るには実質的に必要不可欠なので、政府の基準を満たさないことは重大な結果をもたらす。

公立学校について、最新の政府報告では次のようになっている。

| | | | | | |
|---|---|---|---|---|---|
| 小学校 | 2万5、673校 | 教師 | 15万8、601人 | 児童 | 703万7、430人 |
| 中学校 | 317校 | 教師 | 6、220人 | 生徒 | 12万8、973人 |
| 高等学校 | 299校 | 教師 | 3、818人 | 生徒 | 7万1、280人 |
| 帝国大学 | 4校 | 教授または教師 | 792人 | 生徒 | 8、946人 |
| 専門学校 | 792校 | 教師 | 7、505人 | 生徒 | 42万8、732人 |

これらに含まれないその他の学校は3万6、776校、教師18万8、967人、生徒789万3、719人。
近年の1年間で132万2、991人の学生が卒業した。

学齢期の少年の98パーセント、少女の96パーセントが就学している。毎日の平均出席記録は92パーセントで、これは世界のどの国よりも高い。

ロシアは、学齢期の子供のたった25パーセントしか就学していない。ロシアの人口の3分の1以下の人口でありながら、日本は実際の就学数も相対的な就学率も高く、4倍の財源を公教育に充てていた。

トップの大学は東京の帝国大学だが、世界で一番施設の整った大学で、建物、実験室、図書館すべてにおいて最高の設備で、教師陣も国際的な評判を持つ教授が在籍していた。一番大きな私立大学は、東京にある有名な早稲田大学で、大隈侯爵により設立されたが、勿論政府の基準に合致していた。大隈侯爵は長い間政府に影響力のある要人であった。

私は多くの公立学校を訪れたが、非常に感心させられた。規律は予想通りほぼ完璧だ。なぜなら、教師は実質的に政府の役人と考えられており、日本人は、その気質や、何世代にも亘る訓練によって権力者には従順だ。これが、少なくともある程度は、高い出席率、時間厳守、立ち居振る舞いの素晴らしさを説明するのかもしれない。日本の学校は生徒が授業内容を素早く学ぶ事でも有名だ。どこへ行っても学校は威厳があり、広く、設備が整っていた。京都で訪れた学校は、11～15歳までの1、600人の生徒がいた。敷地も建物も広かったので人が混雑しすぎるようなことはなかった。秩序は非常に良く保たれており、設備もアメリカで見た公立学校と同じように完備されていた。

金沢の公立学校を訪問したのは初春のとても寒い日だったので、私は厚着をして行って良かったと思っていたら、ほとんどの児童は裸足であった。教師は、少年少女は冬の雪の中でも履物を履かずに登校すると言っていた。教師は、児童は雪の中で遊ぶのが大好きだとも言っていたので、この現象は学びに熱心だからという事では必ずしもない。日本人の子供は我々のように寒さから身を守るという事に慣れていないのだが、驚くべきは、こんな不十分な服装で、しかも暖房も不充分な教室で、長時間の授業の間じっと静かに座っている事だった。

日本の生徒は他の国の生徒よりも学校への入学が難しい。日本の若者は人生での栄達の鍵である教育を得る事に非常に意欲的なので、その大勢の志願者を受け入れる十分な施設、設備、教師をまだ揃えることができていないのだ。この状況下で生徒の選抜をしなければならない事、また政府が高い水準を要求する事が理由の一つにあって、試験は非常に厳しくなっている。

新渡戸博士（註：新渡戸稲造）は、東京の大学1年生への志願者の数は定員数の7～8倍であるとし、さらに次のように指摘している。

「約2、000人の男子が大学受験のために日本中から集まって来るのを見るのは、そして8人中7人が失望するであろう事を知りながら、一生懸命頑張っているのを見るのは、非常に感動的な光景だ。不合格者は、また1年後に再挑戦できる。多くが3～4回、例外的に7～8回は挑戦する。記録に残る忍耐力の一例は14回挑戦の末に合格したというものだ」

## 日本語習得の難しさ

書き言葉の性質から、日本の生徒の勉強は非常に大変になる。日本が中国から文明、宗教、学問を取り入れた時、そのすべては漢字だった。日本人は漢字に独自の発音をつけたので、話し言葉はかなり中国語とは違うが、書き言葉は漢字と日本文字の興味深い組み合わせだ。

東京帝国大学の田中舘教授は次のように語っている。「日本人学生は、言葉と、その言葉の性質とは異なる外国の表現方法の体系を学ぶ必要がある。漢字の数は5万以上あり、うち3、000が日常的に使われる。この漢字一つ一つが、二、三の、時には五、六もの異なる意味を持つので、3、000の漢字を学ぶということは実に

1万以上を習うという事になる」

大隈侯爵はその著書『開国五十年史』の中で、率直に次のように述べている。

「今日の日本の学生は、100人に2、3人いる程度の最も優秀で聡明な者だけができるような事をしようと努力している。彼らは、ある意味二つの言語が混ざった自国の言語、それに英語、ドイツ語を学ぶ努力をし、加えて法律、医学、工学あるいは科学といった技術的な科目を学んでいる」

809年にさかのぼれば、弘法大師は五つの文字の音節文字表を作ったが、それ以来それを簡素化する様々な試みが為されている。現代では、政府は数年前に、低学年で教える漢字を1、200に制限して、混乱を軽減しようとした。

これは、実質的に中国古典を捨てて、より近代的文学を取るという事で、かなり画期的だと考えられた。外国人は日本の少年が旧システムでどのような苦労を強いられたか、ほんの少し想像できるだろう。多くの近代科学や哲学用語は翻訳するのが難しいのだが、日本語より漢字でのほうが上手く表現できるので、高等教育で漢字を制限するのは難しかった。

ローマ字の採用を望む声は、中国同様日本でも徐々に広まり、既に述べた以外にも、他の日本の主要教育者の多くから強い支持があった。これには華族学校（註：学習院）と帝国大学の前学長であり、内閣の文部大臣である菊池大麓（きくちだいろく）男爵も含まれている。彼は、ローマ字に変換する時はきっと来るだろう、長らく使ってきた言葉に取って代わるには非常に長い時間がかかるだろうが、と言っている。

現在の状況では、学生への負担は量的にも時間的にも大きい。厳しい試験と、扱いにくい言葉の組み合わせというのは大きなハンディキャップだ。大学教授は、多くの学生が大学課程の途中で心身ともに壊れるという。そしてやり抜いた者も、「大学教育を修了するのに他の国よりも6～8年は長くかかってしまい、終了時に30歳に達している学生の数も非常に多い」と言う。

## 教育委員会の設置

1917年9月20日に発布された詔勅(しょうちょく)には、次のように書かれていた。

「国内と国外の状況を鑑(かんが)みて、また大日本帝国の将来を考慮し、内閣に臨時教育委員会を設置するのが賢明だと思われる。教育を発展させる目的で、この委員会に日本の教育に関する事柄を審議する権限を与える。ここに、臨時教育会議の基本的な規定を承認し、公布することを命ずる」

この委員会は、前内務大臣の平田東助(ひらたとうすけ)子爵を議長とし、前文部大臣の久保田譲男爵を副議長として活発に機能した。そしてどんな改善をすればよいのかはっきりさせるため、国の教育システムのすべてを注意深く調査した。これらのことから、日本人はその教育の熱意において非常に近代的で漸進的だという事が言える。彼らは最高の方法を求め、それを開拓するのに努力を惜しまないのだ。

## 欧米に追い付く日本の教育

概して、アジア人の考え方は、アングロサクソンの考え方に比べ、より模倣(もほう)的で、あまり積極的でない。学校では教えられた事をよく覚えているのだが、生活の実用的な事柄に関してはあまり機知に富んでおらず、活動的でもないものだ。東インド人の若者は、クラスでは間抜けなイギリス人クラスメートを簡単に追い越すのだが、卒業して10年後には後者の下で働く一般事務員になる確率が高い。

それは、単に彼の人種のせいだけではなく、彼が相対的に見て積極的な能力と攻撃性を持たないからだ。彼は、創造するより真似る方が得意で、自分で何かを定めるよりも彼のために定められたことをやる方が得意なのだ。勿論これには多くの例外がある。古代と近代の両方の歴史が明らかに示すように、アジア人にも生まれながらの指導者はおり、多くのアングロサクソンは従う事に満足を覚える。しかし、そのような例外を考慮しても、先程の一般論は当たっている。

中国や朝鮮よりも日本では例外の割合が大きいのではあるが。目覚めた人々が最初にやることは、先に進んでいる人に追いつくことであるから、そのような状況では真似する事は自然だ。それ故、総じて日本が、自分で発明するよりも、西洋諸国の発明と発見を利用するのは驚くことではない。

しかし日本人は大変な速さで追いついている。実際、いくつかの分野では既に完全に西洋諸国に追いついている。彼らは既に世界の知識や生産に自ら貢献している。より多くの有能な日本人たちが近代文明の前進的な動きの第一線で活躍するにつれ、さらなる貢献を為すだろう。

近代世界で最高の政治家、将官、専門家、ビジネスマンの幾人かは日本人であり、そして、ほぼ毎年、圧倒的な割合で新しい日本人が現れるのだ。近代日本には、国外で広く好意的に知られている教育者、著述家、講師がおり、科学研究と発見の分野で、当然のプライドを持って評価されている専門家を挙げる事ができる。

# 第二十一章

## 日本における仏教と神道

訪問者から見ると、日本の仏教はしっかり根付いているように見える。しかし、寺院、僧侶、外見の壮麗さは維持しているものの、信仰と再生をもたらす力という極めて重要な観点からすると、仏教は実質的には死んでいる。キリスト教と比べた時、明白に仏教の衰退と道徳的欠点が見える。「キリスト教宣教師は、危険や不快さなど物ともせずに地球の最も辺境な地まで改宗者を増やしに行く。しかし日本の仏教の僧侶は何をしているだろう？」と木食上人は言った。心ある仏教の指導者たちは、仏教を復活させ純化する試みを始めた。日本のもう一つの大きな信仰は神道だ。これは宗教だろうか？　この問題は広く議論されるようになり、神道支持者も、神道の儀式は宗教というよりは愛国的で社会的なもので、忠誠心のある日本人は皆それぞれの宗教的信仰に反することなく神道の慣習を守ることが出来ると言った。仏教とは逆に、神道は力をつけている勢力だ。

## CHAPTER XXI

## BUDDHISM AND SHINTOISM IN JAPAN

To the eye of a visitor Buddhism in Japan appears strong. While it retained its temples and priests and external pomp, it became virtually dead from the view-point of vital faith and regenerative power. When comparing Christian and Buddhist missions, the decline of the latter becomes apparent. Mokujiki Shonin (holy man who abstains from meat and cooked food) plainly said: "Christian missionaries go into the remotest parts of the earth to increase their converts, braving all dangers and discomforts. But what do the Buddhist priests of Japan?"

Some right-minded leaders have been making an effort to regenerate Buddhism. How far the reformers can succeed in galvanizing the moribund body of Buddhism into some kind of life remains to be seen. Realizing that only educated men can influence modern Japan and compete with the highly trained Christian leaders, they have founded colleges to whose graduates they can look for future leadership.

The other great national faith of Japan is Shintoism. Is it a religion? No one ever thought of arguing that it is not until the Christians in Japan objected to the observances of Shinto rites on the ground that they are incompatible with Christianity. Then the argument became general, Shinto advocates declaring that its ceremonies are to be regarded as patriotic and social rather than religious, and that every loyal Japanese could observe them without disloyalty to his religious convictions. Finally, the government took a hand in the discussion by officially distinguishing between state Shintoism and religious Shintoism. Unlike Buddhism, Shintoism is likely to remain a force to be reckoned with for some time to come.

# 日本における仏教と神道

## 仏教の伝来と定着

仏教は西暦552年に朝鮮から日本に入って来た。新しい信仰は反発に遭い、すぐには広まらなかったが、朝鮮から来た僧侶は根強く普及に努めた。684年までには、ある役人が礼拝堂を建て、二人の朝鮮人僧侶をあてがい、自らの娘を尼にして、仏教を特別なものとした。その後、仏教は急速に広まって日本の主要宗教となった。仏教は中国と同じく、日本でも純粋な形では広まらなかった。

儒教の先祖崇拝や様々な信条としきたり、特に精霊信仰が混合したので、信仰と慣習の奇妙な混乱となっていた。『倫理講演集』の編集者がある寄稿者の質問に答えて言うには、「日本の今日の仏教は非常に複雑で、その特質を一言で言うのは難しい」そうだ。

訪問者から見ると、日本の仏教はしっかり根付いているように見える。寺院は際立っている。7万1、730の寺院があると言われ、そのいくつかは壮大な外観で、儀式も趣向を凝らしている。5万3、268人の僧侶がこれらの寺院と繋がっている。他の多くの僧侶は、教示、説法、その他の義務を行なっている。尼僧も数多い。僧侶と尼僧の合計は18万129人と、非常に大きな数に上る。仏陀の像も数多くある。座ったりもたれかかったりした姿の仏像、木・鉄・石・大理石・銅・雪花石こうでできた仏像、そして上着のポケットに入れられるほど小さな仏像から鎌倉の巨大な大仏まで様々な大きさの仏像がある。鎌倉の大仏は1252年に建てられ、50フィート（註：約15メートル）の高さで、体は銅で、目は金だ。

一　1916年7月号

Bronze Statue of Buddha, the Daibutsu, at Kamakura.
Height, 49 feet 7 inches; circumference, 97 feet 2 inches.
青銅の鎌倉大仏　高さ約15m　周囲約30m

それは、「重厚そして巨大な静けさの中に形作られた仏像」だった。

大きな寺の「薄暗い信心深い光」の中で見ると、これらの巨大な仏像は（私が見たものは145フィートの高さがあり純金で薄く覆われていたが）、厳かで堂々とした無表情、永久で不動の静けさを備えて、拝みに来た者を見下ろしている。

それは西洋の旅人をも感動させ、これらの巨大な仏像が人々の心に起こさせる畏敬の念をいくらか理解させるのだった。フィリップス・ブルックスは、広い公園、神聖な木々、絵のように美しい寺と巨大な仏像がある奈良に大きな感銘を受け、次のように書いた。「世界のどの神聖な場所も、奈良ほどに私の魂を揺さぶった所はない」

## 仏教と道徳心

しかし、宗教とは道徳的な力となるべきものだ。仏教もそうだろうか？　人々の行ないを浄化する如何なる影響が過去にあったとしても、それは、今ではほぼなくなっている。

仏教は、寺院、僧侶、外見の壮麗さは維持しているものの、信仰と再生をもたらす力という極めて重要な観点からすると、実質的には死んでいる。現代の仏教が宗教と行ないを明確に分けていることは、不道徳に対する僧侶の態度に痛々しく表れている。明らかに純粋な僧侶もいるので、僧侶全体に対して、不純であると見境なく批判するのは大変に不公平だ。

しかし、覆すことのできない明白な事実もある。１９１６年に大阪の仏教と神道の指導者たちが、燃えてしまった売春街の再建の阻止に協力してほしいと頼まれた時、何人かの仏教徒と神道の信者は心から協力したのだが、指導者たちは拒否したのだ。しかも、有名な神社の神主は、新しい売春街ができる予定の土地で地鎮祭を行なったのだ。信憑性のある情報によれば、仏教の僧侶が新しい売春宿の場所を開くことは珍しい事ではなく、僧侶もしばしば売春宿を訪れて売春婦から施しものをもらう事があるそうだ。

多くの大寺院の近辺は売春宿でいっぱいで、売春婦は寺院へと行き来する者をおおっぴらに強引に勧誘している。祈りの場と売春宿がこんなに近くにあるという事について、寺院は黙認しているか、そうでなくとも少なくとも抗議はしていない。

また、仏教の慣習と売春宿は矛盾しないという宗教的な考えを持っているという事だと考えざるを得ない。

「新しい時代の日本の、愛国心に溢れた若者が最も人気のある伊勢神宮にお参りをしようとした時、その行く途中で両側に合法の売春宿が立ち並んでいる道を通らなければならないのは、前途有望な世代に、公式に不純が勧められているようであり、あるいは少なくとも彼らを誘惑をしているようにみえる」[二]

二　アーネスト・W・クレメント『A Handbook of Modern Japan』１６７頁

## キリスト教を意識する仏教界

日本におけるキリスト教宣教師の活動の結果、偶発的ではあるが面白いことに、仏教の指導者たちが仏教を復活させ純化しよう試みている。この理由の一部には、キリスト教の教えの普及が挙げられる。キリスト教と比べた時、仏教指導者たちには、より明白に仏教の衰退と道徳的欠点が見えたため、仏教の原点の教えに立ち返り、創始者の道徳的な教えに新しい光を当てようと思ったのだった。さらに強い動機は自己防衛だ。なぜならキリスト教の教義と、それが教えるところの行動基準は、仏教が根本的改革を為すか、すべて諦めるかのいずれかを取るよう強いるからだ。

日本人の心は宗教の問題に無関心ではなくなりつつあり、気づきと不安の兆しが大きくなっている。改革者となることを望む者が増え、予想もつかなかった様々な宗教的変化が主張されている。帝国大学の姉崎教授は1917年に、新聞はまだ気づいていないが、八つ、ないしは十の狂信的、迷信的な新しい動きが芽を出していると言った。

仏教指導者たちは警戒している。彼らは印刷機を使ってチラシを撒き、雑誌を発行し始めた。彼らは厳しい言葉で語り、信者に恥を感じさせ行動させようとした。1916年10月に神戸で発行された仏教雑誌である『自由仏教』の創刊号は、その主たる論説で次のように述べた。

「仏教は駅と駅の間にある、鉄道に近いホテルのようだ。かつては有名なホテルだったが、鉄道が開通したせいで取り残され、その付近一帯が忘れられている。旅行者が立ち寄ったとしても、家具を新しくしておらず、使い古されて廃れているので、安らぐことはできない。日本の仏教もそうだ。近代発展に通り残されて無視され、精神的な回復をもたらすことができない。大学教授のように仏教を教える知識人がまだいることも事実だが、非常に少なく、ほとんどの仏教徒が、ただ盲目的に伝統に従っている。彼らは、科学が世界に何をもたらしたかも全く知らずに、父親と同じ事を為しているが、仏教の伝統は死んでいるので、彼らの人生には何の影響ももたらさないのだ」

多くの国で、仏教は、スポンジが水を吸収するように他の宗教の教えを融合させている。日本仏教も例外ではなく、キリスト教のやり方は自由に取り入れられている。

キリスト教の日曜学校の利点に着目して、数年前に、仏教の日曜学校を建てるために１００万円（50万ドル）の資金が調達された。最近の６カ月間で、12万人の子供が参加する８００以上の日曜学校が始められた。１９１４年に発表された日曜学校の規則には次のようなものが含まれている。

「第２項：日曜学校の目的は、我々の宗派（真宗）の教義に従い、学童の人格を育成すること」
「第３項：上記の目的を達成するため、日曜学校は小学校と学童の家庭を繋ぎ、日曜日に宗教と道徳の教えを行なう。現地の状況が許せば、加えて勤勉と礼儀についても教える」
「第４項：各日曜学校には監督を置き、寺の住職や教師のみが担う事ができる」
「第７項：すべての日曜学校は1年に2回教育報告書を提出する」
「第８項：日曜学校の費用は支持者の貢献と現地の寺への貢献から賄われる」

キリスト教をどれ程真似ているかということは、仏教日曜学校の歌に興味深く反映されている。いくつかはキリスト教の讃美歌集から、言葉、メロディー、拍子、斉唱箇所などすべて丸写しで、唯一の違いはキリストの名を仏陀に変え、キリスト教の意味が仏教の教えに当てはまらない節を省いている事だ。

ある訪問者の体験だが、仏教日曜学校で１５０人もの子供たちが元気いっぱいに、次のように歌っていたという。

「仏さまは私たちを愛しています。私たちは知っています」

その歌に合わせ、オルガン奏者がキリスト教の讃美歌集を見ながらオルガンを弾いている光景は奇妙なものだ。真似するという事が最も誠実な賛辞であるとするならば、宣教師は十分に褒(ほ)められて喜ぶ理由があるだろう。

仏教青年会（ＹＭＢＡ）はキリスト教青年会（ＹＭＣＡ）をモデルとして設立されたが、すぐに会員も影響力も増していった。

早稲田大学の金子馬治教授は、次のように書いている。

「長らく望まれたＹＭＢＡが、この大学の学生の間で設立された事をとても嬉しく思います。時が必要としており、あなた方が、文明の発展とともに前進する新しい仏教を見つけていく事に喜びを感じます。古びて、分裂し、時には堕落さえしていた我々の知る仏教は、その影響力を取り戻すため、あなた方の改革を待っています。私にとって、深淵な哲学を持ち、男性にも女性にも崇高な力を及ぼす仏教は、宗教の中でも最高のものです。しかし悲しいことに、仏教は今日の若者の役に立っていません。雲に隠れた太陽のようなものです。進歩的な世界に取り残されてしまっています。少なくない者たちが、求めたが得られず、絶望的になって深い滝や列車の前に身を投げだしています。仏教はそれ故、改善されなければなりません」[三]

仏教婦人会も設立された。東京には八つあり、一番古いものは１８８６年に設立された。仏教連盟が現在のいくつかの活動を代表して調整しており、１９１７年5月の第三回中央集会での議論の主なテーマは「仏教保護協会の設立をどのように完成させるか」だった。この新しい動きの指導者たちは非常に率直で、キリスト教と仏教の活動を比べて後者を批判した。

三　青年雄弁　１９１６年12月号の記事

木食上人（もくじきしょうにん）は、はっきりと次のように書いた。

「キリスト教宣教師は、危険や不快さなど物ともせずに地球の最も辺境な地まで改宗者を増やしに行く。しかし日本の仏教の僧侶は何をしているだろう？　葬式で訳の分からないお経を読み、報酬を得て生きる事に満足し、彼らは本当に生きているのか？　彼らの仕事は機械的になっているので経読みも出来高制だ。一般信徒でもためらうようなやり方で金を得て酒を飲み浪費する。キリスト教宣教師の中にも必ず面汚しはいるのだが、全体を見ると比較にならない。キリスト教奉仕者は常に社会的状況の改善に尽力する。女性を助け、貧しい者を教育し、孤児を援助するのだが、仏教の僧侶は後ろでのらりくらりしている…仏教の僧は老人と無教養な者のみを引きつけ、極楽の喜びを語るのだが、今生に伝える事はないのだ。説法の場は何カ月も閉まっている事が多い。キリスト教徒は魂を救う事に努めるが、仏教徒は億万長者や有力者にへつらう。7万2，000の一流の仏教寺院、5万2，000の住職、14万8，000の法師、5万2，000の見習い僧、1万2，000人の仏教学校の学生がいるが、これは驚くべき数の者が何もしていないという事を意味している」[四]

改革者たちが、瀕死の仏教にどれほどの活気を与えられるか現時点では不明だが、彼らは確実に努力している。近代日本に影響を与え、高度な訓練を受けたキリスト教指導者たちと張り合えるのは、教養のある者だけだ、という事に気づいた彼らは、将来的に指導的立場を担える若者を育てるために大学を設立し、様々な方面で積極的に努力を重ねている。

特別な機会はあらゆる形で拡大している。浄土真宗は1911年、宗祖没後650年記念に際して趣向を凝らした式典を行なった。多くの大衆が参加したが、ほとんどが田舎の町や村から出てきた者で若者は非常に少なかった。

四　新日本　1916年10月号の記事

## 朝鮮仏教への働きかけ

今の日本人仏教徒の活動の中に、朝鮮の仏教を復活させるというものがある。前の章で述べたように、朝鮮では長い間、仏教は国の信仰としては消滅しており、今日にほんの少し面影があるとすれば、深い山奥の僧院が少しと、ぽつぽつと見られる寺の廃墟や、汚い僧侶が町のはずれに捨て犬のようにコソコソしているだけだ。多くの日本の仏教布教者が何年か前に朝鮮に渡った。他の者も続き、熱心に努力が為されている。西洋のクリスチャンが、彼らの活動の実態について評価し、将来に展望がないというのは公平とは言えないかもしれない。

しかし幸運にも、偏見を持たないであろう二つの日本の新聞社がそれについて評価をしてくれたので、私が評価する必要はなくなった。

ジャパンタイムズ紙は、次のように述べている。

「仏教が、あるいは少なくとも、平均的な僧侶が教えることができるような極めて非理性的で迷信的な部分の仏教が、朝鮮人に良い影響など与えるとは思えない。朝鮮人は全体的に、あらゆる種類と形の独自の迷信の内に生まれるが、そこに、さらに迷信を増やすことは実に罪だと思われる。しかしそれだけの事だ。仏教の普及は朝鮮を融合する政策の一部であるべきだという意見もしばしば耳にする。それを社会政策と呼ぶつもりかもしれないが、目的は間違いなく政治的であり、そのような計画には激しく反対する…もし仏教が、如何に堕落していても、日本に近代文明をもたらすのに多少なりとも貢献するのであれば、状況は変わっていただろう。

しかし他の方向に目を向けているのなら、新しい時代の日本の道徳的、知的、社会的飛躍において、全く何も言う事ができないのは確実である。朝鮮でも今また同じ事を為そうとしているのだが、仏教坊主が望まれてもいない世話を焼き、日本で自分たちが為した事もない、または為そうとしたこともない事を、できます、やります、などと言うのは全く馬鹿げている。人の良い朝鮮人の朋友が、これらの世俗的で、視野の狭い近代の仏教信奉者に助けを求めるなど、さらに耐え難い。これからしばらく、朝鮮では色々と心配するべきことがあるのに、これらの坊主を送り込むなど、状況を悪くするだけだ」

ソウルプレス紙は次のように述べている。

「日本の仏教の現状を知っているので、朝鮮の仏教の将来にも希望を持つことは難しい。仏教は衰退しつつあると言っても、それに反対する者はほぼいないと思う…教育を受けた人々が寺院に行くのは身内の誰か重要な人の儀式がある時だけだ…仏教は日本では死んでおり、若者の心の中に宗教として根を張っていない。若者の道徳心を形作り、より高く、崇高で純粋な人生への励みとなるような偉大な力となっていない。仏教が日本でこのような状態であれば、朝鮮で提案されている布教活動の成功に疑いを持つのも無理はない」

## 仏教の新たな動き

多くの日本人が、仏教は朝鮮でも日本でも近代的状況に適応できないだろうと率直に考えている。キリスト教報の論説では、宗教は戦争によって変わるだろうと言っており、次のような問いを投げかける。

「古代から日本の宗教である仏教は、新しい日本を導けるだけの変化を遂げることができるのだろうか？」

この著者は言う。「このような復活はほぼ可能性がないだろう。仏教は、宗教として現代の生活に真っ向から反対の立場にある。仏教徒が新しい時代のニーズを満たそうとどんな努力をしても、彼らの最も重要な仏教の教えは現世と対立する。その一方で、もしもキリスト教会の政治形態に僅かな変化が起こり、ヨーロッパやアメリカ流の教えを放棄し、キリストと神に関するより純粋な教えを説くならば、キリスト教はこの国の必要を満たすことのできる生きた指導力を発揮する立場になるだろう」[五]

五　The Japan Evangelist　１９１７年7月号

にも拘わらず、仲小路農商務大臣は仏教徒の会合での演説で言った。

「私は国を強いドルに捧げるように導いた悪を悔やむ。新しい考えのせいで混乱があちこちで起こっている…このような時、仏教の指導者たちは、悪の影響を壊すのに最大限の努力を為すのである」[六]

心の広いクリスチャンなら、皆このような決意を称賛するだろう。もし仏教が存在するのなら、そしてこれからしばらくは間違いなく存在するのだが、汚れているよりも清らかな方が、道徳の敵であるよりも友でいる方が良いに決まっている。

深く根を下ろしている、国家宗教の指導者に不純な者がいることほど嫌悪すべきことはない。多くの僧侶は悪い評判の通り不純であり、他の者は個人的には堕落していないのだが、明らかな不道徳を目にしても、それを悪いと思わず何の抗議もしていない。

仏教の改革運動が、真面目な魂をキリストに従うのではなく、彼らの父親の信仰に留まり続けるように仕向けるならば、それは害になる。仏教を捨てようとしていた日本人でも、仏教に留まるよう影響されている者もいる。これを軽い危険と言うわけにはいかない。社会的な成果を得るためには、キリスト教の深い真理と義務など必要ないと思わせてしまうからだ。キリスト教精神のない道徳というものは「良は最良の敵」という格言がよく表しているかもしれない。

一方で、仏教改革は明らかに中途半端で、明らかにキリスト教の真似であり、その行きつく先は明白である。そのため、物事を変える力を持つ力強い宗教を真に欲している思慮深い日本人は、この「復活した」仏教が提供する薄弱な妥協案などには満足しないだろう。譬(たと)えるならば、それは根っこがなく、キリスト教の果実を死んだ木の枯れ枝に結びつけるようなものだ。大隈侯爵はそれを知っていたのかもしれないが、率直に言った。

六 The Japan Evangelist 1917年6月号

Shinto Torii (Gateway) at Miyajima.　神道の鳥居（入口）宮島
A sacred island in the Inland Sea.　瀬戸内海の神聖な島

「確かに、日本には宗教があり、仏教は大きく繁栄した。しかしこの繁栄は主に政治的な方法でもたらされた。現在、この宗教は上流階級からは実際に拒否されており、彼らは精神的に乾いているのだが、飲むものが何もないのだ[七]」

## 神道と国家宗教

日本のもう一つの大きな信仰は神道だ。これは宗教だろうか？

誰も宗教ではないなどと意義を申し立てなかった。日本のキリスト教徒が、神道の儀式はキリスト教と矛盾するという理由で反対するまでは、である。

この問題は広く議論されるようになり、神道支持者も、神道の儀式は宗教というよりは愛国的で社会的なものであり、忠誠心のある日本人は皆それぞれの宗教的信仰に反することなく神道の慣習を守ることができると言った。

最終的に政府は、国家神道と宗教的神道を公式に区

七　1909年10月9日の講演

Procession of Shinto Priests to the Shrines of Ise.
伊勢神宮での神職の行列

別し、社寺局を神社局と宗教局に分けた。これにより、神道を宗教の枠から外し、国家機関の枠に入れたのだ。それ以降、神社の儀式は政府役人の監督のもとに行なわれるようになった。

しかしこれで話は終わらなかった。歴史的には、日本人は何世紀にも亘り神道を「神の道」として崇めてきた。

一般的なキリスト教徒の意見は、長崎ローマカトリック教会のJ・G・コンバズ主教の言葉に見事に言い表されている。ある投稿で彼は、神道を単なる愛国的、社会的な慣習とする政府の意図を十分に、共感を持って理解しているものの、「しかしながら、神社に対するこのような見方に対して我々が如何に寛容であっても、それを支持することはできない」と主張する。

彼は次のように理由を挙げている。

「何千年もの間、役人も大衆も、神社を聖域、崇拝の場、そして超自然体の上に築かれた社とみなしてきた。それなのに、なぜ神社の性質を、たった一つの政府の法令で変える事ができるというのか？　瓶のラベルは変えることができても、それによって中身を変えることはできない。政府の法令では、神社は日本帝国の神々を祀り、国民が祝祭を行ない、参拝する場であるとしている。『祀る』という言葉を使うところに、既に神道儀式の宗教的要素が十分に表れている。また、公式に言われている事だが、神社の目的は、国家、皇室、祖先を御守りしている神々に敬意を払うことだ。このような崇敬の念は宗教的ではないのだろうか？……神社で為される儀式は典範に則って行なわれる…このような性質から、神道は宗教的な慣習だとみなされるべきだ。神道の神主に代わって政府の役人が儀式を行なうことはその宗教的性質をなくすことにはならない。古代ローマ帝国でも役人が神殿を管理した。しかしこれは、大衆の心に儀式をより立派なものに見せ、それに威厳を持たせるためだった。

役人が儀式を行なう時は、全く牧師がやった通りに行ない、実際のところ牧師はそれを手伝っていた。それ故、神殿から宗教的性格をなくすことはできなかった」[八]

この見解は、宗教の偏見がない者には多く支持されるものだ。日本人の生活と性質を鋭く分析するラフカディオ・ハーンは次のように書いた。

「可能な限り簡単に言うと、神道独特の真実は、生の世界は直接死の世界に支配されているという事だ。人間のすべての衝動と行動は神々のなせるわざで、人は皆死ぬと神になるというのが信者の基本的な考え方だ」[九]

日本の偉大な権威である井上哲次郎教授は言う。

「神社は、神道の精神と我々の宗教の慣例を表現する媒体である。神道の宗教的儀式は、祓い、斎戒、祈祷――つまり、崇拝、儀式と祈りである。これらはすべて宗教的儀式である。神社を宗教の枠から外すのは明らかに

八　1918年3月28日付キリスト教報の記事（1918年5月号の The Japan Evangelist に翻訳掲載）

九　『心』21頁、200頁

間違っている」

筧克彦(かけいかつひこ)教授も同様の意見だ。

「神社への畏敬は宗教的な性質で、神社に払われた畏敬が宗教的でないというのは意味がない。これは科学的見解からさえも高度な形の宗教だ」

1912年に内務副大臣が日本帝国の宗教指導者たちを集めて会合を開いた時の事を後の章で述べるが、彼が、神道、仏教、キリスト教の指導者たちを呼んだという事実も重要視すべきものだ。そして、会合に関する公式声明では次のように述べている。

「神道、仏教、キリスト教はすべて宗教だ…神道と仏教は長い間日本人の宗教としての立場を認められてきた」

我々は心から同意し、すべてのプロテスタント宣教師と日本人クリスチャン同様、コンバズ主教の言葉を信じる。「日本が過去の歴史をしっかりと堅持している限り、誰も粗探しはできず、まして日本が自国に対して不誠実だなどとは思わない。しかし、他の国がとうの昔に不合理で信用できないとして放棄した神話をまだ日本が持ち続けているというのは非常に残念だ。しかもそれだけでなく、ある種強制的にこの神話が承認されるべきだとされているのだ」

一方で神道は、仏教のように衰退している勢力ではなく、力をつけている勢力だ。1912年には神社の数は12万7、076だったが、最近の数字では13万7、184である。1万4、527人の神主がこれらの神社に仕えており、神道宗教を教える者は合計7万4、619人だ。

世界大戦（註：第一次世界大戦）による国家の繁栄と力の増加が、商業、政治的影響への利益だけでなく、神道への利益としても跳ね返ってくるのは興味深い。

ある著名な日本人が最近次のように言った。

「今の戦争は一部の人々を不可知論、または国家神道に導いていった。神道はキリスト教を犠牲にして、皇室と政府、そして伊勢神宮と帝国大学の有力な教授たちの助けで大きな進歩を遂げた。国家の精神と古い神道の信仰が合わさって力をつけ、賢い日本人の若者がそれに魅かれている。この現象は国民の精神的な幸福を大事に思う者にとっては無視することはできない」

以上すべての事を考慮すると、神道は当面は存在感ある勢力でいることだろう。

# 第二十二章

## 日本の朝鮮統治の特徴

日露戦争後に朝鮮にやってきた最初の日本人は、兵士と非戦闘従軍者で、占領は朝鮮人の感情を充分考慮せずに実行された。同時に流れ込んできた移民も、良い部類の日本人ではなく、朝鮮人と摩擦を起こした。しかし、人道的で見識のある伊藤博文公が１９０６年に初代統監となると、多くの優れた改革を為した。日本人の行動には善悪両方の特徴があり、いずれか一方だけに注目するのは良くない。しかし、現状の根本的要因は心に留めておくべきだ。つまり、日本の朝鮮併合の正当性は、もし日本が朝鮮半島を占領しなかったらロシアが占領していただろうという事実にあるということだ。日本の国家の安全は、ロシアの占領によって危険にさらされていたであろう。朝鮮人にとっては、ロシアよりも日本が支配した方がはるかに良かったのだ。朝鮮政府は絶望的に腐敗し、状況は非常に惨めで、国内から政治は再生不可能だった。朝鮮併合は極めて困難な仕事であった。

## CHAPTER XXII

## CHARACTER OF JAPANESE RULE IN KOREA

The first Japanese who came to Korea after the Russia-Japan War were soldiers and camp-followers. During the period of military occupation, the enterprises which were necessary to strengthen Japanese occupation were carried out with scant regard for the feelings of the people. The civilian immigrants who poured into Korea after the war were also not the best type of Japanese, and they created great troubles for native Koreans.

If there was any man who deserved the good-will of the Koreans it was the humane and enlightened Prince Hirobumi Ito, who had become the first civil Resident-General of Korea in 1906, and whose administration was distinguished by many of the reforms. He brought about remarkable achievements for development and welfare of Korea.

Undoubtedly the conduct of the Japanese has been characterized by both good and evil, and it is not well to concentrate attention upon either to the exclusion of the other. We should bear in mind considerations that will bear repetition as fundamental factors in the situation, namely: that the Japanese justification for taking Korea lay in the inescapable facts that, if Japan had not occupied the peninsula, Russia would have done so; that Japan's national safety would have been imperiled by Russian occupation; that Japanese ascendancy was far better for the Koreans than Russian ascendancy would have been; that the Korean Government was so hopelessly rotten and the condition of the country so pitiable that there was no possibility of political regeneration from within; and that the interests both of Koreans and of the other peoples concerned made it imperative that Japan should undertake the work of reconstruction. It was an extraordinarily difficult task.

# 日本の朝鮮統治の特徴

## 日本統治を困難にする状況

国際法と外交という観点からすると、日本の朝鮮統治は、主に、日本が自国の人々をどのように扱うかという事に関する問題だ。しかし、これは個人に当てはまるように国家にも言えることだが、「私たちの中で誰ひとりとして、自分のためだけに生きている者はない」のだ。

国際世論を無視して、植民地の人々を好き勝手に扱うことが道徳的に許されるような時代は、もはや過去のものとなった。アメリカに住むインディアン、黒人、中国人、日本人、そして太平洋の群島のハワイ人とフィリピン人に対するアメリカ人の対応、またアジア、アフリカの各々の植民地の人々に対するイギリス、フランス、ベルギー、ドイツの対応は、どれも例外なく公正な議論の対象となっている。

朝鮮は日本が保有する国だが、朝鮮に対する施策は国際的な関心の的である。日本人自身がそれを認識している。それは、朝鮮総督府が毎年『朝鮮における改革と進歩』という英文の分厚いパンフレットを発行していることからもわかる。これには、何が成されているかの詳細が書かれている。

我々はまず最初に、日本人は朝鮮で不利な立場にあるという事を率直に認めなければならない。それは、朝鮮に無秩序状態が蔓延(まんえん)しているだけでなく、もし他国による支配が避けられない場合、それが日本以外の国であるならば朝鮮人は喜ぶだろうという理由からだ。

両国は何千年もの間ずっと敵同士であった。日本からの侵略は数多くあり、１５９２年の侵略は酷い荒廃をもたらし、それ以後の朝鮮は惨めで荒れ果てた国であった。

カーゾン卿は極東の旅から、観察鋭く次のように書いた。

「朝鮮人と日本人の間の人種的憎悪は現代の朝鮮で最も顕著な現象の一つだ」

１８９４年の日清戦争、１９０５年の日露戦争時の朝鮮人の苦悩は深刻だった。どちらの戦争でも日本が勝利したので、日本は当然朝鮮が被った苦悩の責任を取らされた。戦争中も戦後の数年間も、日本人は、朝鮮人に対して融和的でなかった。日本人は長い間、朝鮮人を劣等民族と見なしていた。日本人は、ロシア人がするように、朝鮮人をおだてたり、朝鮮の皇帝に金銭を供与したり、民衆との友好を育もうとはしなかった。日本人は朝鮮人に対し、東洋流の人当たりのよさをもってではなく、アングロサクソン流に素っ気なく対応して「面子」を無視した。

だが、朝鮮人は神経質なほど面子を大切にしていた。日本人は、アメリカ人が北米インディアンを、そしてイギリス人がインドとアフリカの植民地の人々を扱ったのと同じように、公平な行ないをしている時でさえも、常に優位者の態度を保った。

また残念なことに、日露戦争後に朝鮮にやってきた最初の日本人は、兵士と非戦闘従軍者だった。戦争中および戦後しばらくの間、陸軍が必然的にこの国を占領した。軍規はどこも厳格だった。戦後の状態というのは、大かれ少なかれ無法状態に違いないのだが、市民にとってはとにかく腹立たしい事だった。アメリカ軍支配下のフィリピンでは、フィリピン人とアメリカ人が同様に摩擦を起こしていた。アメリカ人の司令官は最も清廉潔白な人物であったにも拘わらずだ。

朝鮮にいる日本兵は、ロシアと戦った兵士だった。日本兵は、朝鮮を戦利品と考えており、日本人は規律に厳しいにも拘わらず、高揚し、羽目を外しそうな気分があった。戦勝後の兵士はたいていそんなものだ。

---

一『Problems of the Far East』１９４～１９５頁

１９００年の公使館包囲解除後、北京における外国部隊のふるまいを覚えている白人は、朝鮮における日本軍の態度に驚かないだろう。軍隊の占領期間には多くの残虐な行為があった。日本の占領計画は、朝鮮人の感情を充分考慮することなく、実行されたのである。

戦後、朝鮮に流れ込んできた移民は、良い部類の日本人ではなかった。アメリカ人はそのような人種を知っている。一世代前の開拓地での鉱山区域の無法者たちだ。アラスカで残酷な遊びをし、南北戦争の後、南部で私利を漁（あさ）り歩いた移住者だ。

温厚で知られたタフツ氏（註：後のアメリカ大統領）は、フィリピン総督になった時に、現地にいた自堕落で残忍なアメリカ人を非常に鋭く批判した。タフツ氏は、彼らを憎むべき敵とし、フィリピン人を公平に扱おうとするアメリカの目的にとって最大の障害だと表明した。

それと同じ部類の日本人が突如として朝鮮にやってきたのである。彼らは、無力な朝鮮人を完全に無視し、食糧を着服し、家畜を奪い、土地を我が物にし、女性を虐待し、そして時には、反発された時、家や村までも焼き払った。

ナガモリの土地計画は非常に周囲を警戒させるものだった。日本公使館の書記官が支援していた投機家であるナガモリは、朝鮮の気弱な皇帝を説き伏せて、王室の墓や寺院のある土地、森林保護区域、既に特権の譲渡された公私の土地を除いた、森林、田畑、荒れ地を開拓する50年の独占的特権を得た（当時、公使の林氏は日本にいて、不在だった）。これによって、広大な土地が大胆不敵なナガモリのものとなった。

この特権の意味するところが明らかになると、すぐに抗議の嵐が吹いた。林氏のような男がこんな恥知らずの土地の収奪を支持したとは思えない。林氏が戻っていた東京の当局は、この計画を否認し、狡賢（ずるがしこ）いナガモリに特権を放棄するよう強制した。しかしこれは、支配者が隠れてこのように強奪するという例として朝鮮人の心に刻まれた。

## 朝鮮人の不満を認めた寺内総督

高級官僚がいて、実施されている内容を外国人が知る機会がある地域では、日本人の行動は通常称讃すべきものだった。首都から遠く離れた地域の下級官吏は、いつも思いやりがあるわけではなかった。上司の監視から遠く離れている部下は、結果をほとんど恐れることなく、気分や偏見に従って気ままにふるまうことができる。不正の中にも釈明の余地があるものはある。しかし、不正の報告は非常に多く、細かく書かれていたので全く根拠がないとして片づけることはできなかった。

無力な人々を完全に支配下に置いた時、白人が時々どのようなことを行なったかを私たちは知っている。同様な状況において、同じような特徴を示す日本人がいることは驚くべきことではない。私が持っているこの時期の書物には愉快でない読み物もある。

寺内正毅(まさたけ)子爵は、1910年の総督就任直後、朝鮮人の不満には根拠があることを率直に認め、遺憾の意を表した。その年、ジャパンタイムズ紙は、東京の新聞社のソウル駐在報道員の次のようなインタビュー記事を掲載した。

「総督は、朝鮮に住んでいる日本人が、時々朝鮮人を軽蔑し、虐(しいた)げる傾向にあることを知り、大いなる遺憾の意を表明した。そのような軽蔑と虐げのために、朝鮮人は、日本人に恨みをもつ傾向がある…総督は、そのような行為はそれだけで済むものではなく、日本人と朝鮮人の全体的な関係を害するものだと心配している」

状況は改善したが、「朝鮮人陰謀事件」に関連して、1911年と1912年、朝鮮には疑い深い秘密警察と冷酷な憲兵が群がっていて、下級裁判所は警察の支配下にあることが発覚した。

朝鮮では不都合な意見を出版することは検閲によって制限されており、また、外国人は手紙に書くことも時々注意を払った方が良いので、外部の世界が、本当の状況を正確に知ることは容易なことではない。当局の影響下にある報道機関は、人々は満足し繁栄しているという称讃の記事を報道している。本土の日本人は、朝鮮は喜びに満ちた理想郷ではないことを率直に認め、朝鮮にはほとんどない自由さで批判していた。

雑誌『新日本』には次のようにある。「総督の望みは、朝鮮半島を巨大な要塞にすることだ。そして、彼は、朝鮮で工業や商業に従事している人々のことを、兵営の中の非戦闘従軍者としてしか見ていないようだ」[二]

## 見逃すべきでない日本統治の善悪両側面

ジョージ・シゲッグ・ムラタ師は、１９１２年10月のオリエンタル・レビューの記事の中で、宣教師や朝鮮のクリスチャンを批判した後、次のように書いている。

「過ちを犯すのは朝鮮人だけではない。私が朝鮮に滞在中、日本兵の集団が単なる腹立ち紛れに、キリスト教の教会を焼き払った。別の時には、兵士の一団が祈祷会の最中に教会に入ってきて、宿泊場所を要求した。祈祷会の終了を待つように言われると、兵士らは信者たちを銃剣の先で追い出し、一晩中、教会を占拠した。ある酔っぱらった兵士は、何の理由もなく、私の友人の伝道師、W・A・ノーブル博士の家に乱入した。これらの行為は、日本人官吏への当然の批判を引き起こした」

中央公論は、大学教授の吉野博士が１９１６年に朝鮮を訪問した時の印象を綴った記事を掲載している。彼は、大いなる物質的改善が実施されたことを列挙した後、次のように書いている。

「しかし、上記は単に表面的な状況に過ぎない。白い墓の下に死人の骨が埋まっているかどうかは、たまたま

二　チャイナプレス紙　１９１２年6月21日付

来るような訪問客にはわからない。日本の当局は、国中で平和が享受されていると宣言した。そのことに疑いはない。しかし、それは農奴制の味気ない平和にすぎない…彼ら（当局）は、情け容赦なく土地収用の法律を用いたので、そこにいた朝鮮人は、ほとんど無償で先祖伝来の土地を放棄させられた。また、彼らは賃金も支払われないで道路建設に使役されることも多い…法律上は、朝鮮人と日本人はまったく同じ身分であるが、これは理論であって実際には全く同じという事ではない…朝鮮人は公的にも私的にも差別されている…朝鮮にいるビジネスマンは、この不正の存在をよく知っているが、それに対して何も言うことはできない。言論の自由は厳しく制限されている。日本で発行された新聞や雑誌も、朝鮮半島での日本政府のやり方を批判している記事があれば、朝鮮に持ち込むことは禁じられている[三]」

　ストレートな発言である。日本人が書いたので、これを外国人の偏見だとは言えない。彼のこの記事は、朝鮮に入ることを許可されなかったと考えて間違いないだろう。

　この後、朝鮮に住んでいる外国人は次のように書いている。

「私たちは許可の時代に生きている。私たちはあらゆることに許可を得なければならない。野生のガンの狩猟、新しい教会の設立、教師および説教師の雇用と解雇、そして他の40もの事柄に対して。客が訪問して数日以上滞在する場合は警察に届け出なければならない。家を去る場合も届け出なければならない。警察署に許可を申請に行って届け出をするのには、かなりの時間がかかる。ドイツの諜報活動のシステムが、今の日本で非常に上手く確立されている。警察が自分たちの仕事に専念し、犯罪人になったり税金を払わなければならなくなったりしない限り政府の存在を気にせずに済む国で育った者にとっては、それは神経を非常に苛立たせるものだ」

　朝鮮の独特な状況に対処するためには、政治的にも軍事的にも厳しい対策が必要だという擁護（ようご）の声が挙がる

三　Japan Weekly Chronicle　1916年7月13日付

かもしれないが、日本人の行動に関する見解には、人によってかなりの相違がある。朝鮮人に対する日本の政策が妥当なものかどうかは熱い議論の的である。

親日的な見解はジョージ・T・ラッド教授が『伊藤侯爵と共に朝鮮にて』（註：日本語訳『１９０７』桜の花出版刊）という本の中で精力的に述べており、反日的な見解はホーマー・B・ハルバート教授が『朝鮮滅亡』という本の中で同様に精力的に書き表している。

ラッド教授は、伊藤公の心のこもった招待により朝鮮を訪問し、日本人に「個人的に案内された」。ラッド教授は、日本人の為政者がどれほど偉大で善き人物かを数々の講演の中で朝鮮人に説こうと努力したが、ほとんど興味を示さない朝鮮人に対して、言葉を尽くして軽蔑している。長年、朝鮮人社会で生活し、朝鮮人を大変不当な扱いを受けている国民と考えているハルバート教授の見解は、朝鮮人に対する深い同情である。日本人に対する彼の見解は、個人的な経験によって辛辣になっているが、イギリス議会のグラッドストンの言葉を借りるなら、「議会のルールほどに断固としている」

どちらの著者も、私の見解では、ある面では正しく、ある面では間違っている。なぜなら一方への偏りが強いからだ。疑いの余地なく、日本人の行動には善悪両方の特徴があり、いずれか一方だけに注目して、他方を排除するのは良くない。賢明な人は、両極端の間にバランスのとれた判断を見いだそうとするだろう。[四]

このため、ここまでこの本を読んできた読者には、次に書いてある朝鮮の日本統治の他の側面、良い側面の

---

四　追加で事実を得たい読者は、次を参考にするとよい。ジョージ・ケナン The Outlook １９０５年11月号の記事、ウィリアム・T・エリス The North American Review １９０７年10月号の記事、F・A・マッケンジー『The Tragedy of Korea』１０８頁以降、『The Unveiled East』33～95頁、トーマス・F・ミラード『The New Far East』80～123頁、B・L・プトナム・ウィール『The Truce in the Far East and Its Aftermath』40～１０８頁

説明を見逃してほしくない。それは公平な判断を下すのには必要不可欠なのだ。

まず最初に、以前にも述べたが、今後も現状の根本的要因として繰り返し述べられる事を心に留めておかなくてはならない。

すなわち、まず、日本の朝鮮併合の正当性は、もし日本が朝鮮半島を占領しなかったらロシアが占領していただろうという避けられない事実にあるということだ。日本の国家の安全は、ロシアの占領によって危険にさらされていたであろう。

そしてさらに、朝鮮人にとっては、日本が支配した方が、ロシアが支配するよりもはるかに良いということだ。朝鮮政府は絶望的なまでに腐敗し、国の状況は非常に惨めで、国内から政治が再生する可能性はなかった。朝鮮人、そして関係する他国民のためには、日本が再構築に着手することが必要とされていた。それは並はずれて困難な仕事であった。朝鮮には目に余るほどの権力の乱用があり、正に失政、汚職、腐敗、悲惨さの巣窟だった。日本人は天使ではなく、過ちを犯す人間である。最良の人物が過ちを犯したり、最低の人物が罪を犯したりしても驚くべきではない。同じように、最良の朝鮮人の中には、他国の政府の支配によって国の誇りが傷つけられたと感じる人もいただろう。腐敗した官吏や怠惰な小作人は、自分たちに強いられた改革を不快に思うだろう。誤って導かれた人たちは、暴力に訴えて、新しい支配者に抵抗するだろう。下級官吏は、自分の職務を遂行する時に、いつも思いやりがあって、人情味があるとは限らないものだ。

一部の朝鮮人が日本人に対して怒りを示したが、そのやり方は日本の政府に厳格な手段が必要だと思わせるようなものだった。いわゆる「朝鮮人陰謀事件」などは、主に、権力を振りかざし興奮した警官の想像から生み出されたものであるが、他に、もっと実体のある性格の事件もあった。愛国者のグループが、朝鮮の様々な場所で結成された。彼らのスローガンは、「朝鮮人のための朝鮮」「奴隷になるくらいなら死んだ方がましだ」だった。

最も手強いグループは、１９０４年にソウルで結成された一進会だった。創設者の多くはクリスチャンで、最初の会合は祈りとともに始まった。不法行為は画策されず、秘密裏の行動もなかった。メンバーは暴力に屈することなく、道徳的な教えに頼ることを勧められ、有名なキリスト教の伝道者が指名され、政府には結社の設立と、平和的で愛国的な目的が報告された。すなわち、次の四つである。

1. 現王朝をさらに確固たるものとし、強化すること
2. 貴族階級の力を抑え、善き活動は援助し、悪しき活動には抵抗すること
3. 貴族やその他の者たちから、一般国民とその財産を守ること
4. 朝鮮兵士を規律正しくすること

当時2万人いた朝鮮兵士の一部は、特に農村部では、まったく手に負えない存在だったのである。

会員は急速に増加したが、様々な人間が集まり、善き目的と平和的な手段はすぐに曖昧なものになった。会合は荒れ狂い、暴力的な手段が主張された。クリスチャンではない人間が支配し、クリスチャンの会員は脱退した。結社の最初の頃の性格はすべて失われ、国にとっても脅威となった。

もう一つの愛国的な結社は、進歩会だった。残念ながら中国と日本では、キリスト教青年会（ＹＭＣＡ）が同じ名前で知られていた。メソジストと長老会派の教会の青年の会の名前でもあった。進歩会の抜け目ない指導者たちは、この名前を利用した。新しい会員はＹＭＣＡと地方の教会団体に群がり、数百もの辺境の町で支所が結成された。運動の意味もよく理解されないまま、この結社は発展し、ＹＭＣＡとメソジスト教会のエプワー

ス青年会はほとんど占拠されてしまった。

ウィビョン（義兵）運動は1907年に始まり、野火のように広がった。その指導者も、キリスト教の教会を利用できれば利益が得られると考えていた。なぜなら、教会は朝鮮人の間で最大かつ最強の組織だったからだ。

## 反日プロパガンダに利用されかけた教会

クリスチャンの間でこのような結社が大きくなっていったため、朝鮮におけるキリスト教活動は、精神宗教ではなく政府に対する革命的なプロパガンダを目的とした政治結社の道具となり、取り返しがつかないほどの打撃を受けるかに見えた。

宣教師たちは、キリスト教に偽装して行なわれたことを見て、断固たる手段をとった。長老派教会は、支部教会に対して結社に抵抗するよう警告し、活動に関わっていた伝道者と教師を追放し、宗教的な活動よりも政治的な活動を行なっている会員を厳しく罰した。ある宣教師はこう書いた。

「私たちの使命は、自分たちと義兵たちとの間に厳格に一線を画すものであり、私たちの教会と会員の一人も義兵運動に参加しないようにした。平壌で運動が起こった時、それは本格的なものとなっており、我々の伝道団がいなければ、全人口が飲み込まれていただろう。

キル牧師が全員を呼び集めて参加しないよう訴え、固く抱きしめた。そしてクリスチャンたちは二人ずつ組んで、町中に出かけていき、友人たちに平静になるよう呼び掛けた。彼らは平壌の運動を止めた。同じ方法で、二つの管区でも運動を終了させた」

ＹＭＣＡの主事と理事会も、自分たちの組織を元どおりにし、政治的な繋がりを撲滅するために精力的な対策を講じた。メソジスト教会は、偽の宗教団体を教会から追放し、朝鮮人のクリスチャン指導者には、除名をちらつかせて、こういった活動に関与することを禁じた。

こういった抜本的な対策によって、キリスト教活動が反日プロパガンダへと変質するのを食い止めることができた。しかし、革命家たちは別の形態や様々な名称を用いて活動を続けていた。宗教の仮面は剥がされた（註：宗教と偽らずに、あからさまに活動を始めたということ）。自暴自棄の男たちの一団が、国中を転々とし始めた。彼らの山中の隠れ家はアドラムの洞窟と化し、無法者と悪人が集まっていた。解隊された朝鮮兵も彼等に加わり、ゲリラ戦が起こった。日本人だけでなく、日本人に共感すると疑われた朝鮮人も襲撃された。

このような疑いは、個人的な敵への古い恨みを晴らしたり、金がありそうな家を略奪する容易な言い訳となった。強盗と殺人は頻繁に起こった。「義兵」は、親日的であると非難されていたソウルの一進会会員を、報復的な嫌悪の対象に含めた。

ソウルのジェームズ・S・ゲール博士は次のように書いている。

「彼らは断髪していた。しかし、解隊された兵士、クリスチャンも断髪だった。そのため、義兵たちは断髪の通行人をつかまえた時、誰が兵士で、誰がクリスチャンで、誰が一進会会員か、区別がつけられなかった。もし通行人が兵士だと言ったら、仲間に引き入れた。もし通行人がクリスチャンだと言ったら、主の祈りと十戒を復唱するように言った。通行人が復唱できたら、義兵は、よし、クリスチャンだ。無罪放免だと言った。しかし、復唱できなかった場合は、一進会会員だ。連れて行って撃てと言った」

## 友好的な日本人と非友好的な日本人

盲目的に怒り狂った扇動者は、朝鮮に友好的な日本人と非友好的な日本人を区別しなかった。朝鮮人の善意に値する人物を挙げるとするならば、それは人道的で見識のある伊藤博文公だろう。

伊藤公は１９０６年に初代統監となった。伊藤公の統治は、私が今ここで詳細に述べるような多くの改革によって際立っていた。

しかし、１９０９年10月26日、安重根（アンジュングン）という朝鮮人の狂信者が、満洲に関してロシア政府の代表と会談するためにハルピンを訪問していた伊藤公を暗殺したのである。

「私は朝鮮人だ」と、暗殺者は尋問された時に誇らしげに言った。

「祖国のために任務を遂行し、祖国の人々と不幸な朝鮮の屈辱に対して、敵を討つことができて喜んでいる」

この事件の後、他の役人の暗殺が複数計画され、１９０７年には、日本人からの指名を受け容れた朝鮮の閣僚に対する襲撃が4回起こった。ソウルの伊藤公の政府で外交顧問であったアメリカ人のダラム・ホワイト・スティーブンズ閣下は、１９０８年3月、サンフランシスコ到着直後、朝鮮人に襲撃されて亡くなった。彼が殺された理由は、日本人を援助したことと、サンフランシスコの新聞に掲載されたインタビューで、日本人が朝鮮で行なったことを弁護していたことだ。

最近、ある執筆者は、日本人が行なったことすべてを弁護しようという熱意を持って、朝鮮人を「海賊」「半略奪者」と呼び、朝鮮人を平和な市民に変えることは、「未開人を飼いならすのと同じくらいの手腕と断固とした姿勢が必要とされる」と書いている。

「紳士的な方法、思いやり、外交的方法が朝鮮と台湾のどちらにおいても試みられたが、その結果は暗殺、暴力、残虐的行為であった。その時、日本人が巧妙に『さらに強い力』と呼ぶところの方法が用いられた。強奪や暗殺を行なう者に対して強力に取り締まったことを否定するのは愚かだ。すべての穏健な手段が失敗した時、武装した暴徒、殺気立った野蛮人に対処する方法は一つしかない。銃殺することである」

公平な日本人は、そのような防御を好ましいこととは思わないだろう。このような言葉でしか現状を理解できないこの執筆者は、注意すべきだ。残忍で窃盗する日本人、アメリカ人、イギリス人がいるのと同様に、残忍で窃盗する朝鮮人がいるのである。そのようなタイプの人間は、他の国同様、朝鮮にもそんなにいるわけではない。私が朝鮮の色々な場所を旅行した時にも、1ペニーの物も盗られたことはなかったし、暴力沙汰は1件も目撃しなかった。私が残虐な行為を目撃した回数について言えば、2カ月間に朝鮮で目撃した回数より、グラスゴーとシカゴで、たった1日の中で目撃した方が多い。

まともな考えをもった人は、上流階級の朝鮮人の嘆きと絶望に同情するだろう。朝鮮は惨めな状況だが、それでもなお、彼らにとっては祖国だった。国が自分たちのものである間は、国のことをほとんど大切にはしていなかった。しかし、外国の征服者が現れた時、消えかかっていた愛国心が急に燃え上がったのだ。彼らは、1世紀前のダートマス大学の件でダニエル・ウェブスターが陪審員団に対して言った有名な言葉を使うかもしれない。

「哀れなちっぽけな国だが、それを愛する者がいるのだ」

しかし、愛がいつも賢明とは限らない。誤って導かれた愛国者は、その国にとって最悪の敵になるかもしれない。短気な若者は騒ぎに加担した。

寺内伯爵が到着した直後、朝鮮にいた外国人が私に次のように書いてきた。

「いまの政府は、厳しい方法で状況に対処しているが、それは伊藤公の時代にはなかったことだ」

しかし、彼はさらに付け加えている。

「あなたがここに来てから、私は、学校にいる若者が最も急進的な反政府の朝鮮人だと益々わかってきた。彼らはかなり始末に負えない。校長、学長、目上の者、王、政府、その他すべての人に命令したいと思っている。中国、インド、シリア、エジプトでも同じ状況のようである。若者たちの頑固さと自尊心が激しく表れて、教会、学校、その他、人が大事にするものすべてを封鎖するようならば、それは、政府が彼らを法を遵守する人間に変えなくてはならない時ではないか、と私は考え始めるのだ」

これはおそらく日本の官吏が感じていたことである。彼らは、いかに愛国的な目的であっても、混乱と革命的な行為には耐えられなかった。日本政府は、断固たる手段を取ることで、最良の行為を選択したわけではなかっただろう。しかし、そのような状況下では、どの政府も行なうであろうことをしたまでである。

# 第二十三章

## 朝鮮での日本統治の有益性

独立した国を持ちたいという人々の自然な願望には同情する。しかし、朝鮮人は極東の現在の状況に於いてはどうあっても独立を保つことはできなかった。朝鮮人にとって、旧体制に於ける腐敗と脆弱と圧政の底なし地獄に戻されることほど悪いことはなかった。朝鮮人は前進のための良い機会を与えられている。時間が経つにつれ、朝鮮人は徐々に新しい状況を受け容れ始めている。確かに日本人の支配に反抗的で、陰謀を企てる者はいる。しかし、もはや避けられないことに従う朝鮮人の数は増えている。さらに、日本人によって与えられた利益にも気づき始めている。道路、鉄道、公衆衛生、病院、安定した通貨、様々な公共財は朝鮮人に恩恵をもたらしている。旧体制の時よりも、お金の稼げる安定した雇用を得られることに気づいている。いい服を着て、快適な家に住める。日本人は概して公平である。官吏に賄賂などしなくとも、公平な裁判を受けられるだろう。

## CHAPTER XXIII

## BENEFITS OF JAPANESE RULE IN KOREA

We sympathize with the natural aspirations of any people for an independent nationality; but the Koreans could not be independent anyway under present conditions in the Far East, and they are far better off under the Japanese than they were under their own rulers or than they would have been under the Russians. Nothing could be worse for Korea than plunging her back into the abyss of corruption, weakness, and oppression of the old regime. A new order is being established. The Koreans are being given better opportunities for advancement.

As time passes the Koreans are gradually accepting the new conditions, or at least submitting to them. There are indeed men who are restive under Japanese rule, and who intrigue against it. It would be expecting too much of human nature to assume that millions of people would unanimously agree to the extinction of national independence and identity. But an increasing number of Koreans are acquiescing in the inevitable.

Moreover, they begin to appreciate some of the advantages which the Japanese have made available. Roads, railways, sanitation, hospitals, a stable currency, and public works of various kinds are benefiting Koreans as well as Japanese. The Korean who philosophically accepts the new conditions finds that he can get steadier and more remunerative employment than he could in the old days of native rule. He can wear better clothing and have a more comfortable house. His alien masters are, as a rule, more just with him than the native officials were prior to Japanese occupation. If he is wronged by one of his own countrymen, he is more apt to get justice in the courts without bribing an official than he was in the old days of Korean "independence."

# 朝鮮での日本統治の有益性

## 伊藤博文の業績

1906年に始まった伊藤公による統治によって、朝鮮では日露戦争後の不幸な時代より、よい時代が始まった。彼は多くの点で卓越した人物だった。

若い頃、彼は外国について学ぶことに夢中だった。当時、国外に出る許可を得ることは簡単ではなかったが、1858年、17歳の伊藤公は、後の井上伯爵とともに、イギリスへ出航しようとしていた英国籍船に密かに乗り込んだ。彼らは船長に乗船券代を稼ぐ仕事をさせて欲しいと頼み込んだ。そしてロンドンには到着したが、1人も知り合いはおらず、4シリング以外の金も持っていなかった。彼らの存在はヒュー・マセソン氏の知るところとなった。マセソン氏は海外伝道団に非常に興味のあるクリスチャン商人で、のちに英国長老教会の海外伝道協会委員長となった人物である。彼は気前よく、2年の間この若者二人を自宅に滞在させた。

二人が日本に戻ると状況は変わり始めており、彼らは初めこそ疑いの目で見られたものの、その知性とヨーロッパに関する知識が、長い間政府の役に立った。

1864年に4国連合艦隊が下関を占領した時、政府は伊藤と井上を呼んで、勝者である列強4国と条件について協議させた。彼らはこの細心の注意を要する任務を素晴らしい腕前と思慮深さでやってのけて高い評価を得た。その後、彼らはとんとん拍子に昇進した。

伊藤公の経歴は特筆すべきものである。兵庫県知事、条約改正交渉ヨーロッパ特別使節団の一員、日本の貨幣条例の制定者、工部卿、新憲法起草者、初代貴族院議長、清国との天津条約・下関条約交渉、枢密院議長、ヴィクトリア女王在位60周年記念式典日本代表、5度の内閣総理大臣。日本が封建制から近代国家に移行する時、これほどまで重要な役目を果たした日本人はおらず、国の再建の時代にあって、国の政策策定に関してこれほどまで大きな影響を及ぼした人物もいない。

大日本帝国で最高の政治家であるこの人物は、名声の絶頂の時、1906年に初代統監として朝鮮にやってきた。私は、伊藤公が朝鮮の最大の敵だと罵（ののし）る人には同意しない。伊藤公は、いくつかの手法が曖昧だったり、私生活上の品行については日本でも批判されたりもしたが（日本ではそのような道徳的だらしなさは一般的なものだ）、彼が日本で最も賢明で進歩的な公人で、朝鮮人と朝鮮人に対する日本の責務について、広く行き届いた見解を持っていたという事実は変わらない。

朝鮮が日本に支配される場合、朝鮮の事を思う者ならば、統監として伊藤公以上に適切な人物を挙げることはできなかっただろう。伊藤公は、熱意をもってより良い状況をもたらそうとしている、公正で断乎たる政治家だというのが、日本人だけでなく、私が話をした宣教師や外国人の共通した意見だった。彼は、日本国の観点から見ても、植民地の人々を公正に扱うのは得策であるという事が分かる政治的手腕を持っていた。

3年の在位期間に、伊藤公は高官たちを公務に就け、有益な法律の制定、道路整備、鉄道敷設、教育振興、裁判所の再編、国税局の組織化、農業および漁業の促進、田舎の地区に住み着いていた盗賊の精力的な鎮圧などを実施し、その他の有益な改革も推進した。特に優れていたのは、金本位制国内通貨の制定であった。それ以前に存在した財政混乱については他の章で述べている。伊藤公は朝鮮で、様々な重さと純度の貨幣を回収し、統一された価値を持つ新しい貨幣を発行し、偽造には重い罪を課し、朝鮮銀行開業の計画を立てた。朝鮮銀行は1909年7月27日に公式に設立された。

伊藤公が最初に行なったことは、既に前章で述べたように、朝鮮人を虐待した残忍な日本人を厳しく処することだった。1906年に任務に就いてすぐ、彼は、家や生活手段のない日本人、乱暴な言葉を使う日本人、強奪、高利貸、類似した犯罪を為した日本人を統監に認識させる法律を制定した。多数が罰金を科せられ、投獄された。彼の任期中、107名が国外退去させられたのである。

私は東京で、伊藤公と長時間会議をした。その時の会話を詳しく説明することはしない。私的な会合ではあったが、彼は、私が公にできる情報を得たいという事を理解しており、自由に引用してもよいと言った。伊藤公の英語は素晴らしく、朝鮮における日本の計画に関する議題について、率直に議論できた。彼は間違いが為されたことを率直に認め、最初に朝鮮にやってきた日本人の多くが残念なことをした事を遺憾に思っていた。しかし彼は、心から、これまで公平な機会に恵まれなかったと彼が思うような人々にとって、日本の統治が真の恩恵となるものとしたいという希望を熱心に語った。伊藤公を暗殺した狂信者は、朝鮮にとって最悪のことをした。なぜなら、朝鮮人にとって、日本統治者の中で最も強力な友人を殺してしまったのだから。

伊藤公の反対勢力が、非常に過激な政策をとる政党だったというのは重要な点だ。この政党の考えは、朝鮮は日本の絶対的な所有物であり、軍事的必要性から朝鮮を速やかに「日本化」しなくてはならないのであり、朝鮮人はどうしようもなく軽蔑に値するほど劣等で、救い難いので、半世紀前にアメリカがアメリカインディアンの主張した権利にほぼ注意を払わなかったように、朝鮮人の権利もほぼ注意を払わなくてよいものだと考えていた。

これに対して伊藤公は、朝鮮人には発展する力があり、彼らを公平に扱うことは人道的であるだけでなく、日本に有利になることでもある、と考えていた。この開明的な政治家の卑劣な暗殺を計画・実行した満洲とカリフォルニアにいた革命勢力は、自分自身の手で革命を弱体化させ、自分たちに反対する敵の人間を有利にしたのである。

その敵はこう叫んでいる。「朝鮮人を公正に扱う計画のために暗殺される危険にさらされるのなら、どうして日本の役人がそんなことをする気になるだろうか」

幸いにして、知性のある日本人は、これは少数の反動主義者による犯罪だと認識していた。朝鮮人の大半は外国人による支配を好んではいなかったが、公平に扱おうとしている人々を銃撃したりしなかった。

## 寺内統監の業績

1908年に伊藤公の後を継いだ曽禰(そね)子爵は、優れた前任者の路線に従って執務を行なったが、1910年春、病気のために、やむなく日本に帰国した。この責任ある統監のポストは、寺内中将が引き継いだ。彼の政策については他の章で語っている。

寺内に対しては、厳格な軍事的支配と厳しい武断政治を許した、あるいは黙諾したという批判がされるが、だからと言って、彼の高潔さを公平に評価し損なうことがあってはならない。彼の、真摯(しんし)に最高と思ったことを実行しようとする愛国的な意図、偉大な行政手腕、伊藤公によって着手された公共の改善のための計画を実施・拡大しようという意欲についても同様である。公衆衛生条例が公布・施行され、上水道・下水道が整備された。無料の病院・診療所が主な都市で開設された。また、鉄道、電信、幹線道路が拡張され、かろうじて道と呼ばれるような泥や埃の轍を苦労して通らなくとも国内の様々な所へ行けるようになったのである。

鉄道建設はかつての朝鮮政府のもとでも始まっていた。ソウル—済物浦間の路線19・4マイルは朝鮮政府に利権を催促して取得したアメリカ企業が建設したものだ。1899年に着工したが、供用される前に、路線は日本企業に売却された。日本企業は1901年、ソウルから南の釜山の港町まで274・9マイルの京釜鉄道を建設した。それは1904年に完成し、1905年1月に正式に開通した。1902年に、ソウルから鴨緑江沿いの義州までの309・7マイルの路線を持つ京義鉄道の建設が開始された。

当初、朝鮮政府の事業として、フランス技師によって建設されていたのだが、日露戦争開戦直後に日本人が引き継いだ。この路線は、釜山から義州まで（584・6マイル）の国土を縦断する幹線網の一部を成した。鴨緑江から奉天までは狭軌の軽便鉄道だったのが、しっかりとバラストが敷かれた広軌の鉄道となり、鴨緑江には壮大な橋が架けられ、1911年11月3日に趣向を凝らした式典が開かれ利用が開始された。これにより、日本の東京から奉天まで70時間で旅ができることになった。すなわち、東京から朝鮮の釜山まで朝鮮海峡を渡る8時間のフェリーを入れて36時間、釜山からソウルまでは11時間、ソウルから義州までは14時間、義州から奉天までは9時間である。

鉄道の支線の中で最も重要なのは、ソウルから150マイル北東の元山港に向かう路線である。この路線は肥沃な谷を通り抜け、山岳地帯や民家がまばらな地域を通るため、北と南を結ぶ主要路線としてもなかなか営業されなかった。しかし、行政上も軍事上も非常に重要だったため、1914年9月16日に利用が開始された時には、日本人は喜びに沸いたのである。

朝鮮では現在1，000マイルの鉄道が走っている。すべて政府が所有し、4フィートと8・5インチの標準軌道のものである。1万人程の従業員がいて、約5分の3は日本人で、5分の2が朝鮮人である。施設は近代的で、サービスは良い。ソウルと済物浦間の短い路線以外はすべて日本人が建設した路線である。これだけでなく、日本は1，500マイルの様々な主要道路も建設し、毎年、新たな道路が延長される予定だ。彼らが、交通と輸送のための施設を改善して、朝鮮に計り知れないほどの利益をもたらしたことの功績については、十分に称えられるべきである。

混乱に満ちた土地所有と境界にも、秩序をもたらす真摯な努力が為された。調査が実施され、地方の調査委員会に提出された。委員会の決定に対して、土地所有に関して権利を侵害されたと感じる朝鮮人がいれば、議長である行政監督、3人の裁判官、朝鮮総督府と土地調査局の6人の役人からなる上位委員会に訴えることができた。貧しい農民が自分の法的権利を効果的に行使することが滅多にできないことは事実だ。しかし、どこの国でも、最高の法律があっても、法廷で反論できる知識も金も持っていない無知で貧乏な者を守ることは難しいものである。

日本人はさらに、朝鮮に植林という大きな恩恵をもたらした。何百万本もの苗木が、木の生えていない丘陵に植林され、4月3日は「植林の日」として公式に制定され、朝鮮人、特に児童は政府の用意した苗木を植えるよう奨励（しょうれい）された。これは、土の生産力を回復し、洪水の被害を予防し、現在朝鮮で非常に足りなくなっている燃料や木材を次世代に提供するのに最も賢明で見識ある方法だ。

朝鮮総督府の先見の明ある政策は、その農業に関する賢い認識に表れていた。つまり、朝鮮人は農業を主としていたが、彼らの農法は極度に原始的で、農法の改良を教えることによって、民衆も国も繁栄すると行政府は洞察していたのだ。寺内総督は次のように書いている。

「その目的を達成するため、農業振興と改良農法導入のための組織づくりと展開を計画した。水原に中心組織となる勧業模範場を開設し、大邱（テグ）と平壌（ピョンヤン）にそれぞれ支所を設立した。養蚕（ようさん）についてはソウル近郊の龍山に、綿栽培は木浦に、園芸はソウル近郊の纛島と元山にそれぞれ支所を開設した。この他に、すべての道に種苗場を設立し、農業に関することすべての調査、農産物や肥料などの試験と検査を行ない、また改良農法および種苗（しゅびょう）の分布について教育を行なった。また、多くの場所に養蚕学校を、地方の重要な場所に農業学校も設立した。さらに、多くの専門家を中央政府、道政府に任命し、朝鮮人に農業、養蚕、畜産、灌漑（かんがい）などを教育・指導した。また、しばしば米とリクチワタの耕作、養蚕と畜産についての特別講義を行ない、品種改善と収穫・産出高向上をもたらす方法を教えた。そして、農業全般を促進させるため、1912年、米・綿・絹繭(まゆ)やその他多くの農産物の輸出税を撤廃した」

これらは寺内子爵の大きな功績である。朝鮮に住む日本人の性格も徐々に良くなっていった。日露戦争で戦った兵士たちは兵役期間が過ぎたら日本に帰国するよう奨励されていた。戦後に押し寄せてきた相場師たちは、自分たちに都合のよい状況ではなくなったことに気づき、帰国を始めた。その代わりにやってきた日本人は、あきらかに上級階級の人たちだった。

1916年、寺内子爵が大日本帝国の内閣総理大臣になった時、朝鮮総督を継いだのは軍人の長谷川子爵だった。彼も有能な軍人や行政官の一人で、一般的に喜ばれるような形で朝鮮再建を実行した。

## 日本の官吏と地方行政

私が、ソウル、大邱、平壌で会った日本人官吏は優秀な人たちであり、感動した。アジアの白人植民地で同じ地位に就いている多くの役人と比較して遜色(そんしょく)はなかった。

最高裁裁判長の渡辺暢(わたなべとおる)氏は長老教会の長老で、どこにでもいるタイプの感じのいいクリスチャンの紳士だった。彼は自分の信仰を隠すことはなく、ソウルに到着した直後、ソウルのユン・モッコル教会で大勢の朝鮮人の信徒に対して講演するよう伝道団から招かれて、それを引き受けた。彼は新約聖書のエペソ人への手紙4章4‐6を参考に、熱心に力強くキリストの教えを説いた。彼の妻も同じような素養と信仰を持つ女性で、横浜に住んでいた時に女性キリスト教禁酒協会の会長をしていた。

大邱の日本人理事官に話を聞いた時には、興味深いことがわかった。理事官の久水三郎氏は50歳ほどの知的

一　天皇陛下への報告　1914年

な人物で、以前は6年間ワシントン州シアトルの総領事であり、英語を流暢に話した。彼は私を、心をこめて歓迎してくれ、彼の権限下にある朝鮮人の郡守たち41人を特別な教育のため、年に一度大邱に集めるという計画について熱意を込めて語ってくれた。法や条例を発布しただけではほとんど何も実現しない、と彼は語った。なぜなら、朝鮮人の官吏たちの多くは人はよいが、日本人が始めた改革を実行するための知識と経験を持っていなかったからだ。

　私が訪れた時には、ちょうど第二回の郡守たちの集会が行なわれており、彼は私をそこに招待してくれた。私が、それは嬉しいことだと返答すると、彼はすぐに私を会議場に連れて行ってくれた。会議は、長く天井の低い部屋で開催されていたが、とても明るく、風通しも良かった。朝鮮人の郡守たちは、並行に並べられた、部屋いっぱいの長さのテーブルに向かって座っていた。郡守たちのテーブルには、それぞれの名前と区域が書かれた横6インチ、縦15インチの紙が貼られていた。日本人の理事官、朝鮮人の知事、日本人の秘書官、通訳、日本人の事務官6人が、部屋の奥の席に座っていた。朝鮮人の知事が会議の議長だったが、実際に会議をリードしているのは日本人の秘書官だというのは明らかだった。

　1年前の第一回会議では、41郡のうち29郡の郡守たちが参加した。その時には、3人を除いて全員が髷を結っていたという。今年は41郡のうち40郡の郡守たちが参加し、髷を結っている人は一人もおらず、全員が日本式に断髪していた。

　郡守たちは会議に強い関心を示し、様々なトピックスについて活発に議論していた。彼らは明らかに何らかの有益なことを学びつつあった。久水氏がプログラムと、説明されている規則が印刷してある紙をくれた。それは、22頁ほどの八折のパンフレットで、次のような内容が書かれていた。道路建設と修理、公共建築の建設と維持、様々な階級の事務所で必要な事務員、公衆衛生の規則と施行、警察規制などである。報告書と領収書のサンプルが配られ、会計記録の方法も説明された。会議は8日間開催された。このような教育が、会議に参加した郡守たちの知性と効率性をどれほど増進したかについては、即座に理解できた。日本人のもとに就任した朝鮮人たちは自国の人たちから好かれているわけではなかったが、彼らが前任者たちよりも賢明な郡守となったことは確かである。

日本人が朝鮮人たちの気分を害した行為のうちいくつかは不可避のものだった。戦時に侵略軍が国を通過する際、現地の人々の恐怖と憎しみを招かないことは不可能である。日本は10年の間に二度そうしなければならなかった。さらに、日本人が朝鮮を支配した時には、ほとんど想像できないほど最悪かつ無能な政府に直面したのだ。それは、それ以上に誇張することが難しいほど極端な状況だった。

外国人によって為された地方における少数の改善を除けば、道路もなく、鉄道もなく、電信もなく、（ミッションスクール以外に）学校と呼べるものはなく、裁判所に正義などなく、統一通貨もなかった。実際、人間が必要とするものは何もなかったのだ。日本人は安定した政府、文明的な生活をすべて自分で築き上げなければならなかった。しかも、堕落し腐敗した支配階級からの反発や、長い間の失政と不正に黙従し続けて無関心になってしまった人々の無気力と浅ましさとも戦いながら、築かなければならなかったのである。

日本人の精力的な改革によって怠惰と無気力から引っ張り出されて働きに出るようにされたり、不潔な路地を清掃するようにさせられた時の朝鮮人たちは、公衆衛生法が施行された時のニューヨークやシカゴのスラム住人のように腹を立て、不機嫌だった。スラム住人は、その法律によって、家内での労働搾取的な仕事を中止させられ、ゴミを道路に捨てることを禁止され、予防接種や長屋の査察を受けなければならなかったからだ。浪費家の官吏階級は、多かれ少なかれ日本人を密かに憎み、ロシアの勝利を願った。なぜなら、ロシア人は古い体制にそれほど真剣に干渉しようとしないし、ロシアの優位性が認められている限りは、不道徳な郡守たちや判事らが民衆を放置し、収奪し、虐待するのを許していた。朝鮮にとってロシアの支配は、豊富な外貨、浪費・失政・腐敗の継続、概して放任主義の政策を意味していた。郡守たちは、自分たちの腐敗行為が阻害され、不当に高額だった収入が減らされることに気づき、激しく抗議をしたのだ。寄生者の群れが、各行政の窓口にうろつき騒ぎ立てていた。

## 土地の収用

私は前章で、強制労働の嫌疑と正当な金額補償のない財産没収についての非難に触れた。しかしこの問題には二つの側面がある。強制的に自分の土地を離れさせられ、しばしば家から遠く離れた場所の公共事業で働かされたという、朝鮮人にとって大きな苦難の例があることは疑いようがない。土地を没収され、少額もしくは何も補償されなかった朝鮮人もいる。このような大きな不正を過小評価するつもりはない。

次の主要な都市からの手紙が、典型的な状況を示している。

「多くの日本人がやってきて、鉄道ができ、日本人の商人たちによる土地や家の没収、朝鮮人郡守たちの不正が起き、郡守たちが日本人と結託して朝鮮人に大きな損害を与えて土地を売らせるなどした。また、朝鮮の不動産譲渡証書の曖昧さ、不動産譲渡証書を記録するシステムがないこと、日本人、フランス人、朝鮮人官吏の高圧的な手段が浮き彫りになるなど、財産に関連して多くの複雑な問題が発生した。日本人は購入した土地に杭を立て、日本人の財産と分かるようにした。鉄道事業者は、農地や宅地の間に線路を敷き、その両側に位置する、その地方で最良の土地や家を含む何百エーカーもの土地の利権を得た。土地と400もの家が収用され、人々は、日本人官吏と朝鮮人官吏によってそこから追い出され、支払いは朝鮮政府に請求するよう告げられた。家については、朝鮮人郡守たちを通して、公明正大に対処されていないにしても、概ね、かなり公平な金額の補償金が支払われた。土地と農産物については支払いがされたというのを聞いたことがない。信頼できる報告によれば、むしろ郡守たち自身が利権によって安価で土地を購入し、日本人に売却したということだった。人々は非常に激怒したが、救済の見込みはなかった。彼らは何が行なわれたのか理解しておらず、自分たちの官吏を信頼することができなかった。彼らは家と土地から追い出され、収穫を失った。無知で無力な彼らは、詐欺師の犠牲者だった。この利権以外に、日本人は何百もの土地を購入し、フランス人もいくらか購入した。フランス人は高圧的な手段で、自分たちの土地に家を所有する人々に対して、強制的に高額の家賃をとりたてると脅して、家を取り壊させた。これは激しい怒りを噴出させた」

別の都市からの手紙によると、日本人は手に入る限りの土地を購入し、広い直線道路のある居留地を設計した。そして、道を塞ぐところにある朝鮮の村を完全に破壊し、道路を通すために城壁を解体した。

一方で、次のことも心に留めておくべきである。朝鮮人の農民は、彼らを最も慕う者からでさえ怠惰で役立たずとみなされ、熱心で意欲的な時でも、日本人の親方を嫌っていた。そのような朝鮮人農民たちの自由意思による労働に頼らなければならなかったとすれば、道路、鉄道、公衆衛生など国全体にとって大きな価値のある改善のうちいくつかを実行することは、日本の当局にとっては、不可能とはいえないまでも困難だったということだ。

日本人は、朝鮮人たちを強制労働させるつもりはなく、請負業者は、何百人もの労働者を要請する公式の要望書を受け取っており、請負業者はそれを朝鮮官吏に提示すると主張している。しかしながら、朝鮮人の郡守たちは、「要望」を要求と理解していた。苦情が多数寄せられたので、１９０６年1月6日には、鉄道の請負業者が朝鮮当局に労働者を提供させることを禁止する命令が出された。

土地については、すべての政府が、土地収用権のもとに私有地を収用するという、疑いようもなく絶対的に必要な権利をもっている。それに対しては、適正な対価が支払われなければならない。日本人は、朝鮮人に対してそうしようとしたが、橋渡しした朝鮮人の郡守たちがお金を着服したと証言している。

日本人官吏は朝鮮語がわからないため、朝鮮人通訳および「仲介者」を通して取引せざるを得なかったのだが、彼らがいつも誠実とは限らなかった。財産を購入する時、「仲介者」は、日本人の復讐があるかもしれないと脅して価値の4分の1で土地を取得し、日本人の買い手からは全額を徴収して差額を着服した。

土地所有証書は絶望的なまでに混乱していた。宣教師と宣教理事会は、苦い経験をしてそのことを知っていた。国有地（政府が使用する権利を持つ）と私有地（所有者に対して補償しなければいけない）とを区別することも容易でなかった。これによって、日本人が完全に正当化されるわけではない。なぜなら彼らはいつも適正な価格を支払っていたわけではなく、朝鮮人郡守たちと仲介者の評判の悪さも知っていたからだ。しかしながら、状況の難しさを認めるのは公平なことである。

## 朝鮮総督府年間報告と朝鮮の地名表記の変更

『朝鮮における改革と進歩』という題の朝鮮総督府年間報告は、非常に興味深い読み物である。実施したことと、これからの計画が、次のような見出しで書かれている。

「行政」「司法制度」「平和と秩序」「財政」「通貨」「銀行業務」「政府事業」「都市工学」「通信」「商業」「農業」「通商と工業」「鉱業」「林業」「漁業」「公衆衛生」「教育」

附録、統計表、地図、図によって、この報告書は、朝鮮における日本の成果の貴重な概要を示している。日本人は、アメリカ人と同様に、外の世界に向けて発行されたこの報告書では、できるだけ良い印象を与えようとしている。彼らの行為に対して最も称賛するような説明がなされており、その意図を明記するのに非常に高潔な言葉

New Offices of the Government-General, Seoul.
To be completed in 1924 at a cost of yen 3,000,000.
ソウルの朝鮮総督府新庁舎 1924 年完成予定　建設費用 300 万円

Telephone Exchange in the Post-Office, Seoul.
ソウル電話交換局

Post-Office, Seoul.　ソウル郵便局
Completed in 1915.　1915 年完成

が使われている。不愉快な事柄に関しては、アメリカの夏のリゾート所有者が熱烈な説明の中でマラリアと蚊についてほとんど触れないのと同じくらい巧みに、最小限に触れるに留めている。うまく統制された流刑地で多くの改革が行なわれても、それに対する表彰状に、すべての質問の答えが書いてあるわけではない。しかし、改革は、貴重で称賛に値するものであることに変わりはないのだ。

日本人は、外国人には奇妙に思えるやり方で地名を変更した。名称変更には正当な理由がある。なぜならば、英語の読者に馴染みのある名前の多くは、外国人が聞いた朝鮮語の発音をそのまま綴った大雑把(おおざっぱ)なものだからだ。「Coria」は、昔のポルトガルの船員がこの国につけた名前で、「Korai」が訛ったものである。それは、長い間分裂していた朝鮮半島にあった一つの国の名前である。ヨーロッパはポルトガル人からこの名前を引き継ぎ、フランス人は「La Corée」と表現し、イギリス人は「Corea」あるいは「Korea」とした。

朝鮮人自身は、何世紀にもわたって、自国を「朝鮮」(朝の静けさ)と呼んでいた。これがこの国の本当の名前であるため、日本人は適切にも、その名前を使ったのである。

ヨーロッパ由来の名前と、アジアには馴染みのない朝鮮語の音の外国語の綴(つづ)りをやめて、日本語の綴りにし、外国人が勝手に変えてしまった朝鮮語の名前を元通りにしたからといって、日本人を責めるべきではない。新しい綴りは、長い間、町の名前とされてきた漢字の日本語の発音を表しているといわれている。

従って、日本人は名前を変えたのではなく、単に英語の表記法を変えただけなのである。しかし、朝鮮の場所に当てられていた漢字の日本語の発音を英語の音で表記しようとすると、旅行者は時々驚かされ、混乱する。私は、中国語、日本語、韓国語の権威であるなどと装うつもりはないので、ピョンヤンを平壌(へいじょう)、ソウルを京城(けいじょう)、ソンドを開城(かいじょう)、チェムルポを仁川(じんせん)と改名して、アジアらしい忠実さと言語学上の機敏さを組み合わせたことに対して、無知なるがゆえに謙虚に感嘆を表明するだけである。新しい名前は徐々に馴染みつつあるが、西洋人の読者にとっては改訂された地図が手に入るまでは混乱が続くであろう。

## 梨本宮家令嬢と朝鮮公太子との結婚および貴族制度

日本人は、朝鮮を大日本帝国の一部にしたというのは事実である。そして、国民性や国の手法に応じて、あらゆる面で再編を行なっている。

同化政策を遂行(すいこう)するため、大日本帝国政府は1916年、日本の皇族である梨本宮家令嬢と、皇帝の弟である李皇太子との婚約によって、両家の結婚を認めた。結婚式は1919年1月21日に執り行なわれた。これによって、日本人と朝鮮人との結婚が以前よりも活発化した。

しかし、少なくともかなり長い間は、両民族の結婚が一般的になるかどうか疑問である。それは、日本人男性にとっては、日本人女性の方が朝鮮人女性よりもはるかに魅力的でしっくりくるという現実的な理由によるものだ。朝鮮人女性の身体的な魅力は、平均的には、日本人女性よりもかなり劣ると言わざるを得ない。

日本人は優れた朝鮮人の支援を得るために努力していた。政府に対して忠実な人には、その人にとって適切な地位が与えられた。道知事や様々な階級の地方官吏には、かなり多くの朝鮮人がいた。通常、彼らに対して「助言」する日本人の「役人」が近くにいたが、朝鮮人はいずれにしても、肩書きと官職を享受していた。

1910年10月9日、寺内総督は、天皇の名において、大日本帝国の朝鮮貴族を公式に制定し、6名の朝鮮人が侯爵、3名が伯爵、22名が子爵、45名が男爵に列せられた。立派な式典が開催された。すべての礼儀作法は、新たに貴族に列せられた者と、朝鮮の人々に深い印象を与えるよう計算されていた。

朝鮮人の子供たちは、別の章で既に言及したが、無料の公立学校に入学するよう奨励されるが、将来有望な若者は日本の大学や工科学校に留学するよう奨励されていた。現在は、朝鮮人の学生も帝国大学に進学し、医学部、工学部、普通課程などに在籍している。これらの若者たちは自然と、日本人の心をたっぷりと吸収し、帰国後は、朝鮮総督府の有能な構成員となる。

朝鮮にいる日本人は、平等と同化の政策が全面的に施行されることを嫌がっていた。どこでも同じように、「類は友を呼ぶ」ものだ。日本人はおのずと朝鮮人の町から離れた区画に住み、自分たちのクラブ、学校、教会、社会生活を持っていた。

平均的な日本人は、自分たちは朝鮮人より優れていると思っていた。それには理由があってのことだ。政治的、経済的、教育的、宗教的状況の改善の結果、朝鮮は急速に向上している過程であることを考慮しても、例外はあるが、現在は、日本人が朝鮮における高い文明と文化を体現しているのであり、日本人が「現地の人々」との関係において、そのように振る舞う傾向にあることは疑いようのない事実である。

朝鮮人はこのことを敏感に感じとり、傷ついている。従って、ほとんどの場所で、社会的亀裂があるのは驚くべきことではない。その亀裂は、フィリピンにおけるアメリカ人とフィリピン人との間で酷いことは有名だ。マニラの総督府の熱意ある努力とワシントンの連邦政府の慈悲深くありたいという願望にも拘わらずである。

イギリス人、スコットランド人、ウェールズ人、アイルランド人が一つの国として共通の感情と目的をもって一体化するのにどれだけ長い時間を要したことだろうか？

アイルランド人は一体化していると言えるだろうか？

そのように、朝鮮においても、日本人と朝鮮人が本当に一つの国民になるにはかなりの時間を経なければならない。朝鮮総督府は、実現可能な限り早く同化政策を進めようと誠実に努力していると私たちは思う。

## 朝鮮併合の目的

寺内子爵は、1910年の就任直後、「朝鮮における日本人居住者への指示」に次のような賢明な言葉を付け加えた。

「併合の目的と理由は、別々の国であれば必然的に存在する領土的、国家的差別の原因となるものをすべて取り除き、両国の絆を強化し、両国民の相互の安泰と幸福を完全に促進することである。その結果として、日本人がこれを強国による弱国の征服の成果として捉えたり、そのような幻想を抱いて、威厳なく威圧するような言動をするならば、現在とられている措置(そち)の精神に反するであろう。朝鮮における日本人居留者は、自分たちが外国に住んでいると考えて、朝鮮人を犠牲にして自分たちを優越者だと捉える過ちに陥りがちである。いまや新たな段階に入ったと考えるべき時である。日本人居留者たちには、朝鮮人に対する考え方や態度を変える機会としてもらいたい。朝鮮人は私たちの兄弟であり、同情と友情でもって接することをいつも心に留めておいてもらいたいのだ。日本人と朝鮮人は仕事をする時も互いに助け合い、協力し合って、大日本帝国の発展と成長に寄与すべきである」

日本の知識層の意見は、この政策を支援している。

東京の一流紙の、「愛情と同情による同化政策」という題の記事からの抜粋がそれを証明している。

「朝鮮人は、同情に値しないとよく言われる。しかし、朝鮮人の思想を歪め、朝鮮人を裏切り者で、うそつきで不誠実にしたのは何か？　長年続いた朝鮮政府の失政である。そして、その点から言えば、彼らは全く同情に値する。中には同情できないような手に負えない朝鮮人がいることも事実であるが、彼らに対しては武力が行使されるのが適切であろう。恥知らずの冒険家が朝鮮に行き、彼らの悪行により、日本人全体に対して誤まった悪い印象が持たれてしまったことは不幸である。しかし、そのような人間はその人に相応しい方法で処せられている。正義は今までにないほど、行なわれているのだ」

## 日本の朝鮮統治

日本人を見境なく非難する外国人は、控えめながら次のことを思い出すだろう。いわゆるキリスト教国は、自分たちが統治する国民に対して善政を敷いている例を、日本にあまり見せたことがないということを。

マダガスカルにおけるフランス人の過酷さ、キューバとフィリピンにおけるスペインの抑圧は言うまでもなく、白人がやって来てからの200年間、インディアンに対する自国の対応を誇りうるアメリカ人はいるだろうか？　もしそのようなアメリカ人がいるならば、ヘレン・ハント・ジャンクソンの『侮辱(くつじょく)の世紀』など、この主題に関する膨大な文献のいくつかを読めば、自分の考えを改めさせられるだろう。

太平洋沿岸の中国人と日本人に対するアメリカの言語道断の処置についてはどうだろうか。フィリピン人に対しては、連邦政府の専門部署が見事に遂行し、実現したことを「誇らしげに示す」が、フィリピン人に対する単純な正義となる法律を議会が通過させるのには、苦痛なほど長い時間がかかった。そして、当時の総督であったタフツ氏は、フィリピン群島において自堕落なアメリカ人が犯した残虐行為を遺憾とする旨を発表した。日本が朝鮮に対して、西洋諸国が属領の人々に対して為したことより良いことをすると期待するのは合理的だろうか？

私は日本人を正当化するつもりはない。他の人たちもやっているからという理由で過ちを大目にみるべきではない。私は読者には、ただ単に、日本人の仕事の膨大さと困難さを想起してもらいたいのだ。また、日本人を裁くのに極度に批判的となる傾向は、状況の困難さを率直に認識することで緩和してもらいたい。

彼らが、必ずしもいつも、キリスト教の利他的な基準に従って行動しているとは限らず、政治的・軍事的に必要なことを優先的に考慮し、その手法は時に無慈悲で、時々、無力な朝鮮人に対して再調整の過程を不必要に苦しいものにしたという事はある。しかし、朝の静けさの国には、これ以上汚れたところはないといっていいほど極端に汚い洗浄すべき馬屋があり、断乎たる措置が必要だったことを忘れてはいけない。次世代の歴史家は、個人的な感情によって判断を歪めてしまう恐れのある現代の人よりも、公平な観方ができる立場に立てるだろう。

今、できる限り公平に物事を見ようと努めた結果、日本人に対して好意的な見方をすることに強く傾いていると私は思う。彼らの行なったことのいくつかについては弁護するつもりはない。私は朝鮮人に対して同情を抱いている。朝鮮人が自国の自由を選ばないのであれば、彼らは尊敬に値しないだろう。なぜ他国の征服者の厳格な正義よりも、自国の郡守たちの不正の方がまだましと思えるのかは理解できるだろう。

それにも拘わらず、私は日本人に対しても同情を抱いていることを認める。彼らは、自国の独立にとって脅威となるであろうロシアの侵略を阻止するために、朝鮮を占領せざるを得なかった。彼らは現在、限られた予算の中、手強い責務に悪戦苦闘している。そして、朝鮮人、ロシア人、中国人、極東にいる外国人多数からの嫌悪と反対とも闘っている。

私たちは、同じような状況にある自国の手法を論じるのと同じくらい率直に日本人の手法を論じるべきであるのと同時に、朝鮮人の支配者である日本人を不当に罵ることで朝鮮人を助けられると考えるような過ちは避けるべきである。私はこの本の他の章でそのようにしている。

手法や精神の主要ではない欠陥からのみ、日本の朝鮮占領の歴史的価値を評価するのは狭量で非科学的だろう。それはあたかも、大陸横断鉄道は、鉄道敷設権が誰かの財産を侵害したり、あるいは残酷な親方が使用人やその家族に対して暴力行為を犯したので、建設すべきではないと抗議しているようなものである。

私たちは、それに関わった人々の過ちを咎め、不必要に過ちを引き起こした人々に対しては全面的に非難すべきだ。しかし、その結果については、たとえ人間の不完全な手段によって実現されたとしても、関与した人の愚行や犯罪によって評価するよりも、国や世界に対してもたらした価値によって評価されるべきだということを認め、その動きを歴史的な観点から見るべきである。日本の支配の問題全体を見ながら、それには大局的な観点と局所的な観点があることを心に留めておかなければならない。

## 歴史の二通りの見方

大局的な観点とは、民族の進化と神の計画の発展において、朝鮮が日本の保護下となるべきというのは、世界の最高の利益と朝鮮人自身の幸福のためだったと言う時が来たということである。この世界におけるすべての動きは、一般的な性質上およびその究極の目的において慈悲深いものであっても、そこには、人間的な欠陥を完全に共有している人間が関わっている。中には利己的な人もいれば、貪欲な人、残酷な人、好色な人もいる。従って、偉大な動きの進展には、多くの誤った個人の行為が伴っているのは間違いない。歴史的な描写がすぐにそれを学ぶ者の心に浮かぶだろう。

ヨーロッパのプロテスタント改革は、変革者の偏見と情熱とは切り離せない。アメリカ合衆国の奴隷廃止は、多くの残酷と情熱の行為によって道徳的尊厳が傷つけられた戦争の中で実現した。戦後、南部の州における北部の「カーペットバガー（註：私利を漁り歩いた移住者）」の非道な行為は、アメリカの歴史において不快な側面である。南アフリカのトランスバール州において共和制の名を騙る腐敗した反動的な独裁政治体制をイギリスが屈服させることは、アメリカと世界にとって最高の利益であることは明らかであった。しかし、イギリスは戦争中および戦後の数カ月、イギリスの良心的な人々が思いだしたくもないことを数多く行なった。

歴史的な問題を考える局所的な観点とは、個人の行為またはその時公務に就いていた人物の政策だけに注意を集中することである。移行期が騒然としていて、そこに関わる者の多くが不注意で無節操だからといって、その動き自体も悪であると性急に結論づけるべきではない。

無力な朝鮮人に対する日本人の行為について率直に断乎として抗議するのは正しい。不正をただすために最善を尽くすことは正しい。しかし、日本が朝鮮にいることは最善ではないという仮定に基づいて行動したり、国家再建のための全体的な政策の邪魔をするのは、重大な誤りだろう。

独立した国を持ちたいという朝鮮の人々の自然な願望には同情するが、極東の現在の状況においてはどうあがいても朝鮮が独立を維持することはできなかった。そして、朝鮮人は、自国の為政者やロシア人の支配下にあるよりは、日本人の支配下にある方がずっと良い。朝鮮人にとっては、旧体制における腐敗と脆弱と圧政の底なし地獄に戻されることほど酷いことはなかった。今、新しい秩序が確立しつつある。朝鮮人は、前進のための良い機会を与えられているのだ。日本人は、この発展の動きをもたらす政治的・経済的な仲介者である。日本人がいくつかの間違いを犯し、これからも犯すであろうことは疑いない。しかし全体的に見れば、朝鮮において彼らが行なったことは多くの点で良い結果をもたらしている。もちろん、今の朝鮮人や、古い時代に朝鮮にやってきた外国人の友人たちが状況の変化に適応するのは大変なことだろう。しかし、他に選択肢はなかった。避けがたい状況を心から認めるのも知恵であるのだ。もちろん、朝鮮人や、古い時代に朝鮮にやってきた外国人の友人たちが状況の変化に適応するのは大変なことだろう。しかし、他に選択肢はなかった。避けがたい状況を心から認めるのも知恵である。

## 朝鮮人の変化

時間が経つにつれ、朝鮮人は徐々に新しい状況を受け容れ始めている。少なくとも、その状況に従い始めてはいる。確かに日本人の支配に反抗的で、陰謀を企てる者はいる。何百万もの人が一人残らず、国の独立とアイデンティティの喪失に対して同意すると思うのは、人間の性質に対する過度の期待である。

しかし、もはや避けられないことに従う朝鮮人の数は増えている。さらに、日本人によって与えられた利益にも気づき始めている。道路、鉄道、公衆衛生、病院、安定した通貨、様々な公共財は日本人だけでなく、朝鮮人に恩恵をもたらしている。新しい状況を冷静に受け容れている朝鮮人は、朝鮮人が支配していた旧体制の時よりも、お金の稼げる安定した雇用を得られることに気づいている。いい服を着て、快適な家に住める。外国の主人（註：日本人）は、日本人が占領する以前の朝鮮人の官吏(かんり)よりも、概して公平である。もし同胞から不当な扱いを受けたら、官吏に賄賂など渡さなくとも、朝鮮が「独立」していた古い時代よりも公平な裁判を裁判所で受けられるだろう。

昔からの習慣も新しいものに取って代わられようとしている。古風な髷と馬の毛の帽子は消えつつある。ゆったりとした白い服は、徐々に日本の服に変わりつつある。男らしくないことを誇りに思っているのんびりした紳士、明らかに学者とわかる大きなべっ甲縁眼鏡をかけた人、怠け者の証明である長い爪の人は、もはや賞賛の対象となる可能性は低くなった。今や達成することが問われ、それに適応した人だけが生き延びることのできる多忙で実務的な時代になったのである。

状況の変化に対して嫌々従う傾向にある朝鮮人に対して、日本人は移行期間をできる限り容易なものとするだけでなく、国が征服されたことを嘆いてまだ傷心状態にある朝鮮人に対して不必要に厳しく処するのを避けることで、新しい時代に変わろうとする流れを賢明に推し進められるかもしれない。実際のところ、分別をもった無関心な態度を取ることには限界がある。しかし、政治犯の容疑者全員を厳罰で処する政策は、革命心を激化させ、暗殺の危険性を減らすよりも、むしろ増やしてしまうことになる。これはロシアの歴史が証明している。ある種の出来事については騒ぎ立てるより、快く無視する方がよいと知っている人は、賢明な支配者であり、賢明な保護者である。政府批判は、蒸気のように、大気に自由に拡散させる方が危険性は低い。

爆発するのは抑圧された時だ。日本だけでなく、植民地の人々を支配しているすべての西洋諸国も、1858年のインドに関するヴィクトリア女王の宣言に表された高貴な理念を肝に銘じるのが賢明であろう。

「インドの民衆すべての恩恵のために、インド政府を支配することが私たちが切望する願いである。彼らの繁栄にこそ私たちの強みがあり、彼らの充足にこそ私たちの安全保障があり、彼らの感謝にこそ私たちにとって最高の恩恵がある」

朝鮮人たちは急速に、知的な自己決定に相応しい人々となりつつある。もし日本が、多くの日本人が望んでいるように、極東の大英帝国とみなされたいのであれば、朝鮮は日本にとって、統合されたスコットランドであるべきなのか、自治政府を持ち満足しながらも大変忠実なカナダであるべきなのか、騒然として革命的なアイルランドであるべきなのか？

この問いを解く努力は、アイルランド人を敵意ある内紛へと引き裂いた宗教的対立のようなものでは妨害されない。日本人には、朝鮮半島と日本列島の帝国を、統合にこそ強みがあるという格言の例となるような、中身の充実した一つの国にまとめるための賢明で融和的な政策を、比較的自由に実行する機会が用意されているのだ。

# 第二十四章

## 売春と麻薬

日本では姦淫は容認できる違法行為だと見なされている。日本の売春婦は、西洋の売春婦と同じように、残忍な楼主から虐待を受け、多額の借金を背負い、汚らわしい病気に罹る。そして、伝道団が助けなければ、取り返しのつかないほど健康を害し、楼主から逃れて普通の生活に戻ることは出来なかった。朝鮮の日本人居留地にも売春宿はある。芸者（舞姫）は主要都市すべてにおり、宿屋、料理屋、酒場などにいる下女も、売春婦であることはよく知られている。当局の公式記録には、売春婦と芸者は毎月政府に税金を納めていると記されていた。中国政府は麻薬取り締まりに奮闘していたが、非常に苦労していた。朝鮮でも状況は深刻だ。麻薬取引は日本の法律に反しているが、日本人は大っぴらにそれを行なっている。特に田舎の地域で取引が行なわれ、行商人が多くの朝鮮人の間にモルヒネとアヘンを普及させている。

## CHAPTER XXIV

## THE SOCIAL AND MORPHINE EVILS

Although improvement has been made in recent years, licentiousness is still regarded as a comparatively venial offense in Japan. The alleged easier lot of the Japanese courtesan, as compared with that of her American and European sisters, is largely imaginary. It is true that she does not suffer the same sense of shame and guilt, and that she is not so completely ostracized. But she is the victim of the same kind of maltreatment from brutal keepers; she is involved in the same debts from which she can seldom extricate herself; she contracts the same foul diseases; and, until missionaries took up the struggle in her behalf, she had little better chance of escaping from her keepers and returning to a normal life before she was irretrievably wrecked in health.

Brothels, although of course on a smaller scale, exist in practically every Japanese colony in Korea. Geisha (dancing-girls) are scattered about every considerable town, and waitresses in many of the inns, restaurants and drinking-shops are well understood to be prostitutes, although of course not all of them are. The official records also showed that there was a monthly government tax collected from prostitutes and geisha.

The morphine evil presents another serious question. The Chinese made efforts in recent years to extirpate the opium vice, the curse of China, yet without being able to completely eradicate it. The situation is serious also in Korea. The traffic is contrary to Japanese law, but it is conducted more or less openly by Japanese, particularly in the country districts, where peddlers spread the morphine and opium habit among multitudes of Koreans.

# 売春と麻薬

## 売春についての日本の道徳的問題

日本の道徳的な状態は、長らく不快な性質のものだった。近年、改善は為されているものの、姦淫はいまだ比較的容認できる違法行為だとみなされており、文明国と称される世界の国々でそれが非難されるのに比べれば、男女ともにあまり非難の対象となることはない。日本では10・3パーセントの赤子が非嫡出子だ。

最近ある著者が「日本人の道徳心は全体的に西洋諸国の人々のそれよりも勝っていると言うことに何の躊躇もない」と言ったが、全く哀れだ。日本を訪問してこのような印象を持つ者とは議論する余地もない。

マーフィーの『日本の社会的悪』は、驚くべき明確さで真の状況を語っている。心地の良い本ではないが、信頼性には疑いがない。著者は個人的な知識からその本を書いたのだが、それは何年にも亘って、数多くの日本人少女を実質的には奴隷である売春婦の生活から救い出す奮闘から骨を折って得られたものだ。

日本人の高級売春婦の運命は、アメリカやヨーロッパの高級売春婦の運命よりも楽であるというのは、大部分は架空の話だ。欧米と同じような恥や罪の意識には苦しめられず、完全に村八分にされることもない、というのは事実だ。

しかし日本の売春婦は残忍な楼主（ろうしゅ）から西洋と同じような虐待を受け、ほぼ解放されることはない同じような借金を背負い、同じような汚らわしい病気に罹（かか）り、伝道団が彼女のために闘ってくれるのでなければ、取り返しのつかないほど健康を害するまで、楼主から逃れて普通の生活に戻ることなどほとんどなかったのである。若く無知な少女たちは警察で売春婦として登録するよう説得あるいは強制され、そして隔離された地区へと振り分けられるのだった。少女たちは軽率に署名してしまった契約書に従わねばならず、もし逃げたら、しばしば警察が捕まえるのを手伝って売春宿に連れ戻されるのだ。

多くの日本人が不純ということについての良心を持っていないように見える。彼らは、不道徳と言うよりはむしろ道徳と無関係と感じているのであり、日常で見られる淫らな行為が間違ったものだと言われると、隠しきれない驚きでこちらをまじまじと見つめることがよくある。YMCA東京の主事であるガレン・W・フィッシャー氏は次の事を確信を持って語った。すなわち、ある大きな普通学校の校長は、売春宿の常連であるだけでなく、他の教師にも行くように勧め、彼らにチケットまで渡して、月末に彼のもとに請求書が届くと、それをそれぞれの給料から天引きするのだ、と言っていたと。[一]

日本を17年間旅したベチェル大尉は、107の地区を調査し、96の地区が有害なほど不道徳であるとした。彼は、多くの寺社では未だ男根崇拝が行なわれ、いくつかの地区ではほぼすべての大人が不道徳に冒されていると報告している。また、次のことを述べている。ある学校の校長は、親も子供も知る中で数人の不倫相手を持ち、ある国会議員は二人の愛人がいることを公にしている。臨時国会の議員は二人の妻と二つの家のそれぞれに子供を持ち、芸者と旅をする。僧侶、村長、医師、学校の校長、著名な商人などの指導的立場にある男たちについてもそうで、特にある商人は、10円で12歳の少女を売ったが、それは両親が彼女を養う事ができず村に負担となるかもしれないという理由からだった。[二]

アーネスト・W・クレメントの『現代日本の手引き』の真実性については、賢い者なら疑う事はしないだろう。著者は非常に長く日本に住んでいるので、事実を知らないはずはない。

---

一 「Japanese Young Men in War and Peace」ニューヨークYMCA国際委員会出版のパンフレット

二 The Missionary Review of the World 1917年の「Japan's Need and Response」5〜6頁

彼が言うには、「よく知られているように、日本では社会悪（註：売春）は自由で、それ故、合法だ。単に非難されないだけでなく、許されているのだ。古き日本では、貧しい両親の苦痛を和らげるため、一生の恥を忍んで若い少女が身を売るのは美徳であるとされていた。なぜなら子の忠義は個人の貞操よりも高い徳とみなされていたからだ。家族の幸せは個人の状態よりも大事だったので、このような助けを得た親も厳しく咎められることはなかった。そして現代の日本でも、法律の観点からして、売春宿を訪れることは罪ではない。そして、そこを訪れる客は自分の名刺を渡し、普通の公共の催し物にでも参加するかのように名前を登録するのだ。それどころか、現代の一流の哲学者、そして教育者の一人でもある帝国大学の前学長は、科学と哲学の観点から見ると、売春自体は悪ではないと考える、と公の出版物で表明したのだ」[三]

慎ましさの観念というのは、ある程度それぞれの国の慣習に影響される。不躾（ぶしつけ）という罪をひどく嫌うアメリカ人女性も、社交の場や外の通りで、中国人なら非常に不道徳だと思うような服を着て現れる。それ故、日本への訪問者も、公の場で、または風呂に入る時に、日本人が男女ともに裸でいるのをよく見かけるだろうが、それをさほど気にする必要はない。

しかし、このような慣習を考慮したとしても、全体的な事実としては、日本の国民感情は、色欲は自然な衝動で、食欲やのどの渇きを満たすのと同じように、適切に満たされるべきものだという考えなのだ。私は、ヨーロッパとアメリカの都市にも恥ずべき不道徳さがあり、アジアの港町のほとんどの外国人居住地は、ソドムとゴモラが恥じるような悪行の巣窟（そうくつ）となっていることに気づいていないわけではない。何百ものアジア人女性がふしだらなアメリカ人とヨーロッパ人に引き留められ、多くの観光客を乗せた蒸気船は、大体が、港の売春宿に収入をもたらすことを意味した。自堕落な白人より卑しいアジア人はいない。

三『Handbook of Modern Japan』１６６～１６７頁

売春を合法化しているのは日本だけではない。西洋人の中には、警察に小金を儲けさせるだけで多くは空文でしかない禁止令のもとに野放しで売春が為されるより、政府の許可制のもと売春に対処するほうが良いと考える人もいる。日本は、どの政府も排除できた試しがないこの悪について、許可を与えるというヨーロッパの国々に従った。

しかし、理論がどうであれ、免許が交付されることによる実際的な結果は、悪を宣伝し、それを簡単に魅力的に見せ、公的な規制で被うという事であった。日本の地方自治体ほどにおおっぴらに悪と連携している政府はほとんどない。世界のどの売春宿も、日本の売春宿が仏教と関係するように、キリスト教の刻印を持ったりしない。つまり、日本では僧侶や仏教教育者が多かれ少なかれ公に売春を支持するが、そのように、キリスト教の宣教師や教育者は支持したりはしない。

## 日本国内での売春の禁止

売春については、何らかの是正措置が取られており、法廷より制限する命令が出されたことは私も知っている。1900年10月2日、内務省が自由廃業規則を発令し、免許を持つ女性が楼主の承諾なしに売春宿を出る権利が与えられた。何千もの少女がこの権利を行使したので、彼女たちは、もはや契約期間によって拘束される法的な人質ではなくなった。ただし16歳未満の少女は法的に免許を得ることはできなかった。

法廷では、将来の訴訟に対して満足のいく前例になると思われるテストケースが争われた。救済施設が開設され、認可娼婦の数は大きく減った。

しかし、これらの改善は、主にマーフィー氏と救世軍が先頭に立った伝道団の運動の結果である。この運動が激しく酷い反対にあったことは、マーフィー氏が生々しく叙述している。1916年に大阪当局は、火事で燃えた売春街の代わりとして、大阪で最も人気のある娯楽地域である天王寺公園、動物園、ルナ公園付近の17エーカーにわたる地区に遊郭を建てる許可を与えた。

その時、クリスチャンたちは「飛田許可地区反対協会」を設立し、ＹＭＣＡのジョージ・グリーソン氏と救世軍の山室大佐のリーダーシップのもとに運動を始め、多くの最良の日本人から心よりの協力を得た。

２，０００人の名士に、反対の姿勢を公に示すことを請う手紙が送られた。そのうち６００人が好意的な返事をし、３人だけが運動に反対した。しかし、１，４００人ほどからは返答がなかった。

82歳の尊敬すべきクリスチャンであるヤジマ夫人が率いる日本人女性たちが、その計画を破棄するよう知事に嘆願書を提出するために通りを行進した。

知事は「非常に忙しい」とのことで会えなかったが、警察本部長には会う事ができた。

東京の出版物である『極東』は、次のように書いた。

「ここ数カ月に亘り、大衆はこの問題に取り組んできたが、当局がこのような不快な事業を終了するのが得策であるのに気づいておらず、異例な強さで沸き起こっている世論を受け入れていないのは驚きだ」

最高裁が、娼婦は楼主に借金を返す義務があるとしたのは、楼主に強力な武器を与えることになる。しかし楼主というのは、世界中どこでも、そして日本でも、常に娼婦に借金を負わせておくように彼女たちを騙し、高値をふっかけることで悪名高いのだ。

日本共同キリスト教伝道常設委員会の報告書からの次の引用は、どのように法律が回避されているのか示している。

「厳しい監視が敷かれているため、娼婦たちは気づかれずに遊郭から出ることはできない。もし見つかれば、娼婦は連れ戻されてしまい、自由を選んだ娼婦に干渉する者は罰せられるという法令の条項は実質的に無視される。娼婦が警察に行った場合は、楼主やその下で金目当てに働く者が追って来て、戻ってくるように脅したり、甘い言葉で騙したり、懇願したりする。娼婦の言い分が通って娼婦でなくなると、楼主はたいてい、彼女たちの服を取り上げ、薄く汚い着物と帯だけを残していく。誰か一人が自由になると必ずすぐに、楼主は契約した娼婦の所有物を差し押さえる。これが今までで一番効果的な方法だ。20パーセントほどが娼婦の生活に戻ってしまうが、その理由はほぼ例外なく、両親や親戚の家財道具を差し押さえられるからという理由だ。差し押さえではほとんどすべてのものを持っていかれるので、そうされた家の苦しみは大きい。そして卑しい理由のために自分の子供を売るという、道徳的にも人間的にも非常に低い者の観点からすれば、その困難の大きさは、子供のためにという理由で耐えられるものではない」

## 海外での日本人売春業者

日本人が、この慣習をアジア大陸まで持って行ったのは驚くことではない。日本の娼婦は、満洲を含む中国では、ほとんどの大きな都市、特に港町に多くいる。また、中国北部や東部の多くの小規模な町、フィリピン、台湾、海峡植民地にもいる。

当時、ニューヨーク・オブザーバー紙の編集長であった故ジョン・B・デビンズは次のように書いている。「マニラの政府病院を通ると、売春婦とされる70人以上の日本人女性が一つの区画で見られるが、『フィリピンにいる日本人女性のほぼすべてが邪悪な女（註：売春婦）だ』と言われている」

2万6、360人の日本人女性が国外で売春婦として生計を立てていると言われるのである。

青島（チンタオ）は、1914年の世界大戦勃発後に日本がドイツから割譲された中国の港町であるが、そこでは特に恥ずべき状況になっている。彼らの初期の行動は、「赤線」地区の広い場所を選択し、建物をいくつか建てることだった。選ばれた場所は、住居も学校もある長老派教会伝道団の敷地の近くだった。伝道団からの礼儀正しい抗議が行なわれたが功を奏さず、日本人の役人たちはそのような反対が起こることに対して驚きを隠さなかった。建物は大きく、素敵な外観で、長く経営する意図があると分かる立派さだ。

開業する準備が整うと、そこは若い女性たちで溢れ、手の込んだお祭り騒ぎで正式な開店式が催された。役人、著名人、町の外国人がこの式に招待された。アメリカ人伝道団は招待されなかった。毎晩、窓が解放されて煌々と明かりが灯る建物と、それに繋がる趣ある庭や道からはどんちゃん騒ぎの音が聞こえてきた。伝道団の住居のうち遊郭に面している寝室で寝ることはほぼ不可能で、飲めや歌えの大騒ぎはよく明け方まで続くのだ。

似たような状況が朝鮮でも起こっている。どの人種の男も、母国より外国での方が抑制が効かないものだが、日本人も同じであり、その結果として、朝鮮では今まで見たことのないような悪のカーニバルが起こっていた。最近日本で施行された是正措置は、朝鮮では名目上のものでしかなく、時折施行されることがあるという程度だ。朝鮮人は道徳的な人種ではないが、少なくとも好色は個人的悪であり、売春宿は横道に置いておくものだとみなしている。

しかし、日本人は裁判所や鉄道の駅を建てるかのように、朝鮮に売春宿を建てた。居留地を見つけると、たいていそこに売春宿の地区を設けたのである。そこには洒落た外観の建物が建てられ、音楽が流れて明かりが灯り、町の他の場所同様に魅力的に造り上げられた。奥まった場所が選ばれるわけでもない。

１９１０年11月、ソウル当局は日本人居住区に散らばっていた１３０の売春宿とふしだらな飲食店を離れた場所に移すよう命令した。この命令は警察の手入れで行なわれ、そのエリアの商業地区と居住地区にとっては明らかに有益であった。

だが残念なことに、移動先として指定された場所は、その町の中で、以前の場所よりもずっと大きな場所を占める、目立つ丘の中腹にあった。そこは、毎晩きらきらと輝き、町で一番目立つものとなってしまった。対面の丘にあるミッションスクールの男女生徒にも、そこに遊郭があることや、自分自身を尊敬に値するほど立派だと思っているような男たちが毎晩群がっているということも、嫌でもわかってしまうのだった。

小規模ではあるが実質的には同じ状況が、朝鮮のすべての日本人居留地で見られる。日本人の数が非常に少ない所でも、売春婦はいる。悪は「赤線」地区に限ったものではないのだ。芸者は主要都市すべてにおり、多くの宿屋、料理屋、酒場などにいる下女も、売春婦であることはよく知られている。勿論、全員が売春婦というわけではないのだが。当局がこの事実を知っていたというのは、私が2度目に訪朝した際に手に入れた公式文書の統計からも明らかである。そこには、ソウルと平壌の不道徳な女性を「売春婦」「芸者」「宿屋、酒場、料理屋の下女」として挙げていた。

また公式記録には、売春婦と芸者は毎月政府に税金を納めていたと記されていた。ソウル当局が報告した朝鮮人売春婦の数もあったが、比較すると、ソウルにいた日本人の31人に1人が、朝鮮人の場合は730人に1人のみが不道徳と分類されていた。しかし、日本人はこの商売に対して非常にオープンであるため、隠したがる朝鮮人よりも、数に入れることが容易であると言っておくのが公平である。

この社会悪については人種による別はない。朝鮮人はこの悪にあからさまに誘惑されるだけでなく、信用できる情報によれば、日本人の悪の仲介人が、地方の村から村へと売春婦の小さな一行を案内して回るのも珍しい事ではないという。コリアレビューの編集者の次の言葉に私は怒りの頂点に達し、とても信じることができなかった。

「外国人と日本人両方の目撃者により、これは議論の余地なく証明されている。朝鮮のある町では、軍は朝鮮人民家に兵士を宿泊させ、他の民家には日本人売春婦を宿泊させた。多くの場合、朝鮮人クリスチャンは、これらの売春婦が非道な商売を行なうために、自分たちの家の一部を明け渡すよう強要された。我々は良識に関する、この言うに堪えない憤りについて綿密に調査したところ、事実は非常に明確に証明されたのである」

私が多くの点で尊敬し称賛する日本人という人種について、このような不愉快な事柄を率直に書くというのは残念なことだ。より多くの日本人が当局と社会悪の実質的な繋がりを嘆き、それが解消されて悪が消えて欲しい、少なくとも健全なコミュニティーから見えない所へ追いやって欲しいと思っているのは嬉しい事だ。友好的な外国人が、これらの気高い日本人が状況を改善するのを助ける一つの方法は、文明化した人類の世論は悪を咎め、それに耽る者は自らの人格と世界の尊敬を失うということを明確にすることだ。

## 社会悪への対処

日本の社会的、経済的状況を判断する際には、次のような事情を考慮して手加減を加えるべきだ。すなわち、日本が、前述したような不道徳に関する事柄に対して無知だった時代から抜け出したのはつい最近であり、心からこの状況を改善したいと思う日本人は増えているという事だ。これらの事柄を長い間知っていた西洋諸国でさえも、まだまだ恥ずべき点を持っているのだ。

チャールズ・H・ブレント司教はフィリピンでの悲しい見解を次のように書いている。

「この長年続く問題に、どのように賢明かつ効果的に対処するかというのは、キリスト教伝道団が設立されて以来の難問である。我々もまだ答えを見つけていない。我々は過ちを犯したのだと思われるが、もしそうであるなら、それは規律の欠如ということにある。もし我々が性的不道徳の重大さを見失っているように見えたとするなら、それは、現地でのこの罪は、西洋諸国と同じ価値観で評価できないということを理解したからだ。私はよく、自国の不純さを覆い隠すような軽蔑と冷笑をもってこの問題を考えていたのだが、もしも独善的な

西洋人が、突然イゴロト族のような社会的状況に置かれたら、どうなるのだろうと疑問に思っていた」[四]

現代日本の社会的、産業的状況において悔やむべき点は多くあるものの、改善する日が近いと思える兆しも多くある。慈悲心と道徳的向上の勢力が生まれ、毎年、活力と勢力を増しているのだ。

ついでに、社会悪を隔離させる政策について一言付け加えよう。日本人のやり方は、この問題を研究する多くのヨーロッパとアメリカの研究者が推薦している。彼らは、悪を消し去ることはできないと諦め、売春街を孤立し監視できる場所に制限し、意図的に不道徳な男だけが求め、娼婦が健康診断を受けられるようにする方が、町のあちらこちらに散在して若い男を惑わし、上品な家庭のある区域を汚すよりもよいと主張している。

しかし問題は、「隔離」が隔離になっていないということだ。典型的な娼婦は、他の人と同じように自由を好み、できる限り自由に振る舞うものだ。警察が干渉した時には、賄賂を渡そうとするが、何千もの町の経験からすると、それは通常うまくいくのだ。最も鈍感で不注意な者だけ、または最も哀れなほど無知な者だけが、隔離された地区で、自発的に事実上の囚人となるのだ。

この証拠としては、日本と西洋諸国の隔離政策を採用した複数の都市で、定められた区域外でも不道徳な女が多くみられ、彼女たちの少なからぬ悪が「境界線を越えて」振りまかれていることから明らかだということである。

また、隔離は性的なみだらさを認可ビジネスとして合法化し、警察の腐敗を招く。なぜなら、女たちが逃れるために警察に賄賂を渡すのみでなく、元締めも女たちを保持するために賄賂を渡すからだ。

米国社会衛生協会が、この問題についてヨーロッパとアメリカで徹底的な調査の上で断言した所によれば、隔離は売春婦の需要を増やし、供給を拡大し、悪を継続的に宣伝し、不法な特権階級を作り出し、怠惰で卑劣

---

四 The Spirit of Missions　1918年3月付の記事「Sixteen Years in the Philippines」

な者が出会う場所を提供し、酒の不法取引を増加させ、最も公共汚染を生み出す原因となっているのだ。

悪行に免許を与えたり規制する政策も、同様に失敗している。不道徳な女は、隔離と同じくらい、公的な登録やそれに付随して強要される状況をひどく嫌って、ほとんどがそれから上手く逃れる。

この分野では知られた権威である、ニューヨークのアブラハム・フレクスナー博士は言う。

「登録制度が機能しているところはどこにもない…ほぼヨーロッパ全域で規制があった時代もあった。今は、それはイギリス、オランダ、デンマーク、ノルウェー、スイス（ジュネーブ以外の都市）でなくなった。フランス、ベルギー、ドイツ、オーストリア、ハンガリー、スウェーデン、イタリアでもほぼなくなりつつある。ハンブルグとブタペストの二つの都市だけは、市当局がまだ粘り強く制度を保持している。ヨーロッパで規制が実施されているだろうと聞かれたら、そのシステムは多くの国でなくなり、他のすべての場所でも消滅寸前であると自信を持って言えるだろう[五]」

売春婦の健康診断は免許制度の中で非常に自慢されるものだが、フレクスナー博士は次のように言う。

「それは全くの茶番で、病気を発見するよりも広めていることに全く疑いはない」

社会悪に政府の免許と規制で対処するという方法は、本質的、全面的に不合理な理論であり、実践においては全くの失敗である。この問題に中途半端な答えはない。唯一の正しい方法は、これを罪であり犯罪であるとみなし、窃盗や殺人に対処するように対処することだ。いつも、どこでも、どんな状況でも根本的な間違いであり、どこでいつ見つかってもなくされるべきものである。どんな妥協も矯正措置としては無益であるだけでなく、現実問題として悪い状態をさらに悪化させる。

そして、疑問を持つ人がいるかもしれない。正義、公正、常識の名において、片方、つまり女性のみに対処して、

五　Social Hygiene　１９１４年12月号の記事

もう片方、つまり男性が自由にうろつくことができるならば、どうやって悪を効果的に隔離したり規制したりすることができるだろう?

通常、男の犠牲者である堕落した女たちよりも、性的にみだらで大多数は病的な男たちによって、社会は遥かに大きな脅威にさらされるのだ。惨めで絶望的な多くの少女たちを隔離された地区に住まわせたり、または警察で公的に登録して免許を得させることによって、社会悪を根絶したり最小限に抑えられると考える者たちに対して私が言いたいのは、彼女たちを食い物にしながら恩に着せるような、極めて大勢の男たちを、彼女たち同様に対処するか刑務所に入れるよう要求しろということだ。この問題が女性の問題ではなく、むしろ男性の問題であることに気づくまでは、この社会悪に対処することなどできない。

## 日本とイギリスの麻薬への関与

もう一つの深刻な問題を呈するのが麻薬の悪である。中国が近年、自国への呪いであるアヘンを根絶するために非常な努力を払っていることを、世界は称賛の目で見つめている。

1907年にイギリス政府と中国は合意に達し、中国が国産アヘンの生産をそれ相応に減らすならば、東インドから中国へ輸出されるアヘンについて1年に5、100チェストの割合で減らされること、そして取引そのものを10年で終了させることになった。

1911年の英清協定はこれを補強し、アヘンを生産していない中国の州へはアヘン輸入を禁止した。中国全土への輸出は、10年の期限である1917年3月31日に切れ、その後は法的に絶対輸入禁止となった。他の国で悪行を取り締まる法律と同様に、この法律も時には厳しく、時には緩く施行された。

しばらくの間、アヘンの吸引は撲滅されたように見えた。おそらく、アメリカで禁酒法が施行されている州での違反と同様に、頻繁ではなくなった。しばらくの間は、中国人判事の管轄下にない条約港の外国特権を除けば、非常に厳しく罰せられたのである。

１９１４年、唐紹儀は中国の町のアヘン窟をすべて閉鎖したが、外国人居留地ではアヘン窟は全く制限されず、1週間に60万ドルを売り上げていた。

やがて、悪はまた目立つようになってきた。アヘンの材料となる芥子が再び栽培されるようになり、始めは山岳地帯の孤立した土地で栽培されていたが、少しすると、陝西省や貴州省のような内陸の州でも隠し立てすることもなく栽培されるようになった。陝西省の軍政府長官は公に、アヘン栽培は収入を得るのに必要だと述べた。政府は、１、５００万ドルの10年国債の支払いで、上海と香港のアヘン共同事業が保持する東インドアヘン１、７００チェストを引き取る事に合意した。

政府はそれを高い値段でシンジケートに売り、シンジケートはさらに非常に高い値段で、医薬目的としてそれを売却した。シンジケートの中には役人も多く含まれており、「医薬」という言葉はかなり緩く解釈された。中国の状況は乱れ、取り締まりも放漫となり、犯罪者にとっては訴訟される恐れも少なくなった。しかし、人格高潔で知性のある者は、中国人であれ外国人であれ、その危険性を警戒し、回避するために断固たる努力を為した。もしも悪がアヘン吸引だけだったなら、恐らく、少なくともその大部分は止めさせることができただろう。なぜなら、法律は強い世論、および中国の教会と伝道団に支えられていたからだ。

１９１８年11月に、徐世昌総統は、中国政府が上海で外国商人から買ったアヘンを燃やすように命令した。それをワシントンの中国公使館が発表した時には大きな喜びが沸き起こった。

しかしあいにくなことだが、ある所で悪への欲望が抑圧されると、他の所で別の悪が発生するものだ。アヘンの使用が減少すると、今度はアルカロイドやモルヒネの使用が増加した。中国政府はこの危険をはっきりと理解し、１９０３年には、それらを禁止する目的で税金が課せられ、合法な貿易においては功を奏していた。にも拘わらず、売買されるモルヒネの量は増え続けた。中国当局は、この法律の抜け道に気づいていたのだが、取り締まるのは困難だった。密輸業者を取り締まるのみでよければ、傷は比較的小さかったであろう。なぜなら、モルヒネは、非常に深刻で意志の固い中毒者以外は手に入れにくかったからだ。

中国人のディーラーは厳重に罰せられたが、この悪事は外国人、主に日本人によってなされたのである。１９１４年、日本は1カ月に1トン以上の割合でモルヒネを輸入した。ほとんどをロンドンのある会社とエディンバラの二つの会社から買っており、驚くほどの速さで麻薬が入り込んでいた。日本人はこんなに多くのモルヒネで何をしていたのか？　彼らは自分たちではほとんど使わない。医学的な目的で比較的少量を使うのだが、その他の用途は日本の法律では禁止されていた。

北中国と満洲の町に行けば、日本人が大量のモルヒネで何をしていたかがすぐわかる。何百もの日本人行商人が、様々な名前を付けて現地の人に売っていたのだ。「白い粉」、「鎮静剤」、「夢の国の万能薬」、そして場合によっては本当の名前である「モルヒネ」として売っていた。ほとんどは郵便で配達されていた。日本を含め複数の外国政府が、中国に自国の郵便局を持っていた。

中国当局は、その郵便局を規制することはできず、現地の郵便局が転送するのでもない限り、手紙や商品の小包を規制することもできなかった。それ故、日本の商人は数多い日本の郵便局を通してモルヒネを送ることができた。中国政府は小包を開けることは許されず、現地の日本人が直接受け取った。中国の行政官は大胆に日本人に干渉することなどしないので、手の施しようがなかった。

ロンドン・ランセットとメディカル・レコードは、１９１７年1月の中国医療協会の会議の前に次のような記事を載せた。それは伍連徳という中国名を持つ、Ｇ・Ｌ・タック医師が書いたものだ。

「満洲の日本人麻薬の売人や行商人のほぼすべてが、様々に形を変えて売っており、処罰を受けない。なぜなら、まず最初に公使館に苦情を提出しなければ、日本人を逮捕できないからだ。これらの日本人仲介人とその下の仲介人から、麻薬がいかがわしい中国人に売られる。それらの中国人は、労働者の集まる場所によく現れ、ガラス、金属、または竹などでできた皮下注射器を使って、たいていは、非常に非衛生的な状態の液体を注射するのだ。モルヒネを所持しているのを見つかった中国人は、普通は2年という厳しい投獄を科せられるが、主たる犯罪人はたいていの場合は罰せられないのだ」

伍連徳医師はさらに次のことを述べた。彼は、満洲に住んでいる5年の間に、この麻薬によって大衆に大きな惨事がもたらされたのを見た。何千もの哀れな人々が冬の大都市で死んでおり、それは一部には寒さのせいもあったが、主な理由はモルヒネの習慣のせいで働けなくなったためだ。この悪は広がっているようで、この不法取引のディーラーは莫大な富を得ており、１９１３年に中国の密輸業者が6・25トンのモルヒネで得た収入は約４２０万ドルだった。

朝鮮でも状況は深刻だ。ほとんどの朝鮮人は鈍感なのだが、見識ある者や、朝鮮人を気遣う真の友は皆、その事を心配している。麻薬取引は日本の法律に反しているのだが、日本人の商売人は、ほぼ大っぴらにそれを行なっている。特に田舎の地域で取引が行なわれ、行商人が多くの朝鮮人の間でモルヒネとアヘンを普及させている。日本人は日本で法律を厳格に実施するので、朝鮮の行政官も、事例が直接自分たちの目の前に持って来られて責任逃れができない時には、密売人を罰する。

しかし、そうせざるを得ない時以外は、これを取り締まることはほとんどなく、そうさせるような努力は、大体において不愉快なものとされるのである。何千人もの朝鮮人が、あちこちを旅する日本人の行商人からモルヒネの注射器の使い方を学んだ。彼らは、アフリカ人やアメリカインディアンが酒に対して無知なように、その危険性に対して無知で、子供のように欲望のままにモルヒネに耽（ふけ）ったので、悪は深刻な割合にまで拡大していった。現在では、朝鮮のすべての病院で、アヘンとモルヒネの常習者を治療しなければならない。アヘン吸入は昔、中国人によって朝鮮に持ち込まれたのだが、その悪はここまで大きく広がらなかった。伝道団の抗議が少し影響を与え始めたが、朝鮮人の道徳心の低下は止まらない。

イギリスと日本政府が協力して、人々を堕落させるこの取引に終止符を打つならば、大陸に住む数えきれないほど多くの、政治的に弱い人々にとって偉大な恩恵となるだろうに。

公式報告によると、イギリスのいくつかの会社は、モルヒネを、1912年に7・5トン、1913年に11・5トン、1914年に14トン輸出し、1916年までには年間輸出量は16トンまで上昇した。ドイツは1913年に1・37トンを輸出したが、この小さな輸出は翌年には戦争勃発のために止まった。

現在の状況は、日本とイギリスに重い責任がある。イギリスからの輸出は近年になって大きく減ったが、ポルワルス卿が委員長を務めるエディンバラ反アヘン委員会は、1917年4月に次のように報告した。

「1回の注射に半グレイン（註：約32mg）使用するとして、1日50万人の人に注射するのに十分な量が提供されている。イギリスから1年に提供されている量は、100万人の中国人を混沌状態に陥れるのに十分な量だといって間違いはない」

反アヘン委員会からの着実な圧力で、イギリス下院は1917年10月23日、次の発表をするに至った。それはウィリアム・J・コリンズ卿からの質問に答えてのものだった。

「この国から日本へモルヒネやコカインを輸出する許可は、日本の内務省か関東州の日本当局からの証明書がなければ与えられない。それは、モルヒネやコカインは、日本、大連とその周辺で、医療目的のためだけに実際に消費されるという旨の証明書だ。これに関する通知は、日本政府と協議した後の10月11日付の商務省刊行物に掲載された」

また、日本政府が麻薬密輸の予防政策を始めたということも述べられている。イギリス政府が、大戦での同盟国に対して圧力を掛けるのは簡単な事ではなかった。しかし、戦争はもはや終わっている。それに、国内でも何かできるはずだ。生産や販売は規制されるべきだ。三つのイギリスの会社が、正当な医薬目的に必要な量よりもずっと多い生産を許可されている限り、悪は続くだろう。

モルヒネは、白くて軽く、無臭で非常に高濃度の粉なので、比較的簡単に国外へ密輸できる。いずれにせよ、イギリスで生産されて余ったものはどうなるのか、と問うのが正しい。恐らく、製造業者も売れる以上には作らないであろうから、余りは日本経由で朝鮮と中国に辿り着くと思って間違いないだろう。

# 第二十五章

## 日本とアメリカ

日本とアメリカの関係は、始まった当初から明るいものだった。ペリー提督の話は有名だが、最初に日本へ送られたアメリカ大使が博愛主義者のタウンセンド・ハリスだったことも、親善関係を結ぶためには良かった。二国間の関係は、近年に日本人が移民して来るまではスムーズだった。日本人は勤勉で自立的なので、足場を築くことは難しくなかったが、あまり好かれているわけではなかった。カリフォルニア州では日本人移民の95%は、小規模農業者や労働者であり、緊張は特に強烈となった。白人よりも長時間働くことを好み、低い賃金でも快く受け取るので、彼らは競争に勝っていくのだが、それがアメリカの周辺地区で怒りと人種差別を引き起こした。この問題は二国間の信頼関係を揺るがす程に発展したと思われたが、１９１７年に石井菊次郎子爵率いる日本の使節団が訪米すると、両サイドの努力で、石井・ランシング協定が結ばれ、日米関係の緊張は少し緩和した。

# CHAPTER XXV

## JAPAN AND AMERICA

Relations between Japan and the United States began most auspiciously. I need not repeat the familiar story of the famous expedition under Commodore Matthew C. Perry. Happy was it also for relations of good-will that the first American Minister to Japan was Townsend Harris, a philanthropist.

All went smoothly in the relations of the two countries until comparatively recent years, when the Japanese began to emigrate. Industrious and self-reliant, Japanese had no difficulty in gaining a foothold; but while their strong qualities were everywhere recognized, they were seldom popular. 95 per cent of the Japanese in California are peasant farmers, fruit-raisers, truck-gardeners, and laborers, making the racial strain particularly serious. Willing to work longer hours than white men, and to accept lower wages, their successful competition speedily excites the wrath and race prejudice of their American neighbors.

Professor Shigeo Suehiro of the Kyoto Imperial University said: "In recent years, America has been treating us in a way rather unpleasant to us.... If she rejects our claim for justice, I am afraid that the day will come when our friendship toward her shall cease." It appeared that the problem grew to the extent that could severely affect the relations of the two countries.

Fortunately, American relations with Japan were placed on an easier footing during the visit of a Japanese commission headed by Viscount Kikujiro Ishii in 1917. He was hospitably welcomed everywhere, and he won golden opinions by his affable manners and tactful speeches. The Lansing-Ishii Agreement was signed on November 2, 1917. The agreement was significant in that it rested upon mutual confidence in the good faith of both parties.

# 日本とアメリカ

## 日本とアメリカの出会い

日本とアメリカの関係が始まった時、それは未来が明るいと思わせるようなものだった。1852〜1853年にミラード・フィルモア大統領が、海軍軍人外交官であるマシュー・C・ペリー提督率いる有名な遠征隊を送った話はよく知られているので、それについてはもう話すまでもない。海軍の軍艦から構成された艦隊の礼砲は、当時粗野だった日本人の間に激しい興奮と警戒をもたらしたが、遠征の目的は明らかに平和的なものであり、平和な条約が締結された。アメリカ人は、日本と西洋諸国との最初の条約が、アメリカと結ばれた1854年3月31日の条約なのだということを、当然ながら誇りにしている。

最初に日本へ送られたアメリカ大使がタウンゼント・ハリスだったことも、親善関係を結ぶためには良かった。ハリスは、商人、教育者、博愛主義者、そして外交官でもあり、1855年には総領事に任命され、1858年の条約承認と共に大使となった。そして、アジア人種との交渉という困難で繊細な仕事も、非常に類(たぐい)まれな才能で行なった。他の外国人が逃げ出したような危険な状況でも自分の役目を果たすために残った勇気、日本人に対する心からの信頼、そして日本人の信用を得ようとする如才(じょさい)ない決断力により、今でも日本で高い評価を受けている。

1858年に商業条約を結び、1859年1月1日には、外国人が住むことのできる三つの条約港を開いた。『アメリカの東洋外交』の中で自己の経歴を語る中で、ジョン・W・フォスター卿は言った。ペリーの鬼才によって島国帝国の門が開け放たれたのだが、世界の商業事業に開かれたものとしたのはハリスの腕前だった。そして、彼はアメリカに偉大な名誉をもたらした。功績によって地位が評価されるのなら、彼は世界の一流外交官に名を連ねるのに相応しい。

この好スタートに続き、ウィリアム・H・スワードが言うところの、「これまで国の外交において為されたことのあるどのような慈善の精神よりも深く広い精神に基づいた、日本におけるアメリカの指導」が行なわれた。高潔であったのは、アメリカからやって来て、発展と友好の礎を深く広く敷いた男女のグループであった。ヘップバーン、ブラウン、フルベッキ、マリー、そのほかにも同様の人格と献身を備えた者たちの特別な活動については、後の章で語る。

## 移民が引き起こす問題

二国間の関係は、比較的近年に日本人が移民してくるまではスムーズだった。海外への渡航が簡単になったこの時代には、国の国境を越えて人があふれ出し、機敏で野心のある者は、多くの異なる国々へと渡って行った。日本人は数年前までは引きこもって生活していた。しかし鎖国が終わると、進取的な日本人は遠くまで放浪し始めた。それは、限られた領土の中で増える人口の圧力も強い動機となっていた。一世代前なら、日本の外にいた日本人は、せいぜい2万人程で、そのほとんどが朝鮮にいた。

1918年、東京の外務省は海外にいる日本人は64万421人だと報告した。内訳は、満洲31万158人、中国本土3万3、668人、南アジアとオセアニア2万9、627人、ヨーロッパ1、464人、アジアのロシア9、717人、カナダ1万3、823人、ハワイ諸島10万1、645人、アメリカ11万2、293人、メキシコ1、169人、南アメリカ2万6、857人。ハワイ諸島の人口のほぼ半分（21万9、940人中、10万1、645人）は日本人だ。

これらの移民は、それぞれの国で異なる対応を受けた。日本人は勤勉で自立的なので、足場を築くことは難しくなかったが、彼らの強い性質はどこでも知られていたので、あまり好かれているわけではなかった。ついでに言えば、アジアでのアメリカやヨーロッパ居留地は好意を持たれているだろうか？　どこでもそうだが、人種、言葉、宗教、社会的慣習の違いは、共感できる個人的関係を築く助けになるものではない。

アメリカでは、緊張は強烈なものとなった。日本にいる時には、日本人を心地よく魅力的な人種だとみなしていたアメリカ人も、彼らが異なる生活形態と行動基準を持ち込んで隣に引っ越してくると、態度を変えた。日本人学生、商人、専門家についてはアメリカでも特に反感など買わず、好きな所に自由に住める。いくつかの都市、特にニューヨークでは、この種の日本人は高く評価される。しかし、カリフォルニアにいる日本人の95パーセントは、小規模農業者、果樹農業者、野菜栽培業者、労働者であり、たった5パーセントが、役人、学生、専門家に分類される。[一]

白人よりも長時間働くことを好み、低い賃金でも快く受け取るので、彼らは競争に勝っていくのだが、それは間もなく、アメリカの周辺地区で怒りと人種差別を引き起こした。社会的に排斥されると、人は同じ種類で集まる傾向があるが、日本人も必然的にアメリカ人とは異なる区域にグループで隔離される形になった。そこには、色々な大きさのグループがある。現在カリフォルニアに住む6万人の日本人のうち、2万人はロサンゼルスとその周辺、8、000人はサンフランシスコとその周辺、3、000人はオークランドとアラメダ郡、そして残りの2万9、000人はサクラメントとサンウォーキン渓谷、ストックトンとその周辺、フレズノ郡、農業地帯に隣接するその他の地域に住んでいる。[二]

一　『Special State Investigation』グリックとシェーラーの引用

二　山崎総領事代行（サンフランシスコ）１９１６年

太平洋岸での扇動の話は、愉快なものではない。怒りの逆襲、集団暴力、敵意ある法令、憤りの抗議などが起こった。それらの詳細は、この本の範囲を超えている。多くの資料が本や雑誌記事で読める。[三] ここでは、問題を理解するのに必要だと思われるいくつかの事実と結論を述べるだけで十分だろう。

1：アメリカ人と職業的に競合し、低水準な生活をして、アメリカ人と同化できないか、あるいは同化しようとしないアジア人が、無制限にアメリカに移住して土地を所有するなどということは、明らかに実現不可能だ。これは平等や兄弟愛と言った問題ではなく、現在の状況では解決しようのない経済的、社会的調整の問題である。

2：日本政府はそのような無制限の移住や土地所有を欲してはいない。むしろ、過剰な労働力を朝鮮、台湾、中国に向け、日本人を増やして日本の利益を高めたいと思っている。アメリカへの移民は、親戚に送って来られる金銭以外は国の損失となる。それだけではなく、移民の多くは、上流階級の日本人からすれば、国民を代表するとは考えたくない階級の者たちだ。ニューヨークやワシントンにいるビジネスマンや専門家は知的で洗練された日本人だが、労働階級については、大隈重信侯爵も率直に次のように述べている。

「我々はアメリカに行く日本人移民を自慢に思ってはいない。彼らは日雇い労働者だ。彼らは、自分らがアメリカに居ることによって、日本国家にどのような困難を与えているか理解していない。日本の誰かが、移住ビジネスの悪い例を作ってしまった…どんな事情にせよ、移民問題は、政治問題でも外交問題でもなく、ただ移

三　次にあげるものは特筆すべきだ。ジェームズ・A・B・シェーラー『The Japanese Crisis』、H・A・ウィリス『The Japanese Problem in the United States』、J・F・アボット『Japanese Expansion and American Policies』、河上清『Asia at the Door』、シドニー・L・グリック『The American-Japanese Problem』『America and the Orient』

民問題として対処されるべきだ」[四]

大阪毎日も同様に辛口だ。1911年2月11日の条約に触れて、編集者は次のように書いた。

「条約から移民の条項を除外するだけでなく、アメリカへの移住を阻止するのが望ましい。移住は好意をもって見られるものではない。ただ日雇い労働者を輸出するだけだ。外国で日本国民の最下級の人々を見せびらかし、様々な国際問題を引き起こす原因となる…移住がビジネスとして始まったので、あちらこちらで恐ろしい犯罪が起こっており、日本の名声を汚している。日雇い労働者の輸出は日本国の顔に泥を塗っている」

3：では、日本政府は何を望んでいるのか？　それは次の事だけであり、それ以上は望んでいない。すなわち、アメリカの法律が、日本人移民を、他の国の移民と差別しないで欲しいということだ。自尊心ある政府ならば、自国民が、他国民には自由に保証されている特権から排除されていることなど黙認できるはずがない。

「それ故、本当の問題は、差別的であれ非差別的であれ、外国の法律なのだ」

日本は、アメリカで他国民が扱われるのと同じように、日本人も扱ってもらいたいのだ。差別対応が好ましくないのである。大隈侯爵は、ニューヨークタイムズの記者からの質問の答えとして、これを多くの言葉で語った。

「我々に何が欲しいのかと聞くならば、私は率直に、ヨーロッパ諸国と同等の待遇が欲しいと言う。我々は、あなた方に人種差別を止めてほしい」[五]

「人種差別」は、正に今アメリカが行なっていることだ。日本人と中国人に対する法律は、他の多くの国民に

---

四　The Oriental Review からの引用　1991年4月10日付

五　ニューヨークタイムズのインタビュー　1916年6月18日付

対しては向けられていない。ヨーロッパ人、南アメリカから来るすべての人々、そしてトルコ人、ヒンズー教徒、ペルシャ人、メキシコ人、ホッテントット族（註：南部アフリカ）。これらの人々について、法廷はアメリカ市民として帰化させるのを認める。しかし、日本人と中国人は帰化が認められる対象でないのだ。

我々が、これらの高い精神性を持つ人々を、劣等な移民にならの快く与える特権から排除する時、彼らがどれほど深く傷ついているか分かるだろうか。だが、もし法律が許したとしても、帰化する日本人は多くはないだろう。何故なら、彼らのほとんどは祖国への忠誠心を変えたくないからだ。

しかし、他の人種に開かれている寛大な法律の対象に日本人も含めるなら、シドニー・L・グリック博士が呼ぶところの、日本人の我々に対する「全体的な心理的態度」は変わっていただろう。移民は、別問題として扱う事ができるし、そう扱われるべきものだ。既に述べたように、日本人は、アメリカ人がタタール人やズールー人に自由に与えるもの以上のものは欲していないのだ。

4：人々は、（註：外国人が土地を与えられている状況については）労働組合がすべて悪いと非難するが、カリフォルニアでのこの問題を7年間研究してきたジェームズ・A・B・シェーラー博士は、アメリカ東海岸に住む人々の多くにとって、次の事実は初耳であろうと述べた。

つまり、カリフォルニアの労働組合も日本政府も、土地所有権からすべての外国人を排除する法律を歓迎するだろうが、そのような法律を通すことを阻止しているのは銀行、信託会社、商工会議所、その他の大企業だということだ。彼らは、それによって州に対する外国資本の投資が妨げられることを懸念しているのだ。重大な国際問題が、商業的関心の二の次にされるという事実を、シェーラー博士は嘆かわしく思っている。また博

士は、彼らが懸念するほど、外国資本の投資が影響されることはないだろうとも考えている。[六]

５：日本人移民が大氾濫する危険性など全くない。１９０７年11月の「日米紳士協約」で、日本はアメリカに渡ろうとする日雇い労働者にパスポートを許可しない事に同意した。１９１１年２月の条約締結にあたり、ワシントンの日本大使は次のように宣言した。

「今日、この日米通商航海条約に署名するにあたり…署名者は、大日本帝国政府が、日本人労働者のアメリカ移住に関して過去３年間実施してきた移民の制限と取締りを今後も維持するとアメリカ側に宣言することを光栄に思う」

日本は几帳面にこの合意を守った。ここ何年もの間、労働者のアメリカへの移住はなく、アメリカの全体的な日本人移民の数も減っていた。最近の７年間では、アメリカを去る日本人は、到着する日本人より１万５、１３９人多かった。

熱心すぎる議員が、１９１６年のバーネット法案に、「紳士協約」に法的承認を与えるとする条項を付け加えようとしたが、日本は強く反対した。日雇い労働者に移民を選択させないようにはするが、命令でそのように強制される事には同意しなかった。当時の首相であった大隈侯爵は、「バーネット法案にある日本への間接的な言及は侮辱的である」とし、次のように言った。

「アメリカ人は正義感に目覚め、人種差別を捨て去るべきだ」

最終的には、この好ましくない条項は法案から除外されたが、この議論は不快な記憶となった。

---

六『The Japanese Crisis』97～１０２頁、１１０頁

6：州が、その州内に住む外国人に適切な保護を与えなかったり、条約で外国人に保障されている権利に矛盾するような法律を通した場合、外国人から上がる抗議は正当なものだ。その正当な抗議に対して、連邦政府は、そのような事柄に関して自治権を有する州に強制することはできない、と言い訳することはできない。アメリカは、主権国家を形成するのか、しないのか、必ずそのどちらかなのである。もし主権国家であるなら、連邦政府は、国民が他国と結んだ条約を侵したなら、当然責任を負うことになるだろう。もし主権国家でないなら、被害を被った国の政府は、罪を犯したりその罪を看過した州と直接解決を図る権利がある。アメリカ自身、この原則に則って日本に対応してきた。1863年、長州の大名が、下関海峡を通過する、アメリカ、フランス、オランダの商船に向かって発砲した。それぞれの政府がこの大名を罰するように要求すると、日本政府は、このような事柄においては地方自治体に対して国には管理権がないと言った。外国政府は、日本政府が大名に対処しないのなら、自分たちで対処可能であるし、そうするだろうと言った。その結果、アメリカ、フランス、オランダ、イギリスの艦隊が大名の要塞を砲撃して完全に爆破し、300万ドルの補償金を要求した。アメリカは、最終的には自ら得た補償金を返還したが、屈辱的な罰という事実は残った。

日本人の記憶力は悪くない。もし、アメリカ政府がカリフォルニア州の為すことには対応できないと言うならば、日本人はアメリカ自身が関わった歴史的前例があると考えるのだ。つまり、連邦政府がその州を管理できないのなら、日本政府が直接対処しますよ、と言えるような前例だ。もし、特定の州の行動によって国全体が他国との混乱に陥るのを、連邦政府が法律によって防げないようであれば、すぐさまそうできるような法律を制定するべきだ。米国弁護士協会は、連邦政府が外国人の関係するすべての刑事事件に直接対処できるようにする法案を支持した。これは通過させるべきだ。

7：この問題は、アメリカ人が思うよりも重大な歪みを、日本との関係に与えており、日本人も苛立ちと嫌悪を隠さない。日本におけるアメリカの親友である大隈侯爵は、前述のインタビューで次のように述べている。

「現在、この問題を無理強いすることは、非常に好ましくない結果をもたらすだろう」と。

1914年、正岡猶一（まさおかゆういち）は『Japan to America』（註：英文冊子「日本からアメリカへ」）と題して、35人の政治家と日本市民の代表者による日米関係についての討論会の内容を出版した。これは、日米の歴史的友好関係を温かく評価して書かれている。著者も、それは壊されるべきではないと心底願っているのだが、日本には非常に不当な扱いを受けているという感情がくすぶり続けており、もし緩和されなければ、問題が起きても日本のせいではないという明確な暗示がなされている。その中で、京都帝国大学の法律部教授である末広重雄は特徴的な発言をしている。

「近年、アメリカは、我々をずいぶんと不快なやり方で扱っている。このようなことに幾度となく我々が耐えているのは、過去における友好関係への感謝をまだ覚えているからであるが、これがなければ耐えられるものではない…もしアメリカが、我々の公正さを求める声を無視するのなら、残念ながらアメリカに対する我々の友好関係も終わる日が来るだろうと思う」[七]

穏やかな渋沢栄一男爵でさえ次のように書いている。

「これらの事（反日の法律）は日本を不安にさせる…アメリカに対する我々の友好関係は変わらないが、緊張が長引けば大衆は憤るかもしれない」[八]

そして1916年に訪米から戻ると、彼は悲しげに言った。

---

七　『Japan to America』57頁、61頁
八　同書、32～33頁

「太平洋の両側にいる日本とアメリカ双方の十分な理解の欠如により、二国は危険なまでに疎遠になっている[九]」

渋沢男爵の「大衆は憤るかもしれない」という懸念は危険なほど実現に近かった。日本の多くの新聞が、国民の怒りを激しく表しており、政府の代表たちが抑えられない程の激しさで、即座に手段を講ずることを要求した。仮に、ある不公平な法案が公的に制定されたとしよう。あるいは、日本人の無責任な一個人がアメリカの太平洋沿岸で、高尚な日本人が嘆かわしいと思うような犯罪を犯し、アメリカ人暴徒がその犯罪者だけでなく、そこに住む他の日本人も罰するような私的な法を用いたとしよう。そうなれば、日本の国民感情は、いつ何時、国家全体の激情として燃え上がるかわからない。T・P・オコナー氏は言う。

「個人でも国家でも、愉快でない形で我々を驚かせる者はどこにでもいるものだ。見かけは穏やかで、従順で、自制心のある男性や女性がいるとしよう。配慮もなく彼らの感情を試すような事をしても、彼らは同じような気持ちの良い微笑みと疑いようのない大人しさで接してくるため、彼らは激しい怒りや激情を持ち得ないのだと勘違いしてしまう。

しかし、突然、予想もしない時に気づかされるのだ。自分が言ったりやったりしてきた事が、実は非常に忌み嫌われており、それは表に現れていなくても、結果的にその感情は深まっていたのだということを。そして、ある日、すべての怒りが爆発し火山の噴火のような惨状をもたらすのだという事を…。

心の広い日本人が、私的な会話の中で日本人の性質を語る時もそうなのだ。例えば、大隈侯爵は、これについて私と話した時、日本人の性質を次のようにまとめた。『日本人は非情ではないが、不穏で復讐的で短気だ』この描写は、簡潔ではあるが、ヨーロッパ人に、自分たちがどれだけ日本人の深さを理解していないかを示す

九　ニューヨークタイムズ　1916年4月23日付

のには十分だ」
シェーラー博士はこの意見を引用し、次のように加えている。
「日本人の気質に関するこの事実は、この議論の正に重要な論点だ。日本人の間で暮らしたことがあり、少しでも日本人に共感しているヨーロッパ人やアメリカ人なら、全員がオコノー氏に同意するだろう」[一〇]
暴徒や扇動政治家が、我々の友であるべき誇り高く繊細な国民を、我慢しきれないほど憤慨させるのを阻止するためにすべての力を注ぐことは、愛国心あるアメリカ人にとって臆病な事ではなく、公平で常識的な事なのだ。

## 日米戦争の可能性は低い

何年かに亘り、日米間の戦争は起こり得るとヨーロッパや極東で信じられており、未だ一部はそのように思っている。予言というのは、願望から生み出される考えの部類に属するものもある。

1914年のドイツ外交は、自信たっぷりに、このような戦争を期待していた。日本人を恐れ嫌っている者は、どこかの国が日本と戦ってくれないかと望んでおり、アメリカにその役割を担って欲しいと思っていた。金銭的な関心から戦争を煽る者や、自分を「愛国的」に見せるチャンスを伺う政治家は、「危険な日本」について熱弁を振るうのだ。良識ある者はこのような扇動を強く批判するべきであるし、また、この厄介事の可能性を全く無視するのも愚かである。

戦争は必ずしも理性的な動機で始まるとは限らない。日米間のこのような議論は平和的方法で解決する余地がある。しかし、国家間の議論というのは、嫉妬心や懐疑心から容易に複雑化する可能性がある。


一〇『The Japanese Crisis』54〜56頁

そして、「国家の名誉」と呼ばれる、漠然として無形だが、途方もなく強い力が、片方かあるいは双方に働く時、激情の炎は燃え上がり、理性は消えるのだ。我々は、両国の政府役人が公に口にする言葉に、決定的な重要性を置くべきではないだろう。それは、内閣大臣や外交官が事実を知らないからということではない。彼らは、事実を認めているかどうかに拘わらず、国民を安心させるような意見を言う立場にあるからだ。

国の大使や大臣は戦争を煽って民衆から敵意を引き出そうとするのだと素朴な想像をする者は、まるで騙されやすい国際関係論の学生のようなものだ。しかし、外交の歴史からも明らかなように、公的な発言というものは、最初の銃が撃たれる直前まで「我が政府の友好的な意図と、閣下の丁重なご提案に、すぐさま最大の配慮を為す事」などについての仰々しい文章であるのだ。故に我々は、戦争が起きるのか、平和になるのか、状況の根本的な事実を探さなければならないのだ。

我々の国から見てみると、アメリカを批判する者でさえ、アメリカは日本に対して平和的意図を持っていると言っている。アメリカ人は太平洋域に影響力を持ちたいが、それは金銭目的であり、領土が目的ではない。フィリピンはスペインとの戦争によって予期せぬ形でアメリカの保有地になったが、戦争の目的や根拠では全くなかった。高圧的な態度やすぐにカッとする気質にも拘わらず、アメリカ人は他国との戦争にすぐ突っ走るような傾向はない。これは、メキシコやドイツとの長い交渉からも証明されている。

下院議員のリッチモンド・ピアソン・ホブソンは、日本の計画によりアメリカが重大な結果にさらされているという事を、声がかれるほど同胞に警告したが、アメリカには日本と戦争する意図はないし、日本にもそのような意図がないので、国民は面白くなさそうに聞いていた。平均的なアメリカ人は、そのようは戦争は我々の欲するものを全く何ももたらさず、欲しないもののみをもたらすと固く信じている。

一一 The Cosmopolitan １９０８年5月号のホブソン議員の記事と、他の雑誌の類似した記事私は、他のどの国と比べても、アメリカが日本に戦争を仕掛けることはないだろう、と思い切って推測する。アメリカの極東での野望は軍事的ではない。尊敬に値するアメリカ人の大部分が日本に対して敵意を抱いている、などという考えは、恐らく太平洋沿岸の少数のコミュニティー以外では、アメリカのどこでも物笑いの種になるだけだろう。全体的なアメリカ人の感情は、日本に対する真の好意である。

## 戦争を望まない日本の事情

日本もアメリカと戦争などしたくはない。日本は重い負債を償還し、財政状況を強め、国内産業と海外貿易を発展させたいのだ。友好的なアメリカは、日本に原材料を提供し、製品を買ってくれる、儲かる市場として貴重である。日本が輸出するお茶のほぼすべてがアメリカで売られており、70パーセントの生糸と絹製品や他の多くの製品も同様だ。全体的に、日本の輸出の3分の1以上がアメリカ向けだ。日本も、必要な物資の多くを我々から買っている。私は他の章で、日本の綿製造について書いたが、日本はアメリカの最高級の綿花に頼っているのだ。

日露戦争で戦った兵士は、シカゴビーフとアメリカ小麦で作られたパンを食べた。アメリカとの戦争は、少なくとも少しの期間は、このような貿易を壊し、今あるような状況まで回復するのを妨げるような状況を作り出してしまうかもしれない。それゆえ、日本は、イギリスのように、商船の通る海路をオープンにしておく平和を望むのだ。さらに、日本は、アメリカが現在世界の最大の資本保持者であるという事実も見過ごしてはいない。日本には資金が必要だ。ヨーロッパは戦争で貧しく疲れ切っており、それを提供することはできないが、アメリカはできる。

日本はイギリスとの同盟も重視している。それは今日の国際情勢における日本の最大の財産だ。イギリスはアメリカとの戦争を支持するだろうか？　イギリスが支持しないという事を日本はよく理解しており、このような貴重な同盟国を疎遠にする危険を冒すなど非常に軽率なことであろう。

さらに、日本は、自国に近い所に対処する時間と自由が必要だ。朝鮮、台湾、中国は、日本が無視できず、そのエネルギーをすべて吸い取られてしまう程の、厄介な問題を提起している。ヨーロッパにいくつかの手ごわい競争相手の国があること、戦争が起きたら何百万もの朝鮮人を静かにしておくのは難しいこと、そして中国人がますます日本に対して嫉妬深くなっていることを日本は知っている。日露戦争の時、僅差で勝ったという事を日本人はよく理解している。また、日本が勝利の絶頂にいる時にルーズベルト大統領の介入で平和がもたらされたこと、そして当時はほとんどの西洋諸国の共感と力強い支持を得たが、今の日本は1905年以降は人気がないので、もう恐らくそれほどの支持を得ることはできないであろうこともよく理解している。日本は現在、政治的野望を勝ち得たので、再び戦争を起こして状況を不確実なものとし、不必要にそれを台無しにするつもりはない。

軍事的な難しさも、考慮から外されるべきではない。アメリカには不可能なことだが、自国の動きを秘密にすることが可能な日本が、我々の政府が艦隊や軍隊を動員する前に、太平洋沿岸にその軍隊を送ることができたとしよう。その後、日本はどうやってその規模の軍隊に食料を与え、維持することができるのだろうか？　大供給拠点から海を隔てて4、500マイルも離れていれば、世界で最強の軍隊も窮地に追い込まれるだろう。大胆不敵な、日本の賢明な大将たちも、そのような状況に自らをさらすことには積極的ではないはずだ。

アメリカ人は、遂にハワイ諸島を獲得すべきだという結論に達したが、いつかもし日本が、同様の理由でフィリピンを獲得しなければならないと考えたとしても、それは驚くことではない。しかし状況は同じではなかった。なぜなら、ハワイ諸島は他の友好的な国に属しておらず、支配階級にはアメリカ人の血が流れ、同じ言語を話し、何年も併合を望んでいたからだ。併合に至ったもっと深い理由が色々とあっただろうが、直接的な理由はハワイ諸島からの要請で、我々の政府は、長く躊躇（ちゅうちょ）した後に、ついに応じたのだった。フィリピン諸島は政府も国民も日本にとっては縁もゆかりもなく、大きな戦争で武力によって取るしかないが、日本はそのようにフィリピンを取るつもりはない。フィリピンは日本から非常に近いので、アメリカ人が西インド諸島が必要な利益であると感じたように、日本も必要な利益だと感じるかもしれない。

また、日本がフィリピンを取ろうと思えばいつでも簡単に取れたであろうことも事実だ。なぜなら、群島にいたアメリカ陸海軍はそのような事態に対処するには非常に小さかったからである。共和体勢のお陰で、我々の政府は、議会の公で継続した討論なしには、群島を攻撃から守るのに必要な準備を整えられなかった。議会の討論は、実際に適切な行動がとられる何カ月も前から世界にその目的を知らせる。その一方で、日本には軍隊、輸送に使える商船、それを護衛する海軍艦艇があり、アメリカが何も知らぬ間に、素早く秘密裏に、フィリピンに40万の兵士を上陸させる能力がある。もし戦争が他の理由から起こるならば、疑いなく、日本の最初の行為はフィリピンを占領することだろう。日露戦争で、日本が最初に行なったことが朝鮮の占領だったように。ハワイ諸島を占領することもそんなに難しくはないだろう。なぜなら、ハワイ諸島の人口の44パーセントが日本人で、多くの男と日露戦争の退役軍人を含んでいるからだ。しかし、日本人にはそのような意図はなく、アメリカ人が良識を保っていれば戦争は起こらないと我々は確信している。

日本人は、その勇敢な精神にも拘わらず、批評家が常に主張するように、他国と戦争することに意欲的ではない。日本はほとんど海外戦争をしていない。実際、16世紀の朝鮮侵略と19世紀末の日中戦争の間には、一つも外国との戦争は起こしていない。過去３００年の間、ヨーロッパとアメリカが幾度となく血なまぐさい紛争でかき乱されていた時も、日本には、幕府の転覆、封建制度の崩壊、近代日本の発生をもたらした必要な紛争以外は、重要な国内革命はなかった。日本は、西洋諸国ならば許容することがないようなやり方で、何年にも亘って侮辱され、危険にさらされ、煽り立てられるまでは、ロシアと戦争など始めなかった。

日本は、他のすべての方法を尽くした後、最後の手段として、戦争を遂行したのだ。日本人を大人しく穏やかな人種だと思うのは笑止千万だ。向かってくるもの皆に、日本は自分の世話は自分でできると明白に示してきた。日露戦争時には、日本は、他の国々が日本を戦争に追いやるのを躊躇するようなやり方で戦い続けた。日本は近年まで比較的孤立していたので、ヨーロッパの人々が常にさらされていたような国際問題のほとんどに触れることがなかったという事も覚えておかなければならない。

しかしこれを考慮しても、日本人は疑いのない戦争の才能があるにも拘わらず、軽い理由で戦争に行くようなことはなかった、という歴史的事実は残るのだ。

## 日本についての歪曲

公平なアメリカ人は、現在巷で言われていることのいくつかを容認しないことで、問題回避の役に立つことができる。否定できない不吉な現実があることも事実だ。しかし、物事とは、事実が歪曲される方法によって決まる。アルファベットのように、同じ文字をlived（生きる）やdevil（悪魔）と綴ることができるのだ。よく聞かれる日本に対する苦情は、全く事実ではない。

突飛な発言がいとも簡単に信じられているのはとても心苦しい。例えば、1916年4月、アメリカのある都市部の日刊新聞が記事を書いたのだが、その真実性は「アメリカ陸軍とアメリカ海軍の高官」が保障しているとされていた。この記事と、この記事をもとにして書かれた日本の翻訳本には、「フィリピンに5万5,000人の訓練された日本兵がいる」と書かれていた。だが実際のところ、アメリカ政府の陸軍省は、フィリピンにいる日本人は８、０００人以下だと報告していたのである。
他には、「ハワイ諸島には８万人の日本人がおり、全員が軍事教育を受け、何をすればよいかわかってい
た」という発言があった。当時の人口調査で、ハワイ諸島に住む日本人の総数は８万９、７１５人で、うち
２万４、８８１人は女性、３万３、２８８人は子供だった。
また、その記事には「カリフォルニアには、既に６万１、０００人の訓練された日本兵がいる」とあった。だ
がカリフォルニアには、女性や子供を含めても、そこまで多くの日本人はいない。
この記事の執筆者は、日本人がハワイ諸島を占拠すると力説し、次のように言った。「ハワイ諸島はサンフラ
ンシスコからたった数時間の距離だ」と。小中学校の生徒は、誰でも６日はかかる距離であることを知っている。
しかし、このような馬鹿げた主張が真面目に印刷され、我々が日本による侵略の脅威にさらされていることの
例として広く引用されているのだ。
カール・クロウは、その著書『日本とアメリカの対比』の中で「日本とアメリカは何も共通点がない」と述
べている。そして、両国はこのような「異なる目的と関心」を持つので、「どちらかが現在の立ち位置から手を
引かなければならない」という。最終章は『日本は脅威か？』だ。そして、彼はそうであるという考えを隠さ
ずに述べている。彼は言う。「今の、そしてここ何年もの状況は、世界大戦がはじまる前のイギリスとドイツの
状況に非常によく似ている」そして、「ドイツがイギリスに対して異議を唱える理由が一つあれば、日本はアメ
リカに対して六つの理由があった」と。
そして、日本の新聞には、「常にアメリカに対して溢れるくらいの非難中傷」があるとして、「日本のアメリ
カに対する友好は、意味のない外交的な条約の文章、日本人の政治家とアメリカ人のことなかれ主義者のプロ

パガンダ、そして日米の晩餐会でのワインで温まった感情にのみ存在する」[一二]と言っている。

## 宣教師からの意見

このような発言の後に、日本に住むアメリカ人宣教師の意見を聞くと、ほっとする。彼らは日本人の考え方を知る立場にある。１９０７年にアメリカの扇動的な新聞社が、日本のアメリカ攻撃について狂気じみた予想をした時、20以上のアメリカキリスト教団体を代表し、日本のあちらこちらに住む１１０人の宣教師が、次のような声明を発表した。

「日本に住むアメリカ人として、日本とアメリカの長きにわたる友好関係を妨げる誤解と疑いを取り除くのに、力ある限りすべての事をなす必要があると感じる。ほとんどの日本人は、節度を守り、世界的な正義感があり、侵略的な計画からはかけ離れている。そして、彼らはアメリカの伝統的な正義感と公平さを信じているということをここに証言したい。また、日本政府と国民の両方から受けた親切な待遇に対する深い感謝を記し、よく言われる日本人の『好戦的な態度』という言葉は、この国の真の心情を表していないという確信を表明し、そして、現地での突発的な誤解が、太平洋をはさんだ二つの隣国の自然で歴史的な友好関係にいささかも影響するべきではないという強い願望をここに記したい」

１９０９年10月、日本のプロテスタント伝道団の50周年記念において、次の内容を含む決議が満場一致で採択された。

「日本政府と国民は、アメリカに対して心からの友情関係を維持してきたが、アメリカの一部に日本を疑う精神が生じてきた…多くの人種と文明が、広く、より混合するこの時代、一つの大きな問題は友好的な国際関係

一二　1頁、4頁、３０１～３０２頁

を維持することだ。これに重要なのは、政府間の公平で誠実な対応だけでなく、実行可能な限り、両国民の間で人種的な妬みと誤解を防ぎ、取り除くことだ。相手国の慣習、信条、行為に関して嘘や誇張を書くことは、侮辱、敵意、恨み、そして戦争さえも十分に引き起こしてしまう原因となる。個人への名誉棄損が深刻な犯罪ならば、国家に対する名誉棄損はいかほどに深刻な事であろうか？」

公明正大で良識ある者たちの、この融和的で聡明な声明によって、我々はこの問題を現在に委ねることにしよう。私は、アメリカが日本に移民問題で問題を起こさないことを、心から願い祈る。もし問題を起こすならば、アメリカは非難から逃れられないだろう。日本とアメリカの関係は、明らかに敏感な状態になってはいるが、私は、シェーラー博士が言うように、我々が扇動的な「ジャーナリスト」の精神ではなく、「紳士と優れた指導者の精神で物事に対応すれば、我々の日本問題は雲散霧消(うんさんむしょう)するだろう」[一三]ということを信じる。

エリフ・ルート閣下は次のような重要な証言をした。「何年にも亘り、私は自国の外務省を非常によく知っている。その頃、アメリカと日本の間には、議論され解決されるべき、多くの困難で複雑で疑わしい問題があった。この間ずっと、日本は、率直、誠実、友好的でなかったことはなく、論争のすべての原因を拡大するのではなく、縮小化してなくすことに最大限配慮しないことはなかった」[一四]

## 石井ランシング協定

１９１７年に石井菊次郎子爵率いる日本の使節団が訪米すると、日米関係は少し緩和した。彼はどこに行っても温かく迎えられ、その物柔らかな態度と機転の利く講演で非常に高い評価を得た。

---

一三『The Japanese Crisis』63頁
一四　１９１７年10月21日の講演

8月26日のワシントン記念塔での短いスピーチは文献として残るだろう。あの歴史的な場所で為された講演の中で、これほど思想と表現に説得力のあるものはかつてなかった。アメリカ人はあの講演の内容を長く大事にするだろう。彼のスピーチが日本の態度を理想化しており、石井子爵の訪米時にまさに極東で為されていたことは、彼の高尚な意見とは少し違っていたことは認めよう。しかし、彼は心からの演説をし、もっと知られるべき、そしてもっと十分に信頼されるべき日本の一要素を表明したのである。

ワシントンでの会合はある協定を生み出した。11月2日のロバート・ランシング閣下の石井子爵への公文書には、次のような文章が盛り込まれていた（註：石井・ランシング協定）。

「近年、よく流布される有害な風説を一掃するため、石井閣下と本官はここに、中国に関して両国政府が等しく抱く希望について宣言することが得策だと考える。合衆国と日本国の両政府は、領土が接近している国家の間に特殊な関係が生じるものであることを承認する。従って、合衆国政府は日本が中国において特殊の利益を有することを承認する。日本の領土に接する地方においては特にである。日本と合衆国政府は、中国の独立や領土保全を侵害する目的を持たないことを宣言する。また、日米両国政府は常に、中国における門戸開放と商工業に対する機会均等の主義を支持することを宣言する」

石井子爵は同日、この公文書をランシング氏への公文書をもって承認した。協定は数日後に発布され、アメリカ国民と日本国民は非常に満足してこれを歓迎し、互いに熱い祝辞の言葉と挨拶が交わされた。ランシング国務長官はこの公文書に関して公式声明で次のように述べた。

「二国民の間で疑いなく、極東での互いの行動の真意に対する猜疑心（さいぎしん）が育っていた。この感情は、抑制しなければ重大な状況を導くものだった。幸運にも、この不信感はアメリカでも日本でも、両政府の友好関係に影響するほどには一般化しなかった。しかし、猜疑心は増し、虚偽の報告が益々信じられるようになった。二国間の古い友情を危険にさらす動きに対抗するべく、太平洋の両側で真面目な取り組みが為されたにも拘わらず、この傾向は止まなかった。石井子爵一行の訪問は、アメリカの世論を大きく変えた。数日のうちに、何年にも亘って為されたプロパガンダが解かれ、両国は、巧みに仕組まれた罠にどれほど嵌りそうだったのか、今見ることができた。交渉の主な結果は、中国に関連する相互理解だ。公文書は一目瞭然だ。『門戸開放』政策を再確認し、同時に、中国の独立と領土保全を侵害しない原則を掲げている」

日本の見解についてはモリケンキチ氏が次のように表している。

「アメリカは、中国人の幸福を念頭に、中国における日本の特別な立場を認め、重要な前例を打ち出した…協定の主な考えは、大まかに言うと、大西洋のこちら側でアメリカが自国の優位性を宣言していることに現れているのと同じだ。アメリカが、この半球でヨーロッパ諸国の植民地保持は黙認したが新しい植民地には反対したのと同様に、日本もヘイ・ドクトリン（註：1899~1890年、国務長官のジョン・ヘイが提案した最初の中国『門戸開放』政策の考え）を維持して過去に列強が中国領土で得た利権については承認するが、これ以後は、既に明瞭にされた原則に反するような領土保全、特権獲得を第三国には許可しない」[一五]

## 不満を抱く中国

しかし、中国は非常に異なる感情をもってこの協約を受け止めていた。さらに、中国は、北京の中国外務省が最初の通告を、北京のアメリカ大使やワシントンの中国大使が知る前に、日本から得たことにも動揺した。これは2人の外交官の「面子（めんつ）」をつぶした。

11月12日、ワシントンの中国大使であるV・K・ウェリントン・クー閣下は、アメリカ国務省に正式な抗議

---

一五　The World Court　1917年12月付の記事

を提出し、「中国政府は他国によって結ばれた協定に縛られることを許容しないことを再度宣言する」と締めくくった。抗議の要は、アメリカと日本が、中国政府に相談もせずに、中国にとって最も重要な関心事を公的協約の対象として中国の権利を無視したことだ。この事実は、単純に次のような推測を引き起こすことになる。つまり、中国は非常に無力で無能だったので、中国の望みは考慮される必要もなく、また強く賢い国が中国のために物事を決めなければならない、ということだ。この推測が中国の気持ちを苛立たせたのは驚くことではない。月刊中国学生の編集者であるスチュワート・E・S・イン氏は、明確に中国の意見を次のように述べた。

「協約はアメリカと日本の間で結ばれた。しかし協定の主題は中国だ。それは、中国の政治、商業、産業に関する将来と極めて重大な関連を持つ。自国に影響する協定の交渉に中国が発言するべきだったというのは、正義の観点からすれば当たり前のことだ。事実としては、北京の中国政府も、ワシントンの中国大使も、協約が締結され署名された数日後に、協約について知らされたのである。ランシング国務長官と石井子爵の『話し合い』は9月初旬に始まっていたのに…日米の政府が『お互いに対して完全に高い評価を維持』し『恒久の国際平和』をもたらすのかは非常に疑わしい。国際平和をもたらす唯一の方法は、弱く無防備な国に付け込むのではなく、国際正義を保証するために、国々が協力して同意を結ぶことだ」[一六]

交渉はワシントンで行なわれ、現地の中国政府代表は会合にすぐに呼ぶことができるような有能な大使だったので、中国が、何故彼に相談せずに協約が結ばれたのかと聞くことを、誰も不思議には思わない。しかし、どのように推測するにしても、次の事実は考慮するべきだ。つまり、ウィルソン大統領とランシング国務長官は中国の真の友人であり、中国に不公平なこと、または二国間に存在して欲しいと強く願う良い関係を脅かすような道をとる気はないという事だ。

一六 The World Court　1917年12月付の記事

さらに、中国と最も親しい者たちは協約を好意的に見ていた。中国の関心を熱心に擁護するジェレミア・W・ジェンクス博士は言った。

「アメリカは今、攻撃的な不正行為に対して抗議をするという以前にはなかった根拠（註：協約）を持つことになった。状況を細かく分析すると、何の利権も得られておらず、一般的に受け入れられている事実が承認され、中国の利益には何の損害も与えられていない」[一七]

北京のジェームズ・W・バシュフォード監督も非常に親中だが、公文書は最終的には良い結果となるだろうと意見した。彼は率直に次のように認めた。

「ランシング国務長官が、二国間の問題の本当の源（つまり、アメリカと各州の両方が黄色人種に対して差別をしているということ）を取り除ければよかった」しかし彼は続けた。「しかし、アメリカの日本に対する国民感情の現在の状況からすれば、そして現在の憲法からしても、ランシング氏もウィルソン氏もこの二つの問題を取り除くことは全く不可能だった。ランシング氏と石井子爵が、日本の中国侵略とアメリカの排斥法と差別法の問題をある程度の率直さをもって協議したのは明らかだ。しかし、日本とアメリカだけが、これらの世界的問題を、世界的会合に先立って解決するのは全く不可能であるという事は誰でもわかる。このような状況下で、この公文書は、我々の政府に対する友好を携えて日本使節団を母国に送り返し、両国民の友情を増すものだが、それ以上に、中国とアメリカにおいて、日本を、東洋のドイツではなく、理想の同盟国へと必然的に変えることを促すのだ。これは今まで我々が『汝はする』『汝はしない』と承認してきた中で、最もこの傾向を促すものだ」

協定は条約と違い、法律で規定されておらず、公式に批准されてもいない公文書の交換である。将来、どちらかの政府が、それによって束縛されることを許さない可能性もある。これは、ただ、その時に政権を担って

一七　The World Court　1917年12月付の記事

いた役人たちの「望みと意図」を表したものに過ぎない。しかしながら、このような「紳士協定」は影響力があるのだ。なぜなら、アメリカの姿勢と政策を公に宣言したから、というだけでなく、両国の誠意を相互に信頼して成り立ったものであり、両政府の名誉にかかわるからだ。

様々な解釈が関係者によって為されているのは、むしろ不幸なことだ。日本人は「合衆国政府は日本が中国において特殊の利益を有することを承認する」という条項に重きを置き、自国に最高の立場を譲歩したのに等しいとみなしている。

一方でアメリカは、「門戸開放と商工業に対する機会均等の主義を支持すること」と「中国の独立や領土保全を侵害する目的を持たないこと」に重きを置いている。

これらの文言が互いに一貫して解釈される必要があるという事実を、どちらかの政府が見過ごすなら、論争が生じるであろうことは簡単にわかる。協定を維持する力は、具体的な事例に当てはめる必要が出てきた時にすぐ試されるだろう。

一方で、協定は日英関係を大きく、明白に改善した。ランシング国務長官は、両国は非常にそれを必要としていたと言ったが、日英関係が改善される必要のあるものであったのなら、その限りにおいて、関係者には安堵し喜ぶだけの理由がある。まだ意見の相違の基本的な原因は残ってはいてもである。

もし、日米間の痛みを緩和するために、米中間の痛みが作られるなら、それは一時的な緩和にしかならないだろう。しかし世界戦争の時、日本とアメリカのような政府の間にある疑いを取り除くことは、緊急かつ重要だった。唐紹儀率いる中国の勢力は、ワシントン政府が「中国を売った」として憤然と抗議するが、時間が経つにつれて、そのような恐怖は実現されていないと理解することを、我々は望むだけだ。

# 第二十六章

## 日本の立場への世界戦争の影響

１９１４～１９１８年の世界大戦の影響で一つ明らかなことは、極東に於ける日本の指導権の確立である。日本はヨーロッパに兵を送らなかったが、実は同盟国にかなりの援助をした。ロシア軍に供給を送り、ドイツを中国から追い出し、太平洋からドイツの軍艦・商船を追いやり、同盟国として即座の要請に対応する為に、戦時中同様の重い負担で陸海軍を維持するなどした。１９１８年８月の公的統計では、同盟国への前払いの融資は総額１１億８、６００万円だった。また、日本は大戦により、極東での貿易の支配も得た。戦争が始まり、ドイツ船が引き上げられ、イギリスがヨーロッパの紛争に深く巻き込まれていくと、日本に自由な場を与えた。日本はイギリスとドイツの会社が請け負っていた貿易のほとんどを引き継いだ。戦争貿易は異常ではあるが、日本の富の増加、工業施設と効率性の向上、アジア市場での優位性は、多大な価値のある国家財産となっている。

## CHAPTER XXVI

## EFFECT OF THE WORLD WAR ON THE POSITION OF JAPAN

All the consequences of the World War of 1914-1918 cannot now be forecast, but one that is already apparent is the establishment of Japanese hegemony in the Far East. Japan did not send troops to Europe. Yet, as a matter of fact Japan did give considerable assistance to the Allies, probably all that they expected or desired. In addition to furnishing indispensable supplies to Russia during the period of the latter's participation in the war, Japan drove Germany out of China, seized the German colonies in the Far East, swept her naval and mercantile shipping from the Pacific Ocean, kept that important part of the world open for the commerce of the Allied nations, maintained at heavy cost her own army and navy on a war basis, ready for instant action in case her allies should desire it, and, according to official figures given out in August, 1918, advanced credits to her allies amounting to yen 1,186,000,000 ($593,000,000).

Another phase of the greatly enhanced position which Japan has attained as a result of the European War is the control of the trade of the Far East. The enforced withdrawal of the German ships and the absorption of the British in the European conflict naturally resulted in eliminating German companies and ships altogether, and in transferring a large part of British energies and shipping to places nearer home. This left the Japanese a free field, and they have taken over the bulk of the trade that was formerly conducted by British as well as by German firms.

Of course, the war trade was abnormal, but Japan's added wealth, her increased industrial equipment and efficiency, and her pre-eminence in Asiatic markets remain as national assets of immense value.

# 日本の立場への世界戦争の影響

## 世界大戦への各国の姿勢

１９１４〜１９１８年の世界大戦がもたらすであろう結果について、そのすべてを現段階で予想することはできないが、一つ既に明らかなことは、極東における日本の指導権の確立である。以前、日本が極東を支配しようとした時には、ヨーロッパ列強の利権とぶつかり、列強にはそれを守る力があったため、日本の思うようにはいかなかった。大戦によって、ヨーロッパは極東への注意とエネルギーを削がれ、日本は必ず利益を得られる場所で行動を拡大することができた。

イギリスは早い段階から、世界で最も恐るべき要塞となっていた中国山東省青島のドイツ軍要塞に関連して、日本に有利な状況を作り出していた。もちろん、イギリスは、極東で同盟国が行なう巨額の貿易に大打撃を与えられる場所にある海軍基地をドイツ人の手に残して置くことはできなかった。イギリスはヨーロッパで手が離せない状況だったので、より都合の良い場所にいる同盟国日本にこの問題に対処して欲しいと考えたのは当然のことだった。日本は即座に、ドイツに最後通告を送り、１９１４年８月23日に宣戦布告をした。ドイツの大砲は恐ろしく、海から攻撃することや、ドイツ領内に上陸することは危険だったので、日本は、ヨーロッパがよく使う伝統的な言葉である「軍事的必要性」を口実にして、中国の反対を押し切って、青島の北１００マイルの位置に兵を上陸させ、陸路を行進した。ドイツ軍は激しく抵抗したが、非常に優れた軍隊を前にして大きな戦いをするだけの十分な兵士を抱えておらず、11月7日には、日本軍が要塞を占領した。

日本軍は青島とその後背地を占領しただけでなく、その州にある、青島から済南までの鉄道を含む、ドイツのすべての所有物と利権を奪った。その理由は、内陸部の貴重な特権を敵の手に置いておくわけにはいかないということと、戦争が終わるまではドイツが山東省で保有するすべてを管理するのが日本の義務であることだった。ドイツ人は、鉄道運営のために鉄道会社の職員を含め100人弱の人員を雇っており、運営以外の場所では中国人を雇っていた。これに対して日本人は日本人のみを起用していた。日本は、線路脇に軍を駐留させ、250マイル内陸にある山東省の省都である済南には守備隊を置いた。しっかりした石とコンクリートの兵舎が、都合に合わせた間隔を置いて建てられた。裁判所、郵便局、銀行、数多くの商業施設も建設された。

1917年までに、5万人の日本人が青島とその周辺にいたと報告されていた。そのほかの重要都市にも大小様々な居留地がつくられ、商人、技師、その他の職業の日本人が、いたるところにいた。彼らは、山東は日本の「戦利品」であり、「どんな状況でも、この省が日本の管理下から離れることはない」と主張する。東京の役人たちは、いずれ青島を中国に返還するつもりであるという。中国人は不安を隠せず、日本人の山東での行動が、一時的な目的とどのようにかみ合うのか理解できずにいた。外国人たちは、日本がその手を緩めるのを「実行可能」とする「状況」がどれだけ早く起こるのか見守っている。

日本政府が、大戦で激しく攻撃された同盟国を助けるためにヨーロッパに兵を送らなかったことに対して、アメリカではいくらかの驚きがあった。イギリスとフランスが本当に日本軍をフランスに呼びたかったのか、日本政府が母国付近で起こりうる緊急事態への対処に優先させてまで本当に派兵したかったかは、意見が異なるところだ。日本に公平に言えば、日出る国からフランスまでは遠く、敵も味方も数百万の兵士を抱える戦争で、意味があるほど大規模な軍隊を海路で輸送するために艦船を確保するのは難しかっただろう。そして、この軍隊に、武器弾薬、機材、日本人が慣れ親しんでいる特別な食べ物を十分に供給することも難しい。軍部の者は、フランスへ一人の外国人兵士を輸送し維持するのには5トンの船積みが必要だと推測しているが、そうであるなら、50万人の兵士のために250万トンが必要という計算になる。そして、そのようにして送った軍隊も、他の同盟国の巨大な軍隊に比べれば、ほとんど取るに足らないものだっただろう。アメリカは、あるだけの船をかき集め、イギリスから借りられるだけの船は借り、その半分の距離で軍隊を派遣するのに途方もない造船計画に着手しなければならなかった。しかも、アメリカの財源は日本よりもはるかに大きかった。シベリア横断鉄道での陸路について言えば、この鉄道で運ばれる兵士はロシア軍であり、ロシアは十分な兵士を有していた。ロシアは、ライフル銃、大砲、銃弾、前線の軍への供給などを必要としたが、日本はそれらを大量に売ったので、シベリア横断鉄道は貨物輸送で窒息寸前だった。

家永博士は、ニューヨークの講演で、日本がヨーロッパに派兵しない理由を説明した。それは、ヨーロッパの前線に比較的小さな軍隊を送り込めば、日本の苦労して得た軍の名声を傷つけるだろうこと、そして、ほぼ死んだ「黄禍（おうか）」プロパガンダを再度目覚めさせてしまうのではないかとの不安があったことだ。

「日本はアデン（註：アラビア半島の南にある湾）から上海までの連絡経路を安全にし、インドで現状維持をしなければならなくなった時のために軍隊を備えている」

彼は特別な意味を添えて次のことを加えた。

「日本は傭兵（ようへい）として日本軍を派遣しない。もちろん我々は共通の目的で皆と団結している。しかし、アメリカでさえも日本に違う形で貢献してほしいと考えていると私は確信している。日本は戦争により既に東洋で指揮できる立場を確立したと言われているが、その地位は認められてはいない。現在、我々は東洋の同盟国の利権を守るために軍隊を維持している」

一　1917年5月30日の講演

## 世界大戦での日本の存在

実際のところ、日本は同盟国に対してかなりの援助をした。おそらく期待、あるいは望まれていたことのすべてだ。ロシアが参戦していた時にはロシア軍に不可欠な供給を送ったことに加え、日本はドイツを中国から追い出し、極東のドイツ植民地を占領し、太平洋からドイツの軍艦、商船を追いやり、世界で最も重要なかの場所を同盟国の貿易に開放し、オーストラリアとニュージーランドの軍隊が通れるようにし、同盟国が日本の即座の活動を必要とした時のために、戦時中同様の重い負担で陸海軍を維持した。

1918年8月の公的統計によると、同盟国への前払いの融資は総額11億8,600万円（5億9,300万ドル）で、そのうち、イギリス3億7,114万9,000ドル、ロシア1億2,708万4,000ドル、フランス約7,800万ドルだった。もし、それらすべてが日本の利益のためであると異議を唱える人がいるのなら、それに対して私は次のように答える。それは日本にとって非常に巨額なものであり、同盟国に大きな利益をもたらし、中でも特に、イギリス、フランス、イタリアは、必要性の大きかったヨーロッパの海域で海軍を強化することに集中できた、と。

日本が世界大戦の結果得た地位向上のもう一つは、極東での貿易の支配だった。日本は、戦争が始まる前から、熱心に働きかけ、既に大きなシェアを獲得していた。イギリスはまだ、東アジア貿易で主要な役割を果たしていたのではあるが、益々激しくなるドイツや日本との競争に直面していた。

戦争が始まった頃、ドイツは、中国に244の会社、3,740人の居住者、2億5,676万ドルの資本投資を持っていた。ドイツの船が強制的に引き上げられ、イギリスがヨーロッパの紛争に深く巻き込まれていくと、自然と、ドイツの会社と船舶は姿を消し、イギリスの活動や船舶の大多数も、母国に近い所へと移動していった。これは日本に自由な場を与え、以前にイギリスとドイツの会社が請け負っていた貿易のほとんどを引き継がせることになった。

その際に日本が行なった事は、アメリカ人を含む白人が、チャンスがあれば幾度となく行なってきた事であった。アメリカと同じく日本は、武器弾薬とあらゆる主要品目に高値を払う無限の需要に直面し、輸出貿易は非常に大きく膨らんだ。インドは、日本のマッチ、おもちゃ、タバコ、ガラス製品、絹、綿、革製品で溢れていた。南アメリカへの積荷は2倍以上になった。

私は他の章で、中国との貿易が大きく増加したことに触れたが、それに加えて、コネティカット・ヤンキーもうらやむような日本人の抜け目なさについて述べよう。それは銅取引に関することだ（註：アメリカでは南北戦争の際に銅の需要が跳ね上がった。1864年に東部のコネティカット州から来た人々は、ミシガン州で非常に生産性の高い銅山を見つけ、大発展を遂げたといわれる。著者はそれに日本人を譬えたと思われる）。

大戦によって、銅の需要と価格は異常に引き上げられた。

中国で流通している硬貨は銅の「葉銭（ようせん）」で、イギリスのペニーほどのサイズだが、価値が非常に低いので、当時の為替レートだと、1ドルの金で1、500～2、000個ほど買えた。私が中国内陸部を旅していた時、一行に必要な葉銭を運ぶのに余分なロバ一頭を準備したが、それでも途中で通る町の両替屋で数回補給する必要があった。このために銀塊も同時に運ばれた。

山東省にある銅の葉銭だけでも5万トン近くはあると言われた。この中国の葉銭を買って、破裂弾を作るのに銅を必要としていたヨーロッパ人に売ることは、巨大な利益をもたらした。それを行なったのは日本人である。満洲日報紙が報告した所によれば、1年で2万5、600トンの購入があり、取引は216万7、000円（108万3、500ドル）の利益をもたらしたという。

## 貿易力を拡大する日本

これは、中国全土の広範囲で、木の枝のように広がっていった様々な事業の一つの例に過ぎない。カナダ太平洋サービス、環太平洋事業の一般乗客取次人のＣ・Ｅ・ベンジャミン氏は、極東訪問から戻った後の１９１７年３月に、次のように述べた。

「日本の小貿易業者と行商人は、中国、特に揚子江地域全域に溢れているが、ここは、中国で最も商業的に重要な場所だ。彼らは、条約で定められた貿易境界線を遥かに超えて、好き勝手に移動する。彼らは、慎重で勇敢な東京の政府の保護下で、中国の法令や協約書にほとんど注意を向けず、好きなように往来する。日本人は揚子江沿いの広大な地域を保有し、今や漢口に大規模な軍隊を駐屯させ、好きに操れるようにしている」

世界大戦の前は、中国の沿岸貿易の12億テールのうち40パーセントがイギリスの船で運ばれており、日本の船で運ばれたのは、たった10パーセントだった。また、中国の綿製品の輸入は、70パーセントがヨーロッパとアメリカで、20パーセントが日本からだった。農商務省の吉田氏は、これらの事実を報告し、許容される程度の喜びを表しながら、付け加えた。「大戦が勃発してから物事は日本に有利に進んでいる」[二]。

イギリスでは多くの人々が大戦に心を奪われていたので、この状況をすぐに心配しなかった。しかし極東に住むイギリス人はすべてをわかっており、彼らは日本がイギリスの貿易を吸収していくのを、ここに具体的に書くのが憚（はばか）られるような感情で見つめていた。

ロシアもすぐに日本に利益を与える顧客となった。大戦の前は、ロシアは日本の製品を年間１億２、０００万円ほど買っていたのだが、戦争のためにロシアが非常に大量の軍需物資やあらゆる種類の製品を必要としたため、この貿易は非常に勢いづいた。東ヨーロッパとアメリカとの通常の貿易ルートは、ドイツによって閉ざさ

二　１９１８年７月18日に発表された報告

れたのだが、日本からのシベリア横断鉄道は開かれたままだった。その結果、ロシアは日本から購入するようになり、当時、長大な貨物列車には、日本のライフル銃、銃弾、化学薬品、病院用品、衣類、銅、革製品、その他多くの製品が満載されていた。１９１７年末には、日本はロシアに3億ドル相当の武器弾薬とその他の供給品を売った。それに比べ、ロシアはほとんど日本に売るものがなかったので、財政難に陥っていた日本にとって、その貿易黒字額は心地良いものだった。

日本は、自由にふるまえるライバルであったアメリカとの競争に苦しむこともなかった。アメリカの日本との貿易額は、１９１６年は2億9、０８４万5、８１３ドル、１９１５年は1億5、４０４万7、０６７ドル、１９１４年は1億4、７４７万7、２３１ドルだった。

アメリカの日本からの輸入は１９１６年には1億8、２０９万７３７ドルで、前年に比べ73パーセントの増加で、日本への輸出は 1億８７５万5、０００ドルで、１３６パーセントの増加だった。それ故、アメリカの輸出は増えたものの、貿易収支は7、３３３万5、７３７ドルという多額のマイナスであったのである。

## 日本の富

このような状況下で、日本は非常に必要としていた富を蓄え始めた。

ある蒸気船会社は３６０パーセントの配当金を発表し、他の会社は７２０パーセントの配当金を払った。金属精錬会社は２００パーセントを発表し、工場の大部分の借金を帳消しにした。製造業者は工場を拡大し、職人を増やし、高圧力で稼働した。日本の海上輸送は、１９０５年には合計１０３万トンを扱っていたが、１９１５年には１６９万トン、現在は２００万トンに達し、２２４の造船所は日夜休まず稼働している。１９１７年には１８２の蒸気船が建造されていたが、１９１８年度には、総トン数３３万3、８４１に上る72隻を進水させた。

銀行の1年間の決済は78パーセントの増加を示した。

1918年の郵便貯金は、1914年に比べ、2億2、986万776円多く、5億の指標を越えた。預金者の数も、549万3、524人増え1、846万4、431人となり、平均預金額はほぼ100パーセント増えた。日本は突如として、債務国から、アメリカのように債権国へと変わったのだった。外国債務は大きく減少し、ヨーロッパの同盟国が発行した公債や債券が多く購入された。1918年の始めまでに、政府と日本銀行の金保有高は4億ドルを超えていた。

日本銀行総裁の三島彌太郎子爵は、1918年の年間報告で、日本は、1917年にイギリス、フランス、ロシアの戦時公債2億3、000万ドルを買い、新しいビジネス事業への資金として3億4、000万ドルを確保したと言った。その年の日本の国債は約1億2、000万ドルで、様々な企業の債務証書と地方債の発行を合わせると約7、000万ドルだった。

彼は事実の通りに、こう言った。「これは、我々の資産の増加が非常に目覚ましいことを示している」

その年の海外貿易の記録については、朝鮮と台湾の貿易を含むと、輸出総額は8億3、145万ドル、輸入総額は5億4、366万ドル、合計約13億7、511万ドルだと彼は推測した。前年度と比べると、輸出は2億4、497万ドルの増加、輸出は1億4、673万ドルの増加を示すことになる。金と銀の輸入は合計1億9、611万ドル、輸出は7、686万5、000ドルだった。

もちろん、戦争貿易とは異常なものであるのだが、日本の富の増加、工業施設と効率性の向上、アジア市場での優位性は、非常に大きな価値のある国家財産としてあり続けている。日本は世界が必要とするものを製造し、それを必要なところへ輸送し、西洋諸国のビジネスマンと競争して売る能力を、毎年増加させているのだ。

## 日本に主導権を握られる中国

極東だけでなく世界にも及ぼす影響の中で最も重要なのは、日本が中国政府に対して主導権を握っている事だ。ドイツが山東で持っていた戦略拠点を保有することは、価値の高い政治的、軍事的利点である。しかしそれだけではない。１９１５年早々、１月18日に日本が中国政府に対して21カ条の要求を出したことは、世界にとって驚きだった。それは五つに分かれていた。

第一号は、日本がドイツから得た山東での権益に関わるもの。

第二号は「南満洲と東部内モンゴルでの日本の特権」について。

第三号は漢冶萍公司（註：中華民国最大の製鉄会社）について。

第四号は中国が「沿岸の港湾・島嶼（とうしょ）を外国に譲与・貸与しないこと」

第五号は「中国政府に政治顧問、経済顧問、軍事顧問として有力な日本人を雇用すること」「必要性のある地方の警察を日中合同とすること」「中国政府が必要とする半分以上の兵器の供給」「日本より技師・材料の供給を仰ぐこと」、また、鉄道敷設権を日本に与えること、中国内地の日本の病院・寺院・学校に土地所有権を認めること、鉄道・鉱山・港湾の設備に関して建設に外国資本を必要とする場合はまず日本に協議すること、中国において日本人の仏教布教権を認めること、である。

これらの要求は、中国の主権を傷つけ、事実上、日本の専制的な支配を意味すると考えられたので、中国は仰天した。袁世凱大総統はその幾つかに対して抗議をし、第五号についてはきっぱりと署名を拒否した。

アメリカとイギリスの政府代表は、日本人に対して友好的に意見し、４月26日、日本は、元の要求の中で非常に問題のあったものを修正し、いくつかを削除して修正版を提示した。

5月1日、中国政府は要求のいくつかを受け入れたが、他の要求については日本が満足するようには対処しなかった。日本は5月7日に最後通告を言い渡し、有無を言わせぬ文言で締めくくった。

「大日本帝国政府はここにさらなる助言を提示し、中国政府がそれに従い、5月9日の午後6時までに満足のいく返答をすることを望む。この指定された時間までに満足のいく返答が得られない場合は、帝国政府は必要な対策を講じる」

中国政府は、危機的な状況にあると感じた。譲歩は望まなかったが、日本の規律ある有能な軍隊に立ち向かうだけの陸海軍を持っておらず、自分たちが無力であることは理解していた。西洋諸国から助けを得られないことも知っていた。イギリスも懸念を隠さずにいたが、日本は大戦での同盟国であるため、中国を支援するのは賢明ではないと考えた。アメリカ政府も不安をほのめかし、アメリカのマスコミは声高に抗議したが、誰も効果的に反対する立場にいなかった。

膨大な説明が日本側から示され、膨大な批判が中国側から返された。シドニー・L・グリック博士は言った。

「かなり信頼できる筋から聞いているが、第五号は最初から交換するために盛り込まれたのだ。日本は、袁世凱が自国に対して、日本に最も重要な項目を諦めさせ、残りを譲歩したことで『彼の面子を保つ』事ができるようにしたのだ」

しかし残念ながら、中国は公平に「交換」できる立場におらず、袁世凱の「面子」は保てるようなものではなかった。幾人かの著名な日本人から私に説明された日本の立場は、次のように要約できるだろう。中国は人口も資源も多いが、国の結束と効率性に欠けている。国際関係が力によって成り立ち、それぞれの政府が他の政府の権利などほとんど考慮せずに自国の利権だけを追い求めるこのご時世では、中国は自国の世話をすることができない。ヨーロッパ諸国は中国への武力侵略を繰り返し、今日、中国の最も重要な港を占拠している。首都にあっても、外国の公使館は実質的には要塞である。それは、このような侮辱から身を守れる政府の首都においては、許容されることはないような方法で武装され、軍隊に守られている。さらなる外国からの侵略が可能であり、中国はそれに対抗することができない。

中国政府が、国の資源を開発し、産業と国民生活を整えることができるほど強くないことも同様に明白である。中国のため、そして中国の製品を必要とする他国のために開発し整えるべきではあるのだが。このような状況下では、中国は外からの指導と保護が必要で、さもなければ、自国に有害で、世界平和に危険な無秩序状態に居続けることになる。この支援を行なうのに適当な国は日本だ。

日本人は近くにいるアジアの姉妹であり、中国に大きな関心を持ち、中国事情と自らの安全が関係している。それ故、中国で緊急に為すべきことをするのが日本の義務である。中国が日本の支援の必要性と日本の統制能力を評価していないのは残念な事だ。しかし、日本にしてみれば、中国役人の嫉妬や鈍感さなどによって、純粋な国家的、国際的な義務から外される事を許すわけにはいかない。アメリカ政府はモンロー主義を公言し、他国が、メキシコ、中央・南アメリカでさらに領土を増やす事や、西半球のあらゆる国の領土や主権が侵害されるような権利を与え得る特権や融資を他国が手に入れる事は許さない、と繰り返し言ってきた。日本にとってのモンロー主義は中国だ。アメリカにとっての南アメリカよりも、日本にとっての中国の方がずっと致命的なのだ。アメリカがどの列強も南アメリカに干渉するのを許さないように、日本も他の列強が中国に干渉するのを許さないのだろう。

私は、日本の友人の言った正確な言葉の引用をしてはいない。単に、彼らの立場の概要に対する私の印象を述べただけであるが、それは大体正確であると思う。彼らが言ったことは、確かにこのような解釈で正解だ。北京の日本公使館参事官の芳沢謙吉氏の次の発言によっても、この見解は確信できる。

「中国にしっかり注意を払う事ができるのは世界で二つの国しかない。日本とアメリカだ…しかし日本は、その地理的理由と、過去の政治等々の関係から、中国を支援することに関してはアメリカよりも適任である。それ故、日本の責任は非常に大きい。日本は、中国を親戚のように扱うべきだ。この役割は、日本側に大きな忍耐を要する。日本は、母が子の面倒を見るように、中国の面倒を見なければならない。我々は中国に寛容であるべきだ。中国が我々の友好的な提案を聞くのならばさらに励まし、聞かないのならば、父が我が儘な息子を叱るように叱るべきだ。私はこの方針を胸に、北京の私の上司である男爵を補佐するつもりだ[三]」

## アメリカと日本の態度の違い

石井菊次郎子爵の訪米時、彼が講演の中で、日本がアジアに対するモンロー主義を公言したとする新聞報道を否定した。彼は言った。

「アメリカの中央・南アメリカに対するようなモンロー主義と日本の中国に対する姿勢の宣言には、根本的な違いがある。日本の場合は、隣人の政治と領土の一体性を侵害しない事、門戸開放と機会均等の原則を守ることを自主的に公言し、同時に他国にもこれらの原則を守るようにお願いしているが、アメリカにはこのような誓約も約束もない。それ故、紳士諸君、あなた方はこの大きな違いに気づくだろう。そして、この言葉が幾分緩やかに、誤解をまねくように使われているのだと同意するだろう[四]」

私は、石井子爵の否定の言葉を引用できて嬉しい。しかし、日本の中国に対する関係をモンロー主義という言葉を使って表すのは、最初に日本人が始めたもので、それ以来、彼らは繰り返し使っている。

---

三　The Japan Society Bulletin から引用　１９１７年4月30日付（ニューヨーク）

四　１９１７年10月1日の講演（ニューヨーク）

日本はアメリカが南アメリカに為したよりも自由主義的な約束を交わしたという石井子爵の考えは、言葉の上では正しいかもしれないが、この宣言がどうやって事実と一致するのかについては理解に苦しむ。いずれにせよ、もし日本にとっての中国が、単にアメリカがモンロー主義という言葉で意味するものであるならば、アメリカには何の異議もなく、それどころか心からの共感を覚えるということに疑いはない。

事実、我々の国はこの半球にある他国の国内問題には干渉しない。譲歩を要求せず、顧問を任命せず、他国領土には軍も駐屯させない。メキシコが革命によって、何年もの間、激しくかき乱され、貴重なアメリカの財産を破壊し、多くのアメリカ人犠牲者を出した時でも、介入を強く促されたにも拘わらず、アメリカは介入しなかった。それぞれの国は自らの運命を解決するのに完全に自由であるべきだというのがアメリカの方針だ。

アメリカは単純に他の国に向かって「干渉するな」と言うのだ。日本が中国に対して行なった要求は、それを遥かに超えている。その要求を読む限り、アメリカが西半球で期待するものと、日本が中国で期待するものが同じであると結論付けるのは不可能だ。

## 日中軍事衝突が招いた危機

1916年の鄭家屯事件（ていかとんじけん）はこの好例だ。日本軍と中国軍が衝突し、双方で死者が出た。日本軍が責められるべきなのか中国軍が責められるべきなのか、意見は分かれる。日本政府が自国の役人の解釈を受け入れるのは自然な事だった。特に、中国人の役人は真実を気にせず「面子（めんつ）を保つ」ことで知られているからだ。しかし、部外者は当然聞くだろう。なぜ日本軍がそこにいたのか？　中国は日本軍に対して、鄭家屯に駐屯する権利を承認していない。そのような状況では、衝突が起こるのは目に見えている。日本に外国の軍隊がいたらどうなるかは想像できることだ。しかし、鄭家屯に日本軍は駐屯しており、中国軍側の攻撃か抵抗かはわからないが、その後に起こったことに対して、中国側は不名誉な処罰を受けるはめになった。

日本の最初の要求は、「満洲と内モンゴルの決められた場所」と「必要があれば、同地域の他の特別地」に、日本の警察所を設立する権利だった。もう一つの要求は、「青木中将軍事顧問の他に、日本から数名の軍事顧問を従事させること」である。多くの交渉の後、日本はこれらの条項を取り下げ、最終合意は以下のようになった。

1　中国軍第28師団の指揮官を懲戒処分とする。

2　この事件に責任を持つ中国軍将校は正式に処罰する。

3　中国は、日本人が住む特権を持つ地区の軍人と民間人に対して、彼らにしかるべき待遇を与えるとの命令を発する事に合意する。

4　奉天の軍政府長官は、関東州の日本軍政府長官と奉天の日本総領事が両者とも旅順にいる時に、遺憾の意を表すために使節を送る。遺憾の意を表す形式は、中国軍政府長官が決める。

5　日本の吉本家は賠償金として500ドルの銀貨を与えられる。これら前述の条件が実行されれば、日本は四平街と鄭家屯に追加で駐屯された軍隊を引き揚げる。

中国政府はこれらの条件をのみ、当初は脅迫的に見えた危機は無事過ぎ去った。しかし次に起こることは何であろうか？　ジェレミア・W・ジェンクス博士は言う。

「当局からの情報によると、石井子爵がアメリカで最も雄弁な演説をしていた正にその時、北京の日本当局は、腕の立つ交渉者があらゆる手段を使って、中国政府の役人の所に押しかけていた」[五]

---

五　ニューヨークタイムズ　1917年12月28日付

# 第二十七章

## 深まる中国問題

１９１７年３月、中国がドイツとの外交関係を断絶し、８月、宣戦布告をした。中国政府は非常に大きな内政問題を抱えており、一流国ドイツと戦争を行なう軍事力はなかった。にも拘わらず、何故、中国政府はドイツと断絶し、同盟国の仲間となったのか。一つには、中国はドイツと断交する経済的理由があった。義和団の乱の後に課された損害賠償は、ドイツに対して１年に２、０００万ドルもの利子を払わなければならなかった。もう一つは、交戦中の国々が和平協議をする時、彼らが植民地として保有している領土の再分配があるという事だ。それには中国にとって非常に重要な青島が含まれていた。同盟国は中国に、ドイツに対抗して同盟国に参加するよう説得した。日本は反対の声を上げた。日本は、ヨーロッパが関わって事情が複雑になることを避け、中国と日本だけで二国間の問題に対処したかった。中国市場に頼る日本にとって、中国での利権は、死活的問題なのだ。

## CHAPTER XXVII

## DEEPENING COMPLICATIONS WITH CHINA

The Far Eastern situation assumed a new phase in March, 1917, when China severed diplomatic relations with Germany. This was followed by a formal declaration of war August 17. The Chinese government knew quite well that the republic had too many internal problems on its hands, and was too utterly helpless as a military factor to undertake war against a first-class Power like Germany. Why, then, did the government break with Germany and identify itself with the Allies?

For one thing, China had a strong financial reason for breaking with Germany. The government was in desperate financial straits, and it owed Germany a large sum on which the interest charges were $20,000,000 a year. China regarded this debt as an unjust one since it was the indemnity imposed after the Boxer Uprising, not merely to be a reimbursement for actual losses but a severe punishment.

Secondly, Chinese leaders knew that when the representatives of all the belligerent nations should meet to consider terms of peace, there would be a redistribution of their colonial territories. Among these possessions were the priceless concessions which Germany had held in the province of Shantung, and which the Japanese took over when they drove the Germans out of Tsingtau.

When the Allies tried to persuade China to join them against Germany, Japan protested. Japan preferred to deal with China herself, unembarrassed by complications with European governments. Japan is dependent, in part at least, upon the Chinese market and Chinese products. A great manufacturing nation in this industrial era must have unlimited supplies of iron and coal. China has both. Hence Japan wants prior rights in China.

# 深まる中国問題

## 中国とドイツの断絶を巡る事情

１９１７年３月、極東の状況は新しい局面を迎えた。中国がドイツとの外交関係を断絶し、北京のドイツ公使にパスポートを渡し、中国の港にあるドイツ船の差し押さえを命じたのだ。続いて８月17日、正式に宣戦布告が為された。表向きの理由は、ドイツの潜水艦作戦だった。攻撃によって、中国・ヨーロッパ間の貿易は大々的に損害を受け、魚雷を撃ち込まれた船に乗っていた何百人もの中国人が亡くなった。大戦中、フランスの日雇い労働者は前線に駆り出されたので、その穴埋めに大勢の中国人日雇い労働者がフランスに送られて船に乗っていた。３月１日までに10万人以上の中国人がフランスに到着し、沈められた船にも多くの労働者が乗っていたのである。

中国と中国人を知る者なら、この状況を額面通りに受け取ったりはしない。中国は過去に、遥かに危機的な挑発を受け、戦争もせずに屈服している。もしドイツが逃げ場のない程に追い詰められていなければ、１９１７年に戦争をするなど夢にも思っていなかっただろう。共和制中国の精神は、古い満洲の専制君主の精神とは全く異なり、新しい指導者たちは、自然と民主的な西洋人に共感するようになっていった。しかし中国政府は、共和国が非常に大きな内政問題を抱えており、ドイツのような一流国と戦争を行なえるような軍事力を全く持っていない、という事をよく承知していた。さらに、中国北部の人々の感情としては、大多数が親ドイツだった。これは中国がイギリスとフランスに敵対していたからという理由ではなく、日本人を恐れていたため、本能的に日本の敵としてドイツに共感を覚えていたからだ。

恐らく誰よりも中国についてよく知っているアーサー・H・スミスはこう言った。

「この宣戦布告は主として法的な作り事だ。我々が知る限り、兵士は一人も動いておらず、これからも動かないだろう。また資金も一銭も使われておらず、また使われることもないだろう。中国がドイツに敵対心を持っているという表面的な印象だけが外国に伝わるのだ。中国が本当にドイツに敵意を持っているのかは定かではない。ドイツは、他の国が為したことがない程に、中国との貿易に順応した。また、どのようにドイツとドイツ製品を宣伝し知らせるべきかという事もよく理解していた。今や、中国はドイツに宣戦布告し、ドイツ大使以下ほとんどの役人は本国に送還された。ドイツ人の一般市民は残っているが、彼らの抑留は名目上だけだ」

それでは、何故、中国政府はドイツと断絶し、同盟国の仲間となったのだろうか。外交の世界では誤魔化しが常であり、真の理由が屋根の上から大声で告げられることなど、ほぼない。世界が中国の真の動機を知るまでには、まだいくらか時間がかかるだろう。

しかし、いくつかの考えは表面に浮かび上がっており、それらの関連性は今のところは評価できないものの、それを語るだけなら大きく真実から逸脱することはないだろう。

一つには、中国はドイツと断交するのに強い経済的理由があった、ということである。中国政府は絶望的な財政難に陥っていた。ドイツに対して負っていた負債は、1年に2、000万ドルもの利子を払わなければならない程多額だった。負債とは、義和団の乱の後に課された損害賠償であったので、中国は当然それを不公平なものだとみなしていた。

これはドイツに限った話ではなく、ヨーロッパ列強が揃って、単に実際の損害補償ではなく、意図的に重い刑罰として課したのだった。アメリカは実際の損害よりも多くの額を受け取ることを拒否し、後に、その額さえも返金した。しかし、ヨーロッパ政府は負債全額を要求した。ドイツの取り分は9、007万515テールで、オーストリア・ハンガリーはそれよりさらに400万3,920テール多かったが、他の国同様、延払い4パーセントの利子で、39回分の年賦で支払われるというものだった。1901年に議定書が結ばれてから多くの支払いが先延ばしにされており、利子は極めて重い負担として積み上がっていった。

宣戦布告によって、この義務とその他の条約すべては無効となり、資金難に喘いでいた中国政府に大きな救済となった。中国は、同盟国にも多額の損害賠償を負っていた。フランスへは7,087万8,240テール、イギリスには5,071万2,795テール、イタリアには2,661万7,005テール、ロシアには1億3,037万1,120テール。未返還の元金と、繰越金に課された年利は巨額だった。中国が同盟国に参加しドイツと戦ったら、同盟国は返還義務の一部あるいはすべてを軽減するだろうか？

その答えは1917年9月に出た。北京の同盟国の大臣たちは、中国外務省に、賠償金支払いの5年間延期を通知した。この譲歩により、中国は約2億ドルが使えるようになったと推測された。この支払が為されるかどうかについては、まだ分からない。

さらに、19世紀の終わりに西洋諸国政府が中国に押し付けた条約では、輸入税は、1897～1899年の平均物価に応じた5パーセントに制限された。価格が大きく上昇し、徴収のために従価税から従量課税に変わったことで、実際の関税率は非常に低くなった。一方で、西洋諸国に入る中国製品は、33～100パーセントの関税が課された。これは、どのような外国政府も許容することがない程の不公平さだ。中国は西洋各国の政府に、長い間、関税率を変えるように請願していた。アメリカは応じたが、ヨーロッパ各国の政府は拒否した。ジェレミア・W・ジェンクス教授は、これを上手く言い表した。

「外国に支配された中国の関税は、中国産業を差別し、すべての点において外国製品に有利に働くようになっているため、中国産業を麻痺させている。現地当局を軽視し、効率性と尊厳を確保する財政の手段を奪っているので、中国の中央・地方政府を弱めることになっている」

それ故、中国は緊急に救済を欲しており、もし中国が大戦で同盟国の側につくのなら、同盟国はその救済を与えるだろうと誰もが考えた。

中国も外国からの貸し付けを獲得しようとしたが、その信用度に問題があった。中国がイギリスとフランスから資金を得ようと思うなら、両国が認める方法で担保を用意しなければならなかった。大戦での中国への援助は、このような事情に配慮されたものだ。

中国には、さらに重大な問題があった。交戦中の国々の代表が会議の席で和平の条件を協議する時、彼らが植民地として保有しているアジア、アフリカ、太平洋諸島の大部分の領土の再分配があるだろうという事だ。中国の指導者たちは、それをよくわかっていた。

それらの貴重な領土の中には、中国にとっては値段をつけられないほどの価値を持つ利権が含まれていた。かつてドイツが山東省で保有しており、その後はドイツを青島から追い出した日本が引き継いだ利権である。中国は日本がそれらを保有したままでいるつもりではないかと懸念した。

その懸念には根拠があると考える人間は多かった。すべてのドイツ植民地の処理は和平会議で協議されるので、中国政府は当然、青島と内陸地域に関して発言したいと考えていた。実際、中国に対する外国の侵略問題のすべてが協議されるかもしれなかった。段祺瑞国務総理は、恐らくこれらの問題だけでなく、関税、治外法権、条約の改正の問題も和平会議で協議、解決され、最終調整と歩み寄りの段階で、中国はほぼ確実に関わっているだろうと議会で発言した。

中国人はこのような問題を自分たち抜きで決められることを嫌う。彼らは意見を述べる唯一のチャンスは、彼らが同盟国の仲間と見られることだとよくわかっていた。彼らの予想通り、参戦国としての立場のお陰で、中国は和平会議に二人の代表を送ることができたのである。

## 中国の協力を欲する列強

ヨーロッパの同盟国が中国に参加を促していたことは、ここしばらくはよく知られていた事だ。何故彼らがそうしたかったのかという理由は簡単だ。同盟国側にとっては、どんな小国であっても、協力を表明してくれるだけで自分たちに一つ大義が追加されるという支援になる。しかも中国は小国ではない。軍事力が大きくないのは事実だが、もし中国の協力を得られるならば、アジアのほぼ全域の協力を得たことになるという事実は、同盟国にとって軽いものではなかった。なぜなら彼らは既に、インド、ペルシャ、日本、朝鮮から自発的あるいは不本意ながらも協力を得ており、シャムもそうなりつつあったからだ。

中国は、軽く見るべきではない、いくつかの物質的な利点を持っていた。45万8、600人の兵士を持つ軍隊があった。これは比較的小さく、現代的視点からすれば実践的な軍隊でもなかった。しかし、軍を拡大しようと思えば、中国には無限の男たちがいた。もし戦争が長引くようであれば、彼らを実践的兵士へと訓練することができた。中国人は適切に組織化されて指導されれば、よい兵士になるのだ。

労働者は兵士と同じくらい同盟国にとって重要だった。自国の労働者のほとんどが前線に駆り出されたので、農場や工場、その他の産業活動を行なうのが非常に困難になっていたのである。また、戦争では食料と武器が大きな役割を果たすのだが、ドイツの潜水艦は他国から輸送されてくる補給を破壊するので、中国のように人材の無限の貯蓄を持つことは、非常に大きな強みであった。

また、中国は武器供給に何の支援もできないわけではなかった。中国には、当時いくつかの兵器工場があった。漢陽兵工廠、湖北製鉄発電工場、蘇州兵器工場、上海兵器工場、南京兵器工場、そして直隷と関東州に一つずつ予定されていた。これらのいくつかの兵器工場は大きく、すべてが容易に拡大可能だった。ヨーロッパ軍が最も必要としていた原材料も中国は無限に持っていた。

イギリスには、中国の協力を必要とする差し迫った理由が他にもあった。十分な証拠があるのだが、北京のドイツ公使館、多くの重要都市のドイツ領事館など、中国中に散在している3、740人のドイツ人が、同盟国側に対するプロパガンダを行なっており、同盟国の計画を阻害し、中国をインドに対する陰謀の拠点としていると信じていたからだ。

インドに対する陰謀はイギリス政府に大きな懸念を引き起こしていた。インドの状況は、検閲を受けたマスコミが世界に信じさせようとしていた程には望ましいものではなかった。ドイツのやり方をよく知っている者は、これが軽い事であるとは考えていなかった。イギリスにとって、この危険な活動を止めさせるのに最も効果的な方法は、中国をドイツと断交させ、ドイツ人をドイツ国内に閉じ込めておくことだった。

同盟国は中国に対して、ドイツに対抗して同盟国に参加するように説得した。中国政府もその気があるとわかるや否や、日本は反対の声を上げた。日本が何故反対したかについては一旦別にして、中国に関して、表面に表れている理由について述べよう。

中国がドイツと断交して獲得しようとしたものは、まさに、日本が中国に獲得して欲しくないと思っていたことだったのである。日本としては、ヨーロッパ政府が関わって事情が複雑になることで邪魔されるのを避けるために、中国と日本だけで二国間の問題に対処したかったのである。日本は、中国の財政状況がヨーロッパの貸付金によって緩和されることなど望まなかった。その貸付金と引き換えに中国がヨーロッパに与える対価は、もし南アメリカが同じものをヨーロッパに与えることになったら、アメリカがそれに反対するような類の ものである。また、日本は、山東省や恐らく満洲の処理が協議されるであろう国際会議の場で、中国が発言権を得ることも望まなかった。日本の反対は非常に明確で強力だったので、中国とドイツを断絶させる計画は中断されることになった。

## 外交の表と裏

1917年3月、日本は突然反対を取り下げた。

このような態度の転換をどのように説明すればよいのだろう？

外交の手段は誤魔化しであり、屋根の上から大声で告げられることなど、ほぼない、と再度言わなければならない。日本が何の意味ある配慮もせずに考えを変えたと考えるような人は、国際情勢に疎いのだ。ヨーロッパの同盟国は、間違いなく日本の意見を考慮することを保証したはずだ。そして、おそらく日本が中国で事業を行なうことに大きく干渉しないという密約もあっただろう。

この疑念は、ロシア革命政府がペトログラードの在外事務局で見つけた書類を公表したことによって益々深まった。明らかにされた事実の中には、北京にいる同盟国の大使たちが、中国政府に戦争に参加するよう要請し、そうすれば中国は和平会議に席を得て青島を取り戻すチャンスもあると勧誘した、という内容が含まれていた。同時に、東京のロシア大使は、日本政府に対して、中国参戦への反対を取り下げるよう促し、そうすれば同盟国は日本が青島を確保することを支持するだろうと言っていた[一]。

まことに、疑わしいのが秘密外交の方法だ。ドイツとの断交に最初は反対していた日本だが、後にはそれを勧めていたことは確実だ。

一　東京の前ロシア大使であるクルペンスキー氏から、ペトログラードの外務大臣へ送られた1917年2月8日の公式文書。ロシア革命政府出版の『The Secret Treaties and Understandings』に引用された。

ジョンズ・ホプキンズ大学の学長で、中国政府の前内密外交顧問だったフランク・J・グッドナウ博士は、当時こう言った。

「中国は、日本の要請がなければ、決してドイツとの関係を絶ったりはしていなかった。日本には、中国の国家保全に対して腹黒い意図がある。そして残念なことに、日本はその計画を実行できるだろう。一つの明白な動機は、中国の陸海軍の指揮権を得る機会を得ることだ。これで、中国は完全に天皇の慈悲の下に置かれる」[二]

中国が自らを世界大戦に巻き込んでいくことが中国の利益となるのか損害となるのか、それは時の流れだけが示すことだ。様々な列強が「弱い国の権利」について高潔で善意のある宣言をしているにも拘わらず、みじめで無力な中国は、強い政府の代表が好都合と思えるものしか得ることはできず、それが何であるかを決めるのに日本は大きな影響力を持つのだ。

### 中国における日本の利権

同時に、中国での日本人の数は急速に増えている。青島が完全に日本の管理下にあるだけでなく、北京、天津、上海、内陸の奥地にも日本の居留地がある。

1916年3月には1，400人しか日本人がいなかった済南も、1年後には2万2，000人に増えていた。揚子江の600マイル上流にある漢口にも数多くの日本の居留地がある。実際、中国のすべての重要な町には、数人の集落から人口密度の高い集落まで、大小様々な日本人の集団が住んでいる。この日本人たちは、ほとんど労働者階級ではない。彼らは、概して、進歩的で有能なエリートタイプで、国家の利益を有利に導くことができ、そのようにしたいと常に注意を払う者たちだ。

---

二　1917年3月14日付の新聞インタビュー

寺内首相と外務大臣は１９１７年早々、彼らの政策は中国事情に関して「不干渉」であると公に宣言した。しかし、中国人役人の脇には、有能で礼儀正しい日本人「顧問」がおり、外交官や領事も、色々と何かしら謎めいた形で、日本人の影響を感じている。

私が絶対的に信頼できる人たちから得た書類には、中国で日本人が多く住む場所での、日本人の横柄な態度について、かなり驚くべき説明が書かれている。また、その結果、中国人に不安と恐怖さえもたらしている、という。公的な外交の言葉は安心感を与えるものかもしれないが、日本が中国において維持しようとしている主導権を持っていないと考える者は、不快な事実に気づかされることになるだろう。

中国人が、内政問題に他国が常に干渉してくるのを好まず、当然の事ながら放っておいて欲しいと思うだろうことは誰でも理解できる。他方で、中国が放っておかれないだろうというのは痛ましいほど明白だ。中国は余りにも巨大であり、適切な指導者もなく自国を立て直せないまま世界の大海原を頼りなく漂流すれば、肉食獣のような列強の欲望が止むことはない。さらには、既に日本以外にも複数の国が中国におり、そこを去る気は全くない。ロシアが満洲に、イギリスが香港に、フランスがサイゴンにいる状況では、どうせ中国への干渉は避けられないのだから、日本人が自分たちの利権はヨーロッパ諸国の利権に優先するものであると考えて権利を主張するのも理解できる。

日本の中国での利権は、アメリカの南アメリカでの利権よりも、より死活的問題なのだ。アメリカは南アメリカがなくともやっていけるが、日本が中国なしにやっていくのは難しい。

我々は南アメリカの貿易と原料は欲しいと思うが、それらに頼ってはいない。しかし日本は、少なくとも部分的には中国市場と中国製品に頼っているのだ。以前の章で、日本と中国との大きな貿易関係は述べたが、他にも多くの事例を挙げることができる。

例えば、日本は製造・製鉄大国なので、十分な鉄鋼の供給が必要だ。日本には資源がほとんどないので、輸入せざるを得ない。その十分な量がある一番近い場所は、巨大な鉱床を持つ中国だ。日本は中国の石炭も必要としている。日本にある石炭の量は全く不十分だ。この産業時代において、製造大国は無制限な鉄と石炭を必要とするのであり、中国はその両方を持っている。だから日本は、中国で優先的な権利を持ちたいのだ。

1917年6月7日、北京駐在のアメリカ公使ポール・S・ラインシュ閣下が、中国政府にある覚書を渡した時の日本の態度は興味深かった。そこには次のように記してあった。

アメリカ政府は中国の乱された状況を深く友好的な懸念を持って見守っている。中国が大戦に参加したり、ドイツとの関係で現状維持を続けるのは「二次的な重要性」のものである。中国の「最重要課題」は「政治体制を立て直し、国家発展の道を進むこと」である。「党派・政治争い」は「横に置き」、「すべての党派と人々が政府を再建・統合し、中国の国際的な立場を確立するのに努めること」がアメリカの希望するところであるが、仲間割れがある限りそれは実現できない。アメリカは「中国の役に立つ」ことを望む友人である、と。

日本は、東京の政府と事前の相談もなくこの助言が中国に為されたことを不快に思っていた。事実を曲げて造られた覚書の偽物が出回ったことも、事態を悪化させた。

6月13日に正しい覚書が発行されて、日本人の怒りは幾分か鎮められたものの、完全になくすことはできなかった。日本の報道は痛烈で、政府も礼儀正しいが断固として驚きと遺憾の意を公にした。

河上清氏は声を荒げて言った。

「中国が救いを求めなければならない日が来た時、アメリカに救ってもらえると思うのなら、中国には災難が降りかかるだろう」

家永豊吉博士はニューヨーク・イブニングポスト紙の記事で次のように述べた。

「率直に言おう。日本は、アメリカが中国で政治的影響力を拡大しようとすることには憤りを感じるが、商業特権や産業拡大を求めるのを抑え込む意図は全くないということは明白に理解されなければならない。我々の中国に対する政治的関心は、アメリカよりも大きい。中国は日本により近いからだ。しかし、アメリカが極東貿易を行なう条件に不平等さを作り出したり、扉を閉めたりすることは、日本側の意図としては全くない」

## 自治政府に関する各国の諸問題

アメリカが、イギリスに比べれば差別されていないことは、１９１８年の春に明らかになった。ウラジオストック近くのポシェト湾から、朝鮮国境の琿春を経由して、日本の支線の終着駅である吉林まで鉄道を建設する権利について、北京駐在の日本公使が、イギリスの企業連合に与えることに反対し、中国政府に抗議したのだ。日本が極東で優位を維持するとの宣言が、口先だけのものではなく、他国が注意を払い、それに応じて自制するように求められていることは明らかだった。

この国際問題には見過ごすべきでない重大な側面がある。独立国であろうと、強国の保護国であろうと、それぞれの国は、自国の状況は自国で管理する権利があると最近よく言われている。この原則を、公衆受けするように魅力的な言葉で飾り立てる講演者や著者がいるが、彼らは不可避で必然的な限界について、明らかに気づいていないか、または気づいていても言及するのが不適切と思っているのだ。

確かに、国家は、個人がそうであるように、正しいことをする限りにおいて、自由に振る舞う権利を持つ。しかし、もし間違ったことを欲するのならばどうする？

あるいは良い意図があっても、自由を適切に扱うことに無知だったり規則違反をしたら？

「ああ、これが難しいところだ！」

国家の悪行の結果がその国民だけに影響するのならば、他国は干渉せずにその国自身に解決させればよい。自由に振る舞う権利はあるが、ただし悪事の代償は自分の辛い結果から学ばなければいけない、と条件をつければよい。しかし、国家の悪行が他国に影響を及ぼすのなら、他国は自分の権利が侵害された分だけ干渉することが許されるという条件をつけるべきだ。でなければ、他国の権利が否定され、国家の権利の根本原則が損なわれる。

これは、まさしく今日の世界が直面している状況だ。世界大戦中、我々は全く同じことを言ったのだ。国家は自国政府の形態を決め、内政を管理する権利を持つが、ドイツのような強力な国家の君主が、その力を神から直接授かったものとし、さらに、力の使い道の責任を同胞ではなく神のみに負うとして、寸分の隙もなく武装して世界に現れた時には、そのような政府の悪を行なう力が奪われない限り、地球上のどの国も安全ではいられない、と。

自決の原則についても、自由を上手く扱えずに、国内情勢を国際問題の種としてしまう国民については、条件を付けるべきだ。トルコ、メキシコ、バルカン諸国はこの類に属する。トルコのアルメニア人に対する仕打ち、メキシコの終わりなく続く血なまぐさい改革の数々、無節操な野心家がバルカン諸国を世界の諸悪の根源とする自由、そのようなものを他国は黙認すべきだったであろうか?

秩序ある有能な国家が、無秩序で無能な国家に対して何かしら対処するのは明らかに正当なことだ。その正当性は、未熟で欠陥を持つ犯罪的な階級に対して、すべての国が対処するのと同じことである。個人は、命、自由、幸福の追求について、奪うことのできない権利を持つ。しかし、もし彼が、地域の権利を守るのに必要な法律を破ったならば、この地球上の民主政府のほとんどが、彼をすぐさま罰するだろう。

アメリカ人が、フロリダ、ルイジアナ、カリフォルニア、アラスカ、プエルトリコ、フィリピンを獲得するのにそれぞれの自決の権利を認めなかったこと、そして、イギリスが数億もの他国民の統治を確立するのに自決の権利を認めなかったことに反対する者がいるのなら、私はこう答える。

これらのすべての事例において、新政府は、退けられた政府よりもはるかに人々にとって良かった。全く自治を為すことができない場所を別にすれば、アメリカやイギリスの領土は、原住民の意志に反して維持されているのではない。そのような場合であっても、支配勢力であるアメリカやイギリスは、人々が自治政府を確立し維持できるようになれば、すぐにもそれを許す準備ができていると宣言している。キューバ人は既に自治政府を持っている。フィリピン人も、準備が整い次第、自治政府を得るだろう。

イギリスの植民地は、大英帝国の一部であることを非常に高く評価しており、そこから離れようなど夢にも思っていない。アイルランドについてはイギリスは非常に強く非難されるが、真の問題はイギリス政府の態度ではなく、アイルランド人自身の分裂にあるのだ。どの派閥も他の派閥が認めるような政府を設立することができないのだ。イギリス政府は、実際、アイルランドの人々に、自分たちの間で合意できる実行可能な計画があれば、それを承認すると言っている。それが可能にならなければ、アイルランドに自治政府を与えても、単に内戦を引き起こすことになる。

イギリスとアメリカの植民地の人々について、インド・西北部パンジャブ州副総督のマイケル・F・オードワイアー卿は、インドの人々が主として苦しめられる様々な悪、つまり、無知、病気、犯罪、職権乱用、権力者による汚職、過度な訴訟、法の遅延について話した後、次のように言った。

「このような悪に対する万能薬は自治政府であると、ある人々は言う。それぞれの国の伝統と能力に沿う形で、帝国内で自治を行なうことは道理にかなった理想だと認める。しかし、その理想が実現するためには、ミルのような優れた民権の擁護者が述べる三つの条件が不可欠だ。

すなわち、以下の三つだ。
（１）民衆の大多数が自治を欲していること
（２）民衆にそれを実行する能力があること
（３）民衆に、国外・国内防衛を含む責任を果たす能力と意志があること
である。私の統治する州について言えば、迅速な発展を望むが、これらの条件が満たされるのには長い時間がかかるだろう。政府の支援で人々は自治へと向かって準備をしているが、現在その意味と責任を理解する者はほんの少数しかおらず、皆が望み、皆が望む権利がある良い政府を保証するために、できることをするのが我々の義務である」[三]

自決の権利を主張している国に対して、他国からの干渉が正当なものだとされているならば、そこには大きな意見の相違があり、さらには抑圧と不正行為さえ行なわれるかもしれない。その時には、最良の政府であっても、多かれ少なかれ自国の利益の潜在的な影響から逃れることはできず、最も有能な政治家でさえ当てにならないものだ。そこで改善策として考えられるのは、ある国が他国の権利を侵害したり世界平和を脅威にさらすような内政を行なう時には、それに対して必要な解決策を決定できるように、国際法廷と国際連盟を維持するということだ。公平で、幅広い人々を代表するような組織による支援が必要とされているのである。

## 革命後の中国と国際問題

日中間の議論は、そのような国際的な方法を持つことが望ましいことを示している。中国は小さくはなく、弱くあるべきでもない。しかし、その膨大な数の国民は、効果的な政治を一貫して行なえる有効な国家行政を

三　1917年9月13日の講演

未だ持つことができずにいる。また、中国から搾取しようという利己的な動機を持つ強国の侵略から自国を守ることもできない。

１９１１〜１９１２年の革命は目を見張るスピードと有効性で行なわれたが、政府の混乱は続いた。6年で5人の大総統が出た。議会は口喧嘩に時間を費やすばかりで短命だった。暫定的な憲法は制定されたが、恒久的なものは完成しなかった。北と南の亀裂は、主権を争う政党という形を取って現れた。

１９１７年6月12日に黎大総統が独断的に議会を解散させた時、北京政府を擁した北の党派は、その大多数の議員が解散命令に従うのを拒否した。そして、廣州へ移動し、そこで議会を再開した。北京に一つ、廣州に一つ、二つの政府が生まれた。

北京政府はその合法性を主張し、前政府の事実上の後任として他国からも国際関係において中国政府として認められている。廣州政府は、真の共和体勢と中国人の独立精神を代表しているのだと主張し、それを根拠に承認を求めている。北京は廣州を反逆者だと激しく非難し、廣州は北京を日本に支配された軍国主義者だと非難する。「日本が実質的に北京の軍部を通して中国を支配している」とペキン・ガゼット紙（現在は上海に移動）の編集者は責める。廣州政府の著名な役人は、「日本は我々の敵だ」と言う。両政府の争いは激化し、かなりの流血を引き起こした。

それと同時に、他の差し迫った必要事項が無視されている。中国で何年も暮らすアメリカ人が次のように書いている。

「中国を国家としてみる観点からすれば、この時代は全体的に悲観的だ。私は中国人を信じている。彼らは偉大な潜在的可能性をもっている。中国人の頭脳、能力、素晴らしい思慮深さは他の人種と同等だ。しかし中国の役人階級は、中国の呪いであり、進歩の大きな妨げである。過去20年で中国が成し遂げた発展は、支配階級のこれらの障害を乗り越えて為されたものだ。国土は、何世代も昔から頑固にも放置され続けた結果が現れている。普通の状態ならば生産力もあるのだろうが、山は木々がはぎとられ、雨や風が大損害を与えている。道はなく、移動は主に近くの村や町に限られている。市場は物がほとんどなく、飢饉は広まっている。手短かに言えば、中国は、何年も全く放置されることによって、自国を搾取される国にしてしまったのだ。この世界発展の時代には、地球上でこのように広大な土地を遊休地にしておいたり、無駄にしたりすることはできない。中国はこれにまだ気づいていない。中国が国家主権を失うのは残念だが、過去に役人が植え付けた死の種はしかるべき時に実を結ぶことになるのだ」

その結果として現れるのは国際問題だ。孤立の時代は永遠に終わった。世界の国々は非常に近い関係になったので、世界の4分の1を占める人々が無秩序な状況に置かれ、世界の荒波で他の海賊政府の餌食となることは、他の国々が考慮しなければならない状況を作り出さずにはおかないのだ。私は、中国人が、平和な方法で、他人の権利を尊重して、あらゆる状況で自立することができると、深く信じている者の一人だ。また、中国には上手く統治された近代国家になる究極の能力があり、地球上の偉大な国々の間で高い地位を得ることが可能で、その意志もあると深く信じている。中国の混乱が、中国が内政を管理できないことの証だと悲観的に首を振る西洋の批評家たちは、黙って次の事を思い起こすとよいだろう。

つまり、アメリカ植民地の賢明で有能な男たちでさえ、独立宣言をして13年後までは憲法を制定することができなかったが、中国が満洲王朝を覆し、共和国の礎を築き始めてからまだ13年も経っていないという事だ。中国は巨大で発展の遅れた国であり、アメリカの開拓者がやったように新しい地域で新しい時代を始めることはできない。しかし、骨を折って、前例のない障害に対抗して、ワシントンの手助けなしに、時代遅れのやり方から、現在の近代的なやり方に変えなければならない。中国は、船長や水先案内人のいない船のようなもので、正しい位置に戻ることができずに、大海原に力なく漂っており、現在の、浸水して動けなくなった状況では、明らかに他の船にとって害となるのだ。

このような状況下で、日本人は、ごく自然に、中国の隣人として、他の国民よりも致命的に関係があり、国際庇護のもとに必要な援助を与える国際法廷や国際連盟がないならば、日本がやるしかない、と言うのだ。それ故、私は、日本人がこの議論の余地のない状況を無視できないという思いには共感する。

## 混乱状態の中国への日本の責任

しかしながら私は、一つの大国からの命令を嫌う中国にも同情を覚える。その大国、つまり日本は、中国のプライドを傷つけるやり方を用い、その動機も自己利益に影響されているとされている。私は、たびたび言ってきたが、これからも言い続ける。

つまり、中国は他国がその妥当なチャンスを与えれば、自国の問題を解決できるが、他の複数の政府が常に利己的な目的で干渉して弱い者いじめをする限り、中国は深刻に不利な立場に置かれ、日本に自国の利権の優位性を主張させてしまうのだ。国際法廷と国際連盟が設立され、このような状況が、当事国の権利と、それに関連する国々の権利の両方を考慮して賢明に処理されることを、私は切に願う。

その間、我々ができるのは、日本が、推移と調整の難しい時代に、姉妹でもある中国を公正で公平に扱い、中国の近くにいることと上位者としての力を不適切に利用しないことを要請することだけだ。中国事情を慎重に研究する者が、日本人は中国の混乱状態の責任から逃れられないと信じているのは、不安なことだ。

アーサー・H・スミス博士は、ある信頼できる報告書の中に、1918年には3万以上の組織的盗賊団が山東省にあり、怪しむべきことに、ライフルや弾薬筒を多数所持していると書かれていることに言及している。

そしてさらに、次のように書いている。

「この状況に2年以上もさらされている現地の人々は、これら多くの武器や銃弾が、『ある国』から盗賊に特別に密輸されていることを知っている。また、現地の人間が『ある国』を助けているのでなければ、このように密輸されることはない、と山東の人々は確信している」[四]

日本人が、武器弾薬を売る民間企業の個人または仲介人として一役買っているのかもしれない。しかし、彼らが騒乱と関係していると疑われている事や、日本が山東を実質的に支配している事実、さらに、この騒乱が大規模な日本軍を現地に置く理由の一つであるという事などから、心配せずに状況を考慮することは困難だ。

この地域における、張り詰めた、どこかで発火しかねないような心理状態を、さらに増大させるような行動や政策を取ることがないように他国が注意して控えるのは良いことだ。そのような行動や政策は、日本人に対して、自己防衛を積極果敢に推し進めなければならないという感情を強めさせかねないだろう。

日本に、朝鮮と南満洲を取らせることを余儀なくさせたのは西洋の大国だった。西洋列強は、今、日本に中国を取ることを余儀なくさせるつもりなのだろうか?

---

四　Millard's Review（上海）1918年9月7日付から引用

# 第二十八章

## 日本とシベリア

１９１７年のロシア革命は、極東情勢に驚くべき変化をもたらし、日本にも非常に有利に働いた。日本は、確実に国益となる東シベリアの占領を要求した。シベリアには日本人も非常に多く住んでおり、日本の外務省は、１９１７年７月、朝鮮人３、９７９人を含む９、７１７人の日本人がロシア領土にいると報告した。しかし、第一次世界大戦中、ロシアは、ドイツ軍やオーストリア軍の戦争捕虜を多くシベリアに送っており、これは同盟国や日本に懸念を生じさせた。シベリア介入の提案がどこからかなされた。これについて、１９１８年３月に外務大臣は言った。「日本が介入を提案したという考えには根拠がない。しかし、ドイツが東へと進出することには多大な不安を持っている。これまで、日本は同盟国からの提案は受けていないが、もしこのような提案がなされたら、極めて慎重に考慮するであろう」日本は、同盟国の判断に逆らって一国で介入する事はしなかった。

## CHAPTER XXVIII

## JAPAN AND SIBERIA

The Russian Revolution of 1917 wrought a change of startling magnitude in the Far-Eastern situation. Russia's withdrawal from the Great War, their internal dissensions, their inability to prevent the break-up of the country into several independent units, and their helpless submission to the demands of Germany combined to create a new and extraordinarily difficult problem for the Entente governments. These were of enormous advantage to Japan, since they called for an occupation of eastern Siberia, which was certain to redound to her advantage.

Japan had a considerable number of her nationals in Siberia. The Foreign Office reported that July 1, 1917, there were 9,717 Japanese in Russian territory, including 3,979 Koreans. Russia had sent many of her German and Austrian prisoners of war into Siberia, which caused great concern for the allies and Japan.

Where the suggestion of intervention to Siberia originated is a disputed question. The Japanese Minister of Foreign Affairs, on March 26, 1918, said: "the general belief that intervention was proposed in Japan is unfounded. . . The Imperial Government neither suggested nor proposed military action in Siberia. . . Nevertheless, it regards with gravest apprehension the eastward movement of Germany. Hitherto, Japan has received no joint allied proposal, but if such a proposal is received it will be considered most carefully." Japan had cogent reasons, however, for not pressing into Siberia alone against the judgment of her allies. She did not want to jeopardize her amicable relations with British and Americans. Japan saw that intervention in Siberia was inevitable sooner or later, and that when it came, the circumstances would necessarily give Japan leadership she needed.

# 日本とシベリア

## シベリアにおける各国の動き

１９１７年のロシア革命は、極東情勢に驚くべき変化をもたらした。この変化は、革命家が推し進めたことでもたらされた結果ではあったが、彼らの計画にはなかったものだ。大戦からのロシアの撤退、内戦、国がいくつかの独立単位に分裂していくのを防げなかったこと、ドイツの要求にロシアが無力にも従ったこと、それらは同盟国の諸政府に、新たな非常に難しい問題を突きつけた。そのヨーロッパにおける側面については、ここで議論するものではない。我々の関心は、アジアにおける側面にある。

ロシア革命の結果が非常に有利に働いたのは、日本にとってだった。日本は、確実に国益となる東シベリアの占領を要求したのである。

ウラジオストックには、革命で行き場をなくした60万トン以上の食糧、機械類、軍需品などが、ほとんど野ざらしになっていた。他にも、巨大な量の供給品がハルビンや、西はイルクーツクまで、様々な場所に積まれていった。これらのほとんどは日本人からロシア人へと売られたものだった。だが、混乱の中で目的地に無事着くかどうかは確実ではなかった。また、着いたとしても、責任ある政府があって代金を払うという保証もなく、ドイツ人の手に渡らないという確証すらなかった（註：ロシアと停戦した後もまだドイツは、イギリスや日本を含む連合国と戦争を継続中であった）。

もしこれらの物資がドイツ軍に渡れば、それは日本にとって敵が大きく強化されることを意味した。だが、何百万ドルにも相当する食糧や機器を、波止場や地面で腐らせるのも得策ではなかった。倉庫は全く適切な状態ではなかったのだ。この状況下では、日本がこれらの供給品を保管するのが妥当と思われた。これらの一部は、公正に見ても日本人のものだった。

もともと、シベリアには日本人が多く住んでいた。日本の外務省は1917年7月1日に、朝鮮人3,979人を含む9,717人の日本人がロシア領土にいると報告した。内訳は、ウラジオストックに3,283人、ウラジオストックの日本総領事館管轄地域に1,762人、モスクワの日本総領事館管轄地域に129人、ニコラエフスクの領事館管轄地域に4,543人。これらの日本人の多くはビジネスを確立しており、当然の事ながら、日本政府の保護を期待していた。

## 過剰に警戒されたドイツ人捕虜

日本にとっては、他にもっと重大な留意点があった。ロシアは、ドイツ軍やオーストリア軍の多くの戦争捕虜をシベリアに送っていた。ほとんどはバイカル湖の西にいたが、他は湖に沿って東側に散在していた。正確な数は分からないが、噂では8万~100万人がいたとされる。100万が大げさな推測であることは確実だが、8万人であっても日本に懸念を生じさせるには十分だった。

ドイツ人とオーストリア人が何人いたかはわからないが、ロシア政府がいい加減だったため、彼らは実際は自由だった。理論上、彼らはまだ捕虜だったが、刑務所やキャンプに入れられていたわけではなく、村や町の住人として自由を満喫していたのだ。彼らは、優れた知性と効率的な労働が高く評価され、多くの場合、夫が戦争に行って留守中だったロシア人女性と一緒に住んでいた。

バイカル湖とウラジオストックの間にすむロシア人は、女子供を含め、たったの350万人程だった。有能で知られるドイツ人なら、自分たちの将校のもとに集結して、シベリアの大部分を占拠することもできたかもしれないし、場合によってはシベリア横断鉄道でウラジオストックまで移動できたかもしれない。そこなら軍需物資も豊富で、世界一難攻不落とされた要塞がある。何故そうしなかったのであろうか？

1918年2月20日、ハルビン発のアソシエートプレス紙の記事には、イルクーツクでは2、000人のドイツ人が武装して訓練しており、外国領事館の公式報告では、ドイツはさらに多くの軍隊をそこへ派遣する準備をしている、と書かれていた。

1918年3月、ブラゴヴェシチェンスクで、ドイツの支援を受けたロシアマルクス主義者との衝突によって150人の日本人が殺されたと報道されると、さらに状況は熱気を帯びた。だが、これは後に、1人の日本人が殺され、2人が負傷しただけだった、ということが確認された。

恐らく、このドイツの脅威は誇張されていたのだ。散在したドイツ人が、日本のような強力な軍事国に対して効果的な軍事行動を取るのは容易な事ではない。しかも、母国の拠点から何千マイルも離れ、たった一つの輸送路はいくつもの場所で寸断される可能性があった。ロシア皇帝の独裁に反対したロシアの革命派が、ドイツの独裁者であるカイザーに好意を寄せて協力してくれるわけもなかった。ドイツ本国はヨーロッパの西部戦線で手いっぱいで、シベリアのドイツ人を支援することはほとんどできなかった。

事実、ドイツの脅威は相当な広範囲にわたって非常に誇張され、執拗かつ不当に利用されていたので、極東の多くの外国人たちはプロパガンダではないかと疑っていた。シベリアの秩序回復のために介入が行なわれるべきだという要請に対してロシアは、和平合意後にドイツが侵入する口実を与えることになるとして反対し、同盟国はそれをあざ笑った。

1918年春、東アジアに長く住んでいる男性が次のように書いている。

「ドイツが脅威となる理由はもはや存在しないが、日本は、中国をドイツから守るという名目で、あの有名な対華21カ条要求の『第5号』を新しい形で提示するよう取り計らったのだ」(註:第5号には、中国政府の顧問として日本人を雇用することなどがあった)

しかし、シベリア介入の要請を日本だけのせいにするのは公平ではない。それは、少なくとも大部分は、何か決定的な阻止対策を取らなければ、ドイツがまた北アジアで憂慮すべき支配力を発揮するかもしれないという、フランス人、イギリス人、アメリカ人、そして日本人の不安によって引き起こされたのだ。シベリアにいるドイツ人とオーストリア人の正確な数がどうであろうと、大きな問題を起こすのには十分な数だった。

ロシアへの介入の提案がどこからなされたかについては議論がある。外交官というものは、敵の目に公式にふるまったり、文書を公表する前に、前もって意見を打診し、望む状況を引き出す方法をよく心得ている。しかし、1918年3月26日に帝国議会で外務大臣の本野子爵が言った言葉には、誰も反論しなかった。

「日本が介入を提案したという考えは根拠がない…帝国政府はシベリア軍事作戦の提案も提議もしていない…しかしながら、ドイツが東へと進出することに多大な不安を持っている。これまで、日本は同盟国からの提案は受けていないが、もしもこのような提案がなされたら、極めて慎重に考慮するであろう。特に、もしもシベリアの状況が悪化し、同盟国の意志を代表して断固たる措置を取らざるを得なくなれば、帝国政府は誠実に、迅速で適切な処置を取ることを躊躇(ちゅうちょ)しないであろう」

## 食い違う欧米各国の意見

4月4日、5人のロシア人によって、ウラジオストックの日本人商人である石戸氏が惨殺された。これによって、事態は重大な局面へと向かうことになった。5人のうち1人はボルシェビキ兵の軍服を着ていた。港で日本海軍艦隊を指揮していた斎藤司令長官は、さらなる略奪行為を防ぐために、武装部隊を直ぐに上陸させた。

イギリス海兵隊もイギリス領事館を守るために上陸した。

関係諸国の間で、介入についての正式な見解が公にされると、様々な意見が噴出した。関わる政府間でやり取りされた文書や、政府代表間の会話は公表されず、される気配もなかった。しかし、主な意見は知られており、新聞でも、同じような議論がなされた。

アメリカ政府は、ロシア領土の占領は、アメリカの戦争の動機と目的に一致しないと述べた。そしてアメリカは、財産を守るためや領土進出のためには戦わないと宣言し、もし日本によるロシア東部占領に賛成しながら、ドイツによるロシア西部占領を非難するのなら、同盟国はきまりの悪い立場に置かれることになる、と述べた。日本とドイツの両者とも占領を主張する理由は、実質的に同じである、というのがアメリカの意見だ。この見解はマスコミの間では幅広い支持を得たが、逆の見解も強く主張された。

ヨーロッパの意見にも同じように食い違いが見られた。しかし当時の戦争による危機は差し迫ったものであり、そちらの方がより明白に理解されていたので、シベリアでの即座の軍事行動の必要性を支持する意見が目立っていた。ドイツが東シベリアで足掛かりを築くのは何としても阻止せねばならず、日本は、それを阻止できる唯一の国だったのである。これはフランスで広まっていた見解で、日本の同盟国であるイギリスにも影響した。イギリスは、この戦争だけでなく、その前から長く続く日英同盟を通しても、日本の同盟国であった。勿論反対意見はあったが、戦争という緊急事態が最も優先順位が高かった。

イギリスの封鎖大臣であるロバート・セシル卿は言った。

「現在の危機状況に、日本は一国でも効果的に対処できる。もしも同盟国が日本に対して、ロシアをドイツから護る義務を委ねたなら、日本は完璧な忠誠心と偉大な能力で任務を遂行するだろうと私は確信を持っている。日英同盟がドイツの計画をくじく可能な限りの役割を為さないのならば、それは非常に嘆かわしいことであり、そうでなければ最高に馬鹿げている」

しかし極東における戦争状態が日本に与えてしまう主導権は、イギリスに影を投げかけるようなものでもあり、イギリスの商人も公人も、しばらくの間は不安を募らせていた。その隠し切れない不安とは、戦争が終わる頃には、シベリア地域でのイギリスの利益が回復不能な程に失われているのではないか、というものだ。彼らは現在、ウラジオストックは、日本、イギリス、アメリカ軍の共同遠征によって占拠されるべきだと提案している。そうであれば、動きが同盟国全体によるものであることが明白になり、利益が一国だけに与えられることもないからだ。勿論、占領する軍隊の大部分を供給するのは日本なのだが、小規模なイギリス軍やアメリカ軍が加わることで、その遠征に国際色を与えることが期待された。

## 中国との秘密交渉

中国はこの提案を歓迎し、自らも代表を務めたいとした。中国はドイツに宣戦布告を行なって同盟国に加わったが、そこには特別な利益がかかっていたのである。本来ならば満洲は中国に属しており、過去に外国に奪われた土地や鉄道施設の権利を除けば、民事的にも軍事的にも中国の管轄下に置かれたはずだったのだ。したがって、もし満州やシベリアの租借権を所有する国が、領土内の権利を守れなくなって誰かの介入が必要となるのであれば、中国以上に決定的な形で関わりを持つべき国があるだろうか？　中国が内政問題で混乱しているために単独で対処できなかったとしても、他国と協力して行動する権利は確実に持っているのだ。

日本はこれを承諾し、１９１８年3月25日、日本政府と中国政府は合意した。ただし、それはしばらく公には伏せられていた。情報が漏れて疑惑の目を向けられた時、中国政府は5月19日に次の声明を発表した。

「虚偽の報情が出回っているので、中国国民に交渉の事実を知らせる必要が出てきた。

ロシアのマルクス主義者とその敵国ドイツの間で和平が締結され、ドイツが今度は東へと侵略するのではないかという不安が日本と中国にあった。

領土が近いため、両政府は共同防衛を確立することの必要性を認識した。この共同防衛は、シベリアと満洲での軍事作戦に関わるもので、その他の事項には無関係だ。戦争が終われば、この計画は無効となる。また、敵国の影響が実際にシベリアに及ばなければ協約も実行されない。これは条約ではなく協約であり、敵の脅威がなければただの紙切れとなる。

協約の内容を公表しない唯一の理由は、敵から秘密を守るためである。この協約は自主領土権を失なわせるものではなく、日本は何の特権も得ることはない」

日本政府も6月8日の公式声明で同じ趣旨のことを補足した。

日本は、遠征にヨーロッパ軍を含める提案については、日本を疑いの目で見るものだとして不信感を持っていた。実際それは日本の不信感の通りであり、他の理由は何もなかった。日本は一国だけで任務を果たすのに十分な能力を持っており、ヨーロッパやアメリカなど複数国の軍が、日本が状況を悪用しないか監視するためについて来るという嫌味な状況は、当然日本を不愉快にしたのである。

東京報知紙は8月5日、ロイド・ジョージ首相の言葉を社説で引用した。

「ロシアに大規模に介入できるのは日本だけだ。だが、それが厄介なのはわかりきっている」

「厄介とは?」と編集者は鋭く聞き返した。

「まあ、寺内伯爵とウィルソン大統領は、自分たちが厄介事の張本人だとは認めたがらないだろうさ」

しかし日本には、敢(あえ)て同盟国の判断に逆らって一国でシベリアに乗り込むことを思いとどまるだけの妥当な理由があった。すなわち、日本はイギリスやアメリカとの友好関係を台無しにしたくなかったのである。

日本の政治家は、シベリア介入は遅かれ早かれ必ず起こることであり、もしそれが起こった場合には、必然的に日本がリーダーシップを発揮することになると明白に知っていた。日本は戦域に近く、必要とされるあらゆる部隊を駆使できたし、イギリスとアメリカはフランスでの奮闘（註：西部戦線）に全力を注がねばならなかったからだ。日本はただ、ロンドンとワシントンの政府が、シベリア介入をさらに待つことは危険だと気づくまで待っていればよかった。

結果は、日本の良識ある知恵を証明するものとなった。7月後半になると、シベリアの状況は、緊急に同盟国の行動を必要とするものとなったのである。

## 勇敢なチェコスロバキア兵士

おびただしい数のチェコスロバキア兵士は、無力で卑屈なロシア改革政府にドイツが押し付けた、ブレスト・リトフスク条約（註：ドイツとロシアの単独講和条約）の屈辱的な条項を受け入れることを拒否した。ペトログラードのボルシェビキ政府（註：ソ連共産党の前身）は、彼らを力ずくで従わせようとしたため、対立する派閥で紛争が起こった。チェコスロバキア兵の一部はロシアに残ってドイツと戦い続け、他はフランスの同盟軍に合流するためにシベリアの地を渡った。いつの日か、その勇敢で覚悟を決めた一握りの男たちの叙事詩的な物語が書かれるかもしれない。

彼らは外の世界と一切の通信を断たれながらも、広大な大地を渡る途中に出逢った友好的あるいは中立的な人々と交流を持ち、食糧を得て、いたるところで遭遇する敵とは激しく戦った。戦う相手はドイツ人とオーストリア人だけでなく、ロシアのボルシェビキ赤軍でもあった。この英雄的な男たちが、助けも得られず戦死していったのは考えられないことだ。彼らは同盟国の大義のために自らを捧げた殉職者である。

同時に、シベリアの状況はますます騒然としていった。シベリア人はロシアからの独立を宣言し、暫定政府を立ち上げた。しかし、国民の中には同調しない勢力がいくつかあり、一つにはなれなかった。シベリアの戦場には様々な軍隊が集まっていた。ボルシェビキ、反ボルシェビキ、ドイツ支持派、同盟支持派、などである。7月18日、反ボルシェビキのリーダーの一人であるホルバス大将は、自らをシベリアの独裁者であると公言した。これは暫定政府を憤らせ、北京駐在の、フランス、イギリス、日本公使たちも抗議した。

1万5，000人のチェコスロバキア兵たちは、到着したウラジオストックの町を敵であるボルシェビキが支配しているのを見た。彼らは、6月30日に町に入り、ソビエトの司令部、市政の事務所、銀行などを占拠し、多数の弾薬も差し押さえた。いくつかの戦闘によって、チェコスロバキア兵は3人が死亡、155人が負傷し、ソビエト軍は51人が死亡、159人が負傷した。イギリス、アメリカ、日本、中国の軍艦は、港から小規模の軍隊を上陸させ、それぞれの公使館を守った。勝利を得たチェコスロバキア兵は、フランスへ進むのを延期し、シベリア横断鉄道沿いのいくつかの場所で戦っていた他のチェコスロバキア兵と合流するため、西へと移動し始めた。シベリア人の中の様々な派閥は、益々憤り、騒々しくなっていった。ドイツ人とオーストリア人は活動を倍加させ、国全体が混乱に陥った。

## シベリア派兵に動く日米の複雑な事情

この間中ずっと、同盟国政府の間では交渉が続いていた。皆、ウィルソン大統領を待っていた。8月3日、ワシントンの国務省は、日本が同意し、他の同盟政府も原則として承認した合意の結果を発表した。国務長官代理の出した声明の内容は次のようなものだった。

「アメリカ政府の判断では…ロシアでの軍事介入は、現在の悲劇的な混乱を正すどころか増加させてしまい、ロシアに役立つというよりは、単にロシアを利用することになりそうだ…ロシアでの軍事行動は、武装したオーストリア人やドイツ人捕虜と戦っているチェコスロバキア人を可能な限り守って助けること、あるいは、ロシアが支援を受けるのを厭わない自治や自己防衛の努力を安定化させる目的でのみ許される。ウラジオストック、ムルマンスク、アークエンジェルからであろうと、アメリカ軍が配備されるただ一つの目的は、ロシア軍が後に必要とする軍の倉庫を守り、ロシアの自己防衛のために、ロシアが受け入れられるような支援をすることだ…アメリカと日本の二国だけが、前述したような控えめな目的を達成するのに十分な軍隊でシベリアで行動できる。それ故、アメリカ政府は日本政府と協力し、統一軍としてウラジオストックを占拠し、西へと向かうチェコスロバキア兵の後方で可能な限りの防衛を行なう目的で、両政府がウラジオストックに数千人の部隊を送ることを提案した。日本政府はそれに同意した。

これを行なうにあたり、アメリカはロシア国民に対して、公に最も厳粛に宣言したい。アメリカ軍が占拠せざるを得ない限定された地域の事柄に関してさえも、アメリカはロシアの政治的主権に干渉することはない。また、今後もロシアの領土を侵略することはない。我々がやろうとしていることは、ロシアが自国の内政、領土、運命に対するコントロールを回復する努力において、ロシア国民が納得するような支援を提供することのみが目的だ。日本政府も同様の声明を発表すると理解している」

## 日本とロシアの合意

これに先立つ晩、東京の官報は、日本政府の「ロシア国民に対する誠実な友好」と、「ロシアが一時的に陥っている無防備で混沌とした状況を中央ヨーロッパ帝国の国々が利用して、ロシアでの拠点を強化し、ロシア東部で徐々に活動を広げている」危険性を主張した。さらに、チェコスロバキア軍は「仲間の交戦国から同情と心遣いを受けており、彼らの運命は常に深い気遣いの対象」であり、支援する必要があると主張し、以下を結論とした。

「日本政府は、アメリカ政府の望みに沿うことを切望し、提案された任務に即座に適切な軍隊を動員することを決め、すぐさまウラジオストックに一定の軍隊を送る。

これを進めるにあたり、日本政府は、変わることのない友好関係を育むことを常に願い、ロシアの領土的一体性を尊重し、内政干渉はしないという公然の政策を再確認する。

さらに、上記の目的を達成したならば、即座にロシア領土から日本軍は撤退し、政治的であれ軍事的であれ、すべての側面においてロシアの主権が侵害されていない状態に置くことを断言する」

ロシアに対する友好感情の保証はもちろん外交的なものだったが、両政府とも明らかに誠実だった。アメリカの親善は長らく知られている。日本の場合は、極東で事件が起こっている時には協力することが両国の利益にかなっていたので、数年間はロシア帝国政府との友好関係が育まれていた。

1916年7月3日の合意では、ロシアは東部の領土を軍事的に防衛する権利を日本に委任した。これで、ロシアは東部から自国軍を撤退させ、ヨーロッパ西部の前線に配置することができた。

公表されていない合意の部分では、日本に、北満洲の三つの大きな川、つまりアムール川、嫩江、スンガリ川での航行の平等権を認めたのだが、これは重要なことだ。しかし革命後、シベリアを含むロシアの大部分が分離して独立政府を立ち上げたことを考えると、1918年8月の文書にある「ロシアの領土的一体性」の正確な意味が問われるだろう。シベリアは、どの程度までロシアの一部なのだろうか？

占領が「単に一時的な戦争の方策」だという強い主張は、いくら誠実なものであったとしても、あまり真剣に受け取るべきではない。

政府はいつも、弱い国民の領土へ侵入する時にはこのような宣言をするが、常に撤退を遅らせる何かが起こるのだ。様々な国が、中国、満洲、朝鮮、シャム、フィリピン、太平洋諸島で占領を行なっているが、強制されずに手放された国があっただろうか？

いくつかの場合は、占拠の理由が理にかなっているとしても、事実は議論の余地がない。もともとの宣言は、当時の意図を誠実に表現したものだったかもしれないが、いつ行動すべきかを決めるのは、その後の権力である傾向にある。

ウィルソン大統領が大々的な軍事作戦の計画を慎重に拒否したのには十分な理由があった。多くの軍隊と軍需品がヨーロッパ西部戦線から駆り出され、ウラジオストックまで長い道のりを輸送されるとすれば、果てしなく続くシベリアの大地を横切る輸送は、肘掛椅子に腰かけた一般人が想像するほど快適で単純な事ではないだろう。シベリアの何百もの橋やトンネルは、ドイツ軍によって簡単に爆破され得るのだ。アメリカ軍の参謀長であるペイトン・C・マーチ大将は率直に語った。

「一握りのアメリカ人でロシア東部の前線を固めようとするなど、単に馬鹿げたことだ」

## 介入がロシア人の反発を受ける可能性

この問題のより不吉な側面は、あまり一般的な注意を引かなかったが、イギリスとアメリカの政府は気づいていた。このような作戦のロシア国民へのあり得る影響に言及してみよう。

介入の理由は同盟国にとって愉快なほど明確だった。しかしロシア人にとってはどうだろう？もしロシア国民がすべての事実を知り、賢く熟考する立場にいたのなら、介入に同意し、もしかしたら歓迎していたかもしれない。しかし、彼らの約80パーセントが教育を受けてない人々であり、彼らの耳に入る情報も、通常はそれを広めた者の思想に合うように歪曲される。ドイツ人のプロパガンダを広める者たちは、ロシアとシベリア中に文字通り群れをなしており、人々の心に、同盟国に反対してドイツに賛成する先入観を抱かせるよう努めていたのである。

彼らは、ロシア領土への占領が提案されたことは利用できると考え、いち早く、「今や敵となった同盟国が行なおうとしているロシア領土への侵略は不当である」と、国民感情を煽りたてた。

ロシアでは、権威の座にある、教育の高い者は、親同盟国派ではなく親ドイツ派だった。彼らは、友好的な同盟国には特別な思い入れなどなく、繰り返し両陣営に、「この戦争は資本主義と帝国主義の戦争であり、それぞれ利己的な関心のために大衆を犠牲にしている」と、自分たちの信念を力説していた。

それ故、危険なのは、同盟国側のどのような動きであれ、ロシアに敵意があると見なされたり、そう誤解されることである。それは、シベリア人とヨーロッパロシアの大部分の国民に「侵略に抵抗する」という共通の目的を持たせてしまうことになり、ドイツの思うつぼなのだ。アメリカ人には信じられないかもしれないが、これは決してあり得ないことではない。

東シベリアでの作戦について、それが日本軍単独であろうが共同軍であろうが、アメリカにいるロシア人が、強く反対したというのは重要なことだ。ロシア本土の人々がどれほど憤慨しているかが想像できる。なぜそうなるかといえば、ドイツ人はロシア人に対し、自分たちに都合よく事実を説明できるが、同盟国はできないからだ。ドイツ人はロシア人に接近するあらゆる方法を持ち合わせており、スラブ人に何でも好きなことを言えた。

日本の野望は、東アジアに住む人々には、長い間不吉なものと見られていた。１９１８年早々にシベリアを訪れた西洋人新聞記者は次のように書いた。

「シベリアでの反日感情の深さには驚く。日本の脅威はプリアムールの人々にとって非常に現実的だった。イルクーツクのロシア人は私に、彼の妻は日本人が来るぞと脅して子供を静かにさせている、と言った。ハルビンでは、兵士労働者代表委員会の荒っぽい行為をたしなめる際に、和を乱していたら満洲から日本軍がやって来るぞ、という発言もあったという。私は、様々な階級のロシア人と、ウラジオストックに積まれた貯蔵品の管理について話したが、それを日本が保管し保全する可能性については、シベリアのどこにも、これに賛成するロシア人はいなかった[一]」

## シベリア介入へのボルシェビキの反発

シベリアとロシアのボルシェビキのリーダーたちは、すぐさまシベリア介入の提案を公然と非難した。

4月4日に石戸氏が殺害された後、日本とイギリスの軍艦がウラジオストックに来航し、自国民を守るため、小規模な部隊を上陸させた。兵士労働者代表地方評議会は、これら領事館の部隊配備に反対した。「すべてのシベリアソ連人」を代表すると主張しているモスクワの人民委員会は、その怒りを公に表明し、「シベリアのすべてのソ連人は、ロシア領土への敵の進攻に武力で抵抗せよ」と命令した。

7月29日、ボルシェビキ指導者であるレーニンは、ソ連の中央執行委員会に、ロシア連邦と同盟国軍の間で戦争が起こっていると言った。彼は続けた。

「英仏帝国主義の破滅的な計画を挫くには、ヴォルガ、ウラル、シベリアにいる、チェコスロバキア人と反改革派を壊滅させなければならない。これは緊急を要する任務で、他のすべてに優先する。我々の全勢力は戦争に集中しなければならない[二]」

---

一　ニューヨークタイムズ　1918年3月17日付
二　モスクワのアメリカ領事デウィット・C・プール・ジュニアのワシントン国務省への1918年7月31日付電報より

この発言は熱狂的な喝采をあびた。フランス、イギリス、アメリカの総領事館がチチェーリン外務大臣に説明を求めると、８月２日に長い返答があった。その返答の中で、彼は、アークエンジェルとウラジオストックにおける、イギリスとフランスの行動に対して「全く正当と認められない」もので、「宣戦布告なしに我々に戦争が仕掛けられた」と激しく非難した。また、「状況は平和であったにも拘わらず、英仏の部隊は、我々の領土に侵攻し、武力で町や村を占領し、その野蛮な行為を正当化する理由など何一つないにも拘わらず、労働組合を解散させ、メンバーを投獄し、メンバーを家から追放した」「宣戦布告しなかった者たちは、我々に対して野蛮人のようにふるまっている」と強く非難した。

だが、８月31日のペトログラードのイギリス大使館襲撃（公使館員のフランシス・クロミー大佐が殺害された）と、９月４日のモスクワのイギリス領事館襲撃は、明らかに政府の扇動で行なわれたものであり、これはボルシェビキのリーダーたちが激しく反英だったことを示していた。

アメリカについては、ウィルソン大統領がロシアに対する友好を表明したものの、ロシアの指導者たちはアメリカを疑いと嫌悪で見ていた。

トロツキーと幾人かは、以前アメリカにいたことがある。彼らは、最も貧しい密集地区の粗末な借家に住んでいた。彼らが経験したアメリカは、ニューヨークの労働搾取（さくしゅ）工場、ペンシルバニアの鉱山、シカゴの家畜場、つまり大規模な厳しい極貧状況であり、「裕福なものが貧しいものを抑圧し、特権を得るために政府を操っている資本主義的な帝国主義体制」だった。彼らの極端な社会主義的思想からすれば、アメリカは政治的には民主的であるが、産業的には独裁的であった。

彼らは、アメリカのような社会になることも、帝国ロシアや軍国ドイツのような社会になることにも反対していた。彼らは、ビジネスや工場の絶対的な所有権や管理権を少数の所有者に与え、労働者を単なる作業者とみなす経済体制を嫌っていた。その体制では、労働者の声は経営に全く反映されず、労働者は所有者が決める賃金やボーナス以外に利益の分配は得られず、雇用者の意志次第でいつでも解雇される可能性があった。ロシアの社会主義者にとってそれは独裁体制であり、彼らが打倒すると決意したものなのだ。彼らは、アメリカや他の国にその独裁が存在するのだと信じている。

全ロシア・ソビエト会議が1918年3月11日にモスクワで開かれた時、ウィルソン大統領は電報で挨拶を送った。ソビエトはそれを心からの称賛で受け取った。しかし、「ロシア社会主義ソビエト共和国」の名で送られた返答の冒頭には「まずは、アメリカの搾取されている労働階級すべてに送る」とあった。

彼らは、「この帝国主義の戦争により苦しむすべての人々」について言及し、明らかにアメリカを含む「ブルジョアの国々の労働者階級」に、「資本主義の束縛を捨て去り、社会主義に基づく社会を確立するように」と呼びかけた。それは「永久的で公平な平和を保障できる唯一の体制」だと謳われた。

ニューヨークの編集者が、「何故、ボルシェビキは、ウィルソン大統領をこれほどまでに全く理解しなかったのだろうか?」と、最近ペトログラードから戻った著名な新聞記者に聞いた。彼は次のように答えた。

「ボルシェビキの間では、アメリカは金に貪欲な国だという評価がある。ほら、ボルシェビキ主義者が唯一知っているアメリカというのは、ニューヨークのへスター・ストリートでしょう。そこに彼らは住んでいたんです。今でも、そこには彼らの親戚が住んでいます。彼らはアメリカというものを、へスター・ストリートで見たものから判断しているのです」

3月19日にトロツキーは宣言した。「社会主義ロシアは、自国を資本主義アメリカによる拘束のもとに置くことは決してない」

ボルシェビキ政府が本当はロシア国民を代表しているのでなく、いずれにしても社会主義過激派の卑劣な暴政であるという事を聞くと、我々の心も安らいだ。不幸なことに、その政府は下手な茶番なのだが、当時ロシアにあった唯一の政府であり、首都、国家の紋章、権威とよべるもののすべてを持っていた。ロシアとの協議は必然的にこの政府と行なうことになったが、その理由は、ただ単に他の政府がなかったからだ。

ボルシェビキについては、ロシア領土で彼らに対して同盟国が軍事行動を起こせば、ドイツを喜ばせることになるという不安があった。そうなればロシア人は、これを同盟国による敵対行為とみなすだろうし、ロシアと同盟国の亀裂を広げることになるだろう。ボルシェビキを、単に権威を握っているだけの少数派として軽視すべきではない。彼らの地方議会は国中に散在していた。

1918年春、この章で述べたようなことが起こっていた頃、ウラジオストックで選挙が行なわれ、決定的大多数でボルシェビキが勝利したことは意味がある。立憲民主主義者、マルクス主義者、ボルシェビキ、ソビエト、労働者兵士代表委員会などが現れては消えていき、ミリューコフ、ケレンスキー、レーニン、トロツキーのような者たちの盛衰があった。

しかし、現在ロシア社会のトップにいる者たちの根本的な原理としてあるのは、過激な社会主義思想なのである。ピラミッドの底辺にいる農民は土地を欲しており、彼らに土地を与えるのは政府だ。それさえ満たせば、どのような政府であろうが、国際関係において、ほぼ好き勝手に振る舞えるのだ。

## アジア侵略への道を開いたドイツ

さらに、不安を呼び起こす、見過ごせない事実がある。1918年3月にドイツ政府が、ウクライナ、ロシア、ルーマニアに押し付けた条約だ。この条約によってドイツ側に譲渡された領土は、アジアへの新たなルートを開くのに十分なものだった。ドイツの同盟国は、ベルリンから黒海の港を通り、サムスン、トレビゾンド、バトゥムに入り、そこから、メソポタミア、ペルシャ、アフガニスタン、インド、そしてテウトニ人が行きたいと思うようなアジアのどの場所へも行ける。彼らはバグダッドの町を所有しているわけではないが、誰もが欲しがるベルリンからバグダッドまでのルートも、既に実質的に保有している。それとは別に、より安全なアジアへの道を確保したのだ。そこから彼らを撤退させるのは極めて難しいだろう。

この展望を、日本が非常な不安を持って見ていることは、当然、非難できるものではない。日本の地政学的立場から生ずる政治的、軍事的必要性の観点からすれば、ウラジオストックとその内陸部が国家の安全と発展に関わってくると日本が考える理由は十分にある。日本は、西洋諸国に比較して、極東に優位的な関心があると幾度も率直に公言してきた。ここ数十年の極東情勢を学んだ者で、ヨーロッパの大国によって満洲の一部とウラジオストックが占領されている事実が、日本にとって長年の根拠ある不安となっていることを知らない者は、勉強不足というものだろう。

日本が、西欧による占領を終わらせる機会を望まないと考えるのは、聖人のような自己犠牲を期待するに等しい。西洋諸国も同じような状況下でそのような精神は持ち得ない。モリケンキチは次のように書いた。

「ウィルソン大統領が何を言おうが、日本はシベリアに防衛線を張るのを止めないだろう。ドイツがロシアを侵略すれば、日本は直ちに影響されるということを覚えておかなければならない…したがって、日本は行動する権利があり、自己防衛に必要と思ったならば、いつでも行動できるのだ…日本はロシアを侵略しないが、日本の敵によってロシアで引き起こされた動乱が、同盟国の利益と共に日本の安全保障を脅かすのなら、介入する…戦争の事柄がヨーロッパのみによって決められると思うのは大きな誤りだ。戦争は西側で戦われているだけでなく、東側でも戦われており、分裂したロシアは中央同盟国（註：ドイツ、オーストリア・ハンガリー、オスマン帝国、ブルガリア）にとって重要な戦略拠点となる。そこから東洋にある同盟国の領土を攻撃することができるし、敵は、最終的には短時間で太平洋を脅かす自由を持つことになるのだ」

## 日本の働きと満洲での権利

関係各国の政府が合意してシベリア介入が決定したので、その後の動きは速かった。全部隊が近くに待機していた日本は、もちろん容易に迅速に動くことができた。イギリスとフランスの政府は、主に極東に配置されていた小規模な部隊だけをそれに割くことで満足していた。当然、日本軍は最大勢力であり、自然と、日本の大将が同盟国軍の最高司令官となった。ウラジオストックは拠点として占領され、そこから各連隊が複数の戦略的地点に派遣された。日本は9月18日にアムール州の首都ブラゴヴェシチェンスクを占拠した。敵は十分に組織されておらず、団結もなく、有効に抵抗できるほどの武装もされていなかったため、大規模な反撃はなかった。それ故、作戦では同盟国の利益と現地の秩序を守るために必要な措置のみが取られた。

対立するシベリアの勢力と、不安げなヨーロッパの政府は、混乱から姿を現すのが何なのか、極東の平和を脅かすことのない民政が誕生するのかどうか、それを見守っていた。様々な複雑な問題を解決するためには、時間が、おそらく長い時間が、必要だろう。

１９１８年11月に世界大戦が終わり、ペルシャの軍事独裁体制も崩壊したので、極東からドイツの脅威は取り除かれた。しかし、シベリアはシベリアのままだ。広大で、肥沃で、ほとんど人がおらず、政治的に脆弱（ぜいじゃく）で混乱した地域であり、まさに極東問題に決定的な重要性を与える場所に横たわっていた。

東シベリアに関しては、日本が解決のために明確な発言権を主張するのは、極めて正当なことだ。それは、アメリカが西半球に影響する問題に明確な発言権を持つよう提案するのと全く同じである。日本は、自国の主張の合理性が認められ、尊重されることを望んでいる。

日本は、シベリアを維持するために、同盟国の反対を受けるような行動が必要になることを望んでおらず、そうなることは心底遺憾であると考えている。そうかと言って、死活的な国益に関わる状況に無関心ではいられないとも感じているのだ。日本の限られた領土、急速に増加する過密な人口、欧米の支配下にある世界の大部分の土地から実質的に排除されていること、それらによって日本は、隣接する北アジアを自国のさらなる発展の場として見ざるを得ないのだ。

中国がシベリアに持つ権利も無視されるべきではないが、もし私が日本人だったなら、東シベリアと北満洲に対する日本の主張は、他のどの西洋諸国の主張よりも説得力があると考えるだろう。

ロシアが脅迫的な協定によってこの地域を奪ったのも、何か権利を持っていたためではなく、国家拡大のために必要だと考えただけのことである。ロシアが結んだような協定には、法的、外交的な有効性があり、特に時間が経過して一般的に黙認されているなら、国際的な手続きにおいては疑いなく承認されるべきものだ。しかしロシアの占領は、中国が強要されて黙認しただけである。満洲や東シベリアの人々は、何も相談されてはいない。そして、日本がロシアに与えた承認は一時的な軍事状況によって決められたものだ。この地域の道徳的権利について言うならば、ロシアは、弱々しい面影ほどにしか持っていなかった。

アメリカは十分な領土を持っている。だが、ヨーロッパやアジアの国がメキシコを占領するならば、アメリカ人がどのように感じるかは理解できる。当然、メキシコから出て行って欲しいと思うだろうし、現地の状況が、アメリカ政府に外国勢力の追放を促すことになれば、彼の道義心も穏やかになるだろう。

中国にどれほど強く同情しようとも、そして私の中国への同情も強いのだが、それでも、日本と他の国を比べるならば、正当な権利は圧倒的に日本にあるのだ。

# 《第四部》　極東の問題におけるキリスト教宣教師

# 第二十九章

## キリスト教伝道団の影響

キリスト教伝道団は、どの勢力よりも広く浸透し、改革的だ。他の勢力はおおむね外側に広範な変化をもたらすが、キリスト教伝道団は内側に変革をもたらす。キリスト教伝道団の影響力は、東アジアで増加している。改革の過程の経済方面では宣教師以外の者が大きな役割を担ってきたが、伝道団は潜在的な影響を与えてきた。ランプ、灯油、腕時計、置時計、炉、ガラス窓、ミシンやその他、そして、蒸気機関、電動機、鉄道や電報等―これらは人々の注意を引き羨望を集めた。伝道団は改革力のある社会勢力である。彼らは女性に対する一般の人々の態度や、主婦の地位、女子の教育、病人の看護、麻薬に反対する機運の醸成において著しい変化をもたらした。伝道団は改革力のある知的勢力である。宣教師は教会の隣に学校を配置してきた。宣教師は教師でもある。極東の最初の近代的学校は宣教師によって設立され、現在ある学校は今日に至るまで最高のものである。

## CHAPTER XXIX

## THE INFLUENCE OF CHRISTIAN MISSIONS

The force of Christian missions is more far-reaching in character and results than any other force in operation in the Far East. It is the most pervasive and reconstructive of all forces. Others effect more or less extensive changes in externals; but this effects an internal transformation.

Missions are a reconstructive economic force. Others besides missionaries have had a large part in this phase of the reconstructive process, but the missionaries have been potent influences. The lamps, kerosene oil, watches, glass windows, and other conveniences in their houses; the agricultural implements; the improved machinery and methods in their printing presses; their explanations of the steam-engine, the electric motor, the railway, and the telegraph - these attracted attention and developed desire.

Missions are a reconstructive social force. They have effected striking changes in the popular attitude toward woman, in the status of the wife, in the education of girls, in the care of the sick, and in creating a sentiment against harmful drugs.

Missions are a reconstructive intellectual force. The missionary has planted the church and the school side by side. He is a teacher as well as a preacher. The first modern schools in the Far East were founded by missionaries, and their present schools are among the best to-day.

We wanted an enduring peace and it would be better to fight on until the indispensable factors of peace could be secured. But peace is not an end in itself; it is a by-product of righteousness. So Isaiah declares: "The work of righteousness shall be peace; and the effect of righteousness quietness and confidence forever."

# キリスト教伝道団の影響

## キリスト教は内側に変革をもたらす

前章までに、極東での主な政治勢力について考察してきた。それらの勢力の政策や行動は、独立していることもあれば、対立することもあり、また連携することもあった。だが、静かに、より深く活動している全く別の勢力があるのである。

それは、性質や結果において政治勢力以上に広範な影響を及ぼすものだ。すなわち、キリスト教伝道団の勢力である。キリスト教伝道団は、どの勢力よりも広く浸透し、改革的である。他の勢力はおおむね外側に広範な変化をもたらすが、キリスト教伝道団は内側に変革をもたらす。

他の勢力は、人を外見の整った動物にして、最強の権力を手にするための争いをより効率的なものにするかもしれない。しかし、聖パウロが言ったように、「誰でもキリストのうちにあるなら、その人は新しく造られた者だ」この変革は、その人自身のみならず、その人間関係や周囲をもすべて巻き込むものである。

聖ヨハネが聞いた「大いなる声」はこう言った。「見よ。私はすべてのものを新しくする」伝道の目的は、聖ペテロの次の言葉で見事に表されている。「私たちは…正義の住む新しい地を待ち望んでいる」パウロとシラスが「世の中をひっくり返した」とテサロニカの人々が苦情を申し出たとき、彼らは自分たちが認識しているよりも深遠な真実を言い表したのだ。当時の世の中は誤った側が上だったのであるから、ひっくり返さなければならなかったのだ。

## キリスト教伝道団の規模

キリスト教伝道団の影響力は、東アジアで活動を認識された勢力の一つとして大きなものになってきている。中国と日本におけるキリスト教の力については別の章で論ずる。ここで留意したいのは、1917年の中華民国政府内政部の報告だ。それによると、中国にはキリスト教教会が2、717、礼拝堂が4、288、聖書協会が8、ミッション系病院および医学校が161、ミッションカレッジが9、中等学校が1、171、小学校が2、557、さらにキリスト教青年会（YMCA）の支部が数多くあった。

その報告書には、さらに次のような数字が示されている。男性の宣教師が1、836人、女性の宣教師が2、716人、中国人牧師が902人、中国人副牧師が8、381人、聖書を広める中国人女性が1、108人、そしてミッションスクールの教師が2、799人、生徒が18万6、130人、ミッション系病院で働く医師が388人、である。キリスト教への改宗者は3、528万7、809人であり、この数字には、当然のことだが、プロテスタント信者とローマカトリック信者の両者が含まれる。

この最後の数字は、「改宗者」を厳密な意味で用いた場合には、あまりにも高すぎる概算である。しかし、重要なことは、政府関係者にとってキリスト教教会が非常に大きく見えたということである。たとえ教会との繋がりが名目上だけのものであったとしても、非常に多くの中国人がキリスト教信者と呼ばれることを望んだのである。中華続行委弁会の報告によると、1917年に中国におけるプロテスタント信者は59万5、684人、そして同年、中国・日本伝道団によれば、ローマカトリック信者は178万9、297人であった。

通常、極東として分類される3カ国において、プロテスタントの伝道団は、外国人宣教師が7、356人、現地の手伝いが2万1、024人、信徒団が1万3、678で、その陪餐（ばいさん）会員および明確に知られている信奉者が69万8、566人、学校および大学が6、214校で、その生徒が21万5、819人、病院および薬局が

729だ。

最近1年では、125万5、827人の患者の治療が行なわれたことが、明らかになっている。また、印刷機が37台あり、聖書、書籍、小冊子、および定期刊行物が年間総計1億770万ページ印刷された。ローマカトリック教会の伝道団は、洗礼を受けた者は子供を含め194万4、281人であると報告している。

伝道活動が行なわれた期間が比較的短期間であったこと、異民族の人々に先祖伝来の信仰を変えるように説くのは困難であること、伝道局の資源が限られていたこと、そして宣教師が欧米の教会のごく一部からしか支持されていなかったという事実を考慮すると、これは実に素晴らしいことだ。

## 伝道団の担ってきた役割

対象となっているいずれの国でも、聖霊降臨日（註：キリスト復活後に、聖霊が天から下ったことを記念する祝日）から100年後のローマ帝国よりキリスト教信者が多いのである。キリスト教は、これらの極東の国々にしっかりと根ざし、外国人指導者だけでなく現地人指導者も次第に優秀になってきており、急速に影響力を増してきているのは、当然予測できることである。キリスト教伝道団は、過去に派遣されたすべての場所で改革力となってきた。極東における伝道活動には、特にそれが当てはまるのである。

改革の過程の経済方面では、宣教師以外の者が大きな役割を担ってきたが、伝道団は潜在的な影響を与えてきた。ランプ、灯油、腕時計、置時計、炉、ガラス窓、ミシンやその他、家中の便利な物、庭の農機具や実業学校の機械工の道具、印刷における機械や方法の改良、蒸気機関、電動機、鉄道や電報、これらは人々の注意を引き、羨望（せんぼう）を集めた。

伝道団はこれらの市場を開くことによる利益をいっさい求めなかったが、商人はすぐに商業上の利点に関心を向けて事業の権益を構築し、それは東洋と西洋の両方の国々に非常に価値のあるものとなった。前大統領のウイリアム・H・タフトは、メソジスト監督教会の会合でこう述べた。

「あなた方はキリスト教文明を東洋に広める先駆者です。そして、このように中国やインド、フィリピン、アフリカへの関心を示す皆様の指導者の方々と関わりを持ったことは、私の人生において大きな喜びです。これらの方々は主教や聖職者であると同時に政治家です。そうでなければなりません。現地の統治者の関心を引いたりして、伝道団を影響力の中心にしているのですから。これらの遥か遠い国々のすべてにおいて、キリスト教の基準を広め、高度な文明を推進するという計り知れない善行を行なっていることは、改宗者の統計などでは決して表わされないのです」

## 社会勢力としての伝道団

伝道団は、改革力のある社会勢力である。彼らは、女性に対する一般の人々の態度や、主婦の地位、女子の教育、病人の看護、麻薬に反対する機運の醸成において著しい変化をもたらした。ウィリアム・エリオット・グリフィスは、古い封建制の時代に日本に住んでいたのだが、当時の、無知、むさ苦しさ、病気、不道徳、の状況は言葉で言い表せないほど酷かったと言っている。彼はかつての日本には再生の原理はないと明言し、新たな日本は、宣教師とともに海を越えてやって来たというフルベッキ博士の言葉に賛成して、引用している。

障害を持っていて人に頼らなければならない人々は、宣教師が人道的な教えとキリストの教えにかなった任務を携えて来るまでは、ほぼ完全に放置されてきた。目が見えない人、耳が聞こえない人、話すことができない人、孤児、ハンセン病患者、病人、精神障害者、それらに初めて関心を示したのは、宣教師だった。それらの人々の看護をする施設はアジア全体に点在するが、すべて宣教師が直接設立したか、その教えの結果として間接的に設立されたものだった。

駐米公使、顧維鈞（グーウェイジュン）閣下は「宣教師の影響力を中国の社会的な再生の要因」として力説している。

「阿片（アヘン）の禁止、纏足（てんそく）の廃止などの画期的な改革の多くは、宣教師からの少なからぬ奨励と支援によってもたらされました。中国における医学分野では、アメリカ人宣教師が重要なサービスを行ないました。彼らの病院や薬局は合計で400近くありますが、数十万の病人や苦しむ人々の避難所となり、慰めや平和を与えているだけではなく、近代医学の中心として光を放ち、その輝きを増しています[一]」この言明は中国のみならず他の国にもあてはまる。

東京帝国大学の新渡戸稲造博士は、学校や病院、教会について、日本がキリスト教に恩義があることを詳しく述べた後で、次のように付け加えた。

「公衆衛生や保健衛生の推進運動、廃娼運動、禁酒協会の先導者はキリスト教信者の中から集められています」

## 知的勢力としての伝道団

伝道団は、改革力のある知的勢力である。宣教師は、教会の隣に学校を配置してきた。宣教師は、牧師であると同時に教師でもある。極東の最初の近代的学校は宣教師によって設立され、現在ある学校は今日に至るまで最高のものである。近代科学が極東における知的な目覚めの主な要因である、と言われることがある。

しかし、近代科学をそれらの国々に最初に持ち込み、教科書を翻訳し、科学を教え、蒸気や電気の使い方を教えたのは宣教師だった。

参議院副議長、王正廷（ワンジョンティン）閣下は次のように書いている。「国中のミッションスクールが、現代の中国人の教育

一　1916年12月19日　シカゴでの演説

専門家を先導し、多くの場合揺りかごとなってきた。すべての政治的動乱は、学生が勢力を得るのを人々が目にする良い機会となった。人々は、それらの学生たちがミッションスクールに触れることを通じてイエス・キリストの真の愛と犠牲の精神を抱いており、最も信頼がおける人間であることを知った[二]」

駐米公使である顧維鈞閣下は、既に触れた演説の中で、この点を強調して次のように表明した。

「現代の教育の導入について、中国はアメリカの宣教師に負うところが、非常に大きいのです。中国の人々が一般的に確信しているのは、宗教や科学の科目の書籍の中国語翻訳、中国で学校や大学を設立するたゆまぬ努力、そして教師や教授としての職務を通じて、アメリカ人宣教師は他の国の宣教師と協力して、中国の大衆に新しい学問の価値と重要さについての興味を目覚めさせたということです。中国で現在広まっている教育的な動きの多くの部分は、元をたどれば中国で数十年前に始まった、西洋からのキリスト教の福音伝道者の謙虚な努力から始まりました」

実質的には、日本についても同じように記述することができるだろう。宣教師は日本で最初の教育者であり、最初の学校を設立し、最初の教科書を翻訳し、最初の入門書を編集した。朝鮮では、実質的に近年まで国の教育運動全体が宣教師によって組織され、指揮され、継続されていた。極東の政府は今では自分たちで大きな教育プログラムに着手しているが、当局者は、宣教師に恩義を受けていることを躊躇せずに公言する。その恩義は、提言と推進力、最高の教科書、最高の資質を備えた教師についてである。

## 道徳勢力としての伝道団

伝道団は、改革力のある道徳的勢力である。彼らは善と悪の区別をわかりやすくして、良心を明らかにし、

---

二　Missionary Review of the World　1916年8月の記事

正しいことを為したいという気持ちを起こさせる。キリスト教の光は、善行をさらに魅力あるものにし、悪行をさらに下劣にする。キリスト教が存在するどの国でも、悪がある。しかし、悪はキリスト教があるにも拘わらず存在するのであって、キリスト教のせいで存在するのではない。最も偏見を持った批評家でさえ、キリスト教についての判断は、キリストを拒絶する人の行為や、言葉ではキリストを受け入れていると言いながら行動では部分的か上辺だけでそうしている人によるべきではないと分っている。

一貫したキリスト教信者は清い人間であり、善を提唱し悪を憎み、不節制・ギャンブル・不誠実・社会悪などと戦い、地域社会の精神的雰囲気を浄化し、国の安定に不可欠なある種の信頼をもたらしている。東京の衆議院議員のS・シマダ閣下は横浜での公共演説で、日清戦争で成し遂げた勝利には資金の保有と支出を任された役人側の詐欺と横領の不名誉な報告書が伴ったこと、日露戦争ではそのような不正行為を未然に防ぐためにキリスト教信者を選んで職務に就けたこと、そして、その結果は最初から最後まで、運営が効率よく満足のいくものであったことを述べた。[三]

イングランド国教会系の日本聖公会東京南部地方主教、オードレー主教は、日露戦争で日本政府は外国人記者に同行する日本人通訳はキリスト教信者でなければならないと定めたが、この措置は、この重要な職務には絶対に信頼できる人で、日本の利益を公正に表明する人が望ましいとの理由により取られたと述べている。[四]

長年イギリスの駐日公使を務め、日本の権威として広く認められたサー・アーネスト・サトウが、次のように述べたのは驚くにあたらない。

「日本では、キリスト教は今や国民生活における非常に大きな道徳的動機として、認識されている」

三　横浜のヘンリー・ルーミス牧師（神学博士）The Chinese Recorder　１９０７年3月の報告による
四　The Spirit of Missions　１９０４年7月の報告

## 政治勢力としての伝道団

伝道団は、改革力のある政治勢力である。宣教師は、政治そのものとは何の関係もない。彼らは、政治的な協力関係を慎重に避けている。伝道局は、必要な条約上の権利に関して緊急を要する場合を除いて、役人に訴えることを奨励しないし、自国の領事や外交の代表に助けを求めることもしない。宣教師たちが固く信じているのは次のようなことである。合法的に設立された行政当局にはしかるべき敬意を払うべきであること、彼らに不要に恥をかかせないよう配慮すべきであること、その国の法律に従うこと、キリスト教信者が教会を政府の反感にさらしながらその下で働くよりは、いくらかの不公平に辛抱強く耐える方がいいということ、である。

一方、キリスト教はいつでもどこでも再編成を促す勢力である。保守派の人々の中では、革新派の人々と比べてその結果が出るのが早くないかもしれないが、遅かれ早かれ、その結果は避けられない。

現代の日本は、ある点では迅速に、他の点では緩やかだが着実に、新しい精神に従って制度を再編成しているので、日本における改革はかつてのイギリスと同様に比較的平和で正常なものである。

中国とロシアの支配階級は、革命前のフランス支配階級のように、事実から目を背けた結果、暴力的に権力から追放された。朝鮮で起こっていることは他の章に記載している。キリスト教が繰り返し説いている、神や人、務めの概念は、つねに統治体に深い変化をもたらす。かつてはヨーロッパやアメリカで、そして今はアジアに変化を起こしている。キリスト教は人生に対する人の見方を変え、責任という新たな概念を与え、道徳的な性質を強化し、暴政と悪に対抗する勇気を与える。

ドレーパーがヨーロッパについて述べたことは、現代のアジアについて同じように当てはまると言えるかもしれない。「民法は人間関係の外側に力を発揮した。キリスト教は内面に道徳的な変化を生じさせた」植民地省政務次官だったイギリス政府のウィンストン・チャーチル閣下は、次のように述べた。「伝道団のために差し出される銅貨は、すべて良い政治体制への寄付となります。伝道団のために費やす銅貨は、すべて行政の支出の節約になります。なぜなら、伝道団は、平和、法律、秩序をもたらすからです」インドにおけるイギリス政権の同じような意見が広く引用されてきている。

アジア人からの言葉も、読みたければ大量に見つけることができるだろう。幾多の発言の中から引き合いに出すとすれば、ここでは3件で十分であろう。

①辛亥(しんがい)革命の共和派革命軍最高司令官であり、後に袁世凱の後継者となった黎元洪(リーユエンホン)将軍

「宣教師は我々の友人です。私は、さらに多くの宣教師がキリスト教を教えるために中国に来ることを、大いに支持します。宣教師を援助するためにできることはすべてやりますし、中国に来る宣教師が多いほど、中華民国政府は喜ぶでしょう。中華帝国の非常に奥まった場所にまで入り込んで国を開いた宣教師がいなかったなら、中国は今日のように目覚めることはなかったでしょう」

②衆議院議員のS・シマダ閣下

「日本の進歩と発展は、日本が最初に外の世界を学んでいた時に、宣教師の影響力が正しい方向へと働いたことによるところが、大きいのです」

③元内閣総理大臣の大隈侯爵

「宣教師が日本に来たことは、この国をアングロ・サクソンの精神に結び付ける手段であり、その精神に日本の心はいつも応えてきました。日本におけるキリスト教の事業の成功は、日本にアングロ・サクソンやキリスト教の精神をどれだけ吹き込むことができたかによって測ることができます。それは、この50年間の進歩を100年にも匹敵するものとする手段でした。日本には2、500年の歴史があり、1、500年前には文明と国内芸術が発展しました。しかし、広い視野に立つことも幅広い事業を手掛けることもありませんでした。宣

教師の代表者たちによって西洋の文化が訪れたことと、福音の広まりによって、初めて日本は世界的な思考と世界的な事業に着手したのです。これはキリスト教精神の偉大な結果です[五]」

## 精神的勢力としての伝道団

伝道団は、改革力のある精神的な勢力である。私は、宣教師の影響のこの面を他の面と切り離すつもりはない。精神的な動機は、あらゆる形の務めに行き渡り、活動の推進力となる。しかし、宣教師は第一に説教師であり、福音伝道者である。彼らは人間の至高の欲求は、良心の胎動、善と悪の識別、道徳的なビジョンを明確にすること、キリストの福音で伝えられる力であると信じている。彼らはただ単に道徳の教科書としてではなく、神の性質と意思の啓示として聖書を開いてきた。彼らはキリストをこれまで生きた中で最高の人としてのみならず、神の肉体化として表してきた。彼らは福音を単なる倫理規範としてではなく、聖パウロが宣言した通りに、こう公布してきた。「救いを得させる神の力」と。彼らは、富める者と貧しい者、身分の高い者と小作人、病人と嘆き悲しむ者、あらゆる階層の人々のところへ行っている。彼らの労働の歴史は、冒険に満ちた遠征、辛抱を強いる労苦、不屈の勇気、不平を言わぬ無私、迫害に対する忍耐、そして、最終的な大きな達成、である。

私は、アジアへの2回の訪問の間、宣教師を訪ね、ともに旅をし、彼らの仕事を見るにつけ、一度ならず思ったのだが、ヘブライ人への手紙の第十一章が今日まで続いていたなら、それらの多くの男性や女性の名前が、1世紀のキリスト教信者のように「この世は彼らにふさわしくない」としてその章に含まれていたのは間違いあるまいということだ。

五　Japan Daily Mail　１９０９年10月9日付

## 国際的勢力としての伝道団

伝道団は、改革力のある国際的な勢力である。「外国の伝道団は世界の関係を良くする影響力である」と前大統領ウィリアム・H・タフトは述べている。

駐米公使である顧維鈞閣下の素晴らしい演説から、再び次を引用する。「二国間の通商関係よりもさらにずっと顕著なのは、中国におけるアメリカ人宣教師の事業です。いかなる階級の外国人よりも、宣教師の中国の人々に対する態度は友好的で思いやりがあり利他的です。中国とアメリカの関係の根底にずっとあり続け、今なおある精神を最もうまく説明するのは、この大きくはないアメリカ人の一団による中国への有益な奉仕に対する献身や、彼らが進んで正義や公平さの大義を支持すること、です…アメリカ人宣教師の奉仕の記録は、中国の感謝の気持ちと世界の称賛にとても相応しいものです」

このような影響の理由は、宣教師が説く教義の本質に内在する。キリスト教は世界的な宗教である。この点で、キリスト教は一般的に民族宗教と呼ばれる他の宗教とは異なる。確かに、民族宗教の中にも発生した国の境界を越えて広まっているものもあるが、世界的に広まったものはなく、世界に適合するような要素を持つものでもない。普遍性の刻印を持つのはキリスト教だけなのである。

旧約聖書の預言者は、部族や国の多くの神々の中で、ヤハウェを超国家的な神、「全地の主」であると宣言した。新約聖書の作者は、この世界の概念を特別に目立たせたのである。イエス・キリストがパレスチナに暮らしていた時も、その目的の範囲が世界に及ぶことを、主は明確にされた。

主はこのようにおっしゃった。「この囲いに属さない他の羊があります。わたしはそれをも導かなければなりません」「神は、実に、そのひとり子をお与えになったほどに、世を愛された。それは御子を信じる者が、ひとりとして滅びることなく、永遠の命を持つためである」

人々が他民族を敵とみなした時代にあって、主はこのようにおっしゃった。

「汝の敵を愛せよ」と。

主はユダヤ人に向かって、嫌われ者のサマリア人は「隣人」だとおっしゃった。

主はパウロに対して異邦人への任務をお与えになった。

世界を視野に入れて、主はこうおっしゃった。

「そして私がこの地から上げられるなら、私はすべての人を私のところに引き寄せるでしょう」

新約聖書の教えの基本的な概念は、普遍性すなわち神の世界的な支配、人類の本質的な統一、「自分たちの罪のみならず全世界の罪に対する贖罪(しょくざい)」としてのキリスト、「望む者全員」の救済、漏れるもののない正義の法、そして、人種や宗派の境界を認めない愛、である。

普遍性は福音の神髄にほかならない。キリスト教は世界的な信仰として生きるか死ぬかである。キリスト教だけが世界中に行き渡り、あらゆる人種や地方に適応したことを立証してきた。

従って、キリスト教は卓越して超国家的である。国際的という言葉は政府間の合意という局面を示唆するので、そうは言わないが、国家を越えたという点においてキリスト教は超国家的なのである。確かに適切な愛国主義というものはあり、そこには崇高な要素が多くある。自国への愛国心と、合理的な利益を促進させたいという熱意は偉大な美徳である。

## キリスト教から見た愛国主義

宣教師の社会はすべての真の愛国主義に暖かい同情を抱いている。彼らは、いかなる人々も自分たちの問題を部外者から不正に干渉されずに管理することを正当に望むことを完全に尊重している。

しかし、愛国主義を自分たちの利害を管理したいという人々の正当な主張、国際主義を人類全体の利害を考慮する道徳的な義務、であるとするなら、その二つを区別するのは難しいことがある。「私たちの中で誰ひとりとして、自分のためだけに生きている者はない」というのは、個人と同じように、国家についても真実である。愛国主義が政治的な事柄に口を出されることに憤るのは当然であるが、普遍的な性質の医療、公衆衛生、教育、社会的正義、宗教を広めようとする無私の尽力は歓迎すべきであり、それを締め出した場合にはいかなる国家も他の国家に対して有害であり、また自国に対して破滅的な結果を招くことになる。

大きな戦争を起こすような種類の愛国主義は、全く異教的である。それは、国家集団のそれぞれの一員を、他者の権利に関係なく自分の思い通りにする。国家の身勝手と欲を「愛国心」と偽り、そして残酷さと殺人に「軍事的な必要性」という新たな名を与えるのである。

イギリス議会のヒュー・セシル卿は、次のように述べた。

「愛国主義はある程度は非常に望ましいものです。しかし、それが他のいかなる形の団結心とも違うのは、道徳律の停止を仄(ほの)めかしたり許したりする点です。私たちは、自国への忠誠心よりも崇高なものがあると、人々が感じるようにしなくてはなりません。つまり、それは、人類全体の利益への義務があるということです。この原則は、キリスト教の最も基本的な教義の一つです。私たちは、より崇高な忠誠心というのは、自国に対して、そして、すべての人々が同胞であり、彼らに対して無尽蔵の計り知れない愛を与えるという考えであることを支持したいと思います」

家族は地域社会につながり、地域社会は国につながるのだから、真の愛国主義は超国家主義につながる。地域的な義務は必須であるが、さらに大きな関係に対する義務にも整合するものである。

ウィルソン大統領は、記憶に残る演説で次のように宣言した。

「公の権利の原則は、今後、特定の国の個々の利益に優先しなければなりません…常に人類のことを第一に考えましょう」

これこそ、まさに外国伝道団が行なっていることである。彼らは国に対する最高の種類の忠誠心を説いて聞かせ、それにより人類の至高の善に貢献している。キリスト教は、自己中心的な愛国主義とは対照をなす。キリスト教は、ジャングルの掟（おきて）の代わりに兄弟愛の法を用いる。

キリスト教について、社会的な問題や国家的な問題の原則として実行することはできないと主張する者がいる。これは、儒者がいう事だ。山上の垂訓（すいくん）（註：キリストがガリラヤ湖畔の山上で行なった説教）は美しい理論だが、それを儒教のように実践に移すことはできないと。信仰を告白したキリスト教信者の中に、この非キリスト教信者の主張に逆戻りする者があるというのは、おかしなことである。キリストは実行できないような福音を説いただろうか。主は、信奉者が実行できないとご存じのことを行なうように仰（おっしゃ）っただろうか。私たちは、キリスト教が人間社会の事柄において実際に実践可能な宗教であり、福音のすべてが人生のすべてに適用され、人間が関わるもので神の法の範疇（はんちゅう）を超えるものなど何もない、ということを間違いなく信じなければならない。

## キリスト教が望む全世界の平安

外国伝道団は神の教会の組織的な活動であり、キリスト教の超国家的な計画を実行するものだ。つまり、世界中に福音を広めて、人類の問題に適用することである。それがキリスト教の世界伝道団の認識であり、最高レベルの国際的な精神であり、教会を教区や管区から広い神の国へと解放することである。キリスト教は次のように教える。世界は一つである、各国は共同体の一部をなす、いかなる人々も孤立した人生を送ることはできない、私たちは他の土地の同胞の親族である、父なる神と人が同胞であるということにすべての人類が含まれる、そして正義と真実はどこにおいても至高である、ということである。

この福音は、世界平和に欠くことができない。ウィルソン大統領は、皆が共有する感情を表明して、戦争における利己的な意図を放棄した。大統領は次のように宣言した。

「我々が戦闘において要求したことは、自分たちに限ったものではありません。それは全世界を健全で安全に暮らせる場所にすることなのです。特に、私たちの国と同じように、自分自身の人生を送り、制度を自分たちで決め、武力や利己的侵略を否定し、全世界の人々との正義と公平な関係を確かなものにしたいと望む、平和を愛するすべての国にこそ、安全がもたらされるでしょう」

これらの理想と完全に相いれない、ドイツの軍事独裁制の転覆は、避けられないものとなった。しかし、独裁政治の転覆以上に必要とされるものはなかったのだろうか。これまでの精神を持ち続けることで、国家は平和に暮らしていけるのだろうか。疑念と妬みを持っていても、国際的な善意は得られるのだろうか。

我々は、ウィルソン大統領とともに「民主主義にとって安全な世界にする」ことを望むと言う。しかし、それはどのような民主主義だろうか。法のない、神を認めない民主主義が世界を安全にするだろうか。いや、いかなる政府の下であっても、利己的で残酷な人間は戦闘を行なうだろう。独裁政治に代わる選択肢は、必ずしも民主主義ではない。それは衆愚政治となることもある。ロシアを見るがいい。メキシコを見るがいい。人々が自由についてあまりにも無知で、あまりにも無秩序であるならば、自由を恩恵とする状況が即座に創出されないかぎり、世界は改善されない。

ホーエンツォレルン家が王位から退けられたら至福の千年期が訪れるだろうと多くの人々が思い描いていただろう。あの家の権力が、世界の待ち望む、より良い時代の到来に対する最大の妨げとなっていたことは真実である。では、一家が滅亡した今は、至福の千年期が訪れているだろうか。ロシア皇帝の国外追放は、ロシアが理想的な国家になるのに十分だっただろうか。独裁者ディアスの失脚は、メキシコにとって申し分ない時代の先触れになっただろうか。外的な障害がすべて取り除かれた後は、人々を正しい自由の運動に組み込むという課題が残る。

次のように述べたのはキリスト自身であった。「神の国は、あなた方のただ中にあるのです」

我々は、アメリカ、グレート・ブリテン、そしてフランスが、民主主義を正しく用いることができていると盲信している。しかし、この問題について不安に思わない人は、おそらくほとんどいないだろう。

しかし、仮にそうできると仮定しても、人類協同のこの時代にあって我々が覚えておかなければならないのは、米英仏が安全かというだけではなく、アジアやアフリカ、ラテンアメリカが安全かどうかが問題なのだということだ。コロンビアやベネズエラが、望ましい新世界秩序の創設に準備万端だと信じる人がいるだろうか。中国やインド、ペルシア、トルコは？

我々がどれだけ完璧にキリスト教の精神を自らの新しい制度に適用したとしとも、世界のその他の国々を考慮に入れないなら、必ず訪れる最後の審判日から逃れることを想像するのは無駄である。

民主主義が、世界を正義で統治することであるなら、ここだけでなくどこでも安全でなければならない。「鉛の動機から金の行動を得ることを可能にするような政治的錬金術などない」とハーバート・スペンサーは言った。息子たちが世界の自由を確保するために戦場で死んでも、世界がそれをうまく活用できなければ何の役に立つだろうか。

近頃、陸軍や海軍、統治権や領土の調整について多くのことを耳にする。しかし、世界の魂についてはどうだろうか。すなわち、理想、願望、道義、精神を肉から分かつもの、人々を獣ではなく神の子とするもの、そして憎しみを愛に変えるもの、である。たとえ、市民の自由と、全世界の物理的権力を手に入れても、世界の魂を失ったら、何の得があろうか。外国伝道団によって、キリスト教信者は世界の魂を救おうとしており、その任務を拡大することは、時代に不可欠な努力の一つとして正当なものである。

## 外国伝道団は利他的に実践する

外国伝道団は超国家的な概念を扱っているため、それはある意味では超国家的な活動である。もちろん、宣教師個人は、どこかの国の市民であり、超国家主義が必然的に意味するものを受け入れないかぎり、自ら超国家主義を唱えることはできない。宣教師はその国の市民権を享受するが、その国は宣教師に関する権利を有し、自らの言動に責任を持たせるようにしなくてはならない。

しかし、伝道の目的と事業は超国家的であり、それらは明らかに国際関係を促進している。本物の宣教師は、事業に自身の国の特徴を刻印したりせず、神や人間や義務といった超国家的な概念を伝え、それらを受けた人々が自分たちの気風に従って自由に外部の形式を組織できるようにする。代表的なアジア人は、この観点から伝道活動の価値に対する心からの感謝を繰り返し述べてきた。

日本の故福沢諭吉氏は、次のように述べた。「日本人が外国人と交流を始めた頃、宣教師が西洋的特質の利他的な面を日本人に見せ、その教えや説教が交流に新鮮で魅力的な側面を与えた。そうでなかったならば、交流は支配的で嫌悪感を抱かせるものとなり、深刻な問題が起きたであろうことは間違いありません。宣教師が日本人と外国人との関係にもたらした素晴らしい潜在的影響力について、日本人は宣教師にどれだけ感謝しても足りません」[六]同じような趣旨の引用でページを埋めるのは、容易なことだろう。

外国の伝道活動の性質と目的が、際立って利他的であることは一層明確に理解されてきている。西洋のキリ

六　Japan Weekly Mail　１８９８年5月21日付

スト教信者は、「受けるよりも与える方が幸いである」という真実を実践すること以外、自分自身へのいかなる見返りも考えずにそれを継続している。

## 日本政府がロシア正教に示した超国家的対処

そのような超国家的事業を正当な国民精神と相互に関係させることは、多くの困難を孕んでいる。これらの困難は、国際関係が決裂したときに深刻になる。

だが、利他的な超国家的事業が国家主義の戦争によって破壊されるのは、明らかに不当である。伝道活動が中止された場合、本当の被害者は、自分の国に帰るだけの宣教師ではなく、現地の人々である。病人や怪我人は病院を追い出され、子供たちの学校は解散し、現地の教会は指導を受けることもなく取り残される。日本政府は、日露戦争で他のすべての国々に良い手本を示した。

それは、日本にとって悲惨な問題を内在していた。敗戦すれば、腐敗した無慈悲なロシアの独裁制に服従することになっただろう。しかし、ロシア正教が国教であったにもかかわらず、日本政府は戦時中もずっと、ロシア人宣教師が日本で活動を継続することを許可したのである。というのも、伝道団が戦争の目的とは全くかけ離れた動機で日本人の直接的な利益となるために行なわれているということを、日本政府は理解していたからである。

当時の内閣総理大臣であった桂伯爵は、戦争が引き起こす感情によって、国籍や宗教的信仰を異にする人々の間に争いが起こるのではないかと危惧し、大日本帝国のキリスト教教会の代表に公式の文書を送った。彼はその中で、ロシア人居住者とロシア正教の人たちの保護について、現地当局者に通達を出したことを伝えた。桂伯爵は、この警告の必要性は、戦争が表面的にはキリスト教国に対するものだとされたことにより強まったと表明し、「人種や宗教の違いなどが現在の複雑な状況にいくらかでも関係しているなどという考えに誤って陥る」者がいないよう望んだ。そして、次のように続けた。「文明に欠くべからざる要素としての宗教に関して、私は一様に適切な敬意を持ってすべての宗教を扱うよう努めてきました。そして私は、いかなる状況においても人種的な敵対を防ぐための最大限の努力をすることが、政治家の重要な責務であると信じます」

## 平和維持に欠かせない外国伝道団の精神

もちろん、宣教師の中立的な性質について、政府は宣教師をしっかりと見張り、超国家的な活動に関する制限を受け入れさせる当然の権利を有する。宣教師がそれらに違反した場合には、戦時下の非戦闘員に与えられた特権を乱用した者と同じように厳しく迅速な処罰が下されるだろう。いくつかの国での経験が示すように、宣教師の中にはこの基準を満たすことができない者もいた。しかし、超国家主義の原則を認識するなら、それによって個人を評価し、必要条件を満たさない者を排除することは比較的容易である。

世界の未来への唯一の希望は、キリストが宣言して、外国人宣教師活動が組織的に表明する国際的な秩序、正義そして兄弟愛という概念が世界的に認識され、適用されることにある。人と人とを繋ぐ他のものは、戦争に耐えられなかった。つまり、科学、哲学、教育、通商、そのどれもが世界を一つにまとめることに失敗した。それらのどれよりも、ある種の結束を維持していたのが労働組合と社会主義だったが、それらもまたすぐにバラバラに引き裂かれた。家庭教会（註：個人の家で祈りを捧げる人々）も他同様、広範囲にわたって崩れた。

国際的な概念を保てたのは、外国伝道団だけである。宣教師や伝道局が中立的だったのではなかった。だが彼らは、新しい世界秩序構築の礎となるべき、建設的で統一的な理念を着実に推し進めたのである。分断された世界では、伝道団が真実の象徴であり、もし国々が結束することがあり得るならば、その真実こそが最終的に国々を結束させるものにちがいない。

我々は恒久的平和を希求し、そのような平和に不可欠な要素が確保されるまで戦い続けるべきだと、真剣に主張した。

しかし、平和はそれ自体が目的ではない。それは正義の副産物なのである。イザヤはこのように言明している。「正義は平和を生じ、正義の結ぶ実は常しえの平安と信頼である」政府が正義と善意に立脚していなければ、政府間の政治的な調整によって恒久的平和を生み出すことなどできない。そして、これらがまさに宣教師の事業の基盤となっているものである。

条約が強固なものであるかどうかは、それを作る人々の道徳性次第であり、伝道活動が道徳性を生み出すのだ。国が「剣を打ちかえて鋤とし、槍を打ちかえて鎌とする」、そして、「国は国に向かって剣を上げず、もはや戦うことを学ばない」という預言の日に思いを馳せるのは励みになる。

預言者が暗示したのは、「すべての国がその道を歩む」時、そしてその時にだけ、その日が夜明けを迎えるということだ。すべての国が「その道を歩む」よう導くこと、これこそまさに外国伝道団がやろうとしていることである。この任務を達成しなければ、我々の息子たちの戦場での死は無駄になるだろう。

外国伝道団が恒久的な世界平和の状況に関係する、とウィルソン大統領が感じているのは明白だ。何故なら、戦争が彼に重くのしかかってきて、アメリカ国民に戦争の推進を強いた時、彼は聖職者の代表にこのように言ったのだ。「世界のための宣教師の計画が妨げられたなら、それは極めて不幸なことであり、しかも永続的な結果を伴うだろうと私は考えます…着手された事業の継続、可能な限り全力で継続することは第一に必要なことだと思います。私個人としては、いかなる類の弱体化や後退もないことを希望します」東アジアの切迫した世界的問題に正しい影響を及ぼすという点で、外国伝道団が行なうことができる特別な奉仕について、ジェームズ・

ブライス子爵が適切な表現で述べている。

すなわち、今日の極東における多くの国々の調和を欠いた衝突によって、否応なしに外国の伝道活動の強化が求められることになった。それは関係を円滑にし、苛立ちを鎮め、国際親善の状態を作り上げることにおいて主要な影響力となるに違いなく、世界平和の維持に欠かせないものである、ということである。さらに彼は次のようにつけ加えた。「世界平和の恒久的基盤について、その一つ確かな希望は、世界中にキリスト教の福音の理念を広めることにある」

# 第三十章

## 朝鮮におけるローマカトリックの伝道

朝鮮でのローマカトリックの伝道の歴史には、無私の献身と見事な勇気が多く表されている。朝鮮に入った最初の宣教師はポルトガルのイエズス会士グレゴリオ・デ・セスペデスであった。徐々に改宗者が増え、彼らは熱心に布教に励んだ。と同時に、迫害もあった。キリスト教徒は、親不孝という朝鮮人から見れば恥ずべき罪に問われた。かなりの数の改宗者と熱心な支持者が彼らの信仰を捨てたが、今までと同様に断固として信仰を貫く者もいた。尹持忠と権尚然は先祖の位牌を燃やした。彼らはすぐに逮捕されて信仰を捨てるよう命じられた。そうすれば命は助かっていたかもしれないが、彼らは断固として拒否したため、１７９１年12月8日、イエスと聖母マリアの名を呼びながら斬首された。彼らはそれぞれ33歳と41歳であったが、その血によって自らの信仰が本物であることを示したのだった。これが朝鮮における最初のキリスト教の殉教者であった。

## CHAPTER XXX

## ROMAN CATHOLIC MISSIONS IN KOREA

The story of Roman Catholic missions in Korea includes instances of unselfish devotion and splendid courage. So far as we can learn, the first missionary to enter Korea was a Portuguese Jesuit, Gregorio de Cespedes, who at the request of General Konishi came from Japan to the army at Fusan in the spring of 1594.

Although the missionaries devoted themselves to propagation and converts slowly increased, they faced severe prosecution at the same time. The Christians were charged with filial disrespect, a heinous crime in the eyes of a Korean. A considerable number of converts and adherents renounced their faith, but others stood as firmly as ever. Paul and Jacques Kim burned their ancestral tablets. They were promptly arrested and ordered to recant. They might have saved their lives by doing so, but they steadfastly refused, and December 8, 1791, they were beheaded, calling upon Jesus and the Virgin Mary. However widely one may differ with the Roman Catholics in doctrinal and ecclesiastical matters, he cannot but admire the fidelity of these early Korean converts, who at the ages of thirty-three and forty-one, respectively, testified by their blood to the genuineness of their faith the first martyrs of Korean Christianity.

There is much in the Roman Catholic doctrinal teaching and missionary method with which I do not sympathize; however, I am heartily glad to pay my humble tribute of praise to the courage and self-sacrifice that have so signally marked the history of Roman Catholic missions in Korea. I am glad also to be able to record that I have never heard of the moral delinquencies of priests in Korea.

# 朝鮮におけるローマカトリックの伝道

## カトリックの伝道と李檗の活動

朝鮮におけるローマカトリックの伝道の歴史には、宣教師の熱意という長所と共に短所も示されている。無私の献身と見事な勇気、そして辛い苦難とスリルに富んだ冒険の事例が多くある一方で、ローマカトリックのアジアでの布教に非常に特徴的な政略と奇妙なやり方も多いのである。

我々が知り得る限りにおいて、朝鮮に入った最初の宣教師はポルトガルのイエズス会士グレゴリオ・デ・セスペデスであった。彼は小西行長将軍の要請により、1594年の春、日本から釜山にいた秀吉軍の所にやって来たのであった。彼と日本人改宗者フーカン・エイオンは、兵たちの間で熱心に布教に励んだ。

彼らは朝鮮人に布教しようとすることはほとんどなかったが、朝鮮人捕虜の中には、日本に送られてからイエズス会士の影響を受けて改宗するものもいた。

伝道団の創設へと至る決定的な動きは中国で始まった。宣教師の中に、皇帝への貢物を持って定期的に北京を訪れる朝鮮人に興味を持つ者が現れたのである。北京のイエズス会宣教師らによって用意された中国語の小冊子数冊が、1777年に帰国する使節団によって朝鮮に持ち込まれ、朝鮮人学者らの手に渡った。学者の長は「ストーンウォール（註：石壁）」という別名を持つ李檗（イビョク）だった。

彼と仲間たちは、これらの小冊子で述べられている教義に深く感銘を受けて、熱心に研究した。李檗らは、北京からさらなる情報を得ようと努力したのだが、しばらくは実を結ばなかった。

1782年、李檗はソウルに行き、翌年、彼の友人で、北京への使節一行メンバーの子息である李承薫（イスンフン）によって、北京のローマカトリック司教アレクサンドル・ド・グヴェアに書簡を送ることができた。この友人は首尾よくメッセージを伝え、彼自身洗礼を受けた。朝鮮に戻る時、彼はキリスト教に関する書籍、小冊子、像、十字架、絵画を数多く持ち帰ったが、知られている限り、聖書は与えられなかった。

李檗はそれらの書籍と小冊子を貪欲に読んだ。興味を持つ者の数も増えていった。熱心な改宗者は有名な聖人の名前から取って、アンブローズと名乗る者もいれば、アウグスティヌス、トマス、パウロ、フランシスコ・ザビエルなどと名乗るものもいた。

李檗は洗礼者ヨハネの名を取り、友人の李承薫はペテロとして世に知られることを望んだ。新しい信仰はすぐに人々の注意を引き始め、そこから疑いと敵意が生じた。外国風の名前はとりわけ不快感を与え、キリスト教徒は異人朝鮮人と呼ばれた。

朝鮮人学者の中には、新しく改宗した者を説得して信仰を捨てさせようとする者もいたが、キリスト教徒は彼らの書籍や小冊子をよく研究していたので、自分たちの立場を守り通すのは容易かった。説得しようとした文学者の1人は、明らかにその教えに感銘を受け、感嘆してこう言ったのだった。「なるほど、この教義は素晴らしい。だが、それを信仰する者に悲しみをもたらすであろう。それについては、どうするつもりか」

忠清(チュンチョン)地方からやって来ていたあるキリスト教徒は、故郷に戻って新しい信仰を伝えた。それは間もなくそこでしっかりと根付き、ローマカトリック伝道年代記の中で、この地方は「信仰の苗代(なわしろ)として」その名が通っているほどである。しかし、その地方の町の幾つか、とりわけ内浦地域では、多くのキリスト教徒が殺された。別の改宗者は全羅に行き、同様に熱心に伝道した。その間、ソウルのキリスト教徒の中で、より博識な者の1人が、キリスト教の書籍の写しを作成し、それによって、さらに多くの信者が容易に書籍を入手できるようになった。

## キリスト教禁止令

その時、当局は厳しい抑圧策をとることを決めた。金範禹（キムボム）は先祖の位牌を壊した罪に問われて逮捕され、拷問にかけられて流刑に処せられた。1784年4月、政府は王の教師によって書かれたキリスト教禁止令を発した。それはいたる所で人々に新しい信仰と無関係であるよう警告し、家族にはそれを取り入れた親類と縁を切るように強く呼びかけた。この重圧の下で、李檗を含む数人の信仰が崩れたが、改宗者の多くは信仰に忠実であり続けた。彼らは、仲間の1人であるフランシスコ・ザビエルを司教に選び、他の者たちを司祭に任命して、根気よく熱心に伝道し、洗礼を施した。

1789年、彼らは所有している書籍から、彼らの聖職位は正当なものではないと確信し、司教と司祭たちは聖職者としての職務を中止した。しかし、彼らは、止む事のない熱意を持って、在家の信者としての任務を遂行し続けたのである。翌年、彼らは尹有一（ユンユイル）を北京に送った。驚きつつも喜んだ本物の司祭は、彼に洗礼を施して、叙階（じょかい）、すなわち聖職位を授けることに関する教会の教えについて説明した。朝鮮に戻った時、彼は洗礼を施す資格を持っていたが、他の秘跡を授ける資格はなかった。

彼が北京の大聖堂での崇拝の美しさと威厳をほめたたえる報告をすると、改宗者の小さな集団は、叙階（じょかい）された司祭が彼らところに派遣されることを懇願して、北京の司教に書簡を送った。1790年9月、北京への朝鮮使節団に同行して、尹有一が再びこの書簡を持って行った。司教は司祭を派遣すると約束し、尹有一と北京で洗礼を受けた仲間の1人に、多くの贈り物と聖器を与えたが、先祖を祀る事は断念しなければならないと説示した。このメッセージは、先祖の位牌と祭壇の前で香を焚き続けてきた、数少ない朝鮮のキリスト教徒の仲間に驚愕をもたらした。

その間にも、敵の数は増えていた。迫害も増加した。キリスト教徒は、親不孝という朝鮮人から見れば恥ずべき罪に問われた。かなりの数の改宗者と熱心な支持者が彼らの信仰を捨てたが、今までと同様に断固として信仰を貫く者もいた。尹持忠（ユンジチュン）と權尚然（クォンサンヨン）は先祖の位牌を燃やした。彼らはすぐに逮捕されて信仰を捨てるよう命じられた。そうすれば命は助かっていたかもしれないが、彼らは断固として拒否したため、１７９１年12月８日、イエスと聖母マリアの名を呼びながら斬首された。たとえ彼らが、教義や教会に関することで、どれだけローマカトリック教徒と違っていようとも、これら初期の朝鮮人改宗者の忠誠は賞賛せざるを得ない。彼らはそれぞれ33歳と41歳であったが、その血によって自らの信仰が本物であることを示したのだった。これが朝鮮における最初のキリスト教の殉教者であった。

他のキリスト教徒たちにとっては悲痛な日々が続いた。彼らは情け容赦なく追い詰められ、捕えられた。こん棒で殴られて脚が折れた者もいれば、血でドロドロになるまで背中を鞭で叩かれた者もいた。多くの者が処刑され、不潔な監獄に放り込まれて、餓死したり、放置された傷が元で死ぬ者もいた。權日身（クォンイルシン）は残酷に鞭で打たれて、さらに流刑になったが、最終的な移送先に着く前に、失意のうちに死んだ。「ペテロと名乗る男性は、61歳であったが、彼の忍耐強さに拷問する者が疲れ、その後、紐でぐるぐる巻きに縛られて夜の凍り付いた地面の上に置かれた。そうして、バケツ何杯もの水が浴びせられ、その水は落ちる際に凍って、氷の白布となって彼の体を包んだ。このダンテ風の墓で、その年老いた殉教者はイエスの名を呼びながら、放置されて死を迎えた。１７９３年１月29日の朝、二番鶏の鳴く時刻だった」

この残忍な迫害でさえ、新しい信仰を根絶することはできなかった。ローマカトリック教徒によると、１７９４年までに改宗者は４，０００人に上った。このような状況下、外国人の助けもなく、朝鮮人自身によってキリスト教が広まったことは、キリスト教信仰の活力と共に、朝鮮人改宗者の忍耐力を見事に証明している。

一　グリフィス『隠者の国・朝鮮』３５２頁

## 北京からの派遣

北京の司教は、行ける者が見つかり次第、外国人司祭を派遣するという約束を忘れてはいなかった。そして、ポルトガル人、ジュアン・ドシュ・レメディオスが朝鮮に行くと申し出た。困難で危険な20日間の真冬の旅の後で、彼は国境を越えることができずに北京に戻り、そこで間もなく死を迎えた。

2年後、今度は24歳の中国人神父周文謨（ジョウウェンモウ）が、再度、朝鮮への旅に挑んだ。彼が国境に着くと、現地のキリスト教徒数人が、歩哨（ほしょう）がとても注意深く見張っているので、きっと捕えられて殺されてしまうから、すぐに国境越えをしないように忠告した。そのため彼は、満洲で１７９４年12月23日まで待ち、その夜に鴨緑江を渡って、多くの苦難の後にソウルに着くことができた。

彼は、キリスト教徒たちに神父としての務めを秘かに果たしたが、6月には、キリスト教の敵が彼の存在を知ることとなった。彼は、キリスト教を信仰していた高貴な朝鮮の女性によって匿（かくま）われた。3人のキリスト教徒が逮捕されて、彼の所在を明らかにするよう命じられた。彼らが勇敢にも拒否すると、腕と脚が折られ、再び、神父の隠れ場所を明かすよう命じられた。それでもなお、彼らの不屈の精神は揺るがなかったのである。そして、6月18日、彼らは斬首され、遺体は漢江に放り込まれた。

中国人神父は、貴族の家は捜査されないとする法律によって守られ、3年の間、なんとか女性援助者のところにとどまることができた。そしてその間、彼の所へ秘かにやって来るキリスト教徒たちに対して、精一杯、神父としての務めを果たした。１７９６年9月、彼は2人の朝鮮人キリスト教徒の力を借りて、北京の司教に書簡を送った。彼らは、この目的のために、使節団に関係する従者の職に就いていたのであった。彼らは、書簡を確実に送り届けるために、それを絹布に書き写して、彼らの衣服に縫い込んだ。１７９７年1月28日、書簡は無事、司教に届けられた。その書簡の内容は、イギリス人の友人を通して、キリスト教徒のために朝鮮国王に働きかけ、キリスト教信仰により大きな自由を与えるとともに、外国人司祭と教師が来ることを許可する条約を結ぶようポルトガル国王に嘆願することを強く促すものだった。この書簡が何かを引き起こすことはなかったが、朝鮮国王の正祖（チョンジョ）は、かつてキリスト教徒迫害に熱心だったわけではなく、反動的な貴族階級によって提案されたキリスト教徒迫害のためのより過激な策への是認を拒否することもあった。

そして１８００年の彼の死まで、迫害はそれ以上ほとんどなかった。王位を継いだのは、正祖の息子であった純祖（スンジョ）だが、彼が未成年者であったため、彼の祖母が摂政となった。彼女はすぐに、キリスト教を最も猛烈に嫌う者の中から何人かを権力の座に就かせたため、新たな迫害が起こった。

翌年の１８０１年はキリスト教徒にとって暗黒の年だった。彼らは投獄され、鞭で打たれ、打ち首になる場合さえあった。中国人神父、周文謨は英雄であることを、身をもって示した。彼は、自分が政府から追跡されていることを知り、自分がいることによって彼女をこれ以上危険にさらすわけにはいかないと言明した。彼は、自らの意思で自首し、５月31日に斬首された。しかしそれでも、彼は長い間自分の味方になって助け続けてくれた女性を救うことはできなかった。彼女も捉えられ、斬首されてしまったのである。彼女は、自分のドレスのスカートの一つに、神父の人生についての記述を書き残していた。彼女の他に、４人の身分の高い朝鮮人女性も、斬首された。

アレクサンドル黄という名のキリスト教徒（註：黄嗣永（ファンサヨン））は、悲嘆と恐れのあまり、北京の司教に書簡を送り、彼に、「朝鮮を征服するために6、7万人を派遣するようヨーロッパのキリスト教国に訴える」ことを嘆願した。その書簡は発見されてしまい、運んでいた者は、即座に処刑された。黄嗣永も、王の尊い御身体に触れたことを証明する深紅の絹紐を手首につけていたにも拘わらず、処刑されてしまった。

朝鮮王は、中国人神父を処刑したことで中国と問題が起こるかもしれないという事に気づき、北京の皇帝に書簡を書いた。その書簡の中で彼は、神父を処刑した理由は彼が中国人だったからではなく、彼が「最も卑しい種類の鳥獣のように生きている、極悪非道で、残虐で、悪名高い山賊一派」の教師であり、その山賊は、朝鮮制圧のために外国の軍隊を朝鮮に連れて来ようとする裏切りを企んでいたからだった、と謹んで弁明した。皇帝は王に対して罰金を強要することで満足し、朝鮮での迫害は続いた。

１８０２年1月25日、キリスト教禁止の勅令がさらに発布され、哀れにも信者たちは、王国全土で情け容赦なく追われることになった。１８１１年、苦悩したリーダーの中に、ローマ法王に2通の書簡を急送した者がいた。書簡はそれぞれ12月9日と18の日付で、彼らに助けを送ってくれるよう法王に嘆願するものであった。前の折のように、使者は書簡を絹布に書き写して衣類に縫い込み、無事、北京に到着した。そこから書簡はローマに転送されたのだが、その時、法王は自らの問題を抱えており、フォンテーヌブローで事実上の囚われの身となっていたため、朝鮮に助けが来ることはなかった。

しかし、徐々に迫害の激しさは和らいでいき、その後は比較的静かな時期が続いた。１８１５年に江原と慶尚で再び迫害が起き、そして１８２６年には、全羅で短期間、敵意が爆発することとなった。しかし、その他は、かなりの長期間に亘って、キリスト教徒に酷い危害を加えられることはなかった。

## キリスト教への朝鮮での敵意

疑いの余地のないことだが、朝鮮王朝のキリスト教への敵意は、単純な外来思想に対する一般的な反感や、先祖の位牌を冒涜することに対する憤怒だけでなく、新しい信仰が政治に革命的変化を起こすかもしれないという恐れにも、かなり影響されていた。このように疑われることについては、改宗者たちにも原因があった。北京の司祭は、彼らに法王の持つ最高主権について話しており、彼らは信仰に従い、信じて行動したのである。

「法王の政治力が、当時ブルボン家の支配下にあった強大なヨーロッパ諸国によって支えられているのが分かって、朝鮮人キリスト教徒は、彼らの教師の倫理に従い、自国に対して裏切り者の役割を果たした。彼らは、判事を欺いて自国の法を犯しただけでなく、アレクサンドル黄の手紙が示すように、実際に、武力による侵略を懇願したのだった。それゆえ、最初からキリスト教は、愛国的な人の心に、反逆と強盗を連想させてしまったのである。

フランス軍兵士と侵略軍の先駆けとしてのフランス人宣教師、砲艦の水先案内人としての司祭は、単なる想像ではなく、その後の歴史からも分かるように、厳格な論理であり、実際に起こった事実だった。フランス軍艦のスパイ兼水先案内人を務めた司教や、海賊行為の襲撃を先導した司祭、さらにローマ法王キリスト教説の後に必然的に起こったフランス軍遠征のことを、後に我々が知るのは、敵ではなく味方の話からである！」[二]

朝鮮で苦闘している教会に関して、何度か法王の下に陳情が送られたが、ヨーロッパの騒然とした状況のために、行動は遅れた。

ついに事が落ち着くと、朝鮮のことが思い出され、パリ協会の下、朝鮮に伝道区として独立した地位が与えられ、１８３２年、当時シャムのバンコックの宣教師だったバルテルミー・ブリュギエールが朝鮮代牧区の代牧に任命された。彼は奉仕の熱意を持って出発したが、彼の布教活動の地に到達することなく、１８３５年10月20日、満洲で死を迎えた。

彼の代わりに、ピエール・フィリベール・モーバンがその任に就いた。彼は翌年（１８３６年）の冬、５人の朝鮮人キリスト教徒に同行されて、鴨緑江の氷の上を渡った。義州のあらゆる門は歩哨に見張られていたため、彼らは都市へと通じる下水溝を四つん這いになって通り抜けた。現地の数人のキリスト教徒によって、密かに

---

二　グリフィス『隠者の国・朝鮮』３６０頁

暖を取り食事の提供を受けた後、身を切るような寒さに身をさらし、非常な苦難に遭いながら、彼らは悪臭を放つ水路を這い出し、田舎を通り抜けてソウルに辿り着いた。

１８３７年の冬、モーバンの下にジャック・オノレ・シャスタンが加わった。彼は、1月17日、朝鮮人送葬者に変装して上手く義州を通り抜けたのだった。１８３８年12月19日には、ローラン・マリー・ジョセフ・アンベール司教が到着した。この３人の聖職者の強力な指揮下で、伝道活動は新しい活気を帯びるようになった。

それらの先駆的な聖職者に対して、当然の称賛を与えないなどという事は、ローマの最も強硬な反対者であってもできはしない。彼らは、彼らの布教活動の地に到達するために、人間というものが耐え得る、ほとんどすべての苦難に遭った。彼らは、数えきれない危険に勇敢に立ち向かい、疲れている中で、幾日も山の雪の中を力強い足取りで進み、氷で覆われた川の氾濫と戦い、ネズミや害虫が出るお粗末な小屋で眠り、最も粗末な物を食べ、病気や事故の際に世話をしてくれる人もいなかった。彼らは、野獣同様に情け容赦なく敵に追われた。常に死に直面しており、今にも発見されて、残酷な拷問や手足切断などの恐ろしい刑に処せられるかもしれないと分かっていた。それでも、彼らの熱意は、決して衰えなかった。

伝道活動は現在成功している。１８３８年までに朝鮮人キリスト教徒は9、０００人になっていた。１８３９年1月16日には、キリスト教に最も敵意を持って反対していた派閥が王宮で優位に立ったため、凄まじい迫害が始まった。国王が未成年の間、代わって国を統治していた摂政にはキリスト教徒を迫害する気がなかったのだが、彼が歳を取って弱ってくると、迫害者は思い通りにやり始めた。１８３９年7月7日、最も容赦のないキリスト教徒の敵の一人である王のおじは、キリスト教への信仰を捨てないすべての人間に、最も厳しい罰を命ずる布告を発した。朝鮮人キリスト教徒の中で最も影響力を持っていた3人と、多数の婦女子が直ちに処刑された。その時、アンベール司教は、この上ない無私の愛を示した。迫害は主にキリスト教徒の指導者である自分に向けられていると考えた彼は、自分が自首すれば、可哀想な信徒たちの命は救われるかもしれないとの願いから、8月10日に彼は自首したのである。彼は、自分の司祭であるモーバンとシャスタンにも自分に倣(なら)うように指示した。彼らは即座に、そして喜んでその指示に従った。しかし敵の非情な心は、このような高潔な自己犠牲にも動かされることがなかった。3人の献身的な聖職者は、体の肉が恐ろしくずたずたになるまで棒で叩かれて、1839年9月21日に処刑された。また、朝鮮人キリスト教徒70人が同時に斬首され、他の60人が絞殺されたか、拷問によって死んだ。

この悲劇によって指導者を奪われ、誰よりも憎まれ、そして追われることになったキリスト教徒は非常に苦しんだ。そのような状況で、全員が信仰を捨てたわけではなかった事は、彼らの信仰が本物であった事の動かし難い証拠である。改宗する者もいたのだが、大多数は信仰に忠実であり続けたのである。

死んだ者たちに代わる司祭がいないということもなかった。1843年12月31日、ジャン・ジョゼフ・フェレオールが朝鮮の司教になった。彼は、義州から朝鮮に入国するのは非常に困難であると聞いていたので、琿春(フンチュン)から入ることができないかどうか調べるために、信頼できる朝鮮人である金大建(キムデゴン)を行かせた。山々の深い雪の中を進む1カ月の苦しい旅の末、金は1844年2月25日、琿春に到着した。彼は、豆満江の氷の上を渡って、豆満江の支流にある琿春から遠くない町キオンウェンに入った。前もって打ち合わせてそこに集まっていたキリスト教徒のグループと相談した結果、琿春からのルートで朝鮮に入るのは、義州から入るより困難で危険であると全員の意見が一致した。金が司教の所に戻って報告すると、司教は国境の門から入ることを試みた。しかし用心深い歩哨が旅行者を1人残らず取り調べており、白人が見つからずに彼らの所を通過するのはほとんど不可能だと分かった。司教は金に1人で進むように命じると、その試みを諦めてマカオに行った。

金は身をもって凡ならざる人物だという事を証明した。1845年1月8日にソウルに着くと、素早く「11

人の仲間の信者から成る船の乗組員を集めた。そのうち海を見たことがあったのはたった4人で、誰一人目的地を知らずに、ただ羅針盤一つを装備して、1845年4月24日に粗末な釣り船で出帆したのである。彼らの船は粗末な木の塊であり、中国人水夫が嘲(あざけ)って『靴』と呼ぶような代物だったが、嵐と方向の定まらない風にもかかわらず、6月に上海に到着した。金は、それまで乗客として以外に航海に出た経験などなかったので、黄海の全幅を渡るために、この浸水防止処理もされていない、甲板のない、航海に不向きな平底船を持って来たのだった」[三]彼は確かに、伝道年代記の中の冒険的勇気の歴史上、傑出した位置を占めるに値する。金は上海でフェレオール司教と合流し、8月17日、彼は正式に叙階を受けて司祭職に就いた。そして、その後間もなく、彼の殉教へと続くことになるのだった。9月1日、司教はもう1人のフランス人司祭、マリ・ニコラ・アントワーヌ・ダブリュイと共に出帆して、10月12日の夜、気づかれずに朝鮮沿岸に上陸することに成功した。

## 苦難の後の発展へ

14年後の1859年、ローマカトリックの改宗者は1万7、000人に達したと言われる。改宗者名簿は長くなり続け、遂に、残忍で、常軌を逸した大院君が、自分の計画したキリスト教徒根絶の戦いを始めたのである。多くのキリスト教徒が、その恐ろしい時代に命を捨てることになった。

フランス政府は、1866年の遠征で救援を送ろうとした。しかし、その努力は失敗に終わり、非常に激しい迫害が続いたので、1870年までに8、000人の朝鮮人キリスト教徒が虐殺されたと信じられていた。朝鮮が開国し、近代世界の影響を受ける前の時代、キリスト教を信じる篤信(とくしん)な人々を取り巻いて荒れ狂った迫害

三　グリフィス『隠者の国・朝鮮』365〜366頁

の猛火は凄まじいものだった。[四]

摂政政治が終わって王が即位すると共に、時代はより良く変わり始めた。キリスト教徒はまだ迫害されていたが、王には大院君のような激しさも狂信性もなかった。その時以来、発展はかなり安定して続き、急速な発展を遂げた時期もあった。１９０９年、司教が私に話したところによると、朝鮮におけるローマカトリック教徒の人数は、当時、４万２、４４１人だった。ローマカトリック信者は、現在、８万７、２７０人とされており、10年で倍以上に増加している。

ソウルのローマカトリック大聖堂は高台の見晴らしのよい場所にあり、都市で最も目立つ建物だ。それは朝鮮皇帝と彼の忠臣には目障りなものだった。というのも、誰であろうと王宮を見下ろせる建物を建てる事は、失礼にあたり、一種の冒涜だと思われていたからである。それが立っている丘は王宮だけでなく、事実上、全市を眼下に見下ろすので、朝鮮人は大聖堂がこの場所に建設されることには強硬に反対した。しかし、ローマカトリック教徒は、フランス公使館の強力な支援を得て、反対に屈することを拒否した。

私が訪れた時の司教は、とても聡明な人という印象を私に与えた。彼の顔は立派で、表情豊かであり、物腰は洗練されていた。プロテスタントの宣教師らによると、彼には朝鮮の言語と文学についての卓越した知識があり、数年後の彼の死は、彼らの深く悼むところであった。私が会った司祭たちは、若干の顕著な例外はあるが、明らかに農民階級出身で、信仰に厚く、勤勉で、彼らの教会に熱心にその身を捧げていたが、特別に教養のある人というわけでもなく、上品な人でもなかった。

彼らは、もちろん独身主義者で、ある著名な司祭が私に話したところによると、扶養家族がいれば、外国人

---

四　グリフィス『隠者の国・朝鮮』３４７～３７６頁、並びに、原典であるローマカトリック年代記編者のダレの記述を参照のこと

司祭職に志願しても承諾されない。ごく幼い時期から非常に質素な生活に慣れているので、彼らはプロテスタントの宣教師より遥かに少ない金額で、地域社会に居住することができるのだという。

一方、プロテスタントの宣教師は、概して、イギリスやアメリカの単科大学や総合大学で教育を受けた男性の典型である。妻と子供を伴っているので、プロテスタントの宣教師は独立した家を必要とし、伝道団の妻や独身女性も又、通例、大学卒業者である。ローマカトリックの宣教師は、プロテスタントの宣教師のように給料は支給されないが、彼が属する修道会が、部屋、食物、そして衣類を提供し、他の必需品を適度に考慮してくれる。彼らには、自分に経済的に依存している者もおらず、面倒を見て教育しなくてはならない子供もいないので、すべてを考慮すると、ローマカトリックの宣教師は他の宣教師同様、大体、何不足なく暮らしている。しかし、本や定期刊行物を買うことはあまりできないし、休暇で故国に帰ることは滅多に許可されないので、その生活は限られたものである。布教活動の地に行く時は、そこに留まるために行くのである。そして、幸運にも、何か稀有な任務を帯びて故郷に派遣されるのでない限り、朝鮮で一生を過ごすのである。社会的にも知的にも優位なソウルのような都市で暮らすこともあり得るが、十中八九は、彼と同じ人種との親交がほとんど、あるいは全くない孤独な場所で過ごすことになるのだ。

ローマカトリックの教義上の教えと伝道のやり方には、私は賛同できないところが数多くある。しかし、このような問題を論じることは、本書の領分から外れるであろう。朝鮮におけるローマカトリック伝道団の歴史の際立った特徴である勇気と自己犠牲に、私のささやかな賛辞を呈することができたことは心から嬉しく思う。その歴史をもっと十分に調べたいと思う読者には、教会の出版物と、度々引用してきたウィリアム・エリオット・グリフィスの『隠者の国・朝鮮』の中に、豊富な資料がある。司祭の道徳的犯罪について、フィリピンに関する私の著書の中では非常にはっきりと書かざるを得なかったし、メキシコおよび中南米の多くの地域でも長く聖職者の悪名は高いが、朝鮮ではそのような犯罪について耳にしたことがないと記すことができるのも、私にとって嬉しいことである。

典型的な朝鮮のローマカトリックの司祭は、フランスの司祭のように、聖公会や会衆派教会、長老派教会の聖職者と多くの点で大きく異なっているが、その宣教師的情熱と強い信仰心は疑う余地のない人たちである。朝鮮人改宗者に関しては、彼らの規範は我々とは随分異なっているのだが、教会員と司祭は一様にある歴史を指し示すことができる。その歴史により、人はカーゾン卿（註：1892年に朝鮮を訪問し、その後、『極東の問題』を著した）と共に、次のように言うのだ。

「初期の朝鮮人キリスト教信徒は英雄的勇気を示し、苦しみに耐えて、少しは知られた国やもっと急進的な民族の伝道年代記と比べても勝るような殉教者名簿を生み出した[五]」

五　『極東の問題』183頁

# 第三十一章

## 朝鮮におけるプロテスタントの布教活動

最初のプロテスタント宣教師の訪問者は、１８３２年、オランダ伝道協会を代表して来たカール・ギュツラフ師であった。彼は１カ月を全羅で過ごし、本や薬を配ったり、じゃがいもの栽培方法を人々に教えたりした。彼には中国語の知識もあり、多くの情報を集める事ができた。継続的な伝道事業が始まったのは、１８８３年５月22日に締結された条約で朝鮮が外部世界の注目の対象となってからだった。中国の長老派教会宣教師、ホレイス・Ｎ・アレン医師は、上海に一時滞在していた際にソウルで医師が必要とされていることを知り、まず調査をしに朝鮮へ渡った。１８９４年、日清戦争が起こり、朝鮮も戦場となった。平壌はひどく破壊され、チフスと赤痢が蔓延した。宣教師団は現地に残り、狼狽した人々の元へ命を懸けて行き、傷の手当てをし、死者を埋め、恐怖を和らげ、神を信じるように勧めた。朝鮮人は、アメリカ人宣教師は最高の友達だと気づいたのだ。

## CHAPTER XXXI

## PROTESTANT MISSIONS IN KOREA

The first Protestant missionary visitor was the Reverend Charles Gutzlaff, a Prussian, representing the Netherlands Missionary Society, who arrived in Korea July 17, 1832. He spent a month in Chul-la, distributing books and medicines, and teaching the people how to cultivate potatoes. Presents, including the Bible, were sent to the royal palace, but the King refused to receive them. Gutzlaff's knowledge of Chinese enabled him to make many inquiries and to gather considerable information.

Permanent mission work did not begin till the treaty of May 22, 1883, had brought Korea to the attention of the outside world. Horace N. Allen, M.D., a Presbyterian medical missionary in China, learned during a temporary stay in Shanghai that a physician was needed by the foreign community in Seoul. Allen made a preliminary trip of inquiry to Seoul.

The war of 1894 between China and Japan powerfully influenced the work. Korea became the battle-ground of the contending forces. Pyengyang was devastated. Since the only available water-supply in the city was a river, and as that was polluted by the numerous bodies of men and animals, typhus-fever and dysentery developed and swept among the poor Koreans with frightful virulence.

Although the situation was known to be full of danger, the missionaries heroically remained at their posts. They went about among the panic-stricken people at the risk of their lives, binding up the wounds of the injured, caring for the sick, burying the dead, and doing everything in their power to allay terror and to urge trust in God. The Koreans then realized for the first time that the American missionaries were the best friends they had.

# 朝鮮におけるプロテスタントの布教活動

## プロテスタント宣教師の訪問

一世代前なら、非キリスト教世界を研究する人間の中で、戦略的に重要な布教の地として朝鮮を選ぶ者はほとんどいなかった。だらしがなく怠惰で、物事に無感動な人々の住む小さく脆弱なこの国に、人間の惨めさ以外に西洋人たちをひきつける何かがあったであろうか。最初の宣教師たちとその支援者たちは、この遠く離れ、当時は全く知られていなかった地で活動を始めたとき、朝鮮人の性質の汚点の中に美しさを見出していたのだろうか。彼らは先見の明ある人々であったから、あるいは見出していたのかもしれない。

それよりもおそらく彼らは、最も遠く最も低い場所にいる人々に対して、救いの手を差し伸べることを、イエス・キリストの真の弟子に強く促す精神に駆り立てられていたのだろう。朝鮮は精神的な救いを必要とする国であり、そこに向かう準備のある宣教師たちがいた。それで十分だったのである。

最初のプロテスタント宣教師の訪問者は、オランダ伝道協会を代表して来たプロシア人のカール・ギュッツラフ師であった。彼は、アマースト卿率いる東インド会社の船で、１８３２年7月17日に朝鮮に到着した。彼は1カ月を全羅で過ごし、本や薬を配ったり、じゃがいもの栽培方法を人々に教えたりした。聖書を含む贈呈品が王宮に送られたが、国王はそれらを受け取ることを断った。ギュッツラフ師は中国語の知識があったので、多くの質問をしたり、相当な量の情報を集めたりすることができた。

しかし、永続的な効果を残すには彼の滞在期間は短すぎた。次の宣教師の訪問者は、満洲にいたスコットランド人のジョン・ロス師である。彼は１８７３年に国境を超えて周遊し、言語を学び、後に新約聖書を朝鮮語に翻訳することができたほどだった。

## 継続的な伝道とアレン医師

継続的な伝動事業が始まったのは、１８８３年5月22日に締結された条約で朝鮮が外部世界の注目の対象となってからだった。中国の長老派教会宣教師、ホレイス・N・アレン医師は、上海に一時滞在していた際にソウルの外国人コミュニティーで医師が必要とされていることを知った。アレン夫妻はウィリアム・S・ホルト師の家に滞在していたが、ホルト師と協議する中で、アレン医師はソウルへ下見調査の旅に出ることで合意した。また、ニューヨークの長老派委員会に対してホルト師が手紙を書き、朝鮮で伝道を始めるべき時が来ており、アレン医師がこの任務に当てられるべきだと進言することで一致した。

その間、ニューヨーク、ブルックリンのダニエル・W・マクウィリアムズ氏は、反動を生じさせるといけないので新しく開国した国に宣教師を送らないよう忠告する新聞記事を読んだ。しかし、マクウィリアムズ氏は、宣教師の影響力についてより良い認識を持っていたため、１８８４年2月、彼は、自分が受け取ったフレデリック・マーカンド氏の財産から、伝道のために5、０００ドルをニューヨークの長老派外国伝道局に提供した。

その寄贈は受け入れられ、「アレン、朝鮮」の文字が書かれた電報が上海に飛んだ。11年前にロス医師が一時的に朝鮮を訪れたことを除けば、「この海外電報は、プロテスタントのキリスト教徒から朝鮮の古めかしい異教信仰に衝撃を与える最初の声であった。それは王国の隅々まで反響を引き起こす運命にあったのだ」ホルト氏がアレン医師にこのメッセージを転送すると、アレン氏は家族に会うため即座に上海へ帰り、ソウルへと戻った。到着したのは１８８４年9月20日のことだった。

それに先立つ数年間に起きたローマカトリックの宣教師との接触や、中国で起きてきたことに関する報告についての記憶があったため、朝鮮の役人はこれ以上宣教師を歓迎する気になれなかった。しかし、朝鮮政府はアレン医師に反対しなかった。一方、当時政府に助言をしていたドイツ人をはじめとするソウル在住の一部の外国人は、疑いと毛嫌いする気持ちを強めていった。

幸いにも、外国人コミュニティにおける医師の需要は非常に大きかった。アメリカ公使館でも医師が必要で、アメリカ公使、ルーシャス・H・フット将軍はアレン医師を公使館付きの医師に任命した。彼はこの任命によって地位を得て、たちまち人気をさらったのである。

12月4日、朝鮮初の郵便局の開局を祝う祝宴が宮殿で催された。政府与党に敵対していた金玉均（キムオッキュン）はこれに乗じて革命を企てた。混乱の中で数人の高官が暗殺され、王の甥で前年には訪米使節団の代表を務めた閔泳翊（ミンヨンイク）公が重傷を負った。怯えた民衆は身を守ろうと駆け回ったが、宣教師であるアレン医師は勇敢にも宮殿まで出向き、負傷した人々の援助を申し出た。彼は13人の現地の医師が興奮気味に閔泳翊公を取り囲み、大きく開いた傷口に煮立った蝋（ろう）を今にも注ぎ込もうとしているのを見つけた。彼は機転を利かせて医師たちを説得し、その傷を手当した。宮殿の人々は彼の熟練した手際を見て、初めて現代的な外科医というものを知った。

街では荒れた日々が続いた。日本公使館や郵便局、外国人の住宅は略奪に遭い、10日目にはアメリカ公使やイギリスおよびドイツの総領事、そしてアレン医師夫妻を除く外国人全員が済物浦へと逃げてしまった。勇敢な宣教師と彼の妻は自分たちの持ち場を離れることを拒んだ。

アレン医師はこう記している。「やろうとしてもできなかったこと、できたのにやろうとしなかったこと、私はまさにそのような仕事をするために来た。この傷ついた人々を放っておくことはできない…私たちは古びた旗のはためく公使館に住むことにしよう。心優しい父なる神はきっと私たちをお守り下さるだろう」

誰もが驚いたことに、まもなく閔泳翊公が回復し、アレン医師は首都でいちばんの有名人となった。喜んだ王は彼の友人になり、1885年2月25日、王室の後援で官営病院が開業された。管理はすべてアレン医師に任せられた。王は自ら、文明化と美徳を象徴する施設として、そこを広恵院と名付けた。40床のベッドはすぐに埋まり、最初の1年に病院とその調剤室で1万人の患者が治療を受けた。このような慈善的な方法でキリスト教の伝道活動は足がかりを得たのである。1885年4月5日、同じ長老派教会宣教師であり、初めて駐在を任じられたホレイス・G・アンダーウッド師が到着した。彼は未成熟な伝道活動において、すぐに頼れる存在となった。6月21日には、J・W・ヘロン医師がその小さな一団に加わった。

## メソジスト監督教会

一方、メソジスト監督教会の伝道団ボードでは、ボルチモアのジョン・F・ガウチャー博士が、朝鮮に注目していた。彼は1883年にアメリカ大陸を横断する旅をしている間、ワシントンへ向かう途中で初回の朝鮮使節団に出くわした。彼は、使節団長であった閔泳溺公と個人的に知り合いになり、彼と公職の団員数名をボルチモアの家へ招待した。ガウチャー博士は大変興味を持ち、日本のメソジスト伝道団の最高責任者であるロバート・S・マクレイ博士に手紙を書いて、朝鮮を訪れて、伝道活動を行なう地としての可能性について報告するよう勧めた。

マクレイ博士夫妻は1884年6月、念願の訪朝を果たした。二人は朝鮮であまり歓迎されなかったが、伝道を強く必要とする評価を送り返したので、ガウチャー博士はこの地の重要性について彼の最初の印象が間違っていないことを確信した。彼はこの事業を始めるため、既に2,000ドルの資金提供を申し出ていた。これに加えて伝道局が2,000ドルを拠出し、1884年の後半にはH・G・アペンゼラー師、ウィリアム B・スクラントン医師、そして彼の母であるM・F・スクラントン女史が、朝鮮への最初のメソジスト伝道師として任命された。彼らは12月革命のために遅れはしたが、アペンゼラー師は１８８５年４月５日、復活祭の日曜日に済物浦に到着した。スクラントン医師は翌５月３日に到着した。両氏はリーダーシップを発揮し、すぐに影響力を持つようになった。スクラントン女史はソウルの梨花学堂に関して良い影響力を発揮した。

１８８６年７月５日、訓練を受けた看護師であり、医学生でもある長老派教会のアニー・エラース女史が到着した。彼女は女王専属の医師となり、王室からの引き立てをさらに幅広いものにした。医学士として初めて訪れたのは医師のメタ・ハワード女史だった。彼女は１８８７年にメソジスト伝道団に入り、翌春に初めての女性用病院を開業した。エラーズ女史がメソジスト伝道団に入団したダルツエル・Ａ・バンカー氏と結婚した後は、１８８８年に来朝した長老派医師のリリアス・ホートン女史、後のアンダーウッド夫人が、女王の医師を引継ぎ、彼女の技術と機転によって宮殿において大きな影響力を持つようになった。

## 英国国教会

英国国教会の福音伝道会は、１８８０年という早期に、日本の宣教師の一人であるＡ・Ｃ・ショー師から朝鮮への使節団派遣の勧めを受けていた。１８８７年に朝鮮を訪れた中国北部のスコット主教と日本のビッカースタッフ主教は、同年にこの提案を再び強く唱えた。伝道会はこの事業をすぐに始めるのは不可能であると判断したが、１８８９年の諸聖人の日、チャールズ・ジョン・コーフ博士はウェストミンスター寺院で朝鮮に赴く最初の主教に任じられた。彼は１８９０年９月29日に６人の司祭と２人の医師を連れて布教の地に到着した。彼らの活動は、ソウルと済物浦に土地を入手して始まった。

１８９１年９月30日、朝鮮で初めての英国国教会が済物浦に設立され、続く日曜日に行なわれた最初の堅信礼においては「最初の参加者は敬虔なドイツ人一家の幼い給仕の女中だった」後に、宣教師は西海岸沖の江華島へ渡り、本土と同様に活動を展開した。コーフ主教の辞職後は、1905年にH・B・ターナー主教が選ばれて引き継いだ。1911年、惜しまれて亡くなった彼の教区を引き継いだのは、M・N・トロロープ主教であった。1906年9月、日本伝道団のS・H・カートライト師は、ソウルを本拠地として朝鮮に住む日本人の間で特別な活動を始めた。現在、その団体の活動は朝鮮において27人の宣教師で行なわれている。

### 南長老教会

1892年に、6人の宣教師が訪れて南長老教会（米国）が設立された。彼らはソウルで活動を始めたが、後に朝鮮南西部の全羅の二つの教区に移った。そこで彼らは光州、忠州、群山の三つの中心都市から効果的な活動を始めた。オーストラリア長老派教会は1889年に釜山に伝道所を開いた。その先駆者の宣教師となったのは、ジョン・H・デイヴィス師と彼の姉だった。カナダ長老派教会で初めて関心を示したのは、W・J・マッケンジーだった。1893年に自分の大学の援助を受けて朝鮮に渡った彼の、2年後の不幸な死は人々の胸を打った。長老派教会の総会が使節団の派遣への活路を開いたのは1897年になってからだった。翌年の9月8日、3人の宣教師がソウルに到着した。伝道団評議会との協議の結果、北東の海岸に位置する咸鏡道をカナダ長老派教会の伝道地とすることが合意された。

### アメリカ南メソジスト監督教会

アメリカ南メソジスト監督教会の活動が始まったのは、1895年にE・R・ヘンドリクス主教とC・F・リード師が朝鮮を訪れた時である。翌年には正式に使節団が開始された。伝道所は戦略的に重要な中心地であるソウル、元山と松都に設置された。

## YMCA

ＹＭＣＡの活動の端緒は、フィリップ・Ｌ・ジレット氏がソウルに到着した１９０１年に開かれた。彼は英語の話せる朝鮮人と日本人のための聖書の授業から始め、１９０３年10月27日、影響力のある理事会とともに都市部会を創立することができた。同日、メソジスト男子学校の生徒会も設立された。英国外国聖書協会、アメリカ聖書協会、およびスコットランド聖書協会もこの地に早くに到着し、聖書の印刷と配布を行なって、すべての使節団と上手く協力した。

## 困難を超えて進む宣教活動

このように先駆者の宣教師の勇気と不断の努力によって、基盤は築かれていった。彼らは、現地での困難を悲痛なほどわかっていた。アレン医師の日記には１８８５年10月11日付けで以下のような記載がある。「本日、私たちは朝鮮での最初のプロテスタント聖餐式を祝った…儀式は印象的で幸福を感じられるものだった。私たちは、私の母からもらった古い銀製のティーポットと、足つきのワイングラスの一つを使った。日本のルーミス氏が説教をした」現在、アメリカ海軍士官を含めた12人の参加者リストの中に朝鮮人の名前は出てこない。

数年の間は、歩みも遅かった。何世紀も下品な異教徒の風習を継承し続けた無気力で無関心な人々に対して、宣教師は完全に新しい考え方を伝えようと努力していた。幼少時代から福音書に馴染んできたアメリカ人には、極東の人々がキリスト教の説く新しい概念を理解することがいかに困難であるか、まず理解することができない。

私たちは覚えておく必要があるのだが、我々の先祖がそれらを理解するのには時間を要したし、アングロサクソンでさえもキリスト教の信仰が理解されるまでには何百年もかかったのである。だから、迷信に曇った朝鮮人が反応も鈍く話を聞き、宣教師を「奇妙な神々を広める者」だと思っているのは驚くようなことではないのだ。仮に知性あるアテナイ人が、聖パウロがキリストや復活について説教しているのを馬鹿にしたとしたなら、盲目の朝鮮人に何が期待できるというのか。

しかし、徐々に真実は道を開いていった。アンダーウッド氏は1886年に最初の改宗者に洗礼を施した。メソジスト伝道団は同年の少し後に最初の改宗者を受け入れた。最初のプロテスタント教会は1887年9月にソウルに設立され、その年のクリスマスには、アンダーウッド氏の自宅で、新しい信者のために初めての正餐式が行なわれた。この小さくも歴史的な儀式に参加したのは、宣教師を含めて僅か7人だった。数団体の宣教師による忍耐強い労働から10年、洗礼を受けたキリスト教徒は朝鮮全土でまだわずか141人だった。

## 平壌での布教

平壌での布教活動は、数人の朝鮮人を通して早くから足がかりを得ていた。彼らは北方に向かって歩き回り、満洲に入るとロス氏の影響を受けて改宗した。朝鮮に帰ってから、彼らはソウルの宣教師によってより完全に教化された。そしてその新しい教えを同郷の人々に伝える役目を引き受けた。

1887年までに数回の調査が行なわれ、現地の助手がそこに配置されて説教をした。1889年に到着して間もなく、サミュエル・E・モフェット師は平壌に向かった。彼は、平壌が不正で悪名高い都市であり、倫理的な状況が悪いことを知った。一握りの友好的な朝鮮人が彼の周りに集まったのだが、困難は数多く、手に負えないものだった。

しかしながら、モフェット師は朝鮮式の小さな家を選んで人々と生活を共にし、忍耐と機転で彼らの信頼を得ていった。1892年、長老派教会のグラハム・リー師とメソジスト伝道団のM・J・ホール医師が彼の活動に加わった。

初期の有名な朝鮮人キリスト教徒の一人にキム・チャンシクという人物がいる。朝鮮人の友人に連れられてソウルの宣教師の家に来た彼は、中国語の新約聖書の写しに興味を持った。彼は一冊購入してそれを読み、信仰心を持った。彼はたちまち立派な活動家になり、1894年にはホール医師を手伝うために、平壌にあった彼の自宅に派遣された。この頃には対立運動が激化していた。キムは迫害が始まった時に最初に逮捕された中の一人だった。

彼は他のキリスト教徒と共に酷く打たれ、足枷（あしかせ）をされ、もし「外国人の宗教」をやめなければもっと厳しく罰するが、もしキリスト教を捨てるなら自由の身にする、と警告を受けた。

他の者たちが苦痛と恐怖のあまり屈する中で、キムは断固として服従しなかった。

彼は死刑囚監房に連れて行かれた。改宗しなければ首をはねられるとわかっていたが、彼は古代の殉教者に値するほどの心で叫んだ。「神は私を愛し賜い、私の罪をお許し下さった。あなたを呪うことなどできようものか！」幸いにもソウルから囚人を解放するよう命令が来たおかげで、ずたずたになって死にかけていたキムは他の囚人たちと共に解放された。彼の忠誠心はその都市で深く印象付けられ、人々は苦痛を受けることも厭わない彼を見て、そこまでさせる新しい宗教には本物の何かがあるのではないかと言いはじめた。

1894年の日中間の戦争は布教活動に甚大な影響を与えた。朝鮮は対立する軍隊の戦場となった。まもなく、平壌の周辺で決戦が始まるであろうことが明らかになると、激しい動揺が広がった。この戦いで朝鮮人の財産は破壊され、田畑は荒らされ、大勢の不幸な人々は、あたかも石臼の間にはさまったように、恐怖と怪我に苦しめられた。

## 広がる伝染病

人々の間で信じられていた迷信では、平壌は一隻の船の上に乗っており、船底に穴を開ければ沈んでしまうと信じられていた。そのため、井戸を掘ることができず、平壌は常習的に不衛生な環境にあったのだが、それはさらに悪化することになった。

唯一利用可能な給水源となるのは川なのだが、そこが数多くの人間や動物の死体で汚染されたため、貧しい朝鮮人の間では、チフスや赤痢が恐ろしい伝染力で広がった。

事態が十分に危険であることは知られていたが、宣教師は勇敢にも自分の職務に留まった。彼らは命の危険を冒して、恐慌におののいている人々を見回り、怪我人の傷に包帯を巻き、病人の世話をし、死人を埋葬し、恐怖を和らげて神への信を説くためにできる限りのことをした。彼を知る人のすべてが言葉にできないほど悔やんだのだが、メソジスト伝道団の親愛なるホール医師が致命的なチフス患者の一人となってしまった。朝鮮人はその時に初めて、アメリカの宣教師は彼らの最高の友人であると悟った。民衆の心情が変わり始めたのだ。

ソウルでのコレラの流行は、首都にいる宣教師に強い信仰心同様のものを引き出した。彼らは根気強く病人や死者のために黙々と働き、最も勇敢な朝鮮人でさえ投げ出した職務を果たし、出し惜しみすることなく自分の身を投げ打って何百人もの命を救った。

アンダーウッド夫人は次のように書いている。

「この回復の数々が都市で多くの感動を呼んだ。キリスト教の病院に行けば死ななくても良い、生きられるというチラシが壁に貼られた。宣教師が来る夜も来る夜も病人のために働いていたのを見ていた人々は口々に言った。『あの外国人たちは何と私たちを愛してくれているのだろう！　彼らが他人である私たちにしている程に、私たちは自分の親族に尽くすだろうか』夏のまだ薄暗い明け方に道を急ぐアンダーウッド氏を見かけた数人の男性は言った。『イエス様が行くぞ。昼も夜も休むことなく病人に付きっきりで働いている』と。『なぜそんなことをするのだろう』と別の男性が言うと、『我々を愛しているからだ』と返事が返ってきた」

## キリスト教の急速な普及

この頃から活動は速い進展を見せ、現代の伝道団の歴史の中で最も感動的な話の一つとなる。無知と迷信の中に生き、岩や木々、風のざわめき、あるいは雷の轟に幽霊や悪鬼を見出していた人々が村で宣教師の話を聞いて、最高の存在は彼らを傷つけようとする邪悪な幽霊ではなく、愛情に満ちた父なる神であり、その御心は彼らを迷える我が子のように憐れんで下さるということ、そして悔い改めて信仰を持って縋れば、喜びと尊厳のある新たな人生を授けてもらえるということを学んだ。

今や人々は熱心に耳を傾け、より明確な理解に至ったのである。

良い知らせが各方面に広がり始め、20世紀初めの10年間は驚くべき発展を見せた。北部長老派教会伝道団の13年間での増加率の平均は正味38パーセントだった。

メソジスト教会のD・A・バンカー師はこう記した。「あらゆる点で活動は迅速に前進していて、私たちは皆その速度を維持しながら走り続けている。都市で私が担当している教会では、140を超える村で伝道活動が行なわれている。どの礼拝堂でも私たちを待っている洗礼希望者や仮入会希望者がいる。過去の10日間で611の新しい名前が信者のリストに加わった」

平壌ではW・L・スウォレン師が、1907年の伝道集会で2、000人の人々が、キリストの存在を認めたと報告した。教会は人で溢れ、混雑を解消するために男性と女性は別々の時間に集まることになった。深い感

一　H・G・アンダーウッド夫人『Fifteen Years Among the Top-Knots』144頁

情と熱い祈りが集会の特色となり、時には深夜にまで及んだ。

覚醒は国の多くの地域で異なる度合いで現れた。主要都市である首都ソウルは影響を及ぼすには特に難しかったが、ユン・モッコル教会の伝道者は、しばしば1、500人の聴衆を目の前にした。

都市の教会ではどこでも屋内が混み合うのは通例で、合同集会では3、000～5、000人の人が集まる。1897年にジェームズ・E・アダムズ師夫妻が開いた大邱伝道所では、初めの5年間の終わりまでには、177人の大人が洗礼を受けたが、10年経つまでには6、145人、20周年記念には都市と周りの村で1万7、448人のキリスト教徒がいた。

平壌から北に100マイルの場所にある宣川は、普通の大きさだが、その注目すべき伝道活動で一躍有名になった。伝道所は1901年までは組織化されていなかったが、16年間で187の支所と1万1、681人の陪餐会員、5、416人の洗礼志願者、そして2万8、350人の信奉者が報告された。

住民1万人の人里離れた北部の町、カンカイには1908年までは駐在している宣教師がおらず、非常に少ない頻度で巡回説教をしに訪れる者がいるだけだった。彼が年に一度の訪問をすると、人々は長い道のりを彼に会いにやってきた。そして彼が話をする部屋に詰めかけ、年に一度の教えを聞くために雪の降る屋外に何時間も立っていることも少なくなかった。この小さな種まきから、力強い集団へと発展し、1、200人の男女が、妄信的な崇拝をやめ、悪霊に自らを捧げることもやめ、日曜日を休息とキリスト礼拝の日とした。そして周囲からの迫害を受けても、ぼんやりと見える明かりを求めようとした。

## 忘れられない松川

松川も一変した。こんな地域を想像してほしい。58軒の家がある村で、そのうち50軒の家の15歳以上の住民は皆キリスト教徒だ。その地域には酒も乱闘もどんな悪行もない。日曜日の休養は厳しく守られ、全住民が教会や日曜学校や祈祷会に出席するのだ！

教会はこの地で最も重要な建物で、慎ましい住民の家とは比べられないほど壮大な造りだ。この模範的なキリスト教の村をつくるのに2人の兄弟が貢献した。兄は満洲を訪れた時にジョン・ロス師に会って改宗した。旅から戻ってまもなく、彼はアンダーウッド医師に会った。

アンダーウッド医師は、彼が熱望していた教えを快く与えてくれた。古（いにしえ）のアンデレのように喜びと熱意に満ちて、「彼は最初に弟をみつけて言った。『私たちはメシアを見つけた』そして彼は弟をイエスのもとにつれてきた」この兄弟は松川に移って精力的に福音を説き、魅力的な見本となったので、村中の人々が変わった。私たちはここを訪れた思い出をずっと大切にするだろう。

私たちが過酷な旅を終えてここに着いたのは土曜の午後遅くだった。私たちは、丘の麓に集まっているキリスト教徒の家や、その向こうに広く伸びた牧草地や、さらにその先までも見つめていた。日中どんよりと曇っていた空が突然割れ、燦然たる美しい夕日が静かな海の上に現れたのがはっきりと見えた。夜の時間帯でありながら光が差していた。

教会の階段からはトランペットの音が聞こえ、優しく、澄んだ音色が森や村に響いた。そしてまもなく、それに応えるように、白い礼服に身を包んだ人々の姿が丘の斜面から神の家へと進んでいった。そこで私たちは、暗くなって星が出るほどまでの長い時間を、彼らと語り合った。

## メソジスト派とＹＭＣＡの成果

真に迫った興味深い実例は、他のいくつかの伝道所の歴史から引用できるかもしれない。感動は、国のあらゆる場所で巻き起こっていたのだ。

メソジスト教会のウィリアム・A・ノーブル師の記述によると「その年に増えた改宗者の総数は、私たちの朝鮮北部での活動実績に似つかわしいものではなかった。その区域の改宗者数は、3年前の朝鮮における全改宗者数を超えていた…信仰復興活動の影響がすぐに現れたのは教会の質の刷新だった。一般民衆の持つ、キリスト教徒になることについての考えが変わってきたのである。今、彼らは改宗の判断基準をはっきりと認識している。彼らは、知的に倫理の問題と関わる態度を取り、自分の人生を変える気になった時だけキリスト教に傾倒するだろう」

1911年、メソジストの伝道局は、25年という短期間のうちに、朝鮮の教会は会員と仮会員が6万人を超えるまでに成長したと報告した。伝道所は六つの拠点に設置された。年次の会議が開催された時には、朝鮮人と外国人を合わせて34人の聖職者、21人の仮会員が集まった。そして、七つの地区、400以上の集会、そして1,000を超える説法場からも人が集まったのである。

25年目には、地区の監督者として初めて朝鮮人の聖職者が任命され、朝鮮人の教会の後援によって、中国での活動のために朝鮮人宣教師が派遣されたことが印象深かった。

教育事業について言えば、172校の学校があり、6,083人の児童と183人の神学生がいた。女性海外伝道協会は、聖書を教える女性や看護師を訓練する学校や、障害で目や耳や言語が不自由な人を教育する学校を運営していた。去年は、メソジストの宣教師が3万人の患者を世話しており、伝道団の開始から数えれば50万人以上の患者が病院で治療を受けたのである。

どの伝道団も大きな成果を報告した。南部メソジスト伝道団は、たった1年で正味62パーセントの増加を記録した。「人々はどこの地でも見たことがないほどキリストに傾倒している」とキャンドラー主教は記している。

ＹＭＣＡは全体的な前進に貢献した。2年間の間に都市会の会員数は６００に達していた。フィリップ・Ｌ・ジレット氏はこう記した。「私の友人の何人かが、会員になることへの興味や熱意が減っていくのではないかと懸念していたのだが、会員は一定の割合で増え続けている。今は場所不足で入会を断っている状態だ。私たちが火曜と木曜の夕方に開く講演の部屋も非常に混み合っており、話し手の声が届く場所までたどり着くことができないほどだ。１００人もの人々が窓辺に集まってくることもしばしばである」

都市会は現在、最高の立地に素晴らしい施設を持っている。フィラデルフィアのジョン・ワナメーカー氏の寛大な寄贈で建物が建てられ、敷地代や運営費は朝鮮人の貴重なお金で賄われているのだ。そこを訪れれば、学校や体育館、産業の授業や実践の訓練をするための作業場、そして多くの様々な集会が行なわれているのを見ることができる。

## 多忙な宣教師の生活

このように発展が急激に展開しているので、宣教師はそれらをまとめたり管理したりしていく必要があり、彼らは過労に陥っていた。宣教師の中でも、巡回説教の活動に割り当てられるのは、実質的に広大な教区の主教であった。彼らは、多くの散在している支所を管理するために、苦労してひっきりなしに旅しなくてはならないのだ。私の手元に報告書があるが、典型的な宣教師は47の教会と30の支所を管理しており、彼は、これらの教会と支所を年に2回ずつ、あるいはもっと頻繁に訪問している。

このために彼は、列車や歩きの時間に加えて１、５００マイルを馬に乗って移動しなければならない。１日に30マイルを移動して、夕方に説教を1回以上するなど日常的なことだ。この巡回説教のために、彼は年に２００日は家を空けることになる。昔のメソジスト巡回牧師も、これには勝てない。この巡回周遊は、宣教師にとって忙しい仕事である。彼は、朝早くから夜遅くまで、各地の活動家に巡回説教を割り振ったり、リーダーたちに活動について教えたり、聖書の授業を受けたい人たちのためにその段取りをしたり、最寄りの中心的な伝道所での教習に参加する男女を選んで招待したり、教会に入りたい人を審査したり、長引く騒がしい論争をおさめたり、規律を守らせたり、洗礼や婚礼、あるいは埋葬の式に追われている。

## 辺境の旅の苦労

個人的に、春や秋の天気の良い日に内陸部を旅行するのは楽しい。しかし、冬の嵐や夏の雨の時に各地を巡るのはまったく別問題だ。

鉄道が完成する前の時代や、今日でも鉄道の走っていない地方の旅の苦難は、２人の宣教師の旅がよく表している。

そのうちの1人は、内陸の伝道所から平壌まで妻子を連れて旅した様子を次のように記している。

「旅の1週間前から雨が絶えず降っていた。川の水位は私たちのあごの辺りまできていて、それを自分たちで歩いて渡るだけでなく、怖がる現地の人々も渡らせなければならなかった。食糧箱と簡易ベッドを積んだ馬が流れてしまったので、私たちは得られるもので食事を済ませ、朝鮮式に、濡れた服のまま虫に食われながら床で寝なければならなかった。激しい雨と洪水によって旅は時間がかかるか、あるいはほとんど不可能になってしまった。ある場所では、水と泥に腰まで浸かって5里（1と2分の3マイル）を歩いた。これは椅子を下ろして休むことなく、肩の棒をずっと支えていなければならない轎夫（きょうふ）（註：かごかき）にとっては、特に大変だった。様々な障害があったが、私たちは5日で１００マイルを進んだ」

## 統計が追い付かない成果

宣教師の活動について、確かな統計を出すのは難しい。なぜなら誰かが正確だと思って書いたものは、その本が読まれる頃には確実に低い数値になっているからだ。毎年発刊される「日本におけるキリスト教運動」には朝鮮に関する報告があり、おそらく最新の統計が載っているだろう。

最近の報告では、この小さな朝鮮に、確実に分かっている信者を含めた21万9,220人のプロテスタントのキリスト教徒がいた、と言えば十分だろう。ローマカトリックと正教会の報告を加えると、その合計は31万8,708人に増える。

それは、西暦1世紀の全世界にいたプロテスタントのキリスト教徒の約3倍に相当する数だ。どの地でも、宣教師が来たばかりの初期に、ここまでの成果があったことはほとんどない。運動は毎年、最高記録を塗り替えた。どこかで必ず反動が起こるだろうと思われたが、毎年広がりと深まりを見せたのである。朝鮮は、非キリスト教国がキリスト教に改宗した初めてのケースになるかのように見えた。

## 光に入ってくる人と暗闇に立つ人の姿を思う

私たちは毎晩のようにアジアの精神状態の明暗を思い浮かべた。質素な教会の中では石油ランプが明滅し、周囲の暗闇とは対照的に明るく照らされた部屋は、「素晴らしい神の光」の囲いの中で喜ぶ信者たちでいっぱいだった。彼らの向こう側には、ドアに押しかけている多くの者たちが、明かりの中には入りきらず一部が照らされており、明かりの中で世の光について話をする人へ、熱心な表情の顔を向けていた。その後ろには、まだ数え切れない数の人々がより暗い影の中に立っていた。

時々ランプの火がパッと燃え上がり、薄暗がりに光を放つと、大勢の聴衆が浮かび上がった。無関心な者もいれば、物珍しげな者、真面目に思いを巡らす者もいた。そして、暗闇がまた静かに彼らを包むと、無数の民衆が集まった所にはぼんやりと大きな黒い影ができた。この光景を毎夜見る時、私は光の中に入ってくる人々の数に励まされ、一方で暗闇に立っている人々に胸を打たれた。

## ジェームズ・E・アダムズ博士の伝道プログラム

なぜ朝鮮では、キリスト教がこれほど急速に発展したのか。それは、日本での布教活動の結果改宗された人数や、中国での人口に比例して考えた場合の中国での発展を遥かに凌いでいた。

多くの朝鮮でのキリスト教の活動家や、幾人かの他の地での活動家は、この成功について、方針と方法が卓越していたことの結果だとした。その意見をさらに言えば、同様の行程が踏まれれば中国も今頃は大いに改宗されていたはずだということになる。

ならば、朝鮮の伝道プログラムを作るのに影響力のあった人物の一人である、大邱(テグ)のジェームズ・E・アダムズ博士による主な概要を書き留めておくのが良いだろう。

1　教会の最大の主要任務は、届く限りの人々の魂に福音を説くことである。

2　福音を受け入れる人々に対しては、全員に可能な限り知識と信仰と自制を教え込むべきだ。そしてその中から最もキリスト教徒らしく、有能な人物を選び、教会や国でのリーダーとなるための教育を受けさせることだ。

3　その訓練においては、個人同様、教会の自尊心と独立のために、苦境に立ったときに受ける支援以外では、できる限り資金を自分たちで調達するべきだ。何故なら、どこであろうが、金を払うにも値しない福音など、持つ価値がないのである。純然たる事実として、最もお金がかかる国であっても、福音が異教崇拝よりお金がかかることはない。資金を人に頼るのは、キリスト教の精神に相応しくないことだ。この原則に基づいて、普通の教会の建物と備品は、すべて人々が出せる中で賄える程のものであるべきだ。

4　すべての建物や備品、設備は、できるだけ国が理想とする建築や配置と調和を取るべきだ。

5　どの教会も、経済的に自立していれば自治権を持つのは正当なことである。新しい教会には、特に求めがなくとも、責任の負える範囲での自治権が与えられるのが当然であるべきだ。

6　個人の宣教師と伝道団は、できる限り教会に先んじてその地に住むべきだ。つまり将来のために先手を打って伝道地やキリスト教活動のあらゆる分野を開拓し、あらゆる機会を先取りしておくべきだ。新しい教会は、そのような機会を自ら掴むことができず、または気が進まず、あるいは、それを機会として見定めることもできないのだ。

7　伝道団は、非キリスト教徒に非宗教的な教育を行なう必要はない。しかし、能力の範囲において広い教育をできる限り多くのキリスト教の子供たちに与えるべきだ。

8　伝道団は、教会を準備するためだけに存在する。永続するものとみなさず、目的を達成したら活動を終えるべきだ。

これらは非常に優れた基本方針だが、朝鮮独自のものでないことは明らかだ。それらは例外と考えられる7番を除いて、どこであっても堅実な宣教師が方針とすべき原則の一部である。7番を唯一変えるとしたら次のようになるだろう。「キリスト教の息子と娘たち、そして非キリスト教の子供たちに、キリスト教の性質を形作る直接的で幅広いキリスト教教育を施す」

## 朝鮮でキリスト教の普及が早かったのは何故なのか

ジェームズ・E・アダムズ博士の基本方針は、どこにおいても成果を上げるに十分なものだ。しかし、同じような方針で活動した他の伝道先に比べて、何故朝鮮での普及が早かったのかを説明するものではない。私たちは間違いなく、もっと朝鮮に特有の何かを探さなければならない。考え得る様々な要因の中で、次のことが言えるかもしれない。

1　朝鮮人は気質的に中国人や日本人よりも従順で感情的なので、より感動を与えやすい。

2　何世紀にもわたって朝鮮は強力な隣国の隷属国家であり、外国の支配下にあった。隣接する強い国々に比べて政治的に小さく弱かったので、朝鮮人は外部から指図されることに慣れてきた。したがって、宣教師が朝鮮にやって来た時、中国や日本では乗り越えなければならないような、国としての独立心や自立心などはなかった。中国や日本は、大昔から外国人を下級者や嘆願者とみなしてきたのだが、朝鮮人にとって宣教師は自分たちより上の存在に見えたのだ。

3　先祖崇拝と鬼神崇拝は手強い障害だったが、アジアの他国のように強力な国教がなかったため、宣教師を妨害するような影響力を持つ、しっかりと確立した聖職者階級もいなかった。仏教僧侶は軽蔑の目で見られており、彼らの忠誠心は非常に疑わしく思われていたので、首都に入ることを許されていなかった。

朝鮮の本当の宗教は、アニミズム（註：精霊信仰）だった。アニミズムの人々は通常、福音の教えに最も反応しやすい人々である。彼らの生活は絶えず悪霊への恐れの中にあり、キリスト教は、神聖な救いとして彼らの元に来る。ウガンダ、カメルーンそして南洋諸島はこの実例である。ビルマのバプテスト派の驚くべき成功は、住民の中でも主にアニミズムの概念が最も強い地域で起こった。朝鮮でも同様に、宣教師の活動の注目すべき成功は、少なからぬ度合いで、人々の本当の宗教がアニミズムである事実に影響されていた。人々の生活に根付く恐怖は、誇張する余地のないほど大きかった。宣教師が彼らの中に入っていって恐怖からの開放の教えを伝えたとき、その知らせは信じられないほど素晴らしいことに聞こえたのだった。

4

法外な課税と腐敗した司法行政の結果もたらされた貧困や抑圧、困窮は、人々の心に解放への願望を生んだ。そして、宣教師が、彼らのためにそれを実現してくれるかもしれないという希望を、抱かせることになった。あるメソジストの宣教師は、初めて宣教師のところに来る人のほとんどは、そのような動機に影響を受けていると言っていた。私は、アジアで見た他のどんな人々よりも、哀れに辛い束縛から救いを求める手を伸ばしているという印象を朝鮮人に持った。彼らは中国人や日本人と比べると、キリスト教を受け入れて世俗的に失うものが少なかった。皇帝を頂点として確立された国の組織がもう一つの宗教になっているような国や、インドのようにカースト制の壁で固められた国や、トルコやペルシャのようにイスラム教が容赦ない敵となる場合など、国のシステムが抵抗となる場合の力は巨大だ。それらの国でキリスト教徒であると告白すれば、自分が最も価値を置く団体から切り離されることを意味する。たいていは家族に縁を切られ、社会から追放され、商売は破産する。朝鮮人にとっても、キリスト教徒になることは必ずしも容易なことではなかったが、宣教の初期の取り組みの時期を除けば、改宗者が他の国で克服しなければいけないような障害にあたるものはなかった。

5
改宗者を導いて、自国の中で1人のキリスト教活動家にすることは、朝鮮のような国では比較的簡単なことだ。典型的な朝鮮人は、自分から注意を向けるような興味をほとんど持っていなかった。朝鮮人は自由に使える時間を多く持ち、中国や日本やインドのような国の改宗者よりも、宣教師の指示に従順であった。社会がもっと高度に発展している他の国では、個人や集団間の関係がより複雑であり、社会的あるいはビジネス上の階級がより明確に確立されているため、生活のためにより長く大きな必死の努力が必要だったのである。また、文明化された国の人なら多かれ少なかれ持っているプライドと消極性のために、新しい信念を持つことにはより保守的でもある。社会的にもビジネス的にも損失を被る結果になることを気にするからだ。

6
1894年の日清戦争中の無力な人々の体験が宣教師への疑念を和らげ、民衆の心情を一変させた。敵軍同士が彼らの町で戦い、畑を荒廃させ、家を破壊した時、彼らは激しい恐怖と動揺の中で、友好的な宣教師に救いを懇願し縋(すが)った。そして宣教師は、思いやりと献身的愛情をもって接し、彼らの心を掴んだ。

7
宮廷からの優遇は、無視できない要素だ。皇帝は宣教師と隠し立てない親交を結んだ。伝道事業の初期においてアレン医師が王の甥の命を救ったこと、喜んだ王がアレン医師に病院を与えたこと、女王の暗殺の後、自分の暗殺を恐れた皇帝が宣教師に相談し勇気を得たこと、それらについては前章で言及した。皇帝は危機が迫ったときの宣教師たちの忠誠心を回想し、私に直接語ったこともある。彼の好意が布教の助けを意味するわけではなかったが、皇帝の微笑みは東洋の国では重要なものだ。皇帝のお気に入りを敵に回そうとするような朝鮮人は、ほとんどいなかった。

## 普及の一次的要因と二次的要因

我々は『ローマ帝国衰亡史』でのギボンのような誤信に陥るべきではない。つまり、西暦1世紀にキリスト教の教会が急速な成長を遂げた主要な理由を無視し、二次的な要因だけを強調するのは誤りということである。二次的な要因とは、彼が定義するところのキリスト教徒の不屈の熱意や死後の世界についての教義、原初のキリスト教の奇跡的な力、キリスト教徒の汚れなく禁欲的な品行、キリスト教社会の団結と統制といったものだ。

これらは、たしかに強力な一因として影響力があったが、それだけではキリスト教をそれほど遠くまで広げ、長く維持することなど、とてもできなかっただろう。ローマ帝国の場合と同様、ここまで述べてきたような要因には、それらのいずれも、あるいはすべてをまとめても、朝鮮で証明されたような福音の勝利を完璧に説明することはできない、ということを補足しておく必要がある。

先ほど上げたような要因が、宣教師の助けとなったのは疑問の余地がないが、世界で一番の土壌であっても、きちんと耕されて正しい種が蒔かれなければ価値あるものを生み出せない。私たちが朝鮮における伝道成功の理由を考えるならば、福音に本来備わっている性質や、それが魂の渇望へ与える満足感、そして神の威光の下の強力に広まっていく力を含めなければならない。

しかし私は今、あらゆる国で人々の心を刷新するものについてではなく、他の場所よりも朝鮮での活動を容易(たやす)くした特別な状況について語っているのだ。他の場所では、朝鮮と同様の忠実さで同じ種を蒔いても芽を出すまでにより長い時間がかかり、同じ方法と管理で栽培しても収穫が少ない結果となっていた。条件として述べてきたような事柄は、朝鮮人の心に受け入れの準備をしたが、これは、福音の種が育つ非常に良い土壌となるものだ。朝鮮は西洋の大草原のように農夫が耕しやすくなっており、最初の時期に収穫を生むことができたのだった。

一方、より広大で傲慢、より頑固で沈着で独善的な中国の人々は、岩が多く樹木が密生したニューイングランド地方の海岸のようなもので、森の木を切り倒し、巨大な切り株を引き抜いて、石を集めるような、うんざりする苦労を何年もかけて行なわなければならなかった。

したがって、比較するのは公平ではない。宣教師とは無関係の条件によって、福音を説く任務はある地でより他の地で行ない易くなるのである。朝鮮では、そのような条件が整っていなかった地よりも、投じられた努力が早く実を結ぶということは予測できたことだ。

しかし、朝鮮ではまったく障害に出会わなかったという印象を与えるのもまた誤りであろう。

非キリスト教の人々に、彼らの先祖代々の信仰を変える気にさせるのは簡単なことではない。迷信的な恐怖や怠惰な性向、絶望的な無関心、知識階級からの嫉妬、士気を失わせるような役人の見せしめ、これらすべてが、常に存在する世界、人間、そして悪魔の影響を重苦しく強める。

朝鮮でもどこでも人の心は容易に崇拝の対象を捨てはしない。宣教師の特別な功績は、朝鮮特有の条件を利用することにおいて賢く忠実だったことだ。「最高の時」にやって来て、彼ら宣教師はその時の神の摂理の重要性について認識していた。イスラム教国のように学校から始める必要はなかった。朝鮮は福音を直接聞く準備ができていて、宣教師はその説教に絶え間ない熱意を注いだ。

## 貧しい中で自立する朝鮮のキリスト教徒

他の地で取られた伝道活動のいくつかの方法が、朝鮮で非常に顕著な成功を導いてきたことは特筆に価する。その一つはキリスト教活動家の訓練の授業だ。授業は通常10～14日間続く。さらに長い授業が中央の伝道所で開かれ、より小規模なものが朝鮮人のキリスト教徒によっていくつかの支所で催される。１８９１年に７人のクラスで始まってから数が増え、いまでは一つの伝道団が毎年８００を超えるクラスを抱えており、出席者の総計は5万人を超えている。

平壌はクラスの大きさで有名で、出席者の数はしばしば１,０００人を超えた。近年、朝鮮北部の２５０の場所で1万2,０００を超える参加者を数えたクラスを開くのに約５００人の朝鮮人活動家が宣教師と協力した。朝鮮人にとってクラスに参加するために食料を持参して１００マイル以上歩くのは珍しいことではなく、３００マイルもの距離を旅してくる者もいた。そして、これら熱心なキリスト教徒たちは、自分の村に帰って個人的な福音活動をした。このような献身の意図には感激させられるものがあり、朝鮮における伝道運動の素晴らしい成功に、かなりの貢献をしている。

自助的援助も際立った結果を出してきた。当初から朝鮮人のキリスト教徒は、例外的なごく少数の場合を除いて、宣教師から給料をもらって働くことは期待できず、それを受けることもなかった。外貨は宣教師の住む中央の大きな伝道所に教会を建てる時には、ある程度使われたが、村では信者が自分たち自身で教会を建てられるようになるまでは、互いの家に集っている。教会の建物は通常は大変慎ましいものだが、会員が住む家と同じくらいで、ときには松川のように、その地域社会で最も重要な建物となっている。人々は教会に対して何かしらの負担をしてきており、自分たちのものとして大事にしている。彼らの内で最も有能な人物が宣教師との協議でリーダーとして選ばれ、アメリカの日曜学校の管理人のように、宣教師の下、無償で活動を指揮する責任者となる。

宣教師は年に1、2回、必要に応じてこのような協議や監督のためにそれらの支所を訪れるが、その他のすべての時間は、キリスト教徒が自分たちで業務を行なう。やがてリーダーが常に時間をとられるようになると、彼は小額の賃金を受け取るようになる。

それはグループの平均的な会員が生活できるほどの額で、人々が負担している。彼らの貧しさはアメリカ人にとっては驚くべきものだが、彼らは自分のことをできる限り支えている。限られた人数の有能なキリスト教徒が、非キリスト教徒への福音活動のために宣教師に雇われており、そのうちのいくつかは大きなキリスト教グループに養われている。宣教師は現地の活動家を雇うのに度を超すほど消極的なわけではなく、必要があればいつでも雇うのである。しかし、自立して自主的に布教することが強く求められる。

どのクリスチャンであれ、宣教師に対して金銭的な要求を持ったり、雇われた場合でも一時的なもの以上であることを期待することは許されない。朝鮮人は今、活動家、教会そして小学校の大部分を支えている。彼らはそれらが自分たちのものであると確信を持ち、それらに対して一所懸命に忠誠を示している。

宣教師は、教会の自主的な布教の方針を貫くのには非常に賢く行なった。改宗者は、キリスト教の福音を隣人や友人に直ちに伝えるように説かれた。朝鮮人は喋るのが上手いので、すぐに物を差し出すように、すぐに説教する。多くの朝鮮人は公に話すことに天賦の才能があり、彼らは福音を広めるという興味深い機会を見つけたのである。確かに、福音を説く指導の主要な活動は、今や朝鮮人自身によって熱心に行なわれている。他人をキリスト教に導くことに乗り気であるかどうかは教会の会員としての適正をみる試験のようなものと考えられている。

このように、朝鮮人の教会は、注目に値するほど際立って実用的な伝道機関なのだ。「偉大な力」により「彼らは主イエスの復活の目撃者となり、彼らすべてが大いなる恩寵に与る」

もし朝鮮における伝道方法の特徴を一つ、朝鮮と海外両方のキリスト教徒に模範として示すとしたら、それは、朝鮮人キリスト教徒自身が、聖職者に頼ることなくキリストを証言し、金銭的な報酬を期待することなく、以前と同じ生活圏内で暮らして福音を説くという、道徳的責任感と名誉な行為である。

私はいくつかの話し合いで朝鮮人のキリスト教徒のリーダーにこう質問した。「キリスト教の何が特別に朝鮮人の心に訴えるのか」と。答えはもちろん様々だったが、最も多かったのは「魂の救済」と「喜び」だった。貧しい朝鮮人は惨めさと絶望の中に生きていた。

迫害され、貧困に喘ぎ、文字通り「希望はなく、この世に神を持たず」、より良い状態は何も知らないが、自らの苦悩と悲しみはよく知っていた。そして突然、彼らは福音の澄んだ優しい誘いを聞いた。それは彼らに赦しと救済と平和を教えた。ひたむきに信頼を寄せて子供のように彼らは近づき、魂の休息の場を見つけた。人間の必要性に対する福音の答えと個人の活動の価値が、このように意義深く示されている例は世界のどこにもない。確かに存在していた他の原因や例外的な事情をしかるべく認めても、聖なる神の力が朝の静けさの国に対して見事に働きかけている事実は変わらない。イザベラ・バード・ビショップ女史が、朝鮮での伝道事業が、彼女が世界中のどの地で見たものよりも印象的だったと言ったことを、人は不思議に思うことはない。

# 第三十二章

## 朝鮮のキリスト教徒

朝鮮では、教会を脱退する人々の割合が、他の国々よりも高い。これは、朝鮮人の気性の激しさに関係する。しかし、キリスト教徒として留まる者は敬虔だ。例えば、朝鮮には最高の種類の日曜学校があり、両親も子供も一緒に聖書を学んでいる。家庭祭壇は珍しいものではなく、むしろそれが通例であり、殆どのキリスト教徒は食前の祈りをせずに食事をすることなど考えないであろう。長老派の朝鮮人牧師の報告書には、「朝の祈りは過去数年で増え、後に多くの教会が教会の建物の中で夜明けの礼拝を始めた。平日の礼拝には勿論キリスト教徒全員が出席している」とある。平壌での集会はおそらく世界最大であろう。参加者はほとんど千人を下ることはない。朝鮮のどこに行こうとも、朝鮮人キリスト教徒の歌声よりも深く我々を感激させるものはなかった。その歌声は、真の経験への熱烈なる切望をしっかりと唱える。朝鮮人たちは、誠心誠意祈るように歌うのだ。

## CHAPTER XXXII

## KOREAN CHRISTIANS

It must be admitted that the factor of temperament exposes the Korean churches to special peril. Not all men and women who join any society in any land remain in it all their lives. But the percentage of those who lapse in Korea is higher than in some other lands. However, those who remain are pious. For example, Korea has the best type of Sunday-schools, and all the boys and girls, along with their parents learn the Bible.

As for prayer, the family altar is the rule rather than the exception, and few Christians would think of eating a meal without asking the blessing of God. The report of the Korean clerk of a Presbytery for a recent year included the following: "Individual Christians have grown in their personal prayer life. The Morning Watch has grown the past few years until many churches have the daybreak prayer meetings in the church buildings. This early tryst with the Lord has brought a hundredfold blessing to individuals and to churches. The mid-week prayer meetings, of course, are attended by all Christians."

The meeting in Pyongyang is probably the largest in the world, the attendance rarely falling below a thousand.

Wherever we went in Korea nothing stirred us more deeply than the singing of the Korean Christians. The singing plainly voices the aspirations of a fervent and genuine experience. Those Koreans sing as they pray with all their hearts.

I have since journeyed far and have seen many places and peoples. But there still lives to my vision the humble chapels on those Korean hills, with worshipping Koreans sitting Oriental fashion on the floor. For myself, I cannot withhold the tribute of my confidence and love for the Korean Christians.

# 朝鮮のキリスト教徒

## 教会を去る朝鮮人について

信仰生活と宗教活動の研究家は、朝鮮のキリスト教徒に深い興味を抱いている。朝鮮人の信仰告白は信頼性が疑わしいという批判がなされているが、それは感情に流されやすい性質で、十分な基礎知識を持たない農民たちの単なる大衆運動であるとされているからだ。

彼らの信念は、より頑強な中国人の信念や、より哲学に通じた東インド人のそれと同じように、力強く不変的であり得るだろうか。朝鮮人は、この世での彼らの唯一の希望と救済として福音を受け入れ、徹底的な世俗的絶望のどん底から神へと向かっている。彼らが物質的に豊かになって、他の国民のように人生により多くの機会と野望を持った時にも、彼らは今と同じように福音を至上のものとするであろうか。

朝鮮のキリスト教において、感情的な要素がかなりある事は事実だ。しかし、だからと言って、何故彼らの活動を疑わなければならないのか。心は全く知性と同じように正しいはずだ。魂の最も深いところにある感情に訴えかける悔恨、信仰そして深い愛情、それらを軽んじることができないのは間違いない。愛は人間の情熱の最も強いものの一つであり、それがキリストに集中した時には、稀有な美として開花するのだ。

しかしながら、その気性の激しさが朝鮮の教会を特別な危機にさらすことは認めざるを得ない。あっという間に感情が沸き起こっても、同じくらいあっという間に収まってしまうこともあるのだ。

数年間の入信数と実際の信者の数を比べてみると、深刻な人数がいなくなっていることがわかる。勿論、人間のあらゆる組織において漏出はある。どこかの国でどこかの団体に加わっている人々のすべてが、生涯そこ高い。

これは必ずしも教会の不安定さを示すことにはならない。中国、インド、そしてイスラム教の国々よりも、朝鮮の方がキリスト教徒であることを告白した時に、家族的、社会的、そして経済的損失が少ない事を忘れてはならない。反対や犠牲がほとんど伴わない所では、自分がキリスト教信者だと認めることはより簡単だ。自分がキリスト教徒になると宣言すれば、多分家族によって勘当(かんどう)され、社会から追放され、そして権力のある聖職者から激しく迫害されるであろうということが分かっている国においては、それほど簡単ではない。

朝鮮でも、そのような障害があった時代があり、そしてそれは今でも時折起こっている事を私はよく知っている。何人かの朝鮮人の恐怖、つまりキリスト教徒であると告白すれば、自分の身を日本の警察のより徹底した諜報活動に晒してしまうだろうという恐怖を、私は他の章で記している。

この恐怖に確かな根拠があろうとなかろうと、幾度となく起こっていることは確かだ。それにも拘わらず、一般的には、教会の一員となることの障壁は、多くの他の布教地域においてよりも朝鮮においての方が厄介ではないとされている。これは、朝鮮人気質に関連して考えると、何故朝鮮人の中に、改宗を告白した後2、3年で視界から消えていなくなるものがいるのかを理解するのに役立つ。

宣教師たちは、この弊害に対して、できる限りのことをする。朝鮮人が大勢教会に来ているのは事実だ。しかし、彼らが一様に受け入れられているというのは事実ではない。宣教師は、各々個人に別々に対応している。そして彼らは平均的にみて1年間は、洗礼志願者として注意深く観察され試されるのだ。聖書にかなり精通したことが確認され、家族礼拝を続け、自らの財産に比例して寄付をし、そして一貫してキリスト教徒としての生き方ができるようになるまでは、陪餐(ばいさん)会員として登録されない。

もしアメリカの教会の会員がそのようなキリスト教徒に限定されたとしたなら、その数は現在と同じぐらい多くなり得ただろうか。朝鮮の改宗者が信仰において地に足が着いておらず、彼らは教育を受けていないと断言するのは誤解を招く恐れがある。私はどこか他の所で、毎日曜日の信徒聖書学校や、すべての主要伝道所で開かれている聖書研修クラスについて言及している。これらの特別な教育方法は、礼拝での説教、そして家庭での毎日の勉強によって補われるものだ。私は、朝鮮のキリスト教徒よりも聖書に精通している人々に会ったことも、聞いたこともない。

## 金銭目当てという朝鮮人への批判

よく聞くもう一つの批判は、朝鮮でのキリスト教運動は主に政治的であり、財務収益の見込みによって影響されると言う事だ。他の幾つかの国々においてよりも、福音の進展が容易(たやす)い政治的状況だったことは疑いようがない。しかし、キリスト教運動が大きく広がったのは、日本の占領以前、朝鮮人が彼ら自身の政府の下にいた時代である。

私は数年前の時点で既に、教会とキリスト教青年会を利用しようとする革命的な団体の活動に言及している。しかし宣教師と朝鮮キリスト教指導者たちはすぐさま、そして断固として、これにストップをかけたのである。キリスト教教会とＹＭＣＡはいかなる政治活動とも関係を持たない。革命的な考えを扇動する者は、教会を離れて活動しなければならないのである。その事は、今や朝鮮人もはっきりと理解している。

朝鮮のキリスト教徒が収入を得ることを目当てにしているという非難については、それが確かでないことを周知の事実が証明している。朝鮮人は世界中で最も貧しい民族の一つだが、彼らは自分たちの大多数の教会、礼拝堂、そして小学校を経済的に支援していて、それらは概して信徒団と関連している。ごく僅かな者だけが宣教師によって雇われているが、世界のいかなる伝道地域においてもそうであるように、大いに自立が求められている。それが事実なのである。朝鮮人労働者の賃金は、日当が約20セントほどであるが、それに比してアメリカならば2ドルから3ドルである。ではそこで、1年の間に寄付や定期献金の総計が３５万６、９９５円になることが何を意味しているか想像して欲しい。

ある伝道団での寄付は、１９０３年の６、５８３円から１９０８年には７万７、３３５円に増え、そして１９１８年には１９万３、３０４円に増えた。平壌の第一長老派教会の最初の建物は４、０００円かかったのだが、その半分を人々が寄付してくれたら、伝道局は残りを工面するということになっていた。しかし、宣教師たちを驚かせ、また歓喜させたことには、その記憶すべき2月の日曜日、キリスト教徒たちの寄付は３、０００円にもなったのである。そして数年後、彼らは残りの１、０００円を調達して伝道局に返済したのである。

## 家族ぐるみの日曜学校

日曜学校に関心のあった、ある訪問者は、日曜学校にほんの僅かしか子供がいない様子であるのに困惑していた。実は、日曜学校で聖書を学んでいたのは信者たちの各グループの全信徒団だったのである。少年少女も皆そこにいたのだが、両親と一緒に大集団の中であちこちに散らばっていたので、そのアメリカ人旅行者はすぐに気づかなかったのである。彼にとって日曜学校とは、ほんの一握りの大人と一緒の子供たちの集まりを意味していたからである。朝鮮には最高の種類の日曜学校がある。それは信徒団聖書学校なのである。公式な報告書では、日曜学校の会員数は教会の陪餐会員数の約３・５倍で、陪餐会員と信者を合わせた合計数の90パーセントに上る。

これら朝鮮のキリスト教徒にとって、日曜日は一週間で最高の日だ。一張羅（いっちょうら）の服は、その時のために入念に洗濯される。教会に群がった彼らの、清潔で真っ白な姿は、朝鮮の村落のむさ苦しい外観に、絵のように美しく魅力的な一コマを添えている。建物はすぐに満員となる。朝鮮人信徒たちは全員床に座り、帽子をかぶった男女は仕切りで分けられ、説教師は男女両方が見えるように立つ。出席者が多く、さらに広い場所が必要となった時には、牧師が信徒に、一度立って前に進んで座り直すよう求める。ほとんどの欧米の教会では、教会礼拝式での普通の出席者数は、報告されている会員数程多くはない。しかし朝鮮の典型的な伝道団は、礼拝の平均出席者数を、陪餐会員数の2・9倍ほどと報告している。

## 平日の礼拝は朝鮮人の特徴

祈りに関してはどうかというと、家庭祭壇は珍しいものではなく、むしろそれが通例であり、ほとんどのキリスト教徒は食前の祈りをせずに食事をすることなど考えないであろう。長老派の朝鮮人牧師のここ1年の報告書は以下の通りである。

「信者一人ひとりは、彼らの個人的な祈りの生活において成長した。朝の祈りは過去数年で増え、後に多くの教会が教会の建物の中で夜明けの礼拝を始めた。ある者は8年間1日も朝の祈りを欠かしたことはなく、この神との早朝の会合の約束は百倍の祝福を個人と教会にもたらした。平日の礼拝には勿論（「勿論」という言葉に注目して欲しい）、キリスト教徒全員が出席している。特別な礼拝も行なわれた。また、万人の祈祷週間でも、皆よく祈っていた。これら以外にも、道端、宿屋、刑務所、そして神が北の子供たちに大いなる慰めと啓示を与えたところの山々で礼拝があった」

平日の礼拝は、朝鮮人の宗教生活の注目すべき特徴である。平壌での集会はおそらく世界最大のものだろう。参加者はほとんど1、000人を下ることはなく、1、400人に上ることもしばしばだ。私はソウルにあるユン・モッコル教会の礼拝に出席した。暗く、雨の降る夜だった。1人の朝鮮人が指導することになっていた。人々は西洋から来た旅行者が出席することを知らなかったが、行ってみると約1、000人のキリスト教徒が集まっていたのである。もしアメリカのどこかの都市で、夜の礼拝に教会の会員が1、200名も出掛けたなら、それは驚くべき事だろう。しかし、私が宣川教会で過ごした夜、そこは1、200名の人でいっぱいだった。朝鮮のキリスト教徒の祈りを聞くために遠くまで出かけるのは、それだけの価値があることだ。毎日神に拝謁する事とは何かを知っている人のように、彼らは顔を床に向けてお辞儀をし、称賛、告白、そして懇願を吐露する。祈りと聖書を学ぶ精神は彼らの日々の生活に浸透しているのだ。

F・S・ミラー師は、忠州から次のように書いている。「我々は、黄鶴山の麓の岩石の多い小峡谷にある山村にいる。ここの人々は、福音が彼らの暗い家にもたらす光と喜びに感謝している。彼らは冬の間、思考し祈りそして学ぶ時間がある。山に散在しているキリスト教徒の小さなグループは、お互いに、そして世界の偉大な教会と結びつく共通の絆があり、それは彼らに新しい見方、新しい人生を与える。

我々は病院のために丘の南端を平らにしているのだが、先日その用地の上を歩いていた時、盛り土の中のくぼみに気づいた。そこには4冊の聖書と讃美歌集が入っていた。アメリカのどこで仕事に聖書と讃美歌集を持っていく労働者の一団がみつかるだろうか。私がこの事を考えながら佇(たたず)んでいると、人々が盛り土の周りにやって来て、シャベルとつるはしを下に置き、私に彼らの『休憩時間の礼拝』を務めてくれるよう頼んだ。多分、キリスト教徒は彼らの半数ほどだっただろうが、全員が礼儀正しく静かに座り、頭を垂れて祈りをささげた」

## 祈りを捧げる姿勢で命を落とした助祭

これら朝鮮のキリスト教徒たちの熱意については、何か深く感動させられるものがある。宣川男性聖書研究会議に出席していたある助祭が、戻る途中、夕暮れ近くに山道にやって来た。通常の平日礼拝の夜だったので、彼は山を越えて反対側の小さな集会の礼拝に出たいと考えて、再び、歩き出した。しかし、夜になって道に迷い、積もっていた雪の上に落ちて命を落としてしまった。彼は、祈りを捧げる姿勢のまま遺体で見つかった。調査の結果、明らかになったのだが、彼はその朝、所持金をすべて使い果たしていたため、朝食をとらずに宿を出発し、飢えと疲労が極寒への抵抗力を弱めてしまったのである。

## ４通の手紙

朝鮮の異なる場所から届いた、次の3通の手紙の抜粋は、私の往復書簡から引用できる記録の一部である。

「丁度終わったばかりの男性のクラスには５００人が出席していた。彼らは国内のあらゆるところから来ており、その精神は素晴らしかった。２５０名が説教をして回ると誓ったが、その合計日数は、１人の人が９年間説教し続けるのと同じ計算だった。そして大勢が『主よ、今日われに何をさせたまうのか』の祈願で１日を開始することを誓った」

もう1通の手紙にはこう書かれている。「教会は今年、あらゆる家族とあらゆる男女に福音をもたらすための精力的な努力に目覚めている。私が1週間催した巡回クラスには２５０名が出席し、全員が最後のセッションが終わるまで留まっていた。ある夜には、個人活動について話し合われ、それぞれ1年に何日説教しに回れるかを誓い合ったが、合計すると2,７００日分の説教が誓約される結果となった。時間を取ることのできない支援者たちは、それぞれ半月分の給料を寄付することを誓った。クラス開催中に、マルコによる福音書の複写4,０００部が牛に乗せられて私のもとに送られてきたのだが、30分もかからずにすべて配り終わってしまった。私は、求めに応えるのに十分な数を用意できなかった」

もう1人の宣教師は次のように書いている。「私は1、400名が出席していたクラスから戻ったところです。彼らは、マルコによる福音書の複写を購入したのですが、その数は3、300部でした。彼らが不信心者に説教する時に配るためです。私の、十分の一税についての講演後、数百名が今後は十分の一を教会に与えると決心しました。説教の終わりには、400名以上が立ち上がり、厳粛に神に全身全霊を捧げました。書籍の行商人は10マイル離れた所から町に来ているのですが、来る途中で400人もが福音書を購入したそうです。聖書勉強週間を設けている教会から来た人たちは、教会は新しい信者で満員だと言っています。時には信徒たちは教会に入れる数の倍にもなり、人々はドアの外に立って福音を聴いているのです」

もう1通、手紙を引用してもいいかもしれない。「メソジスト会議は最も熱烈なものであった。出席した159名は次の3カ月の間におよそ3、000日間説教して回る事を誓った。チェアユンでは、研修クラスは次の3カ月の間に5、000日以上を誓約した。我々は英国外国聖書協会から、大量に印刷されたマルコによる福音書の特別な複写を確保している。これらを買うのは、信者たちだ。彼らは複写を手に取り、祈りと助言の言葉を添えて友人に贈るだろう。協会は最初10万部注文したが、それを20万部にするよう電報を打った。そして、注文がほぼ30万部であることがわかり、その版は40万部作られた。1年のうちには、百万部以上の福音書を配布して、今年は朝鮮のすべての家族がキリストの話を有益な方法で聞くことができるよう、確固たる努力がなされることを我々はかなり期待している。全国が教区のいずれかに入り、何らかの形で影響が全所帯に及ぶだろう」

## 朝鮮人キリスト教徒の高い評価

ある一般信徒の活動訓練会議が終わった時、その参加者たちは、信徒に要求される貢献についてよく考えるよう問われた。そして、北部の最も立派な人たちのうち178名は牧師の職務に彼らの一生を捧げることにした。

ある批評家が「朝鮮のキリスト教徒はレベルが低く、多分登録者の5分の4はふるいにかけて、除外しなければならないだろう」と主張した。それに対して、ジョン・R・モット博士が、彼は人間が出会うのが可能な限り様々な国でキリスト教徒に出会っているのだが、次のように返答したことは不思議ではない。「私は彼の朝鮮人キリスト教徒の評価には同意できない。私が今まで訪れたことのあるほとんどの非キリスト教国の中でも、朝鮮人キリスト教徒は、その先駆け世代となる人たちだと思われる。さらに、彼らは、欧米の多くのキリスト教徒を複数の点で圧倒している」

## 中国への伝道に赴く朝鮮人キリスト教徒

また、朝鮮人キリスト教徒の考えていることは、隣接した地域に限定されない。1907年9月17日に牧師に任命された7名のうちの1人、イ・キポンは済州に宣教師として配置された。そこは南部沿岸から約50マイル離れた大きな島で、そこの約10万の住民には、昔から悪い評判があった。この最初の朝鮮人宣教師は、サミュエル・A・モフェット師が1889年に平壌を初めて訪問した際、彼に石を投げた人物だというのは興味を引く話だと思う。

朝鮮の教会は、朝鮮にいる中国人を対象に数年間キリスト教活動を行なっていた。そして朝鮮外国伝道団局が1907年に発足した際、すぐに中国での伝道事業計画が開始された。教会の指導者たちは、その膨大な非キリスト教徒の人口を知って、感動を覚えた。

朝鮮から中国への伝道の責務は、次のような理由でより強固なものとなった。つまり、朝鮮に近接している事、中国の漢字の知識、二国間の歴史的関係、そして文明と文学に関する中国への朝鮮の恩義、である。朝鮮人キリスト教徒は、欧米のキリスト教徒と同様、伝道の責務を非常に感じていた。

彼らは、中国人が長い間朝鮮人を大したことのない劣った民族だと見なしていたことを自覚していたが、朝鮮人が神を崇拝していることは、たまたま宣教師が教会の礼拝で漏れ聞いた祈りによって証明された。それは、次のような祈りだった。

「ああ、主よ、我々は軽蔑された民族で、この世で最も弱い国民です。しかし、あなたさまは軽蔑されたものをお選びになる神です。アジアであなたさまの栄光を証明するために、この国民を使われるのでしょうか!」

1912年、山東省で中国の長老派と、中国に朝鮮人宣教師を派遣する妥当性に関して交渉が始まった。長老派は協力の申し出を歓迎し、その結果3人の宣教師に、芝罘の南西約80マイルにある城壁の街、薬陽(ライヤン)に伝道所を開く権限を与えた。伝道所は過去数年間、波乱万丈であった。年長の会員は体調を崩し、他の2人の者は不満を抱くようになって朝鮮に戻った。当面、あたかも努力は失敗に終わるかのように見えた。しかし、朝鮮長老派総会は継続することを決めた。他の宣教師たちが指名され、そして彼らを支援する寄付金が集められた。困難は数知れず、事業は企画者たちが期待したほどには成功しなかった。しかし薬陽ではかなり好調に教会は発展していた。朝鮮の教会は心からそれに関心があり、発展させたいと切に望んでいるのだ。

## シベリアでの伝道を支えた寄付

一方、特に北部の伝道所にいる朝鮮人キリスト教徒の注目は、満洲に隣接した地域に既に向けられていた。そこでは、朝鮮人の移民が急速に増えていたのである。朝鮮の福音伝道者は、そこで当時の信者仲間と一緒に事業をするために派遣され、そして、もし中国人に説教する機会があれば、それを巧みに利用するつもりだった。ある訪問者が記したところによれば、彼はある日曜の夕方、たまたま宣川にいた。その時、シベリアから戻ったばかりの朝鮮の福音伝道者が報告書を提示したという。彼はシベリアで信者グループをまとめるのに大変成功していた。しかし、6カ月目の終わりにやむを得ず戻らざるを得なかったのである。何故なら、教会から彼に与えられていた500円が、慎重に使っていたにも拘わらず、底をついたからだ。その収支報告書は、彼の口座を監査していたアメリカ人宣教師によって確認されている。

集会が終了し、会員の多くが家に戻った後、朝鮮人牧師が叫んだ。「ああ、我々はこの事業を資金不足のせいでやめなければならないのか」と。彼が泣き崩れていると、教会の後ろから誰かがこう呼び掛けた。「あなたの心を慰めるために、6カ月間シベリア事業を継続するための最初の寄付として5円払います」

そして、様々な金額の寄付がすぐそれに続き、さらに500円が確保されるまでになった。誰ひとりとして年に500円の収入などない、これらの貧しい朝鮮人たちは、歓声を上げ、「神を賛美せよ、すべての祝福は神から流れ出る」を歌い、そして心の中に最高の幸せを感じながら、それぞれの質素な家に向かって、雨の降る暗闇へ出て行った。

翌日、信徒団は任命された牧師をその代表としてシベリアに派遣し、彼に給料を支払い、家を提供することを投票で決めた。そしてこの事業のために、済州とウラジオストックにある長老派の伝道事業支援へ誓った寄付がおろそかになると思われないよう、信徒団はこれらの目的のために寄付を10パーセント増やすことも投票して決めた。

## 両班のキリスト教徒

キリスト教がこれら朝鮮人にもたらす変革については、何か印象的なものがある。ジョージ・ケナンは、朝鮮人の両班について、虚栄心が強く、怠け者で、偏狭であると考えており、彼らは「どうにかしたり、何かを得たりすることは絶対的に不可能な人間である」と見なしていた。しかし、ミッションスクール、キリスト教教育、そして外国旅行の経験は、彼らのうち何人かを、知的で信頼でき、そして愛国心の強い人間に変えたと彼は断言した。そして、もし両班が再構築され得たならば、他の人たちや次の世代にも希望があると彼は考えた。

## 朝鮮人少年の誠実さ

イギリスの従軍記者であるF・A・マッケンジー氏は、次のように書いている。

「ある旅行者たちは伝道の改宗者を嘲笑う（あざわら）のが習慣になっている。通常彼らは条約港より遠くには旅したことのない人々である。そして上海や横浜のような、半ヨーロッパ化された街に数日間滞在するだけで、その後も永遠に異国の地に関する権威のように話すことができると考えている。

だが、巨大な暗黒大陸の内陸部に入っていった我々は、よりよく知っている。私は1904年、満洲に進出していた日本軍と一緒にいた。私の使用人の中には、数人ほど土着の朝鮮人改宗者がいた。春の初めに、私は中国の芝罘で何人かの仲間と話す必要があった。私は『少年たち（註：使用人）』の1人を呼び、安東から出発して、反対側に向かうように、と彼に言った。彼は1人で黄海を渡り、旅順周辺の地雷を避けて中国に入り、私のためにお金を手に入れ、そして戻って来なければならなかった。

その『少年』は今まで自分の生まれ故郷から出たことがなかった。彼は姿を消し、何週間も彼から何の消息もなかった。そしてある日、我々アメリカの軍隊が満洲へ向けてさらに北進した時、私も一緒に馬に乗って付いて行った。その時、日に焼けた、みすぼらしく疲れ切った人物が、『マスター、マスター』と叫びながら私の馬に駆け寄って来た。

『私の少年』は戻って来たのだ。彼は私の片側を引き寄せ、服の中からお金の入った重い袋を見せた。彼は遅れていた。彼自身の資金は使い果たされていた。彼は飢え、酷く苦しんでいた。

しかし彼の任務を放棄したり、私の資金を彼の自由にする事などは決して彼の頭にはよぎらなかった。それが伝道する少年というものだった。私は宣教師が実際何をしているか知りすぎており、彼らの活動に対して深い尊敬の念以外何もない」

## 信仰に忠実なキリスト教徒たち

キリスト教徒たちは、献身的愛情において恐れを知らない。朝鮮における初期キリスト教徒の歴史には、信者が自分の信仰を捨て去れば回避できたであろう殉教の記述がどれほど多くあるか、我々は解っている。そのような危険は今や過ぎ去った。しかし時々、現代の朝鮮人キリスト教徒の精神が、先人のそれに劣らず献身的であること示す事件が起きる。宣川の教師と生徒が、「朝鮮陰謀事件」の時に日本警察によって捕えられたのだが、何のために検挙されたのか告げられなかったので、彼らは自分がキリスト教徒だったためだと思っていた。しかし、彼らはソウルに到着して、刑務所までの通りを鎖と手錠を付けて護送されている時に「彼の御名を賛美せよ」という讃美歌を力強く歌ったのである。

いくつかの忠誠の証には、ユーモラスなものがないわけではない。日本人が教会のメンバーを宗教上の理由で投獄されたとキリスト教徒が信じていた時、メソジスト伝道団と繋がっている朝鮮人伝道者は心配そうに宣教師に言った。「モクサ（註：牧師さま）、我々のメソジスト教会において、何か間違ったことがあるに違いない。私は、我々に信仰が不足していると懸念している。監獄には37名の長老派がおり、メソジストはたった1人だ。私は、主が我々は迫害に苦しむ価値があると見なしておられないことを恐れる」

## 忘れられない最初の集会

朝鮮のキリスト教徒との我々の最初の集会については、すぐに忘れられることはないだろう。日本と朝鮮の間にある狭い海峡を渡る旅は明らかに苛酷であった。我々は非常に快適に太平洋を横切ったので、自分たちは腕のよい船乗りであるとたわいもなく想像していた。しかし、その比較的短いたった一晩の航海は、我々に悲嘆をもたらした。日本海と東海の間を交互に行ったり来たり通過する風と潮流は、いつも朝鮮海峡をかなり荒々しくし、そして今回は今しがた発生したばかりの嵐が海を怒り狂わせていた。われわれの乗った小さな日本の気船は、一晩中、激しく襲う波の間を縦に横にと揺れていた。その間の我々といったら……。

私は「少年（註：使用人）」に、釜山に到着する1時間前に我々を起こすよう言っておいた。彼は微笑んで承諾し、そして60分ではなく10分前に我々を起こした。

私は寝床から大慌てで転がり出て、服を身に付け、待機していたサンパン（註：平底船）に飛び乗った。サンパンには既に親しげな宣教師たちが乗っていた。

もう少しで10時半になろうとしていた。朝食の時間はなく、また食べる気も起きなかったので、私はすぐに建物に向かった。朝鮮人キリスト教徒たちは、その建物で暫くの間我々を待っていたのだが、そのうちの大勢が既に丘のふもとまで来ていて我々を出迎えてくれ、道路の先まで案内してくれた。我々はちょうど船酔いから立ち直ったばかりで、話す準備は充分にはできてなかった。しかし、1人の朝鮮人による状況にぴったりの歓迎の挨拶があり、讃美歌に百人の歌声が上がった。そのような信徒たちの歌声！

それは非常に心がこもった、しかも真に敬虔なものだったので、肉体的にも精神的にも元気づけるものであった。理解不能な言葉の中から突然、「イエス、ハレルヤ！」と我々の理解できる二つの言葉が飛び出すまで、我々は全く何も理解できなかった。その言葉に対する朝鮮の同義語はなかったので、宣教師たちは人々に、我々にとって非常に親しみのあるその言葉を使うよう教えていたのだ。それらの驚くべき言葉が耳に響いた時、我々は船酔いを忘れた。それ以上に感激させられるテーマはなかったのではないだろうか。そこで私は「イエス、ハレルヤ！」の意味について話した。

朝鮮のどこに行こうとも、朝鮮人キリスト教徒の歌声よりも深く我々を感激させるものはなかった。見知らぬ土地でよそ者が、見知らぬ人々でいっぱいの部屋に入る。彼らは聞き慣れない言葉で挨拶し、それから知らないメロディーを歌い始める。声は耳に心地良くはなく、そしていつも音の調子が外れる。しかし、その歌声は、真の経験への熱烈なる切望をしっかりと唱えている。これらの朝鮮人たちは、誠心誠意祈るように歌う。言語は耳慣れないが、来訪者は生きた喜びにみちた信仰の熱狂的な声の響きによって感動させられる。そして、泥壁と黒ずんだ顔など、すべての不慣れな環境は視界から消えさり、もはや見知らぬ人たちの間にではなく、信仰と愛の家庭の中にいると感じられるのだ。

私はその後、遠方まで旅をし、多くの場所と人々に出会った。しかし、今でも朝鮮の丘にある質素な礼拝堂が、東洋の作法で床に座って賛美している朝鮮人たちの姿と一体となって、私の視覚に残っている。私が彼らに神の愛の啓示としてのイエスについて、罪からの救世主としてのイエスについて、友人と王としてのイエスについて、真の信奉者にとって「ハレルヤ」程に適切な言葉がないそのような平和と喜びを与える人としてのイエスについて、彼らに話した時、彼らの顔がパッと明るくなるのが見える。こうして書いていても、私が礼拝を終える時に、「イエス、ハレルヤ」という言葉を私と復唱してくださいと言うと、彼らは喜んでそれに応え、熱心に声をあげ斉唱するのが聞こえてくるようだ。そして、朝鮮人指導者が敬虔な祈願と共に我々全員のために祈ると、白衣を纏った礼拝者が顔を床に向けてお辞儀をするのだ。

朝鮮への訪問は信仰を元気づけてくれるものである。釜山から宣川まで、キリスト教徒の集団と対面しながら人が全国を旅しても、朝鮮のプロテスタント伝道団が１８８４年にようやく始まったことや、そして平壌地域の陪餐会員と信奉者の大きな集団が１８９４年1月に、ほんの少人数の洗礼式で始まったということに気づくのは難しい。「それは継続し得るのだろうか」と質問する者もいる。

彼ら自身の事業を、外国人の資金に依存せず快く支援すること、福音を彼らの同胞に広めたいという熱望、伝道の監督がない状態でのキリスト教徒の忠誠心の貫徹、迫害にも辛抱強く耐えること、これらは確実に、彼らの信仰が純粋であることを証明している。朝鮮の村々でキリスト教運動について調査している時、しばしばイエス・キリストが再び地上を歩いて、貧しい者たちに「私についてきなさい」と呼び掛け、そして再び人々は「ただちに」すべてを置いてイエスについて行っているかのように私には思えた。

みすぼらしい礼拝堂の中で、座って彼らと親しく話をしていた時、福音がいかに彼らの心を啓発し、かつての喜びのなかった彼らの生活が、今や彼らに唯一の光と平和を与えている神の教会に、いかに集中しているかがわかった。

## 幼子のような朝鮮人の信仰

朝鮮のキリスト教徒に対して、彼らは無知で単なる感情的な信徒であるという批判がある。しかし、全体として捉えるなら、彼らの行動にあるのは、与える事、聖書の勉強、他の人たちへの改宗の熱意、そして日々の生活の堅実さ、である。その事実を前にすれば、批判が当たっていないことがわかるだろう。

強烈なリバイバル（註：覚醒）の中にある彼らの、憎むべき罪の告白は、彼らのキリスト教信仰が浅はかである証拠として引用されることがある。しかし、そのような結論を下すのはおかしな事だ。

欧米で「キリスト教徒」と呼ばれている人たちの間でよく知られているのと正に同じ罪を、これら貧しい朝鮮人が懺悔（ざんげ）しているのである。自発的に罪を告白するだけの礼儀を弁えている朝鮮のキリスト教徒を批判することは、他の者に追求されるまでそのような罪が告白されることのない国々から来た旅行者にはふさわしいものではない。

私自身としては、朝鮮のキリスト教徒に対する信頼と愛の賛辞を抑えることはできない。私は国の様々な所で、村落や町で、教会や家で、彼らに出会い、そして至るところで彼らの誠実さと深い愛情に深く感動した。

我々は、ある暗い土曜日の夕方頃、鉄道の駅から駕籠（かご）で5時間の旅をしてチェアユンに到着した。疲れて埃まみれだったので、その夜は信徒たちに会うつもりはなかった。

しかし、多くの人たちが教会に集まっていると知って、出掛けて行き、集会中に、キリストの何が彼らにキリストを愛し仕えるように導いたのかを、自分の言葉で私に話すように言った。次から次へと人々は立ち上がり、私の質問に答えた。私は彼らの返答を書き留めた。そして、私のノートには次のような言葉が記されている。

「罪からの釈放」、「許し」、「平和」、「永遠の命」、「導き」、「強さ」、「行動力」、「喜び」、「癒し」

これら真面目な朝鮮人たちは、確実にキリストに何か価値を見出していた。

われわれが礼拝の終わりに一緒にお辞儀をした時、私よりも恵まれていないにも拘わらず、神の深みについて私よりもっと学んだ人たちに愛着を感じた。

子供のよう？

そう、彼らはそうなのだ。弟子に対して、そして彼らを通して我々すべてに言われたのは、主ご自身である。

「汝らが変わって幼子のようにならなければ、汝らは決して神の国へは入れないであろう」

# 第三十三章

## 朝鮮人の宗教的な思考類型と問題

朝鮮人は中国人や日本人とは非常に気質が異なる。中国人ほど鈍感で唯物主義的ではなく、日本人ほど機敏で好戦的でもなく、朝鮮人は両者よりも多感で人を信じやすい。朝鮮人は自信に満ちた中国人や傲慢な日本人よりも深い悲しみを抱いてキリスト教と出会ったのである。朝鮮の宗教的な類型には、視野の広さが、ある意味欠如している。キリストに対して同じように敬虔で忠実な信者であっても聖書の解釈はそれぞれ異なるものだ。善悪に関わる問題でなければ、許容される自由度も異なるのだという事実の認識が、朝鮮人には欠けている。寛容さではなく、熱烈さこそが典型的な朝鮮のキリスト教徒の特徴なのである。もう一つの特徴は、福音を社会に当てはめることに比較的無関心であることだ。朝鮮の教会の思想は、あの世に向けられている。この世は完全に失われているため、この神の摂理では救うことができないと考えられているのだ。

## CHAPTER XXXIII

## TYPE AND PROBLEMS OF KOREAN RELIGIOUS THOUGHT

Korean temperament is quite distinct from that of China and Japan. Less stolid and materialistic than the Chinese, less alert and martial than the Japanese, the Korean is more susceptible and trustful than either. He responds more readily to suggestion from the outside. His heart is more easily touched by the religious message; his faith is more childlike, and his spiritual vision more untroubled by doubt. He came to Christianity out of deeper sorrows than the self-confident Chinese and the masterful Japanese.

The deficiencies in the Korean religious type are a certain lack of largeness of view and of recognition of the fact that believers of equal piety and loyalty to Christ differ in their interpretation of the Bible and in the degree of liberty that should be permitted in matters that do not involve questions of right or wrong but merely of Christian judgment and expediency. Intensity rather than breadth characterizes the typical Korean Christian.

Another characteristic of Korean Christianity is comparative indifference to the social application of the gospel. The thought of the Korean churches is fixed on the next world. The present world is regarded as so utterly lost that it cannot be saved in this dispensation; nor is it believed that the Divine plan contemplates such an end.

The duty of the church now is to preach the gospel "for a witness," to gather out the elect, and to leave the world till Christ shall return.

# 朝鮮人の宗教的な思考類型と問題

## 日本人とも中国人とも異なる朝鮮人の雰囲気

朝鮮は、中国と国境を接し、日本からは数時間であり、国が存続してきた間は、中国と日本の生活や思想のうねりが交互に寄せて返していた。それにも拘わらず、朝鮮のキリスト教の教会に入ると宗教的な雰囲気の違いを感じずにはいられない。

朝鮮人は、中国人や日本人とは非常に気質が異なる。中国人ほど鈍感で唯物（ゆいぶつ）主義的ではなく、日本人ほど機敏で勇ましくもなく、朝鮮人は両者よりも多感で人を信じやすい。外部からの意見には容易に反応しやすい。宗教的なメッセージに容易（たやす）く心を動かされる。信仰はより無邪気で、精神的な見方が疑いで乱されることが少ない。

朝鮮人は、自信に満ちた中国人や堂々とした日本人よりも深い悲しみを抱いてキリスト教と出会ったのである。それぞれの国で宣教師たちが感じてきたことは、彼らが関わる現地の人の心の特徴や傾向によって、ある神学上の教義を特別に強調する必要があるということだ。

それぞれの宣教師団体が強調するものは、等しく福音に沿った教義と根本的には矛盾（むじゅん）しないものだが、それでもやはり異なるものである。新約聖書の教えは広く、それぞれの国のキリスト教団体は、一人ひとりの信者がそうであるように、感銘を受けた真実を、直感的に自分の国の要求に一番適したものとして利用している。虐げられ、絶望し、貧困に陥った感情的な朝鮮人は、誇りを持ち、野心的で、すべてに勝利を収めた日本人とは異なる角度からキリストに近づいた。従って、朝鮮と日本のキリスト教信仰の形は、西洋におけるモラビア派と長老派のように異なっている。

日本のキリスト教徒は、宣教師の教えを自分独自の厳しい目で見る。朝鮮人のキリスト教徒はそれらを何ら疑うことなく受け入れる。前者は神学的に進歩的で、後者は神学的に保守的であると言える。奇跡や啓示に関することが、朝鮮のキリスト教徒を苦しめることはない。

朝鮮人は教師である宣教師に教えられたすべてのことを盲信する。開国してから最初の四半世紀には、典型的な宣教師はピューリタン的だった。彼は1世紀前のニューイングランドの祖先のように安息日を守った。ダンスや喫煙、トランプ遊びを、真のキリスト信徒が関わってはならない罪と見なした。神学理論や聖書批判においては非常に保守的であり、きわめて重要な真実として、キリストが再臨するという前千年至福説を支持していた。聖書の高等批判や、自由主義神学などは危険な異端だと考えられた。アメリカやイギリスの福音主義的な教会のほとんどで、保守派と自由主義派は平和的に暮らし、協同することを学んできた。しかし朝鮮では、「現代的な見解」を持つ僅かばかりの人間、特に長老派の伝道団の人にとっては険しい道のりが待っている。

## 朝鮮人の素朴なキリスト教信仰

朝鮮の改宗者は当然のことながら一般的な類型の再現であり、バニヤンの『天路歴程』に出てくるようなキリスト教を経験することとなった。そこでの救済とは「破滅の町」からの脱出であった。悪魔は修辞的な表現ではなく、実在する悪意に満ちた人物、つまり「あなたの敵対者」であり、その人物は「吼(ほ)えたける獅子(しし)のように、食いつくす者を探し求めながら歩き回っている」

エデンの園の物語、ヨナの経験、主の処女降誕、ラザロの復活、そして聖なる都の真珠の門と純金の道は、現実にあった事実の歴史的記述と受け止められた。これほど高い割合で教会の信徒が祈り、聖書を学び、敬虔(けいけん)

な礼拝に参加し、自分の財産に釣り合うだけのお金を献金し、福音を広めようという伝道への熱意をはっきり示す所は世界中どこにもない。また、これほど安息日を厳しく守り、教義に厳格に従い、認められた型に一致しないものに頑として反対する所もない。

朝鮮の宗教的な類型に欠落しているものは、視野の広さの、ある種の欠如である。キリストに対して同じように敬虔で忠実な信者であっても聖書の解釈はそれぞれ異なるものだ。善悪に関わる問題でなく、ただ信徒の判断や便宜に関わるような問題なら、許容される自由度も異なるのだという事実の認識が、朝鮮人には欠けている。朝鮮人は物事に明確に線を引く。教義と実践の両方の務めの領域は厳しく定められており、信仰を告白したキリスト教徒でその中に留まらない者は異端者と見なされる。寛容さではなく、熱烈さこそが典型的な朝鮮のキリスト教徒の特徴なのである。それを真実への熱烈な支持と言う人もいるし、真実のほんの一部分への熱烈な支持と答える人もいる。

朝鮮のキリスト教のもう一つの特徴は、福音を社会に当てはめることに比較的無関心であることだ。朝鮮の教会の思想は、あの世に向けられている。この世は完全に失われているため、この神の摂理では救うことができないと考えられているのだ。また、神の計画が最終的に、この世の救いを含んでいることも信じられていない。教会の努めは今や「証人のため」に福音を説いて選ばれた者を集め、キリストが再臨するまで世界を放置しておくことだ。教会は、清い生活を送る男女で構成されていなければならない。しかし、地域を清め、より良い社会をもたらすための時間と体力は、他の方法でもっと有効に使うことができると思っている。

「社会改革の点では何を行なっているか」と尋ねられたある朝鮮の伝道団の答えは、「何もしていない。福音を説くのに非常に忙しい」というものだった。ただし、朝鮮の宣教師の中には、そのような全面的な陳述をきっぱりとそして正当に否定する者もあるだろう。というのも、朝鮮のキリスト教徒は、苦しみを和らげ、病人や障害者に対する適切な手当てが確実に為されるように、多くのことを行なってきたからだ。

国中に点在するミッション系病院、ソウルの貧しい子どもたちのための家や釜山の近くの島にあるハンセン病患者のための活動は、すべて宣教師が身体的な苦しみに無関心ではなかったことを証明している。もし彼らが教会の会員でない人々の劣悪な地域の状態を改善するためにほとんど何もしてこなかったとするなら、古い政治体制の下、朝鮮の役人は非常に怠惰（たいだ）で腐敗して反発的であるため、宣教師は彼らと何もできなかったことを心に留めておくべきである。

だが、例外的な宣教師や機関をしかるべく考慮したとしても、概して朝鮮のキリスト教徒の一般的なタイプは、社会的というよりは個人主義的である。世界は沈みかけている船であり、教会にできる最善のことは、できるだけ多くの乗客を世界の外に救い出すことである。かつて人気があったリバイバル聖歌が、その思いを表している。

「水夫よ、岸に向かって漕（こ）げ
岸に向かって漕げ
座礁したみすぼらしい古い難破船を捨てて
岸に向かって漕げ」

この救済活動は、主が近い将来この世に戻って地上の王国を設立されることを切望し、素晴らしい献身とともに推し進められた。今は非常時であり、教育、公衆衛生、社会や経済の状況は比較的重要でないものとみなされた。ミッションスクールは教会の子供たちに限定されるものであり、その恩恵をキリスト教徒以外の子供たちにまで広めようとすることは、伝道団の活動を適切な範囲を超えて持ち込もうとするものとして煙たがられた。他の多くの場所では伝道活動に不可欠な部分とみなされている病院でさえも、朝鮮では、説教の機会の門戸を開くのに役立つものにすぎないと、長い間みなされていた。

その目的に必要でなくなれば、宣教師の中には小規模で限定的な継続しか望まない者もいた。宣教師の多くが、現在既にこの段階を超えている。彼らは、当然の誇りをもって、医療活動は合理的で力強い伝道の一要素だとみなした。また、キリスト教の教育を受けさせたいと思う非キリスト教徒の親の子供たちをミッションスクールに受け入れた。しかし、伝道団の中には大きな犠牲を払ってこの自由を獲得した者もいた。保守主義から宣教師を批判する傾向がある人に思い出して欲しいのは、アメリカやイギリスでさえ、福音を社会にあてはめることや、その結果として教会が社会秩序のキリスト教化という責任を負うことになったのは、比較的新しいことだということだ。そして、西洋の敬虔なキリスト教徒でも、いまだにそのような取り組みが半ば異端的であるか、よくても「福音を伝道する」というもっと緊急の仕事から貴重な時間やエネルギーを削ぐものだと考える者がいるのである。

## 尋常でない信仰の表れ方

1907年1月に最高潮に達した平壌の大復興運動は、朝鮮人気質の特徴を表していた。それは肉体的、精神的に尋常でないものを見せた。

叫び、唸り、激情的に泣き叫び、地面に倒れ、口から泡を吹き、痙攣（けいれん）は激しさを変え、そしてついに意識を失うのだ。多くの人のこのような現象は、キリストと神の慈悲深い働きかけに抵抗するために悪魔が送った悪

一　この主題については別書『Rising Churches in Non-Christian Lands』155頁以降でより詳しく述べた。

霊との葛藤のせいだとされた。

朝鮮では悪魔憑きは紀元1世紀の頃と同じく事実と受け止められているのであり、他の時代や場所にそのような印がないことこそ嘆かわしい堕落の証拠であるとされているのだ。ほとんど何も知らないことについて独断的に述べることは危険である。

しかし、単純で感情的な人々が突然として、罪と救済、天国と地獄といった非常に大きな永遠の問題に向き合うことになった時に、この朝鮮のような光景が普通に見られることは歴史的な真実である。

ボルチモアのジョン・F・ガウチャー博士は、牧師の任期の初期の頃に、説教が非常に無反応に人々に受け入れられたので当惑したと述べている。説教の主題が最も探究的で魂を揺さぶるようなものであった時でさえ、叫んだり気絶したりヒステリックになる者はいなかった。

彼はある実験をしようと決意した。教会の活動が全く届かない場所にいて何の知識も持たないような、離れた山に住む人々のところに行き、礼拝に参加するように説得したのである。話が終わらないうちに、男性も女性も手に負えないほど興奮し始めた。うめき声や叫び声が部屋中に溢れた。屈強な男性が苦悶して身をよじった。中には飛び上がって口から泡を吹きながら気を失って床に倒れる者さえいた。

ガウチャー博士は、これらの人々の反応を引き起こしたのは、彼自身や話の内容ではなく、集まった人々の側の問題と考えた。同じ条件がそろえば、つまり無知で興奮しやすい人々と、罪の結果とキリストによってもたらされる赦しについての鮮明な説明がそろえば、どこであろうとも同じ結果になるだろうと彼は確信するに至った。この理論が正しければ、そのような反応が現れるかどうかは、キリスト復活の信憑性にはほとんど関係なく、単に人々の状態に大きく関係することを示している。福音をある種の誠実な気持ちで受け取る者でも、外への感情の表し方は大きく異なることがある。過程と結果はいずれにしても本物であるかもしれないが、人によって反応は全く異なることがあるのだ。

朝鮮の宣教師は、この異常な興奮を抑えるために真剣に努力した。彼らはそこに危険を見出したが、叱責することには慎重にならざるを得なかった。というのも、教育を受けた自制心のある外国人にとっては、それがどんなに度を越しているように見えたとしても、誠実な男性と女性のまさに本物の宗教体験に関わっているということがわかっていたからだ。福音のメッセージによって感情がかき乱されない人が、自己の優位性を自慢するのをためらうのも、もっともだろう。

より多くの知識と自制心を持ち合わせているのが確かだとしても、おそらく彼らの経験は浅い。もし我々が再三繰り返される真実の説教に無感動になり、物憂い興味しか湧かないのであれば、それは自己満足する理由にはあたらない。人々がいわゆる文明や文化を進歩させても、精神的な生や死の素晴らしさや意義深さが減ることはない。

## 近代化が奪う宗教的熱意

近年、朝鮮の教会に厳しい試練がもたらされている。分離や隔絶の時代は終わった。かつての「隠者の国」は今や広く開かれている。その開いた門戸から、良いもの、悪いもの、そして良くも悪くもないものも含めて様々な影響が流れ込んできている。汽船、鉄道、電信によって朝鮮に世界がもたらされてきた。新しい状況によって経済的な混乱が起こり、再調整が行なわれている。

素朴な朝鮮人はお金を稼いで使う機会に喜び、また当惑した。物質主義の潮流が国中に押し寄せた。平均的な朝鮮人の人生は、もはや教会から切り離された空虚なものではなく、新しい考えや方法の流入はほとんど人々を陶酔させている。初期の福音伝道の熱意は、そのような状況で維持されるだろうか。

ある年配の朝鮮人が、私にこの点についての懸念を述べた。最初は実質的にすべてのキリスト教徒が福音伝道者だったが、今では日曜礼拝と祈祷会に出席することで満足している者がいる、と彼は言った。

ある宣教師がこう書いている。

「日本の支配の一つの結果として、かつてよりも朝鮮人にとって商いの存在が非常に大きなものになっている。キリスト教徒も、俗事に時間を取られて、かつて出席していた聖書の勉強会に出てこない。私は、それを興味が完全に低下しているとか信仰が失われてきていることだとは思わない。彼らは以前のように安息日を守って教会に行き、キリスト教徒としての生活を送っているが、かつてのように平日に暇な時間がないのだ。新しい状況に教会が適応するのには数年かかるだろう」

以前のページで触れているが、おそらく教会の会員の流出については、朝鮮人の感情的な気質だけでなく、少なくとも部分的には、これらの原因によるところもあるだろう。このような状況では、幾分かの減少は避けられない。教会は多くの国でそのような変遷期を経てこなければならなかった。孤立した地域社会が、停滞した隔離から、突然、世界の渦巻く潮流の中に投げ出されたなら、どこであろうともその後には必ず再調整や再編成が続いてくるものだ。かつて心を動かしたものはその力をいくらか失い、他の関心事に否応なしに注意を向けさせられるのだ。

## 期待に及ばなかった百万伝道運動

精神の変化は、早くも1910年にいわゆる「百万伝道運動」で明白となった。福音伝道の活動が、これほど入念に計画されたことはなかったし、計画がこれほど体系的に実行されたことはなかった。市の区分け、戸別訪問、新聞広告、ビラや小冊子の配布、熱心な説教、各々の個人的な活動、それらすべてが「西欧諸国の信仰復興集会の最も定評のある方針に沿って」精力的に巧みに用いられた。

その月のソウルの劇場や公会堂はすべてキリスト教のために予約で埋められたため、注意をそらされるような他の市民集会や娯楽が行なわれることはなかった。1日1個のコラムが日刊新聞6紙の各紙に必ず掲載された。市内の各家族は6日間毎日訪問を受けた。しかし反応は予想通りのものではなかった。

多くの人が参加者した会合があり、多くの朝鮮人がキリスト教徒になりたいと表明したのは事実だが、最終的な結果としては、期待していたほどではなかった。

いくつかの伝道所の報告書から次のような記述を抜粋する。

「人ができることはすべてやった。キリスト教徒の多くは個人的な活動に対して感動はしたが、信徒は毎年の予測以上には増えなかった」「教会は毎晩改宗を告白する400から500人の人で埋め尽くされたが、現在では、その人たちをほとんど見かけない」

宣教師は落胆したが、決して勇気を失わず、朝鮮人に近づいて繋ぎとめておくには、教会の通常の礼拝を補完する「人対人の方法」による個人的な努力が最も有効であると結論付けている。

様々な種類の困難によって、朝鮮のキリスト教徒は当惑し始めている。最近では、彼らも分かってきたのである。彼らは、白人は皆が宣教師のようなキリスト教徒だと無邪気に想像していたが、悲しいことに、実に不信心で、場合によっては放縦(ほうじゅう)であること、つまりアジア人の扱いが残忍で、女性との関係がみだらで、朝鮮人の信者が崇敬する神を冒涜(ぼうとく)する言葉を吐くのだと。彼らは、自分の国を「キリスト教国」と誇らしげに呼び、朝鮮を「異教国」と呼んだにも拘わらず、である。

そして、キリスト教の概念も揺るがされている。幸福で、晴れやかで、素朴で、幼い子供のように信じきっている信者たちは、創世記から黙示録まで、まさに文字通りの意味で聖書を受け入れているのだが、神に身を捧げた僕（しもべ）は、他の国では必ずしも彼らが教えられたようには聖書を解釈していないこと、エデンの園の記述やヨブとヨナの経験、地獄と聖なる都の記述の解釈は文字通りとすべきか比喩（ひゆ）とすべきかについて、敬虔（けいけん）な人の間でも意見が異なること、そして、これらや他の事柄について意見が異なる人が、同じように懸命に積極的に神や救世主としてキリストを敬愛し仕えていることを知って、不安な気持ちになっている。

朝鮮人は、最初は唖然（あぜん）とする。それから、自分と異なるキリスト教徒に対して狭量（きょうりょう）な態度を取り、彼らよりも自分の方が正しいと思う傾向にある。あるいは正反対に走り、教師である宣教師に対する信頼を失う。現在は前者の道をたどる傾向にあるが、いずれの場合も結果は悲惨である。この必然的な変遷と再調整の時期に、朝鮮の教会をどのように導くかは困難で繊細な問題である。

## 長老派とメソジスト派

宣教師と現地の教会の関係の問題は、朝鮮では日本で見られるような高度な形では存在しない。この理由は他の章で論じている。確かに、今日の朝鮮のキリスト教徒は宣教師の指導の下で十数年前のように従順ではないが、日本では、教会が宣教師を支配し、朝鮮では宣教師が教会を支配しているという一般論は、まだ有効である。

朝鮮の宣教師が現在抱えているこの種の問題は、ある種頑固な気質、突然の感情の変化、すなわち癇癪（かんしゃく）と興奮の噴出（ふんしゅつ）という子供っぽい傾向とともにある。宣教師は朝鮮の教会の指導者たちに徐々に多くの責任を正しく委譲してきており、そうすることである程度の成功を収めている。

しかし、ある宣教師は、それを非常に心配してこう述べた。

「朝鮮人は、数千年間の悪政のせいで、まるで子供のようだ。精神的には多くのキリスト教国家よりも進んでいるが、バランス、洞察力、自治の本質を欠いており、自らの内部にそれらを形成するには何年にも及ぶ鍛錬が必要となるだろう」

長老派では、それを慎重すぎるという人もいたが、幹事にふさわしい人材が出るまでは教会の組織化を先延ばしにするのが賢明だと考えた。やがて適任者が育ち、比較的大きい一団が教会として組織された時、それらの教会が運営される際に連合した外部の団体は、1889年に四つの長老派の伝道団の代表によって結成された長老派評議会だけだった。この組織は、1907年9月17日まで統治組織として機能していた。

それ以後は、アメリカ北部長老派、南部長老派、カナダ長老派、オーストラリア長老派の四つの伝道団が一体となり、朝鮮伝道団評議会総会の長老派教会の総会によって与えられた権限の下に、38の教会を代表する33名の宣教師と年長者によって独立した朝鮮合同長老派教会が設立されたのである。

長老会はただちに7名の朝鮮人を聖職者に任命し、「信仰告白」と「統治権の形成」を採択したが、それらは1904年にインドの長老派教会がその組織において採択したもので、前者については完全にそれを取り入れ、後者はわずかに修正したものだった。教会の発展に伴い元の長老会は分割され、六つの長老会が総会を形成することとなり、1912年9月に第1回の会議が開催された。

メソジスト監督教会の宣教師も、教会組織の手続きについては保守的で、伝道団との関わりにおいてかなりの期間にわたって朝鮮人の改宗者のほとんどを牧師補としていた。彼らが教会の組織化を正式に始めたのは1888年だった。1904年に伝道大会を設置したものの、1908年までは完全に権限を持った年次大会として分離されたものではなかった。信条と規律は、母体となるアメリカの教会のものである。

それは現在、有能なアメリカ人の監督、ハーバート・ウェルチ博士の指導の下、強固で活発な組織であり、300万人の朝鮮人に対して、その活動と組織を精力的に発展させている。彼らは、他の宗派との合意によって朝鮮のメソジスト監督教会の特別な伝道の場とされている領域に住んでいる。1918年の大会の会議において、ウェルチ監督は28人の朝鮮人を牧師に任命したが、その宗派の年次大会で、これほど多くの牧師が一度に認められたのは世界中どこにも例がなかったと思われる。南部メソジスト伝道団は1897年に地区大会を組織し、それを当面は中国の大会に付属させていたが、現在は七つの地区を管轄する完全な大会になっている。

比較的小さな英国国教会の伝道団を除いて、朝鮮の宣教師と教会は、メソジストと長老派の二つの主な教派グループに分けられることに注目してみよう。前者は二つのメソジスト団体の連合、そして後者は四つの長老派の連合を代表する。それぞれのグループの連合は全面的なもので、長老派伝道団の支援による平壌の大学や神学校、メソジスト伝道団の支援によるソウルの神学校のような機関という形で外部に現れることもある。

二つの教派グループ間の連合関係は、1904年に朝鮮に福音伝道団の総会が創設されて以来存在する。その総会の目的は「朝鮮の伝道運動で協力しあい、最終的に朝鮮で唯一の現地の福音伝道の教会を組織すること」と発表された。このような連合を視野に入れた協議は暫定的に行なわれてきたが、他の場所で組織的な連合を悩ませたのと同じような困難があった。特に、教育活動やミッションスクールは朝鮮総督府の教育規則の下で許可を取得しなければならないという政府の要求にどのような態度を取るべきかなど、伝道の方針や方法の違いがあり、連合の達成は遅れている。

## 宗派を超えた協力

それでも二つの教派グループの協力的な活動がいくつかある。それぞれの伝道団が、現在は他の伝道団と重なり合わずに個別の教区を持つように、管轄(かんかつ)区域が再配分された。宣教師と資金は、このようにそれを最大限活かすように、また現地での宗派間の争いを避けるように使われている。これに伴い、数百名、場合によっては数千名の朝鮮人の信徒がメソジスト派から長老派の関係先へ、また長老派からメソジスト派へと移動したが、移動は完全に良好な気持ちで成し遂げられた（メソジスト派信徒と長老派信徒がこのような協力を朝鮮できるのなら、なぜアメリカではできないのだろうか）。

もう一つの成功した協力的な取り組みは、キリスト教の印刷物の作成と配布である。聖書の翻訳は宣教師の連合会によって行なわれた。１９１１年は、聖書全体の朝鮮語版の完成という傑出した達成の年として注目されるものだ。朝鮮宗教冊子協会は、様々な宗派の代表で構成されており、朝鮮の教会や福音伝道者、教育従事者に向けて、書籍、小冊子、定期刊行物を製作している。

組織的な活動のうち、ソウルの連合機関のグループによって成し遂げられた成功は注目すべきものだ。それらの一つは朝鮮基督（キリスト）教大学で、現代の教会の偉大な宣教師の１人で、神学博士でもあり法学博士のホレイス・グラント・アンダーウッド師を偲（しの）ぶ不朽の記念として建てられている。

１８８４年の朝鮮到着から１９１６年10月12日の惜しまれる逝去（せいきょ）まで、彼の宣教師の経歴には多くの出来事や功績があった。彼は最初に朝鮮に来た、正式に叙任された宣教師だった。１８８６年に最初の改宗者に洗礼を施し、同じく１８８６年に最初の学校を開き、最初の教会を組織し、１８８７年に朝鮮人に最初の聖餐（ばんさん）の聖礼典を執行した。同年、彼は奥地への初めての長い巡回説教に出たが、それは彼やその後継者によって続けられ、朝鮮のいたるところに福音の知識を広め、何百もの町や村に信者の集団が生まれることとなった。

彼は朝鮮のキリスト教伝道団について文筆活動を始め、１８８９年に、その後の長い著作リストの最初を飾る１冊を出版し、それにより、彼や他の宣教師は伝道活動の文献を拡充させてきた。

１８８７年の聖マルコによる福音書の彼の翻訳は、聖書の他の部分に先駆けて人々が文書で入手できるものとなった。区域の教区割り当ては彼の管理下にあり、それを行なうにあたって彼は使徒が務めたように話し合いを持ち、改宗者に洗礼を施し、聖書会議を行ない、グループや教会を組織し、年長者に按手礼を施し、争いを収め、指導者に助言を与えた。彼はたびたびこれらの巡回に出て、朝鮮のみすぼらしい小屋や宿屋で眠り、多くの人が怯むであろう肉体的な辛苦に進んで身をさらした。

彼は高官や皇帝自身を始めとする朝鮮王家の人々に顕著な影響力を持ち、皇帝はたびたび彼に相談し、結婚の贈り物として貴重な真珠の指輪を贈った。皇帝が１８９５年の王妃暗殺の際にどれほど彼に縋ったか、そして、ついにはその宣教師の肩に頭を預けて眠ったことについては以前の章に記載した。日本人による朝鮮併合の後、王家とのよく知られた親密さや怯えている人々への同情により、日本人は一時、彼に対していくらか疑念を抱いた。しかし、彼らはすぐにその男の高い資質と絶対的に信頼が置けることを知るようになり、評価するようになった。

彼が最後に朝鮮を発った時には、日本の当局は彼にはっきりと敬意を示したのだ。１９１４年3月13日の彼の結婚25周年の記念には、朝鮮の首都のほとんどすべての著名な男女、日本人の役人、朝鮮の貴族、領事の兵団の人員、あらゆる宗派の宣教師と朝鮮のキリスト教徒、そして学校の職員と生徒代表がお祝いを述べるために訪問し、その間、テーブルには贈り物が積み上げられた。

彼は目立って有能で強い性格の人物だった。その説得は熱心で、情熱的な気質だったが、精神は普遍的で視野は広かった。かつて年俸2万５、０００ドルでアメリカの大企業の副社長職を提示されたことがあったが、彼は朝鮮で宣教師の事業に一生を捧げようと思い、ためらうことなくその申し出を辞退したのである。彼の頭にはソウルの朝鮮基督教大学の構想があり、日本の朝鮮総督府の快諾を得てその大学の初代学長になった。大学の建物の建設のために、彼はアメリカで個人的に7万7、０００ドルの最初の寄付を集めた。

## 学校教育の問題

ソウルのもう一つの連合機関はピアソン記念聖書学院で、故アーサー・T・ピアソン博士の友人らによって設立されたのだ。博士の燃えるような情熱によって、彼の世代の宣教師の関心は非常に高まった。

朝鮮基督教大学とピアソン記念聖書学院はメソジスト派と長老派の両方から支持された一方で、著名な医療機関グループに属すセブランス医学校とその系列のセブランス病院や看護師養成学校のように、朝鮮のすべての宣教師団体を統一する支持基盤があったわけではなかった。

その病院は1884年にホレイス・N・アレン医師が設立した済衆院を継承したものである。数年前から院長を務めるO・R・エビソン医師は、1900年にオハイオ州クリーブランドのキリスト教慈善家のルイス・H・セブランス氏の関心を得て、彼の寄付とそれを引き継いだ息子のジョン・L・セブランス氏と娘のフランシス・F・プレンティス夫人の寄付により、アジアで最も完全な医療設備を現実のものとすることができた。エビソン医師が率いる内科および外科のスタッフは、数年前に極東への旅行の間に個人的にその施設を視察したボルチモアのジョンズ・ホプキンス医学大学のウィリアム・H・ウェルチ博士やニューヨークのロックフェラー医学研究局のサイモン・フレクスナー博士らの優秀な判定者から高い称賛を得た。

アメリカ陸軍少将アーサー・マッカーサーは次のように書いた。

「東洋全体への非常に広範囲にわたる旅行で、ソウルのセブランス病院ほど慈善に溢れた仕事を行なっているところはなかった」

1908年の医学専門学校の内科と外科の正規コースの最初の卒業式は、日本人および朝鮮人や外国人も非常に関心を寄せる出来事となり、7名の朝鮮人が他ならぬ伊藤公爵から学位を受け、公爵は温かい祝辞を述べた。朝鮮総督府は医療活動に高度な基準を定めたが、セブランス医学校の卒業生はそれを満たし、政府が発行した最初の免許は卒業の翌日にこれらの若者に与えられた。日本人が編集する半官のソウルプレス紙は、6月5日号で卒業式を高く称賛する記事に6段を割り当て、彼らが「朝鮮の医学の歴史の新たな一章の始まりを示した」と社説で表明した。

政府の教育規定に関連してミッションスクールが直面している込み入った問題については別の章で述べているが、伝道団の教育問題の別な側面について、いくつかここで言及する。朝鮮の伝道団は教育事業を開始するのが遅かった。これは一部には、伝道団自体が比較的新しいためだった。朝鮮に初めてプロテスタントの伝道団が入ったのは、日本での活動開始の四半世紀後で、中国での活動開始の4分の3世紀後のことだった。他の国のように足がかりを確保するために学校が必要とされなかったので、宣教師たちは福音伝道の機会に没頭し、他のことはすべて後回しにされた。

また宣教師の多くが、大きな学校は組織重視の精神を助長してしまい、福音を伝道するエネルギーを削ぐのではないかと恐れた時期もあった。長老派には活動の初期の頃から小学校低学年の小規模の通学制の学校がいくつかあったが、1900年まで恒久的に設立された男子用の専門学校はなかったし、女子用は1校だけだった。メソジスト派の宣教師は、1886年にソウルに男子の寄宿学校を、同じ年に女性海外伝道協会は女子の寄宿学校を開設したが、高等学校の状態に達したのは、前者は1894年、後者はそれからいくらか後のことだった。最終的に宣教師たちは、感情的な人間の教育のない教会は砂上に建てたようなものだったということ、讃美歌や聖句を暗記し、聖書の話を学び、教育を受けていない地元の指導者がどんなに熱心であろうとも、彼らの即興の話を聞くことでは集会を安定的に維持できないということ、そして公認されて理性的に説教をする能力のある確固たる聖職者が必要であるということに気がついた。

現在、平均的な伝道団の伝道所には、男子用の寄宿学校と女子用の寄宿学校があり、ソウルと平壌それぞれ

Korean Students of the Mission Academy, Pyengyang.
Missionaries in the last row
平壌のミッション・アカデミーの生徒たち　最後列は宣教師

の最大の伝道所は、既に記載した通り、さらに高等の教育機関を有する。

職業訓練は賢明にもいくつかの学校で提供されている。この形態の教育事業の目的は、貧しい生徒に何らかの自立の手段を提供することである。生涯に亘って支援してもらえるという期待を持たせるような扶助を与えて、彼らを最初から困窮者にするようなことがないようするのだ。さらに、男子を以前の生活から離して教育しているのに、自立する方法を教えないのは賢明ではない。

このような職業訓練が伝道の目的達成のために不可欠であることはよくある。自立して土地に根差す教会は、それを維持することができる信徒なしには築くことができない。アジアの多くの地域のように、経済状態が根本的に極めて劣悪な国における教育は、実用的な必要性を無視すべきではない。朝鮮の宣教師はこれらを考慮する重要性に気づき、彼らの学校の生徒に健全で実践的な生活を教え込んでいる。精神の鍛錬や知的な教養の基本となる学科は入念に教えられたが、農業、園芸、果樹栽培、鍛冶職、大工仕事、木工、靴作り、印刷、その他の実用的な職業の教育も提供されている。例えば、宣川のヒュー・オニール・ジュニア工業専門学校には、模範となる農場、庭、果樹園、および様々な店舗がある。

少年たちは平日の一部分を割り当てて、その施設のすべての仕事を行なう。仕事には契約による労働、道路建設、低学年の学校での教育、製本、帽子作り、わら縄やわら靴作り、校舎増築用の材料の準備などがある。実際的な支出は最低限度に維持され、自立心は懸命に育まれている。

これらの若者が卒業する時には、教会だけでなく国にとっても何らかの役に立つのだ。この種の訓練は他の多くの伝道所でも行なわれている。女子の学校も同じように実用的で、裁縫、刺繍、料理、およびその他の家事や家計などの過程がある。ミッションスクールで教育された女性と結婚する朝鮮人は、汚い小屋をきちんとしてよく整った家に変える方法を知っている妻を得ることになる。

## 教育についての朝鮮総督府との関係

朝鮮総督府の教育規則によって、宗教を教えることに関して議論されてきた問題とは全く別の懸念が持ち上がって来ている。それは伝道団の機関が建物、業務の質、教師の資格について当局の適切な要件を満たすことが可能かどうかという問題に関係するものであるので、政府はこれらの懸念について責任を負うものではない。大学と寄宿学校は忠実にそうしようと努力している。

伝道局と宣教師の方針は、政府の教育システムをそっくりまねるような教育全般の大システムを創り出すことではなく、非キリスト教国でキリスト教の活動を行なうという特定の目的をかなえるために、数を限って高度な機関を維持することである。それだけは確かだ。

しかし、小学校の問題はそれにはほど遠い。それらは村の教会と結びついて朝鮮人のキリスト教徒によって維持されている。政府が課すことが必要だと考える基準に達している学校はほとんどない。政府は日本語が教えられることを要求するが、教師は日本語がわからず、日本人教師は学校が払える以上の給料を要求する。これらの学校が要件を満たすためには、拡張と教師のための費用がからむのだが、それは貧しい朝鮮のキリスト教徒の能力を遥かに超えるものであり、伝道局が他の義務に加えて引き受けることなどとうていできそうもない。それでも朝鮮には現在のすべての学校だけでは足りず、さらに多くの学校が必要である。

人口調査では、小学校の学齢の子供の数はわからないが、学務局長の関屋氏は人口の10分の1、およそ170万人と推定している。彼はまた、およそ7万5、000人の子供が政府の小学校、5万5、000人が私立学校にいて、合計でわずか13万人であると述べている。日本では学齢の子供の98パーセントが学校に入学し、朝鮮では逆に98パーセントが入学していないと言われている。

これはマコーレーの「鮮明さのための誇張」という文学的な悪徳を思い出させるが、日本と朝鮮の教育施設には大きな隔たりがあり、後者にはより多くの適切な学校が早急に必要であることを示唆している。

## 医療が抱える困難

伝道団の医療活動も同じような困難に直面している。

伝道局と宣教師の方針は、中心的な伝道所にそれぞれ病院を置くことであった。典型的な病院は簡素な建物で、ごく少数の入院患者用の収容設備とたった一人の医師、少しの器具、現地の助手が一人か二人、そして医師が教えることができたこと以外には普通は訓練を受けていない看護師がいる程度である。私はこれらの病院を訪れた時、過労で設備をほとんど持たない医師が行なっている内科と外科の業務の量と価値に驚嘆した。

あらゆる種類の病気の処置を行ない、アメリカなら補佐の外科医や正規看護師がいなければ、どの外科医も行なわないであろう大手術を1人で行なっていたのである。

現代の先進的な設備という観点から見れば、そのような病院がどれほど不満足なものであろうとも、朝鮮人がそれまで知っていたどのようなものよりもはるかに良いものだった。衛生的な予防への無頓着さ、不潔な家、食べ物への不注意、汚染された井戸や流水からの飲み水、そして病気の原因に対する完全な無知が一体となって、あらゆる種類の病気がどこからでも入り込むことができ、病人の苦しみは痛ましいものとなることが珍しくない。公衆衛生について何も知らない人々、病気は悪魔がもたらすものでその機嫌を取らなければならないと信じ、化膿（かのう）している傷の分泌物を抑えるために蝋（ろう）を塗り、病気の赤ん坊に、胡瓜（きゅうり）と生煮（なまに）えの米のかたまりを与え、不潔な鉄の針を患部に刺して痛みを治療する習慣がある。

そのような人々にとっては、医療宣教師が、援助なしに行なうことができた最小限のことでさえ、言葉で言い表せないほどありがたいものだったのである。

大邱から約25マイル（註：約40キロ）の所に住んでいるオンさんという人がひどい消化不良の症状になった時、気の毒に思った隣人が綿球を2・5フィート（註：約76センチ）の長さの葦（あし）の先に結び、それを喉の奥に入るだけ押し込み「食べ物を押し込んで引っかかった場所を通りすぎるように」した。痛ましいことに、葦がちぎれて10・5インチ（註：約27センチ）の葦と綿球が胃に残った。5日間の激痛の後、患者は哀れな状態で大邱のミッション系病院に連れて来られた。現在大邱にある病院は、当時はまだ建設されていなかった。小さい藁ぶきの泥壁の建物が2件と手作りの木製の手術台が一つ、そして小さい器具入れが一つあるだけだった。これがオンさんがその施設に運び込まれたときの医療宣教師の設備であり、大手術の際にどのように手助けしたらいいか知っている人もいなかった。

このような状況で手術することに同意する外科医がアメリカにいるだろうか。しかし、そうしなければ死に至るので、W・O・ジョンソン医師は麻酔を行ない、正中切開により腹と胃を開け、胃の中にあった葦の断片とそれに結ばれた綿球を見つけて取り出し、オンさんが無事回復するまで看護した。退院の日には、オンさんは茶碗に山盛りのご飯を食べて、家まで歩いて帰りたいと言ったのである。

しかし、朝鮮の小さな個人病院の時代は過ぎ去った。日本の朝鮮総督府は病院にはもっと適切な人員、建物や設備がなくてはならないという正しい考えを持っている。これに限らず、政府はミッション系病院がある都市の多くに無料の公立病院を開き、広い建物、現代的な手術室と器具、多くの内科医や外科医、看護師を提供している。

例えば忠州（チュンジュ）では、小さなミッション系病院には医師が1名で正規看護師がいないのに対し、政府の病院には医師が7名、歯科医が1名、目、耳、鼻、喉の専門医が1名、薬剤師が1名、事業管理者が1名と十分な看護師と助手がいて、必要に応じて予算が融通されて不足のない資金がある。

ソウルのような都会の中心では、多くの伝道団が連合機関に所属し、そこに設備を備えるような偉大な慈善家を見つけることができるので、セブランス連合病院のように、大勢のスタッフと現代的な設備で問題をうまく解決できる。しかし、地方都市の孤立した病院に何ができるだろう。医療宣教師たちは長い間自分たちが受けている制約を切実に感じてきた。彼らは立派な教育を受けた人物で、アメリカやイギリスの定評ある医学校を卒業し、職業的な能力を完全に備えている。

しかし、不可能を行なうことはできない。外国人医師2名、少なくとも1名の外国人の正規看護師、数名の現地の医師と看護師が現在の状況下における病院の最低限の人員と考え、資金援助もかなり増やさなければならない。セブランス連合医学専門学校と看護師養成学校は、現地の医師と看護師を輩出しているが、外国人スタッフと資金の増額はアメリカとイギリスが負担しなくてはならない。これは、言うのは素晴らしく簡単なことだ。しかし、簡単に成し遂げられると無邪気に思う人は、宣教師の給料で、そして改善されたとはいえアメリカの十分に行き届いた設備に較べればまだ小規模な設備しかない状態で、荒廃した朝鮮の都市で人生を過ごしたいと考える高度な教育を受けた医師と看護師を確保するのがどれほど困難なことか、ほとんどわかっていないのだ。

世界中でアジアやアフリカの医療宣教師ほど自己犠牲的な人はいない。最低限の乏しい物的資源で人類のために素晴らしい仕事をしている。貧しい病人にとって、思いやりにあふれた献身的な医療宣教師は、慈悲深い天使のようである。

痛みを和らげて病気を治す医師の力は、彼らの目には奇跡に見える。彼らは医師をほとんど崇拝しているようなものだが、それには訳がある。イエス・キリストのように、偉大なる医師は巡り歩いて「良いわざをなし」「あらゆる病気を癒(いや)している」「なぜなら神は彼とともに『おられる』からだ」

# 第三十四章

## 朝鮮における政治と宣教師の問題

朝鮮で総督府が宣教師に対して持つ問題は、宗教としてのキリスト教への反対ではなく、特異な政治的状況と、外国宣教師団の朝鮮人クリスチャンへの影響から発生する問題である。日本人の態度には敵意はない。実際、特にソウルの宣教師団に対して真心があり、助けとなっている。しかし、日本占領の後しばらくの間は、宣教師が反日で、故意に朝鮮人を刺激していると思っていた。特に、伊藤公とD・W・スティーブンズ氏を暗殺した者は、二人ともキリスト教と繋がっており、寺内伯爵はこのような者たちが教会に潜んでいるかもしれないと疑った。この疑いは、朝鮮人革命派たちの様々な行為により強まっていった。朝鮮人に対して厳しい処置が必要と考えていたグループは、これらの事件は、融和政策の無意味さを示し、弾圧的な政策を激しく主張した。宣教師は断固として政治運動と教会を切り離そうとしたが、数年は日本の監視から逃れることは出来なかった。

## CHAPTER XXXIV

## THE POLITICO-MISSIONARY COMPLICATION IN KOREA

In Korea, the suspicion of the Government-General, if any, does not lie in opposition to Christianity as a religion, but in the problems which grow out of the influence of the foreign missionary body over the Korean Christians. The Japanese attitude cannot be properly characterized as one of hostility. Indeed, it frequently has been one of cordiality and helpfulness, particularly toward the missionaries in Seoul. But for some time after the Japanese occupation, there was irritation because of the alleged anti-Japanese attitude of missionaries. The Japanese regarded them as consciously giving such encouragement to the Koreans as to embarrass the Government-General.

Those who carried out assassination of Prince Ito in 1909, and of Mr. Stevens, the American diplomatic adviser of the Japanese in Seoul, in 1908, were both connected with Christianity. This fact doubtless brought Count Terauchi to Korea with the feeling that he would have to deal with desperate men and with the suspicion that such men might be seeking to shelter themselves in the Christian Church. This suspicion was intensified by various minor acts and reports of Korean revolutionaries.

The Japanese party which favored stern treatment of the Koreans vehemently argued that the fate of Prince Ito showed the futility of a conciliatory policy and that Japan must adopt such sternly repressive measures that the Koreans would learn once for all that Japan would not brook opposition.

From all political movements, however, the missionaries resolutely sought to keep the churches aloof. In spite of this policy, however, the churches did not escape hostile espionage.

# 朝鮮における政治と宣教師の問題

## 宣教師に対する日本人の理解

他の章で、日本の宣教師団と教会に対する日本政府の態度、宗教活動の自由、キリスト教とその代表者に対する評価について記述した。朝鮮では、朝鮮総督府と役人の態度は、幾分か違う。理由は、宗教としてのキリスト教への反対ではなく、特異な政治的状況と、外国宣教師団の朝鮮人クリスチャンへの影響から発生する問題である。日本人の態度は、敵意があるとは言えない。実際、特にソウルの宣教師団に対しては、真心があり、助けとなっている。この傾向は近年特に顕著だ。

しかし、日本占領の後しばらくの間は、宣教師が反日だと疑われていたので、非常な苛立ちがあった。日本人は、宣教師が自分たちの関心に対して敵意があり、朝鮮総督府を困らせるよう、故意に朝鮮人を刺激していると思っていた。

文官も武官も、個人的な会話でその懸念を躊躇なく口にし、日本の新聞は、特にアメリカからの宣教師に対して辛辣な攻撃を多く書いた。

より注意深いジャパンタイムズ紙は、社説で一般的な見解を明確に反映していた。

「もし、朝鮮のキリスト教宣教師団について我々が疑念を持った時代があったとしたら、それは今は長いこと消え去っている。それゆえ我々が彼らを、朝鮮の政治事情に干渉していると非難することはまずない。しかし、朝鮮人の間で、特に若く、成長途上の世代の間で、彼らは非常な影響力を持っているという事実がある。そして、絶えず朝鮮総督府に対して陰謀を行なっている、不満で攻撃的な朝鮮人は、ほとんどが一時期宣教師の影響下にあった者であるのも事実だ。それゆえ、朝鮮の宣教師、教会、ミッションスクールが、これら反体制の者の結集地となっている状況が生じるのだ。それは、宣教師の意図と願いに相反していることを、我々は知っている。しかし、彼らが助長してしまっている行動が、いくら彼らの目的と努力に反するものであっても、日本と朝鮮の友好関係に、そのような行動が非常に悪影響を及ぼしていることは事実だ。これは非常に厄介な問題だ」

## 日本を悩ます朝鮮の位置

状況は複雑であり、我々は日本人の観点を理解して公平に評価すべきだ。日本人は激しく国家主義者だ。事実、彼らは、世界で一番発展した形の国家主義を体現している。ロシアと戦争したのは、極東のロシアの武力侵略により国家が危ぶまれたからだ。そして国家主義は、朝鮮の日本統治の原則だ。島国の孤立、自国の限られた土地と生産性を考慮して、日本は、多過ぎる人口のはけ口として、そして国に必要な追加食糧を確保するために、隣の半島に目を向けた。

さらに、軍事的、政治的観点から、そこは、日本人が最も敏感になる、最も無防備な場所だった。ウラジオストックに近く、満洲と接し、芝罘から蒸気船で2、3時間の所に位置する朝鮮半島は、国際問題が起きた時の危険地域だった。日本は半島で中国やヨーロッパの列強と接し、人種的な妬みと争いの多いこの不幸な時代において、それは由々しき問題であったからだ。日本の最も重大な国内紛争、つまり薩摩の反乱、と外国との戦争（日清戦争と日露戦争）は、すべて朝鮮の状況によって引き起こされているので、日本は痛い思いをしてこの事を学んだのだ。もし日本がまた中国や、その他の西洋諸国と争いになれば、朝鮮は再度戦場と化すだろう。日本の

―　1910年4月3日付社説

行なったすべての戦争は朝鮮が舞台だった。故に朝鮮人の態度は日本にとって致命的なのだ。軍事的には強くないが、1、700万人の不機嫌で、苦々しい経験をした民衆が、日本と敵軍の間にいたり、前線の日本軍の後ろ側にいたりすることは、非常に害となる。

これらの理由から、日本は、アメリカがフィリピンを、イギリスがインドを支配するのと同じように、朝鮮を辺境にある属国として支配するだけで満足することはできなかった。帝国と併合し、人々を同化させ、日本語を教え、日本の理想を吹き込み、日本を母国として愛国心を育む必要があると考えたのである。当時朝鮮総督府外事局長だった小松緑閣下は、1915年11月4日に次のように書いた。「日本の目的は、朝鮮人を良く知的にするだけでなく、名実ともに帝国の忠実な臣民とすることだ」

このような状況では、日本とその融合しようとする人々の間に割って入ってきたり、少しでも分断しようとしたりする勢力に、日本が敏感であることは避けられない。また、この特異な状況下で自分たちの政策を進めるには、徹底的な政府のコントロールが必要だと思うのも無理はない。

目的を達成する方法について、日本には二つの異なる意見がある。文官グループは、博愛的で啓発的な政策は朝鮮人にとってだけでなく、日本人にとっても最善だと信じている。何世紀にも亘り日本人を恐れ不信感を抱いてきた人々をなだめ、新しい支配者に適応させるという方法だ。軍人グループは、朝鮮人は鉄の手を持って支配するべきであり、十分に脅して日本人にたてつくことがないようにすべきだと信じている。「文官」も「軍人」も、それを説明する言葉としては完全に正確ではない。文官でも手厳しい政策を支持する者はおり、軍人でも博愛的な政策を支持する者もいる。しかし、大まかに言えば、このような違いがある。

日露戦争直後に朝鮮を支配した軍人グループは情け容赦がなく、無力な国を搾取（さくしゅ）しようと思ってやって来た欲深く野蛮な日本人の群集と共に、人々を絶望的にさせた。その後、民政が伊藤公爵により為された。彼の賢明でまさに政治家らしい統治のもと、多くの必要な改革がなされた。

怠惰でだらしない朝鮮人の一部は、日本人が彼等を公衆衛生の規制に従わせ、労働や雇用機会が増やし、経験したことがない程働くことを強要することを嫌った。

しかし、日本人は正しかった。日本の政策の多大な利益は、すぐに顕著に現れ、朝鮮の上流階級はそれに気づき始め、朝鮮は平和な繁栄の時代に入っているようだった。伊藤公爵の後任、曽根伯爵も、この賢明な政策を踏襲した。病気で彼の任期は短くなり、1910年7月、寺内伯爵が継続した。彼については、他の章でもっと詳しく述べているが、彼は気質も本職も歴とした軍人で、有能な高位行政官で、公正・穏健な考えを持ち、彼の前任者が行なった見識ある政策を継続していた。彼のキリスト教に対する態度は同情的ではなかった。それは、彼の宗教的信念は日本の主流思想体系と一致しており、彼のキリスト教に対する考えは、彼がパリにいた時に培われたものだからだ。

彼は、フランスをキリスト教国家だと思っていたが、政治家たちの無宗教さと、首都の社会生活の軽薄さと不節制を見て、もしこれがキリスト教であるならば、宗教として称賛するに値しないと思ったのだ。しかし、これらの傾向は、今よりも当時のパリに顕著で、フランス人の真の気質を表してはいなかった。

にも拘わらず、寺内伯爵は、朝鮮における、キリスト教を含むすべての宗教に対して、行政上公平でありたいと願った。彼が朝鮮に到着してすぐ、次の声明を発表した。

「宗教の自由は、すべての文明国で認められている…しかし、宗派の違いで争いをする者、また、宗教プロパガンダの名のもとに政治に関わったり、政治的陰謀を企てたりする者は、よい慣習と風習を傷つけ、公共の平和と秩序を乱すので、法律で対処されなければならない。しかし、仏教でも儒教でもキリスト教でも、良い形での宗教は、その目的として、人類の精神的、物質的な向上を目指している。これは、朝鮮総督府と矛盾しないだけでなく、実に朝鮮総督府の目的を達成する大きな助けとなる」

新聞社が彼に、宣教師についての意見を聞いた時、彼はこう答えた。

「宗教の自由は常に守られ、私は、すべての宗教の布教に、それが政治に干渉してこない限り、当然の保護を提供し、便宜を図る用意がある。私は、外国宣教師の良い活動を非常に評価している者の一人であり、我々は、人々の生活の改善という同じ目標を持っているので、彼らの活動は決して不自由にさらされることはない。外国人居住者のすべての既得権が完全に守られるという事は、言うまでもない」

## 警戒に傾く日本

しかし二つの出来事が、寺内伯爵に、憲兵の指揮官の明石大将が率いる、より過激なグループの言う事を聞くようにさせた。一つ目は、１９０９年10月に起きた伊藤公の暗殺だ。暗殺者はかつてローマカトリック教会と繋がりのあった朝鮮人の狂信者だった。この悲劇の前の１９０８年3月に、ソウルで日本の顧問をしていたアメリカ人外交官のＤ・Ｗ・スティーブンズ氏がサンフランシスコで襲撃されたが、これも、プロテスタントを名乗る朝鮮人が引き起こした。これらの事件で、寺内伯爵は、このような自暴自棄になった者たちに対処しなくてはならないと考え、そのような者がキリスト教教会に潜んでいるかもしれないと疑った。

この疑いは、朝鮮人革命派たちの様々な小さな行為やその報告により、どんどん強まっていった。それは、二つの事件に比べると悲劇的ではなかったが、明らかに、同様な重大さを持っていた。二つ目は、アジアの様々な場所で、特に中国で、改革派の感情が高まってきていることだった。国王は皆この影響を感じ取り、朝鮮人の一部も、反乱を起こしたら成功するかもしれないと、新しい希望で湧きあがった。それは、我々には哀れに見えていたのだが。朝鮮人に対して厳しい処置が必要と考えていた日本側は、これらの事件を大いに利用した。

彼らは、伊藤公の運命は、融和政策の無意味さを示しており、日本の大改革を許したくないのなら、日本は反対を許さないということを朝鮮人に決定的に分からせるような、厳しく弾圧的な政策をとるべきだと激しく主張した。他の国にもいるが、これら「好戦的愛国主義者」は、国が置かれている危機を赤裸々に述べ、それに対処するために軍のシークレットサービスと憲兵に十分な権限を与える必要性を説いた。

総督が旅する時には、警官が厳重に警護し、その警戒によってのみ彼の命が安全だったのだという印象を与えた。例えば、1910年12月28日、彼が宣川（ソンチョン）を通る時、ヒュー・オーニール・ジュニア工業アカデミーというミッションスクールの学生たちに、敬意を表すため、駅で待機して迎えるようにと警察が命令した。男子学生たちが駅の敷地内に入る前に、警官にボディーチェックをされ、ポケットナイフが押収された。小児の脚で皆についていけず、数分後に息を切らせて到着した6歳の小さな子供二人まで同じようにチェックされ、鉛筆削り用のナイフが押収された。1912年の秋に日本人が発行した朝鮮陰謀事件の起訴の資料には、「告発された朝鮮人の起訴状に関する事実の記述」の中で次のように書かれていた。

「宣川では、（1910年12月）28日、共謀者たちは、再度駅に向かい、総督を出迎えに来た日本人と朝鮮人の中に紛れていた。列車は正午ごろ到着し、暗殺未遂犯たちは皆、長いマントの下に拳銃、あるいは短剣をしのばせ、暗殺の瞬間を待ち構えていた。総督は列車から降り、迎えの人々に挨拶しながら、共犯者から三、四歩のところを通り過ぎた。しかし、警察やその他の厳しい警戒によって、その極悪な目的は達成できなかった」

「起訴の資料」は、他にも、駅での総督暗殺計画を記していたが、説明はいつも同じ締めくくりだった。「総督は、暗殺未遂犯の近くを通ったが、憲兵隊の警戒で、暗殺の隙は与えなかった」朝鮮の鉄道の駅の敷地はきちんと囲まれており、総督が来る時は、ボディチェックをしない限り誰も門を通ることはできないので、暗殺未遂犯は、警察が黙認しない限り、「拳銃や短剣」を所持して駅構内に入ることは不可能だと普通の人ならわかるだろう。もし、彼らがそのような武器を持って、総督を殺す目的で中に入って来たなら、警察が記述したように、総督が共謀者のそばを通った時、暗殺するチャンスが多くあったはずだ。

この報告書を読むと、この資料を提供した警察官たちは、総督に、自分たちの警戒があったからこそ総督の命が助かったのだと理解して欲しかったのだという印象を受ける。震える小さな少年たちが危険な暗殺者かもしれないと思い、鉛筆削りのナイフを没収するなど、悪意があるか、もしくは、ロシアの海軍将校が北海の漁船に発砲した時の様なパニック状態の妄想があったとしか思えない。

この軍事派が権力を握っていたことは、いくつも証拠がある。制服を着た憲兵が、国中に現れ、特に北部には密集していた。秘密警察はどこにでもいた。スパイは朝鮮人の行なうすべての会合に参加した。すべての組織が、革命目的ではないかと疑われた。そうだったかどうかはわからないが、アジアのどの国にも、様々な組合や教会が渦巻いており、その多くが、多少なりとも政治的だ。もしも、世界が始まって以来、すべての植民地支配された人々が行なってきたことを朝鮮人の誰も行なわないのなら、朝鮮人には人間性の最も普通の部分が欠けているということになる。つまり、それは、どのようにして外国支配者の束縛を打ち破ることができるか秘密裏に協議することだ。

## 政治と宗教の距離

しかし宣教師団と朝鮮人クリスチャンの指導者たちは、断固として政治運動から教会を切り離そうとした。どの説教壇からも、「時の権力者」に従う事が説かれた。クリスチャンは、教会は政治と何の関係も持ってはならないと言われた。

政治運動に関わったと疑われた幾人かのクリスチャンは、教会で役員をすることを禁じられ、時には破門された。宣教師団と朝鮮人教会の指導者たちは、これについては非常に厳しかったので、教会に属さない朝鮮人たちが、教会は朝鮮の敵側についているとなじるのも珍しい事ではなかった。また、宣教師がいなければ革命はずっと前に起こっていただろうとの言葉が、宣教師に対して言われることもしばしばだった。

私は、最後の訪問の時、宣教師と朝鮮人のキリスト教リーダーたちに、彼らの日本人に対する考え方について四苦八苦して聞いたことがあった。話し合いは個人の家で為されたが、来た者は皆率直に話した。皆、例外なく、国家を忠実に認めることはすべてのクリスチャンの義務で、キリストの教えに沿っていると答えた。

キリストは、「郷に入れば郷に従え」と言い、パウロは、「すべての人は、上に立つ権威に従うべきである」と言った。一人の宣教師は言った。宣教師が悪事に反対している時は、政府に反対しているのではない、と。悪があれば、どこでも、誰の庇護（ひご）の下であっても、反対するのが宣教師の義務である。

宣教師がアヘン密輸に抗議する時、彼らはただ日本政府が日本で法律で律していることと同じことをやっているのだ。売春宿の設立を非難する時、彼らは悪と戦っているのだ。政府ではない。朝鮮を行ったり来たりして、国のあちらこちらにいる宣教師や朝鮮人クリスチャンたちと話をして、私は、宣教師があらゆる適切な形で日本政府を支援したいと思っていることを知って安心した。

しかし、この指針にも拘わらず、教会は敵意に満ちたスパイ行動から逃れることはできず、まもなく、不快な結果を生じることになった。2年以上も、朝鮮のあらゆる場所で、日本の現地の憲兵が無力な朝鮮クリスチャンに対して疑いと厳しさを増しているという報告が続いた。文書では、憲兵との関わり合いの中で、説明できる以上の何かが起こり、宣教師には全く分からない推測では、朝鮮人クリスチャンの一部が知っている政府への陰謀があり、幾人かは関わっていたかもしれない、と書かれていた。

日本人がキリスト教を迫害していると非難されると、日本においてキリスト教は自由なので、朝鮮においても迫害などされていないと言う。それは本当だと思う。しかし、日本人のキリスト教の観念と、日本人の組織としての教会の観念には違いがあることに注意をしなければならない。日本では、教会は日本人が主体で、そのうちの何人かは上流階級で、日本人により管理されている。宣教師は教会と協力はしても、管理には関われない。朝鮮では、教会は日本の教会の2倍以上の規模で、人口によっては、その何倍も大きく、朝鮮人が主体だ。日本人は、外国のビジネスマンが痛い思いをして学んだように、その支配下に来るものすべてをコントロールしたいと思っている。これは、朝鮮では特にそうだ。日本はその計画の中で、日本人が絶対的な権威であることを必要としているのだ。

しかし、朝鮮の教会には、日本人のコントロールしていない、朝鮮人による数多くの強いまとまりがあった。他に類を見ないような、教会に対する朝鮮人の強い信仰心があった。朝鮮人の生活は、キリスト教が来る前までは、非常に虚しく、見放されたものだった。朝鮮人が福音書の教えを聞いた時、彼らは熱心に享受し、その礼拝で、以前には体験したことのないインスピレーションと交わりを感じたのだった。彼は、パウロと共に言う事ができた。「わたしにとって、生きるとはキリストである」

彼らがクリスチャンの兄弟と口論になる時は、新約聖書の質問が思い出される。「あなたがたの中のひとりが、仲間の者と何か争いを起した場合、それを聖徒に訴えないで、正しくない者に訴え出るようなことをするのか」それ故、彼はこの事例を日本の警察官や判事ではなく、彼の牧師や宣教師に提示するのだ。

これに関して日本人役人はほとんど何もすることがなく、彼が統治するはずの人々の生活が、彼なしに進むことを見つめる以外ないのだ。8、000人の住人がいる日本の町なら、恐らく100から200人のクリスチャンがいる。教会の建物は比較的小さく、集会も、仏教や非宗教的な集会の方がずっと多い。しかし、問題が最初に激しくなった宣川の朝鮮人の町では8、000人の住人のうち、約半分はクリスチャンで、隣接する村々もほぼクリスチャンだ。教会とミッションスクールはその場所で最も大きく目立った建物だ。仏教の寺院や非宗教的な呼び物で数十名以上が集まるものはない。

しかし、キリスト教の集会では、教会に1、200~1、500人程の朝鮮人が、日曜日に数回集まり、平日の礼拝には700~1、000人が参加する。似たような状況が多くの町や村で見られる。長老派教会だけでも、当時、宣川、平壌、周辺の村々の登録信者を含む、6万736人の信者を報告していた。日本人警察は大勢のクリスチャンが教会に集まるのを見て、なぜこのクリスチャンたちがこんなに頻繁に集まり、何をしているのかと、苛立っていた。

理由を探るためにスパイが送られた。ロシア警察が学生の中に政治的扇動者を捜すように横柄な態度で、国家への反逆を見つけ出すのに最も貢献した警察官に送られると信じられている褒美を得るのに夢中で、また、キリスト教の言葉をよく知らない日本の警察官は、大きな集会で人々が熱心に次のような賛美歌をうたっているのを聞いて、その疑いを増大させていた。

「進め、キリスト教の兵士たちよ、戦いへと行進してゆけ！」
「主イエスのために、立ち上がれ、立ち上がれ、
十字架の兵士たちよ！」

そして、パウロがしたように、心の悪を擬人化し、信者にそれらを捨て去るように促し、奮起させるような

説教を聞くのだ。宣教師の一人、宣川のジョージ・S・マッキューン氏は、ヒュー・オーニール・ジュニア工業アカデミーの生徒たちへの毎日の聖書講義の中で、ダビデとゴリアテの物語について詳しく解説し、目的が公平で心が純粋ならば弱い男も、強い男を負かすことができるという伝統的な教訓を強調した。これは、すぐさま当局に反逆の可能性があるとして報告された。マッキューン氏は、ダビデが弱い朝鮮人を、ゴリアテが強い日本人を象徴すると教えようとしたに違いないからだった。

ある牧師は、神の国について説教したので逮捕された。彼は、「ここには一つの国だけがあり、それは日本国だ」と言われた。

キリスト教教会は、不道徳、モルヒネ常用、喫煙（特に女子供によるもの）に反対しているが、朝鮮でこれらを助長することに少なからず貢献する日本人の怒りを煽（あお）ることになった。

平壌のキル牧師は、集会に来ている親たちに、子供に煙草を吸わせたり、煙草工場で働かせたりしないように言った。すぐに、彼は、警察から、「煙草製造は政府の専売であり、彼のアドバイスは反逆行為で、二度と繰り返さないように」と警告された。警察は見聞きしたことを間違えて解釈し、自分たちがコントロールできないような大勢の朝鮮人が組織化されることは、日本にとって有害であると、漠然と、しかし激しく想像していたのだ。

日本人のクリスチャンに対する疑念は、中国での革命運動にクリスチャンが目立って関わっている、と広く公表されていることによって恐らく強まっているだろう。

アメリカ人やヨーロッパ人は皆知っていることだが、キリスト教は人々の心を目覚めさせ、不正は許さず、誠実で見識ある政府を要求するように喚起するのだが、政府に対して陰謀を企てるようなことは何一つ教えられない。政府が悪で圧政的であれば別だが。日本のクリスチャンが天皇に献身的であることはよく知られており、イギリスのクリスチャンは王に対して、アメリカのクリスチャンは大統領に対して献身的だ。政府が公平であれば、それが君主制であろうが共和制であろうが、キリスト教徒は全く関心がない。実際、世界中のキリスト教徒の大半は、君主制の下で満足して暮らしている。

中国のクリスチャンは清王朝が絶望的に保守的で腐敗していたので反抗したのであって、皇帝がいたからではない。事実、日本で教育を受けた中国人たちの間では、革命精神が最も強かった。しかし日本の警察は、朝鮮の教会を大きく組織化することは、革命の機会を作り出す温床だと思い込み、油断することなく見張っていたのだ。

## 百万伝道運動と朝鮮陰謀事件

1910年と1911年の「百万伝道運動」は、これらの疑惑を強めた。それは、百万人の改宗を為すための、教会の合同企画だった。しかし日本人は誤解し、そのように大規模にキリスト教を補強することで、教会の指導者たちが、当局にさらに影を投げかけることになるのを心配した。

制服を着た憲兵と私服のスパイが特別礼拝に参加した。牧師は、改宗者の名前を警察本部に届け出るように義務づけられた。憲兵は民家に押し入り、刀を出して、住人に、なぜ昨晩「イエスの教会」に参加したのか脅すように尋問した。クリスチャンになった店主は、警察に訪問され、日曜日に店を閉めることを責め立てられた。大きな田舎の教会では、日曜礼拝で日本人役人が説教壇に上り、信者の前でキリスト教を非難した。おそらく、この警察の行動の動機は、朝鮮のキリスト教徒が、中国の信者仲間の例を真似しているかどうか、尹致昊(ユンチホ)男爵が朝鮮の孫逸仙(ソンイッセン)(註：孫文)となる野心があるのかどうかを突き止めたかったのであろう。

別の章で書いたが、教育施設も、この緊張を悪化させた。日本人は、公立校制度を非常に重要視し、政府の一局として管理する必要があると思っている。警察が、朝鮮人の親に、何故自分の子供を公共学校でなくミッションスクールに送ったのかと鋭く聞くと、気の小さい朝鮮人は、命令と思われることに従わなければ罰を受ける危険があると思う傾向があった。ミッションスクールの多くの教師と学生が逮捕されるのを見ると、この考えは妥当に見える。朝鮮の教会の小学校は、日本政府の規制と現地警察の親への脅しの両方から、危うい状況に陥っていた。

１９１１年の秋、警察の疑念は「朝鮮陰謀事件」で最高潮に達した。色々な場所でクリスチャンが逮捕され、何百人もが刑務所に入れられた。宣川の長老派アカデミーでは、非常に多くの教師と生徒が逮捕されたので、学校が閉鎖されなければならなかった。牧師、年配者、助祭、その他の教会指導者たちが捕えられ、手錠をされて首都に送られた。警察は逮捕された者にもその怯える家族にも何の説明もしなかった。多くの男性や少年が何カ月も拘置され、適当な食べ物も、冬の洋服も与えられなかった。彼らの罪が何なのかも知らされず、弁護士に相談することも許されなかった。

ついに、何人かが釈放され、残りは、寺内総督暗殺の陰謀の罪で、１９１２年６月28日にソウルの地方裁判所で起訴された。彼らは、その罪を白状したと言われた。証言は、朝鮮語を話さない裁判官にきちんと通訳されなかった。被告弁護人はアリバイを証明できる目撃者を立てることが許されず、「白状」は、警察の拷問のもと、秘密の尋問で得られ、法廷では、白状したとされる者はそれを否定した。裁判は司法の茶番劇だった。

しかし、力ある憲兵は、裁判に負ける屈辱を受け入れるには、深入りすぎており、彼らの主張により、従順な裁判官は、９月28日、１０５人の被告に５～10年の禁錮（きんこ）刑を言い渡した。有罪判決を受けた全員が身分の高い者だった。尹致昊男爵は、朝鮮内閣の元閣僚で、松都の南メソジスト大学の学長、朝鮮ＹＭＣＡの副会長で、その誠実さと能力でよく知られていた。訴訟は控訴裁判所に持ち込まれ、１９１２年11月26日、新たな裁判が始まった。その結果、1913年3月21日に、6人以外の被告はすべて無罪となった。この6人は懲役6年を課され、その中に尹致昊男爵も含まれていた。

その後、さらに上訴が為されたが、ソウルの最高裁判所は、1913年10月9日に、控訴裁判所での手続きは原則に則っているもので、本案に裁断を下すことなく、判決を維持した。この頃には、多くの日本人、そしてほとんどの外国人観察者は、「陰謀」は敵対心をもち熱心過ぎる警察が作り出したものだと気づき、政府も皆が無実だと思う男たちを釈放する最初の都合の良い機会をうかがっていると思った。この機会は1915年2月の天皇の即位式のとき訪れ、すべての有罪判決の者が「天皇の寛大な措置」により釈放された。

## 日本人との関係改善

「陰謀事件」が崩壊したことで、暗雲が一気に吹き飛ばされた。日本人は、宣教師が日本統治に敵意を抱いていないことを知った。また宣教師は、政府に影響する事柄について役人やその他の人々と対処する時には、特に気を付ける必要があることに気づかされた。その結果、関係は改善したが、ある種の不安は残った。

日本人は、自分たちが朝鮮国民にとって特別な指導者で、助言者であるべきだと思っているが、朝鮮には、400人以上の外国人宣教師がおり、その多くは日本が朝鮮を併合する前から住んでいる。彼らは複数の伝道団にまとめられており、国の主要都市で強い勢力を持ち、何十万もの朝鮮人に大きな影響力をもっている。下っ端の警察官、モルヒネ売り、売春仲介業者の態度がどうであろうと、賢い日本人は全面的に宣教師を尊敬している。彼らは、宣教師が、朝鮮人のために利他的に人生を捧げているキリスト教の紳士であることを知っているのだ。

多くの日本人が、ある旅行者が朝鮮で書いた文書に同意するだろう。

「ここに、世界の歴史で最も偉大なキリスト教の業績の一つが為された。この偉大な業績を為したアメリカ人たちの人生は周知のものである。私は宣教師の報告書などは持っていないが、ここで為された多くの事を目にしており、それを為している者たちも知っている。あなたが知っている最も聖人のような人を想像するとよい。非の打ち所がない人格を持ち、誰もそれを疑った事がない人。キリスト教の精神に溢れ、日々宗教に生きている人。自己が持てる才能とエネルギーのすべてを、神への無私の奉仕へと注ぎ込むこと以外には何も望まない人。そのような人を想像すれば、私が知るような、朝鮮のアメリカ人宣教師が浮かび上がってくる」

ジャパン・アドバタイザー紙は社説でこの意見に触れ、付け加えた。「このような見解は、偏見のない批評家によって否定されることはないと思われる」と。

このような人格を備えているので、朝鮮人クリスチャンも、愛情と崇拝に近い尊敬とを持って宣教師のことをみている。彼らが無知で、意気消沈して、迷信深かった時、宣教師は、彼等に知識と希望を与え、悪魔の恐怖から救い、病院で病人を看病し、子供に学校で教え、貧しい人を訪ね、死にゆく人を慰め、すべての人に「大きな喜びを告げる」ことを説いてまわったのだ。純真な朝鮮人は、愛情深い気質で、非常に敏感で、教えにも喜んで反応し、それをもたらした男性にも女性にも惜しみない献身的愛情を注いだのだった。

宣教師は朝鮮で偉大な人々だった。彼らの影響は、権威的というよりは道徳的だった。なぜなら、朝鮮の教会は伝道団の支配は受けず、伝道団は教会が自らの宗教活動を管理できるように可能な限り誘導しているのだ。しかし、日本の傍観者たちには、伝道団の影響力は大きく見えた。世界のどの政府も、自己の領域では権威の承認を主張した。合併した領土や植民地ではなおさらのことだ。イギリスがインドに対して、フランスがマダガスカルに対して、アメリカがフィリピンに対してどれだけ小うるさかったか、私はよく知っている。日本人は気概ある人種であり、国家の権限に敏感で、それを侵害するようなものはひどく嫌がるのは筋が通っている。

事実、宣教師が政治的な事柄に触れることがあれば、彼はその偉大な影響力をもって、朝鮮人に日本統治に黙従することを勧めた。

実に、よく言われることは、もし宣教師が居なければ、日本が朝鮮を併合した時、革命が起こっていただろうということだ。日本人はこれを良く評価しているが、外国人が、自分たちの臣民に革命を起こさせる、または起こさせないようにする力を持つ状況には、落ち着かないのだ。

日本人のプライドというのは、日本の領土での日本の優位性を要求するのだ。日本の役人は、アメリカ人宣教師により見劣りさせられると、多少なりとも無意識のうちに嫉妬し、そのような優位性は日本に不利益をもたらし、どうにか壊さないといけないと思うようだ。

宣教師がこの状況に対して責められるべきでないことは明らかだ。逆に、これは彼らの価値に対する高い賛美だ。宣教師は、誠実な性格と優しい心の持ち主であり、利他的な活動をして人々から信頼されるという事について、当然非難されるべきではない。宣教師に対して、悪い行ないをして、朝鮮人クリスチャンの尊敬を失うようにせよ、などとは言えない。しかし、宣教師も理事も日本人の観点を理解し、それに応じるようにできることをすべきであることも、同様に明白なのだ。

何百人もいるアメリカ人宣教師のすべてに、全く欠陥がないと言っているのではない。怯えて無力な人々の間で、不公平さと残虐さと思われるものを目にし、何年も苦労して得られる教会と学校を切望する彼らが、聾唖（ろうあ）者のように行動するなど合理的に期待できるものではない。彼らのうち幾人かは、問題になっている事柄に、情熱的に、賢明に取り組んだことを認めよう。彼らの立場は非常に困難だった。

彼らは日露戦争時には、強く日本と共感していた。

しかし、戦争が終わり、日本が実際に朝鮮の再構築を始めた時、宣教師は数多くの不公平な行為を見逃すわけにはいかなかった。彼らは、朝鮮にいる多くの日本人は、日本が戦争で示したような、そして、維持したいと世界の前で公言したような精神も目的も持っているとは言えない人種であることを目撃した。

彼らは、朝鮮人の土地がしかるべき補償もなしに取り上げられているのを見ていたが、一方で、日本人が貧しい人々への補償を朝鮮の役人に払っても、朝鮮の役人が腐敗しており金を着服するため、全く人々の助けになっていないこともわかっていた。宣教師は、朝鮮のあちらこちらに住んでおり、朝鮮人と緊密な関係になり、朝鮮人から親友・当然の保護者と思われていたので、自分の世話している朝鮮人たちが受けた不正行為や困難を、世界の誰よりもよく知る立場にいた。しかし、宣教師は朝鮮人の友人であるだけでなく、日本人の友人でもあったのだ。

このような状況では、宣教師が仲介の立場を取ることは非常に難しかったし、いまでも難しい。朝鮮人クリスチャンが宣教師に助けを求めた時、宣教師は、彼らの代わりに日本人に話すのが当然であった。しかし、しばしばあることだったが、日本人が様々な理屈で望まれている支援を与えない時、または与えたくても与えられない時、宣教師は必然的に困難なことになった。彼らの状況はまた非常に繊細なものだ。よく観察している者が、多くの朝鮮人が日本統治に融和しておらず、彼らは何もできないとわかっているのでただ単に黙従し、どこか他の国が来て彼らを救ってくれることを期待して待っているのだと、ほんの数カ月前に言っていた。

もし宣教師が朝鮮人に同情すれば、日本人の恨みを買う。もし日本人に同情すれば、朝鮮人の恨みを買い、彼らに対して影響力を失う。悪魔と深い海の間を綱渡りしているようなものだ。1万マイル離れた所にいる肘掛椅子に座っているような評論家は、自分が宣教師と同じように真っ直ぐ歩ける、または歩けただろうか、と考えるだろう。宣教師は素晴らしい節度、威厳、自制を持って振る舞った。遠く離れた場所から非常に落ち着いた判断ができる者たちから、注意されたり助言を得たりすることがあれば、宣教師はそれらを喜んで聞き入れた。それだけでなく、積極的にそれらを得ようとしたのだ。

## 宣教師は反日ではない

日本の新聞がしばしば言うように、宣教師が反日だというのは真実ではない。伊藤公は朝鮮統治をしている間、宣教師の態度に満足していた。私の二度目の訪問の時、この問題について個人的に話した時に、そのように言っていた。

朝鮮政府内務省の役人のスン・ピョンチュンが、朝鮮人クリスチャンを「現政権に反対する共通の目的でまとまっており、アメリカ人宣教師のグループに支持されている」と非難していたと、東京の新聞が報道した時、ソウルの宣教師はスン氏に連絡をとったが、彼はそのようなコメントをしたことを否定した。

そして、当時、在日アメリカ大使であったトーマス・J・オブライエン閣下が、伊藤公に対して、スン氏が述べたという発言を信じる理由があるだろうかと聞いた。伊藤公の答えを次に抜粋する。

「平壌には数多くの宣教師が住んでおり、私は、そこで彼らの多くに出会ったが、彼らは朝鮮政府に反対しないばかりか、朝鮮総督府が設立した後の新政権にも共感しており、朝鮮人にその真の目的を説明しているという事を確認することができた。私は、個人的に、ソウルにいる多くのアメリカ人宣教師と知り合いで、彼らの活動や見解もよく知っている。彼らが、朝鮮での新政権に共感しており、朝鮮総督府と協力して、朝鮮人を教え導こうとしていることに、特別な確認を要するとは思わない」

もしも、宣教師を非難する人々が、伊藤公に続く政権下で状況が悪化したと思うのなら、伊藤公からこのように高い評価を得ていたアメリカ、イギリス、カナダ、オーストラリアの宣教師たちが、なぜ態度を変えたのか、という事を慎重に考えてみると良い。

東京の福音新報の日本人編集者は、「朝鮮の外国宣教師は事実の誤解から、様々な根拠のない空想に影響されているようだ」と言いながらも、率直に次のように付け加えた。「しかし、このように彼らの心をかき乱した状況や原因を考察し、改善する余地があり、早急にそれを追求することは、国に有益となるだろう」

日本政府の意図が如何に公正であろうとも、朝鮮総督府は、無防備な辺境地帯を占領するという帝国の軍事的必要性の観点から、この問題を解釈していた。これが政治的措置として必要であるのかもしれないが、これまで軍事的な政策のもとに置かれていた無力な人々にとっては、神経質になる点である。また、この軍事目的遂行には邪魔な影響力を持つと思われていた宣教師にとっても然りだ。

多くの日本人が、憲兵が為す有無を言わせない行為がもたらした状況を、非常に残念なことだと思っていた。彼らは、より寛容な政策と賢明な行動、朝鮮人への公平で融和的な対策を主張した。彼らは西洋の人々が、自分たちの問題に親切に関心を持つこと、そして、何百万人もの朝鮮の人々への軍事的政策の影響に興味があることを嫌がってはいない。イギリスとアメリカのクリスチャンたちは、25年以上もの間、朝鮮人に幸福をもたらす事に深く関心をもち、大規模に、教育、福音、医療の活動を行なってきたのだ。これは、日本人も長い間喜んで受け入れており、自国でも心から称賛していた。また、多くの朝鮮在住の日本人も、彼らの活動を明確に認め、推奨していた。

## 日曜日の捉え方の違い

日曜日を休日にすることは、困難を生じさせた。キリスト教徒がこのように几帳面にこの休日を守っているところは、世界で他になかった。この神聖な義務に対してこのように厳しく考えているので、戦争、家事、疫病の非常事態などではなく、普通の国の任務を行なうのに、政府から日曜日に呼ばれた時の朝鮮人（キリスト教徒を含む）の動揺は想像できる。

この問題への不満に対する、ある有名な官吏の返答の中に日本人の態度が現れているのだが、それを次に引用する。

「少なくない朝鮮人クリスチャンが、日曜日に働かされたり、学校の遠足が行なわれたりするので、朝鮮総督府に満足していないという話を最近聞かされた。また、私立学校の教師の中には、教師のための試験が日曜日に行なわれたので参加するのを拒み、その結果、試験を受けるチャンスを逃したとも聞かされた。私は、これらの人々が日本の状況を十分に正しく理解していないことを非常に残念に思う。日本は、キリスト教を国教としていない。それ故、日本で、政治的、教育的、社会的な事柄が、西洋のキリスト教諸国の習慣と必ずしも一致しないのは、不思議なことではない。日曜日は、政府や学校も休日としているが、それは宗教的根拠からではなく、ただ、事務所や学校が閉まる日と決められているだけのことだ。同じように、銀行も企業も日曜日を休日としている。このような状況下、政府や学校が必要だと思えば、日曜日を利用することは全く自由であるのだ」[二]

このような説明は、国家に対してプロシア的な考えを持つ人にとっては明らかに納得いくものだろう。つまり、国家は道徳的義務よりも上で、国家の為す事すべてが正しく、個々の臣民はその行動が道徳的に正しいかどうかに関係なく、絶対的に従わなければならない。また、人は、私人としてはキリスト教になり得るし、同時に市民としては異教徒にもなり得るし、宗教は政治やビジネスとは何の関わりもないという事だ。

宣教師は勿論、日本政府にユダヤ教の安息日を守るようにさせることはできないと分かっている。しかし、

二　ソウルプレス紙　1916年6月22日付

キリスト教であり同時にキリスト教でないことがあり得、常に両方の異なる義務の基準に従うという、全く相容れない状況に、どのように自分らの生活を適応させていくのかを、朝鮮人クリスチャンに教えることはできなかった。

もちろん、このような問題は、宗教が我々のとは違う国ではよくあることで、宣教師も現地のクリスチャンもできる限り解決しなければならない。幸運にも、最近では、朝鮮人クリスチャンが自分たちの状況を上手く説明すれば、役人は、彼らの誠実な信念に対処するのに、可能な限り理解を示す傾向になっている。

1915年8月19日に発布され、10月1日に発効された条例第83号は「宗教布教の規制」について書いてあるが、それ自体、キリスト教活動者の束縛になるものではない。しかし、厳格または疑い深い役人の誤解や気まぐれに宣教師を晒すことになるかもしれない。

宣教師は始め、非常に懸念し、朝鮮宣教師連合評議会は、1915年10月の年次総会で、内務・宗教局の宇佐美局長と話し合うために、委員会を設置した。彼は、誠意をもって委員会を受け入れ、その報告を聞き、評議会は「我々の不安が軽減したことの喜びを記録すること」を表明した。「軽減した」を「なくなった」という言葉に変えるという訂正は否決された。規則は数多くあり、それらを実行し、彼らの求める詳細な報告書を作るには、非常に時間がかかる。結果としては特に何の害も起こらなかったが、朝鮮人・外国人のクリスチャン活動者は、政府の好意を得るのは、永遠の生の道のように、真っ直ぐで細いものだと理解している。

## 土地所有の混乱

比較的小さいが、多くの難局をはらむ問題がある。それは、朝鮮で活動している伝道団は、多くの教会の不動産を所有しているが、ほとんどの場合、その権利は、何年も前の朝鮮が混乱状態だった時に得られたものだった。権利は朝鮮の慣習と法律のもとに得られ、日本の法律の必要条件と一致しない。併合前に発行された譲渡証書は朝鮮総督府から有効であると認められておらず、新しい譲渡証書を得たいときは、所有の証拠を日本の当局者に提示しなければならない。これらの証明書を作成するのは必ずしも簡単なことではなかった。

なぜなら、与えられた土地は多くの朝鮮人から買いとられた六つ以上もの区画からなっているかもしれず、もとの所有者が亡くなっているかもしれず、また、証明書を持ってきても、今日の法的手続きの観点から見て、注意深い日本の役人が納得するものではないかもしれないからだ。大きな学校のキャンパスの事例では、宣教師たちは、日本政府から新しい譲渡証書を得ようと、6年以上の努力を為したが得られなかった。厳しい日本の法律のもとで、これらの所有権に対して異議を申し立てられたら、関係者は大きないざこざを引き起こすかもしれない。土地は善意で得られ、もとの所有者から公平に買われ、その権利にどんな欠陥があったとしても、それは当時の状況のせいであって、宣教師のミスではない。宣教師はこれらの権利を満足いく形にしようと非常に努力し、ある場所では成功しているが、他はまだ満足いく状況ではない。

朝鮮の宗教に関する政府との交渉を、外国人がしなくてはいけないというのは場違いで厄介なことだ。日本でキリスト教に関する問題が浮上するときは、有能な日本人クリスチャンが自分たちの政府と直接話し合う事ができる。朝鮮もいずれそのようになるだろうが、残念ながら、まだそうなっていない。小松氏が、朝鮮と日本では教育の状況が大きく異なると言うくらい、宗教の状況も大きく異なる。

小松氏が、「日本の教育政策が朝鮮にも適用されるべき、とする考えは両国の状況を正しく理解していないところからくる考えだ」と言うように、日本で取られている方法は、現在、朝鮮には当てはまらないのだ。それゆえ、伝道代表者たちは、朝鮮人が他国の国民であるという事実から派生する微妙な状況ではあるものの、当局と直接話し合う以外、方法がないのだ。

アメリカ人は、カリフォルニアで日本人に対して不愉快な差別をしていることに言及されるので、特に日本政府と交渉しづらい。これらのことから、我々が朝鮮総督府の尊厳に対して非常に実直な敬意を表し、朝鮮総督府とその臣民の間に介入するようなことは全く望まないことを完璧に証明することが非常に重要になってくるのだ。一方で、日本の高官は、宣教師や伝道団の代表者と対談することで、この特異な状況の中では、彼らがこの未決問題の一つの因子として、正当な立場を維持していることを率直に認めている。

これらの問題にこれ以上時間を費やさずに、考えてみよう。朝鮮にいる宣教師と日本人の関係を満足いくものにするには、何ができるのだろう。伝道団は、伝道団と宣教師がやれること、むしろ、やり続けられることがあると率直に認識している。友好関係を望む日本人役人と友好関係を育む。合法な権威としての朝鮮総督府に対し、実直な敬意を払って従い、朝鮮人クリスチャンにも敬意を払って従う事を教える。自らの活動を伝道の義務に限定し、自らと、可能な限り朝鮮教会を、すべての政治的事柄から切り離す。そして、必要な苦情は、自国の領事官の役人や外交官ではなく、日本政府に直接提出する（アメリカ、またはイギリス国民としての条約の権利が侵され、侵害が非常に深刻な時以外はであるが）。そして、犯罪で正当に有罪となった朝鮮人は、例え自称クリスチャンであっても、かばう事をしない。日本国を朝鮮の絶対的に合法な権威とみなす。それは、全体的にみて良きことを意味し、その正当な政策と方法は力添えされるべきであって妨げるべきではない。そして、最後に、朝鮮と日本のクリスチャンを、友好関係の下に結びつけるような関係構築を促進する。

日本が朝鮮を、人や気持ち、そして領土の上で同化するという目的は、我々の誠実な喜びに値する。それは正当な国の政策で、宣教師はそれに順応し、それと相いれない言動は注意深く避けるべきだ。つまり宣教師が覚えておくべきは、日本人は朝鮮と日本を併合しようとしており、その政治的に結合しようとしている両国民を、宗教的、教育的側面から切り離すような外国勢力を忌み嫌う、ということだ。

朝鮮は日本から満洲、中国、ロシアの領土への広い主要路で、日本が望む国際的好機であり、また恐れる国際的危険でもある。世界の列強はどこも、新しい中国共和国への影響力を持ちたがっている。

ほとんどの列強が中国で活発に活動するので、日本にとって、閉鎖されていない朝鮮が、国家の安泰に絶対的に必要なのだ。それ故、反日勢力は全く許すことはできず、またいくら中立であっても日本の支配に従順でない組織は無関心ではいられない、と日本人が感じるのは自然だ。我々が好むか嫌うかに拘わらず、この事実は正面から向き合うべきだ。我々が相手にしている日本人とは、イギリス人やアメリカ人のように、反乱以外は何でも快く臣民に許容するという人種ではなく、言論の自由、人権、平和な集まりの権利、教会と国家の分離という考え方にはごく最近触れたばかりのアジア人なのだ。日本人は、アメリカ人がフィリピンで見過ごしているようなことを朝鮮で見過ごすことはない。彼らのクリスチャンに対する意図的な敵意と見える行動も、そのように意図されていないかもしれない。我々は、日本は民主主義ではなく、父系の専制主義国で、臣民の生活を統制し、彼らの言動を知りたがり、すべての活動を注意深く見張り、正確な規制のもとに置く、という解釈的な事実を繰り返し思い出さなければならない。宣教師も教会も他のものと同じように見張られ、統制されている。それゆえ、西洋の民主主義から見れば独裁的に見える行動に敵意を推測するべきではない。西洋の民主主義は大体の法と秩序を守っていれば、宗教・教育機関の活動についてはとやかく言わないものだ。

## 根深い人種間の問題

この状況には根深い問題があることを、率直に認める。支配者と被支配者が、同等の者として交わることは、世界のどこでもほとんどなく、交わっても何世代もたってからだ。フィリピン諸島では、アメリカ人とフィリピン人の間に深い裂け目が生じ、人々と平等に接していたのは宣教師だけになっていった。

日本人と朝鮮人は、人種、言語、遺伝、気性などの大きな違い、そして、かつてのユダヤ人とサマリア人を分離したような強固な社会的偏見で深く分離されている。

現在は、朝鮮人は日本の服を着始めたので、物理的な違いはあまりわからない。近年では、朝鮮人と日本人の結婚も増えている。ある著名な日本人は、異なる人種間の結婚がいつかはこの問題を解決するだろうと言っている。しかし、現在では、多くの日本人が、よい日本人らしく、朝鮮人に親切であるが、その親切さも、ジョージアの紳士が黒人に対してみせるような親切さである。

ジョージアの人は、黒人の友であり恩人であるかもしれないが、自分を黒人と同等とは思っていない。朝鮮人は、このような態度を黒人以上に嫌っている、何故なら、彼らの祖先は、奴隷やアフリカの未開人のようなものではなく、誇り高い古代国家の伝統を持つものだからだ。彼等にとって、朝鮮は祖先の地で、日本人は、低い水準の物理的な力を持つ以外にはそこに住む権利のないよそ者なのだ。

このような状況で、感情が統一されることはあるのだろうか。白人が自分たちを他の人種より優れているとみなすこと、そして、宣教師さえも現地のキリスト教徒と自分の家族との間の社会的亀裂を必ずしも防ぐことはできていない、ということは周知のことだ。それ故、自分たちも克服できていない態度について、すぐに日本人を批判するべきではない。

日本人ができることもある。宣教師と教会が本当は何者なのか、何をやっているのかよく理解することである。キリスト教が人々の人生にもたらした有益な変化を理解し、キリスト教の教えに自らの人生を一致させ従わせる善人は、決して国の障害とはならず、偉大な価値ある財産となることを知ることである。日本側の不正行為に対する宣教師の批判は、日本国への敵意やその高潔さに対する非難ではないと知り、そして、「朝鮮陰謀事件」を引き起こし、伊藤公の賢明な政策と日本人の善意を逸脱してスパイ的で脅迫的な政策に変えるような憲兵や判事を通して朝鮮人に対処するのを止めることである。

朝鮮の状況には確固たる政府が必要だ。しかし、その確固たるやり方は、近代の政治に見合うものであるべきで、一世代前に日本が自国で廃止した封建主義的なものであってはならない。

アメリカで、現地役人が、どのようにインディアンと南北戦争後の南部の人々を扱かったかを恥じと共に覚えているアメリカ人は、兵士の銃と警察官のこん棒では、支配された人々を忠誠な市民にすることはできない、という我々の苦い体験から日本に学んでほしいと謙虚に思っているだろう。

# 第三十五章

## 日本のナショナリズムとミッションスクール

朝鮮を日本に同化する政策を実施する際、子供への教育は重要だと思われた。大韓帝国政府の教育顧問であった幣原坦博士は、欧米の教育システムを研究して、属領の民族へのその適応について報告するように命じられた。政府の意図するところは、教育勅語にある国民教育の指針を朝鮮の人民に対して広めること、つまり、朝鮮人に、二国の結合は歴史的関連性と地理的位置の両方の結果として、必然的に起こったという事を理解させ、現在・未来の世界文明という舞台で、日本の臣民として立派な役割を果たすという希望を起こさせる事などであった。また、総督府は、１９１５年、朝鮮教育令を施行するに際し、官公立学校だけでなく私立学校も、その教科課程を法律の規定によって定められるものとし、宗教教育又は宗教上の儀式は禁止するとした。宣教師たちの落胆は容易に想像できる。彼らは、聖書を教えられない事は、教育的自由を有していない事だと思った。

## CHAPTER XXXV

## JAPANESE NATIONALISM AND MISSION SCHOOLS

In carrying out their policy of assimilating Korea with Japan, the Japanese turned their attention to education of children. Doctor Tan Shidehara, who had been educational adviser to the Korean Government, was instructed to study the educational systems of America and Europe and to report upon their adaptation to dependent peoples. The Imperial Education Society of Japan announced that the purpose of the government was to extend to the people of Korea the principles of national education, as set forth in the Imperial Rescript of 1890, in such a manner as to make the Koreans understand that the union of the two countries came about inevitably as a consequence both of their historic association and of their geographical position; to inspire in them the hope of playing a noble part as Japanese subjects on the present and future stage of world-civilization; to bring them to an intelligent comprehension of the need, under existing conditions, of the general use of the Japanese language; and to create a new bureau under the direct control of the Governor-General to undertake the important work of compiling special text-books for Korean schools.

The Government-General, in carrying into effect the Educational Ordinance for Korea, announced in 1915 that not only government and public schools but also private schools, whose curricula were fixed by provisions of law, shall not be permitted to give religious instruction or conduct religious ceremonies.

The dismay of the missionaries can be easily imagined. They felt that to forbid religious teaching in mission schools was equivalent to a denial of that educational and religious freedom which they had supposed that it was the pride of Japan to accord.

## 日本のナショナリズムとミッションスクール

### ミッションスクールと比べて朝鮮人の心をつかめなかった日本の学校

前の章で述べた考察により、日本政府がミッションスクールに課している制約の中には、別のもっと深刻な実例がある事が分かった。その結果、伝道の世界だけでなく教育界にも大いに関心が広がってきたし、政治状況の解明に大変役に立つことなので、注意深く研究する価値がある。

朝鮮を日本に同化する政策を実施する際、自分自身の民族の伝統によって形成され、故国が征服されたことに伴う動揺や悲しみといった個人的な思いを持っている大人は、その考え方を変えるのが難しいという事を、日本人は間違いなく認識した。しかし、もし子供なら状況の変化に慣らすことができるとすれば、望まれるような感情の変化は一世代で起きるであろう。それ故、日本人は学校に目を向けた。幣原坦博士は、大韓帝国政府の教育顧問であったが、アメリカとヨーロッパの教育システムを研究して、属領の民族へのその適応について報告するように命じられた。

日本の帝国教育会の発表によると、政府の意図するところは、１８９０年の教育勅語で述べられた国民教育の指針を、朝鮮の人民に対して、以下のようなやり方で広げることであった。それは、朝鮮人に、二国の結合は歴史的関連性と地理的位置の両方の結果として、必然的に起こったという事を理解させ、現在そして未来の世界文明という舞台で、日本の臣民として立派な役割を果たすという希望を起こさせ、目下の状況では、日本語を広く一般に使用することが必要である事を合理的に分からせ、そして朝鮮の学校用特別教科書を編纂する重要な仕事を引き受ける総督直属の新しい事務局を創設するというやり方であった。この計画は精力的に始められた。無料の公立学校が日本人教師の下で開校され、朝鮮人の親はそこに子供を行かせるよう強く促された。

しかし、日本人は間もなく、彼らの学校は朝鮮人に良く思われていないということに気づいた。これは一つには、国民的な考え方や風習、そして国語を捨てさせて自分たちを日本人にする事を目的としている外国人征服者の指導下に、親が子供を置く気になれなかったからである。また一つには、近代教育を息子や娘に切望している大部分の親は、既に子供をミッションスクールに就学させていて、そこでは自分たちの言語で朝鮮人として教育を受けていたからであった。

また多くの親が、子供が宗教の影響を強く受けて教育されることを願うキリスト教徒だったことも理由の一つであった。確かに、ほとんどすべての村の小学校は教会学校であり、その地域の信徒と直接関係を持って援助を受けていた。学校は、通例、教会の建物を使用し、教会活動になくてはならないものである。これらの小学校の課程を修了した生徒たちは、主要な伝道所にあるミッション系専門学校や寄宿学校に行き、そこからやがてミッションカレッジに行けるのだが、その結果、彼らの教育全体が教団の援助下にあることになる。

日本人の観点からして、とりわけ重大なのは、この教育システム全体が外国人、すなわちアメリカ人宣教師によって、専門学校や寄宿学校の場合のように直接管理されているか、初等教会学校の場合のように間接的に影響を受けているかのどらかであるという事実である。

## 日本人とっての国家教育

現時点では、別の要素も考慮されなくてはならない。日本人は教育を国家の機能と考える。しかしそれは、イギリスやアメリカが考えるような意味ではない。つまり、教育を必要としたり望んだりする人々のために、国家が無償(むしょう)教育を提供する義務、という意味ではないのだ。

日本人にとっては、国の目的のために国民を教育するために、国民の教育を国家が完全に統制しなくてはならない、という意味で国家の機能なのである。学校は、裁判所や軍隊のような国家機関とみなされているのだ。日本人の観点からすれば、政府に全く指揮監督権がなく、教師の思惑次第で何が教えられるか分からない私立学校で、大日本帝国の臣民が教育されるなど、耐えられないことだ。

朝鮮におけるように、教師が別の政府に忠誠を尽くす義務を持ち、日本当局に対する支持や共感の欠如が疑われる外国人である場合は、特にそうである。政府の立場は以下のように思える。すなわち、説教をするのが教会の本分であり、教えることは国家の義務である。福音伝道においては宣教師に無制限の自由があって良いが、教育は政府に任せるべきである。もし、どうしても学校を持ちたいと言うのであれば、教科課程や教師の資格、そして宗教の排除の点において、官立学校に合わせなくてはいけない。何故なら、国家の学校は、仏教であろうとキリスト教であろうと、一切の宗教的儀式を執り行なわず、宗教に関係のないものでなくてはならないからである。

日本本土のミッションスクールでは、しばらく、この根本原則の完遂（かんすい）をめぐって少しもめごとがあった。官立学校の卒業生には、ある種の貴重な特権、例えば、徴兵の免除や、帝国大学や官立の技術系および専門学校への入学許可、愛国心の強い日本人が切望する多くの文官や陸海軍職に就く資格、といった特権がある。それらの特権は、政府の規定に従い、検閲（けんえつ）を受けたミッションスクールと他の私立学校にも与えられていた。これらの学校では自由に宗教を教えることができたのである。しかし、１８９９年8月3日、日本の文部大臣の樺山伯爵は、以下の命令を出した。

「教育行政の観点から、一般教育が宗教から独立していることは不可欠である。したがって、官立学校、公立学校、および教科課程が法規によって規定されている学校では、たとえ通常の教育課程の範囲外であっても、宗教教育を施したり宗教儀式を執り行なったりしてはならない」

これによりミッションスクールは、二者択一を迫られた。宗教教育を断念するか、政府の登録を放棄して特権を喪失するか、である。若い男子は、卒業証書をもらっても、自分たちが価値を置く非常に多くの事から遠ざけられてしまうような学校には通学しないのではないかと懸念された。宣教師と伝道局の大部分は、命令に従えば学校が世俗化すると考えた。宗教に関係のない教育に伝道資金を使うべきではないし、布教のための教育活動は、他とは明確に区別して、キリストと教会のためにあると考えたのである。著名な日本人キリスト教徒7名と様々な教派を代表する宣教師7名から成る委員会が、樺山(かばやま)伯爵、文部次官の奥田氏、文部省参与官の岡田氏に対して異議を申し立てた。

委員会の公開報告書は、抗議者が次のように言明して、抗議が率直且つ真剣に推し進められたことを明らかにしている。

「宗教の指導は、知識の問題としてだけでなく、正しい生活をする最も有効な動機として、教育に不可欠であるという事は、我々が代表している学校の後援者と共に良心の確信するところである。我々は、文部省の命令のために、やむなくこの確信を捨てるか、我々の学校に通う学生たちを著しく不利な境遇に置くかしなくてはならない…このような命令が宗教の自由の原則を侵害することは、すべての思慮深い人の目には明らかである」

委員会は非常に丁重に受け入れられたが、当局者は規則は施行しなくてはならないという信念を頑として貫いた。その結果、多くのミッションスクールでは出席者数が一握りにまで減り、一時の間、日本では布教のための教育活動の終わりがやって来たように見えた。

しかし、宣教師と日本人キリスト教徒の抗議は、イギリスとアメリカの伝道協会とその支持者によって精力的に取り上げられた。日本の当局は遂に、誤りを犯したことを確信して、その規則は次第に世間から姿を消していくこととなった。

著名な日本人キリスト教徒である教育者の言葉によると、

「宗教の自由の原則を守るために、我々は大事な特権を捨てた。しかし、その問題を辛抱強く当局に提示することによって、我々は失った特権を一つずつ取り戻すことに成功した。その結果、官立中学校と我々の中学部の違いは名称の違い以下になっている。その名称でさえ、ほとんど同じである。前者は中学校であり、後者は中学部である」

それ以来、日本のミッションスクールには比較的小さな問題しか起きていない。宗教教育と礼拝堂での礼拝を必修にしている学校は、政府の登録を得ることはできないが、自由意志に任せている学校ならば、登録して、聖書を教え、自由に礼拝を執り行なう事ができる。ミッションスクールの大部分がこの道を取り、学生の約5分の4が宗教教育を受けることを選択するという満足できる結果となっている。

この喜ばしい結果は恐らく、日本にある学校は日本人自身のためのものであるという事と、何千もの公立学校に比べてミッションスクールの数が少数であるという事、そしてミッションスクールが概して、小学校や大学ではないという事が、少なくともある程度、原因である。政府は初等および高等教育分野をほぼ完全に独占しており、限られた数のミッション系中等教育機関は、性質は非常に優れているが、政府の見方では、国の教育システムにおいて重要な要素となれるほど相対数は多くない。

しかしながら、朝鮮では、異なる状況が広がっている。ここは、国外の属領であり、異なる民族に征服された国民、その憤慨した態度によって占められており、政府はそれを同化しようとしている。ここでは、朝鮮統治下で成長してきて、親朝から親日にするにはかなりの修正が必要と思われる学校が非常に数多く力を持っている。そして何より憂慮すべきは、その教育システムの大部分が外国人の手中にあることだ。確かに、併合時にあった2,080校の私立学校のうち、ミッションスクールとして公式に記載されていたのは788校だけであった。しかし、2~3の注目すべき例外を除いて、ミッションスクール以外の学校はあまり重要ではなく、近代教育の性質から考えれば、無視してよい要素だった。したがって、日本人がこの状況を不安に思い、教育を掌中に収めようとして、公立学校を開校することは、至極当然ではないだろうか。それ故、教育分野の法令が1915年3月24日に公布された。

この規則を英語の読者が読めるようにして、その性質と目的を説明したいという礼儀正しい願いから、小松緑閣下は、1915年の4月8日と11月4日に、規則に関して私に書簡を書いた。前者の日付の書簡には、その年の4月2日と3日付のソウル・プレス紙に「教育と宗教の分離」という見出しで彼が発表した詳細な説明が同封されていた。学務局長の関屋貞三郎閣下も又、1915年3月30日付のナガサキ・プレス紙と8月7日付のジャパン・アドバタイザー紙に記事を発表した。

そして内務部長官の宇佐美勝夫閣下は、1915年3月17、18、19日と21日のソウル・プレス紙に、さらなる公式声明を出した。これらの「法令」や「訓令」そして「規則」とその公式説明は、伝道団および教育の歴史上、記憶に残るものとなるだろう。それらの大部分は検閲や教科課程、教育のレベル、教師の資格の問題の他、宣教師が全く疑問を提起しない事柄に関連しているものなので、詳しく書く必要はない。規則の多くは素晴らしく、近代的な教育方法を入念に研究したことや、それらを適用する際の知性を示している。

しかしながら、官立学校だけでなくミッションスクールでもすべての宗教教育と宗教儀式を禁止しているように思える規則もあるので、宣教師と伝道局に深い懸念を与えている。我々は日本人の考え方に対して公平であろうと努力しているし、我々がそれを誤って伝えていないことは、以下の政府の規則とその公式解釈と適用からの抜粋を見れば明らかだろう。

「このような学校（私立）では、宗教教育を教科課程に含めることは許されないし、宗教儀式も執り行なってはならない」（改正私立学校規則と施行に関する訓令、朝鮮総督府により公布、１９１５年3月24日）

「教育と宗教の分離の原則は朝鮮において絶対必要である…その原則の実施については…この国の人であろうと外国人であろうと如何なる者のどんな反対や批判も許されない…最近の私立学校の規則の改正は、世人の心の動向を方向づけて統一することによって、同化という目的を果たすために講じられた手段に他ならない。それ故、国民（一般）教育に携わっているすべての学校は、官立、公立、私立のいずれの機関であろうとも、政府が定めた文教政策に従わなくてはならないと規則の中で規定された」（小松緑閣下、ソウル・プレス紙１９１５年4月2日3日および11月25日）

「朝鮮の宗教学校が文明と教育の発展に価値ある貢献をしてきたことに対し、当局は大変感謝しているが、朝鮮における教育の現状をこのまま長く続けることはできない…私立学校には、公立普通学校、高等普通学校、または官立専門学校を統制する規則に従って教科課程を決定する事が求められ、又、その規則によって認可された以外のどんな教科を付け加えることも禁止される。その結果、これらすべての学校では、宗教教育を施し、または宗教上の儀式を行なうことは許されない」（関屋貞三郎閣下、ナガサキ・プレス紙１９１５年3月30日）

「朝鮮総督府は、朝鮮教育令を施行するに際し、官公立学校だけでなく私立学校も、その教科課程を法律の規定によって定められるものとし、宗教教育を行ない、または宗教上の儀式を執り行なうことは許されない事を公告する」（『官報』、東京、１９１５年3月29日）

## 新規則への移行

規則が発表された時に政府許可証を持っていたミッションスクールは、新しい必要条件に学校を順応させるため10年の猶予(ゆうよ)を与えられた。他の学校は、従うか閉鎖するかを要求された。宣川にある長老派女子アカデミーと、スーンチュンにある南長老派女子アカデミーは、その法律が施行(しこう)される以前に設立されていたのだが、手続き的な遅れによって許可証を受け取っていなかった。宣教師たちは、聖書教育と礼拝なしにミッションスクールを運営することはできないと感じた。そして日本の裁判所は両教育機関を閉鎖したのである。

スーンチュンの官命の解釈は以下の通り。

「貴校がカリキュラムから宗教を除外する意図なく設立を申請することは、明らかに制定された法律に対する違反となる。したがって今後、私はその点で禁止を指示するよう命じられている。また、これらの指示は当局上層部から得ており、それを貴校に伝達する」

同日、3人の警官は、この命令が施行されるように取り計らうため学校に赴(おもむ)いた。同じ趣旨の命令が宣川で同市の女子アカデミーに対し、裁判所によって発令された。両伝道所の宣教師たちは、聖書教育と礼拝なしでミッションスクールを運営すべきではないと感じ、学校は閉鎖された。

以下の申し立ては、教育はもっぱら国の機能が考慮されるべきであり、そしてミッションスクールは排除されるべきであるという理念を、道理にかなった結論とする意向を明らかに示した。

「朝鮮の伝道団による一般教育事業の取り組みは、便宜上、一時的な仕事で、政府による一般教育システムの完成とともに、ミッションスクールは徐々に数が減少するか、その存在理由を失うだろう…あと6、7年で普通教育に取り組んでいる朝鮮のミッションスクールがなくなるだろうということは、全く有り得ないとは言えない」(1915年11月4日付　小松緑閣下の手紙)

「我々の教育の目的は、国民の知性と道徳を発達させることだけではなく、我が帝国の存在と繁栄に貢献するような国民精神を彼らの心の中に育成することである。それ故に我々は、国民教育に関する我々の政策とシステムについては絶対なる独立性を維持する決心をしている。そして他国の干渉あるいは支援なしに我々自身によって策定し実施する。従って、前朝鮮政府時代に外国伝道団によって発足した教育事業は、近代的行政措置を実行するための我々の計画の進展に後(おく)れを取らないよう、今日では修正されなければならないということになる。貴校がこの時代の変化を正しく認識し、教育に今まで費やしていた資金と労力を、本来の宗教的普及活動へ譲渡することによって、伝道団は教育に関するすべての業務を完全に政府の管理の下に委ねるべきと理解することを私は心より願う…学校の教科課程がどうであろうと、その学校の生徒が校長と教師の考え方と人柄に影響を受けるのは自然なことである。教育は明らかに国家主義的であるべきで、普遍的な宗教と混同されてはならない…宗教の普及事業はもっぱら教会の管理に属さなければならない一方、教育事業は完全に政府の管理下に入らなければならない…正に政府が宗教に干渉すべきではないように、教会は概して政権に干渉すべきではない。とりわけ行政の一環である教育に干渉すべきではない」（小松緑閣下、ソウルプレス紙１９１５年４月３日付け）

宣教師たちの落胆は容易に想像できる。彼らは、ミッションスクールで宗教教育を禁止することは、以前、日本が守るのを誇りだと考えていた教育的、宗教的自由の否定に等しいと感じた。聖書を学ぶことを許可されていないミッションスクールは教育的自由を有していない。そしてその自らの学校で聖書を教える事が許可されていない宗教は自由ではない。１９１５年9月、朝鮮の伝道連合議会は反対僅か一票で、ある決議を採択した。それは、「伝道連合議会は、本国の信者たちの関心、連合議会の会員がこの国に住む唯一の理由、学校運営のための資金を使う最終目的を考えた。我々は、政府の教育方針に影響される現在の状況は、我々のミッションスクールを完全閉鎖しないのであれば、教育の機能を失わせるものだ、ということを断言せざるをえない」

政府の政策に最も好意的な解釈をする傾向の人たちは、三つの方法で彼ら自身を安心させようと努めた。

第一番目は、ミッションスクールが日本で長い間享受していた同じ基準による自由を、朝鮮でも期待し得るという信念、そして新しい規則は日本での我々の経験によって解釈されるべきであるという信念であった。この信念はすぐに錯覚だとわかった。

ある宣教師は次のように書いた。

「厳密には日本では、もしミッションスクールが政府のシステムに従うなら、他の学校が得られないある特権を有する。しかし、もし従わなくても運営し続ける可能性はある。その場合は、その教育課程において最大限自由に宗教教育ができる。与えられた選択肢は『従え、さもなくばそっちにいろ』というものである。朝鮮での選択肢は『従え、さもなくば閉鎖しろ』というものだ。前者の選択肢は許可を表しており、後者は抑圧である。選択の自由は与えられない。それは宗教から分離するか廃業するかなのである」

小松氏はこの基本的な違いを、以下の宣言で率直に認め、擁護(ようご)した。

「私は、日本で進められたのと同じ教育政策が朝鮮に適用されるべきであり、そして本国のミッションスクールに及んだのと同じ特権が、朝鮮半島にある同様の教育機関にまで及ぶべきであるという意見を、朝鮮の一部の宣教師たちが検討しているとよく耳にする。このような意見は、私は躊躇せずに述べるが、その国の二つの異なる地域に存在する状況についての間違った考えから生じている…もし朝鮮が日本と同じような発展段階に達するようなことがあれば、この問題について議論が起こる余地など有り得ないだろう。しかしその二つの地域では教育状況が甚だしく違うので、これらの異なる地域で同じことを実行しろというのはまったく実情にそぐわないのである」（ソウルプレス紙、記事「教育と宗教の分離」、１９１５年11月25日付）

第二番目の期待は、卓越した日本人数名の、心強い個人的な発言の中にある。しかし、そのような発言に関して問われたところ、小松氏は１９１６年5月5日に、次のように答え、記している。

「すべての公務は関与している成文法に準じて対処されることになっている」

第三番目の期待は、政府規制によって規定された教育課程の時間の前後どちらかに、学校で聖書教育が割当てられ、礼拝が行なわれるかもしれないことだった。訪問者と宣教師たちは個人的な面接では好意的な印象を受けた。しかし、１９１５年９月17日、全国の地方当局者に以下の指示（教育規定Ｎｏ．１３７１）が送付された。

「当該の学校において指導される学習の通常科目に宗教の授業を追加することは許可されない。および、学習の通常科目に追加された選択科目の名の下で宗教を教えることも許可されない。または学業の一部として礼拝式を催すことも許可されない。これは明確に理解されるべきことである。一方、もし学業以外でそれがなされるならば、宗教上の目的で校舎を利用することには異議はない。しかし、その場合には学校の勉強とこれを混同しないよう、そしてまた生徒たちの意思に反して宗教的信仰を彼らに無理に受け入れさせないよう注意が払われなければならない。この伝達は当局の命によってなされており、その内容に当然の配慮がなされることが期待されている」

これは１９１５年10月29日、「内務部長官から警察本部長宛ての指示」によって補足された。それは以下の文に述べられている。「もし（宗教に関する）講義を聴いている人々が確かに学校の生徒であるならば、それは禁止されるべきことだと判断する。なぜなら、これを学校の勉強と区別するのは困難であろうからだ」

## 各国の教育と宗教

日本の教育規定が、キリスト教を阻止する目的で構成されたと非難することは、日本に対して不公平である。小松氏は1915年11月25日付けのソウルプレス紙で、偽りなく次のように語った。

「この法令が宗教活動に対する規制を目的としていると考えがちな人々がいることを耳にして遺憾に思う。そのような憶測は真実と全くかけ離れている…宗教の自由はそれぞれに皆保証されている」

そして寺内総督は次のように語ったと報告されている。

「宗教的信仰の完全なる自由があり、キリスト教に対して寛容だけではなく友情関係がある。朝鮮のミッションスクールで聖書の勉強を廃止することは国家の教育に関する政策であり、キリスト教への差別ではない」

これは疑いもなく事実である。しかし我々が言及したように、教育は教会の領域と区別された国家の領域に属するのである。そのため、宗教が教育の中に入る余地はないという前提で解釈されることが必要なのである。教会は、そもそも、その役割の重要な部分を奪われる形で定義されており、そして定義の範囲内でその自由は損なわれないと言われているだけなのだ。残念ながら、これは現在の問題を解決する役には立たない。宣教師たちは喜んで伝道活動においての自由を受け入れるが、教育を除外する宗教的取り組みの理論には同意することができない。

私立と公立のすべての学校から宗教を除外する際、日本人は単に、最も見識ある西洋の国々の例に、自分たちが倣（なら）っているだけだと思い込んでいた。1915年4月2日付けソウルプレス紙の公式声明は以下の通りだ。

「宗教の勉強を目的とする神学校を除いて、アメリカの学校は宗教的な教育をしない」

アメリカの読者はこれが誤解だと十分承知している。アメリカでは、国家の責任は、税金によって全体的にまたはある程度援助されている教育機関の規定と規則にだけ及ぶ。何千もの私立の教育機関は政府と関係がなく、政府によって管理もされない。国によって維持されている学校は宗教教育を除外しているが、何校かは聖書の朗読と一日の始めの祈りは許可している。しかし、私立学校は、宗教を含めて好きなことを好きなように教える、全くの自由があり、政府は法人団体の設立許可書を惜しげもなく与えているのだ。

これらの声明は実質上イギリスの教育政策についても言える。イギリスの最高の教育機関、例えばオックスフォード大学、ケンブリッジ大学、スコットランド大学、そして、イートン、ラグビー、ハローのような高等学校、そして他の多くの学校について、その中の何校かは「公立学校」と呼ばれているが、全く国立学校ではなく個人的に管理されているのであり、全く政府規制に従わなくてもよい。しかし、イギリス王室や政府の上層部たちは何世代も彼らの子孫たちにこれらの学校で教育を受けさせている。多数の教師たちは聖職者に任命されており、他のほぼ全員が教会の陪餐会員である。そこでは宗教は自由に教えられ、そして最高の聖書の解説書、祈祷書、キリスト教世界全体の宗教に関する出版物が教職員たちによって準備されている。

インドに関して言えば、１８５４年の教育「通達」では、イギリスの巨大な属国に対する教育制度に以下の二つの指針が基準として用いられた。

（１）政府によって監督、援助される私立学校に対する信頼

（２）政府援助学校で伝えられる宗教教育への完全無干渉

イギリスはインド政府に対して、非ミッションスクールで宗教儀式が禁止されているのと同じように、ミッションスクールでも、宗教的儀式を強制することをしないという「良心的な条項」を自主的に加えるよう、数

年間に亘る説得の試みを続けたが失敗に終わった。インドの国家伝道協議会は、1917年に以下の決議案を採択したのである。

「本協議会は、インドにおける政府の教育政策に基づく原則が健全であることを確信できるように求める。すなわち、一般教育に貢献しているすべての教育機関について、政府は、そこで行なわれる宗教教育に干渉することなく、公平に援助を行なうべきであり、国民最大の関心である原則からの如何なる逸脱にも反対する。

伝道団または宣教師に授けられたすべての教育は、根本的にキリスト教でなければならない…そして、そこには真実の教えと人格形成のための最高の書物としての聖書による教育を含む。キリスト教教育機関は、そのようなキリスト教教育を受け入れる意思のあるすべての人にキリスト教教育を与えるために存在し、この職務を遂行する明確な場を求める。キリスト教宣教師に対して、基本的にキリスト教ではない教育を与えるよう要求するのは不当である。キリスト教教育以外の教育を提供するのは、キリスト教教育機関ではなく、私立または公立の該当機関の義務であると考える。その要求がどこから出されたものであれ、である」

この見解の正当性は一般的にも認識されているものだ。

これに対し、トルコとメキシコについては、教会付属学校での宗教教育は禁止されているが、朝鮮とは事情が違う。トルコやメキシコの政府には、大したものではないにせよ、政府がそれを禁止する理由がある。だが、朝鮮にはそのような理由は存在しない。朝鮮においては、キリスト教教育のクラスに日本人が入るよう望まれているわけでもない。

日本の役人は、もし伝道局が運営している私立学校でキリスト教が教えられることを朝鮮総督府が許可するのであれば、同様に仏教徒が維持したいと希望するかもしれない学校でも仏教が教えられるよう許可しなければならないと要請した。宣教師たちはこれに対して微塵の異議も唱えていない。彼らは、ただ宗教の自由以外は、いかなる特別な依頼もしていないのだ。

日本政府は、キリスト教も仏教も国家的な宗教として認識している。それにも拘わらず、何故どちらの信仰の信者も、政治の自由と同じように教育の自由が認められないのだろうか。我々は理解に苦しむ。歴史と他の国々の経験が明確に証明するところだが、教育と宗教の自由を制限することは、その国にとって真の利益を得るというより、むしろ損失になる。ミッションスクールは、子供たちを高度なタイプのキリスト教徒の人格と人間性を持つように育てようと努める。そしてそのような人格と人間性は、教会にとってそうであると同様に、国にとって最も揺るぎない可能性に満ちた基礎を形成する。伊藤公が宣言したように、もし、「文明が道徳によって決まり、最高の道徳が宗教によって決まる」なら、宗教は教育において適切な位置を占めるだろう。そして、もし国がそれを官立学校に入れることができないのであれば、私立学校にそうする許可を与えるのは理屈に合っている。

ウッドロー・ウィルソン大統領は、他の人間と同じように教育と政治の両方をよく知っている。そしてこう言った。「もし求められる能力が知性的、そして道徳的でなければ、教育の有効性についての議論は永続的な正当性をもたない。強い明確な道徳的衝動があった時代は達成の時代であった。そして最も高く達成された道徳的衝動はキリスト教徒から来ている」

アメリカの公立学校では宗教教育が禁止されている。それについて、キリスト教徒はそこで教師をするべきではない、と宣教師は言うのかと質問される。しかし、その質問は的を射ていない。

我々は、すべての宗教の子供たち、または無宗教の子供たちのために税金で運営されている公立学校について考えているのではない。我々は朝鮮において国からの援助なしに、クリスチャンたちによって運営されている私立学校について問題にしているのだ。キリスト教教育を望んでいる両親によって、そこに通わされている生徒たちのためだ。日本政府は、朝鮮で良い非宗教的な公立学校制度を発展させており、我々はそこに宗教を加えるよう要求しないし、またどんな朝鮮の少年少女も官立学校に通うことに反対しない。

なぜ伝道局が学校を運営すべきなのかという唯一の理由は、少年少女が良い教育を受けるだけではなく、彼らを、高度な人格を持ち、一個人として価値のある人間にするキリスト教の強い影響のもとで教育したいという願望にあるのだ。そして教会が、極めて有益な、宗教的な、博愛的な、そして精神を高めさせる努力を支え導くことができる牧師、伝道者、教師、そして一般信徒を、彼らの中から獲得できるようにするためだ。

問題の重要な要因として、法理論がどうであろうが、朝鮮の学校は宗教に対して中立ではないのだということに留意する必要がある。

アメリカやイギリスでは、コミュニティー内でのキリスト教徒の心情が強く、それらを好む人々のためにキリスト教徒の援助のもとに十分な教育施設がある。そのような国々では、公立学校の宗教的中立性はより容易く守られる。しかし朝鮮のような国では、中立性は不可能だ。朝鮮では、すべての教育機関は確実にキリスト教か、あるいは確実に非キリスト教か反キリスト教かのいずれかの影響がある。朝鮮総督府自体、このことをはっきりと証明している。学校の教育課程と教育方法にキリスト教の宗教教育を禁止する一方、教科書と必須の式典には、他の宗教的教育を盛り込んでいるのだ。

すべての学校で使用するための政府発行の倫理の教科書は、挿絵の中に、犠牲的な捧(ささ)げものが置かれている先祖の墓の前でひれ伏している3人の朝鮮人の絵が入っており、その横の文章にはこう書かれていた。

「17課　先祖

これらの人々は墓をきれいに掃き、そして様々な種類の捧げものを準備し、きちんとならべた。

先祖への捧げものをおざなりにするようなことは誰もしない」

ミッションスクールも公立学校も、この本を使用することを要求され、他のもので代用することは許されない。日本当局は、学校でのキリスト教教育の禁止と、先祖崇拝の教育を命ずることとの間に矛盾があるとは思っていない。彼らは、後者は「宗教ではなく、単に両親を尊敬することを教えるよい社会習慣」であると主張する。しかし、「捧げもの」は疑いようもなく宗教的であり、人々は普遍的にそのようにみなすものである。

## 国家行事の宗教性

国民の祝日行事についても、これに関連した困難が生じる。ミッションスクールでは、例えば建国記念日のような、それは一般的にアメリカ独立記念日に相当するのだが、歴史的重要性のある出来事を記念する祝日を喜んで祝う。しかし朝鮮では、これら祝日のほとんどは、単に天皇が神道の儀式に沿って捧げものをする日である。そしてその意味は宗教的なものであると理解されている。

新しい学校法が施行された1915年4月1日以降、ミッションスクールは、これらの日に「儀式」を行なうよう命じられている。宣教師たちにとって、監視している当局者を満足させる「捧げものの日」の儀式をひねり出すのは容易ではない。

儀式の日が日曜日に当たると、特に複雑な事態が生じる。例えば、皇太后の命日に関連して、ミッションスクールは教師と生徒を日曜の朝の礼拝時間に集合させて「遠隔礼拝」を行なうようにとの命令を受けた。礼拝に使用される言葉は、崇められる者が神とみなされるような言葉だった。そして宣教師たちはその後、彼らが何を行なったかを正確に報告するよう指示された。彼らは、この命令に応じることはできないと決定した。しかし彼らは前日の午後3時に追悼式を行ない、月曜日にそう報告した。彼らは厄介なことが起こるのを予想したが、何も起こらなかった。しかし当局者たちは明らかに不機嫌であった。

天皇の誕生日に天皇の写真を前にして学校で行なう公式な礼拝、そして政府に認可されている学校の教師たちによる天皇の写真の前での毎日の拝礼などは、聞くほど簡単ではないもう一つの習慣だ。なぜなら、単に君主への尊敬の印というだけではなく、神聖な人物への崇拝の行為と解釈されているからだ。民主主義とキリスト教は、そのような儀式を享受しない。ある日本人たちは、それらはアメリカの公立学校での国旗への敬礼と何も変わらないと断言する。もしそれがすべてなのであれば、反対することは揚げ足取りになるだろう。しかし残念なことに、宣教師たちだけではなく朝鮮の一般的なキリスト教徒や多くの日本人でさえも、それらを天皇の神性の敬虔(けいけん)な認知であり、宗教的な儀式だとみなしている。

これは次の出来事によって説明されているのだが、イギリスの宣教師によって報告されたそのままを正確に伝える。

「皇帝の誕生日の祝賀は日曜日に当たり、我々の学校はその日に集まって、国家を歌い、学校長のスピーチを聞くようにという命令を受けた。もしそれが日曜に当たれば、キリスト教のやり方で開会の祈りと、聖書の朗読と、おそらく聖歌を歌うことが、従来の習慣となっていた。今回我々は、非常に明確な指示を受け取った。どんな種類の宗教的儀式もあってはならない。教会活動は学業とは全く別に実施されなければならない。祝賀は提出されたプログラムに厳密に従って行なわれなければならない。そして、全生徒は生徒として集まって、天皇に敬意を表さなければならない。私は当局に話をして、我々が日曜日に集まらなくてもいいかどうか、または、それが許されないのであるなら、日曜日に集会を開いて、我々のキリスト教の要素をいくらか含んだものにしてもよいか尋ねた。彼はその要求を拒否し、我々が当局の要求を遂行しなければならないと言った。私は、それは習慣の問題ではなく、良心の問題であり、そしてキリスト教徒として神を崇拝するためにあけておいた日である日曜日に、そのような集会を行なうことを拒否しなければならないだろうと答えた。彼の答えは見事であった。『我々は天皇を最優先に、すべての神は二の次にする。たとえそれが日曜日であっても、あなた方は祝賀を行なわなければならない』勿論、この言葉で問題に決着はつき、私はこれ以上言うことがなかった。しかし翌日私は彼に手紙を書き、もう一度自分の立場を説明した。彼の命令に真っ向から反対して、我々は土曜日に祝賀会を催した。我々の学校が再度、忠誠心と愛国心に欠けているとして評価を下げられたのは明らかだ」

アメリカの一部の宣教師たちとその伝道団は、勿論教育課程に聖書を入れて、礼拝を義務化することを希望する一方で、その論点に関する問題だけを推し進めることは賢明ではないと考えた。もし政府に規定された教育課程が、一日のある時間に確保されるなら、彼らは喜んで聖書教育と礼拝をその時間の前か後のいずれかに入れるだろう。もし学校の敷地内での宗教教育と礼拝の自由があり、学校生活の一部として認められたならばであるが。

## ミッションスクールの政府への対応

1915年11月25日付けソウルプレス紙での小松氏の声明は、これを正当化するために行なわれた。なぜなら彼は次のように語っている。「官立であろうと私立であろうと、すべての学校の生徒が、家庭教師のもとで決められた授業時間外に学校以外の場所で、または日曜学校、神学校、教会のような専修学校で、聖書を学ぶことは完全に自由である」

当時メソジスト監督教会の居住者司教であったメリマン・C・ハリス大司教は、10年間の猶予期間の資格がある学校の場合でも、この小松氏の発言に基づいて規則に従い、善意を示すことが賢明であろうと決断した。

そして、彼はソウルのメソジスト・パイチャイ男子アカデミーへの許可を申請した。日本側は速やかに許可を発行し、そしてそれは、相互の祝詞が交わされた祝福の出来事となった。政府の好意的な態度は、入学申請の洪水を引き起こすことになった。ハリス大司教はすべての状況を考慮し、最善策を取ったと確信していた。そして多くの宣教師たちは、この彼の立場を支持した。そうでない人たちは強く異議を唱え、ミッションスクールにおいて教育と宗教の分離をはっきり命じている法規が、何故ミッションスクールが主として続けてきた教育と宗教の一致と両立するのか、理解することができないと主張した。

本書を執筆している現在では、法規が施行された時に認められていた、ミッションスクールに与えられた十年間の猶予期限は切れていない。そしてそれら学校の多くは、宗教教育を認可のもとで続けている。しかし数校は、パイチャイアカデミーの例に倣うのがより賢明だと考えた。

一方、1917年4月7日に朝鮮総督府が、伝道局の連合を代表するソウルに新設された朝鮮クリスチャンカレッジに発行した設立許可書には、かなり重要な意味があった。この設立許可書の第二条「法人」には、「この法人の目的は、キリスト教の理念に従ってこのカレッジを設立、維持すること」と書かれていたのである。第四条は「管理者、役員、教職員そしてすべての講師は、キリスト教の聖書に含まれている教義の信者あるいは信奉者でなければならない」とあった。第六条および第七条は、法人会員の三分の二は宣教師によって、協力する伝道局の本部から選ばれ、そして残りの三分の一は、「これら宣教師たちが選ぶ日本人キリスト教徒」から選ばれることとした。そして第十八条と第十九条は、法人解散の可能性および、最初の援助資金提供者または彼らの後継者への資産の復帰権を規定している。

もしそのカレッジが、朝鮮での布教活動の一部をなす支援を正当化できるほど十分にキリスト教的な性質と影響力がない、と彼らが確信するならば、いつでも然るべき通知の後に、協力する伝道局は宣教師たちを撤退させ、経済的支援を取りやめることができるのだ。

朝鮮総督府内務部長官宇佐美勝夫閣下は、カレッジ学長のO・R・エビソン博士に宛てた9月22日付けの手紙に関連してこう述べた。

「もし彼らが、宗教の勉強を正規の教育課程から全く切り離して行なうならば、宗教の勉強の自由に関して生徒に対する制限はない」

法人は、他の布教活動の地だけでなく朝鮮でも、ミッションスクールが長く享受してきた自由をすべて与えてくれるわけではないが、伝道団によって運営されている教育機関のキリスト教的性格と目的について、彼らキリスト教徒の取り組みの不可欠な部分として当局者が進んで認め、法の下にでき得る限りの宗教の自由を与える用意がある証拠とみなされた。

大学の設置予定場所がソウルだった事や、朝鮮総督府がやりたいと思っていたがしていなかった種類の教育事業をする計画であったこと、日本人代表者が学部と現地管理委員会に入ることに決まっていたこと、そして責任を担う宣教師が、政府当局者が最も良く知り、最も信頼していた人たちだったことによって、間違いなく、この教育機関設立への道は円滑になったのである。ソウルのセブランス連合医学専門学校の法人にも、実質上、同じ取り決めがなされた。学務局長の関屋氏を含む日本人高官は、ソウルプレス紙が6月15日の「祝賀会」と評した会に参加して、両校に対する心からの祝詞を惜しみなく述べた。大多数ではなかったものの、かなりの数の宣教師と北米の五つの伝道団すべてが、法人の受け入れを投票で決めた。それは、法人が自分たちの欲しいものをすべて持っていたからではなく、一般に難しいと認められていた問題について、その時点で実行可能な最上の解決手段として、そして後のさらなる進展をより容易にするための事前の一歩として、友好の精神で提案されていると感じたからであった。

## ミッションスクール学生逮捕の波紋

本書が出版される時、問題はこのような状態である。１９２５年に10年の猶予期限が切れる時、何が起こるかはまだ分からない。その間、朝鮮基督教学校と他の規制に適合した教育機関は非常に栄えているだろうが、一方で、他のミッションスクールは決して楽ではない状況にある。

その苦境の実例が、去年の平壌ジュニア・カレッジの卒業式に関連して見られた。４人の学生が演説をした。出席した外国人は腹を立てるようなものではないと思ったが、警察は話した者全員が公益を破壊する発言をしたと明言した。学生たちは逮捕されて尋問を受け、犯罪歴がなかったので釈放された。しかし、憲兵の地方長官が学生たちを彼の前に呼び出して、再び事件を調べた。

カレッジの学長が執務室に呼ばれ、今後はもっと注意を払うよう厳しく命じられた。事件はそれから道長官に、そしてそれから総督にも報告された。総督はカレッジの学長に、学生たちの無分別があまりにも深刻なので、政府は閉校を検討しているとの手紙を書いた。総督は同様の文書を道長官に送り、その直後に、道長官は学長を執務室に呼んで、もし、彼に学校に対して特定の変更を加える覚悟がないならば、カレッジは閉校しなくてはならないだろうと伝えた。

その変更とは以下のように列挙されたものである。（1）日本人校長の任命、（2）演説をした少年たちのうち3人の放校と、4人目の学校で行なっている特定の教育任務からの解雇、そして今後再び演説の企画を行なわないとの約束、（3）より多くの日本人教師、特に朝鮮語が分かる者を確保する事、（4）漢文と朝鮮語、そして英語以外のすべての授業は日本語を介して行なう事、（5）規定細目に指導を限定して、教師がそれから逸脱したり禁止されている教科について話したりしないように、指導教科の学習計画書を準備する事、（6）新しい規則に従う事。最初の五つの変更を希望通りに行なうためにできることはすべてするが、6番目の変更に関しては、伝道団としては、当面、カレッジに10年の猶予期限を認めている以前の許可証の下で続ける方がよいと学長が答えると、高官は明らかに失望して、6番目がすべての中で最も大事であると遠回しに言った。

日本人に対する真の友情と、彼らの全体的な朝鮮政策に対する敬意、そして彼らの考え方に対する公正な認識の観点から、我々はこの問題全体を考えるべきだと私は思う。我々は、これまで朝鮮で持っていた当たり前の宗教の自由をミッションスクールにも求めているだけで、日本人のしかるべき権威を否定するつもりはない。

宣教師の態度が偏見に影響されていなかったという事は、既に引用された伝道連合議会の抗議に次の宣言が添えられていたことから分かる。

「我々が日本帝国政府の下で享受している良心の自由と宗教の自由に対する神への感謝を述べます。日本帝国に居住する者、そしてキリスト教宣教師として、我々は文官当局を、神によって定められたものであり、神の言葉どおりに、正当に尊重し従うべきものであると認めます」

また我々は、既に言及した基本的考察も心に留めておかなくてはならない。すなわち、日本人が朝鮮で反対しているのはキリスト教ではなく、アメリカ人大集団がもつ、日本の臣民と何百もの学校に対する影響力である。彼らは、民族的にも社会・政治思想の点でも異邦人であり、多くの日本人は、彼らを国策の障害とみなしている。

宗教は伝道計画に不可欠な部分であるという、伝道局にとってはあまりに自明な立場が、日本人の統治権に対する外国人の一団の一般的関係という政治問題のために、どういうわけか日本人当局者の心の中で影が薄れてしまっている。

朝鮮総督府は、学校における宗教の問題よりも、朝鮮でその支配権が正当であると認められることに、より深い興味を抱いており、聖書が私立学校の教育課程の範囲の内にあろうと外にあろうとあまり気にしてはいないのだが、学校の雰囲気が政府に対する尊敬と忠誠を生むかどうかについては非常に気にかけていると私には思える。朝鮮人少年少女が小さなアメリカ人になるようなことを受け入れる余裕はないと、寺内総督が言ったと私は理解している。

この不信感が今の問題の底にあり、問題を解決するには、それを晴らさなくてはならない。それなしには不可能な、完全なる相互信頼に基づいて、適切な問題解決のための調整が実行可能かもしれない。幸いにも、宣教師は朝鮮人少年少女を「小さなアメリカ人」にしたいと思ってはいないので、これに伝道方針の変更は必要とされない。

日本人総督の一般教育規則は、財政能力が許す極限まできっちりと守られている。人民の教育に関して政府には、教育する学校の適切な基準を要求する権利があることは疑う余地がない。統合的な政策にとって極めて重要となる、国民の日本に対する忠誠心を育成する目的と相容れないならば、どのような教科書や儀式にも反対する権利があるのである。アメリカの7月4日の独立記念日の儀式などは朝鮮では場違いである。朝鮮人の若者に対して、アメリカの例に見習って独立した方が良いという印象を持たせるようなやり方で、独立宣言やアメリカ革命の歴史を教えることは、宣教師の為すべき仕事ではない。設備と教育のレベルに関しては、もし伝道局が、衛生的な建物や、資格を持った教師のいる学校を維持できないのであれば、それに政府が異議を唱えても、彼らに不平を言う権利はない。

我々は、この国の教育機関を体系化し、連係させ、改善しようとする政府の強い願いを徹底的に尊重し、それに理解を示すべきである。伝道団は、自ら改善が必要であった事にずっと気づいていたし、日本の学務局が改善の目的を達成するために行なっている、称賛に値する努力に協力したいと心から願っている。

教育を宗教から分離させる法令は、ミッションスクールの極めて重要な性質と、ミッションスクールが存在する本質的目的に影響するものだ。また、この章で論じてきたような他の重要な原則にも影響があり、通常の問題のように扱うことはできない。我々はフィリピン諸島ではアメリカ政府に忠実である。しかし、もし万一、現地のアメリカ人総督が、民間で維持運営されているミッションスクールでの宗教教育を禁止するようなことがあったなら、ミッションスクールは、警察によって強制閉鎖されるまで屈することはないだろう。そしてミッションスクールの支持者たちは、政府が全面的な博愛の意図があるのだとして、その行為を正当化するようなことは許さないだろう。それ故に、朝鮮でどのような抗議があったとしても、それは反日感情に起因するものでは全くない。もし万一、フィリピンにおいて、アメリカ政府が同様の措置を採択するようなことがあれば、アメリカ人もアメリカ政府に対して躊躇(ためら)うことなく同様の抗議をするようなものでしかないのだと、明確に理解されるべきである。

もし我々が、日本の決めた規則が修正されるのを期待するのならば、静かにしていた方が良いと言われてきた。何故なら政府にとっては、抗議を受けて規則を変えさせられたら、「面目」を潰されて威厳を損なうことになるから、かえって態度を硬化させる結果になるだろうと思われていたからである。

しかし我々は、日本人との交渉でそのような経験をしたことがない。彼らは勇敢にも自身の信念に忠実であり、他人の勇気と忠誠心を重んずる。加えて、彼らは率直な働きかけには耳を貸すことを一度ならず示してきた思慮のある人である。

私はどこか他で、１８９９年の日本の文部大臣の命令と、１９１２年から１９１３年にかけての朝鮮人陰謀事件に関連して宣教師たちとアメリカやイギリスの支持者が行なった丁重な抗議に対する返答の、礼儀正しい心遣いについて述べた。京都の同志社大学の場合、当時はアメリカン・ボード（註：アメリカの海外伝道局）の保護の下にあって、議論は長く活発だったが、満足のいく終わり方をした。

抗議を行なうと当局者が却って自分の意向を貫くことに固執するだろうという理由だけで、公式の法令に対して誰も抗議すべきでないと考えるなら、それは異常である。

万一、すべての場所でそのようにして抗議が行なわれなくなったとしたら、世界の有り様はどうなるだろうか。政府が、法律を公布した後、異議を唱える者がいないから、施行するのをやめるなどという事はあるだろうか。定められた法令に対して、全く異議が唱えられないなら、どうして政府がそれを実施しないなどということがあろうか。

この問題に関して、努力もしないで屈するようにと宣教師に警告する人々は、実は自分たちが持っている朝鮮総督府に対する厳しい批判をほとんど自覚できていないのだ。というのも彼らがそのように警告することは、責任ある日本人当局者のことを、非常に頑固で反動的であり仲間の意見に決して耳を傾けないとみなしている、という事しか意味し得ないからである。私自身は日本人の友人であるので、彼らを公平に評価し、彼らは理性的で公平な人物であり、妥当な提案には快く従うと信じている。

だから私は何ら躊躇(ためら)うことなく、ワシントンの我々自身の政府やどこかの心の広い人に申し入れをするのと同じように、率直に信用して彼ら日本人に申し入れをするのだ。そして、いつも私は信用する相手を間違えていなかったことを知るのである。

私が信じるところを繰り返すと、政府が主として望んでいるのは、朝鮮での正当な管轄権や、国策である日本との同化策、そして、確実に朝鮮人の若者たちが十分な教育を受けて、当局に対する忠誠心を教え込まれるようにするという正当な目的、それらが公正に認められる事なのである。

伝道局についてはどうかと言うと、彼らが求めているのは、これまで彼らが持っていた自由、つまり彼らと朝鮮人キリスト教徒が運営する私立学校でキリスト教と聖書を教える自由だけなのである。

このような事実に基づくなら、各当事者が互いに、不可欠だと考える目的を失うことなく、何らかの形で友好的な問題解決のための調整が可能なはずだと思えるだろう。伝道局と宣教師は朝鮮の学校を維持することに少しの利己的な関心も持っていない。

彼らは、人々に対して善を成す事を唯一の目的とし、自分たちの利益など全く考えずに、多くの労力と資金を使っているのである。神を彼らのすべての学校と活動の先頭に置いておく自由以外には全くの無条件で、できる限りのあらゆる方法で朝鮮総督府に協力する事が、彼らの心からの願いである。もしこれができないならば、彼らは自らの主たる存在理由を失ってしまっているのであり、朝鮮から完全に撤退するべきなのである。

# 第三十六章

## カトリックとロシア正教の日本における布教活動

新約聖書を日本に最初に伝えたのはローマカトリックのイエズス会だった。16世紀の暗黒の時代、イエズス会の創設に関わった5人の修道士のうち1人がフランシスコ・ザビエルだった。才能あふれる若者であったザビエルは、神の望む所ならばどこにでも赴くという厳しい誓いを立てた。彼はマラッカを訪れた時、アンジロウという日本人に会った。彼は日本で殺人を犯しマラッカまで逃げ、そこで洗礼を受けた。ザビエルはアンジロウに、「もし私が日本に赴けば、日本人はキリスト教徒になるだろうか？」とたずねた。アンジロウの意見を聞くと、ザビエルは布教の情熱に燃え、直ちに日本に向けて出航した。小さな宣教師団は成果を収め、１５７１年からの10年ほどは布教活動が急成長した。が、その後、迫害は激しくなり、１７１５年頃には日本におけるキリスト教は実質的に消滅していた。しかし、宣教師の地道な努力は続き、キリスト教は再度広まっていった。

# CHAPTER XXXVI

## ROMAN CATHOLIC AND RUSSIAN ORTHODOX MISSIONS IN JAPAN

To the Roman Catholics belongs the credit of making the first effort to carry the Gospel to Japan, and it was a Jesuit who bore it. One of the five devoted souls whom Ignatius Loyola associated with himself in founding the Society of Jesus in the dark and stormy years of the sixteenth century was the immortal Francis Xavier. A gifted youth, educated at the University of Paris, he with the others turned away from the allurements of secular life and took the rigid vows of chastity, poverty, obedience, and readiness to go wherever in the world they might be sent.

Xavier visited Malacca, and met a wandering Japanese whose name he gave as Anjiro. Anjiro had fled in a Portuguese ship to Malacca, where he was baptized. From him, Xavier learned much of Japan, and asked, "if I went to Japan, would the people become Christians?" Anjiro replied positively. Flaming with zeal stimulated by his opinion, Xavier quickly sailed for Japan accompanied by two other Jesuits, Father Cosmo Torres and Brother Juan Fernandez, and by three Japanese, including Anjiro.

The mission work thus begun was steadily pressed and the little band of pioneers was gradually enlarged by later arrivals. The Japanese appear to have welcomed the missionaries with surprising cordiality. The decade beginning with the year 1571 was one of more rapid growth. However, persecution was carried out under different leaders. The period of persecution continued with varying degrees of intensity and vindictiveness throughout the reign of Hideyoshi and his successors, Ieyasu and Hidetada till, by the year 1715, Christianity in Japan appeared to be almost exterminated. However, missionaries endured and continued their efforts, and Christianity gradually regained strength.

# カトリックとロシア正教の日本における布教活動

## ザビエルから始まったローマカトリックの布教

日本におけるキリスト教伝道についてきちんと語ろうと思えば、それだけで分厚い1冊の本になるだろう。オーティス・ケーリーの素晴らしい著作『日本におけるキリスト教の歴史』は2冊にわたる内容の濃い本であるし、他にも色々な作家が、それぞれの時代の有名な宣教師について、その活動と人生を書き記した著作を出版しており、それらは、かなり大きな図書館も埋めるほどの量になる。

いずれも感動的な記録であり、多くの出来事が掲載され、人間的な面白みもあり、構造改革的な影響を広く持たせるようにもなる内容である。

新約聖書を日本に最初に伝えようとしたのはローマカトリックで、イエズス会によって持ち込まれた。16世紀の暗黒の時代、イグナチオ・ロヨラとともにイエズス会の創設に関わった5人の修道士のうちの1人がフランシスコ・ザビエルだった。パリ大学で学び、才能あふれる若者であったザビエルは、仲間の修道士とともに俗世間の誘惑を断ち切り、貞潔、清貧、従順の誓いとともに、神の望む所ならばどこにでも赴くという厳しい誓いを立てた。

ポルトガル国王からイエズス会への依頼で、新しくポルトガル領となったインドに宣教師を送ることになった時、ロヨラはザビエルを指名した。通知を受け取ったザビエルは、翌日にはリスボンを出発した。彼がインドのゴアに着いたのは1542年5月6日のことだった。7年間に亘るインドでの布教活動では、疲れを知らぬ働きぶりで素晴らしい成果をもたらした。彼は次のように記す。「イエスへの信仰に改心した者は数え切れず、洗礼を施す腕は疲れ切り、口をきくのも億劫なほどだ。…1日で村人すべてに洗礼を施した」しかしこのように、安売り商売のようなやり方で改宗させたキリスト教徒の実態は、1549年にザビエルからロヨラに宛てた、意気消沈したような報告書の中に垣間見える。「こうした国々での経験を通してはっきりわかったことは、インド人たちだけでイエズス会を永続させるのは無理だということです。既にこの地にいる宣教師たちや、新たに送られてくる宣教師たちがこの国にとどまり、彼らと一緒に暮らしている間は、この国のキリスト教徒たちも信仰を持ち続けることができるかもしれません」

彼が布教活動に絶望していた頃、訪れたマラッカで出会った日本人がいた。ザビエルがアンジロウと呼び、のちの作家にはヤジロウとして知られている人物だが、日本で殺人を犯し、ポルトガル船でマラッカまで逃げて来て、そこで洗礼を受けていた。

ザビエルは、アンジロウから日本のことをいろいろと学んだ。

「もし私が日本に赴けば、日本人はキリスト教徒になるだろうか?」とたずねると、アンジロウはこう答えた。「日本人は簡単にはキリスト教徒にはならないでしょう。まずあれこれと質問してくるでしょう。そうやって、あなたがどう答え、何を言いたいのか見定めようとし、何よりも、言動が一致しているか、じっくり観察するでしょう。あなたの受け答えに満足し、行ないに非の打ち所がないと分かれば、よくよく吟味(ぎんみ)した上で、大名や、武士、教育のある者たちがキリスト教徒になるかと思います。半年もあれば十分でしょう。日本人は道理に従うからです」

アンジロウの意見を聞くと、ザビエルは布教の情熱に燃え、直ちに日本に向けて出航した。一行は、2人のイエズス会士、コスメ・トーレス神父、ファン・フェルナンデス修道士、そしてアンジロウを含む日本人3人が一緒だった。日本までの船旅は嵐に見舞われ、一度ならず沈没の危険にさらされたが、1549年8月15日に薩摩藩の鹿児島に着くことができた。

この日初めてキリストの福音が、勇気ある人たちによって、将来世界に冠たる国となる国民にもたらされたのである。日本の歴史にとっても、またキリスト教史にとっても、それは記念すべき日となった。27カ月休むことなく日本で布教活動を続けた後、1551年11月20日、ザビエルはインドに向けて出発した。インドで彼は、日本で活動する宣教師を選んだのである。その後、彼は中国に向けて旅立ったが、途中マカオ付近の上川島で亡くなった。1552年11月27日のことだった。フェルナンデス修道士とトーレス神父はその後も日本に留まり、修道士は1567年に、神父は1570年に亡くなった。

こうして始まった布教活動は堅実な前進を続け、新たな宣教師も日本にやってきた。先駆けとなった小さな宣教師集団も、次第に大きくなっていった。日本人は宣教師を驚くほど心から歓待したようである。ザビエルは次のように手紙に書いていた。

「国司や守護大名はとても友好的に接してくれます。一般の人々も同じです」

## 上流階級の受け入れと秀吉の禁止令

一方、人々は物珍しい異邦人の容姿に興味を覚えて群がってきた。改宗者は直ちに教会に入会させた。宣教師たちの体験はそれぞれ違っているが、20年間でかなりの成果を上げていた。もちろん、落胆や危機的状況にも事欠かなかったのではあるが。1571年からの10年ほどは、布教活動が急成長した時代の一つに挙げられる。改宗者は相当な数に上った。イエズス会は上流社会に熱心に布教し、大きな成果を上げていた。信者の中には、高槻（たかつき）領主である高山友照（たかやまともてる）とその息子である高山右近（たかやまうこん）、小西行長（こにしゆきなが）と黒田孝高（くろだよしたか）などがおり、いずれも名の知れた武将であった。そのほかにも多数の地位ある役人が信者になった。

しかし16世紀後半、豊臣秀吉の時代になると流れは変わった。理由には諸説ある。
宣教師の側に立った見方をすれば、ヨーロッパの貿易商人の不埒（ふらち）な振る舞いに対する怒りであったとか、キリスト教徒であった日本女性たちが、秀吉の邪（よこしま）な想いを拒絶したために怒りを買ってしまったからだという理由に落ち着く。また司祭の背後にあるヨーロッパの政治的野心が大きくなることへの懸念があったとも言われる。確かに彼らは公家社会でも活発に活動を広げていたので、この疑念はもっともらしく見えた。一つ付け加えておかねばならないのは、宣教師たちが布教への情熱ゆえに、必ずしも人々への習慣や、宗教的な慣例に対してそつなく配慮していたわけではなかったということだ。

仏教の僧侶や礼拝に対する攻撃は容赦ないものだったし、一方で、表面的にキリスト教の手順に沿っただけのような洗礼の安売りを繰り返し、大量の信者を安易に作ってしまった。そのため、信者の行ないは、信者でない日本人の行ないより少しでもマシなら良い方で、ほとんど何も変わらなかったのである。

日本の文部省が１８９３年に発行した『にほんれきし』には、キリスト教に対する人々の態度が変わった理由を次のように挙げている。

「島津攻めに向かった秀吉が博多に着いた折に、イエズス会司祭が傲慢（ごうまん）な振る舞いを見せたことに腹を立て、秀吉は宣教師に対しては国外退去、人々にはキリスト教を禁じた」

いずれにせよ、１５８７年7月25日には以下の布告がなされた。

「信頼できる家臣からの報告によると、外国人宣教師が領地に入り、日本の法とは相容れない法を説いているという。そればかりでなく神社仏閣を打ち壊すなどといった冒涜（ぼうとく）を繰り返しているという。極刑に値する狼藉（ろうぜき）であるが、情けをもって、宣教師たちにはこれより20日以内に日本からの退去を命ずる。従わねば死罪である。その間は宣教師に危害を加えることを禁ずる。しかしこの後我が領地内にこれを見つければ、直ちに捕らえられ、極悪人として罰せられるであろう。ポルトガル商人には入港を許可し、当方の必要に応じて通常の貿易業務を続けること。しかし今後宣教師を連れてくることは一切禁止する。禁を犯せば船および商品は没収する」

## キリスト教への迫害

これをきっかけにキリスト教への迫害は、厳しさの度合いは違うものの、秀吉、家康、秀忠の時代まで続き、1715年頃には日本におけるキリスト教は実質的に消滅していた。

宣教師の多くは国外退去を命じられていた。なんとか留まることができた者も、狩りをするように追われて捕えられた。キリスト教徒の多くは信仰を捨ててしまった。もともと信仰告白自体が名ばかりだった者もいたし、非情にも幕府が突きつけた恐ろしい試練に立ち向かう勇気のない者もいた。

しかし、最後まで信仰を捨てなかった者も多くおり、彼らには容赦ない弾圧が加えられた。財産は没収の上、火刑、斬首（ざんしゅ）、磔（はりつけ）、崖から投げ落とすなど、ありとあらゆる拷問（ごうもん）と処刑方法が編み出されて用いられた。キリスト教徒の殉教の歴史の中でも、日本ほど、切ないほど気高く信仰を貫き通した例はない。

1603年12月9日の深夜、処刑人がシモン武田の屋敷を訪れた。シモンは信仰を捨てれば命は助けるという申し出も拒否したので、処刑されることになった。記録によるとシモンは処刑人に礼を言い、イエスの絵の前でひざまづいて祈りを捧げると、母親と妻を起こした。礼服を身にまとい、家族と家来に向かってそれまでの罪に許しを請（こ）うた。そして妻に向かって話しかけた。「いよいよお別れだ。先に行って、天国までの案内役になるとしよう。神様に祈ろう。お前が私の後を追って、すぐ来れますようにと」

そう告げると、処刑人の刀の前に静かに首を差し出した。シモンの首が敷物の上に落ちると、母親はそっと手を置き、大声で言った。「幸いなるかな、我が子よ。神様のためにご奉公させてもらえたのです。なんと果報者の母でしょう。これほど罪深い女であるのに、殉教者の母として、長年慈しみ育ててきた一人息子を贖いとして差し出すことができるのです」と。次の夜が訪れる前に、母親と妻は磔刑に処せられた。

カトリックの布教活動には様々な段階があったが、その頃の日本にどれだけのキリスト教徒がいたのか、またどれだけの殉教者がいたのか、突き止めることは難しい。教会に関する数字は、当時は今ほどにはきちんと記録されていなかった。迫害の時期には多くの記録が紛失もしくは破棄されたことは間違いない。一方カトリックには、洗礼者は成人した時だけでなく、幼少期のものも記録する習慣があり、必ずしも実態を示すものではない。

しかし、確かなことは17世紀の日本には、かなりの数の追随者が宣教師にはいたということで、数千人もの信者が信仰のために処刑されたか、もしくは迫害がもたらした苦難の結果亡くなっている。その後百年以上に亘り、日本からキリスト教徒がほとんど消えてしまった。

少数ではあるが残った信者たちは、人里離れた場所に隠れるか、人目を避けるかして礼拝を続けていた。折にふれて少人数で集まり、時には親切な隣人に恵まれて平和に暮らすこともあった。豪胆な司祭もいて、時々密かに信者のもとを訪れ、相談に乗ったり励ましたりしていた。

しかし、役人や庶民の間に根付いたキリスト教への嫌悪は根深いものがあった。疑わしき者は、イエスキリストの十字架像や聖母マリアの肖像を用いて踏み絵をさせた。キリスト教禁止令御触書の高札には、信仰の告白および布教は厳しく罰せられると書いてあった。ある高札にはよく引用される碑文が書いてあった。

「太陽が上り大地を温めている限り、キリスト教徒が日本の地を踏むことはまかりならぬ。スペイン国王であろうが、キリストの神であろうが、唯一なる神であろうが、この命に背くものは其の者の首を差し出すことになる」

## 日本への再度の布教

しかしヨーロッパのカトリック教会は日本への布教を諦めておらず、再開の機会をずっと待っていた。そして、1854年に日米和親条約が結ばれた直後から積極的に準備が進められた。宣教師の入国許可はすぐには下りなかったが、交渉の末、1856年にフランス人宣教師フューレ神父とムニク神父がフランスの戦艦に乗って箱館（註：現在の函館）に到着した。箱館には4日間滞在し、その後に琉球（りゅうきゅう）にやってきた。

琉球は日本が開国する数年前から、布教活動再開の拠点になっていた。長らく待ち望んでいた日が訪れたのは1859年になってからだった。9月6日にジラール神父が江戸に到着し、2カ月後にはメルメ神父が箱館に到着した。1861年にはムニク神父が琉球から横浜に移ってきた。布教活動が再び動き出したのである。一人また一人と、新しい宣教師が日本に到着した。

活動は用心深く進めなくてはならなかったが、1867年にキリスト教に対する弾圧が再び起こった。宣教師の国外退去、信徒には投獄や拷問が行なわれ、死者まで出した。しかし1872年3月、プティジャン司教が香港在住の司祭に手紙を書き、パリの本部に次のように打電を依頼した。「キリスト教解禁、投獄者は解放。ローマ教皇庁、宣教会、いとけなきイエス会に通知を請う。直ちに宣教師15名派遣の要あり」

当時宣教師が確認したところでは1万5、000名の信徒がおり、それ以外にも名乗り出ない隠れキリシタンが多数いるということだった。

以来、布教活動は着実に前進していた。

1887年頃にはジャパン・ウィークリー・メイルに「急成長する布教団、60名近くの神父と40名を超える慈善修道女にのぼる」と伝えられるまでになった。30年後には外国人スタッフの数は352名にまで膨れ上がり、179名の日本人が働いていた。教会の数は270、信徒は7万6、134名である。加えて各地でセミナーが開催され、女子修道会、男子修道会、学校、児童養護施設、孤児院、病院、ハンセン病患者収容施設なども建設され、布教活動の広がりと勢いを伝えている。

### プロテスタントよりカトリックへ強い不信感

日本人の間では、プロテスタントよりカトリックに対する不信感の方が強いようだ。

一つには、カトリックの司祭や神父が本国の政府や駐日外交代表と密接な連携を取っていることから、彼らに政治的な目的があるのではないかとの疑念を生んだのだろう。また、カトリックの政治形態自体がローマ教皇庁に権威をもたせるものであり、1906年に発表された『外国宣教会報告書』が伝えるように「日本人は国に強い誇りをもっており、そのため、天皇ではなく外国人に支配されることを潔しとしない」のであろう。とはいえ、カトリック教会は日本では勢力を持っており、献身的に働く多くの宣教師や素晴らしい殉教者に事欠かない。

しかし、カトリックの教義や布教のやり方が、私個人の見解からすると、かなりずれているものもある。司祭の多くは考えも狭く、寛容さに欠け、傲慢だった。配慮に欠けていたが故に深刻な事態を引き起こしたし、日本人がキリスト教に対し最初は歓迎していたのに、後に激しい怒りを露わにするようになったのは、彼ら宣教師自身が招いたことだと言われても仕方がない。それは迫害にも言えることで、彼ら自身が引き起こしたことではないのだが、少なくとも弾圧を強めさせてしまった。

率直に物事を見ると、このような批判を引き起こすのだが、同時に彼らの勇気、粘り強さ、人柄への共感を呼び起こすのも事実である。日本で活躍して来た、また現在もそうであるが、司教、司祭、神父の多くがフランス人で、フィリピンや南米のスペイン人宣教師に比べると際立って高い人格の持ち主だった。彼らの欠点について、プロテスタントの立場から公平に書く場合、例に挙げるとしたら、肖像画家がオリバー・クロムウェルのイボを描いたように書くだろう。つまり画家はイボを描き込まなくてはいけないが、必要以上に大きく描いたり、絵の下に「イボにご注目を」などと注釈を入れたりしてはいけないということだ。

## 日本における正教会の活動とニコライ大司祭

ロシアギリシャ正教の布教活動については短いものになる。限られた活動しか取り上げないし、彼らの活動が１８６１年に始まったので期間も短いからだ。しかしキリスト伝道の一翼を担うものであり、その存在は大きい。布教活動の中心人物で、彼自身の存在が伝道そのものだったと言えるのが、偉大なるニコライ大司教で、宗派を超えて認められた現在の使徒の一人だ。ペトログラードの24歳の若者が、教会を管掌（かんしょう）する組織である聖シノドに、箱館ロシア領事館附属礼拝堂司祭に選ばれたのである。一刻も早く任地へ赴きたいという思いだったこの若者は、叙聖式で本名のイワン・カサートキンを改め、ニコライの修道名を授けられ、以後この名で知られることとなった。

彼が箱館に着いたのは１８６１年６月のことだった。幸いにして領事館での仕事が多忙なものではなかったので、市民への伝道を視野に入れ、時間を見て日本語の勉強をした。ひと月ほど新島襄（にいじまじょう）から日本語を教わり、その後も色々な教師について学び、母国語並みに話せるようになった。

だが、キリスト教への反発は強く、困難な状況や、時には危険にさらされることもあり、伝道活動は進まなかった。１８６８年４月、ニコライは自らの部屋で三人の日本人、沢辺琢磨（さわべたくま）、酒井篤礼（さかいとくれい）、浦野大蔵に洗礼機密を授けた。このことは秘密裏に行なわれなければならず、改宗者たちは刑罰を避けるため直ちに町を出なければならなかった。その後まもなく、沢辺は二人の日本人（カンナリとアライ）を、神父となったニコライのもとに連れてきた。

この素晴らしい神父は、いよいよ日本人への伝道に専念する時が来たと悟った。

1870年、彼は休暇をとってロシアに戻った。それは聖シノドに日本への布教に関心を持ってもらい、財政的な援助を取り付けるためだった。その際、彼は北京での主教職という魅力的な地位を打診されたが、日本に人生を捧げたいと言って断った。その結果、ニコライの伝道計画は認められ、彼は掌院の地位に昇叙された上、活動資金も増えることになった。再び箱館に戻ったのは1871年2月のことだった。

彼らの活動範囲は広がり、改宗者たちは聖書を抱えて、仙台を中心に各地を回った。1872年1月に、ニコライは東京に移り、後に非常に有名になる伝道活動を始めた。改宗者の中には投獄されて拷問を受けた者もいたが、彼らは信仰を守り通した。ニコライ自身もスパイ容疑をかけられて様々な妨害を受けたが、怯むようなことは一切なかった。1883年頃には5名の外国人司祭と教師、120名の日本人伝教者がおり、そのうち11名が司祭に任命された。教会の数は148、信徒の数は子供も含め8,863名であった。19世紀末から20世紀初頭にかけての日本とロシアの政治的関係がある程度影響したのか、プロテスタントの布教活動に比べ、正教会の伝道が日本人の心に占める位置は違っていた。

表立った反発は減ってきたものの、どのような宗派であれ、キリスト教そのものがまだまだ不人気だった。正教会の場合には、ロシアの国教でもあり、ロシア政府とも密接につながっているので、ロシア人の活動全般への不信感から免れることはできなかった。1903年に一人の司祭が、次のような声明文を出した。

「現在の日露の政治状況から、日本正教会がロシア正教会の援助を受けているので、中にはこの教会は当然ロシア化し、ロシアの型にはまっていると信じる者がいる」

これは誤解であると説明されたが、日本人は容易に納得しなかった。両国民の疑念と苛立ちは深まるばかりであり、1904年には日露戦争勃発の嵐にさらされた。それでも伝道活動は続けられ、実際多少の困難はあったものの、惨事を引き起こすことがなかったことは、宣教師と日本人双方の信頼の賜物だった。ロシア人宣教師は国外退去を命じられなかったし、拘禁もされずに伝道を続けることを許可された。このように満足のいく結果になったのは、一つにはニコライ神父、現在は司教であるが、彼の素晴らしい気配りと智恵のおかげである。彼はどれほどデリケートな状況にも誠実で礼節を保ち、中立でない言動を避けた。また、彼自身も周りの神父たちも、伝道活動にのみ専念するよう厳しく律していた。

そして同様に、日本人の素晴らしい公平さと、良識のおかげでもあった。彼らは伝道の真意が戦争の目的とはかけ離れたものであり、それはロシアの利益ではなく、日本の国益に沿うものだと理解していた。戦争が拡大し、日本の運命がどう転ぶか分からない状況になると、ニコライ司教は次のように書きとめた。

「心より神様に感謝申し上げるとともに、御名を称えます。慈しみ深い御心のおかげで、教会は平和と無事を保つことができ、信徒たちも信仰を捨てることなくそれぞれの勤めを誠実に果たしております。そしてまた私たちをこうして守ってくれる日本政府にも感謝申し上げます。戦争が始まった時から、宗教と政治、そして戦争は分けて考えるべきであり、何者も信仰を妨げられてはならないと日本政府は宣言しています。そしてご存じの通り、宣言は守られています」

7万3,000人ものロシア人が収容されている収容所でも、あらゆる努力がされていた。司教は、でき得る限りの日本人神父と伝教者を収容所に派遣し、そのうち23名はロシア語が話せたのでロシア人とともに祈りと奉仕を行ない、また聖書の福音書と冊子を配ったりした。司教自身は執筆活動に励み、記事や冊子の執筆、雑誌の編集、新約聖書の翻訳の修正などを行なっていた。

1906年、ニコライは大主教に任命され、1912年2月16日に76歳の生涯を閉じた。正教徒だけでなく、外国人、日本人、そして宗派を問わず、人々から愛され尊敬されていた人物だった。後継者はセルギイ主教であった。最後の報告書を読むと、教会の数267、信徒3万6、265名、外国人伝道者は1人しかおらず、日本人奉仕者は159名となっており、ロシア正教会からの援助金は4、656円、日本関係からは1万3、036円もの援助金があったと記されている。外国人の監督者が比較的少ない環境で、伝道活動を発展させ、地元に根付かせることができた成功例として読むと興味深く、示唆に富んでいる。

現在のところ、正教会は朝鮮では活動らしい活動はしていないようである。ソウルのロシア領事館内で礼拝が行なわれるだけで、外ではほとんど活動していないからだ。1918年の報告書では、朝鮮での洗礼者はわずか630名と発表されている。

# 第三十七章

## 日本におけるプロテスタントの布教活動

プロテスタントの礼拝を初めて日本で行なったのは、米国外交官タウンゼント・ハリスだ。その後、宣教師集団が来日し、布教活動の基盤が整えられた。１８６４年11月になって一人の改宗者が洗礼を受けたが、その時既に５年の月日が流れていた。日本ではこの時期の改宗者は親戚縁者、友人とも手を切らねばならなかった。しかし、西洋との接触が活発になると、日本人はしきりと西洋のやり方を学びたがり、一夜にして宣教師は人気者になった。彼らの宗教的性格のためではない。欧米の歴史や教育、政府、機械、銀行、航海術、製造、軍隊組織について話してくれる手近な人物だったからだ。ミッションスクールが次々とできて、教会の数は２倍に、会員の数は３倍に増えた。その後、浮き沈みを繰り返したが、日本政府は宗教の自由を支持すると表明した。津田梅子女史などの著明なキリスト教活動家が、現天皇の即位式に列席する栄誉を授かるなどした。

## CHAPTER XXXVII

## PROTESTANT MISSIONS IN JAPAN

The first Protestant service of which we have any record was conducted by Townsend Harris, American diplomat. The foundations of Protestant missionary work for the Japanese were laid soon afterward by a remarkable group of men. Nearly five years passed before a convert was baptized, in November, 1864.

The lot of the first Christians was hard. The first converts in Japan had to break with their relatives and lose their friends. They were ostracized by society, and persecuted by the religious leaders of the dominant faiths. A high moral courage of conviction was required to face the hostile world.

However, national favor suddenly turned. The Japanese became eager to learn Western methods, and missionaries became popular almost overnight, not because of their religious character, but because they were the most available foreigners who could tell the Japanese about European and American history, education, government, machinery, banking, navigation, manufacturing, and military organization. Mission schools were crowded. Churches doubled and trebled their membership. The advice of missionaries was sought by prominent Japanese, and they and other resident foreigners were treated with distinguished consideration.

Missionaries in Japan experienced ups and downs. However, the Japanese government later expressed its support for Christians. Prime Minister said in 1904: "Japan stands for religious freedom. This is a principle embodied in her Constitution. A man may be a Buddhist, a Christian, or even a Jew, without suffering for it.... There are Christian churches in every large city and in almost every town in Japan; and they all have complete freedom to teach and worship in accordance with their own convictions."

# 日本におけるプロテスタントの布教活動

## 日本初のプロテスタントの礼拝

記録に残っている限りでは、プロテスタントの礼拝が日本で初めて行なわれたのは、聖職者によってではなく、優れたキリスト教信者の米国外交官タウンゼント・ハリスによってである。ハリスの日記には、次のような記述がある。

「1857年12月6日、日曜。降臨節に入って2度目の日曜日だ。ヒュースケンの助けを借りて、聖歌隊までついた礼拝を行なった。紙の扉で仕切られているだけなので、屋敷中に声が筒抜けだった。英語の聖書を用いたという点でも、あるいは米国聖公会の礼拝であるという点でも、間違いなくこの都市で初めてのものだろう。230年前は、日本ではキリスト教の礼拝式はどのような形であれ禁止するという法律が発布されていた。今でもこの法律は廃止されていない」

ハリスは、もちろん、家族と職員のためにこの礼拝を行なったのだが、この後すぐに素晴らしい宣教師集団が来日し、プロテスタントによる布教活動の基盤が整えられた。

## プロテスタントの宣教師たち

米国聖公会のジョン・リギンズ師が来日したのは1859年5月2日だった。同じく聖公会のチャニング・N・ウィリアムズ師はその2カ月遅れで来日。米国長老派教会医師のジェームス・カーティス・ヘボンは同年10月18日に来日。続いて米国オランダ改革派教会から派遣されたグイド・S・フルベッキ師、サミュエル・R・ブラウン師、ダン・B・シモンズ医師、それぞれが11月に来日した。いずれも高潔な人柄で、幅広い見識と高い知性、力強い人格を持ち合わせていた。ウィリアムズ、ヘボン、フルベッキ、ブラウンの4名は日本人に大きな影響を与えた人物であり、キリスト教の政治家として世界的に評価されている。

ウィリアムズ師は幅広い管理能力をもった主教として知られていた。

ヘボンは医者であり、学者、著述家、そして通訳でもあった。彼の名は尊敬と親しみを込めてジャパン・メール紙は次のように伝えている。「横浜に関する史料が残っている限り、彼の人柄について人々に記憶されるだろう。素晴らしい人柄と常に変わらぬ寛容さ、全くと言っていいほど自分を出さず、善のために揺るぎない情熱を傾けている。日本人が魅力を感じずにはおれない特徴を兼ね備えた人物だった」

1905年のヘボン90歳の誕生日、当時の日本は日露戦争の不安が重くのしかかっていたが、天皇はヘボンの功績を忘れず、日本への類稀なる貢献を称えて勲三等旭日章を授与された。

ブラウン宣教師の教育家としての功績については、エリオット・グリフィスが、ブラウンの伝記として記した『A Maker of the New Orient』に伝えられている。

フルベッキ師は教師であり、著述家、政治家でもある。そして日本政府にとって内密の相談ができる相手であり、西洋から来た人物の中で彼以上に政府の信頼を勝ち得た者はいない。

### 初期の苦難

布教が始まった頃は、活動といっても慎ましいものであり、様々な苦労にも見舞われていたので、よほどの不屈の精神の持ち主でなければ挫けていただろう。宣教師たちは、疑いと嫌悪の目にさらされ、布教の動機も誤解されていたし、目的もねじ曲げて伝えられた。1860年3月、来日してから10カ月経ってようやく彼らに日本語を教えようという日本人が現れたが、それは政府が送り込んだスパイだった。生徒も、両親がただ英語を習わせたくて通わせた男の子たちだけだった。１８６４年11月になって1人の改宗者が洗礼を受けたが、その時既に5年の月日が流れていた。しかし布教活動の初期の頃は、静かに心を惑わされることなく勉学に時間を費やしたことで、思いやりのあるキリスト教徒らしい生活を送ることができ、人々から好意をもって貰えた。また、それは言語習得の良い時間となり、後にキリスト教関係の本や小冊子の翻訳をするための幅広く深い基礎作りになった。次第に、日本人も宣教師たちの誠実さを理解し、信頼するようになっていき、宣教師が伝える真理は、徐々に真面目な人々の心を占めるようになった。

初期の信徒たちの多くは意志強固な者が多かった。キリスト教が人気のある土地でならば、イエスを認めることは容易だろう。両親が子供の信仰のために祈ってくれるし、教会員になることは、犠牲を払うどころか、その地域では特権を得ることも多いからである。しかし、日本ではこの時期の改宗者は親戚縁者、友人とも手を切らねばならなかった。社会からは、つまはじきにされ、支配的な他の宗教の指導者から迫害を受けたのである。信徒たちの中には、客から見放された小売店主もいたし、家族から勘当された息子や、会社から追い出され立身出世を諦めた若者もいた。こうした周囲の憎悪に向き合い、ビジネスや社会的あるいは宗教的な旧来の秩序に立ち向かうには、高潔な勇気が必要だった。マルティン・ルターが気高くも次のような挑戦的な言葉を発したように。「われここに立つ。神よ、助け給え。他は為しあたわず」

我々のようにアメリカに住む者には知る術もない、という文字通りの意味で、アジアの信徒たちは十字架を背負い、イエスに従っていた。この東洋の地には、良心の前では自らの命も価値あるものではないとする殉教者たちがいた。男も女もそうであった。

宣教師たちの苦難は地元の信徒ほどではなかったが、この時期に彼らが置かれた立場は決して快適なものではなかった。多くの日本人がどのような態度を見せていたかがよく分かる手紙がある。

1884年に京都から送られてきた一通の手紙の宛名にはこうあった。

「デイビス、ゴードン、ラーネッド、グリーンの4名のアメリカの野蛮人へ」

そして中には次の文面があった「お前たちは盗賊の新島（註：新島襄（にいじまじょう）のことだと思われる）の奴隷として、遠い国からキリストなる邪教を持ってやってきた。…昔仏教を持ち込んだ者たちも殺された。しかし我々は日本の地をお前たちのお粗末な血で汚したくはない。だから、家族を連れて直ちに帰るのだ」

このあからさまな憎悪は、かなり時代に逆行したものだった。何故なら国民の好みは、突然向きを変えていたからだ。

## 一次的な宣教師の人気と再びの苦労

日本人はしきりと西洋のやり方を学びたがるようになり、一夜にして宣教師は人気者になってしまった。彼らの宗教的性格のためではない。ヨーロッパやアメリカの歴史や教育、政府、機械、銀行、航海術、製造、軍隊組織について話してくれる手近な人物だったからだ。ミッションスクールが次々とできて、教会の数は2倍に、会員の数は3倍に増えた。著名な日本人が宣教師の助言を求めて訪れ、日本にいる外国人たちも大切に扱われた。1889年には陪餐会員の数は6、000名に達し、このまま行けば30年もしないうちに、キリスト教が日本の宗教になりそうな勢いだった。

しかし、日本人には、よそ者に自分たちの国の産業について指図を受けるという考えはなかった。西洋のやり方を理解すると、たちまち疑念と嫉妬が息を吹き返し、1889年あたりから、国民の好みは、盛り上がった時と同じように突然、激しい勢いで退いていった。

この頃になると、外国人にとって日本の暮らしは楽しいものではなくなっていた。暴力にさらされることは滅多になかったが、どこからも歓迎されず、つまはじきにされた。ミッションスクールの数も減っていった。礼拝の集まりも少なくなったし、新しく信徒になる者がめっきり減り、辛うじて、亡くなったり、辞めていったりした会員を補える程度になった。この暗い時代を「90年代の夜」と宣教師は呼んでいた。日本での布教活動の機会はもう過ぎ去ったと判断し、辞めて国に帰る者もいた。

国民感情が変化したのは、以前同様に、基本的には宣教師の問題ではなく、ただ外国人だったからである。前の章で言及したようにこの時期の「外人」特別視、あるいは外人嫌いは日本人に共通に見られたもので、宣教師だけでなく日本に暮らす欧米のビジネスマンにも深刻な影響を与えていた。日本人に雇われていた外国人の多くは解雇された。貿易関係者はビジネスが破綻し恨みを抱く者もいた。

## 海外のキリスト教事情の報告書

このような状況の一因になったのは、西洋諸国の制度と手法、そして欧米社会がなぜに世界に君臨できるか、その秘密を探るために視察に行った日本人の報告書の内容にある。それまでは、キリスト教は先進国の宗教であり、日本も先進国の一員になるには、陸海軍、産業、教育などのシステムと同様に、彼らの宗教をも取り入れなくてはならないと考えられていた。

日本が世界の一等国になるためにはキリスト教徒にならなくてはならない、とビスマルク首相が発言したということで、視察団が感銘を受けたのだった。実際、一時はキリスト教を日本の国教にという話が持ち上がったようで、ウィリアム・トーマス・エリスが東京に宿泊中、政府役人から次のようなことを言われた。

「政府の問題に関する私の発言が各国政府に無視されることはないでしょうが、我が国の皇太子をキリスト教徒にしようという案が上がっています。そうなれば、次代天皇は世界のキリスト教支配者の仲間入りをすることになるでしょうから」

そして日本人視察団は驚くべきことを聞かされたのだった。つまり、西洋諸国でもキリスト教国はたった一部であると聞かされたのだ。アメリカ国民は用心深く教会と国家を分けて考えているし、フランスやイタリア政府などは教会と対立している。イギリスとドイツには国教会があるが、両国とも大多数の国民はその信徒ではない。欧米の主要な都市では、不道徳、放縦、安息日での冒涜（ぼうとく）行為など、ありとあらゆる無信仰な行ないが蔓延（まんえん）している。

日本人調査団は、帰国すると国民に報告した。西洋諸国は実際にはキリスト教国ではない。彼らの科学力、発明、発見、製造技術などが国力となっているのであって、宗教ではない。科学力などは今や日本人も自分たちでなんとかできるので、富国強兵策としてキリスト教を考慮に入れる必要はない。日本国が世界に占める位置は軍事力と産業力によって決まるのであり、宗教によってではない。

## 政府にも認められたキリスト教

外国人嫌いという国民感情が頂点に達したのは1896年のことであり、20世紀が幕をあける頃には消えていた。この頃には、日本人はもっと自信をつけたのか、外国人への嫉妬や嫌悪はかなり減った。それ以後、日本人の外人への態度は、仕事の場でも布教の場でも、ごく普通に親切に接し、好意的に見るようなものになった。ただしそれは、外国人が身の程をわきまえ、決して自分たちが優れているとは思わず、自分たちのやるべきことをやり、協力は歓迎するが、取り仕切ったり恩着せがましい態度をとったりすれば、激怒する人々の中で暮らしている、もしくは、お客としているのだ、という自覚がある限りである。

今では日本人は宣教師からの助けを、かつてない程快く受け入れている。そして、文明の進んだ先進国の暮らしを形作っている最良のものがキリスト教精神だということを理解するようになっていた。イエスキリストの教えは清らかで、人格を高めるものだということ、宣教師たちはその教えを伝えようとしていることも分かってきた。そして、明らかに日本人を軽視しているような外国人たちと、宣教師を同じに判断すべきでないことも。

キリスト教に対する政府の態度も友好的であった。それについては、他の章で数多くの実例を挙げている。天皇、元老たち、そして大多数の政府役人を含めて信徒ではないし、仏教にたいする無関心さを見る限り、彼らはキリスト教というより、不可知論に対して無関心なようだ。

いずれにせよ、信仰に対する政府の政策は公平なものだと言える。帝国憲法28条には「日本臣民は、安寧秩序を妨げず、かつ、臣民としての義務に背かない限りにおいて、信教の自由を有する」とある。

1904年、当時の総理大臣であった桂伯爵は、取材に対し次のように答えている。

「日本は信教の自由を支持している。帝国憲法にもその精神が宿っており、その通りに実践されている。仏教徒であろうが、キリスト教徒であろうが、あるいはユダヤ教徒であっても、信仰のために弾圧されることはない…日本の大都市およびほとんどの市や町に教会がある。誰もが信じるところに従い、教えを伝え、礼拝する自由を有している。教会はキリスト教の影響を広めるため、日本国の隅から隅まで伝道者を送り、アメリカと同じように自由に活動している。宣教師たちに対して監視の目が向けられることは、あったとしても多くはない。

キリスト系学校の中には外国人が運営しているものもあるし、日本人が運営しているものもあるが、日本の至る所で見ることができる。最近では、文部省が条例を発令し、ある程度の水準を保ったキリスト教系学校であれば、同等の官立学校と同様に特定の資格が認められることになった。

権利が認められているかどうかを証明するには、財産の所有権ほど良い実例はないだろうが、多くの場合、日本に永住する宣教師たちの団体は内務省によって法人化されている。法人は『キリスト教の普及、教育、慈善目的での使用において、土地、建物および財産の所有・管理』が認められている。付け加えておかねばならないのは、『公益』団体の法人化を規定する民法によって法人化された団体については『営利を目的としない』ので納税が免除されるということだ。…キリスト教関係の文献は陸海軍病院にも置いてあり、そこで働く看護婦のかなりの数が信者である」

実に政府は、キリスト教を帝国の宗教の一つとして事実上認めたのだった。日露戦争中、軍部は満洲の軍隊に従軍牧師の派遣を認めた。宣教師は、仏教僧や神職と同様に、キリスト教司祭も任命するよう丁寧に申し出たが、選定の権限のある役人は乗り気がしなかったようで申し出には同意しなかった。

しかし、優秀な駐日イギリス大使であるクロード・マクドナルド卿と影響力のある日本人政治家の井上伯爵を通して帝国内閣に働きかけると、直ちに6名のイギリスおよびアメリカの宣教師と6名の日本人信徒が、従軍牧師として任命された。他の従軍聖職者に与えられるような輸送と兵站（へいたん）部を利用する特典も与えられた。聖書協会の代理人は陸海軍軍人に聖書を配る特別許可を貰い、海軍中将はすべての軍艦に聖書と、代理人が勧める宗教的な読み物を送ることを約束した。

### 三教合同懇談会

1912年の初めに内務次官床次竹二郎（とこなみたけじろう）が、キリスト教、仏教、神道の指導者に呼びかけて三教合同懇談会を開き、「国民道徳の振興と社会風教の改善」を話し合うことになった。

宣教師の中には、この招待を受ければ、キリスト教が仏教や神道と同列に扱われ、まるで一つの宗教の違う宗派のような立場に置かれるのではという危惧(きぐ)もあった。また、政府の認可を受けることは、ある程度政府の監督下に置かれるということだとも分かっていたし、キリスト教の本質を保つためには、すべての政治的なつながりから自由であるのが一番良いと考えられていた。

しかし好意的に受け取った宣教師や信徒もいて、懇談会には13名の神道代表者、50名の仏教僧侶、7名のキリスト信徒が参加した。キリスト信徒は、バプテスト派、メソジスト派、長老派教会、会衆派教会、米国聖公会、カトリックの各派からそれぞれ1名ずつの参加だった。

儒教が招待されなかったことは、独自の道徳規範と祖霊崇拝をもつもので、日本の宗派として見なされていないということを示しており意義深い。政府側の代表は内閣から4名、数名の次官と局長だった。

4日にわたって懇談会が開かれた。集まりは非公開であったが、恭しく会議が進行したことは容易に想像がつく。もっとも、代表者の信念は、それぞれが着ている服装と同様に色とりどりだった。神道は白とグレイ、仏教は赤、黄、紫で、キリスト教は黒一色だった。床次次官は会議について次のような声明を発表した。

1. 懇談会の主旨は、個人と国家の崇高な精神と道徳的繁栄のために、宗教は欠かすことのできない手段であるとの認識を喚起するためである。このことはここ数年看過(かんか)されてきたが、三教合同懇談会によって宗教尊重の気風を復興させるものである。

2. この計画は三教を統合しようとするものではなく、ましてや新たな宗教を作ろうというものでもない。神仏基、三教共に宗教である。しかしそれぞれ独自の教えがあり、それぞれの宗教的信念は干渉されることなく、尊重されるべきである。しかし諸宗教は協働して国民の道徳振興にあたらねばならない。

3．神道と仏教は日本国民に長く宗教として認められており、キリスト教も同様の地位を認められるべきである。

三教合同懇談会の意義について、会が開かれる前も、開かれた後も、各派の反応はそれぞれ違っていた。宣教師の中には、激しく非難したものもいたし、「合同会はキリスト教にとって、10年前の禁教令廃止以後最も重要な出来事」として歓迎した者もいた。

一般的な意見としては明治学院（大学）のライシャワー教授が次のように書いている。

「次官の声明文で個人と国家の崇高な精神と道徳的繁栄のために、宗教は欠かすことのできない手段であるとして宗教の重要性を認めている。これは過去20～30年に見られた大多数の日本人の見方とは対照的である。実際に政府関係者の中でどれだけ広く受け入れられた見解であるか定かでないが、床次氏のように影響力のある人物がこうした考えを表明したことは、実に喜ばしいことだ。

次官の計画の主だった特徴としては、キリスト教に関し二つの点で認識を新たにしたことだ。一つは、帝国憲法が信教の自由を認めていても、この国ではキリスト教は公平な機会を与えられていなかったということ。二つ目は、キリスト教が日本の繁栄に何らかの貢献ができると評価した点である」

## 市民権を得たキリスト教

キリスト教に対する好意的な見方を示す例はいくつも挙げられる。宗教団体からの招待に応じ、知事や市長が年会で挨拶をすることも多くなった。また現天皇の即位式に数人の信徒が列席する栄誉を授かった。その中には立教女学院校長の本田増次郎博士や女子大学長の津田梅子女史などの著名な信徒がいたが、これは、著名なキリスト教活動家としての彼らの功績が認められた証である。キリスト教徒が君主から称えられるなどということは、これまでなかったことである。

政府に好意的な聖職者はかなり優遇されていた。アメリカ人宣教師ジョージ・ピアーソン博士は次のように書き記している。

「ご報告しなくてはならないことがあります。43カ所の鉄道の駅を、演説や聴衆の会合場所として自由に使えるようになりましたし、特別な活動の時は鉄道を自由に使える許可も貰えました。鉄道局は長い間、労働者の道徳指導の必要を感じており、仏教や神道の聖職者は駅で集まりを開く特権を与えられていましたが、最近まては、キリスト教者は演説の許可を与えられないどころか、招待もされていませんでした。

今では、幾つかの駅で演説をしたいと思ったら、その路線の駅長に前日に許可を求めます。すると駅長は駅に電話を入れ、時間を取り決め、翌日には許可書を用意しておいてくれるのです。駅に着くと、待合室が礼拝堂のようにしつらえてあり、テーブルには水の入ったコップが用意され、時には花まで飾ってあるのです。聴衆は駅長、助役、改札員、電報係、荷物係、そして大体は職員の家族や近隣の商店街の人たちで埋まります。駅長が事務所に招き入れ、お茶を出してくれますし、時には昼食まで用意しておいてくれます。駅のトイレにも本を置かせてくれますし、その後も定期的にキリスト教の新聞を送っています」

ここ20年ほどで布教活動が着実に進み、教会も信者の数を増やしてきた。プロテスタント布教活動50周年記念の祝祭が東京で開かれた時、ウィリアム・インブリー博士は次のように書き記している。「50年前はキリスト教禁止の高札が街道に立っていたが、今ではこの高札が東京の博物館で展示品となっている。隠れて聖書を印刷していた頃から、まだ50年も経っていない。今では、聖書会の仕事は、何の妨害にもあわず、聖書を国の隅々

An Open-Air Christian Service in Fukui, Japan.
福井の屋外礼拝

にまで配ることができる。40年前の日本には組織だった教会は存在していなかったが、今では、教会会議、教会連盟、組合がそれぞれ会衆を抱え、北海道から台湾まで帝国各地に点在している。日本に布教活動が根付いたことを祝うために、信徒たちが首都を目指して日本各地からやって来る。この国の高い地位にある人たちも、キリスト教は自らの力で相応しい地位を勝ち取ったと、心から認めてくれているのだ」

聖書の言葉がこの国で語られるようになってから、キリスト教は偉大な発展を遂げた。１９１３年、プロテスタント教会と宣教師は合同で3カ年伝道キャンペーンを開始し、その結果４、７８８回にも及ぶ会合が開かれ、参加者は７７万７、１１９名に上った。その内２万７、３５０名が公然と改宗をした者たちだった。

神戸の会合についてジョーンズ師が書き記しているが、「教会に９００人もの人が集まり、入りきれずに多くの人を断ったのは初めてのことだった。翌日の夜は２、０００名も収容できる劇場で話をしたが、満席となって会場の入り口まで人が入りきれないほど詰めかけ、この日も多くの人を断ることになった。

安藤氏は聖職者ではないが禁酒運動のリーダーで、1時間も話をした。つぎの1時間は東京から来た海老名博士の話だったが、聴衆は静かに聴き入っていた。翌日は広いＹＭＣＡの会場で、朝、昼、夜と行なわれたが、いずれも溢（あふ）れんばかりの人だった。近くのクラブハウスでは子供たちのための会合が開かれたが、３、５００名もの参加者があった。月曜日の夜には、一番大きな劇場がすし詰め状態になり、一般客が入れないので信者は建物内に入らないように、という張り紙が貼られたほどだ。警察の要請で、入り口のドアは閉められて満席であることを伝えたが、それから1時間以上も、人々はひっきりなしにやって来たので入場を断らなければならなかった」[二]

プロテスタントは、教会数１、０７９、成人陪餐会員9万１７２名、教会に通う人の数は子供や洗礼志願者を含めると１２万３、２２２名にもなる。日本人教会職員は２、８６１名おり、幼稚園１７４、小学校62、中学校56、普通学校6、大学14、神学校28、専門学校16、病院9、孤児院9、更生施設、託児所がある。日本の信徒からの寄付金は、１９１３年は５７万７、５６０円で、それに加えてイギリスやアメリカの宣教師からの寄付金もあった。カトリックは、教会の数２７０で会員数7万６、１３４名と発表しており、ロシア正教会は教会の数２６７、会員数３万６、２６５名とのことで、日本のキリスト教信者の合計数は２３万５、６２１名まで膨れ上がった。この数字は次回の報告書ではさらに増える見込みであるが、朝鮮での数字は含まれていない。

朝鮮については別の章で述べている。日本の教会は、機敏で積極的な布教計画や活動を国内で続けるだけでなく、朝鮮、中国、台湾に移住する同国人についても対応できるよう宣教会を組織していた。特に組合教会は活発に活動し、多数の司祭や伝道者を現地に送り込み、数カ所の都市で教会の拡大に努めた。こうした活動は

二　The Missionary Review of the World の記事　１９１７年1月付

朝鮮での日本の影響力を強め、併合政策を促進させるとして政府の後押しもあった。

## 特に知識階級に広がった日本のキリスト教

キリスト教の影響は報告書に書かれている以上に大きかった。ほとんどの国では、初期の改宗者は下層社会から出るものだが、日本では違っていた。陸海軍の将校クラス、ジャーナリスト、国会議員、教育者など、明治維新後の日本の指導的立場の人間の大半を占める武士階級の間で、最も大きな成功を収めた。信徒の数は、人口に占める割合で見ると1、000人に1人だが、知識階級では100人に1人の割合だ。教会職員の質についても、知性や社会的地位の面で日本ほど平均的に高い場所は他にはない。もちろん、こうした一般論には例外は付きものではあるのだが。

また編集者や学校の教師にもキリスト教者が際立って多い。二度目の来日で見聞したことだが、東京だけでも多数のキリスト教編集者がおり、議会でも14名の信徒がいた。陸海軍将校にも多くの信徒がいたし、ビジネスや専門職の分野でも高い地位にある者に多かった。例えば、京都同志社大学の創設者である新島襄、日本メソジスト監督教会初代司教の本多庸一、片岡健吉前帝国議会議長、同志社総長原田助、明治学院総長伊深梶之助、そして神学者で編集者の肩書きを持ち説教家でもある植村正久などがいる。これらの人物は、どの国の教会であっても誇るに足る、人格においても能力においても第一級の人物だった。

タイラー・デネットも次のように述べている。「東京帝国大学教授の新渡戸稲造、衆議院議員の江原素六、『太陽』編集主幹の浮田和民、三井銀行の阪井徳太郎、歯磨き粉の小林、倉敷紡績社長の大富豪大原孫三郎、綾部の製糸会社社長の波多野鶴吉、最近勲章を授けられた矢嶋楫子と津田梅子、三井財閥令嬢で日本で最も金持ちの女性である広岡浅子。こうした錚々たる人物に対し、『ライスクリスチャン』（註：物質的な目当てでキリス

ト教徒になる人々を意味する）などと揶揄（やゆ）する人間はよほど大胆であるか、よほどの大人物なのであろう」[三]

また、ニューヨークのヘンリー・スローン・コフィン師が、東京で行なわれた植村正久の日曜礼拝に出席した時のことだ。信徒の役員を務めている者の中には副市長や帝国大学の教授、大手新聞社の編集主幹、農務局局長、陸軍大将、著名な銀行家、控訴裁判所裁判官などがいたということだ。

日本の信徒は実に熱心な者が多い。陸軍のある将校は、満洲の安東と奉天をつなぐ路線の沿線に新しい駐屯地を開くため派遣された。建設現場の監督をする彼のもとで3、000名の日本人労働者が働いていたが、そこで最初に建てたのは、小さくて小綺麗な教会だったのである。信者だった彼と、同様に熱心な信者だった妻、そして少数の日本人信者たちが費用を出し合って建てたものだった。朝鮮や満洲で多くの日本の教会を目にするだろうが、外国からの援助なしで発展させたことは、教会員たちの仕事ぶりを見ればわかるし、彼らの信仰が本物であることの証である。

## 心に残る日本のキリスト教徒たち

初めて来日して最初に会った日本人信者のことは忘れることはできない。カワイスエキチという名前で、宣教師セオドア・マクネア師夫妻の世話をしていた。信州の山育ちで、霊山を目指す修行者の行き交う山道で、荷物運びをして生計を立てていた。鉄道ができたために仕事が立ち行かなくなったある日、疲れきった宣教師一家が休息を求めて山にやってきた。布教に余念のない彼らはイエスの話をし、カワイスエキチはそれに耳を傾け、そして信じた。宣教師一家が東京に戻ることになると、もっと教えて欲しいので一緒に連れて行ってくれと頼み込んだ。やがて彼は洗礼を受けた。

三　1918年1月付 Asia の記事

飾り気のない中年過ぎの男が、祈りと聖書に通じる力強い信仰者に成長したのだ。そして彼の出身地の村に定期的に戻っては、村人たちに信者の生活を説いて回った。

我々が来日する前日、彼は特別な朝の祈りをしていた。今回の訪問中、神が我々とともにおられ、どこへ赴こうと我々が「イエスの証人」となりますようにと、短いが真剣に神へのとりなしをしてくれていたのだ。アジアの旅は初めてだったし、民族も考え方も違う見知らぬ人に、通訳を通して話しかけるのも初めてだった。だからこの謙虚な神の子がこのような祈りを捧げてくれたことを知り、そして心のこもった歓迎をしてくれたことで心が和み、日本人の集まりで話すことにも気持ちが楽になったように感じられた。

また、数年前に起こった日本の戦艦の爆発事故の直後にも、キリスト教の信仰の素晴らしい面を見ることができた。この爆発で海軍中将の息子が亡くなった。遺体の捜索が行なわれる中、多くの著名な日本人がある犠牲者の母親を訪問し、見舞いの言葉を述べていた。

その母親が告げるには、このように不安な思いでいるとキリスト教の慰みこそが必要だと感じたので、日本人牧師を訪ねて、聖書を読み祈りを捧げてくれるようお願いしたということだった。

その牧師は神学校を卒業したばかりの若者だった。彼には荷の重い仕事だったが、考えた末に、神への忠誠心から新約聖書から適切な一節を選んで読み、心から祈った。その一方で、参列した者たちは、中には聖書の言葉を聴いたことのない者もいたが、心細い思いでいる母親と共に頭を下げていた。

その後、その母親の息子の遺体が見つかった。両親は悲しみに打ちひしがれながらも、告別式はキリスト教に則って行なわれるが、参列したい友人は誰でも歓迎する旨を周りに伝えた。

告別式には多くの著名人が参列した。若い日本人牧師がまた呼ばれ、キリスト教における死の意味について、また必要とするときに与えられる神の癒しについて説いた。それは心に残る深い話だった。外国人宣教師がそばにいなくとも、また彼らの助言がなくとも、このような信仰を示せたことは、キリスト教が日本人の心をつかんだことを何よりも明らかにしている。

統計には決して現れないこの種の実例は、いくらでも挙げることができる。例えば、2、3年前のことだが、ある都市の官立学校の生徒は地元の教会の日曜学校には出席することを禁止されていた。しかし、今では自由に参加できるし、その学校の教師のうち6名が信者であり、そのうちの4名は日曜学校でも教えているということだ。同じ都市の官立普通学校では、三代続けて校長が信者だったし、普通学校や公立学校の数名の教師が、信者ではなかったがバイブルクラスに参加していた。

## 教会に属さないキリスト教徒

別の都市でも、同じように示唆に富む事例を見つけた。その官立学校は5年制であったが、最初の年は47名が神道信者だった。2年目は31名になり、3年目になると11名になった。4年目は8名、そして卒業時である5年目になるとわずか3名であった。

この数字はその学校の日本人校長が発表したものだ。教育が神道に与える影響がよく分かる数字であり、また神道に最も好意的であるはずの官立学校ですらそうだったということだ。

同じ校長の報告によると、7名のキリスト教徒がいて、全員最も優秀な二つのクラスの生徒だった。また最高学年の5名の最優秀者のうち、4名がキリスト教徒だった。報告によると、校長の質問に対し14名が無宗教と答えているが、ただし「調査中」とのコメントが付けられていたとのことだ。

ある宣教師が校長に、彼らは何を調査中なのかと聞くと、キリスト教について調査しているのだという答えが返ってきた。

ある東京帝国大学教授はこう断言した。「教会の外でも、少なくとも100万人の日本人がキリスト教を理解し、洗礼はまだ受けていなくともイエスの教えに従って暮らしていると思われる」と。また大隈侯爵も次のように述べている。「キリスト教会の会員数は2万名に満たない（1912年当時）が、間接的な影響という意味ではキリスト教は日本人の暮らしのあらゆる面に浸透してきた」

この考えをもっと強調したのが内村鑑三(うちむらかんぞう)だ。彼は優れた日本人で、どの教会にも属してはいないが、キリスト教徒であることを明言し、出版物でも公言している。

「日本には宣教師と何の関わりも持たず、教会にも属さず、教義も知らなければ、サクラメントが何かも知らず、聖職者の序列も全く知らない、そのような信者が何千何百といる。けれども彼らは神とイエスを信じる敬虔な信徒である。『教会の外のキリスト教』というものが存在する。そしてそれは宣教師が思っている以上に日本人の心をつかんで離さないものだ。西洋の考え方では、宗教が宗教として認められるには組織化されていなくてはならないと考える。そうした考えは日本人の心情には異質なものだ。日本では宗教は国家や社会の為すべきことというより、家族の私事である。儒教は日本人に強い影響力を持つが、組織だった会も運動も背景にないことからもよく分かる。そして私は確信しているのだが、キリスト教は確実に儒教に代わり日本の家族宗教となってきている。宣教師の伝道よりはるか先に進んでいるのだ。日本人に受け入れられた新しい形のキリスト教とは、東方正教会でもユニタリアンでもない。ナザレのイエスと直につながり、イエスのように生き、イエスのようになろうとするだけなのだ」

## 聖書会

聖書会の活躍は目覚ましいものがあり、この50年間で８００万冊もの聖書が日本人に配布された。要望の声はいまだに強く、日本ではベストセラーになっていると報告されている。プロテスタントによる聖書和訳を最初に手がけたのはカール・ギュツラフ博士で、その後1885年にヘボン博士、フルベッキ、ブラウン、ベッテルハイム、マッカーティら宣教師に受け継がれ完成された。翻訳は言語に堪能(たんのう)な人からは「学術的であり、かつ自然な日本語で読みやすく、リズムのある」訳であるとの評価を受け、日本の宗教界だけではなく、文学作品としての地位も確立した。

## YMCA

大都市や陸海軍でのYMCAの活躍は、目覚ましいものがあった。日露戦争の間は政府、軍関係者から素晴らしい信望を勝ち取り、それ以後も高い支持を受けている。朝鮮、満洲にある11カ所のYMCA支部では18カ月間で150万人もの兵士が活動に参加していた。大連支部は、信者であり有能な日疋(ひびき)大佐（現在は少将）の指導のもと毎日2、000名から6、000名もの兵士が訪れたという記録的な数字を達成し、1914年に世界大戦が始まるまで破られなかった。

1908年12月4日、ソウルに新しく建てられたYMCAビルの落成式には伊藤公爵が出席し、祝辞を述べた。「このめでたい日を、皆さんとご一緒に祝うことができ光栄に存じます。青年会が設備の整った住居を構えて国民の社会とそして道徳の振興に役立てると知り、誠に喜ばしい限りです。青年会は国家再建という大義のために共に働いてくれる友人・同志であり、私の能力を尽くして国家再生を進めることは私の務めであり、喜びなのです。皆様に改めて申すまでもなく、私は青年会に賛同し、仲間だと思っています。朝鮮の友人一同ソウルYMCAのご成功とご発展をお祈りいたしております」

## 日本でのキリスト教発展の現状

一般の新聞はこうした潮流を見逃しはしなかった。ジャパン・アドバタイザー紙は、クリスマスの日の社説で次のように書いている。

「クリスマスが、その宗教的な意味とは別に、この国で大きな広がりを見せていることは否定できない。東京の街を歩くと、至るところにその影響を見て取れる。店という店にはクリスマス商品が並び、正月用品並みである。街中に点在する教会はクリスマスの礼拝を執り行ない、同時にコンサートや催し物を開いて聖なる季節を祝っている。これが単に俗っぽい信仰の表れでしかないとしても、主要な祭りが大衆に受け入れられたことは、キリスト教にとっては大きな前進であったと認めなければならない。数年前ならキリスト教は敵視され、関連団体を含めて蔑視されていたのだから、それに比べると格段の進歩である」

ほんの30年前には、十字架は野次を飛ばす群衆によって踏み潰され、屈辱を受けていたが、今や東京には赤十字病院があり、赤十字社は皇后の直々の後援を受け、新しい日本の影響力のある男女が何千人と入会しているのだから、なんと対照的なことだろう。確かに「赤十字」という名称は宗教的な意味での「十字」に言及はしていないが、一世代前には忌み嫌っていた象徴に何の異議も唱えないのは重要な意味を持っている。

だが、これ以上こうした事実を並べ続けるのはやめよう。日本はまだまだキリスト教国家とは程遠い。乗り越えねばならない障害は数え切れないし、中には手強いものもある。西洋のやり方を取り入れた日本が、必然的に宗教的な変身も遂げたという印象を海外は持っているようだが、そうした変身が始まったのは疑いようのない事実だ。証拠ならいくらでも上げられる。

しかし何年か前に発表された宣教委員会声明によると、日本はキリスト教文明の果実を多く取り入れてはいるが、キリスト教の真理を根拠として受け容れたとは言いがたい。そして、国民の8割はキリスト教がどういうものかを知らないので、理性的に受け入れることができないという。百姓たちはキリスト教をほとんど知らないか、無知であり、漠然（ばくぜん）と知っているという者も存在するが例外である。

知識階級の多くは啓発的（けいはつてき）な側面や、社会的、人道的な影響は評価するが、人に命を吹き込む霊的な力を真に理解しているわけではない。長く神道と仏教が国の宗教であったので、神社仏閣の数が教会の30倍あり、神官、僧侶の数が牧師の200倍であるのも不思議ではない。この比率が示すものは、これら古くからの信仰が消滅するなどとは、とても言えないということだ。

とはいえ、日本での信者の活動全体を調査し、今なお多くの障害が存在し、まだまだ為すべきことがあるということも認めた上であっても、キリスト教が素晴らしい前進を遂げたことは依然として事実である。国民の信じていることや習慣とは異質な信仰であり、しかも動機も怪しげで、考え方も行為も大幅に違っている外国人によってもたらされた信仰であるにもかかわらずだ。

教会の活発な活動は、優れた指導力と、日本国民に福音を伝えるという使命感に支えられて発展した。キリスト教の考え方が文学や国民の考え方に、予想以上に浸透し始めている。

東京在住の宣教師D・C・グリーン師は人々に惜しまれつつこの世を去ったが、亡くなる直前に次のような言葉を述べた。

「キリスト教の歴史で、これほど早い段階で、多様で熟した実をつけた土地はほとんどないだろう」

その木は大きくはないかもしれないが、もはやわけのわからない外来種ではない。それは日本の土地にしっかりと根を張り、土着のものとして発展できる、するであろう、ということを示している。

## 本国人から評価される宣教師

極東を訪れるアメリカ人やヨーロッパの人々が、布教活動をきちんと見ようとしないのは残念である。ほとんどの人が買い物や、ホテル、港や街のクラブで過ごすか、どこかを訪れるとしても、神社仏閣や、景色や歴史的な興味で惹かれる場所である。旅行客が雇うガイドも、伝道団を見に行きませんかと誘っても何の得にもならないと知っている。仮に聞かれたとしても、知らぬそぶりをするか、見るものなどありませんよ、と告げるかである。

ガイドが旅行客を店に案内するのはお金のためで、客が買い物をするよう仕向ければ斡旋料が入るからである。外国人のコミュニティーに住むビジネスマンや研究者の中には、男女ともに高潔な信者がいるが、彼ら自身が率直にも嘆いているように、アメリカやイギリスの同じようなコミュニティーと比べると、無宗教が当たり前のようだ。

嘘つきガイドと無宗教外国人の間を行き来して忙しい旅行客は、自分で会いたいと敢て言わない限り、また残念なことにいつもそうするわけではないだろうから、宣教師に関しては芳しくない意見を得てしまうことになるのだ。

アルフレッド・エリアブ・バック大佐がアメリカ公使として日本に赴任中、ある旅行者が彼に、自分は伝道活動に寄付をしてきたが、船の中やホテルで多くの批判を耳にしたので支援を打ち切ろうかと思うと告げ、日本で活動している宣教師についてどう思うかと聞いてきた。

大佐の答えはこうだった。そのような情報をもとに判断すべきではない。かつて彼自身も宣教師たちの努力に対し懐疑的であったが、よくよく知ると意見を改めるようになり、彼らが日本に及ぼした影響は、それ以外の影響力を全部合わせても足りないくらい素晴らしいと考えるようになった、と。駐日アメリカ大使のルーク・

エドワード・ライト閣下も次のように述べている。

「東洋に初めて来た時には、宣教師に意外な思いをさせられたというか、いい意味で期待を裏切られた。どの天職でもそうだが、ある程度の比率で、本国で食い詰めたような、箸にも棒にもかからない連中が混じっているものなので、ここでもそうだろうと思っていたのだ。ところが実のところ、これではどこでも使い物にならないだろうと思うような宣教師にはひとりも出会わなかった。フィリピンでも日本でも多くの宣教師に会ったが、今まで出会ったことのない素晴らしい人が多くいた」[四]

事実を知る、公平無私な意見は数多くある。これまでの章でも引用してきたが、それは著名な日本人の意見によっても裏付けされている。

四　ロンドン・デイリーメイル特派員F・A・マッケンジーの著書『The Unveiled East』、『From Tokyo to Tiflis』からの言葉も参照

# 第三十八章

## 日本人の宗教的思想の傾向

長老派と改革派の宣教師が日本でキリスト教会を組織した時、彼らは本国の教会の教義を基礎とした。しかし時が経つにつれ、出来て間もない東洋の教会に、これら西洋の複雑な信条を押し付けるのは得策ではないことがわかった。１９１２年、教文館は「キリスト教徒の信仰と生き方に関する声明文、日本の教会への声明」を発行した。これは、日本人にキリスト教の教義の重要な特徴を伝えるためだった。日本人は、勇敢な精神と組織や鍛錬に対する厳しい考え方を持つので、宗教の考え方も融通が利かない傾向にある。また、海外が起源であるすべてのものを綿密に調べ、自分たちの習慣に適合すると思われるものだけ採用していく。日本人は絶対的な存在としての神を人格的なものとして理解することに慣れていなかったので、キリスト教の教義のいくつかは不合理だと思った。西洋人宣教師は、父なる神や神の愛という概念を入念に説明する必要があった。

# CHAPTER XXXVIII

## TREND OF JAPANESE RELIGIOUS THOUGHT

When the Presbyterian and Reformed missions formed the Church of Christ in Japan, they did so on the doctrinal basis of the home churches which they represented. Time soon showed the inexpediency of attempting to force these elaborate symbols of the West upon the youthful church in the East.

In 1912, the Christian Literature Society of Japan issued a "Statement of the Christian Faith and Life, A Message to the Japanese Churches," which had been previously submitted to seven hundred missionaries of the various communions represented in Japan. It was issued, not as a complete presentation of the Christian faith and life, but "to acquaint the Japanese with the salient features of Christian teaching."

It might be supposed that the martial spirit of the Japanese and their strict ideas of organization and discipline would incline them to a rigid type of religious thinking and procedure; but their national tendency in this direction is modified by the equally strong Japanese disposition to scrutinize everything of foreign origin, and to adopt only so much as they deem adapted to their use.

Their selection in doctrinal matters is influenced by the further fact that they had not been accustomed to conceive of a Supreme Being in terms of personality. Some of the tenets of Christianity, therefore, appeared to them to be irrational. The fatherhood and love of God, so precious to us of the West, required a great deal of explanation before they became intelligible to the Japanese. Many things most simple to us must then be explained, and it is often most difficult to find an explanation which makes the matter clear.

# 日本人の宗教的思想の傾向

## 父なる神を理解しなかった日本人

日本人の宗教的思想は、穏健派、あるいはリベラル派の傾向が明らかにある福音主義である。実際、最初に確立した教義は保守的だった。長老派教会と改革派の宣教師が日本でキリスト教会を組織したとき、彼らは自らが代表を務める本国の教会の教義を基礎とした。そしてできたばかりのその組織は、生真面目にもドルト会議の教会法、ハイデルベルク公教要理、ウェストミンスター信仰告白、そして小教理問答を導入した。東京の井深梶之助師は、これが不適当であるだけでなく、これらの教義のうち二つはこれまで日本語に訳されたことがなく、日本人聖職者や会員にはまったく知られていないと抗議したが無駄だった。

しかし、伝道団を支えた歴史ある教会の綱領を利用することは、新しく相応の綱領を作るよりも簡単だったので、井深氏の主張は受け容れられなかった。しかし時が経つにつれ、できて間もない東洋の教会に、これら西洋の複雑な信条を押し付けようとするのは得策とは言えないことがわかった。約10年の後に、井深氏の運動は復活して広まるようになり、使徒信条に基づいた短くわかりやすい箇条と、それを日本人のニーズに合わせるための前文が添えられたものが採用されることになった。

１９１２年、教文館は「キリスト教徒の信仰と生き方に関する声明文、日本の教会への声明」を発行した。これは以前、日本に来ている様々な団体の7、００人の宣教師に渡されたものである。またこれは、キリスト教徒の信仰や生き方を完全に提示するものとしてではなく、日本人にキリスト教の教義の重要な特徴を伝えるために発行された。神学と生き方についての欠くことのできない要点に関して、日本で宣教師が行なった指導の概要を知りたい人ならこの注目すべき文書に強く興味を持つだろう。

日本人の勇敢な精神と、組織や鍛錬に対する厳しい考え方は、彼らの宗教的な考え方と行動に融通の利かない傾向を持たせると考えられるだろう。

しかし、この国民の傾向は、海外のものについてすべての起源を綿密に調べ、自分たちの習慣に適合すると思われるものだけ採用していくという、日本人に強くある別の特徴によって緩和されている。彼らの教義上の問題における選択は、次のような事実によっても左右される。他でも触れてきたが、それは、彼らが絶対的な存在としての神を人格的なものとして理解することに慣れていなかったということだ。

したがって、キリスト教の教義のいくつかは、彼らにとって不合理に思われたのである。西洋人の私たちにとって大切な、父なる神や神の愛という概念を日本人が理解するまでには多くの説明が必要だった。

アメリカの聴衆にならすぐにわかる放蕩息子の寓話も、日本人には伝わらなかった。なぜなら、彼らは神を父だと思ったこともなければ、人間を神の息子だと思ったこともなかったからだ。その他のキリスト教の真理や聖書の話のいくつかについても、説明するのが容易なものばかりではなかった。

聖書の第23篇と良き羊飼いの寓話は、羊を見たことのない人々にはその貴重な意味がほとんど伝わらなかった。つい最近、現地の新聞に載せる一連のキリスト教の記事を準備することになった学識ある宣教師がこのように書いた。「キリスト教の教えについて全く知識のない人々の興味を引く努力をするなら、極めて簡単な形で書かなければならない。そのとき、私たちにとっては非常に易しいことでも、多くの説明が必要となるのだ。そしていちばん難しいことの一つは、はっきりとわかりやすく、異様な感じに取られないような説明を考えることだ。例えば、受胎告知や羊飼いの話をするときには、そもそも天使とは何なのかを説明しなければならない。それを合理的に、馬鹿げて聞こえないようにするのは、想像するより難しいことだ。荒野の誘惑のエピソードの場合、そのような難点が多すぎたので、私はこれをすべて省くことにした。マルコがしたように！　念のために言うと、マルコはこれについて触れてはいるが、説明はしていない」

日本の教会には現在、先程書いたような段階を経てきた多くのキリスト教徒がいる。だが、まだ少しでも感化されていない大衆に向かって話をするときには、ここで説明してきたような問題が、いまだに伝道者の前に立ちはだかっているのだ。

キリスト教徒自身も、特に第一世代の信者には、キリスト教以前の何世紀にも亘る信仰の遺産が、かなり明確なある種の前提となって、聖書の解釈に影響を与えがちである。キリスト教会における前キリスト教的思想の持続と、それが信仰や実践に与える影響については別の書で私が主題として扱っているものである。[一]その書は、ジョー・ワーネック教授から注目に値する示唆に富んだ扱いを受けている。[二]

## 日本人が神学を再構築する可能性

日本人のキリスト教徒は神学の問題を自分たちのためにじっくりと考えようとする。彼らは西洋の主義を盲目的に受け入れてはいないのだ。彼らの中で最も有能な人物の一人である東京の植村正久師は率直にこう書いた。「宗教的思想の領域において既製の意見を受け入れ、自分自身ではなく他人の経験に頼ることは恥ずべきことではないか…我国の人々の宗教的な資質を開発し、世界の宗教思想に我々の役割を以って貢献する義務を、神と人類に対して負うのは素晴らしいことではないか」

一　『Rising Churches in Non-Christian Lands』53頁以降
二　International Review of Missions　１９１４年10月号の記事「Vestiges of Heathenism Within the Church in the Mission Field」

これは健全で聡明かつ崇高な意見であるし、これがいつか、日本人の考えという観点から神学の再構築をもたらすかもしれない。私たちはこれを非難するのではなく歓迎するべきなのだ。私たちは自分たちのために同じことをしてきたのだし、我々と日本人に共通するキリスト教が、拡大と強化に向かうことを信じる。

ことによると、日本人は世界のキリスト教の信仰にかなり価値ある付加を与えるのかもしれない。いくらかの変化が起こる可能性は高くなっている（良いか悪いかどうでもよいかは時が来ればわかるが）。日本の教会の指導者の多くが、欧米の大学でも日本の学会でも、探究心旺盛な現代科学と哲学的方法論の精神に大きく影響を受けている事実があるからだ。

数年前、この風潮はユニテリアン派として起こったようだった。それ以後、流れは確実に、聖書を神の言葉であると認める伝統的な方向に戻った。保守的な学校の有名な宣教師は、日本人のキリスト教指導者に対する意見をこう述べた。

「彼らは教義的には正当だ。これは彼ら全員が由緒ある正教、特に聖書の黙示を支持していることを意味するものではない。かなりの程度、彼らは自分の意見を、いわゆる現代的な『高等批評の確実な結果』という観点から述べる。私のような人間は、あちこちでそれを非難することがある。だが、公平な立場で言うならば、私たちは、過去10年の風潮が、信仰の重要な基礎において有益で理にかなった方向に向いてきていることを認めざるを得ない」

別の宣教師はこう書いている。「私たちは時々、日本の教会の聖職者について厳しいことを言うが、それは彼らの教義や主義についてではない。彼らはほとんどアメリカやイギリスのプロテスタントの聖職者と変わらないほど、キリスト教の教義や主義の基礎がしっかりしている。

問題はその教義、主義がまだ一貫して、確固とした実践として反映されるには至っていないことだ。そこには実際、異教徒の高慢さと不正がある程度現れている。私たち西洋のキリスト教徒の中には、ユダヤ教や異教崇拝が多く残っている。なぜ日本のキリスト教徒は新しい世代であるのに、もっと多くの障害の種となるような仏教や儒教の影響が残っていないのだろうか」

## 日本人教会の自立と宣教師の立場

初期や中期の段階に入った国の多くが抱える問題だが、日本でも、外国の伝道団と現地の教会との関係における問題が深刻になってきている。

これは純粋な宗教的問題ではなく、根本的に多くの政治的、商業的関係に影響される問題の一部なのだ。外国人が日本で事業展開する時、それを管理するのは彼らと日本人のどちらであるべきか。日本の教会は強健だ。彼らの運営基盤は場合によっては完全に、そうでなければ大部分が日本人で構成されている。日本人聖職者による管理の独立した体制は、組合（信徒団）教会で最も徹底した段階に至った。

アメリカの組合教会の聖職者は地元の教会の会員であるが、日本では違う。かといって全国協議会会員の資格もない。日本人の監督が議長を務める評議会にメソジスト監督教会が編成された。そして1877年に6人の長老派と改革派で設立されたキリスト教会には、日本人の大会にまとめられている七つの中会がある。英国国教会とアメリカのプロテスタント監督教会の連合を代表するアングリカン・コミュニオンの7人の監督は、まだ全員が外国人だが、日本人の聖職者は教区の代表者会議では優勢で、日本人の需要はいっそう高くなってきている。

大部分の教会はその運営を自給している。キリスト教会は、牧師の給料を含めて完全に自給していない限りは教会として信徒団を組織することはない。

仮に教会を作った後に自給しなくなれば、その地位と中会で投票の代理人を立てる権利を失う。自給している教会の牧師は、他の信徒団を持つ彼らの同志たちよりも有力で、彼らだけが中会で投票することができ、伝道活動の管理において日本人と宣教師合同の委員会への代表権を持っている。植村正久博士はこう断言する。

「キリストと精霊を別にすれば、日本人のキリスト教信仰はどんなものにも頼る必要はない。それ自体で完結していて、何かに頼らずに立つことを決意している、この理想像の実現に向かうすべての方針に沿って日本人のキリスト教信仰は進まなければならない…外国人の資力に頼るのは、日本人キリスト教徒の道徳観に相応しいことではない」

ローマカトリックと正教会の方針では、最終的な権限をローマとペトログラードの当局にそれぞれ与えており、すべての主教は彼らに任命され、彼らに従う義務がある。しかし実際には、現地の主教は自分たちの仕事の管理について幅広い自由裁量を持っている。

日本人の聖職者と一般教徒が持つ国民特有の独立精神は、1909年7月13日に東京に集まったロシアの正教会の使節40人が、日本の正教の管理をできるだけ早く日本人信者の手に渡すべきであるという旨の決議案を通したことから推測できる。教会の費用のすべては、聖務会院の資金かロシア政府の支給で賄われているので、教会の牧師はロシア政府から給料を支払われている役人という立場になり、日本人としては不適切なものなのだ。

日本のあらゆる教会関係の団体は、宗教活動の管理について決然とした意見を主張する。これは一つには、すべての非キリスト教徒の中で、最も自立的で野心的で積極果敢な日本人の気質のためである。また一つには日本の改宗者が他の多くの国と違い、一般的にはあまり低い階級の出身者ではなく、教育、商業、政治そして陸海軍における現代日本のリーダーを生み出してきた中流階級や高等中流階級の出身者だったからである。自尊心が強く、独立的な国民の精神に加え、このように特別に強靭な人々が多かったことは、自然と他の地よりも早期に教会の独立精神が発達する結果につながった。日本人は政治面や事業面と同様、宗教面でも外国人の指導者に従うようになることはなかった。

したがって宣教師は、別個の教会を作るか、日本から撤退するか、日本人が教会をリードする条件で受け入れるか、という選択を迫られていることになる。

第一の選択肢は、間に合わせの策として以外は明らかに実行不可能である。外国人に管理され、彼らの指揮と資金を受け入れた日本人の教会は、自分の道を模索する独立した日本人の教会と並べば尊敬も集めなければ未来に希望を持つこともできないだろう。

第二の選択肢は、宣教師の事業目的からすれば自然な結果に思えるかもしれない。その目的は教会を設立することであるから、教会が開始されたらそれは達成されたと考えられるかもしれない。

しかしながら日本からの撤退に反対する理由ははっきりしている。信徒にならなくともキリスト教思想に影響を受けたという人の数を考慮に入れても、大部分の人々がほぼ完全に影響を受けていないままなのだ。前章で述べてきたように、プロテスタントの伝道団の設立後、半世紀と少しの間に日本に10万人近い聖餐拝受者がいるということ、ローマカトリックと正教会が合計25万人に拡大したこと、そして日本の前進的な生き方が様々な方面でキリスト教の影響を受けているということは偉大なことである。

しかし日本には5,700万人の人々がいる。教会の知力や活動を結集しても、まだそれは少なく弱すぎて、自力で解決しなければならない福音伝道とキリスト教教育の膨大な問題に対処できない。彼らは間違いなく、早晩それを行なうだろう。私は日本のキリスト教の将来において次のような確信を持っている。もし宣教師が完全に撤退することになったとしても、キリスト教は生き残り、最終的に帝国中に広まるだろうと。しかし、私たちは、より短期間の内にやり遂げるための手助けができるのだから、何世紀も日本の福音伝道を遅らせるかもしれない方針を黙認するべきではない。

このテーマに対する日本人のキリスト教指導者の意見には結論がある。彼らは宣教師に去ってほしいとは思っていない。後期のメソジスト監督協会の本多主教は、カナダのメソジスト伝道団に、広範囲の伝道を継続することと、伝道勢力の段階的な撤退とどちらを望むか見解を尋ねられた際、このように答えた。

「心の底からあなた方に活動を続けてほしいと思います…新しい教会は自給のために奮闘していて前進する力がありません。したがって、まだ伝道が行なわれていない地での宣教師の活動が間違いなく必要なのです」

キリスト教会の指導者は私に、現在の外国勢力は小さすぎるのでもっと多くの人員や資金が、特に日本人のキリスト教徒がまだ十分な段階まで行なうことができていない教育や文学の活動のために緊急に必要であると話した。組合教会の秘書である牧野虎次師は『日本キリスト教世界誌』の中でこう書いている。

「何年もの間、私たちは自分たちの教会の独立のために声を上げてきた。独立が成し遂げられつつある今、私たちは別の問題に直面している。それは福音伝道の広がりに伴い、協力して努力する必要性だ…宣教師を外国人とみなす時期は過ぎた。今こそ神聖な戦いにおいて彼らと団結するときだ。私たちはアメリカン・ボード（註：アメリカの海外伝道局）がこの機会の価値を認め、彼らが大いに勢力を伸ばすことを心より望んでいる」

三番目の選択肢である、日本の教会との協同は、自治との関係上の問題に対する簡単な解決策のように思える。しかし協同とは何だろうか。ある点を説明をする人もいれば他の説明をする人もいる。１９０６年、キリスト教会の会議はそれが意味するところを次のような活動であると宣言した。「協同の伝道団とは、日本におけるキリスト教会の教会内、あるいは教会と関連したすべての伝道活動の全般的な管理権を認めるもの、また、そのような活動を前述の原則に則った計画下で行ない、大会で同意され伝道局を通じて行なわれるもの」と。

次の年に会議は、以下を可決してその立場を強調した。「伝道団から援助を受けているすべての地方の教会で、定義上1908年9月までに協同できない教会は、日本のキリスト教会から完全に分離されるべきである」

## 教会のためにある伝道団

プロテスタント監督協会やメソジスト監督協会のようないくつかの他団体の宣教師は、長老派や改革派の伝道団がしばらくの間直面したような困難には遭わなかった。それは彼らの組織の方法論が少し違ったからである。しかし根本的な現実は、すべての宣教師たちに影響を及ぼした。すなわち、日本に来た宣教師は自分たちの活動を日本人の教会とうまく分けることも、そつなく撤退することもできず、留まって、彼等に対して直接的で思いやりある協力をしながら活動しなければならないということだ。

これは宣教師が真心を尽くして行なっていることである。彼らは日本人の同志に敬意を払い、喜んで彼らと働いている。宣教師は、現地の国民、仲間を信頼していて、進んで彼らと協力するならば、間違いを犯すとは全く思っていない。宣教師が賛成しない何かをしたいと思っても、彼らが間違っているということにはならないだろう。いずれにしても現地の仲間は自分たちの国にいて、自分たちにとって最も重要な業務を扱っている。宣教師は彼自身のためではなく日本人のために日本にいる。

宣教師の目的は教会を作ることだ。そして教会が作られたら、その教会は伝道団のためにあるのではなく、伝道団が教会のためにあるのだ。そして教会は、開拓された活動の責任をやがて自ら負うことを期待される。

私は日本の教会の強まる勢力と独立性を、不安がないわけではないが、概してかなりの満足感を持って見ている。彼らは失敗をしてきているし、おそらくこれからもするだろう。

新約聖書時代の教会や現代の欧米の教会もそうだった。アジアの教会は私たちには受け入れ難く感じるような教義や聖書の解釈を広めるかもしれない。しかし西洋の教会は伝道の地の教会の模範とするほど一様に間違いがないと言えるだろうか。雑草が茂るように西洋のものの考え方に存在する、様々な予想のつかない変化や異端信仰を考えれば、おそらく極東の教会は独立しているべきであり、そのために彼らが自由に良い部分を取り入れ、悪い部分を廃していくのは適切であると思ってよいだろう。[三]

三　西洋神学・教会形式とアジアの教会の関係のさらなる議論、教会合同の差し迫る質問については、著者のその他の書籍『The Foreign Missionary』、『Unity and Missions』、『Rising Churches in Non-Christian Lands』を参照のこと

# 第三十九章

## 日本の急務に関する日本側の証言

有力新聞社が言う。「日本では今、富が流れ込み、多くの者が過去に夢見たこともない財産を手にしている。しかし予期せず富が降り注いでくる国は、道徳的に耐え得る力が無ければ堕落する」危機状況は、日本の宗教が力を失っていることからも高まっている。もしもこれが改善されず、極東が何の信仰も持たない国家のリーダーシップの下で発展することになれば、世界にどんな意味をもたらすのか？　我々西洋人は、救世主であるキリストが国民生活に浄化と安定をもたらす力となるのを知っている。日本人も自らを救うためにキリストが必要である。キリストの教えの強固さによってのみ大国の立場を保持できる。精神的に生まれ変わった日本は、極東にも全世界にも非常に意味のある存在だ。日本人の活力と勇気、信奉する大義の為なら死ぬことすら厭わない犠牲的な精神。これらがキリストの精神によって満たされ、刺激されるなら、日本は世界が知る中で最大の善の力の一つとなるだろう。

## CHAPTER XXXIX

## JAPANESE TESTIMONY TO JAPAN'S URGENT NEED

An influential Japanese journal editorially warned its readers: "Japan is now joyfully riding on the wave of prosperity. Gold is flowing in and many a man has amassed a fortune which he never dreamt of before. It is a question, however, whether this abnormal growth in wealth is an unalloyed blessing. A nation on which wealth has been unexpectedly thrust will degenerate unless it is morally strong enough to bear it." The peril of the situation is intensified by the fact that the old religions of Japan are losing their hold, particularly upon the educated classes.

The young men in the Imperial University in Tokyo were asked to indicate their religions. The responses were as follows: Buddhists, 50; Christians, 60; atheists, 1,500; agnostics, 3,000. In other words, out of 4,610 young men who will be among the most influential men of the future, 4,500 had discarded the national religious faiths. What will it mean to the world if these proportions are to continue, and the Far East is to develop under the leadership of a nation that has no religious faith?

We of the West know that Christ is a cleansing and stabilizing force in national life, and we ought to be profoundly concerned that the Japanese should have Christ to help them. A spiritually regenerated Japan would mean much for the Far East and for the whole world. The very solidarity of the Japanese nation would powerfully reinforce its impact for righteousness. The energy and courage which so characterize the Japanese, their readiness to adapt themselves to new conditions, their sacrificial willingness to dare and to die for the cause they espouse these qualities, if pervaded and inspired by the spirit of Christ, would make Japan one of the greatest powers for good that the world has known.

# 日本の急務に関する日本側の証言

## 宗教心の薄れゆく日本が抱える危機

日本と日本人を偏見のない心で研究する者は、自分の興味が深まり、感情が好意的になっていくことに気づくだろう。日本人のやり方は癪に障るものがある。アングロサクソン人種が一番だと誇っている白人にとっては、少なくとも、手強い競争相手に出会ったと感じられる。それは苛立たしいことだが、我々の興味を減ずるというよりは、興味をそそるものだ。

日本人が有能で、団結しており、野心があり、積極果敢であることは称賛に値する。

私は、同朋の過ちを軽視する以上に、日本人の過ちを軽視したりはしない。しかし私は、日本人が、ヨーロッパとアメリカの最高の人々と団結して、世界中に正義を促進する努力をしてほしいと強く願う。

アメリカ国内の好ましくない勢力や誘惑に対抗して数多くの有力なキリスト教会が我々と共に戦っているのだが、それらの勢力や誘惑は、日本にも押し寄せている。だが日本では正義の力はまだ比較的新しくて小さく、分離して対立し合っているのだ。

有力な日本の新聞が読者に、結果として起こるだろう危機を、社説の中で警告している。

「日本は今、喜んで繁栄の波に乗っている。富が流れ込み、多くの者が、過去に夢見たこともないような財産を手にしている。しかし、この異常な富の増大が真の恩恵であるかは疑問だ。予期せず富が降り注いでくる国は、道徳的に耐え得る力がなければ堕落する。日本は今、盛衰の岐路に立たされている。もしも、与えられた巨大な富によって日本が思い上がり、贅沢をし、女々しくなったならば崩壊の運命をたどる。これは日本にとって、道徳的に非常に重大な時期であり、政治家、教育者、宗教者が、前途に迫りくる危険に対して人々に警告し、軽率な贅沢三昧の人生に浸るのを抑えさせ、歩むべき正しい道を示すのに、精一杯努力を為さねばならない時期なのだ」

状況の危機は、日本の古くからの宗教が、特に知識層で力を失っているということからも高まっている。東京のYMCA主事のガレン・W・フィッシャー氏によれば、三つの学校から409人の生徒を対象に行なった調査では、たった21人が宗教を信じており、このうち、15人は仏教、1人は儒教、1人は神道、4人はキリスト教だった。模範となる日本の若者は、政府の大学の学生だ。東京帝国大学の若者に自分の宗教を聞いたところ、仏教徒50人、キリスト教徒60人、無神論者1,500人、不可知論者3,000人であった。言い換えれば、将来最も影響力を持つ者となるだろう4,610人の若者の中で、4,500人は国の信仰する宗教を捨て、無神論者か不可知論者となっているのだ。もしもこの割合が変わらず、極東が何の信仰も持たない国家のリーダーシップの下で発展することになったら、これは世界にどんな意味をもたらすのか?

教育大臣の牧野男爵が数年前、次のように言ったのも無理はない。

「我々は、学生の道徳状態と、若者が住む一般寮の低俗さに非常に悩んでいる」

本田増次郎氏は、1912年の仏教神道キリスト教の代表者会議について、次のように述べた。

「この会議は、一方では、政府役人と長老政治家が、この憂慮すべき傾向が指し示しているただならぬ状況に太刀打ちできないことを率直に認めたという事であり、もう一方では、精神界の情熱ない権威たちに対する叱責であった…この会議を主催した知識人と財政家たちは、同朋の道徳的、物質的再生の真の基盤となる宗教の、緊急で厳然たる必要性を認めずにはいられなかったのだ」

東京帝国大学の教授の間では、宗教研究会が立ち上げられた。この会員がキリスト教徒になりたいという事ではないのだが、学部の有能な学者の中でも、非常に優秀な何人かは、人生に対する不可知論的あるいは無神論的な解釈に満足していないのだ。また彼らが、宗教を慎重に知的に研究すべき力とみなしていることも示されている。１９１６年に、有名なクリスチャンである森村男爵が、キリスト教の講座を立ち上げるために大学に20万円を寄付したのも重要なことである。

## 大国となった日本に必要なのはキリスト教の精神

私が二度目に日本を訪れた時、著名な日本人と話す際には、よく次の質問をした。

「現代の日本に最も必要とされるものは何だと思いますか」

訪問の終わりに答えをまとめたところ、彼らの意見は一致していることに気づいた。つまり、日本の最優先事項は新しい道徳基盤なのだ。日本は古い宗教の拠り所から抜け出てしまい、いまだ新しいものを作っていないというのだ。

この教訓は、東洋と同様に西洋でも心に留めるべきものだ。我々西洋人は、救世主であるキリストが国民生活に浄化と安定をもたらす力となることを知っており、日本人も自らを救うためにキリストが必要であると強く考えるべきなのだ。

日本のキリスト教伝道団には力を付けて欲しいと思う。これは、我々が日本人を劣っていると思うからではない。我々が神の知恵に対して賞賛に値するからでもない。神の知恵は、彼らと同じように我々にとっても、外からもたらされたものだ。そうではなく、我々が日本人を、我々と同じくキリストを必要とする同胞だとみなしているからなのである。

イギリス議会のバルフォー卿の言葉は、これをよく言い表している。

「どのような人種の、どのような職を持つキリスト教代表者も、一様に強く唱えるべき大きな教訓は、道徳と精神の力を強める真剣な努力なしに、文明の恩恵とそれに付随する誘惑が与えられるのは危険だということだ…その指針の最初の目的として、接触した人種を向上させることは、キリスト教国家の義務である。国益を求めることも、この健全な原則から離れる口実にはならない」

我々西洋人は日本人に、軍事能力を高める武器、製造業と商業を向上させる発明と発見、知的能力を増す教育的、科学的手法、病気を治す医療や外科設備などを与えてきた。控えめに言っても、精神的能力を高め、他のすべての能力を正しく使うために、福音も与える同様の義務があるのではないだろうか。

日本人は既に政治的ビジョンを持っている。彼らはアジアでのリーダーシップを切望し、人類の驚きを誘うような手腕とエネルギーでその準備をしている。また彼らは既に商業的ビジョンを持ち、それを実現しようと大変な努力を為している。知的ビジョンもあり、世界最高レベルの教育システムの一つを作り上げた。日本が今必要なのは、これらのビジョンを純化し、賛美する精神的ビジョンなのだ。

救世主としてのキリストのビジョンは日本と極東の将来において極めて重大だ。故ラフカディオ・ハーンほど日本人に深く共感している外国人は少ないが、彼は『日本文化の真髄』の中で次のように述べている。

「ここ30年内のいわゆる西洋文化の摂取は、日本人の脳に以前になかった臓器や能力を突然授けるものではないと心理学者なら理解している。それは、人種の精神的、道徳的性質を急激に変えることではないのだ。そのような変化は一世代で為せるものではない。他から伝播した文明は、もっとゆっくりと働き、若干の永続的な精神的な結果をもたらすのに、何百年もの年月を必要とする…いくらかの犠牲を払って得られる精神の再調整が、その人種が得意とする方面でのみ良い結果を現すという事は非常にはっきりとしている…しかし、国家の性質に馴染みのない方面では何も目立った成果はない…東洋人種の感情的性質が、西洋の知識と触れた30年という短い間に変化すると思うのは馬鹿げている…日本がこのように奇跡的にうまくなしてきたことはすべて、なんの自己変革もなくなされたもので、日本が30年前よりも今の方が精神的に我々に似てきていると思う者は、絶対的な科学の力を無視している」

日本人の精神は、長い間、戦争、政治、あらゆる工業的科学的な効率性に順応してきた。西洋の方法と発見の知識は、日本が以前に自分なりにやってきたものを、より効果的で大規模にできるようにしただけだ。しかし、精神分野は彼らにとっては比較的新しい世界だ。神道であれ仏教であれ、個人的な神を識別してはおらず、ゆえに識別することもできていない。

『日本の将来』という教育的な著書の中で、W・ペトリ・ワトソンが断言しているところによれば、全知全能の神として思い描かれるような宗教、すべての現象について決定的で完全な説明を与えるような宗教、そのようなものはヨーロッパのものであって、日本にはないという。また、日本人は、宗教を人生の中で重要視しておらず、その精神的気質のせいで、個人と国家の存在にとって宗教が偉大な役割をもち、必要不可欠であるという公平な見方がたいてい困難になっている。日本は、適切な意味での宗教を全く持たずに近代世界の歴史に大きな責任を負ってしまっているのであり、そこでの日本の努力は、英雄的で勇壮であるというより、むしろ哀れで絶望的なものでしかないと彼は結論づけている。何故なら、新しい歴史を開くためには、新しい宗教、または既存の宗教の新しい解釈が必要だからだ、という。

彼は、現在日本が行政的有能さを持って事にあたり、素晴らしい熱意をもって行動していることを賞賛している。しかし野蛮人でさえも、向こう見ずに勇敢で、自らの指導者のために死ぬことを厭わない。それゆえ、日本と近代世界の関係、そして日本が行使している権威を研究すると、深い懸念が生じるのだ。日本人は、キ

一　『心』、16～18頁

リストの持つ人生の理想観を理解し、キリストの教えの強固たる基盤に自らを建てることによってのみ、大国の立場を保持することができるのだ。

日本人は、人生を宗教的に解釈することが必要であるという考え方に倣うべきだ。それは、忠誠という信条、武士道、難解な仏教、または迷信的な神道の中に見られたか、または見られるものよりも、広く、明確で、絶対的なものだ。日本が、ヨーロッパの宗教の大義を究極的に考えることなく、それがもたらす利益を得るのを望むことはできない。[二]

## 日本を代表する著名人たちの言葉

思慮深い日本人はこれに気づき始めている。また、キリスト教が日本の必要とする再生的な原理を提供するということも理解され始めている。外国人よりも、日本人の権威の言葉を引用してみよう。

前首相の大隈伯爵は次のように述べた。

「日本人は大きな物質的発展を成し遂げた。我々が封建国家だった時代から、まだ60年しか経っていない。我々はその間に、他国が5世紀かけて為したようなことを成し遂げた。しかし、我々の実際の発展は主に物質的なものだ。我々は未だ封建文明の道徳的、精神的欠陥を持っている。場合によっては、最近の資本主義の欠点に触れて悪化している…我々の精神的、道徳的発展は、物質的発展に釣り合っていない…人々が実行できる唯一の道徳基準というものがないのだ。日本は、道徳的、宗教的指導を渇望している…近代文明の原点は、ユダヤの賢者の教えの中にあり、その方法によってのみ、必要な道徳の原動力が提供される…多くの急を要する問題に対する実際的な解決は、キリスト教以外には見当たらない」

---

二『The Future of Japan』、特に14、28、30章参照

帝国内閣の前閣僚であった前島男爵は次のように言った。

「私は、宗教を国家と個人の幸せの基盤として持つべきだと固く信じている。いかに大きな陸海軍を持とうとも、国家の存続の基盤に正義がなければ、成功することはできない。そして、どの宗教が一番信頼できるかとあたりを見回してみると、キリスト教が最も力強く、さらに、国家の展望を示している」

東京の高等商業学校の学部長である神田男爵は言った。

「日本人の道徳的、知的向上という大義のために人生を捧げたアメリカ人宣教師と教師の高潔なグループを、慎ましく称えたい…彼らの永続する影響は、どれほど大きく評価してもしきれないものだ。この高潔なグループが、常に新たな成員を加え、大きくなっていることを嬉しく思う。彼らの影響は若い世代に深い印象を与え、何世代にもわたり間接的に感じられることになるだろう」

数年前、アメリカを訪問した日本経済委員会の委員長である渋沢男爵はこう言った。

「将来の日本は、宗教にその道徳性の基盤を置かなければならない。それは、我々の国の複数の仏教宗派のような、虚しく迷信的な信仰ではなく、あなたの国にあるような、人々によい働きをさせる力を持つものでなければならない」

前首相である伊藤公は、彼の経歴の早い段階で次のように言っていた。

「私は、宗教は国家のあり方には非常に必要とされるものだと思っている。科学は迷信を遥かに超えているが、仏教でもキリスト教でも、迷信や国家の弱みになる可能性のない宗教などあるのだろうか」

彼はこの意見を変え、１９０７年に、ソウルＹＭＣＡの礎石を建てるときのスピーチで次の意見を述べた。どの国家も物質的発展なしでは繁栄できず、物質的繁栄は道徳的基幹がなければ長く続くことはできない。そして、最も強い基幹は、宗教的な力を持つものだ、と。翌年、彼は竣工式に参加してスピーチを行なったが、それについては他の章に掲載してある。そしてその夜（1908年12月4日）、彼はYMCAを祝して、自らの公邸で晩餐会を開き、次のように述べた。

「日本の改革の早い時期には、年長の政治家は、特にキリスト教への不信感により、宗教に寛容になることに反対していた。しかし私は、信仰と布教の自由のために激しく戦い、ついに勝利した。私の理論はこうだ。文明は道徳に頼るもので、最高の道徳は宗教に頼るものだ。ゆえに、宗教は許容され、勧められるべきだ」

帝国陸軍の日疋（ひびき）少将は言った。

「宣教師をアジアに送ることは重要だが、日本に送ることの方がはるかに重要だ。ここは戦略的な場所で、今は戦略的な時だ。なぜなら、日本は東洋の当然のリーダーだからだ。日本がキリスト教国になるか永久に非キリスト教国でいるかは、東洋全体にとって、いや全世界にとって非常に大きな違いを生じさせるだろう」

政府機関紙である東京の『国民』にはこうある。

「過去50年で日本が発展したのは、宣教師が苦労してきたことが大きな理由である。宣教師は、学校を建てたり教会でキリストの福音を説くことで、日本人の精神性を育成し、道徳の規準を高めた。宣教師が、日本人の繁栄と幸せを促進するためにエネルギーと熱意を倍増することが望まれる」

もしアメリカ人やイギリス人が、キリスト教宣教師が本当に日本人に必要とされ、あるいは望まれているのか疑問に思うならば、これらの代表的な日本人の強い言葉をじっくり考えてみるとよい。

彼らは、今やるべきことが非常に切迫していると信じている。京都の原田会長は次のように書いている。

「東洋の状況は今、教会の歴史の中で、非常に素晴らしい好機を得ていると同時に、最大の危機の一つとなっている…日本のキリスト教化は簡単なことではない。実に、長く厳しい働きかけが必要となるのだ。文明の美術工芸が進んでいても、キリスト教の道徳基準を好ましく思っていても、日本はキリスト教国家とはほど遠い。

しかし、日本はキリスト教国にするだけの価値はある。キリスト教に反対する国内勢力は巨大だが、キリスト教の仲間はその数と優秀さを増している。新しい社会的、宗教的人生の波は誰も待つことはないと考えるなら、それは平然としていられることではない」

## 日本はキリストの精神によって最大の善の力の一つとなる

日本が古い時代の孤立と無知から抜け出して、世界で真昼の炎のように卓越した存在になったことよりも重要な事象は近代には起こっておらず、歴史上でもそれよりも重要なことは殆どない。非常に優れた力と手腕で、日本は新時代の幅広い要求に上手く順応している。日本人は、自分たちが劣った人種ではないことを十分に示している。日本は、パリの講和会議で、イギリス、フランス、イタリア、アメリカと同等に並ぶ5大国のうちの一つだと、正式に認められているのだ。これらの国々は、日本を不承不承に許容するのではなく、国家の共同体の平等な一員として心から迎えるべきだ。日本は既に素晴らしい成果を成し遂げ、確実にこれからも成し遂げ続ける。彼らは極東の支配を達成した。

日本は「アジアを導いているが、どこへ行くのか?」日本の最高の男たちは、厳粛な責任感を持って、自分たちの国を「清い手と純真な心で」高いレベルの国家の品格と影響力へ向かわせようと尽力している。

精神的に生まれ変わった日本は、極東にも、全世界にも非常に意味のある存在だ。日本国家の結束そのものが、その正義への影響力を大いに強化する。日本人の目立った性質である活力と勇気、すばやく新しい状況に順応する姿勢、信奉する大義のためなら大胆に挑戦し、死ぬことすら厭わない犠牲的な精神。

これらの資質が、もしキリストの精神によって満たされ、刺激されるなら、日本は世界が知る中で最大の善の力の一つとなるだろう。再生の力は既に、非常に希望ある形で動き始めた。

多くの知的階級の日本人が、それらを強めようと誠実に努力している。これら日本人の性質は、将来に大きな希望をもたせるものだ。日本が、日本と極東のために最高のものを得る努力を支持することは、我々にとって高い栄誉であり、必要不可欠な義務である。日本人は、我々の協力が必要だと言っており、我々はそれを十分な方法で与えるべきだ。以下はブラウニング夫人の言葉だ。

「意志と愛で徐々に膨らませた体が
救済へ向かい軽くなるのは
魂にとって重大な時を示す
世界は古くなっているが、古い世界は時が新しくなるのを待つ
そこへ向かって、個人の成長に生じる新しい心が早められ、大きくなる
人類の新しい王朝の中で
新しい教会、新しい経済、新しい法律が自発的に生まれ
嘘のない自由と新社会を認める
神はすべてを新しくするのだ」

1919 年刊行の原著巻末より

Harbin
Ninguta
Changchan
Kirin
Liao R.
Mukden
Kin Chow
Newchwang
Shan-hai-kwan
Gulf of Liaotung
Gulf of Pechili
Wi-won
Sam-su
Kap-san
Kan ge
Tan-chon
Musan
Tumen R.
Yalu
Wiju
Puk-chong
Broughton Bay
Anju
Korea Bay
Darien (Dalny)
Port Arthur
Chinampo
Gensan
Songdo
Yang-yang
Chefoo
Weihaiwei
KANG-WA
Chemulpo
SEOUL
Won-ju
YELLOW SEA
Tsing-tan
Kunsan
Chungju
Chin-ju
Fusan
Masampo
Mokpo
TSUSHIMA
QUELPART
Nagasaki
Shanghai
EAST

## 著者：アーサー・J・ブラウン（1856-1963）

アメリカ、マサチューセッツ州生まれ。長老派教会牧師。キリスト教各派を統合しようとする世界教会運動の中心となり、アメリカ長老派宣教委員会幹事を34年間務め、宣教師団の綱領・政策策定をリードした。1901～2年と1909年、日本、朝鮮、中国、フィリピン、インド、シリアなど、幅広く旅をする。これらの体験に学術的な研究を加え、訪問先の国々の状況、現地の伝道活動などについて詳細をまとめた数多くの書籍を出版。第一次世界大戦犠牲者救済委員会や社会活動団体にも尽力した。神学博士（エール大学）、法学博士（ワバッシュカレッジ）、他

## Author：Arthur J. Brown（1856-1963）

Born in Massachusetts, USA, Brown was a Presbyterian clergyman, missionary and prolific author. He was influential as a key figure for the ecumenical and world missionary movements, serving as a secretary of the Presbyterian Board of Foreign Missions for 34 years, and leading the development of mission policies. Brown was widely traveled throughout the world, especially Asia. In 1901-2 and 1909, he made a trip to Japan, Korea, China, the Philippines, India, Syria, and others. Aided by scholarly research, he wrote a number of descriptive books based on his experience in these countries and respective mission works in the field. He also served for several World War I relief committees and other social organizations. D.D., Yale University, LL.D., Wabash College.

主な著書に以下がある。
Among his numerous books are:

The New Era in the Philippines (1903)
New Forces in Old China (1904)
Foreign Missionary (1907)
The Nearer and Farther East (1908)
Rising Churches in Non-Christian Lands (1915)
Unity and Missions (1915)
The Expectation of Siam (1925)
Japan in the World of Today (1928)
One Hundred Years (1936)

**朝鮮はなぜ独立できなかったのか**
1919年 朝鮮人を愛した米宣教師の記録

2016年 2月 6日 初版第1刷発行

著 者 アーサー・J・ブラウン
訳 者 桜の花出版編集部
発行者 山口春嶽
発行所 桜の花出版株式会社
〒194-0021 東京都町田市中町 1-12-16-401
電話 042-785-4442

発売元 株式会社星雲社
〒112-0012 東京都文京区大塚 3-21-10
電話 03-3947-1021

印刷・製本 亜細亜印刷株式会社


ISBN978-4-434-21573-5 C0095

堀恭子、高野三峰子、酒匂恵子、出雲道世、若松葵、飯塚英子、シャロン・アイザック（敬称略）、以上のボランティア翻訳者の方々へ心からの謝意を表す。

〈表紙写真〉著者アーサー・J・ブラウン：Arthur Judson Brown Papers, RG 2. Special Collections, Yale Divinity School Library.
〈装丁〉：ARAKAWA TOMOKO

桜の花出版既刊

シリーズ日本人の誇り⑩

# 『朝鮮總督府官吏 最後の証言』

桜の花出版編集部

**筆者は、80年前の朝鮮で朝鮮人の知事が統括する行政組織で働き、朝鮮人と共に汗を流して働き、朝鮮は第二の故郷となった。**
**その西川氏が証言する「日本人と朝鮮人はとても仲が良かった！」**

＜本書の取材記より＞日韓併合の実態を行政側から解説できる朝鮮總督府官吏としての証言はおそらく西川氏が最後であろう。他に朝鮮で生活した方がいたとしても終戦時は幼少であったり、当時を知る家族から伝え聞いた話が殆どになる筈である。それは一つの貴重な体験ではあるが、「朝鮮總督府の施政がどういうものであったか」という視点で語ることは難しい。だからこそ、この元官吏である西川氏の証言及びその写真、資料は日韓併合時の実態を知る上で貴重な記録である。ここに証言されている内容は、戦後教育を受けた人にとっては、驚きであるに違いない。取材に於いて西川氏は、朝鮮のごく平穏な生活と日常に触れ、そこで語られるのは幸せな朝鮮人と日本人の姿であった。特に地方行政府は朝鮮人官吏が主体の組織であり、官や軍による売春婦の強制連行などあり得ないこと、不可能なことが繰り返し述べられている。
また、貴重な写真からも朝鮮人と日本人が普通に仲が良かったことが分かる。朝鮮人が日本人の上司になることも普通であり、職場の仲間と日朝合同の野球チームを作り他のチームと戦ったり、時に桜の下で酒を酌み交わした楽しい想い出も多く、朝鮮人と日本人は共に朝鮮の発展を願い職務に精励していたという。

B6判並製本 240頁／定価（1400円+税）

---

**◆シリーズ日本人の誇り**

① **『日本人はとても素敵だった』** 楊素秋 著　通算12刷突破のロングセラー！
② **『帰らざる日本人』** 蔡 敏三 著
③ **『母国は日本、祖国は台湾』** 柯 德三 著
④ **『素晴らしかった日本の先生とその教育』** 楊 應吟 著
⑤ **『少年の日の覚悟』** 桜の花出版編集部
⑥ **『インドネシアの人々が証言する日本軍政の真実』** 桜の花出版編集部
⑦ **『フィリピン少年が見たカミカゼ』** ダニエル・H・ディソン 著
⑧ **『アジアが今あるのは日本のお陰です』** 桜の花出版編集部
⑨ **『零戦（ゼロファイター）老兵の回想』** 原田 要 著

桜の花出版既刊

**2016 年版**

# 国民のための名医ランキング

桜の花出版編集部編

**一家に一冊、あると安心！　こんな情報が欲しかった！名医をランク付けした日本初の試み！　広告無し、裏取引無しの高い信頼性。TV でも紹介され大反響！医療ミスに遭わずに済むための名医からの助言も掲載。**

本書は、事前に 6 年間かけておよそ 200 人ほどの医師の実態調査を患者という立場で行なった後、今回改めて各医師への直接の調査をしたものです。医師のランク付けをするなど不謹慎だとのお叱りもありました。しかしながら、この本は、私たち自身の切実な願いから生まれました。

治療の最初に名医にかかるかどうかは決定的です。最初にかかった医師により治療の 90 パーセントが決まるとさえ言われています。しかし、インターネット上やテレビ、書籍、雑誌などに名医情報や良い病院の情報が氾濫しており情報が多いが故に、結局どこへ行けばいいのか分かりません。その分野で一番の名医のところへ行きたいと思っても、その分野で誰が手術がうまく、失敗率が低いのかといった肝心の情報がどこにもありません。それなら自分たちで調べてみよう、というところから本書の企画は始まりました。

ですから本書は、患者としての立場から、自分たちや家族が受診するとしたら、命を預けるとしたら―という観点から、この医師なら、と思える方々を選んで紹介しています。本書が、名医を求める読者の皆さんの一助となり、また僅かでも日本の医療の進歩向上の役に立つことを願ってやみません。

（「はじめに」より）

A5 判並製／定価（2,300 円＋税）